本书为国家社科基金一般项目"中国近现代哲学中的'形而上学'思潮研究"（15BZX057）最终结项成果

国家社科基金丛书
GUOJIA SHEKE JIJIN CONGSHU

拒斥与重建

——中国近现代形而上学思潮研究

Rejection and Reconstruction

Philosophical Currents of Metaphysics in Modern and Contemporary China

韩立坤　著

人民出版社

责任编辑：洪　琼
封面设计：石笑梦
版式设计：胡欣欣

图书在版编目（CIP）数据

拒斥与重建：中国近现代形而上学思潮研究／韩立
坤著. -- 北京：人民出版社，2025. 6. -- ISBN 978 - 7 - 01 -
027244 - 3

Ⅰ. B081.1

中国国家版本馆 CIP 数据核字第 2025KL6825 号

拒斥与重建

JUCHI YU CHONGJIAN

——中国近现代形而上学思潮研究

韩立坤　著

人民出版社 出版发行
（100706　北京市东城区隆福寺街 99 号）

北京中科印刷有限公司印刷　新华书店经销

2025 年 6 月第 1 版　2025 年 6 月北京第 1 次印刷
开本：710 毫米×1000 毫米 1/16　印张：41.5
字数：660 千字

ISBN 978 - 7 - 01 - 027244 - 3　定价：149.00 元

邮购地址 100706　北京市东城区隆福寺街 99 号
人民东方图书销售中心　电话（010）65250042　65289539

目　　录

序　一

一个时期以来,人们研究近现代中国哲学、思想和文化的一个趋势,是强化对近现代中国观念、概念的来龙去脉及其影响的探讨。这些概念如何被翻译和移植,又如何被作为观念基底,以融合东西方资源,从而建立一种不同于西方也不同于中国古代的新类型哲学、思想和文化等,都是被关注和聚焦的论题和论域。韩立坤的著作,整体上考察了作为哲学根基又是作为西方哲学一个门类的"形而上学"概念如何降临于中国哲学,特别是探讨了近现代中国形而上学的创建。这是研究近现代中国哲学及其形态的一个新成果。

东西方哲学在现代中国的相遇和融合产生了一种新型的哲学,它既不同于古典中国哲学,也不同于现代西方哲学。这种不同的一个主要表现,是近现代哲人对形而上学进行了多元的重建。它的契机之一是引入了源于西方的"形而上学"概念。就这一概念本身而言,它就经历了一个复杂的过程。从明清之际到近代传教士及其知识人的理解和翻译,从日本近代思想家的理解和翻译到清末再传到中国等,两者都是这一复杂过程中的一部分。借用西周《易经·系辞》中的"形而上者谓之道,形而下者谓之器",将 metaphysics 译为"形而上学"确有传神之妙。这一译法和使用很快就在井上哲次郎编纂的《哲学字汇》中固定了下来,也很快被引入到中国并确定和稳定了下来。现代中国如何理解、翻译和引入形而上学概念,可以说是近现代中国形而上学创建的基础性问题。根据立坤对此进行的细致追寻和考察，我们知道将这一重要概念引入中国本身就有不同的脉络。由此我们也可以理解严复为什么说"一名之立，旬月踟蹰"。

这项研究的真正困难，是如何从整体上把握现代中国形而上学的体系、形态、方法和内在动力，它的繁难性远远超出了考察"形而上学"这一概念如何引入到现代中国哲学中来。有一个似乎令人难解的地方，在近现代中国哲学中，形而上学的重建为什么具有强大的动力和活力，为什么形而上学能够抵挡住实证主义、科学主义、逻辑经验主义等的强烈冲击和打击。近现代中国面临着千年未有变局，面临着三大灭亡（亡国、亡种和亡教）的危机，直接诉诸科学（主要是自然领域）和技术的力量来拯救民族和国家很容易理解和解释。更何况它们都是西方现代文明中的支配性力量，或者是现代西方富强的重要推动力。从自强新政开始，对此认识或多或少的开明人士都持有这种立场。对英国的富强奥妙有整体认识的严复，也肯定科学和技术改变了世界。

而现代科学技术的兴起同现代哲学中的实证主义、科学主义、逻辑经验主义和工具理性的兴盛互为因变量。这些都是现代西方哲学中拒斥、解构和消解形而上学的主要力量。实证主义、科学主义、逻辑经验主义乃至"科学万能论"在中国的兴起，正是基于他们对科学真理和方法的强烈信念，基于他们相信科学是一切知识的基础，基于科学能够为中国带来巨大的改变。由此，现代西方和中国代言人们这两种内外力量就在现代中国汇合了，并成为拒斥、批判和解构形而上学的主要推动者。

但现代中国哲学为形而上学（也包括宗教）辩护的力量，不比反形而上学力量的小多少，就像在新文化运动中那样，为传统辩护的文化保守主义不比批判和否定传统的力量小多少。这里面有一个公开的秘密，文化保守主义者并不简单否定新文化，但文化激进主义者将整体反传统视之为接受新文化的前提。同样，形而上学的拥护者和创建者们并不否定科学知识和真理，但实证主义和科学主义者则将反形而上学看成是接受科学的前提。结果，文化激进主义成了文化上的一元论和独断论,科学主义和实证主义则成了知识上的一元论和独断论。从方法论上看,两者就有了高低之分。立坤这部著作的大量章节是专门考察哲学家们如何为科学与哲学、形而上学划界的。

正是在这种划界和整合中,一方面,近现代中国哲学家既揭示了科学与哲学、形而上学在对象、范围、真理和方法等许多方面上的不同,又揭示了两者之间的关联性;另一方面,既肯定科学的重要性,又肯定了形而上学的合理性,从而为重建形而上学争取到了主动性。

现代中国哲学这种演变的结果,出乎了自近代以来越发强势的拒斥阵营的期望,重建的形而上学反而成了现代中国哲学的主体内容。甚至出现了讽刺性的情形,胡适将哲学限制到"人生观"的狭隘范围内,致力于解构形而上学,但结果现代中国的形而上学却生机勃勃。"科玄论战"就是这一矛盾和冲突的白热化表现。这就是立坤为什么用"拒斥"与"重建"来刻画近现代中国形而上学生存空间,为什么一再强调人们需要为近现代中国形而上学的创建进行合理化辩护。

如果仔细研究胡适的哲学,在杜威哲学的影响下,实际上最后他仍然有一个"形而上学"。横向对比一下,在现代西方,形而上学确实不景气,一时式微;在现代中国,形而上学恰恰复兴了(东西形上学融合的产物)。它的动力来自不同的方面。它适应了科学,应对了实证主义和科学主义、逻辑经验主义等的挑战,又适应了中国哲学现代发展的需要。尤其是不同的形而上学,也满足了人们对意义、信念和根源感的需要,为人们提供了不同的社会文明形态的价值选择。

对近现代中国哲学中的一些观念和思潮,学界已经有不少研究成果问世。但对近现代中国形而上学的整体研究则显得不够。这首先表现在,缺少对近现代中国哲学的"形而上学通史"的研究。近现代中国形而上学的创建从清末开始发动。自强新政时期,流行的"体用论"和"道器论"中,使用的"体"和"道",都是十分简单的形而上学概念符号,反而不像以"用"和"器"指称表述着科学和器用意义上的"格致学"那样充分和丰富。1895年之后,一些开明人士认识到单靠引入"格致学"无法改变中国人的命运,因而将中国革新之道转向了新治道和更广泛意义上的学术思想本身。如严复扩大了"学"和"道"的概念,将"知识"扩大到了科学和社会科学等广泛的领域,将"真理"扩大到了宗教、哲学和形而上学(如天演世界观)上;康有为将革新和变法扩大到了政治上和教化信仰上,谭嗣同融合东西新旧之学建立了仁学形而上学。经过清末如火如荼地翻译、移植和传播西学,经过清末"机械主义"和"进化主义"世界观的洗礼,经过"新文化运动"的"中西文化论争",中国哲学的形而上学也开始转向内在的自立和自创的进程。

从20世纪30年代到40年代,现代中国进入到哲学的高度专业化和哲学知识体系的创建时期,产生了可以称为"哲学运动"的景象。一些哲学家们构建了不同形态的形而上学。呈现这些不同阶段、过程和谱系的近现代中国形而上学,可以写一部近现代中国形而上学史。立坤这部著作的重点是横向考察这些不同的形而上学,这是他这部著作的重点,也是一个特点。特别是,他将这种考察延伸到了当代中国。他有一种包揽一切的斗志。要考察近现代中国形而上学的一种类型就不容易,但立坤积数年之力,如数家珍,一一论说,实属可贵。能做到这一点,出于他的坚持和不懈精神。

一个人从事任何一项事务,如果这被他认为是他人生中的重要之事,如果他要实现自己的愿望,一般需要内和外两方面的条件来促成。立坤在这部著作的"后记"里,说明了他求学、治学的历程以及其中的因缘和机缘。立坤说他能够以专科身份和跨专业方式考取为黑龙江大学的硕士研究生,其中就有机缘的成分。之后,他能顺利地到北京大学读博士,又到清华大学做博士后,这里面同样也有机缘。我认识立坤并在学术上指引他,是在他获得了到清华大学做博士后这一难得的机会之后。在交流中,他说他之前的训练不够严格,也不够勤奋。他希望通过博士后来弥补,也包括为自己的人生作出长远的规划。我鼓励他,对他的博士后研究也提出了相对较高的标准。很难得,在清华期间,他的学识有了比较大的进步,从论文发表到博士后报告,也都达到了较好的水准,最后顺利出站并走向工作岗位,成为一名高校哲学专业的教学科研工作者。

　　我之所以说一点立坤为学、治学的经历和过程,是想强调,他能够在学术上不断进步,不断积累和取得可贵的成绩,他能够有这部重要著作的出版,都是他一直努力超越自我的结果。我也期待立坤继续努力,不断做出新的研究。是为序。

王中江

2023 年 5 月 15 日于集虚室

序 二

　　韩立坤的大作《拒斥与重建——中国近现代形而上学思潮研究》对"科学""哲学""形而上学"作了全面系统的梳理与诠释,非常了不起。大作对作为概念、命题的"形而上学"作了动态的、时空交织的研究,继而对作为工具和方法的"形而上学"、作为问题的"形而上学"、作为学科的"形而上学"、作为体系的"形而上学"作了逻辑与历史相结合的探讨。不仅如此,大作对知识与价值、逻辑与良知、哲学形上系统的不同系统与特色作了探讨,这是我所见目前国内对近现代哲学史上"形而上学"问题的最系统、最深入的研究成果。

　　本书最值得重视的是对"形而上者之学"的汉语语言概念的运用特点与涵义呈现方式,儒、释、道为代表的本土"天道心性之学"的境界化特点,"内在超越"的具体进路,"本体论对科学的统摄"等重要课题的全面系统的现代阐释。这是掌握中国文化与哲学的钥匙。

　　作者卓越的见解是:中国哲学主流哲学家在置身"科学新世界"、"文明新世界"的过程中,从未抗拒融入世界文明共同体与哲学学术共同体,从未否定"中国哲学"的现代化、世界化的客观进程。甚至他们在最核心的哲学理论——"形而上学"的重建中,也积极主动"对接"、"统摄"、"消化"外来优秀的哲学资源与文化资源。只是,他们建构的理论体系与思想体系中,体现的却是"中国形而上学"的独特的思想逻辑、理论范式、价值取向。他们为"现代中国"这一重大课题提供的哲学方案,虽然在理论本质上可谓是"现代性的产物",但却仍然是体现"文化传统"、"民族精神"的中国方案。

作者认为,现代文明的"普遍价值"只有同本土文化的核心要素——哲学、形而上学实现内在融合,方可在"普遍性"与"特殊性"、"世界性"与"民族性"中间找到恰当平衡点。

这的确把握了近现代中国哲学的本质。作者下了苦功夫,入乎其内,出乎其外,把史料与见解、理论与实践、逻辑与历史、拒斥与重建结合了起来,作了高度的提炼,形成中西结合的"智慧"与"境界",这正是我们所乐见的成果,是对中国文化与哲学作了创造性转化的结晶。

郭齐勇

2022 年 1 月 18 日

引　言

一

　　贺麟先生在其《五十年来的中国哲学》中曾提到,当时"文化的大门"被打开,"西洋的文化思想的各方面汹涌进来",对于"自己的旧的文化",需要用"新方法新观点去加以批评的反省和解释",以发掘其中"丰富的宝藏"。同时,还要赶上"时代的潮流",解决当时中国的"问题"和"危机"——"应付并调整个人及民族生活上、文化上、精神上的危机和矛盾"①。而此"过渡时代"的时代课题与思想主题,即是在晚清已降的"西学东渐"、"西力东渐"背景下诞生的中国近现代哲学之核心主题。

　　通常学界将中国近现代哲学视为继"先秦诸子学"、"宋明理学"之后,"中国哲学"第三次的"思想飞跃"或"思想突破"。这是因为,晚清国门大开后,以儒学义理为知识范型与思想基层之农业皇权文明,遭遇以"船坚炮利"为基础的西式工业文明之整体冲击。使得身处中西文明碰撞与古今历史交汇之"十字路口"的知识分子,聚焦国、族、政、教危机,而展开的理论阐述与学术研究,以前所未有的深度与广度进行推进,并凝练为与古代哲学有显著差异的诸多

---

① 贺麟:《五十年来的中国哲学》,辽宁教育出版社 1989 年版,第 83 页。

成果。正如冯契先生在《中国近代哲学的革命进程》书中指出的那样："真正的哲学都在回答时代的问题,要求表现时代精神。中国近代经历了空前的民族灾难和巨大的社会变革。'中国向何处去'的问题成了时代的中心问题。……在思想文化领域表现为'古今中西'之争,那就是:怎样有分析地学习西方先进的文化,批判继承自己的民族传统,以便会通中西,正确地回答中国当前的现实问题,使中华民族走上自由解放、繁荣富强的道路。"①

同时,在"过渡时代"、"西学东渐"、"科学东传"多维背景中诞生的近现代哲学,又置身于中外文化交汇碰撞融合的全新思想世界,一方面在学术范式上,以"天道心性"②、"内圣外王"为主体的旧学术,遭遇到全新的"分科之学",而历史性地改变了自身的存在方式;另一方面,近现代哲学相较古代哲学,既经历了从文言文到白话文之话语转变,又因为对译西学而创制大量全新语词,既在新的时代传承并新释本土优秀思想资源,又充分借鉴、引进、运用大量的外来思想资源。

因此,受新的"知识范式"、"哲学范式"之影响,中国近现代哲学在系统化、形式化、体系化方面,较古代哲学有了极大进步。而由新对象、新课题、新素材、新方法共同型塑起来的近现代哲学之思想空间,在哲学问题之深度、哲学视域之广度、哲学理论之精度等方面,也都远远超过古代哲学。甚至可说,只有透过近现代哲学的问题视域、观念机体、思想光谱,才能更好以"哲学"之方式,去更好激活中国古代哲思睿识,以使其参与现代文化的对话。只有经过近现代哲学这个特殊的阶段,"中国哲学"才得以在真正的意义上确立自身的学科存在。

学界对于中国近现代哲学之研究,多基于政治社会分期之"事件坐标"来构建"哲学史叙事",由此构成"近代哲学史"、"现代哲学史"之时间段落。其优势是可聚焦处于特定时空之具体哲学人物而展开精准研究。但以划分"近代"、"现代"的

---

① 冯契:《冯契文集》第1卷,华东师范大学出版社1996年版,第3页。

② 中国主流哲学在讨论自然与人的本质时,既确立"天"、"道"为代表的外在实体,又借助"心"、"性"将其内在化,以构成"天人合一"、"主客相即"、"理器合一"、"理事合一"的超越的存在结构。因而这种"天道心性之学"既是本体论、宇宙论的,也是心性论、工夫论、价值论、境界论的。

政治社会事件为哲学观念与哲学思想之划界依据,亦会出现以"历史时段框架"限制"思想观念机体"之情况①,从而造成本是前后相续、内在延展、有机关联之哲学观念、哲学思想本身,被分别截断于"近代"与"现代"的时间节点。

近年来,学界诸贤开始超越"写的哲学史"之框架,而是基于"哲学发展的逻辑进程",去梳理、探讨与把握近代以来中国哲学思想世界中出现的某些核心概念、核心观念与重大思潮,通过整体还原并呈现此类概念、观念、思潮的知识生产过程与思想开展进程,以审视其对近两百年来哲学发展演进之作用与影响,从而表现为一种研究中国近现代哲学新叙事视角,可称为"观念思潮叙事"。其基本的研究方式,就是聚焦近现代时期的某些核心哲学问题,在同一时期与不同时期的学术共同体那里,引发的阐释差异、认识争论、理解冲突。进而系统梳理此类概念、观念乃至思潮的问题意识、理论内核、演进脉络、精神图谱,评判其对近现代哲学自身发展演进之影响,以为把握"中国哲学"在近现代发展转型的内在逻辑提供帮助。

这种"观念思潮叙事",聚焦近现代哲学中的核心概念、核心观念乃至哲学思潮进行研究,因而可借鉴西方哲学"概念史"与"观念史"之研究范式。所谓"概念史"研究,是借鉴德国哲人黑格尔、科塞雷克等,将"概念"意义生成过程的考察与文化、社会、历史进程关联起来,聚焦对"概念"语义的"共时性"与"历时性"分析。前者注重文化共同体的"思想情境",后者关注"意义变迁"。同时借鉴英国文化主义研究者雷蒙·威廉斯的"关键词批评方法",即在叙事上运用历史观下"语词内涵的变异性"、"语词空间向度的关联性"、"词义认知过程中的差异性"等方式,对特定语词概念的含义演变予以梳理,解释其含义界定与文化、社会现实的关系。而所谓"观念史"研究,是基于"观念史"的奠

---

①　李维武教授在论及"20世纪中国哲学"时也强调"中国近代哲学"、"中国现代哲学"、"中国当代哲学"的提法容易"掩盖了哲学发展相对独立于政治—社会变动的一面",因为"哲学决不仅仅是政治—社会变动的附属物,而有其自身的发展规律和逻辑进程。"(李维武:《20世纪中国哲学本体论问题》,湖南教育出版社1991年版,第31页)

基者美国哲学家阿瑟·洛夫乔伊的"单元观念"主张,审视哲学观念图案中的"核心观念"。同时借鉴英国哲学家以赛亚·柏林研究中对"观念的力量"的关注,以特定时期思想世界中"核心观念"的发展变迁为研究对象,从而梳理揭示此观念在"哲学观念谱系"中的地位。

可见,运用"观念思潮叙事"视角来观照中国近现代哲学①,一方面可准确研究梳理近现代哲学中的核心概念、核心观念与重大思潮,另一方面又可串联起近代哲学思想观念的主要谱系,内在把握近现代哲学思想图景的问题全域。而之所以此种"观念思潮叙事"更有利于还原"哲学义理"的发展动态和"哲学观念"的内在逻辑。是因为,近现代中国始终处于一种"大启蒙"的"连续体"②之中,始终处于"现代化"的实践进程中,而"中国哲学"论域中诸多重大问题、重要课题,也均可在晚清时期由"科学东传"、"西学东渐"所引发的文化与思想碰撞中找到诸多源头。或者说,若将近现代中国哲学视为一个思想观念内在关联的有机体,其理论逻辑,仍是被动抛入"科学时代"、"文明时代"后的"刺激—回应"模式,只不过,通常所谓的"现代"时期的哲学,在理论水平、系统构建、资源方法等方面,较晚清时期实现了"层累的推进"而已。

二

近些年来诸多学者实际已用此叙事视角和研究范式切入近代以来中国哲学之思想世界,并取得了诸多成果。如郭齐勇教授对"现当代新儒学思潮"、胡军教授对"分析哲学思潮"、王中江教授对"进化主义思潮"、杨国荣教授对

---

① 高瑞泉教授在讨论中国近现代哲学的研究方法时,也曾指出:"近现代哲学的历史本身就是在'古今中西'的文化争论中展开的,诸多社会思潮一方面给予同时代哲学家以思辨的动力,另一方面也给后人考察验证哲学思辨的妥当性提供更广阔的场景。"(高瑞泉:《作为时代的自我理解的哲学史研究———中国近现代哲学史研究的一个向度》,《哲学研究》2007 年第 5 期)

② 王汎森说:"近代中国的启蒙是一个连续体,不是在一次发动中完成。"他提醒人们注意"晚清这一笔由日本引入的思想资源固然不像新文化运动那样轰轰烈烈,不过它的重要性却不可忽视"。([台]王汎森:《中国近代思想与学术的系谱》,上海三联书店 2018 年版,第 215 页)

"科学主义思潮"、杨寿堪教授对"实用主义思潮"、张汝伦教授对"民族主义思潮"、黄克武教授对"自由民主思潮"等的研究,均完整呈现了这些观念思潮的主要图景,并触及到其与近现代哲学发展演变的互动关系。

而晚清国门大开,不仅输入了各种不同的哲学观念思潮,从而深刻影响到近代以来的思想世界,同时,还为试图回应"中国向何处"这个时代课题的"中国哲学"自身,设定了一个重大理论课题——面对外来的新知识形态,在古代传统中主要表现为"形而上者"之学的"中国哲学",究竟与"Philosophy"以及"Metaphysics"有何不同? 也正是基于此,中国近现代哲学中出现了贯穿其始终,且波及不同时期主要哲学派别的"形而上学合法性"问题。

事实上,内在透视近现代哲学史,可发现,"形而上学合法性"问题完全主导着"中国哲学"转型的问题意识、路向选择、主体框架、理论范式、演进路向。从关涉"中国哲学"近现代转型走向的重要作用而言,"形而上学"可称为近现代哲学的"关键词";从问题意识与理论研究的历时性演进而言,"形而上学合法性"可称为近现代哲学的"核心问题"与"核心逻辑";从哲学史的客观进程来看,"形而上学思潮"乃是推动近现代哲学发展转型的"观念性前提";从近现代时期文化思潮、哲学思潮的内在结构来看,"形而上学思潮"乃是居于文化思潮、哲学思潮的"主潮"①。

应该说,以往前辈诸贤在聚焦中国近现代哲学的研究时,已经从个别人物研究与整体问题研究两方面,涉及"形而上学"方面的研究,并取得了一系列重要成果。但在笔者看来,仍有可推进与深化之处。

一是,学界以"哲学史叙事"视角划分"近代哲学"与"现代哲学"时,就会造成"形而上学观念"在形成演化进程上的"时间断裂"。或者囿于"近代"遮

---

① 贺麟先生将文化思潮理解为"社会共有的思想"。而文化思潮的发生,不外乎"内在"与"外在"两个原因:"一方面是思想本身的发展演变,一方面是解决实际问题的需要。"同时他也明确在文化思潮中,"哲学思潮是主潮,其他思潮都受哲学思潮的支配。"(贺麟:《五十年来的中国哲学》,辽宁教育出版社1989年版,第82页)

蔽"现代",或者聚焦"现代"忽略"近代"。在研究内容上,或对近代时期的"技道之辨"、"道器之辨"及"形而上学合法性"危机的早期表现不够重视;或对"科玄论战"之后,不同阵营之"形而上学观念"发展变化的复杂维度,尤其是"拒斥"与"重建"两大阵营的整体互动着墨较少,且对在空间上横跨中国内地(大陆)及港澳台地区、美籍华人哲学家的"形而上学观念"之异同关联,缺少整体把握与内在梳理。

二是,学界以往对近现代时期"形而上学"之研究,多是聚焦在个别哲学家或具体学派、阵营的思想体系与具体的观点主张。一些成果虽然也涉及对不同哲学家相关或相近理论观点之比较讨论①,涉及对近现代"形而上学"本身的一般性讨论,但却均没有触及"形而上学"概念在近现代时期的具体生成与演变,没有梳理"形而上学合法性"问题在近现代时期的不同表现与引导作用,当然也没有论及此问题所催生之"形而上学思潮"的多维观念结构与思想关联,进而讨论其对近代以来中国哲学发展史的重要影响。

因此,基于学界研究成果,从局部研究、个别研究上升到整体研究,以"观念思潮叙事"视角去审视近现代哲学史,并重点揭示贯穿其中的"形而上学思潮"的问题意识、研究内容、讨论目的、重要特点、价值取向,可以消弭通常的"写的哲学史"的"时间节点"与"地理空间"限制,按照哲学问题与哲学观念的同一性或相关性去确定哲学思潮的线索逻辑:以"形而上学合法性"自觉作为"中国哲学"近现代转型的问题源头、观念起点与路径导向,构建一个自魏源、王韬、李鸿章、张之洞、严复、章太炎、康有为、梁启超等人阐发,经"新文化

---

① 以李维武教授的《二十世纪中国哲学本体论问题》、郑家栋教授的《本体与方法》、杨国荣教授的《存在之维——后形而上学时代的形而上学》、胡伟希教授的《观念的选择:20世纪中国哲学与思想透析》、郁振华教授的《形上智慧如何可能? 中国现代哲学的沉思》等为代表。此外,在方克立教授《现代新儒学与中国现代化》、罗义俊教授编《评新儒家》、刘启良教授《新儒家批判》、宋志明教授《现代新儒家研究》等著作中部分列章节对于新儒家的形而上学有所涉及。而中国港台和海外学者中,刘述先、冯耀明、林安梧、李明辉等诸先生多集中于对牟宗三、唐君毅为代表的港台新儒家的形而上学进行批判研究。

运动"强化,至"科玄论战"爆发,并经由梁漱溟、熊十力、张东荪、金岳霖、冯友兰、贺麟、方东美、牟宗三、唐君毅等人"重建形而上学"而达至顶峰,直至当下又重新焕发生机的哲学思潮之客观历程。

中国近现代哲学中的"形而上学思潮",总体上以"鸦片战争"之后儒家士大夫对"技"(科学技术)、"道"(儒家"天道心性之学")关系的辨析讨论为开端。在此思潮的第一阶段,中国哲人面对科学冲击,虽有"形而上学合法性"问题的自觉,但尚认为"天不变道亦不变",无需主动调整改造形而上之"道学"。这种危机意识在之后被强化,在清末时期,"科学"得以侵入"形而上学",利用"科学知识"重塑"科学宇宙观"、"科学本体论"成为当时哲学建构的显著特点。如康有为、谭嗣同以科学知识改造"仁"、"心"等概念,推动本土本体范畴的"科学化"、"知识化"。而严复则是以科学"真理"替换儒学"天道",一方面将专讲超验内容的"形而上学"置于"不可思议"、"不可言说"的界域,另一方面又将科学规律、科学方法绝对化,主张"科学即道",在经验世界确立了科学的最高本体地位。

之后,19世纪末到20世纪初的十几年间,经验主义、实证主义、唯物主义、实用主义思潮不断发展壮大,尽管王国维一再反对以"有用"、"无用"去评判"形而上学"之价值,并肯定其在情感慰藉方面之作用,但他亦将此种"非经验之学"置于"科学知识"之外。"新文化运动"前后,"科学方法"、"科学知识"、"科学思想"、"科学价值"俘获大批信众,"科学主义"思潮强势发展,"拒斥形而上学"成为当时学界流行主张。胡适、丁文江、陈独秀、李大钊等人坚持"科学方法一元论"、"科学知识一元论",一致批判"形而上学",主张要么将其驱逐出知识之外,要么彻底取消之。而作为"玄学派"的代表,张君劢则明确批判此种主张,他既揭示"科学方法"的局限性,又捍卫"玄学"即"形而上学"的合法性。可以说,在他们共同推动的著名的"科玄论战"中,对"科学知识"与"玄学知识"、"科学方法"与"玄学方法"、"科学价值"与"人生意义"的讨论研究,均关涉到"形而上学合法性"的问题。

　　后论战时期,在科学与哲学、中国哲学与西方哲学的多维比较中,"形而上学合法性"跃升为核心课题。张君劢、梁漱溟、熊十力、马一浮、张东荪、金岳霖、冯友兰、贺麟、朱谦之、方东美、牟宗三、唐君毅等人,从不同角度不同立场,围绕此课题进行全面且深入的讨论。他们对"形而上学形态"、"形而上学知识"、"形而上学方法"、"古代形而上学核心精神"、"科学的本体论承诺"、"形而上学的价值"等问题的研究,深刻揭示了"中国形而上学",在问题指向、对象内容、语言特点、思维方式、理论特质、形态表现、价值取向等方面的特殊性。而他们在此基础上所推动的"重建形而上学"运动,既构成了近代以来"形而上学思潮"的主体内容,又作为"中国哲学"在现代发展演变的理论载体,内在推动了"中国哲学"自身的现代转型,甚至影响到当下中国哲学界的"重建形而上学"。

　　可见,对近现代"形而上学思潮"之研究,既需要"时间的回溯",又需要"空间的弥合"。前者是将"形而上学"视为中国古代哲学的核心论域,考察其在"西学东渐"之初所凸显的"危机意识",以回溯"中国哲学"视域中"形而上学合法性"问题的最早的"观念表现"。后者则是将"形而上学合法性"的理论自觉与思想回应拓展到汉语哲学的学术圈,既立足中国内地(大陆)哲学界的代表哲人,又全面综括20世纪旅居中国香港、中国台湾以及海外的华人哲学家的形而上学思想,以把握跨地域的哲学思潮的整全内容。

　　梁启超在总结文化思潮时说:"凡文化发展之国,其国民于一时期中,因环境之变迁,与夫心理之感召,不期而思想之进路,同趋于一方向,于是相与呼应汹涌,如潮然。始焉其势甚微,几莫之觉;寖假而涨——涨——涨,而达于满度;过时焉则落,以渐至于衰熄。凡'思'非皆能成潮;能成'潮'者,则其'思'必有相当之价值,而又适合于其时代之要求者也。凡'时代'非皆有'思潮';有思潮之时代,必文化昂进之时代也。"①按其理解,在文化思潮之中,最初仅是个别的,零散的思想观念或问题意识,之后往往有一种或数种之"共通观

_____

① 　梁启超:《饮冰室合集》专集第九册,中华书局2015年版,第6767页。

念",后逐渐"流行",而成一时代"风气"。

整体上,近代以来的"形而上学思潮",最初仅是由"船坚炮利"引发,并表现为"天道心性之学"的效用危机。而随着将"Metaphysics"与"天道心性之学"相比附,以及对"形而上学"概念的西式解释,则真正引起"天道心性之学"的学理危机。这是因为,汉语哲学语境中,"形而上学"概念,乃是中、西哲学对译诠释之产物。因此,此概念既是作为称谓"哲学一般"或"哲学共相"的"通言"(章太炎语)或"共名"(张岱年语),又是称谓"哲学个别"或"哲学殊相"的"别言"(章太炎语)或"专名"(张岱年语)。

而近代以来,诸多哲人在未精准厘清此概念多维内涵之时,用本是"Metaphysics"译词的"别言"或"专名"——"形而上学",来表述中国本土的"天道心性之学",就将"Metaphysics"在西方遭遇的"合法性"危机传导至"中国哲学"。而由于"天道心性之学"之特殊地位,此一危机又直接传导至"宇宙论"、"本体论"、"人性论"、"道德论"、"伦理观"、"价值论"、"境界观论"等论域,几乎重塑了近现代哲学的理论空间与思想世界。

整体上,该哲学思潮以"形而上学"概念的译介为载体,以"形而上学合法性"问题为主题,以"形而上学"与"科学"的比较为核心,既包括"形而上学知识"、"形而上学类型"、"形而上学方法"、"形而上学命题"等一般性哲学课题,也包括"中国形而上学"与"Metaphysics"比较视域下的诸多全新课题:如本土"形而上者之学"的汉语语言概念的运用特点与含义呈现方式,儒、释、道为代表的本土"天道心性之学"的境界化特点,"内在超越"的具体进路,"本体论对科学的统摄"等。这些重要课题,由于密切关涉"中国哲学"①的合法性、

————————

①　本书的"中国哲学",并非指"哲学在中国"或"在中国的哲学",而是以古代儒释道哲学核心义理与精神为主体,融会古今中外哲学、文化资源,解释中国自身的现实经验、社会课题的哲学理论系统。自此言,此"中国哲学"类似于陈少明教授对"中国哲学"的界定。但同时,此处"中国哲学"则并非陈教授理解的与其他"在中国的哲学"多元竞争的状态,而是近现代哲人试图规制"西式现代化",超越西方哲学的最佳理论范式——"形而上学"。(陈少明:《做"中国哲学"再思考》,《哲学研究》2019 年第 9 期)

必要性,因而在横向上遍及几乎主流的思想学派与阵营,在纵向上也体现在"鸦片战争"之后"中国哲学"自我调适、转型、重塑的全过程,因而可谓是中国近现代哲学的核心内容。

三

在讨论"形而上学合法性"问题时,一百多年来,不同时期、不同学派、不同立场的哲人们,或基于"科学"与"哲学"、"科学"与"形而上学"的一般比较研究语境,或基于"中国哲学"与"Philosophy"、"中国形而上学"与"Metaphysics"的特殊比较研究语境,都深刻触及到了哲学的一般性与特殊性、世界性与地方性、时代性与民族性之复杂问题。

一方面,拒斥阵营坚持认为中西哲学尤其"形而上学"虽有形式上之差异但实质相同,因而"Metaphysics"既然不足以称为知识,中国的"形而上学"同样不具有知识合法性;另一方面,为面对拒斥阵营之攻击,众多中国哲人聚焦"形而上学合法性"时,既承认"中国哲学"与"Philosophy"均归属于"哲学一般"、"哲学共相"。又认为,"中国哲学"作为"哲学一般"或"哲学共相"的具体化,又事实性地体现出与"Philosophy"的显著差异。

同理,"形而上学"均是基于人类独有之精神性能,对宇宙自然、社会文化、人类生活等之存在本源、终极依据、超越本体、本然义理、本质属性等的追问与探讨。不过,这些追问与探讨,在不同的民族文化中,是以不同的话语模式、理论架构、思想形态、价值旨趣所表现的。一方面,中西哲学基于各自的语言系统、学术背景、思维方式、学术方法、价值传统,对作为认识能力的感性、知性、理性、悟性之理解不同,对作为认识方法的理智、思辨、直觉、体悟等之运用不同;另一方面,中西哲学在理解作为超越存在的"形而上者"与具体"形而下者"这两个范畴之内涵及其关系,以及对"形而上学"这种学术思想之于现代社会之目的、意义、作用的理解亦不同。由此,西方"Metaphysics"与中国"形而上者"之学,虽同为"形而上学",但绝不可统一规约。

借用德国学者文德尔班(Windelband)的话,面对共同的认识起点,任何"形而上学"都首先是"事物的形而上学"①,即对事物做超越的思考与追问的学问,因而在研究对象上,均可称为一种超验的、普遍的、本源的"存在"。但中国哲学家认为,西方"Metaphysics"多将研究此"存在"而形成之理论,作为某种完全事实性之知识系统与纯粹思辨性之逻辑系统,前者因为不能化解拒斥阵营的"证实原则"与"证伪原则",最终不断被科学真理驱逐,后者因为与社会人生没有现实的关联,因而无法对抗科学信仰。

对于中国的"形而上者"之学,其在古代主要表现为"天道心性之学"时,主要依赖体悟、体证、顿悟、工夫等直觉类、直观类方法,且多采用对话语录形式甚至比拟、诗歌、名言等话语形式,来陈述天道天理。因而其现代的建构与阐释,也应借鉴西方哲学理智思辨、逻辑分析、论证方法,使用相对系统性和确定性的概念命题,来陈述"形而上学知识"。但"中国形而上学",最根本是以"天人合一"、"道器一元"、"理事合一"、"体用一元"的理论思维来即形求理、即事求理,并以此来理解本体与现象、本体与器物的关系,就表现出与西方"外在超绝形态"不同的"内在超越形态"。尤其是,相对于西方主流"Metaphysics"多倾向于谈论不同于具体器物之学的"物理以上之学",中国哲学家认为"中国形而上学"主要是聚焦谈论超越人生价值以指导人生道德伦理实践的某种"伦理以上学"。

事实上,在自觉面对自晚清以来逐渐强势的拒斥甚至取消"形而上学"之思潮时,中国哲人正是立足"哲学形态观"、"哲学类型观"立场,又自觉规避"Metaphysics"弊端,而重建新的"中国形而上学"。由此亦可说,"形而上学"这种全新的学术范式,为"中国哲学"这种"地方性知识",带来了"现代学术范式自觉"和"合法性危机自觉"的双重启发:前者使得本土"天道心性之学"在

① [德]文德尔班:《哲学史教程——特别关于哲学问题和哲学概念的形成和发展》下卷,商务印书馆1993年版,第657—658页。

形式上借鉴"Metaphysics",以新的体系化、系统化、现代化的"形而上学"范式,主动融入"世界性"学术语境与学术体系。后者使得"中国形而上学"在体系化重建过程中,既积极吸收现代世界哲学文化的一切有益资源,又得以坚持并保存"民族性"、"历史性"、"地方性"品格。而事实上,中国哲人们正是主张将这些既具世界眼光又具中国特色的哲学思想,运用于"现代中国"的建设进程中,以凸显"中国哲学"的合法性与必要性。

回溯近代以来"形而上学"之命运,可发现,中国哲学哲学家置身于"科学新世界"、"文明新世界"时,虽始终自觉推动"天道心性之学"的调适、改造与重塑,以对抗科学实证主义思潮的拒斥,但他们却从未抗拒融入世界文明共同体与哲学学术共同体,从未否定"中国哲学"的现代化、世界化之客观进程。甚至他们在最核心的哲学理论——"形而上学"的重建中,也积极主动"对接"、"统摄"、"消化"科学理性、科学知识与科学文明。只是,在诸多重建的理论体系中,贯彻的仍是中国哲学的思想逻辑、理论范式与价值取向。亦可说,他们为理想的"现代中国"提供的哲学方案,虽然在理论本质上可谓是"现代性的产物",但此方案之内容却由中国文化的核心价值旨趣与精神传统主导,或者说,他们提供的"现代性方案"①,根本是运用着中国哲学的核心话语、体现着中国文化的精神传统、彰显着中国文化的人文价值。

所以,整体审视此"形而上学思潮"的重要意义或重要启示还在于:此种现代文明的"普遍价值"只有同本土文化的核心要素——"哲学"、"形而上学"实现内在融合,方可在"普遍性"与"特殊性"、"世界性"与"民族性"中间找到恰当平衡点。而此"高尚之思潮"(李大钊语),实际一方面深刻反映出近现代思想历程中,"中国文化"、"国民精神"中的最精华、最核心部分的价值取向——真正适合中国实际的"现代性";另一方面又深刻体现出近现代以来

---

① 许纪霖教授就指出,现代中国的思想分化为各种相互对立、冲突的"意识形态",但其"都是现代性的产物,因而在表面冲突的背后,却共享着现代性的若干基本观念"。(许纪霖、宋宏编:《现代中国思想的核心观念》,上海人民出版社2011年版,第748页)

"中国特色的现代性"的一般性、科学性的理论要求。也即是,在"中国的现代化"的思考与建构过程中,提供"中国哲学"在"形而上学"层面的超越解释、论证、批判与统摄。在"哲学世界化"的探索与实践过程中,基于"形而上学",来捍卫、论证、彰显、实践"哲学"的"中国风格"、"中国气派"、"中国精神"。因此,全面地、内在地、辩证地审视此哲学思潮,扬弃其中的不合时宜的甚至是某些错误的思想观点,继承和发扬其中科学性的理论观点与思想主张,可以为我们继续推进一切外来有益文明成果与思想资源的中国化,和一切传统优秀理论成果与思想资源的现代化,提供有益的借鉴。

第一章 "形而上学"的译介、理解与早期形态

"形而上学"一词译自英文"Metaphysics"。后者通常被理解为研究"存在"、"作为存在的存在"、"是"、"有"、"实体"等内容的"科学"或"科学的科学"。而其主要研究的这些内容又是其他各种哲学理论得以建立的理论基础,因此,"Metaphysics"也历来被视为"Philosophy"的核心理论范畴与主要表现形态。

通常学界将"Metaphysics"的出现归功于古希腊哲学家亚里士多德(Aristotle)。是因为,其专门讨论"作为存在的存在"、"是之所是"的内容,被后世学者编排在"物理学卷"("physica")之后,而获得"Meta-physica"之命名。亚里士多德曾将此种学问称为"第一哲学"、"智慧"、"神学"①,以区别于各种具体的科学知识。

之后,西方哲学家从不同立场、维度继续讨论并深化了这个哲学论域,使得任何试图概括"Metaphysics"具体对象的研究变得愈发困难。在中世纪,经学者们的拓展深化,"不仅维护了形而上学和广泛地记写下了形而上学的性

---

① 不过,柯林伍德(Robin George Collingwood)则明确否认"形而上学"有所谓"纯粹存在"的对象,以及"预设"能力,而是将其视为"历史的科学"。([英]柯林伍德:《形而上学论》,宫睿译,北京大学出版社 2007 年版,第 5 页)

质与形而上学的论题,并且发展了形而上学的观点"①,"灵魂不死"、"上帝存在"、"意志自由"成为了"Metaphysics"的主要内容。天主教哲学家还将"在者之超越属性"、"普通在者的基本超越结构"、"普通在者的超越法则"等问题视为其主要的课题②。17世纪的德国哲学家沃尔夫(Wolff)曾将"Metaphysica"分为四个部分:"Ontologia"即"存在论"、"Psychologia"即"心理学"、"Kosmologia"即"宇宙学"和"Theologia"即"神学"。"存在学"(也译为"本体论")是"关于存在者本身或存在者之存在的学说";"心理学"是"关于灵魂的学说(以及关于人的学说)";"宇宙论"是"关于世界(宇宙)之本质的学说";"神学"是"关于上帝之实存和本质的学说",对之后的中、西方哲学界更准确地把握"Metaphysica"产生了重要影响③。在近代,西方哲学发生了"认识论转向",以"Physics"(物理学)代表的自然科学完全脱离了"Philosophy"("哲学"),"神学"又被归入宗教哲学,"Metaphysics"一度被认为仅有"存在论"或"本体论"以及"宇宙论"为专属领地。

而随着近代"经验主义"、"实证主义"等哲学观念之兴起,"Metaphysics"的"最高科学"、"最高真理"之地位逐渐被消解,其引以为傲的"最科学的科学"——"存在论"或"本体论"及"宇宙论"亦面临巨大的合法性危机。德国哲学家康德(Kant)、费希特(Fichte)、黑格尔(Hegel)等哲学家虽仍试图将"第一哲学"与"自然哲学"糅合为一宏大体系,以捍卫其"最高科学"、"最高真理"之地位,却并未阻止"Metaphysics"整体衰落的客观趋势。同时,自19世纪下半期开始,一些西方哲学家开始明确提出重建形而上学,无论是奥地利哲学家迈农(Meinong)的"非存在的本体论",美国哲学家蒯因(Quine)的"本体论

---

① [美]格拉切(Jorge Gracia):《形而上学及其任务——关于知识的范畴基础研究》,陶秀璈等译,山东人民出版社2008年版,"前言"第2页。

② [意]鲁伊吉·博格里奥罗(Luigi Bogliolo):《形而上学》,朱东华、詹文杰译,黑龙江人民出版社2005年版。

③ 孙周兴:《后哲学的哲学问题》,商务印书馆2009年版,第5页。

承诺"和英国哲学家斯特劳森（Strawson）"描述的形而上学"，均是新时期对"Metaphysics"进一步的深化与推进

整体上，20世纪西方哲学界，"拒斥形而上学"与"复兴形而上学"两思潮互动频繁，受其影响，"Metaphysics"的具体论域与对象也不断得到总结。学界亦逐渐对其达成共识："研究作为存在物的存在物或存在物本身，或者说存在物（或者说在其存在范围内）就其本身而言所具有的那些属性。"①而其内容亦拓展为复杂多维的论域：范畴、本体、基础、存在体、命题、必然性、可能性、因果性、时间、性质、共相、殊相、信念、自我、意义、真理、实在、自由等②。尽管这些哲学概念纷繁复杂，但根本上仍指向"超感觉"、"超经验"的抽象之维、超越之维。不过，虽然时至今日，"拒斥"与"重建"形而上学仍是西方哲学界关注的焦点问题，但是，已经极少有人会将其奉为亚里士多德所理解的那种"最高科学"了。

"形而上学"乃是日本学者在翻译"Metaphysics"时所创造，并在清末时期传入国内。但国人早在晚明时期已经由传教士介绍，接触到了拉丁文"Metaphysica"。只是，在传教士们看来，此种学问与"宋明理学"代表的"心性学"、"理学"、"性理学"完全不同，甚至是更抽象、更超越、更纯粹的学问，因而一度被译为"超心性学"、"超性学"、"超性理学"，以凸显"Metaphysica"与中国哲学的差异。此种译法与理解，延续到19世纪末期，仍是中国学人区分"Metaphysica"与本土"形而上者之学"——"天道心性之学"之主要范式。

但晚清时期"科学东传"，"Physics"等自然科学多被视为"器物之学"、"格致之学"。因而，"天道心性之学"也逐渐被理解为类似"Metaphysics"的"超经验之学"、"超物理学"。而"Metaphysics"也多被汉译为"超物理学"、

---

① 韩林合：《分析的形而上学》，商务印书馆2003年版，"导论"第15页。
② ［美］麦克尔·路克斯（Michael J.Loux）：《当代形而上学导论》，朱新民译，复旦大学出版社2008年版；［美］布鲁斯·昂（Bruce Aune）：《形而上学》，田园、陈高华等译，中国人民大学出版社2006年版。

"格致后学"、"出形气学"。但这种比附,既扭曲了被视为"物理后学"的"Metaphysics",作为"科学的科学"与"最高科学"的原初定位,而被"天道心性相贯通"的"德性优位"逻辑所笼罩,更遮蔽了"天道心性之学"的"天人合一"、"内圣外王"的"伦理后学"特质,导致其受到科学思潮的拒斥与冲击。

20 世纪初,"形而上学"淘汰了其他汉译词汇,被学界广为接受。而诸多归国学者的介绍、西学书籍的传播尤其是"英华字典"的流行,使得"Metaphysics"在西方哲学史中的"原貌"与"本义"逐渐被中国学界了解。但"形而上学"的早期使用,多以"Metaphysics"为"标准模型",即被规定为"存在论"、"本体论"、"宇宙论"。但学界却用专门称谓"Metaphysics"的"专名"来称谓本土"形而上者"之学,导致"形而上学"从"专名"上升为"共名"。问题是,使用者恰恰是从西学"专名"来理解规定中学,因而就将"Metaphysics"合法性危机的基因嵌入"中国哲学"中,造成中国"形而上者"之学的合法性危机。

总之,自晚清时期从"Metaphysics"来理解"天道心性之学",到 20 世纪初从"形而上学"来规定"形而上者"之学,都引起了当时学界对"中国形而上学"合法性问题的思考,而由此展开的理论研究、理论建构、理论探讨,也均可纳入中国近现代哲学的"形而上学思潮"研究视域与研究论域之中。前者表现在,在"西学东渐"、"科学东传"的背景下,魏源等人对"天道心性之学"的论证,以及严复、康有为、谭嗣同在古代汉语哲学话语范式下,借助科学建构的不同类型的"本体论"。后者表现在自 20 世纪初开始,经"新文化运动"、"中西文化论战"到"科玄论战",不同学派不同立场的哲人们基于"Metaphysics"来理解、规定中国"形而上者"之学,所推动的拒斥或取消"形而上学"的思潮。因此,整体梳理"Metaphysics"与"形而上学"的早期概念对译过程,可以内在把握不同对译概念的内涵演变,是如何在"中国哲学"语境中引发"形而上学合法性"问题,以及如何推动"科学时代"里"新的形而上学"(冯友兰语)的早期体系化建构。

第一节　音译与比附：对"Metaphysics"的早期译介与理解

作为"中国哲学"话语系统中的"新名"，"形而上学"一词虽在清末时期的汉语语境中才出现，但其对译的"Metaphysics"，其所从出的拉丁文词汇"Metaphysica"，却在晚明时期已经传入。自晚明以来，对该词的不同汉译，既体现了不同学者对中、西哲学异同关系的理解，更直接决定了原有的"形而上者"之学，在西学范式与科学知识的双重参照之下的学术定位。

表现在，在晚明传教士那里，"Metaphysica"多被译为"超心性学"、"超性理学"，以凸显其较"宋明理学"那种"心学"、"性学"、"理学"更高明之意。但在中国学人那里，则从"Physics"和"器物之学"的一致性，来把握"Metaphysica"与本土"性理之学"在超验层面的一致性，从而突出二者的相似性。

晚清时期面对"科学"的冲击，自魏源开始，士大夫群体、洋务人士、新学阵营，也从"Physics"和"Metaphysics"的分别，来比附中国哲学中"形而下者"与"形而上者"的分别，进而多将"Metaphysics"译解为"超感觉之学"、"超经验之学"、"格致后学"、"格物后学"，以与"科学"相区分，试图论证中国哲学里同样的"形而上者"之学——"天道"、"心性"之学的必要性与合法性。

19世纪末，日本学者翻译"Metaphysics"时，参照《易传》中的"形而上者谓之道、形而下者谓之器"，取"形而上"与"学"组成"形而上学"，本意是表述在西方哲学中存在的，而日本学术话语系统，乃至中文学术话语中均无此概念语词以及学术范式的一种学问。当然，日本学者之所以参照被公认为体现中国哲学思维方式与致思旨趣的《易传》①，亦体现出他们肯定"形而上学"与中国

---

① 方东美、牟宗三等现代哲人在比较中、西方哲学时，均明确认为《周易》奠定了中国人从"天道与人道"、"天理与事理"的内在关系去探究终极价值本体的思考方式，其理由正在于以儒、释、道为主体的中国哲学在讨论宇宙本根、万物本源、现象本体、价值本源时，从未将这些"形而上者"与"形而下者"隔绝分离，而是始终坚持天道与器物、天道与人道、理与事、道与气、理与气、性与心在现实的功用上的统一。

哲学在某些方面具有相似性的基本立场:一是此种学问以不同于"形"、"象"、"器"、"物"、"事"的"形而上者"为研究对象;二是此种学问与专门研究"形"、"象"、"器"、"物"、"事"的"形而下学"不同。

20世纪初,中国学人引入并使用"形而上学"概念时,并未严格将之作为对译"Metaphysics"的"专名",而更多视其为称谓中、西方相似或相类学问的"共名"。尤其是,基于"Metaphysics"本身的"存在论"、"本体论"、"宇宙论"形态,来规定"形而上学"时,就将"天道心性之学"也纳入到这些"标准模型"之中。而"天道心性之学"既然就是西方的"形而上学",自然遮蔽了"Metaphysics"与主要讨论"天道"、"心性"等"形而上者"的"天道心性之学"之间的重大差异。这也导致一些中国学者,将"中国形而上学"与"科学"对立起来,进而与"科学的哲学"——如经验主义哲学、实证主义哲学、逻辑主义哲学、马克思主义哲学对立起来,在中国哲学论域中,引发"形而上学合法性"问题的广泛讨论。

因此,无论是"Metaphysica"、"Metaphysics"在不同时期的汉译概念,还是最终淘汰了这些概念的"形而上学",它们均是在中、西方哲学的比较视域下所形成的"复合型概念"。而不同时期不同立场的译介主体与阐释主体,透过这些"复合型概念"去分别认识西方哲学、中国哲学时,就难免受此概念的表面字义、主体身处的知识传统、具体的问题意识以及对象认知程度的影响,因由对译概念的"透镜效应"而生发出复杂多维的"复合型观念"。受此影响,自晚明时期开始不同阵营、不同学派、不同立场的哲人们,对"Metaphysics"、对"形而上学"的理解,也呈现出复杂的认识脉络与观念图景。

一、从音译到意译:与"Metaphysics"的早期接触

(一)"超性理学"与"超感觉之学"

拉丁文"Metaphysica",本为一复合词组"ta meta ta physika",乃是古希腊

学者安德洛尼可(Andronicus)对亚里士多德(Aristotle)第十四卷著作的统称。此卷在《物理学》卷后,"研究的是超自然或超感觉的事物(所有存在物所共同具有的最为一般的特征,存在物本身,永恒、不动且可以分离的存在物等等)。"①这样,此卷在编辑上为"物理学之后卷",在内容上,则是"超感觉之学"。在亚氏那里,此卷是考察宇宙万物的"第一原因"(如形式、质料、目的、动力因)的"第一哲学"或"第一科学",与作为"第二哲学"的物理学或自然哲学相对照,既包括对"作为存在的存在"的研究,也包括"神学"、关于相反者和公理的研究,他还用"智慧"来称呼这门神圣的科学。

自"形而上学"概念传入国内上溯300多年,晚明中国已经通过传教士初遇"Metaphysica"。通常认为艾儒略(Giulio Aleni)在1623年的《西学凡》中介绍了西方教育分科:"一为文科,谓之勒读理加,一为理科,谓之斐录所费亚,一为医科,谓之默第际纳,一为法科,谓之勒义斯,一为教科,谓之加诺搦斯,一为道科,谓之陡禄日亚,惟武不另设科"②。他将"哲学"的拉丁文"Philosophia"译为"理科",取其探求万物本质"义理"之意。如他曾明确:"理学者,义理之大学也。人以义理超于万物,而为万物之灵,格物穷理,则于人全而于天近。然物之理藏在物中,如金在沙,如玉在璞,须淘之剖之以斐录所费亚之学。"③自此而言,在致思范式与学术旨趣上,艾儒略似乎认为西方之"哲学"与本土之"理学"相类。而对于"理科",他具体分为"五家",其中就包括:其一,"落日加"(Logica)即"逻辑学";其二,"费西加"(Physica)即物理学或自然哲学;其三,"默达费西加"(Metaphysica)即"形而上学";等等。

按他所说,"费西加察性理之道,以剖万物之理,而为之辩显测隐,由后推前",而"默达费西加者译言察性以上之理也,所谓费西加者,止论物之有形,

---

① 韩林合:《分析的形而上学》,商务印书馆2003年版,"导论"第1页。
② 黄兴涛、王国荣编:《明清之际西学文本:50种重要文献汇编》,中华书局2013年版,第233页。
③ 黄兴涛、王国荣编:《明清之际西学文本:50种重要文献汇编》,中华书局2013年版,第234页。

此则总论诸有形及无形之宗理"。而"默达费西加"又可细分五部分内容:"其一豫论此学与此学之界;二总论万物所有超形之理,与其分合之理;三总论物之真与美;四总论物之理与性与体与其有之之由;五总论天神谙若终论万物之主,与其等种种义理,此皆因物而论究竟,因变化之自然而究其自然之所以然,此所论天主与天神,特据人学之理论之。"①

所以在介绍"Metaphysica"时,他没有径直采用本土"理学"、"心学"、"玄学"等概念,而是音译为"默达费西加"。究其原因,是他将"费西加"规定为"性理之学",而"Metaphysica"则是一种在学习"费西加"之后方可学习的"察性理以上之学",可简称为"性理以上学"或"超性理学"。由此可看出,艾儒略似乎将宋明理学所讨论的"性理学"、"心性学"视为一种"费西加",即讨论宇宙万物"性理"的学问,而将"Metaphysica"视为既高于"费西加"即"物理学"又高于宋明理学的"超性理学"。可见"默达费西加"的音译本身,正是体现了此概念所指称的学术系统与中学原有学术系统之间的文化差异性。

而在艾儒略的《西学凡》之前,传教士高一志(Alfonso Vagnone)已在1615年撰写《西学》中将"Metaphysica"音译为"默大非西加"②,并将其研究对象解释为不同于"物理之学"的"性以上之理"③。但重要的是,高一志所言之"性学",一方面是指"性理"——物性之理,即物理之学,另一方面是指宋明儒之"理学",即融合儒、释、道之"性理之学"、"心性之学"。这似乎表明,高一志认为中国哲学中并没有"Metaphysica",其以"性以上之理"为对象的认识水平,要高于本土的"理学"、"心学"为代表的"天道心性之学"。

如果说高一志主要从"神学"去突出"Metaphysica"的"性理以上学"属性,因而影响到艾儒略,从而与宋明时期的"理学"、"心性学"为代表的"性理之

---

① [意]艾儒略:《重刻西学凡》,影印本1683年版,第10页。
② [意]高一志著,[法]梅谦立编注、谭杰校勘:《童幼教育今注》,商务印书馆2017年版,第219—220页。
③ [意]高一志著,[法]梅谦立编注、谭杰校勘:《童幼教育今注》,商务印书馆2017年版,第216页。

学"相区别,那么士大夫李之藻与傅汎际(Franciscus Eurtado)在《名理探》(1631)中,则进一步细化,将"Metaphysica"译为"超形学",将"Theologica"("神学")译为"超性学",而又将"默达费西加"统称为"超性超形二家之学"①。之后,利类思(Ludovico Buglio)将托马斯·阿奎那《神学大全》("Summa Theologica")译为《超性学要》,而此"超性学"一词既专指神学,又泛指"Metaphysica"和"Theologica"②。可见,此时期,作为"超性学"的"Metaphysica"与本土"理性"、"心性学"并不完全相类。

所以,晚明时期至清朝中期,外来传教士对"Metaphysica"的介绍,整体上是一种中、西相异的"学术批评"的立场:从意大利耶稣会传教士利玛窦(Matteo Ricci)作《天主实义》(1596 年完成),艾儒略与中国士大夫叶向高等的《三山论学纪》(1625 年前后)、意大利耶稣会传教士汤若望(Johann Adam Schall von Bell)摘译的《主制群征》(1622 年前后)、法国传教士孙璋(Alexandre de la Charme)的《性理真诠》著作中,均一致表现为传教士以"西学格式"批评中学之"性理之学"之特点。而"西学格式"之核心框架,即是柏拉图、亚里士多德的"本体论格式"③,也即是"形而上学格式"。所以,17—18 世纪,传教士们虽亦肯定本土"性理之学"将"天道"、"天理"、"性"、"心"等视为宇宙的创生实体、最高本体,但此学更类似"Metaphysica"中的"Cosmology",即"宇宙论",而没有"Ontology"那种以"作为存在的存在"为对象的"存在论"、"本体论"。因此,"Metaphysica"与"性理之学"之不同,既体现在学识境界上,又体现在学术范式上。

因为,在亚里士多德那里,"Metaphysica"之所以是"第一哲学",主要是普遍而整体地研究"作为存在的存在",因而与研究"作为运动的存在"的物理学

---

① [葡]傅汎际:《名理探》,李之藻译,商务印书馆 1936 年版,第 9 页。

② 肖清和:《亚里士多德哲学翻译的顶峰:利类思与〈超性学要〉》,《文汇报》2018 年 5 月 11 日。

③ 张耀南:《中国哲学批评史论》,商务印书馆 2009 年版,第 153—165 页。

和研究"作为连续的存在"的数学不同。并且,"Metaphysica"不但讨论宇宙万物的"第一原因",因而被称为"宇宙论",还讨论"神"。不过,由于亚里士多德对"作为存在的存在"与"神学"关系的陈述有模糊性,后世的研究者一直对其"第一哲学"究竟是"普遍的形而上学"还是"特殊的形而上学"也有争议。而德国哲学家沃尔夫认为"普遍的形而上学"是讨论"作为存在的存在"的学说,并将之称为"Ontology",将包括"宇宙论""神学""理性心理学"都归为"特殊的形而上学"①,就为后世学界提供了重要的理解视角。

由此,西方学界也就将"Ontology"作为"Metaphysica"的代名词,并基于该词标示了后者的主要研究对象、研究论域、研究形态。在西方哲学中,"Ontology"有着"研究存在(to on)的科学(logos)"之内涵②,本质是基于拉丁文之语言结构、语义逻辑以及聚焦认识论意义上的对象本质而展开的理论推导、观念推演系统,因此讨论的对象极其复杂。即便是在亚里士多德那里,他讨论的存在、实体,既可是个体、实体,又可是抽象的范畴。可是,中国哲人在翻译 Ontology 时,却从"形"、"象"背后的"本"、"体"去比附,译为"本体论"。

问题是,在中国哲学传统里,承担着对宇宙本原、本然、本质的最终解释任务的"本"、"体",主要是"天道"、"天理"。这种"形而上者",主要是哲人们为宇宙秩序、理想社会、美善人生设定的超越依据与形上原理。其不是个别实体,是抽象概念范畴与思维逻辑的产物,更不是超绝经验之外的,与现实世界完全无涉的自在自为的"存在"。并且,此类"形而上者"本就内在于器物、功用、心性之中,并既表现为生生的创造精神、高明的精神境界,又外化为应然的社会生活。因而,这种特殊理路落实在"形而上学"中,就表现为"天人合一"、"理在事中"、"道在器中"、"体用一元"的基本架构。所以,"天道心性之学"的核心义理与 Ontology 明显不同,而根本是一种独特的"体用论"。自此看,

---

① 韩林合:《分析的形而上学》,商务印书馆 2003 年版,"导论"第 15 页。

② 张志伟:《何谓"中国哲学的形而上学"——从西方哲学的视角看》,《中国现象学与哲学评论》2018 年第 1 期。

传教士们虽明显持一种"文明与学术的等级论视角"来贬低中国"性理之学",并且在理解上也存在诸多偏差,但在哲学义理上,中国"性理之学"与"Meta-physica"、"Ontology"差异显明,亦是事实。

不过,正如艾儒略将"Metaphysica"解释为"因物论究竟,因变化之自然而究其自然之所以然",士大夫徐光启和毕方济将"费禄苏非亚"(Philosophy)解释为"格物穷理之学"一样,"Metaphysica"之"超形"特点,与本土的"理学"、"心性学"为对象的致思方式毕竟一致。最明显的,在傅汎际与李之藻合译的《寰有诠》(1628)中,即是按照中国哲学传统的"天"、"人"之别,区分"天学"与"性学"。"天学"即是关于超越物界的天主的知识,表达的正是"Meta—physica"的"超物理学"、"后物理学"的核心要义。"性学"探求自然万物之"性"的学问①。而在《名理探》中,他们又与高一志一致,将"性学"分为两种,一是"形性学"或"因形性学",这种"属形之性学"就是"斐西加"即物理学。一是"超有形之性者"之学,是探究"超形之理"的学问②。而超越形相世界即物质之外的"理",在中国古代语境中,就是"形而上者"——"天"、"道"、"理"、"心"、"性"为代表的本体。

因而,西方的"超形性学"与形而上者之学,因为共同的"超形"指向与界域,而被逐渐视为相类之学。尤其是在康熙时期限制传教后,"Metaphysica"与纯粹的宗教神学得以分开,而被理解为"超(物)形(物)性"的学问。如 1683 年南怀仁(Ferdinand Verbiest)向康熙皇帝进呈所编的《穷理学》中,就剔除了"超性学"的神学内容,而专指"Metaphysica",他也强调,超性学,超有形之性者,是因性之陡禄日亚,即默达费西加。其论在于循人明悟所及,以测超形之性。③

---

① 《寰有诠》,灵竺玄楼刻本,卷二,第 2 页。转引自陈启伟:《"哲学"译名考》,《哲学译丛》2001 年第 3 期。

② [葡]傅汎际:《名理探》,李之藻译,商务印书馆 1936 年版,第 10 页。

③ 肖清和:《亚里士多德哲学翻译的顶峰:利类思与〈超性要〉》,《文汇报》2018 年 5 月 11 日。

这样,由明至清,"Metaphysica"也逐渐被理解为以"超物理的性理"为对象。而本土"性理之学"又同样是以"形"为界,穷究"超物理"的"形而上者"。由此,"Metaphysica"与本土"形而上学"逐渐在"超形"、"超物"、"越经验"上找到契合点,而均被视为超越经验的"超感觉之学"。即便在19世纪英文广泛使用,此种理解方式依然是译介该词的主流。例如,在当时的几个典型的"英华字典",如马礼逊的《英华字典》(1822)中被译为"天地鬼神之论"①、麦都思的《英华字典》(1847—1848)中被译为"理气学"②、罗存德的《英华字典》(1866—1869)中被译为"理学"、"博理"与"万有理之学"③、卢公明的《英华萃林韵府》(1872)中被译为"天地鬼神之论"④。而在1881年西周译为"形而上学"之后,1883年在澳门出版的由传教士麦嘉湖主编的《英厦辞典》中,"Metaphysics"被译为"理学"⑤。1884年井上哲次郎在《订增英华字典》中,仍顺罗存德的译法,译为"理学"、"理知"、"万有理之学"⑥。作为中国人编辑的第一本英汉字典,邝其照在其1899年《华英字典集成》中也仍将其译为"理学"⑦。而1913年商务印书馆出版的《英华新字典》还将"Metaphysics"译为"心理学",将"Metaphysical"译为"心理学的"⑧。以上均显示出当时学界是从"超心性"、"超感觉"维度,将"Metaphysica"、"Metaphysics"与本土"形而上者"之学即"性理之学"相比附。

---

① 可参见"中研院"近代史研究所"近代史数位资料库"之"英华字典资料库"。

② [英]麦都思(Medhurst, Walter Henry), *English and Chinese Dictionary*, Shanghae: Printed at the Mission Press, 1847—1848, pp.840–841。

③ [德]罗存德(Lobscheid, Wilhelm), *English and Chinese Dictionnary With The Punti And Mandarin Pronunciation*, HongKong: The Daily Press Office, 1866—1869, p.1172。

④ [美]卢公明(Doolittle, Justus), *Vocabulary and Hand-book of the Chinese Language*, Foochow: Rozario, Marcal and Company, 1872, p.308。

⑤ [英]麦嘉湖(Macgowan John), *An English and Chinese Dictionnary*, Amoy: A.A.Marcal, London: TRUBNER&co, 1883, p.311。

⑥ [德]罗存德, *An English and Chinese Dictionnary*, 井上哲次郎(Lnoue, Tetsujiro)订增, Tokyo: J.Fujimoto, 1884, p.716。

⑦ 邝其照:《华英字典集成》,香港循环日报1899年版,(初版年份为1887年),第209页。

⑧ 商务印书馆编译所:《英华新字典》,上海商务印书馆1913年版,第323页。

由此亦可看出,晚明传教士轻视本土"性理之学"的观念已被整体扭转。从"超形"、"超感觉"、"超经验"去理解"Metaphysics"与"性理之学",在清朝后期已经渐成共识。而由于中、西哲学在此时期尚未形成真正意义上的冲突对抗,因而此种哲学观念,虽为本土"形而上者"之学提供了全新的称谓词汇与概念名词,并促成了一种全新的学术范式自觉,但根本上,此哲学概念却仅发挥着简单的比较、比附作用。并且,二者的内涵一致性、形态一致性的表象,也消解了"Metaphysics"对本土"形而上者"之学构成的实质威胁,而在"中国哲学"论域中,此类学问依然按照自身的理论逻辑发挥核心与基础的作用。

鸦片战争战败后,"文化危机"升至思想界的核心论域,以技术科学、知识科学为代表的西方学术,直接冲击着聚焦"天道"、"心性"的"性理之学"的合法性,"形而上学合法性"观念由此出现。作为早期代表,魏源在处理此重大课题时,虽采用了传统"形而上—形而下"的知识类型框架,并试图以"技道之辨"来处理二者冲突,但他却是以 Metaphysics 所表述的两种知识类型来界定"性理之学"。

如他在《海国图志》(1842—1852)中曾介绍艾儒略的书稿:"其小学曰文科,有四种……学成而本学之师儒试之,优者进于中学,曰理科,有三家:初年学落日加,译言辨是非之法;二年学费西加,译言察性理之道;三年学默达费西加,译言察性理以上之学。总名裴(斐)录所费亚。"①只是,魏源虽使用"性理以上之学",但与此相对之"性理之学",却并非晚明传教士所理解的宋明理学范式,而是专门指研究物性、物理的"费西加"即自然科学。而在 1844 年—1846 年写就的《海国四说》书中关涉西方教育体系时,也介绍了其有"辨是非,察性理"的"理科",同时针对专门探讨"物之理"的"性理之学",专门提及"性理以上之学"②。

按魏源"师夷长技以制夷"之立场,作为"性理之学"的科学虽为"有用之

---

① 魏源:《海国图志》(中),岳麓书社 1998 年版,第 1098 页。
② 梁廷枏:《海国四说》,中华书局 1983 年版,第 107 页。

物",但却是形下之"技",作为形上之"道"的"天道心性之学",则可视为"性理以上之学"。虽然魏源并未明确论及中、西两种"性理以上之学"究竟如何关系,但其理解的"技—道"范式,以及之后普遍的流行的"西学中源"主张,似乎表明当时的"Metaphysica"或出于"中学"或与"中学"相类。

而之后的晚清学人在介绍西方哲学时,也是将其中专门讨论"性理"的"性理之学",也与本土的"天道心性之学"相比附。据陈启伟考证,1873 年德国传教士花之安在《德国学校论略》一书中,介绍"智学"即"哲学"教育时,具体分"智学"为八课,其中的"性理学"当指"Metaphysics"。美国人丁韪良在《性学举隅》(1898)也用"性理学"来指"泰西性理家"所论的"形而上者"之学①。而郑观应在《盛世危言》中也介绍了德国的"智学"包括"格物、性理、文字语言之类",其中"性理"之学也当指"Metaphysics"。而王韬批评当时国内学者妄分中学与西学为"形而上"的"天道之学"与"形而下"的"器物之学",认为西人同样有聚焦"性理"的学问②。虽然他们倾向于将西方哲学中的"Metaphysics"解释为"性理学",但此"性理"仍是与穷究"物理"的科学——"器物之学"、"物理之学"等相对,本义仍是专门探讨"超物理"、"超形"的"形而上者"之学。以当时的化解西方"器物之学"与儒家"天道之学"冲突的几种代表观点为例,李鸿章的"中道西器"说,冯桂芬的"采西学"说,王韬、汤寿潜的"西器中道"说,张之洞、孙家鼐的"中体西用"说,实际上均表达了本土的"形而上者"之学,可发挥"超物理学"之作用

事实上,日本学者在初译"Philosophy"时,就曾用"性理之学"概念,也表明他从中国"理学"中"性"、"理"范畴的核心地位,去理解西方哲学。之后,井上哲次郎(1855—1944)和西周(1829—1897)在 1881 年的编著的日文辞典《哲学字汇》中改用"形而上学"翻译"Metaphysics",并加按语《系辞上》中的

---

① 陈启伟:《"哲学"译名考》,《哲学译从》2001 年第 3 期。
② 《西学辑存·西国天学源流》,光绪庚寅,1980 年刊本,第 29 页。

"形而上者谓之道,形而下者谓之器"①,仍肯定中学与西学共同聚焦"超物"的"超感觉"、"超验"之思维特性。

但问题在于,作为"物理学之后卷"的"Metaphysics"虽在对象内容上可被视为"超感觉之学"。如有学者指出:"在希腊语中,meta-这个前缀不仅有在……之后的意思,也有'元(基础)……'、'超越……'的意思,而这些含义恰好与亚里士多德'第一哲学'的意思是相近的"②。因此,"Metaphysics"本身即有"超越"经验之义。但在亚里士多德那里,"Metaphysics"乃是研究"存在之为存在",探讨宇宙万物"第一原因"的"第一哲学"。而作为宇宙万物的"本体"、"本质"、"存在"、"是",根本是一种"实体"。且此"实体"的内涵既指具体事物或一类事物经验表象背后的实体("Substance"),又是指宇宙的终极本体("Being")。而之后西方哲学家对此"第一哲学"的研究,无论是对"存在之为存在"的理论界定③,抑或对作为终极本体"being"的多样性阐释进路,均表现为一种自身是其所是的、永恒不变的、静止的、绝对的东西。

而井上哲次郎和西周用以参照"Metaphysics"的《系辞》中,有"见乃谓之象,形乃谓之器",有"形而上者谓之道,形而下者谓之器",其命题确实是以"形"为中心区分"道"与"器"两种存在,且此"道"亦为"器"的本体。例如,唐代孔颖达解释说:"道是无体之名,形是有质之称。凡有从无而生,形由道而立,是先道而后形,是道在形之上,形在道之下。故自形外以上者谓之道也,自形内而下者谓之器也。形虽处道器两畔之际,形在器不在道也。既有形质,可

---

① 日本学者对此词之理解,在《哲学字汇》之后仍有不同的译法,如"纯理学",而《哲学字汇》再版时,又补充了"纯正哲学"和"超物理学"。(王中江:《道家学说的观念史研究》,中华书局 2015 年版,第 8 页)

② 张志伟主编:《形而上学读本》,中国人民大学出版社 2007 年版,第 2—3 页。

③ 聂敏里专门讨论了作为形而上学核心内容的"作为存在的存在"之界定问题。他认为西方哲学对此问题有不同的理解进路:亚里士多德所理解的"作为存在的存在"是指一类核心存在者,是"严格的作为自身的存在";从最普遍的存在者的类的角度对"作为存在的存在"的研究;以及海德格尔式的从生存论的现象学的角度对存在的研究。(聂敏里:《回答一个问题——什么是形而上学》,《现代哲学》2019 年第 1 期)

为器用,故云形而上者谓之器也。"①南宋大儒朱熹指出:"天地之间,有理有气。理也者,形而上之道也,生物之本也;气也者,形而下之器也,生物之具也。是以人物之生,必禀此理,然后有性,必禀此气,然后有形。"②明代易学家来知德也认为:"阴阳之象皆形也。形而上者,超乎形器之上,无声无臭,则理也,故'谓之道'。形而下者,则囿于形器之下,有色有象,止于形而已,故'谓之器'。"③这均表示,在中国古代哲学中,存在聚焦"形而上者"的学术研究传统。

但在《系辞》中,同时还肯定"一阴一阳之谓道",即将形而上的"道"与形而下的"象""器"内在统一起来,奠定了"中国形而上学"的"道象合一"、"道器合一"的基本原则:有形有象的器物是可直接由感官认识的,而器物的本质规定性与支配力量则是无形无象的,但圣人可观"象"以知"道",并非"道"在"象"外,而是"象"乃"气"化,"道"凭"象"显。此种"道"与"器"、"道"与"象"有机统一的思维方式,也被后世学界不断阐发。

如北宋程颢说:"形而上为道,形而下为器。须著如此说。器亦道,道亦器,但得道在。不系今与后,己与人。"④朱熹在论及"一阴一阳之谓道"时,也说:"且如造化周流,未尝形质,便是形而上者,属阳;才丽于形质,为人物,为金木水火土,便转动不得,便是形而下者,属阴。"⑤还说:"形而上者,无形无影是此理。形而下者,有情有状是此器。然谓此器则有此理,有此理则有此器,未尝相离,却不是于形器之外别有所谓理。"⑥明末清初的王夫之也认为:"象者,理之所自著也。……由理之固然者而言,则阴阳交易之理而成象,……象

---

① 孔颖达:《周易注疏》,中央编译出版社 2012 年版,第 373 页。
② 朱熹:《答黄道夫书》,《晦庵先生朱文公文集》卷五十八,四部丛刊初编。
③ 来知德:《周易集注义》,九州出版社 2012 年版,第 456 页。
④ 程颢、程颐:《二程集》,中华书局 2004 年版,第 118 页。
⑤ 黎靖德编:《朱子语类》第六卷,中华书局 1986 年版,第 2390 页。
⑥ 黎靖德编:《朱子语类》第六卷,中华书局 1986 年版,第 2421 页。

成而阴阳交易之理在焉。"①对此"象"、"道"关系,他明确"天下无象外之道",且"象"与"象"可"通而为一",而"道"正在无数器物之运演不息之"象"中得以呈现。因此,相比"形而下"的具体的个别的器物,"道"之"象",乃是变化不息的,同时又是器物发展变化的普遍规定性,即一般性的"物"之"理",因此可谓"形而上"。

整体上,这种"形而上者"寓于"形而下者"的形而上思维,正是中国哲学"穷究天人之际"的形上之学的基本范式。方东美、牟宗三等现代哲人在比较中、西方哲学时,均明确认为《周易》奠定了中国人从"天道与人道"、"天理与事理"的内在关系去探究终极价值本体的思考方式,其理由正在于以儒、释、道为主体的中国哲学在讨论宇宙本根、万物本源、现象本体、价值本源时,从未将这些"形而上者"("天"、"道"、"性"、"理"、"心"),与"形而下者"("物"、"器"、"事"、"象")隔绝分离,而是始终坚持天道与器物、天道与人道、理与事、道与气、理与气、性与心在现实的功用上的统一。因此,中国哲学虽亦有区分"经验—超验"两维的致思传统,但"形而上者"与"形而下者"根本是本体与现象、本体与功用"圆融一体"、"一体两面"的"宇宙论"、"体用论"、"心性论"、"境界论",并无西方哲学多将哲学本源意义的终极实体视为"彼岸存在"、"超绝独存"、"逻辑潜存"的理论传统。

有学者统计,1881年《哲学字汇》译为"形而上学"前几年间,各种"英和字典",都将"Physics"译为"理学"、"性理"、"物理学"、"格物学",将"Meta-physics"译为"性理学"、"超理学"、"心理学"、"心学"。但1890年之后的几部字典如《和译独逸字汇》(1890)、《和译英字汇》(1891)、《英和字典》(1897)则均首先译为"形而上学"②,这也表明井上哲次郎和西周将中国哲学专门讨论"形而上者"的学问与西方哲学的"Metaphysics"相比附,是具有合理性的。

---

① 王夫之:《船山全书》第1册,岳麓书社1996年版,第586页。
② 参见郭欢:《形而上学译名考》,《世界哲学》2019年第2期。

此合理性在于,二者在致思取向上,均不同于对"形"的知识——经验知识、器物知识、格物知识,而是一种对"形而上"的本源、本根、本体的知识。事实上,晚清学者也多习惯从"形而上"、"形而下"去区分"哲学"或"形而上学"与"科学"。除了早期的魏源、冯桂芬、薛福成、李鸿章、张之洞等,严复在其1895 年的《治功天演论》手稿本中,曾将赫胥黎文稿中的"Pure reason"译为"清净之理",并注曰:"此则《周易》所谓'元',孔子所谓'仁',老子所谓'道',孟子所谓'性',名号不同,而其为物则一。"①表明他是从先于经验、超越经验的意义上,来看待中、西方哲学中诸多"形而上者"的一致性。在同一页下的"案语"中,他论及宋儒对形而上的"理"、"气"、"性"范畴,也明确将"理"称为"本体"。之后,刘师培在 1905 年论及"下学"与"上达"两种学问之别时,也认为:"下学即西人所谓形下之器,上达即西人之哲学,所谓形上之道。大学言格物致知亦即此意,曰致知在格物者即上达基于下学之意"②。

但从"形而上者谓之道,形而下者谓之器"去参照理解"Metaphysics",既会让中国学者误以为西方哲学的"Metaphysics"也应该如同本土的"形而上者"之学那样,具有"道器合一"、"理事合一"、"体用一元"的逻辑关系,又会让日本学者、西方学者误以为中国哲学有如"Metaphysics"一般,以超绝经验的"存在"、"实体"为思辨认识的对象。

不过,井上哲次郎和西周没想到的是,在翻译出"形而上学"一词之后,经过一些中国学者的转用介绍,该词在中国学界中竟愈发得到认可。如早在1893 年出版的《英汉字典》中,已经将"Metaphysical"译为"形而上学的"、"心理学的",将"Metaphysical division"译为"形上区分"。将"Metaphysics"译为"形而上学",并同时标注了"哲学"与"心理学"③。在 1902 年在中国出版的

① 严复:《严复全集》第一卷,福建教育出版社 2014 年版,第 60 页。
② 刘光汉:《国学发微》,《国粹学报》1905 年第 1 期。
③ 富翟氏(又名富士德夫人)(Mrs.Arnold Foster, Amy Foster),*An English and Chinese Pocket Dictionary*, *in the Mandarin Dialect*, Shanghai: Edward Evans & Sons LTD, 1916, p.868。

《英华辞典》(*TECHNICAL TERMS ENGLISH AND CHINESE*)中,已有"形而上学"这个词条出现,并明确将之视为哲学范畴①。之后,在1908颜惠庆《英华大辞典》中,在翻译"Metaphysics"时除了用"万有之学"、"超性学",还使用了"形而上学"②,可见当时该词已经被中国学界广泛接受。

(二)"格致后学"、"出形气学"

按照王国维所言,20世纪的前十年,"形而上学"这个概念已经广为学界所知。只是其所表述的内容是否可在中国本土学术中找到对应,却仍未达成共识③。这是因为,整体上,一些学者对"Metaphysics"的汉译与理解,基本上是参照或比较着"Philosophy"的汉译概念进行的。在日本学者井上哲次郎与西周编写的《哲学字汇》出版的1881年之后,当时中国的学术界同时存在着"哲学"、"理学"、"格致学"、"智学"、"希哲学"等词汇④,因而也影响到"Metaphysics"的汉译与理解。

当时在江南制造局任翻译的钟天纬在其《格致论》中,以"理学"统称西方"Philosophy"。他说:"考西国理学,初创自希腊,分为三类:一曰格致理学,乃明徵天地万物形质之理;一曰性理学,乃明徵人一身备有伦常之理;一曰论辩理学,乃明徵人以言别是非之理。"⑤在他看来,西方哲学中同样有与中国哲学类似的"性理之学"。只是,他尚未明确对西方"Metaphysics"予以专名翻译。黄庆澄在《东游日记》(1894年)中则以"哲学"之名来称谓"凡儒学、佛学、老

---

① 陈力卫:《语词的漂移:近代以来中日之间的知识互动与共有》,《21世纪经济报道》2007年5月28日。

② 可参见"中研院"近代史研究所"近代史数位资料库"之"英华字典资料库"。

③ 即便"形而上学"概念已广泛运用,但仍有学者坚持音译方法。如唐钺(1891—1987)在翻译"philosophy"(他译为"斐洛梭菲"或"爱智学")时,还认为,该词第一种意义,就是"哲学本部;'默达斐息'",即仍然用音译的方式。

④ 实际上,西周在1870年的《百学连环》和1872年的《美妙学说》和《生性发蕴》以及1874年的《百一新论》中,已经将"Philosophy"译为"哲学"。(龚颖:《"哲学"、"真理"、"权力"在日本的定译及其他》,《哲学译丛》2001年第3期)

⑤ 钟天纬:《刖足集外篇·格致说》,1932年,第90—91页。

庄之学、基督之学以及各教中有关天地人之理者",显然,此"天地人之理"的讨论即是"形而上学"。

除从上述的"超验之学"、"超感觉之学"、"哲学"、"理学"意涵去理解"Metaphysics"即"形而上学"。在 20 世纪的前十年,尚有另一种颇有影响的认识观念,即主要从"格致后学"、"出形气学"去理解"Metaphysics"。其原因,主要是"Metaphysics"的词汇字面意义即有"后物理学"或"物理之上学"的含义,给人以"超越"物理学等经验知识之思维特点。因而,此时期"形而上学"通常是与"物理学"等经验科学相分列的。

此种认识范式在更早已有所体现。如李鸿章在介绍明末时期以来传入之"西学"时,就强调:"世之说易者,以理为主宰,以气为流行,以数为对待。泰西之学,则以默达费西加说理,费西加说气,玛得玛第加说数。利氏东来,中国始有《名理探》、《几何原本》二书,盖其一说理,其一说数,……盖说气之书,得之试验,以资推测者也。如谓地心吸力悟自坠苹,而奈端之动律出;蒸气涨力推自煮茗,而瓦德之汽机成,固皆推见至隐之事。"[①]在李鸿章的语境中,"默达费西加"即是"Metaphysics",仍是音译,但其内容则明确比附于儒家所谓形而上之"理",而与西方擅长的自然科学相对立。也即,"Metaphysics"与本土"理学",二者在区别自然科学诸学科的地位上是一致的。

19 世纪末"Science"概念传入中国,学界曾一度广泛使用"格致学"一词来表述以物理学、化学、电学为代表的自然科学或器物科学知识,而在"中学"语境中被视为"格物学"的物理学的英文又为"Physics",所以当时学者亦直接将"Metaphysics"意译为"格物后学"。如 1889 年颜永京在所译的《心灵学》("Mental Philosophy")中,将 Philosophy,Human Knowledge,Natural Science 都译作"格致学",而将"Metaphysics"译为"格物后学"。如在书中有:其一,"格致学者,阐明物质与人事之缘由",原文为:"Philosophy…denotes the investigation

---

① 李鸿章此文被录于 1898 年陈忠倚辑的《皇朝经世文三编》,参见赵中亚:《从九种〈皇朝经世文编〉看晚清自然科学认知的变迁》,《安徽史学》2005 年第 6 期。

and explanation of the causes of things。"（哲学是指对事物原因的研究和说明）；其二，"格致学有二：曰格物学，曰格物后学"，原文为："Of the two grand departments of human knowledge-the science of matter and the science of mind-the former…is known under the general name of physics；the latter…is often designated by the corresponding term…Metaphysics。（人类知识有两大分科：关于物质的科学和关于心灵的科学，前者通称为物理学，后者则常以一相应的词名之为后物理学，即形而上学。）"①只是，作为不同于物理学之"格物后学"究竟何指，当时学界的理解与界定尚不统一。

如梁启超在1902年的《格致学沿革考略》中，则明确使用"形而上学"一词，来称谓不同于自然科学的某种知识类型。他写道："学问之种类极繁，要可分为二端。其一，形而上学，即政治学、生计学、群学等是也。其二，形而下学，即质学、化学、天文学、地质学、全体学、动物学、植物学等是也。吾因近人通行名义，举凡属于形而下学，皆谓之格致。"②可见，他是将各种非自然科学的某些知识系统均归为"形而上学"。

梁启超以"形"为界区分各种学问知识，实际是当时中国学界通行的做法。如1902年第8期出版的《新世界学报》，在与梁启超讨论学问类型时，即从"有形"、"无形"的标准，将各种学问知识区分为"有形之学"与"无形之学"。但他们对"无形之学"的界定，与梁启超的"形而上学"大致相当，却与"Metaphysics"汉译无关。而1902年12月创刊的《大陆》杂志，在介绍中、西学问时，则明确使用了"形上"之学、"形下"之学的提法。不过，他们批评梁启超对某些学问的理解，其在1903年3月刊发的体现编辑观点一文中，也使用了"形而上学"一词，如他们说："西人形而上学之进步，皆形而下学之进步有以致之也。今欲学其形上之学，而舍其形下之学，是无本之学也，而何学之与有？而何文学之与有？而'支那人'之性质，就虚而避实，畏难而乐易，喜言文学，

---

① 转引自陈启伟：《"哲学"译名考》，《哲学译丛》2001年第3期。
② 梁启超：《饮冰室合集》文集第四册，中华书局2015年版，第978页。

对科学不乐道,无有根底之学。"①根本上,他们理解的"形而上学",则是不同于"(自然)科学"的"文学"。

而刘师培在1905年论及西方学术时,对"形而上"之学的界定,也是以"有形"、"无形"为标准。他在《心理学史叙》中说:"吾尝观泰西学术史矣。泰西古国以十计,以希腊为最著。希腊古初有爱阿尼学派,立论皆基于物理(以形而下为主),及伊大利学派兴,立说始基于心理(以形而上为主),此学术变迁之秩序也(见西人《学术沿革史》及日本人《哲学大观》、《哲学要领》诸书)吾观炎黄之时,学术渐备,然趋重实际,崇尚实行,殆与爱阿尼学派相近。夏商以还,学者始言心理。"②可见,他所谓"心理"即是中国古代哲人注重的"心性",而此"心性之学"当然也是他理解的"形而上"之学。

上述学人对"形上学"、"形而上学"概念的运用与理解,主要是受日本的影响。当时日本学界,就多将"Metaphysics"理解为"物理外学"、"无形理学"等不同于自然科学的"无形学"、"抽象学"。例如西周在《生性发蕴》中就将"Metaphysics"视为超越"物理"的"形而上"之学说。在此文稿中,他将"Meta"释为"超越"、"Physics"释为"体",因而此学根本是一种"论述心性上之理超越万有之理的另一种理论"。不过,日本学界之后在使用"形而上学"一词时,多习惯从"有体"与"无体"、"有形"与"无形"去划定其与"形而下学"的边界。③

典型的是中村敬宇(1832—1891)对西方学问的界定:"西洋开化之国的学问分为性灵之学即形而上学与物质之学即形而下学两项。文法之学、论理之学、人伦之学、政事之学、律法之学、诗词乐律绘画雕塑文艺等属于性灵之学,万物穷理之学、工匠机械之学、精炼点化之学、天文地理之学、草本药性之学、稼穑树艺之学属于物质之学。"④

---

① 《论文学与科学不可偏废》,《大陆》1903年第3号。
② 刘光汉:《周末学术史叙·心理学史叙》,《国粹学报》1905年第1期。
③ 郭欢:《形而上学译名考》,《世界哲学》2019年第2期。
④ 刘岳兵:《中村敬宇的儒学思想》,见《中国儒学》第二辑,商务印书馆2007年版,第387页。

只是,用"形而上学"表述与"物理学"为代表的"格物学"不同的"格物后学",虽然可在一般意义上凸显"非物质之学"的人文科学、社会科学的特殊性,但却显然过于宽泛,而不能准确表述"Metaphysics"的一般含义。事实上,井上哲次郎与西周在将"Metaphysics"译为"形而上学"后,也逐渐认为此译法存在问题。因而在《哲学字汇》第三版,"形而上学"词条被解释为:"形而上学或超物理学,形而上学名称取自《易·系辞》,但作为'Metaphysik'的译语不恰当,近时有超物理学这个名词为代替之趋势。"①只是,此处的"超物理学"却非梁启超理解的与"物理学"、"化学"等"器物科学"相对的"抽象科学",而是依亚里士多德本意的"纯正哲学"、"第一哲学"、"最高科学"。

而若将梁启超对"形而上学"概念的运用视为个例。回到上文颜永京所译"格物后学"或"格致后学"之处,我们仍然会发现此种"格义"存在的问题。也即是,"格物后学"或"格致后学"虽突出了"Metaphysics"的"超(物)形(物)性学"的"超验"品格,但此概念中的"格物"、"致知"根本出自《大学》,从而使得"格物后学"或"格致后学"极易被限定于"八条目"——"格物、致知、诚意、正心、修身、齐家、治国、平天下"的儒学心性道德逻辑。这样,尽管"知是知非"的道德判断与伦理知识亦可称"格致后学",但却与"Metaphysica"超越"physics",以理性探究宇宙万物终极本质,以概念分析探讨存在本身的"最高科学"定位完全不同。这样,以"格致后学"去理解"Metaphysics",不但无法呈现其本义,反而将"Metaphysics"嵌套在本土"性理之学"、"心性之学"的逻辑之中。

正如上文所言,鸦片战争之后,以"天道心性之学"为"形上之学",以区别"形下之学"的格致科学,已成为士人阶层的共识。只是,此"形上之学"虽不同于格致科学,但与作为"物理后学"或"物理上学"的"Metaphysics"亦不相同。因而,他们理解的"形上之学"与"形下之学"的关系,亦非亚里士多德理

---

① 转引自郭欢:《形而上学译名考》,《世界哲学》2019年第2期。

解"具体科学"和"最高科学"的关系,而是基于本土特殊的"体用论"、"道器论"范式,以"天道心性"为"体",以格致科学为"用"。可见,晚清学人视为与"格致科学"相对的"形而上学",完全没有"科学"的属性。

而这种将"科学"与"形而上学"分置的立场,被严复强化到极致①。他曾在《天演论》中将希腊哲学专门探讨"天地元始、造化真宰、万物本体"等"不可思议之理"的学问称为"理学"②,在1897—1900年翻译亚当·斯密的《原富》时,将"Metaphysics"翻译为"神理之学"③。在《穆勒名学》(1900—1902年翻译,只译了半部)中除了音译为"美台斐辑",还意译为"出形气学"。之后还说:"理学,其西文本名谓之出形气学,与格物诸形气学为对,故亦翻神学、智学、爱智学,日本人谓之哲学。顾晚近科学,独有爱智以名其全,而一切性灵之学则归于心学,哲学之名似尚未安也。"④

在严复看来,"Metaphysics"类似于宋明时期程朱陆王代表的"理学"。他说:"吾闻泰西理学,自法人特嘉尔之说出,而后有心物之辨,而名理乃益精。自特以前,二者之分皆未精审。故其学有形气,名斐辑。美台斐辑者,犹云超夫形气之学也。而柏拉图学派,至以心性之德同于有形,亚理斯大德亲受业其门,则无怪以物概之矣。"⑤显然,他是从宋明理学侧重讨论何者为形上本体之范式,去理解"美台斐辑",并认为西方"出形气学"乃与"宋明理学"本质相类。

进而,他基于"Metaphysics"字面含义——"超物理学",将作为"出形气

① 学界多认为严复是最早将"Metaphysics"译为"形而上学",但中华书局出版的《严复集》(1986年版)与《〈严复集〉补编》(2004年版)中均没有出现该词。而唯一一处出现此词,是该集第四册按语中的1070页《穆勒名学》中西译名表"中,有"理学:Metaphysics,按即玄学,亦称形而上学。"但此处的中西译名乃是根据商务印书馆在1921年前排印的铅字版基础上重新排印的"严译名著丛刊"中的表所来,而此表当是商务印书馆的编辑对于严复所译的一些英文单词用1921年时流行的译法进行重新解释,而并非严复所作。
② 严复:《严复集》第五册,王栻编,中华书局1986年版,第1366页。
③ 严复:《严复集》第四册,王栻编,中华书局1986年版,第905页。
④ 严复:《穆勒名学》,商务印书馆1981年版,"引论"第12页。
⑤ 严复:《穆勒名学》,商务印书馆1981年版,"引论"第45页。

学"的"宋明理学"与格致科学严格区分开来,完全将本土"形而上学"和"事实真理"、"知识真理"割裂开来。究其因,是他彻底的经验主义立场,以及对"Metaphysics"合法性危机的认识,促使他同样将本土"理学"视为"循空文而高谈性理①"的"虚玄"之说。尤其是,他明确反对时人的"中体西用"说,主张科学文明本身乃是"形而上之体"与"形而下之用"的统一体。这样,既然需引进"形而下"的科学器物技术以实现富强目标,自然同样要引进"形而上"的"科学之道"。显然,后者必然会直接冲击并拒斥本土儒、释、道各派众说纷纭的"形上之道"。

事实上,在严复之前,也有一些日本学者将"Metaphysics"译为"超理学"②。这表明,他们均将"Metaphysics"与"天道心性之学"视为一类,并明确了其与专门研究"形而下者"的器物科学、自然科学之不同。而从"超物理学"、"格致后学"、"出形气学"去理解"天道心性之学",虽将此学与"科学"区别开来,凸显了其抽象性、超验性特点。但同时,亦将其与各种经验知识割裂起来,既背离了作为"最高科学"与"第一哲学"的"Metaphysics"之"物理后学"本义。同时,又与"天道心性之学"本身"体用一元"、"道器合一"的观念传统相背离,因而不能真正准确地表达中国哲学的核心理路。

二、近代早期对"形而上学合法性"问题的理解

(一)概念比附与形而上学合法性危机的嵌入

王国维在讨论1900年之后逐渐传入的新概念时,指出:"言语者,思想之代表也,故新思想之输入,即新言语输入之意味也。"因此,新旧言语间,就存在内涵之"广狭精粗之异"。而若本土言语之不足用,为了学术之沟通进步,

---

① 郑观应:《郑观应集》,夏东元编,上海人民出版社1982年版,第243页。
② 冯天瑜:《汉字术语近代转换现象辨析——以"经济"、"形而上学"为例》,《哈尔滨工业大学学报(社会科学版)》2012年第2期。

不得不造"新名"①。但他没认识到，外来语言的翻译、学术概念的新造，与本土原有概念系统之互动关系，并不仅有"广狭精粗之异"，甚至会产生译词概念的"透镜效应"。

也即是，作为"Metaphysics"的译词，"形而上学"的创制不可避免地预设了对译概念本身的词汇结构、字面语义，甚至嵌入了译者所处时代的知识观念与问题意识。因此，在跨文化、跨语言语境中使用该词时，必然会造成使用者首先要基于汉语哲学的概念语义、经典诠释、词汇结构、思维习惯构成的知识载体与知识框架，去理解对译概念。也只有在此基础上，才能逐渐填充西学语义，替代中学语义。但由于对西方哲学理解认识的角度、深度等的差异，以及中、西哲学比较的立场、原则不同，就会造成一种独特的"词义叠加"、"对象错位"、"内涵覆盖"现象，形成一种独特的"概念的透镜"效应。

由上文可知，传教士使用的"超心性学"、"超性理学"本意是凸显中西之别，以论证西学较中学高明，此类译名也是专称 Metaphysics 的西学"专名"。但其"超形"、"超感觉"、"超经验"的学术特点，却成为之后学人们论证"天道心性之学"较科学知识高明的主要依据，因而"格致后学"、"格物后学"、"物理后学"这种新的"专名"就变成了"共名"。

王国维在 1906 年的《奏定经学科大学文学科大学章程书后》中，曾就为何不设"哲学"科有过讨论。他指出，张之洞等之所以"必以哲学为无用之学"，恰因此学被理解为是一种类似西方"格致后学"、"格物后学"、"物理后学"的"形而上学"。也正是当时一些学人持"以西律中"的立场，因而此学也遭遇被"废斥"之命运。②

之后，章太炎对使用西方哲学的译词，尤其是使用"哲学"一词持审慎态

① 王国维：《王国维文学美学论著集》，上海三联书店 2018 年版，第 122 页。
② 王国维：《奏定经学科大学文学科大学章程书后》，《东方杂志》1906 年第 3 卷第 6 期。

度。他虽认为西方哲学也有"形上形下二涂",但却提醒说:"哲学者,一混沦无圻堮之名。以通言、别言之异。而袤延之度亦殊。"①显然,章太炎的"通言"即是哲学"共名","别言"即是哲学"专名"。只是,他的提醒并没有得到学界重视。本是作为"通言"、"共名"的"形而上学"一词,却被一些学人作为理解、评价中国哲学的类型学问的"标准模型"。

随着当时对西学了解的愈加深入,学界已经明确以"Metaphysics"为"标准模型"来界定"形而上学"。在1911年出版的《普通百科新大词典》中,明确列有:"形而上学是就考究形而上之对象(即实在)对于考究形而下之对象(即现象)言。"在1911年卫礼贤的《德英华文科学字典》中,将德文"Metaphysik"与英文"Metaphysics"同列,并均译为"形而上学"与"性理"之学。② 1916年出版的《赫美龄官话》中,也将"Metaphysical"译为"形而上学的"、"心理学的",将"Metaphysical division"译为"形上区分"。将"Metaphysics"译为"形而上学"③。而在1926年由樊炳清所编的《哲学辞典》中,已经详细地列出了三种"形而上学"概念的解释,认为"形而上学",在普遍的意义上与"哲学"相同,狭义上是指"本体论",第三种解释即是对于一切形而上的"实在"的研究理论,即是"形而上学"④。

可见,在汉语哲学语境中,"形而上学"本是专门称谓"Metaphysics"的"专名",且其理论形态主要有"存在论"、"本体论"、"宇宙论"三种。但是,一些学者使用"本体论"时,并没有认识到该词乃是翻译"Ontology"的"专名",而用其来称谓中国哲学史中各种讨论"天人"、"本末"、"心性"、"体用"、"道器"、

---

① 章太炎:《规新世纪(哲学及语言文字二事)》,《民报》,第21—26号,科学出版社影印1957年版。

② 卫礼贤(Wilhelm, Richard), *Deutsch - Englisch - Chinesisches Fachwörterbuch*, Tsingtau: Deutsch-Chinesischen Hochschule,1911,p.327。

③ [德]赫美玲(Hemeling, Karl Ernst Georg), *English - Chinese Dictionary of the Standrd Chinese Spoken Language and Handbook for Translators*, Shanghai: Statistical Department of the Inspectorate General of Customs,1916,p.868。

④ 樊炳清:《哲学辞典》,上海商务印书馆1926年版,第244页。

"理气"关系的学问时,就遮蔽了二者的差异。没有认识到"本体论"的"共相"之下,实际有西方"Ontology"与中国"体用论"两种"殊相"。

"Ontology"最早由德国经院哲学家郭克兰钮(Rudolf Gocleniu's)在 1613 出版的一本哲学辞典中使用,表述研究"在"的哲学。① 也有学者指出,一位不知名的作者 Jacob Lorhard(1561—1609)在 1606 年出版的 Ogdoas Scholastica 一书中已经使用了"Ontology"②。之后,沃尔夫使用了"Ontologia"来表述"Metaphysicas",他对这个词的定义是:"关于一般性'在'就其作为'在'而言的科学",其目的是研究"所有'在者'本身的最一般的特性。"所以,西方哲学语境中,"Ontology"通常指是关于存在("to on")的理论("logos"),意指"关于存在的科学",也可以表示"关于诸存在物的科学",也是研究"存在物"(实体)的理论。应该说,"Ontology"完全体现了"Metaphysics"专门研究"存在"、"存在之所以存在"的研究特点。

并且,"Ontology"本质上,是有着"研究存在(to on)的科学(logos)"之内涵③,并且是基于拉丁文之语言结构、西方语言文字的语义逻辑,而展开的概念分析、命题推导、知识论证系统。所以,即便有学者据此认为,"Metaphysics"卷正是讨论"本体的原理与原因"的"本体之学",并从"本体"去翻译亚氏原文:"有些事物被称为'是'者,因为他们是本体,有的是因为本体的演变,有的因为是实践本体的过程,或是本体的灭坏或阙失或是质,或是本体的制造或创生,或是与本体相关系的事物,又或是对这些事物的否定,以及对本身的否定。"④但无论是亚里士多德的研究语境还是"Metaphysics"的研究语境,"本体"概念都具有明确的西式内涵。

---

① 高建平:《关于"本体论"的本体性说明——兼与朱立元先生商榷》,《文学评论》1998 年第 1 期。
② 张志伟主编:《形而上学读本》,《编选说明》,中国人民大学出版社 2007 年版,第 4 页。
③ 张志伟:《何谓"中国哲学的形而上学"——从西方哲学的视角看》,《中国现象学与哲学评论》2018 年第 1 期。
④ 亚里士多德:《形而上学》,吴寿鹏译,商务印书馆 1959 年版,第 57 页。

　　而中国古代讨论的"本体"则主要有宇宙万物的本根、本源之意,以及宇宙的本然实存、终极实质之意,更类似于一种沃尔夫所说的"宇宙(本体)论",或根本是一种独特的"体用论"①。"中国形而上学"中的"天"、"道"、"性"、"心"、"气"、"理"等等"本体",从来都是内在于器物、功用、心性、人事之中,形成"天人合一"、"理事合一"、"道器合一"、"体用合一"的理论范式。因此,梁漱溟、张东荪、张岱年等哲人也均认为中国哲学没有"超绝"现实之外的独立本体,即没有"Ontology"那种知识性、逻辑性、概念性的"本体论"系统。

　　只是,20世纪早期的诸多学者出于各种原因,并没有深入地辨析"Metaphysics"、"Ontology"与本土"天道心性之学"之差异性,而是径直以"Metaphysics"、"Ontology"来规定"形而上学"、"本体论"。因而以"形而上学"、"本体论"称谓本土之学时,就将"Metaphysics"、"Ontology"合法性危机嵌入、传导、蔓延至"形而上者"之学。

　　按王国维所言,当时一些学者的立场非常明确,即是将"形而上学"、"本体论"这种中、西哲学共有之学问,视为以"自由意志"、"绝对实体"、"超绝本体"为对象的虚玄之说。由此造成的影响即是,从19世纪末至20世纪初开始,"形而上学"合法危机的魔咒,就始终引发中、西哲学的优劣比较,并始终伴随以"天道心性之学"为理论基础的中国哲学的近现代转型进程。

　　这种对"天道心性之学"的反省,早已体现在章太炎那里。在1899年的《视天论》中,他就否认所谓超越的主宰存在:"夫大均播物,气各相摄。月摄于地,地摄于日,日复摄于列宿,其所以鼓之、舞之、施之、推之者,其用大矣,按视此苍苍者为?"②既然宇宙星辰不过是物质世界,自然现象不过是物质的运动,当然也没有所谓执掌福祸,主宰一切的造物主,"则天固非有真形,而假号

----

　　①　俞宣孟认为"Ontology"所指的内容是以"是"为其核心范畴的、逻辑地推论出来的范畴体系。其与"本体论"一词在汉语中的关于本根、本体、体用等的学说完全不同。向世陵、贡华南也通过梳理中国古代哲学指出"本体论"与"Ontology"不同。
　　②　朱维铮、姜义华:《章太炎选集》,上海人民出版社1981年版,第41页。

为上帝者,又安得其至大之尽限而以为至尊也。……则上帝灭矣。孰能言其造人与其主予夺殃庆耶?"①所以,他明确主张以"科学的宇宙观"、"物质的宇宙观"来替换旧的宇宙观、造物说。

虽然,章太炎也承认执着探求某种绝对的、永恒的"形而上者",乃是人类的超越意识与价值理性的内在诉求。如他说:"下至天教,执着耶和华为造物主,可谓迷妄,然格以自然之分也,所误特在体相,其由果寻因之念固未误也。"②但他却拒斥各种充当超验性、必然性、绝对性的"本体"存在,对于古人设定的"天理"、"天道"、"本心"等"形而上者",亦明确否认。他明确强调:"那墨子的天志说,董仲舒所说的'道之大原出于天',陆子静所说的'东海有圣人焉,此心同此理同,西海有圣人焉,此心同此理同',都是凭空妄想的话。"③

而在 20 世纪的前几年,尤其是 1902—1908 年,国内学界对西方哲学"Metaphysics"、"Ontology"之类的"形而上学"的对象、论域、方法已经比较了解。"形而上学"也开始与"存在"、"本体"、"实体"、"实在"等新概念关联起来,成为专门探讨此类特殊对象的思想学问,并被解释为"存在论"、"宇宙论"、"本体论"等。应该说,这种译介更符合"Metaphysics"的原义。并且当时,一些学者也已经从"自由意志"、"上帝存在"、"灵魂不死"等来理解"形而上学"的研究对象,并将"自由意志"、"绝对实体"、"终极本体"等范畴与经验知识、充足理由律、语言概念的有限性相区分,以凸显其"超验"品格。可以说,自此之后直至"科玄论战"时期的学术界,尤其是各类报刊上的哲学类文章与哲学讨论,学人们都是将"形而上学"视为"Metaphysics"之译词,用来表述西方哲学中的一种特殊形态之学问。

以《东方杂志》为例,《奏定经学科大学文学科大学章程书后》(1906)、

---

① 朱维铮、姜义华:《章太炎选集》,上海人民出版社 1981 年版,第 45 页。
② 章太炎:《章氏丛书》,(台北)世界书局 1958 年版,第 961 页。
③ 章太炎:《章太炎的白话文》,(台北)艺文印书馆 1972 年版,第 50—51 页。

《平等说与中国旧伦理之冲突》(1906)、《宇宙连续论》(1913)、《加藤弘之天则论》(1913)、《外国大事记》(1914)、《布格逊哲学说之批评者》(1914)、《科学界之新知识》(1916)、《罗素论唯物史观》(1920)、《哲学概论》(1920)、《宗教论》(1921),《实验主义的哲学》(1921)、《德国哲学家文得尔班之学说》(1921)、《俄罗斯文学和社会改造运动》(1922)、《康德和爱因斯坦》(1922)、《杜里舒学说概观》(1923)、《现代之美学》(1924)、《立伽脱之生命哲学及其批评》(1924)等代表的数十篇文章,其中使用的"形而上学"概念,均是指"Metaphysics"。

此外,《时事新报》、《新青年》、《民国日报》等自20世纪10年代至"科玄论战"前后,刊登的上百篇哲学类的有关文章,其中的"形而上学"概念几乎都是指"Metaphysics"。例如,《时事新报》1915年曾刊文介绍当时上海的各大学授课内容,其中"交通部上海工业专门学校"、"复旦公学"、"震旦学院"、"大同学院"等中办大学课程设置中有"哲学"课程,而介绍"圣约翰大学"课程时,则有"形而上学"。而从当时的《广学会广告》(1913)、《人类和平根本观》(1919)、《科学与哲学宗教三者之类似点》(1920)、《教育的形而上学》(1921)、《人类学界之达尔文》(1921)、《近代哲学家》(1921)、《哲学家究竟探求些什么》(1921)、《西洋哲学派别》(1922)、《杜理舒哲学浅说》(1922)、《近代哲学史》(1923)等十年的报刊文章来看,其中的"形而上学"都是指"Metaphysics"那样的西式学问。

但是,这种"存在"、"本体"、"实体"在词典中多被赋予了宇宙本根、本质、本源的"基质"特性,而中国哲学里同样有讨论宇宙存在、万物本根、自然本体的天道论、本根论、体用论,因此,作为西学"专名"的"形而上学"就转化为同时指称中学相似学问的"共名"。而以此完全西方样态的"形而上学"来"反向格义",即认识评价中国哲学时,就将"天道心性之学"简单视为在"'中国的'形而上学"。所以,过度强调译自"Metaphysics"的"形而上学"的"超验"特质,反而会将与之比附的本土"天道心性之学",彻底划在科学知识与器物世界之外,并因其"无用性"、"超越性"的自诩,而被思想界不断质疑与否定,导致本土哲学也岌岌可危。

如当时的留日学生就批评中国士大夫们:"其始以为天下之学尽在中国,而他国非其伦也;其继以为我得形上之学,彼得形下之学,而优劣非其比也;其后知己国既无文学更无科学,然既畏其科学之难,而欲就其文学之易,而不知文学科学固无所谓难易也。"①还如1902年报刊中曾有人强调:"形而下者之学,其基础属于有形事实,以五官观察之,则其所知觉,亦不见有所径庭,其理论亦不见得有所轩轾,而其进步则速疾也。"但是,"若形而上者之学,其基础属于无形智识,用理想考察之,则其理解固不必皆同,其理论亦非能一律,而其进步颇缓慢也"②。

同年,林祖同在其所译日本学者《论理学达恉》的出版所作序中,也明确表示对作为"天道心性之学"的形而上之学的不满:"泰西哲学,论理学其滥觞也。东邦维新以来,著述盈车,而吾中国独缺如焉,时势岌岌,非仅形而下之学所能补救,而况形而下者形而上者之支流。不入虎穴焉得虎子,中国变法数十年无一效,或犯此耳。"③而即便是早期致力于以科学改造儒学仁心本体的康有为,也改变了对"形上之道"的态度,在1905年《物质救国论》中,他以"欧美今日之盛,不在道德而在工艺"为由,认为当时国内,"空谈名理,妙解文学,多在形而上者,而不屑形而下者,国弱民贫皆在于此"④,并明确批评本土"形而上者"之论根本是一种"空论之学"。

可是,当时的学者并没有充分认识到,用翻译"Metaphysics"的"形而上学"一词来指称并解释中国哲学时,所引起的认识错位。而这种理解"中国形

---

① 转引自罗志田:《走向国学与史学的"赛先生"——五四前后中国心目中的"科学"一例》,《近代史研究》2000年第5期。

② 《那特硁政治学小引》(集录),《选报》1902年第17期。转引自张帆:《"有学""无学"之辨:20世纪初"科学"标准下的中学自省》,《中山大学学报(社会科学版)》2010年第4期。

③ 林祖同:《序言》,见[日]清野勉:《论理学达恉》,林祖同译,上海文明书局1902年版。

④ 康有为:《康有为全集》第7集,中国人民大学出版社2008年版,第419页。

而上学"的流行观点,实际上仍是以西学的"殊相"为"标准模型",自然难免引起传入中国的早期的康德批判哲学,以及之后的经验主义、科学主义、逻辑实证主义等学派的拒斥与批判。

(二)"旧的形而上学"与"辩证法"的对立

当然,追溯20世纪中国学界对"形而上学"合法性问题的讨论,除了上述拒斥阵营之外,也不应忽略马克思主义阵营的影响。而早期马克思主义者们,主要是受到作为马克思主义创始人恩格斯的影响,并将"形而上学"判定为一种僵化的、静止的、片面的认识方法和思维方法,在之后的思想界、学术界掀起"拒斥形而上学"的狂飙巨浪。

德国哲学家黑格尔,将康德之前的西方哲学史中的"形而上学"称为"旧的形而上学",认为其主要有三方面特征:第一,认为抽象的、孤立的思想概念本身自足;第二,用知性的规定去处理像灵魂、世界、上帝这样的理念;第三,按照这种有限规定的本性,他们总是要在两个相反的论断之中,肯定其一必真,而另一必错。在此意义上,他将"旧形而上学"称为"知性形而上学的独断论"。并将其与自己的"'思辨哲学'的形而上学"相对。如他说"知性形而上学的独断论主要在于坚持孤立化的片面的思想规定,反之,玄思哲学的唯心论则具有全体的原则,表明其自身足以统摄抽象的知性规定的片面性。"①并且,这种"旧的"、"独断论"的"形而上学"还被他视为一种错误的思维方法而加以批判。在《哲学史讲演录》中专门论及"笛卡尔的形而上学"时,黑格尔指出:"笛卡尔的自然哲学纯粹是机械论的;所以他把一切关系归结为静止和运动,把颜色、滋味等一切物质差异性都归结到机械作用,即微粒子的运动。因此物质的变化仅仅是运动,因此他必须把一切形体特性和动物现象统统归结到机械作用。"②

① [德]黑格尔:《小逻辑》,贺麟译,商务印书馆1981年版,第101页。
② [德]黑格尔:《哲学史讲演录》第四卷,贺麟、王太庆译,商务印书馆1983年版,第89页。

之后,黑格尔的观点被恩格斯继续阐发。恩格斯说:"旧的研究方法和思维方法,黑格尔称之为'形而上学的方法',主要是把事物当做一成不变的东西去研究。"①在恩格斯看来,以往的"形而上学的考察方式",尤其是"形而上学的方法"、"形而上学的范畴"在某些方面仍然有效。但是他也明确强调,"形而上学的方法",一旦超过"界限",就会变成片面的、狭隘的、抽象的,并且陷入无法解决的矛盾局限性。而"辩证法"则是对这些"旧的研究方法"的扬弃。

马克思主义者将从辩证的、运动的、发展的、联系的方法去把握宇宙本质的方法称为"辩证法"。恩格斯指出:"辩证法不过是关于自然、人类社会和思维的运动和发展的普遍规律的科学。"②并认为,这种方法是解决全部哲学特别是近现代哲学的重大的基本的问题(思维和存在的关系问题)的根本方法。马克思也指出:"辩证法在对现存事物的肯定的理解中同时包含对现存事物的否定的理解,即对现存事物的必然灭亡的理解;辩证法对每一种既成的形式都是从不断的运动中,因而也是从它的暂时性方面去理解;辩证法不崇拜任何东西,按其本质来说,它是批判的和革命的。"③基于"辩证法",马克思将"形而上学"视为在"想象"中脱离生活的性质和根源的"哲学意识",否认所谓的"理念世界",拒斥古代"形而上学"以往对宇宙终极统一性的解释传统。他将物质生产实践视为人的"整个现存的感性世界的基础"。所以,古代"形而上学"所讨论的"存在"问题,根本应在客观世界与社会发展的过程中去把握。马克思也强调:"因为人和自然的实在性,即人对人来说作为自然界的存在以及自然界对人来说作为人的存在,已经成为实际的、可以通过感觉直观的,所以关于某种异己的存在物、关于凌驾于自然界和人之上的存在物的问题,即包

---

① 《马克思恩格斯选集》第4卷,人民出版社2012年版,第251页。
② 《马克思恩格斯选集》第3卷,人民出版社2012年版,第520页。
③ 《马克思恩格斯选集》第2卷,人民出版社2012年版,第94页。

含着对自然界的和人的非实在性的承认的问题,实际上已经成为不可能的了。"①

在马克思看来,科学的解释系统,"它不是在每个时代中寻找某种范畴,而是始终站在现实历史的基础上,不是从观念出发来解释实践,而是从物质实践出发来解释观念的形成。"他批判抽象的脱离社会现实与物质实践的观念论和认识论。而是主张"新的实证科学",应该"从直接生活的物质生产出发阐述现实的生产过程,把同这种生产方式相联系的、它所产生的交往形式即各个不同阶段上的市民社会理解为整个历史的基础,从市民社会作为国家的活动描述市民社会,同时从市民社会出发阐明意识的所有各种不同的理论产物和形式,如宗教、哲学、道德等等,而且追溯它们产生的过程。"②

之后,列宁发展了辩证唯物主义的存在观、物质观、认识观,明确"物质是标志客观实在的哲学范畴,这种客观实在是人通过感觉感知的,它不依赖于我们的感觉而存在,为我们的感觉所复写、摄影、反映"③。这种对思维和存在的关系的经典总结,明确了马克思主义的基本立场,即宇宙万物发展变化的真理,只能在认识、实践、再认识、再实践的客观实践活动中而非任何其他的思维活动中才能被把握。所以,按海德格尔(Heidegger)所言:"随着这一已经由卡尔·马克思完成了的对形而上学的颠倒,哲学达到了最极端的可能性。哲学进入其终结阶段了。"④但事实上,马克思主义者对"辩证法"与"旧的形而上学"间张力的阐发,对中国古代"形而上学"的合法性冲击同样是影响深远的。

1906年恩格斯的《社会主义从空想到科学的发展》翻译成日语时,其中"形而上学"一词所表述的,正是与"辩证法"相对立的错误的思维方式、思维

---

① 《马克思恩格斯文集》第1卷,人民出版社2009年版,第196—197页。
② 《马克思恩格斯选集》第1卷,人民出版社2012年版,第171页。
③ 《列宁专题文集·论辩证唯物主义和历史唯物主义》,人民出版社2009年版,第35页。
④ [德]哈贝马斯(Jürgen Habermas):《后形而上学思想》,付德根等译,译林出版社2001年版,第27页。

方法的含义。1912 年恩格斯的文章翻译成汉语,早期中国的马克思主义者也明确将"旧的形而上学"视为一种与"辩证法"对立的、片面的错误思维与错误方法,甚至在之后的马克思主义研究者看来,"形而上学"已经是被马克思主义哲学"终结"了的哲学形态①。

随着之后的马克思主义者在"新文化运动"、"科玄论战"等论战中逐渐扩大影响,自 20 年代开始,这种对"形而上学"的批判与拒斥之影响也越来越大。在 1933 年出版沈志远的《新哲学词典》和 1939 年出版艾思奇的《研究提纲》中,他们对"形而上学"概念的理解,正是恩格斯批判"Metaphysics"时所界定的基本含义。②

例如,作为 20 世纪上半叶非常有影响力的马克思主义哲学的研究专家,艾思奇就强调"辩证法"与"形而上学"的冲突关系,一定程度上扩大了马克思主义阵营拒斥"形而上学"的影响。他强调"辩证法"的主要规律首先是肯定"事物的有机联系",宇宙万物都是"有机的互相联系着,形成一个不可分割的整体。"但"形而上学"则"认为世界的事物都没有联系"③。"辩证法"规律还肯定"事物的自己运动发展的规律"。其目的要研究"哪些事物是发展的或消灭的及其发展和消灭的原因"。其方法是,"首先是因为事物本身内部包含着变化的原因,其次是这一事物与那一事物的联系造成的外来的促进变化的条件,而事物内部的原因则是根本的"④。

所以"辩证法"是要研究时时变化的对象的发生、发展、消灭的过程,以及

---

① 近 20 年中国马克思主义的研究者则认为,黑格尔的"辩证法",在批判传统的形而上学的同时,却实现了形而上学与辩证法的"合流"(参见白刚:《黑格尔概念辩证法的形而上学本性》,《天津社会科学》2010 年第 2 期),实际陷入"非批判的形而上学"(孙正聿:《马克思辩证法理论的当代反思》,人民出版社 2002 年版,第 136 页)。

② 但早期马克思主义者并不绝对遵循此种解读范式。如陈独秀在 1923 年为《科学与人生观》做的"序"中即说:"社会科学中最主要的是经济学、社会学、历史学、心理学、哲学。"并解释"哲学"为"这里所指是实验主义的及唯物史观的人生哲学,不是指宇宙本体论的玄学,即所谓形而上学的哲学。"

③ 艾思奇:《大众哲学》,人民出版社 2009 年版,第 136 页。

④ 艾思奇:《大众哲学》,人民出版社 2009 年版,第 148 页。

它处在发展中的条件、地位等。而"形而上学"认为事物的发展变化"只有位置的移动和数量的增减",因而无法全面"说明"、"揭示"事物的各种变化,所以"形而上学的发展观是与客观事实的发展规律不一致的。用形而上学的方法来看事物的变化发展,是不能得到正确的认识"。① 正因为"形而上学的发展观是违背客观事实的规律的",由此,艾思奇明确反对"形而上学的方法"——"将研究的东西看做是一成不变的东西",或把事物变化原因"完全归之于外力"。

毛泽东在其思想早期,也受"辩证法"影响很大。他认为万事万物都存在"矛盾"的对立,且矛盾存在于一切事物的发展始终。他曾明确批判"形而上学的宇宙观",认为:"所谓形而上学的或庸俗进化论的宇宙观,就是用孤立的、静止的和片面的观点去看世界。"这种形而上学宇宙观的问题在于,"他们简单地从事物外部去找发展的原因,否认唯物辩证法所主张的事物因内部矛盾引起发展的学说。因此,他们不能解释事物的质的多样性,不能解释一种质变为他种质的现象。这种思想,在欧洲,在十七世纪和十八世纪是机械唯物论,在十九世纪末和二十世纪初则有庸俗进化论。"②

基于唯物主义的原则,毛泽东主张科学的"实体的宇宙观",应该是肯定宇宙万物普遍存在联系、普遍存在矛盾、永恒运动变化的"自然的宇宙观"或"辩证的宇宙观"。他认为,"这个辩证法的宇宙观,主要地就是教导人们要善于去观察和指出解决矛盾的方法。"③直至在 1965 年,他还强调"辩证法","只有一个基本的规律,就是矛盾的规律。质和量、肯定和否定、现象和本质、内容和形式、必然和自由、可能和现实,等等,都是对立的统一。"④据此,他认为只有"辩证法"而没有其他的方法,才能真正把握万事万物发展变化的本

---

① 艾思奇:《大众哲学》,人民出版社 2009 年版,第 146 页。
② 《毛泽东选集》第一卷,人民出版社 1991 年版,第 301 页。
③ 《毛泽东选集》第一卷,人民出版社 1991 年版,第 304 页。
④ 中共中央文献研究室编撰:《毛泽东年谱(1949—1976)》第五卷,中央文献出版社 2013 年版,第 548 页。

质,只有此方法,才能揭示万事万物矛盾的最终根源。

将"辩证法"与"形而上学"视为"唯物主义"与"唯心主义"的斗争,进而批判、拒斥"形而上学",是中国的早期马克思主义者们的基本立场。甚至有学者强调:"马克思在19世纪40年代就已高举了'拒斥形而上学'的旗帜","拒斥形而上学是马克思哲学的基本原则"①。当然,无论是早期马克思主义阵营,还是1949年之后的一些马克思主义阵营的学者,他们所理解并进而拒斥的"形而上学"主要是古代西方哲学史中的"思辨的形而上学"形态。正如马克思所说,自此实证科学脱离了形而上学后。"全部形而上学的财富只剩下思想之类的东西和天国的事物,而正是在这个时候,实在的东西和尘俗的事物却开始吸引人们全部注意力。形而上学变得枯燥无味了……在理论上威信扫地。"②其所说的"形而上学"显然是专指"Metaphysics"。

并且,马克思主义阵营内部对于马克思主义经典作家尤其是马克思、恩格斯的思想本身,与"形而上学"("Metaphysics")的关系,则存在着明显的争论。如果说苏联学者是侧重从黑格尔的"辩证法"去解读马克思主义,那么卢卡奇则认为马克思的"辩证法"仅是关于社会历史总体的认识方法,因而认为马克思提出了"社会存在的本体论",并主张"复活马克思主义本体论"。葛兰西则是从"理论和实践的统一"去规定马克思的"辩证法",将其视为"实践哲学"。科尔施也认为马克思主义是以"社会发展"为对象的理论。但施密特则认为不能简单将马克思的"物质"规定为一种"世界实体",否则会造成马克思的哲学重蹈"形而上学原则"的覆辙。③ 而国内学者对于马克思主义的思想实质也存在争议。如黄楠森教授、孙正聿教授认为马克思主义哲学核心是辩证唯物主义,辛敬梁教授认为马克思主义哲学核心是

---

① 陈志良、杨耕:《拒斥形而上学是马克思哲学的基本原则》,《光明日报》1989年1月16日。
② 《马克思恩格斯文集》第1卷,人民出版社2009年版,第329页。
③ 参见郝立忠:《形而上学还是唯物辩证法——马克思主义当代哲学形态之我见》,《山东社会科学》2001年第4期。

唯物史观。叶秀山教授、李维武教授认为马克思主义哲学仍然是"形而上学",是"本体论"。贺来教授则认为马克思哲学是"辩证法"与"唯物主义"哲学内在统一的"辩证本体论"①。杨耕教授等人则明确认为"马克思哲学是生存论的本体论,即实践本体论"②,而候才教授则明确认为"在马克思主义哲学发展历史中存在扬弃和复兴形而上学的两大传统,它们分别是由马克思和恩格斯开启和代表的"。③

由于本书主要聚焦"中国哲学"视域下的形而上学思潮,因而并不试图过多关涉到马克思主义是否有或是否是"形而上学"、"本体论"的争议问题。正如上文所言,中国的马克思主义者们,他们所理解并进而拒斥的"形而上学",本是以"Metaphysics"为样板或模板的形态——古代西方哲学史中特有的"思辨的形而上学"、"超验的形而上学"。不过,在使用"形而上学"一词时,他们并未明确进行如此界定,而是将该词同时称谓、表述中国本土的"形而上者之学"——基于"天道"与"心性"相贯通的特殊逻辑而形成的"天道心性之学",进而借着批判"Metaphysics",一并拒斥中国本土的"形而上学"。

所以,本书也将他们归为20世纪"中国哲学"视域中出现的"形而上学合法性"危机的思想背景、观点参照。但问题在于,与其同时的"中国哲学"阵营的主流学者,恰恰也是批判这种西方形态的哲学范式——"Metaphysics",并以此捍卫中国本土的"形而上学"的特殊性与合法性。因而,梳理马克思主义阵营尤其是20世纪早期的马克思主义者的形而上学观念,以及围绕"形而上学合法性"的"公共问题",梳理并分析他们与"中国哲学"阵营代表人物的认识争论与观念冲突,亦可纳入本书的研究范围。

① 贺来:《辩证法与本体论的双重转换———马克思辩证法理论的本体论变革意蕴》,《哲学研究》2020年第7期。
② 杨耕:《马克思如何成为现代西方哲学的开创者》,《学术月刊》2001年第10期。
③ 侯才:《马克思主义哲学内部扬弃和复兴形而上学的两大传统》,《哲学与中国》2016年秋季号。

（三）"民族特性"的早期自觉及"可信"与"可爱"的矛盾

20世纪初期,部分学者受西方"拒斥形而上学"影响,对本土"天道心性之学"越发轻视。作为最早深研西方哲学的代表人物,王国维对"形而上学合法性"问题也非常关注。在他看来,在19世纪最后两年,西方哲学才将其合法性危机真正传导至中学。这是因为,自元朝至明末传入"西洋之学术",如文法、修辞、名学、音乐、数学、天文学等,均是与本土思想无丝毫关系的"形而下学"。也正是从此时期开始,"形上之学"概念开始传入。如他在《论新学语之输入》文中说:"十年以前,西洋学术之输入,限于形而下学之方面,故虽有新字新语,于文学上尚未有显著之影响也。数年以来,形上之学渐入于中国,而又有一日本焉,为之中间之驿骑,于是日本所造译西语之汉文,以混混之势,而侵入我国之文学界。"①

并且,他也专门讨论了"形而上学合法性"问题,并表明自己的立场。例如,他受当时的"经验知识观"与"实证知识观"的影响,持续批评、揭示中、西方的"形而上学"存在的诸多弊病。如在1904年的文章中,他提及西方哲学中"以知识论易形而上学",以及"形而上学之不可能"之困境②。他认为中、西方的"形而上学"皆"预想"一种作为宇宙万物本源之"独立实体",如"天"、"道","心"、"理"、"神"、"有"等,但这些"本体"都不过"为吾人知识之普遍之形式",是"吾人构造概念","但有主观的意义而无客观的意义,即但有心理学上之意义而无形而上学之意义也"。③

他明确说:"盖自中世以降之哲学,往往从最普遍之概念立论,不知概念之为物本由种种之直观抽象而得者。故其内容,不能有直观以外之物,而直观

---

① 王国维:《王国维文学美学论著集》,周锡山评校,上海三联书店2018年版,第132页。
② 在此文中介绍叔本华之哲学时,他还认为叔本华对"形而上学"的贡献是从古代"主知论"类型发展为"主意论"类型,即从理智的观念论转变为以"直观"为方法的意志论。王国维:《王国维文学美学论著集》,周锡山评校,上海三联书店2018年版,第157—162页。
③ 王国维:《王国维遗书》第五册,上海书店出版社1985年版,第18—21页。

既为概念,以后亦稍变其形,而不能如直观自身之完全明晰。一切谬妄,皆生于此。而概念之愈普遍者,其离直观愈远,其生谬妄愈易。故吾人欲深知一概念,必实现之于直观,而以直观代表之而后可。若直观之知识,乃最确实之知识,而概念者,仅为知识之记忆传达之用,不能由此而得新知识。真正之新知识,必不可不由直观之知识,即经验之知识中得之。然古今之哲学家往往由概念立论,汗德且不免此,况他人乎! 特如希哀林(谢林)、海额尔(黑格尔)之徒,专以概念为哲学上唯一之材料,而不复求之于直观,故其所说,非不庄严宏丽,然如海市蜃楼,非吾人所可驻足者也。"①所以,古代各种哲学所追求的充当万物本源与终极依据的"天理"、"理"不过是"主观之物也"。他断言:"以理为形而上学之意义者,与《周易》及毕达哥拉斯以数为形而上学之意义同,自今日视之,不过一幻影而已矣。"②

不过,虽然他将古代中、西哲学的"本体"范畴均视为"广漠暗昧之概念",但却明确反对取消"形而上学"。甚至,他对科学知识、科学方法、科学规律的有限性也有明确之自觉:"夫科学之所能驭者,空间也,时间也,物质也,人类与动植物之躯体也,然其结构愈复杂,则科学之律令愈不确实。至于人心之灵及人类所构成之社会国家,则有民族之特性,数千年历史与其周围之一切境遇,万不能以科学之法治之。"③

由此,他反对"以验证论哲学",认为不能简单以"经验知识"或"实证知识"作为唯一标准,评判本就是超出此类"验证知识"之外的存在,如神、灵魂不灭等问题,亦不应以此类验证"知识"作为评判此类"超验证的知识"的价值如何。他也批评以"功用"标准来裁判哲学,进而驱逐"形而上学"的独断之说。在他看来,哲学本就是超乎"功用"范围,且形而上学乃是人性"超越追求"之根本表现,因此,不能以"科学知识"为标准而取消"哲学知识"的合法性。

---

① 王国维:《王国维文学美学论著集》,周锡山评校,上海三联书店 2018 年版,第 162 页。
② 王国维:《王国维全集》卷一,谢维扬、房鑫亮编,浙江教育出版社 2009 年版,第 27 页。
③ 原英光、刘寅生:《王国维年谱长编》,天津人民出版社 1996 年版,第 421 页。

事实上,王国维虽然认为中国也有"哲学"、"形而上学",但他却没有以"Metaphysics"的知识性传统为标准,而恰恰是从"天道心性之学"的价值性传统来凸显其合法性。因而,他始终是从"感情之效"来看待"哲学"、"形而上学"的作用。如在1906年所刊的文章中,他指出:"哲学之所以有价值者,正以其超出乎利用之范围故也。夫人类岂徒为利用而生活者哉,人于生活之欲外,有知识焉,有情感焉。感情之最高之满足,必求之文学、美术;知识之最高满足,必求诸哲学。叔本华所以称人为形而上学的动物而有形而上学的需要者,为此故也。故无论古今东西,其国民之文化苟达一定程度者,无不由一种之哲学。……即在世界所号为最实际之国民如我中国者,于《易》之太极,《洪范》之五行,《周子》之无极,伊川、晦庵之理气等,每为历代学者研究之题目,足以见形而上学之需要之存在。……况哲学自直接言之,固不能辞其为无用之学,而自间接言之,则世所号为最有用之学如教育学等,非有哲学之预备,殆不能解其真意。即令一无所用,亦断无废之之理,况乎其有无用之用哉。"①

显然,在他看来,"哲学知识"与"科学知识"均是人类知识系统的重要部分,且"哲学知识"从某种程度上亦可视为"科学知识"的理论基础。只不过,由于两种知识类型与形态根本不同,因而科学并不能取代"形而上学"。

并且,他还受叔本华的影响,曾批判康德《纯粹理性批判》书中的观点:"汗德之学说,仅破坏的,而非建设的。彼憬然于形而上学之不可能,而欲以知识论易形而上学,故其说仅可谓之哲学之批评,未可谓之真正之哲学也。"②甚至在他看来,叔本华试图从康德之知识论出发而"建设"新的"形而上学",才是哲学"正道"。

不过,正如叔本华试图用意志来弥合"物自体"与经验认识之理论界限一样,王国维显然是从"价值论"而非"知识论"去审视"形而上学"的作用。也就是,作为文化之核心、理性之精髓、智慧之成就,"形而上学"始终与人类生

---

① 王国维:《王国维文学美学论著集》,周锡山评校,上海三联书店2018年版,第112页。
② 王国维:《王国维文学美学论著集》,周锡山评校,上海三联书店2018年版,第155页。

命的价值需求相伴随,在情感意义、人文关切、价值寄托等方面,发挥科学知识无法替代之作用。①

至此,王国维实际已经触及"形而上学"的"共相"与"殊相"、"一般"与"特殊"的辩证关系。在他那里,"形而上学"已经不是专指"Metaphysics"那种"纯粹之哲学"的"专名",而是普遍称谓中、西哲学的"共名"。甚至,他已经深刻揭示了"形而上学"的"中国性"特点与"民族性"特质。例如,他发现,"中国形而上学"多与"道德哲学"、"政治哲学"相关联,"至于周、秦、两宋间之形而上学,不过欲固道德哲学之根柢,其对形而上学非有固有之兴味也。"②

而如果他更进一步,继续论证凸显中国"天道心性之学",并不关注宇宙存在层级的实然属性与事实知识,而是基于"形而上者"的超越设定,将致思最终聚焦在人的应然存在问题——人在宇宙万物中的价值定位、人在应事接物过程中该如何实现自身的价值、人该如何修身养性以达至理想的精神境界、人该确立什么样的价值目标等,那么,他既回答了中、西哲学的异同关系问题,亦从"天道心性之学"的"有用性"推导出"合法性",也回答"形而上学合法性"问题。

但是,他并没有在"拒斥"与"捍卫"中间做出决绝的选择,在1907年的一段著名文字,显露出他对"形而上学合法性"问题并不坚定的信念:"哲学上之说,大都可爱者不可信,可信者不可爱。余知真理,而余又爱其谬误。伟大之形而上学,高严之伦理学,与纯粹之美学,此吾人所酷嗜也。然求其可信者,则宁在知识论上之实证论,伦理学上之快乐论,与美学上之经验论。知其可信而不能爱,觉其可爱而不能信,此近二三年中最大之烦闷。"③

---

① 也有学者认为,虽然"科学主义和人文主义的内在紧张始终伴随着"王国维,但在"形而上的价值理想之光的朗照下,王国维把求真、求是与人的存在联系起来,在事实考证中渗入人文的关切,在冷峻理性的学术研究中寄以他的价值理想。"(文碧方:《论东西交汇中王国维治学的特点》,《比较哲学与比较文化论丛》,武汉大学出版社2009年版,第342页)

② 王国维:《王国维文学美学论著集》,周锡山评校,上海三联书店2018年版,第90页。

③ 王国维:《王国维文学美学论著集》,周锡山评校,上海三联书店2018年版,第261页。

不过,王国维当时对"中国形而上学"与"Metaphysics"的细微差异的强调,并没有得到学界太多的关注。在之后纯粹的哲学成果中,蔡元培在1907年即开始撰写的《中国伦理学史》中,就用"形而上学"表述老子代表的南方学者穷究"宇宙之实在"、"宇宙之本体"的学问,并认为老子的"道"根本是"宇宙全体抽象之记号"①。梁启超在1922年发表的《大乘起信论考证》中,对比"本体"与"佛身"时,认为"宇宙之本体何耶? 此为形而上学实在论方面之主题"。依然将"Metaphysics"那样的"形而上学"作为一个普遍概念来使用②。

汤用彤在1923年翻译英国学人的《亚里士多德哲学大纲》中,将"Being"译为"存在",将"Metaphysics"译为"本质论",并将"本质论"解释为"研究万有之最高原则或最后原因"以及讨论"纯粹的存在极其重要性质"的"第一哲学"③。而在西南联大时期的讲稿中,他还从"玄—远"以及"本体"、"心性"、"本性"、"虚无"、"有形"去理解"Metaphysics",并将其解释为"存本之学"、"心性之学"、"安心返本之学"④。

《科学》月刊在第2卷连载了唐钺翻译Thomson的《科学的分类》,其中介绍了"抽象科学中,算学为根基,而玄学为会极",而将"形而上学"归为"抽象科学"⑤,这显然是基于西方哲学将"Metaphysics"视为"第一哲学"的"科学"的传统观念。1926年《学衡》杂志刊文中指出,"Metaphysics"的对象是"不变的存在物"即宇宙本体,所以"本体存在的最高原理"乃玄学根本问题。⑥ 1934年付排的《新知识辞典》中说:"[形而上学](Metaphysical Science)是关于一切实在底基源的,关于世界底本质的,关于绝对的,无条件的和超验的东西的

---

① 蔡元培:《蔡元培全集》第二卷,高平叔编,中华书局1984年版,第26页。
② 梁启超:《大乘起信论考证》,《东方杂志》1922年第19卷第20期。
③ 汤用彤:《汤用彤全集》第5册,河北人民出版社1999年版,第566页。
④ 汤用彤:《汤用彤全集》第5册,河北人民出版社1999年版,第296—297页。
⑤ 唐钺译:《科学的分类》(下),《科学》第2卷第9期,1916年8月25日,第964—977页。
⑥ 钟离蒙等主编:《中国现代哲学史资料汇编》第一集第七册,辽宁大学哲学系,1981年,第391—392页。

学说。……当做研究理智所可领会的实质的学说的形而上学可分为：研究一般的实在的学说即本体论（Ontology）；研究宇宙的学说，即宇宙学（Cosmology）；研究精神的学说，即唯理的心理学（Rational Psychology）；和研究上帝的学说（Theology）。"①

总之，自 20 世纪初开始，经"新文化运动"与"科玄论战"，得益于一些学人海外留学游学归来，以及大量西学著作被翻译介绍到中国，当时学界对"Metaphysics"，乃至"Ontology"、"Cosmology"的翻译、理解，已经远超前人。而当时各种立场、各种学源、各种派别的学人，在理解"形而上学"时，均将其视为一种以"Metaphysics"为表现形态的，追问"万物之本质"（刘叔雅 1915 年语），讨论现象背后的"不可思议"的本体（梁漱溟 1916 年语），"肯定宇宙有一具绝对理性、绝对意思之不可思议的、神秘的大主宰"（李大钊 1917 年语），追求"确切之定律"（剑译 1920 年语），"专求万物的绝对性"（费鸿年 1923 年语），"追索万有以何为体"（邓光禹 1923 年语），"超绝智识范围以外之思考"。更有人基于经验实证的科学真理观，将"形而上学"视为"哲学的推想"（1913 年）、"神秘的神学"（1914 年）、"托诸神意"（1919 年）、"承认物的绝对性"（1922 年）。

可见，将"形而上学"视为一种"存在论"、"实在论"、"本体论"、"宇宙论"，直至"科玄论战"前后已成学界共识。1919 年在《时事新报》刊发《欧洲哲学的派别》一文，作者将欧洲的哲学分为两大部分，其中"形而上学"等同于"本体论"。同时指出欧洲"本体论"的合法性问题，已经需要建立在"认识论"的问题之上。而 1920 年连载的《哲学的本质和旨趣》，也明确将"形而上学的问题"分为两类，"（一）是本体论的，（二）是宇宙论的，或是神学的"。其中，"本体论的问题就是实在的本质是什么样的？"表现为"一元论"、"二元论"、"唯心论"、"唯物论"。"宇宙论"的问题就是"构成宇宙的几个部分，他

---

① 顾志坚、简明主编：《新编新知识辞典》，北新书局 1948 年版，第 122—123 页。

的互相的关系,和这几个部分和全体的关系",表现为"原子论"、"超绝神论"、"内在神论"等①。

这种理解与规定"形而上学"的方式虽然符合"Metaphysics"之传统,但将此译词用来指称中国的"天道心性之学"时,就不可避免地将一种"标准模型"套至在中国哲学身上,既不能精准分别中西之别,又不能真正揭示中国哲学的核心义理与根本精神。而王国维对"形而上学"的"中国性"、"民族性"理解的一闪而过之睿见,也并没有有效阻止"天道心性之学"被拖入"拒斥形而上学"的浪潮冲击之下。

究其因,正是当时一些学人,对中、西哲学在思维方式、系统架构、运用方法、理论形态、致思取向等方面的重大殊异缺少内在把握。而用"形而上学"来称谓"天道心性之学"时,他们并未摆脱此对译概念的"透镜效应",仍然是透过"Metaphysics"这个范本来理解中国文化中的相似学问。受此影响,在西方哲学语境中"Metaphysics"的合法性危机也随着"形而上学"概念嵌入到中国的哲学语境之中。

不过,正如前文所言,早在"形而上学"概念出现之前,中国哲学视域下的"形而上学合法性"问题已经凸显出来。而为了更好为国家民族现代转型提供有效的超越解释与说明,严复、康有为、谭嗣同也各自尝试建构了一些新的"本体论",实际可看作"中国哲学"置身"科学时代"的早期理论转型与思想新构。

但是,在西学范式与科学知识的双重渗透、冲击背景下,他们那些"中国的形而上学"并不能真正化解"形而上学的合法性"危机。因此才有"新文化运动"时期对"天道心性之学"的进一步冲击与拒斥。而"东西文化论战"与"科玄论战",为当时学界开启了探究"文化"与"哲学"的"中国性"、"民族性"、"地方性"的重大视域,从而为一些哲学家们化解"天道心性之学"之"几

---

① 朝永十三郎:《哲学的本质和旨趣》,赵冕若译,《时事新报》1920 年 10 月 22 日。

近路绝"(梁漱溟语)的危机,提供了重要启示。而此后的不同时期不同学派不同立场的哲人们聚焦"形而上学合法性"课题,展开的诸多讨论,建构的诸多全新体系,更是推动"形而上学思潮"继续发展深化的主要动因与主体内容。

第二节　科学的形态:"形而上学"在近代重建的表现

由于身处古今中西文化碰撞交融的"十字路口",近代哲学一方面受制于自身强大的传统惯式,承接着外来文化中纷繁多样的思想碎片;另一方面基于现代科学文明的普遍样态,透过外来思想碎片与自身机体的拼接框架,审视传统思想的利弊得失。由此,近代哲学在多元的立场、观点、主张的有序或无序的延展过程中,最终聚集成为"多重面向的观念复合体"。

因此,考察晚清"西学东渐"、"科学东传"背景下的"形而上学"思想观念,一方面应细致梳理考察"Metaphysics"汉译词的早期译介、解读、运用,以呈现"超性理学"、"超感觉学"、"格致后学"、"物理后学"、"存在论"、"本体论"、"宇宙论"等诸多新概念、新观念对当时哲人们认识理解、评价审视"天道心性之学"的具体影响;另一方面还应全面梳理,当时哲人们是如何借助西方哲学与近代科学的全新思想资源与知识素材,以推动"天道心性之学"的近代阐释乃至近代转型,进而内在把握此类新形态的"形而上学"之思想实质与作用影响。

是因为,当时中国哲学界面对西方哲学尤其是外来科学之冲击,而生发的对于传统文化与本土哲学之危机自觉,必然体现于哲思义理的新释、新塑、新构中。而无论是基于"天道心性之学"的主体性来对接西学,抑或是凭借西学知识来改造中学,只要其在理论阐发中论及"本体之域"、"超越之维",并进而明确肯定其合法性与重要性,即可将其纳入"形而上学"重建之视域。

事实上,综观"大变局"以来近代哲学的发展历程,可发现,创建一种新型的"宇宙论"、"本体论",以解释科学新文明以及相关问题,成为近代哲人们的一个重要方案。尤其需要注意的是,作为近代经验主义、实证主义的早期宣传者,严复一方面否认古代"天道心性之学"的知识真理性,另一方面又将科学真理本体化。而康有为、谭嗣同、梁启超乃至孙中山,也都直接引进外来科学的概念话语与知识资源,阐发各自的"宇宙论"、"本体论"思想。

整体看,近代新型的"形而上学"建构,可分为严复与康有为、谭嗣同各自代表的两种类型:

一是,康有为、谭嗣同的"引科学入儒"。主要表现在,他们引入自然科学中的"电"、"力"、"以太"、"质力"、"原质"等新概念,以及进化学说,近代启蒙观念等新学说,以比附、论证"儒学形而上学"中的"仁"、"道"、"元"、"气"、"心"等概念范畴,尤其是赋予传统儒学的"良知本体"以科学性、知识性,其目的是建立"科学时代"新的超越的道德实体,以凸显"儒学形而上学"在"科学时代"的必要性与合法性。

二是,严复的"依科学以拒儒"。主要表现在,他全盘引进西方哲学尤其是科学知识,既创建了"科学宇宙论",又凭借"科学方法"为科学划定专属的"知识范围"。他将科学原理、科学规律视为宇宙最高之"道",也将"科学之道"视为人的认识与实践的终极依据、视为人的生命与价值的终极旨归。以此,他否认"天"、"道"、"心"、"性"等所谓的"道德实体",将"天道心性之学"置于不可思议不可言说之神秘界域,彻底否定了"儒学形而上学"的合法性。

康有为、谭嗣同与严复均引入了科学,实现了科学自身的"本体化"、"形而上学化",且在本体范畴之内涵与本质上,亦有相类之处。相比康、谭的本体论改造,严复的思想多被从"科学宇宙论"去解读。如李维武教授明确认为"严复把宇宙论从传统本体论中分离出来,超越传统本体论,确立科学宇宙论",还认为相较康、谭的"传统形态",严复的"科学宇宙论"开启了中国哲学

"现代形态"①。但从思想实质看,严复的"科学宇宙论"根本是以全新的"科学本体"为理论基础。因而,上述两类型"本体",均实现了科学在"中国哲学"视域中的"本体化"与"形而上学化",同时,也实现了"中国形而上学"的核心概念语词之"知识化"与"科学化"。因而,均可视为"中国哲学"置身"科学时代",所建构的"形而上学"早期形态②。

一、比附与糅合:"仁"本体的科学化重塑

(一)"元气"本体论

西方科学知识体系,尤其是天文学、地理学、物理学、化学等,彻底改变了近代学人的宇宙观、世界观。作为著名维新领袖,康有为青年时期已经通过《海国图志》《瀛寰志略》等书,对其他国家有所了解,并基于地图重新思考中国在世界的地位。之后,他所积累的"西学素养",尤其是自然科学的相关知识③,则为他思考宇宙的现象、规律、本质,开启了全新视域。而通过他早年的一系列讲义、著作如《桂学答问》、《西学大成》、《化学养成论》、《格致鉴原》、《诸天讲》等,可以发现,他在当时已经明确建立了一种与儒家"道德宇宙观"不同的"科学宇宙观"。

例如,他依靠近代天文学、地理学知识,认识到地球不过太阳系中之一员,宇宙中尚有无穷无尽的星系。"吾地之生也,自日分形气而来也。日体纯火也,火热至盛,则燥裂而分离焉。离心之拒力既大,故地能出日之外自为星,而日热之吸力极大,故地星仍绕日而不能去也。故为绕日之游星。凡海王、天

---

① 李维武:《20世纪中国哲学本体论问题》,湖南教育出版社1991年版,第33页。

② 王国维在1905年的《论近年之学术界》一文中,对康有为与谭嗣同"蒙西洋学说之影响,而改造古代之学说",尤其是所谓的"以太说",即是从"形而上学"去理解。(王国维:《王国维文学美学论著集》,周锡山评校,上海三联书店2018年版,第124页)

③ 康有为26岁后,"购万国公报,大攻西学书,声、光、化、电、重学及各国史志,诸人游记,皆涉焉"。(林庆元:《康有为与〈诸天讲〉》,《史学月刊》1997年第5期)

王、土、火、金、水诸游星皆然。各循其先后离日之轨道,而为外内环转之次第焉。"①在《诸天讲》及《康子内外篇》中,他还研究了哥白尼的"日心说"、牛顿的"万有引力"学说,还专门探讨了康德—拉普拉斯"星云假说",以及太阳系的起源、地球的运动等天文学知识。

而化学、生物学的相关知识,则为他思考宇宙生产论意义上的"本源"与"本根"提供了全新启发。如他将化学中的"瓦斯"概念,与本土哲学之"元气"相比附,强调:"德之韩图、法之立拉士发星云之说,谓各天体创成以前,是朦胧之瓦斯体,浮游于宇宙之间,其分子互相引集,是谓星云,实则瓦斯之一大块也。"②也正因为,"瓦斯"这种气的分子可以互相聚集,进而组合构成万物,相对万物而言,此气即可视为"本源"、"本根",具有"元始"之意。如他说:"夫天之始,吾不得而知也。若积气而成为天,摩砺之久,热重之力生矣,光电生矣,原质变化而成焉,于是生日,日生地,地生物。"③

此外,康有为还引入"电"、"力"、"磁力"等概念,来解释宇宙生成与变化:"浩浩元气,造起天地。天者,一物之魂质也;人者,亦一物之魂质也。虽形有大小,而其分浩气于太元,挹涓滴于大海,无以异也。孔子曰:地载神气,神气风霆,风霆流形,庶物露生。光电能无所不传,神气能无所不感。神鬼神帝,生天生地,全神分神,惟元惟人。"④显然,经过科学知识的洗礼,他认识到天地万物"本为一气",而通常古人理解的具有神秘意味和抽象内涵的宇宙本体——"元气",也被他重新界定为物质宇宙的基本组成元素,具有物质属性与客观属性。

同时,他又将古代的阴、阳范畴加以物质化、具体化、客观化改造,并以其解释气的运动变化,以及生成万物的过程:"天地之理,阴阳而已。其发于气,

---

① 康有为:《康有为全集》第十二集,中国人民大学出版社 2007 年版,第 19 页。
② 康有为:《康有为全集》第十二集,中国人民大学出版社 2007 年版,第 18 页。
③ 康有为:《康有为全集》第一集,中国人民大学出版社 2007 年版,第 110—111 页。
④ 康有为:《康有为全集》第七集,中国人民大学出版社 2007 年版,第 4 页。

阳为湿热,阴为干冷。湿热则生发,干冷则枯槁,二者循环相乘,无有终极也。无以名之,名之阴阳也。于无极,无无极之始,有湿热之气郁蒸而为天。诸天皆得此湿热之气,展转而相生焉。近天得湿热之气,及生诸日,日得湿热之气,及生诸地,地得湿热之气,蒸郁而草木生焉。而禽兽生焉,已而人类生焉。"①又说:"天本阳,阳为热气,热则生动,动则生光,故垂为日星。地为阴,阴为冷气,冷则成凝,凝则成形质。"②

"元气"自身表现为阴、阳二气的矛盾属性,并最终聚集化生万物。显然,人的身躯同样以此气为本:"人非人能为,天所生也。性者,生之质也,禀于天气以为神明,非传于父母以为体魄者,故本之于天。"③也正是基于"元气本源"之同一性,他为本土形而上学中"万物一体"的核心观念找到新的本体依据:"夫天地者生之本,万物分天地之气而生。人处万物之中,得天地之一分焉,故天地万物皆同气也。风霆流行,庶物露生,乾坤为父母,万物同胞体,电气流徙,无有远迩,莫不通焉。"④

同时,他亦为本土特有的心性哲学寻获到科学依据。如为解释人心知觉灵明、相互感通的能力,他不断借助科学中"电"、"气"、"磁力"的传导、联通、吸引等客观能力与属性,来描述生命心灵的精神活动与良知的感通能力:"金类传热,电气通远,因其则,故可为电线,传声传言。若夫人之贵于万物,其秉彝之性,独能好懿德。好之云者,如磁力引铁,芥之引针,其以太之所含,能与懿德合而摄之。如阳电阴电之相吸也,非本有其电,则不能与他电相吸。此人独得于天者也。"⑤还说:"天与人皆在元气之中,不相远也。神气风霆,风霆流行,电气无远而不应,故神气亦无远而不感。"⑥

① 康有为:《康有为全集》第一集,中国人民大学出版社 2007 年版,第 105 页。
② 康有为:《康有为全集》第五集,中国人民大学出版社 2007 年版,第 562 页。
③ 康有为:《康有为全集》第五集,中国人民大学出版社 2007 年版,第 369 页。
④ 康有为:《康有为全集》第五集,中国人民大学出版社 2007 年版,第 370—371 页。
⑤ 康有为:《康有为全集》第五集,中国人民大学出版社 2007 年版,第 426 页。
⑥ 康有为:《康有为全集》第五集,中国人民大学出版社 2007 年版,第 569 页。

如果仅停留在将"元气"或"气"视作宇宙万物得以产生的最小元素与万物多样性的最终依据,这实质上就是科学视域下的物质宇宙。但在哲学宇宙观的视域中,作为宇宙"本源"与"本根"的本体范畴,必然具有超越性、绝对性、永恒性等规定性。所以,在康有为那里,本被科学知识赋予物质属性的"元气"范畴,仍具有"无臭、无声、至精、至奥"的特定,而被视为宇宙的"元"、"一"、"太一"、"太极"。且此"元气"与万物之多样性之间,也是"形而上本体"与"形而下器物"的"体—用"关系。他强调:"太一者,太极也,即元也。无形以起,有形以分,造起天地,天地之始,《易》所谓'乾元统天'者也。天地、阴阳、四时、鬼神,皆元之分转变化,万物资始也。其元气之降于人,为性灵明德者曰命,天命之谓性也。……天为生之本,故万物皆出于天,皆直隶于天,与人同气一体。"①

总之,"元气"乃"天人一体"、"万物一体"的物质基础,而此"元气"又具有自主凝聚、消散的能力,尤其是具有传导、感通的特性。万物以此"气"而生,同时即在物质构造与自身属性上同于"元气"。与客观物质相比,生命体依靠独有的精神能力、精神活动,更能体现"元气"的传导、感通能力。所以,康有为认为:"神者有知之电也,光电能无所不传,神气能无所不感。……无物无电,无物无神。夫神者,知气也,魂知也,精爽也,灵明也,明德也,数者异名而同实。"②

既然天人同体,人由"元气"构成,那么人之本性,人之心灵,就同样禀赋了作为本源、本体的"元气"的神秘动能、创造特性。康有为指出:"仁者,在天为生生之理,在人为博爱之德。……仁从二人,人道相偶,有吸引之意,即爱力也,实电力也。人具此爱力,故仁即人也;苟无此爱力,即不得为人矣。"③在他看来,人之本性即是道德属性,人心的能力即是知觉灵明、道德良知。从此本

① 康有为:《康有为全集》第五集,中国人民大学出版社2007年版,第565页。
② 康有为:《康有为全集》第七集,中国人民大学出版社2007年版,第4页。
③ 康有为:《康有为全集》第五集,中国人民大学出版社2007年版,第379—380页。

性看人心,即是"不忍人之心"、"仁爱之心"。而如同"元气"的神秘能力一样,此"不忍人之心"本身也具有"电"、"气"、"磁力"一样的神妙能力。尤其是他又借鉴了心理学上的"灵魂",以及生物学上的脑神经与全身神经末梢的关联等科学知识,认为"元气"落实于人,同时赋予人心"神气"、"知气"的精神动能。因此,"不忍者,吸摄之力也"①。

康有为在重建"科学的本体论"过程中,虽然重新阐释了儒家的仁心本体,但此"心本体"已经与古儒纯粹的道德意涵不同。也即是,他利用科学知识洗礼的"心本体",虽仍有仁爱的属性,但却同时消解了儒家以自我为中心向外推扩仁爱的"差等原则",而具有了由"电"、"气"、"力"而客观联通不同物体的"平等原则"。这就为对接"自由"、"平等"、"博爱"等启蒙价值,提供了"本体论"依据。而正因人人皆有"不忍人之心",人人皆可"耳目相接,魂知相通,爱磁相摄"②,人与人之间即以仁爱为相处原则,相互理解、相互包容、相互平等。而由此他重建的"本体论",仍体现了"新内圣"开出"新外王"的逻辑,其现实上即经过"不忍人之心"(形而上的仁心本体)→"电"、"磁力"(本心之道德属性)→"自由"、"平等"、"博爱"(外王理想)的演变阶段。据此,他断言"仁"和"不忍人之心"实为"万化之海,为一切根,为一切源"。

(二)谭嗣同的"以太"本体论

谭嗣同在十几岁即接触到"格致之学"(即科学,笔者注)。他在面对中、西文化碰撞,以及中国社会转型的历史大变局时,博采儒家、科学、佛家、基督教等众长,创造了融哲学、科学、宗教于一体的《仁学》一书。在讨论"宇宙观"、"本体论"等哲学基础问题时,他亦表现出试图基于进化观念,融合物质与精神,以创制新说的努力。与康有为一致,他同样围绕"气"、"元气"范畴去建构"本体论"、"宇宙论",以解释宇宙万物的生成、变化问题。

---

① 康有为:《康有为全集》第七集,中国人民大学出版社 2007 年版,第 4 页。
② 康有为:《康有为全集》第七集,中国人民大学出版社 2007 年版,第 5 页。

他将"气"视为宇宙本然的存在样态,亦将其作为宇宙万物存在与变化的终极质料与终极始基。他认为:"天以其浑沌磅礴之气,充塞固结而成质,质立而人物生焉。"[1]天地同为"气"所凝聚而成,包括人类在内的万事万物的生灭流变,则是此"气"凝聚消散、运转不息所造成。正因此"气"创生万事万物,因而可谓宇宙元始之因。对此"气"的绝对性、一元性,谭嗣同也将之称为"元气"。他说:"元气氤氲,以运为化生者也。而地球又运于元气之中。"[2]不过,按其所言,"元气"虽是宇宙万物的本源、本根,是普遍的、永恒的存在,但其却非绝对无形无相的抽象范畴,而根本是一种物质性的存在。

对此"气"范畴,谭嗣同较康有为的解释,更加细致。例如,他强调,"气"本身是由许多目不得视的极其微小之物质微粒构成。而对此微粒,他也照搬西方自然科学尤其是化学知识中的"元素说"来进行解释。在当时的西方科学界,之所以提出"元素说",是为了在科学上确定万物得以存在的最终组成材料。在谭嗣同所处时代,这些元素,通常被译为"原质"、"元质"、"质点"。如他说:"质点不出乎六十四种之原质,某原质与某原质化合则成一某物之性;析而与他原质化合,或增某原质,减某原质,则又成一某物之性。即同数原质化合,而多寡主佐之少殊,又别成一某物之性。"[3]元素的数量不同,排列组合不同,顺序不同,是万事万物千差万别之所在。且这种元素内在构成的不同,亦是事物得以为某事物并具有某性质的根本原因。

这种以"元素"为始基的"宇宙构成论"或"宇宙生成论",本质是"科学的宇宙观"。但对谭嗣同而言,用"哲学的方式"解释宇宙本质,方是他的目的。具体表现在,他在科学家的论断基础上再进一步,认为"原质"、"元质"、"质点"并非万物最终本源。通过对其继续反向溯源,他借助西方科学知识,认为"元素"根本是由一种无法直接感知的"以太"所构成。

---

① 谭嗣同:《谭嗣同全集》,中华书局1998年版,第128页。
② 谭嗣同:《谭嗣同全集》,中华书局1998年版,第127页。
③ 谭嗣同:《谭嗣同全集》,中华书局1998年版,第306页。

此"以太"（"Ether"）早在古希腊时期即被提出,乃是一种物质假说。随着科学的进步,19世纪西方科学界仍然将"以太"设想为一种不可见的细微物质,且此细微物质具有某种特殊的波动与传播能力。所以,对于"以太"的存在,不同的科学家多将其视为光波或粒子,为解释电磁波、磁场提供依据。

谭嗣同借用"以太"概念,来充当化学元素的终极物质基础。他说:"然原质犹有六十四之异,至于原质之原,则一以太而已矣。"[1]又说:"任剖其质点一小分,以至于无,察其为何物所凝结,曰惟以太。"[2]这样,按其所说,天道万物不过是"元气"之产物,"元气"本身是"原质"即"元素"所组成,而"原质"则是"以太"构成。这样,宇宙万物的真正的终极本源,就是"以太"。他认为,"以太"遍及万事万物,更遍及虚空宇宙,但其却又极其微小,"目不得而色,耳不得而声,口鼻不得而臭味,无以名之"。

他详细阐述"以太"构成宇宙万物之能力:"身之骨二百有奇,其筋肉、血脉、脏腑又若干有奇,所以成是而粘砌是不使散去者,曰惟以太。由一身而有夫妇,有父子,有兄弟,有君臣朋友;由一身而有家,有国,有天下,而相维系不散去者,曰惟以太。身之分为眼耳鼻舌身。眼何以能视,耳何以能闻,鼻何以能嗅,舌何以能尝,身何以能触?曰惟以太。与身至相切近莫如地,地则众质点粘砌而成。何以能粘砌?曰惟以太。任剖某质点一小分,以至于无,察其为何物所凝结,曰惟以太。至与地近,厥惟月,月与地互相吸引,不散去也。地统月,又与金、水、火、木、土、天王、海王为八行星;又与无数小行星,无数彗星,互相吸引,不散去也。金、水诸行星又各有所统之月,互相吸引,不散去也。合八行星与所统之月与小行星与彗星,绕日而疾旋,互相吸引不散去:是为一世界。此一世界之日,统行星与月,绕昴星而疾旋,凡得恒河沙数,成天河之星团,互相吸引不散去,是为一大千世界。此一大千世界之昴星,统日与行星与月,以至于天河之星团,又别有所绕而疾旋;凡得恒河沙数各星团星林星云星气互相

① 谭嗣同:《谭嗣同全集》,中华书局1998年版,第306页。
② 谭嗣同:《谭嗣同全集》,中华书局1998年版,第294页。

吸引不散去,是为一世界海。恒河沙数世界海为一世界性。恒河沙数世界性为一世界种。恒河沙数世界种为一华藏世界。华藏世界以上,始足为一元。而元之数,则巧历所不能稽,而终无有已时,而皆互相吸引不散去,曰惟以太。其间之声、光、热、电、风、雨、云、露、霜、雪之所以然,曰惟以太。更小之于一叶,至于目所不能辨之一尘,其中莫不有山河动植,如吾所履之地为一小地球;至于一滴水,其中莫不有微生物千万而未已;更小之又小以至于无,其中莫不有微生物,浮寄于空气之中,曰惟以太。学者第一当认明以太之体与用,始可与言仁。"①

谭嗣同引进"以太"构建物质宇宙论,体现了他对科学知识与科学真理的重视。但是,他却并未因此而变成彻底的唯物主义者,而是最终将纯物质的"以太"与儒家的"仁"关联起来。究其因,"以太"所具有的神奇的磁力或引力特性,可更好地为其"仁学"理论服务:既可以用其终极质料的科学结论,来回答对新宇宙、新世界的终极依据、终极本体等问题,又可以借助"以太"的诸多特性,来对宇宙万物之间尤其是人与人之间的"应然关系"予以超越论证。

正如他指出的,"以太"充满弥贯于宇宙之中,"遍法界、虚空界、众生界,有至大至精微、无所不胶粘、不贯洽、不筦络,而充满之一物焉。目不得而色,耳不得而声,口鼻不得而臭味,无以名之,名之曰'以太'。其显于用也,为浪、为力、为质点、为脑气。法界由是生,虚空由是立。众生由是出无形焉,而为万物所形丽;无心焉,而为万心之所感,精而言之,夫亦曰'仁'而已矣。"②这样,"以太"的抽象性、联系性、融合性、统一性,就与"儒学形而上学"论域下的"天人合一"、"万物一体"契合起来。

谭嗣同将"以太"创生万物的创造性与生命良知的创造性比附起来,将本是科学宇宙观中的波动粒子,与哲学宇宙观中作为本源、本根、本质的精神实体、精神创造性、道德意识、精神境界进行了内涵对接。作为物质性的"以

---

① 谭嗣同:《谭嗣同全集》,中华书局 1998 年版,第 432—433 页。
② 谭嗣同:《谭嗣同全集》,中华书局 1998 年版,第 432—433 页。

太"，也就变为古、今、中、西哲学中诸多"形而上学"体系的核心范畴，"孔谓之仁，谓之元，谓之性；墨谓之兼爱；佛谓之性海，谓之慈悲，耶谓之灵魂，谓之爱人如己，视敌如友；格致家谓之爱力，吸力"，均不过是对"以太"的不同称谓而已。

尤其是，他除了用"以太"来拓展"仁"概念的内涵，以凸显后者的抽象性、创造性、绝对性，还用佛学思想如"慈悲"、"唯识"等阐释"仁"，如他在肯定"仁本体"时，更肯定其精神性的内涵，主张："仁为天地万物之源，故唯心，故唯识。"①同时，他又从近代西方启蒙话语中借鉴了"平等"、"博爱"、"自由"来阐释儒家"仁"的"忠恕"、"仁爱"等思想。这样，谭嗣同对于儒家"仁"概念的重塑，就表现为非常复杂的多维进路与面向。

谭嗣同虽然受科学启发，将构成万物的"元气"解释为"原质"、"以太"，具有明显的"物质一元论"取向。但在将视角聚焦于人类社会时，他则以"仁"为形上本源。首先，他从字形上比附，将"仁"字分为"人"与"二"，基于"仁从二从人"说，将其与"元"中的"二"、"儿"相比附，从"仁"作为形而上实体的始基、本源、本根意义，将其阐释为"元"。其次，在属性作用上比附，"仁"之核心要义，在爱人、在慈悲，而其依据则是由"以太"构成的宇宙中，万物源出为一，可谓"一体相通"；万物皆禀受"以太"的传导波动能力，可谓"相互感应"，"感而遂通"。他因此强调人与人在道德、情感、信念、认知方面之"通"②。而为解释并论证此种价值维度、意义维度的"沟通"、"同情心"、"同理心"，他发挥了"以太"、"电"、"力"等科学知识，将其各种特性、能力分别赋予"仁心"之上。这样，自宇宙万物的具体质料言，本体就是"以太"；自社会价值与秩序理想言，本体就是"仁"；自个人精神主宰与创造动力言，本体就是"心"，由此，他

①　转引自魏义霞：《本体之辩——从康有为到谭嗣同》，《北方论丛》1995 年第 6 期。
②　谭嗣同用"以太"本体推出"仁"本体，从"以太"之"用"推出现实之"通"，以突破传统束缚、专制束缚、经验束缚、伦理束缚、利益束缚。而此"通"实乃打破中外、上下、男女、人我的近代启蒙之"平等"。由此可见，其重建科学本体论，仍以内圣开外王之逻辑去关照现实。

明确说:"仁以通为第一义。以太也,电也,心力也,皆指出所以通之具。以太也,电也,粗浅之具也,借其名以质心力。"

相比于严复,康有为、谭嗣同并无对"形而上学合法性"这个哲学问题的明确自觉,但他们自觉借助自然科学知识、启蒙思想以重建儒学的"本体论",在思想实质上,亦可视为本土"形而上学"与外来科学初次融合的理论产物。而在披着"天道心性之学"外衣的"科学本体论"中,他们虽然沿用传统儒家的概念命题,但基本却是以古语为壳,以现代经验知识重新填充的"旧瓶装新酒",也即是,在儒家"道德的形而上学"传统语境中,"仁心本体"、"良知本体"本具的先验道德、自省道德之内涵,已被他们置换为一种契合科学实证知识与工业社会契约文明下的新的道德伦理。

由此可见,康有为、谭嗣同借助外来科学知识与科学真理,创建的物质化的、客观化的"科学宇宙论"、"科学本体论",其在理论逻辑上,根本是要引出体现儒学"道德的形而上学"传统之"仁心"或"不忍人之心"。而在科学本体与道德实体的互证与比附中所创建的"新内圣"又直接关联着"平等"、"博爱"、"自由"、"民主"的"新外王"。体现出他们为科学民主新社会提供"宇宙论"、"本体论"之终极解释与超越解释的理论诉求。因此,在理论上,这种"科学的宇宙论"、"科学本体论",即可视为中国哲人面对科学冲击时,所重建的新型的"形而上学"。当然,此种早期形态无论是本体内涵、体用关系的学理逻辑,抑或是自我圆融、层叠递进的学术系统,均存在粗糙杂离的穿凿附会,而可被视为"幼稚之形而上学"①。

二、"公例"即"本体":"科学即道"的确立

在严复看来,科学通过各种技术和方法展现自身的强大功效作用,是人类文化中最具有进步性和价值性的知识。他持一种"广义的科学观"立场,将自

---

① 王国维在评价谭嗣同《仁学》一书时就说:"人读此书者,其兴味不在此等幼稚之形而上学,而在其政治上之意见。"

然科学、社会制度,人文知识均归属于科学范畴,主张全面学习引进科学文明的进步成果,以实现包括社会生活、政治制度、思想观念在内的整体现代化。为对接西式科学,他将中国文化中的"格物"、"致知"称为"格致之学",以比附率先在西方出现的自然科学。他说:"泰西各国学问,亦不一其途,举凡天文、地理、机器、历算、医、化、矿、重、光、热、声、电诸学,实试实验,确有把握,已不如空虚之谈。而自格致之学一出,包罗一切,举古人学问之芜杂一扫而空,直足合中外而一贯。"①

显然,儒学的"格物"、"致知"乃是基于"万物一体"的本体论和先验良知的道德认识论,其认识对象与知识体系最终指向探求万物存在的普遍的终极的原理,尤其是人伦之理。而西式科学,则完全聚焦于对各种经验现象的客观性质、规律的总结概括,包含观察、假设、检验等环节。因此,二者的知识体系有很大差别。但严复跳过论证二者异同之过程,径直将西式科学与古代中国的"格物"、"致知"相比附,其首要目的是通过这种类比,为当时"全面科学化"提供某种依据。

作为坚定的科学信奉者,严复努力探寻科学的本质,发现科学之所以为科学的根本原因,正在于其先进的、普适的"科学方法"。他指出:"凡学其必有因果公例,可以数往知来者,乃称科学。"②此界定既包含"因果公例"的科学规律,也包括"数往知来"的实证主义的科学方法。也正基于此种自觉,他积极宣传介绍科学的客观规律和有效方法。他指出:"及观西人名学,则见其于格物致知之事,有内籀之术焉,有外籀之术焉。内籀云者,察其曲而知其全者也,执其微以会其通者也。外籀云者,据公理以断众事者也,设定数以逆未然者也。……二者即物穷理之最要涂术也。"③

关于实验方法,严复说:"大抵学以穷理,常分三际。一曰考订,聚列同类

---

① 严复:《严复集》,王栻编,第一册,中华书局 1986 年版,第 14 页。
② 斯宾塞:《群学肄言》,严复译,商务印书馆 1981 年版,第 10 页译者注。
③ 严复:《严复集》,王栻编,第五册,中华书局 1986 年版,第 1319—1320 页。

事物而各著其实。二曰贯通,类异观同,道通为一。"而"中、西古学,其中穷理之家,其事或善或否,大致仅此两层。故所得之大法公例,往往多误,于是近世格致家乃救之第三层,谓之实验。实验愈周,理愈靠实矣,此其大要也。"①考订,即实际观察或检验事物对象。贯通,是在观察实验的基础上以"内籀之法"(归纳法)所总结出的科学公例或规律。实验,即是对此类科学规律加以验证实践。而从科学史、思想史、哲学史的现实发展来看,他所重视并介绍的内籀法(归纳法)、外籀法(演绎法)、实验法、逻辑法都在之后的思想界被大力提倡、广泛使用,并成为近现代学术研究的基本方法。

严复甚至还认为,此类方法不仅适用于"器物之学",还适用于政治、法律、文学、艺术等"精神之学"。这样,他不但发现了西方社会富强、进步之终极秘密,还肯定了"科学方法"、"科学公例"、"科学真理"对一切知识文化均有指导作用。由此,科学完全变为最高之知识标准、真理依据。他说:"科学所明者公例,公例必无时而不诚","自然律令者,不同地而皆然,不同时而皆合。此吾生学问之所以大可恃,而学明者术立,理得者功成也"②。其理由,是"科学方法"、"科学规律"、"科学观念"一旦确立,就获得了超越个别事物和经验的普遍必然性。

他也强调:"穷理致知之事,其公例皆会通之词,无专指者。惟其所会通愈广,则其例亦愈尊。理如水木然,由条寻枝,循枝赴干,汇归万派,萃于一源;至于一源,大道乃见。道通为一,此之谓也。"③而既然"科学方法"是一种"放之四海而皆准的"的"公理"或"公例"④,自然可检验、重构一切知识体系、一切思想观念、一切制度文化和一切生活风俗,从而培育一种进步的科学精神、

---

① 严复:《严复集》,王栻编,第一册,中华书局 1986 年版,第 93 页。
② 严复:《严复集》,王栻编,第一册,中华书局 1986 年版,第 100 页。
③ 严复:《严复集》,王栻编,第四册,中华书局 1986 年版,第 1042 页。
④ 王中江认为,"公理"对于近代思想家来说,不但能超越时间和空间的限制,具有先验的普遍的有效性,更是一种价值规范和信仰。(王中江:《近代中国思维方式的展开:以秩序观和合理性的演变为中心》,四川人民出版社 2008 年版,第 354 页)

科学思想。

既然经验所及,俱可为科学所研究,思想所及,俱可为科学所改造,那么现实的宇宙即是科学的宇宙。在此宇宙中:"大宇之内,质力相推,非质无以见力,非力无以呈质。凡力皆乾也,凡质皆坤也。"①宇宙本身不过是化学元素与声、光、电、力构成的物质世界。古人在某些"神创论"、"气本论"等学说中穷究的宇宙本根、本源,只不过是科学思维与科学认识的朴素与粗浅之表现,并且必然被近代科学知识所取代。而既然仅有一个现实的宇宙,显然"科学知识"即是最高真理,"科学方法"即是最有效方法。

严复毫不掩饰其对"科学真理"、"科学规律"、"科学方法"之赞赏,甚至将其绝对化、普适化、价值化,而这种科学的价值观,也"奠定了现代思想家们把现代科学作为一种价值体系而接受的基础"②。他始终认为,借助"科学方法"对宇宙万物的研究,所归纳出来的科学规律,一旦形成,就获得了超越于这些具体事物和对象的更高价值——相比于特殊事物的缺陷、流变和生灭,科学规律是最完善、最真实和最绝对的。这样,科学显然已不是一般意义上的工具方法、规律知识与思想观念,而是代表着经验世界中的最高价值的至上者、绝对者。科学本身即是人生存在的最高知识、最高标准、最高目标。科学规律因为无"专指",是万物存在的最普遍的本质和规律的概括,其解释效力与存在地位已然与"形而上学"中的最高本体类似。因此他断言,科学的公例"即道家所谓道,先儒所谓理,《易》之太极,释子所谓不二法门"。③

严复之所以将科学规律与本体范畴相比附,乃是"本体论"通过对万事万物存在本质、本源的概括总结,揭示完满性、永恒性、普遍性的本体范畴的方式与科学通过实验归纳,实现科学规律从具体上升到普遍,从个别上升到一般的方式类似。而按其理解,宇宙虽可分为"形而上的世界"和"经验世界",但与

---

① 严复:《严复集》,王栻编,第五册,中华书局 1986 年版,第 1320 页。
② [美]郭颖颐:《中国现代思想中的唯科学主义》,江苏人民出版社 1989 年版,第 3—4 页。
③ 严复:《严复集》,王栻编,第四册,中华书局 1986 年版,第 1051 页。

后者相对待的、神秘的、不可知的形而上之域,绝非在现实宇宙之外,并且,此种论域"固无从学,即学亦于人事殆无涉也",只能存而不论。① 因此,只有"经验世界"是可以认识的。而此世界又是依据"进化论"及其他自然科学、社会科学知识建构起来的。这样,在此世界里,只有科学可具有最高、最普适的真理地位和价值地位。

可见,严复不仅将"形而上学"驱逐出科学知识之外,同时又将科学设定为经验世界最高主宰、最高目的,甚至明确提出"科学即道",这实际就建构了一种不同于古代学术的"科学形态"。而借用科学与儒学的"技艺"与"天道"的两种学问设定,科学也可说是"即技艺即天道"。显然,科学通过价值承载者的身份替代了古代哲学"生成论的本体论",而以一种"新的形而上学范式"——"科学本体论"的形态嵌入近代中国学术图景之中。所以,即便学界多从严复对科学无以复加地推崇,也将其归为"实证主义"阵营,将其思想视为近代"科学主义"思潮的先声。但从中国哲学在近代的开展,来审视严复对"形而上学"的影响,尤其是从其"科学本体论"观点看,却不可简单将其归为"拒斥形而上学"的阵营。

这是因为,严复将科学与"形而上学"划界处理,虽有西学影响的原因,但亦有推动中国传统学术向现代转型的内在诉求:"形而上学"和宗教解决"超验"的"不可思议"的问题,科学则可以包办经验世界、现实世界的其他所有问题。按上文来看,其"科学观"的积极意义,首先是将"科学之道"提炼出来,扭转了当时学人对科学的"物化"理解以及轻视立场。而之后,梁启超亦持与严复相近的观点。梁启超既认为中国"最缺者则格致学也"②,同时也深刻指出科学乃是一个"技术"、"知识"、"方法"、"制度"、"思想"的统一体范畴。

---

① 严复实际上还是将形而上的东西等同于宗教信仰,认为"学之事在知,而教之事在信。唯信之笃,故能趋死不顾利害。而唯义之归,此非教莫之使然也",而精神信仰的东西是科学知识无法解决的。(严复:《严复集》,王栻编,第四册,中华书局1986年版,第851页)

② 梁启超:《饮冰室合集》,文集,第三册,中华书局2015年版,第977页。

为此,梁启超主张中国文化的科学化改造,不应仅停留在"物化"维度,而应同时在精神与观念维度进行。

而严复肯定"科学技术"、"科学方法"、"科学真理"背后,更根本的是求真的科学精神,进而强调此精神原则的普遍性、必然性,并确立起科学信念、科学理想、科学信仰的价值标尺,根本也是为了对治在所谓"天道心性之学"的范式下,中国传统学术越发落后的治学思维、粗浅的认识范式、虚玄的价值理念,重塑中国文化之知识观念、思想观念、价值观念。所以,在理论实质与思想学理上,这种以科学知识、科学精神、科学思想、科学价值完全充当学术真理、知识真理、思想真理、价值真理的立场,自然可将之视为一种"形而上学"意义上的"科学本体论"、"价值本体论"。

总之,身处"科学时代"的康有为、谭嗣同、严复等人,在首次将科学与"形而上学"的深度融合基础上,为重建新的中国文化的大本大源进行了一系列的理论尝试与思想建构。在此过程中,他们确立了新的问题意识,引进了新的思想资源,确立了新的本体范畴。所以,他们创建并阐发的"本体论",也在理论内涵上与本土"天道心性之学"的原初样态存在显著差异。但作为一种同样讨论终极存在、终极真理、终极价值的超越之思,其在理论实质上仍是一种特殊形态的"形而上学"。尤其将他们的思考方式、研究进路置于近现代哲学的"形而上学观念"的演进与"形而上学思潮"的视域之中审视,也可以发现,无论是之后的哲人们基于"科学知识"、"科学方法"的普适性,而创发的"科学一元论"、"科学至上论",还是立足"中国形而上学"的义理逻辑,为"科学合法性"设定新的"本体论承诺",实际均可从康有为、谭嗣同、严复那里找到问题的启发、观念的源头、思考的进路。

第二章 "科学"信仰与"形而上学"的存废之争

对于中国文化与外来文化之接触以及具体的"知识"影响,梁启超曾总结说:"中国智识线与外国智识线相接触,晋唐间的佛学为第一次,明末的历算学为第二次"①。纵观两次文化接触带来的影响:第一次文化碰撞为宋代儒学提供了全新的"本体论"资源,促成儒学的形而上学传统以"理学"的形态出现,而第二次文化碰撞,发展到晚清汇聚为强大的科学思潮,催生"中国哲学"尤其是"中国形而上学"的合法性危机,引发了持续一百多年的近现代形而上学思潮。整体上看,两次外来文化,均深刻触及到中国文化的核心价值观与终极信仰观,并切实推动了中国哲学自身的调整转型。

若将此"知识线"聚焦于科学文化,那么可以发现,西方科学文化传入中国,实际自晚明末期即已开始,其中或有断有续,到清末民初时期最终达到高峰,并在学理上引发中西文化间前所未有之冲突。是因为,"晋唐间的佛学"与"明末的历算学"虽对中国文化的儒家信仰有所触动,但最终仍如涓溪入海,被顺畅消解在"儒家形而上学"主导的,以"天道心性相贯通"为核心逻辑的宇宙观、人生观、价值观中。而清末时期,西学以"完全的科学形态"侵入中

---

① 梁启超:《饮冰室合集》,专集,第十七册,中华书局 2015 年版,第 8813 页。

国后,则开始从根本上,迅速瓦解作为中国文化与中国哲学核心的"形而上学"基础——"天道心性之学"。并且,如果说佛、儒之争始终是两种哲学的"形而上学"的"同质对抗",那么清末时期,西学与中学的碰撞则完全是"异质对抗",其显著影响,就是源自西方的以实证科学和逻辑科学为主体的西方学术对中国传统的"玄学"、"天道心性之学"、"内圣外王之学"的驱逐。

美国学者希尔斯在分析"科学主义"思潮与前科学的传统学术的关系时,指出:"科学主义与传统是敌对的,因为它只承认被认为建立在科学知识之上的规则,而哲学知识又与科学程序和理性分析密不可分。那些没有科学根据的实质性传统应该被取代。"①可以说,科学自 19 世纪末开始,在中国的传播过程,同样是以其"权威的程序和行动模式"不断挑战与消解"传统的信仰"的过程。而承载中国人"传统的信仰"的,虽有道教、佛教这样的神格宗教,但整体上在传统信仰世界占据主体的,则是儒家"天地君亲师"的道德信仰系统。此道德信仰系统的核心学理,就是一种"本体论"、"宇宙论"、"人生论"、"价值论"圆融合一的"道德的形而上学"。而"西学东渐"、"科学东传"造成的直接影响,就是长期主导国人存在观念、知识观念、价值观念的"天道心性之学",面对科学知识、科学观念、科学方法、科学精神的强势冲击,从而导致本土文化中"知识与德性不分"、"经验与礼仪不分"、"思想与境界不分"的特殊观念系统,遭到了全面的破坏与瓦解。

这是因为,科学仅承认一个经验世界,否认各种所谓"超验世界"的知识,试图牢牢占据"知识统治"之地位。② 而本土"天道心性之学"则借由"形而上"、"形而下"两个维度的设定,肯定除了"形而下"的"器物世界"、"事实世界",还存在作为万事万物终极本源的"形而上"的"本体世界"。由此也存在

---

① [美]希尔斯:《论传统》,傅铿、吕乐译,上海人民出版社 1991 年版,第 317 页。
② 甚至在利奥塔尔看来,后工业时代,即信息时代,"知识的问题比过去任何时候都更是统治问题。"([法]让·弗朗索瓦·利奥塔尔:《后现代状态:关于知识的报告》,车槿山译,三联书店 1997 年版,第 14 页)

两类知识,天道知识、天理知识与经验知识、事实知识。而两类知识之间,也存在前者对后者的决定统摄、规范作用。显然,在"科学主义"阵营看来,这种传统知识观是必须摧毁的。这样,"实证科学"与"道德理想"、"经验知识"与"超验知识"的对抗,就不可避免地将科学与儒学、知识与信仰、真理方法与心性工夫等冲突的课题,置于当时的中国哲人面前。

事实上,在魏源等人竭力论证科学与儒学的"技"、"道"之别,"学"、"教"之别时,儒家的"道德形而上学"已经基本失去了对经验事实的认识解释功能与知识规范功能,而难掩其"日暮"之势。按照晚清士大夫的乐观想象,将科学作为"器物之学"安置于"形而下"的器物之维,而本土"天道心性之学"则居于"形而上"的超越之维,继续发挥统合"天—人"、"理—事"、"道—器"的作用。但是,随着科学在经验世界无可争议的真理光辉越发耀眼,"天道心性之学"反而被推向神秘主义、直觉主义、不可知论的阴暗迷雾之中,而愈发不可捉摸、不可把握。

而在西学素养深厚的严复、王国维以及中学功底精深的章太炎等人看来,与科学知识相比,以儒、释、道为主流的"中国哲学"完全不具备现代科学知识的属性。尤其是其核心的"天道心性之学",与实证科学相比,只不过是种不可思议、不可言说、不可验证的神秘东西或情感体验而已。而康有为等人虽试图以宗教形式保留"孔教"的功能,但即便康有为本人,也在之后明确反省儒家道德教化的空疏无用,转而尊崇科学为核心的"物质之学"。

所以,在科学深入中国化之进程中,其与儒学的"技"、"道"分置,"学"、"教"分置,既被科学信奉者所批判,又因为强化了"儒家形而上学"的虚玄无用之面向,而为捍卫儒学者所不满。尤其随着对科学理解的日益深入,科学已然不可扼制地获得了更高级的意义加持,从"器械"、"技术"、"知识"的客观效能上升为"思想"、"规律"进而被奉为"文明"、"道德"、"价值"。而科学既然逐渐从"科学的权威"被提升为"理性的权威",进而强化为"价值的权威",显然会因为基于不同文化传统、价值观念、观点立场的"诠释差异"而产生"观念冲突"。

"新文化运动"前后的科学拥护者,将严复的科学方法论发挥到极致。而这一时期强势的"科学至上"、"科学合理主义"①等观念之勃兴、口号之宣扬,不仅体现在科学作为"知识理性"的"合理化"、作为"实践理性"的"合理化",更体现在科学作为"价值理性"与"道德理性"的"合理化"。例如,陈独秀1917年在文章中就宣称,人类社会将来"必以科学为正轨"。不但一切宗教,"皆在废弃之列",道德、法律亦同样要经过科学改造。② 这样,"科学方法"、"科学精神"俨然已被信奉者塑造为"科学时代"的最高且唯一的价值裁判。而在此现代的、文明、科学的"唯一规范"与"普遍尺度"面前,长期以来充当国人生活意义、社会理想、终极信仰的以"天道心性相贯通"为内核的"形而上学",必然从以往"范围天地"的无上地位跌落尘埃,并经受科学大潮的彻底冲刷。至此,"形而上学合法性"问题成为"新文化运动"前后,中国哲人所亟需回应并解决的最大课题。

如顺此进程,科学近乎取代儒学,似指日可待。但正是在"拒斥"与"取消"形而上学在思想界狂飙突进之时,第一次世界大战的杀戮惨剧以及"科玄论战"的爆发,为日渐衰微的以儒学为主流的"天道心性之学"赢得了喘息之机,并借由思想界对科学的"反省"与"划界",重新为自己寻获得了新的出场契机。而在"科玄论战"对"科学"与"玄学"("形而上学")的全面比较讨论基础上,后论战时期,中国哲人开始明确自觉聚焦"形而上学合法性"问题,并通过中西文化比较、中西哲学比较、科学与哲学比较等一系列理论铺垫,找到审视哲学的一般性与特殊性、世界性与民族性的辩证范式,逐渐确立了"知识类型观"、"哲学类型观"的研究立场。

而促使后论战时期中国哲人,区分"Metaphysics"与本土"形而上学",以捍卫后者的"历史性传统"、"民族性特点"、"地方性品格"的根本原因,是诸

---

① 王中江:《近代中国思维方式演变的趋势》(增订版),中国人民大学出版社2018年版,第254—271页。

② 陈独秀:《陈独秀文章选编》上册,三联书店1984年版,第166页。

多哲人领会到"形而上学合法性"问题不仅是关涉"中国哲学合法性"的学术性问题,还是关涉"中国文化合法性"的主体性问题。为此,他们明确在"知识评价"、"秩序规则"、"道德伦理"、"思想意识"、"终极信仰"等维度,探讨"中国形态"或"中国类型"的"形而上学"的"解释效力"、"诠释空间"。所以,尽管在整体上,上述问题在具体讨论时,会呈现为宏大视域与复杂论域,甚至会在具体维度相互抵牾、相互冲突,但将"学术讨论"与"文化危机"、"理论重建"与"社会转型"、"思想启蒙"与"信仰重塑"关联起来,则是他们思考"形而上学合法性"问题,进而"重建"新的"形而上学"运动的核心意识。因此,对这些重大问题的讨论与回应,既是学术之争,又是信仰之争。

为此,后论战时期的"重建形而上学运动",总是基于"体—用"框架①、"道—器"框架、"理—事"框架来处理"形而上学"(主要是以儒、道、佛为代表的"宇宙论"、"体用论"、"境界论"范式)与科学的关系问题。此时期最显著的特点在于,为论证"中国哲学"的形而上学的特殊性与合法性,诸多哲人多从"理论异同"、"对象差异"、"方法能效"等方面展开辨析,以明确为"形而上学知识"与"科学知识"划界。但一旦触及"形而上学"与科学的最终定位、最终关系时,他们又明确主张以"中国形而上学"来"统摄"与"范导"科学。这种"知识两立"与"价值一元"的特殊思维范式,表现了他们不再如同科学主义者那样以"非此即彼"的方式来对待二者,而是通过对"科学时代"的深刻思考与反省,既肯定科学的专属领域与现实作用,又试图建立一种传承与体现中国哲学的"人文主义"传统的,哲学的"世界观"、"知识观"、"价值观"。

---

① 唐文明教授在讨论儒教文明与基督教文明之冲突时,也认为"体用"概念,"构成了现代儒门学者刻画中、西问题的主导性范式"。(王中江、李存山主编:《中国儒学》第十辑,中国社会科学出版社 2015 年版,第 416 页)

第一节　两种信仰并存："教"与"学"的分置

一、"技术"与"技艺"的引进

19 世纪中后期,士大夫面临的"文化困境",根本是传统的"华夷之辨"的价值优越性观念与西方人强大技术优势间的比较反差。而历史如果可以假设,那么鸦片战争之后,如同梁启超总结,逐渐认识到中国文化"不足"之"无奈"以及"被动"从三个阶段向西方学习的痛苦可能就不会发生①。因为,这种"亡国灭种"危机上推三百年,16 世纪东来之传教士如利玛窦、龙华民、罗如望、庞迪我、艾儒略等人,在传教的同时,即将当时西方的科学书籍与机械技术介绍至中国。他们宣传"天文历算之学",使中国人感受到西学"无不尽巧极妙"的格物穷理之法②。而利用地球仪、星盘等巧妙机械和"几何"、"地理"、"化学"、"生物学"、"医学"等全新知识,传教士也顺利将中国的高级知识分子和士大夫阶层吸引过来。

不过,国人初遇科学之时,并未预料到这些"奇技淫巧"会在未来的某些时刻,强大到足以摧毁华夏文明的根基。而士大夫们也因始终将科学视为一种认识自然、利用自然的"技术"和"技艺"③,所以多持积极、主动的姿态。当时徐光启就明确主张移植"西术","凡事天爱人之说,格物穷理之论,治国平天下之术",都应该加以引进与运用,以实现"我器尽如彼器","我法尽如彼

---

① 梁启超指出,与西方文化相比,中国文化是逐渐地发现自己的不足:"第一期,先从器物上感觉不足。……第二期,是从制度上感觉不足。……第三期,便是从文化根本上感觉不足。"(梁启超:《饮冰室合集》文集第五册,中华书局 2015 年版,第 3777—3778 页)

② 嵇文甫:《晚明思想史论》,河南大学出版社 2008 年版,第 157 页。

③ 当时的徐光启之所以翻译《几何原本》,正是因为数学能够在生产实践中发挥基础作用。他说:"算术者,工人之斧斤寻尺,历律两家旁及万事者,其所造宫室器用也,此事不能了彻,诸事未可易论。"(徐光启:《徐光启集·刻同文算指序》,王重民辑校,中华书局 1963 年版,第 81 页)

法","我人尽如彼人"。甚至包括徐光启、李之藻和杨廷筠等在内的士大夫们,在保持儒教信仰的同时,亦被视为耶教徒。可见中国学人在初遇科学、耶教之时,不但积极热情,还将其纳入儒家天道心性之政教系统之中。

若按此发展,科学应在当时生根发芽并在三百多年后颇具规模。但是,作为传教手段的科学,既被西方教会视为阻碍传教的羁绊,又在一些士大夫警觉到耶教可能会蚕食儒教之后,连同耶教一起被拒之门外。而受儒学主体性、价值性的传统观念影响,以及受"奇技淫巧"的科学观限制,此后直至清朝中后时期,以科学为形而下之"技"、"艺",以儒学为形而上之"道",依然被作为当时"知识类型观"与"文化价值观"的主流范式。

即便是"鸦片战争"中,国人面对西方的"船坚炮利","惊若鬼神,畏如雷霆"(姚莹语),遭遇惨败。林则徐、魏源、龚自珍为代表的先进知识分子"睁眼看世界",开始重新反省空疏之宋明理学与烦琐之乾嘉考据学,并重新学习认识西方科学。但士大夫们依然以前人化解中、西文化冲突的范式,来处理国门大开后"科学文明"与"儒教文明"的冲突:仅从"技术"与"技艺"层面去理解战争双方的长短差距。众所周知,魏源在《海国图志》中指出,"夷之长技三,一战舰,二火器,三养兵练兵之法"①。又提出"师夷长技以制夷"的口号。而其视为"有用之物"的"技"主要是指西方军事科学的"技术"、"机械"、"制度"。这样,外来军事科学与技术科学就是随时可借用的"工具"。而学习、引进科学的根本目的,并不是为了改造人心,启蒙民众,只为了"制夷"目标服务。

冯桂芬在其《校邠庐抗议》书中,有著名的《采西学议》一文,主张学习"历算之术"、"格致之理"、"制器尚象之法",要以"中国之伦常名教为原本,辅以诸国富强之术"②,实现"出于夷而转胜于夷"的目标。之后,薛福成虽然深刻认识到西方富强有其经济运行体制与商业模式的根源,但仍然将西人的"器

---

① 魏源:《海国图志》,《魏源全集》,岳麓书社 2004 年版,第 27 页。
② 郑大华点校:《采西学议——冯桂芬、马建忠集》,辽宁人民出版社 1994 年版,第 84 页。

数之学"、"商业经济"等作为保卫儒教"天道信仰"的工具。这样,利用西方的科学技术作为"工具"来抵御西方文明的入侵,使得彼时的科学观一开始就呈现出"功利"与"实用"色彩。而此种观念也为当时确立了引进西方科学的基本范围,甚至影响到此后的"洋务运动"。如冯友兰所说:"后来主持'洋务'的人所行的'新政',例如:设枪炮局、造船厂,练新军,以及'以夷制夷'的外交政策,都不出乎魏源《筹海篇》所提出的计划的范围。"①

真正依靠顶层设计,实现中国社会层面的科学化,应从"洋务运动"开始,或者说政府主导的科技运用由"洋务运动"开始,这并没有多少异议。以国家"富强"为根本目的,以"师夷长技以制夷"、"中体西用"②为指导思想,西方自然科学知识和先进技术机械开始广泛运用于当时的军事、工业、农业、矿业等领域。按照这种乐观的估计,西学的"技术"和"技艺"的"用"在儒教"天道心性"之"体"的框架下,会实现抵抗外侮、富国强兵,进而重振"天朝上国"优越文明的目标。

虽然在某些先进人士那里,作为"工具"的西学,显然不只是科学知识、技术设备,还包括制度、教育、法律等文化维度,但其不过是一种扩大化的"技术"、"技艺"。如郭嵩焘早在1887年考察英国后,就认为欧洲国家之所以富强,均在发展"实学",而"实学"的基础,正在著名英国弗朗西斯·培根(郭嵩焘称为"比耕",笔者注)等人所提出的新方法。他说:"英国将实学者,肇自比耕……欧洲各国日趋富强,推求其源,皆学问考核之功也。"③可见,其理解的"富强之术"已然包括不同于器物机械的思维观念、学术方法。而之后著名的洋务派代表人物张之洞主张:"中学为内学,西学为外学;中学治身心,西学应世事。"④其所谓"西学"的内容,也远比魏源等人宽泛。

---

① 冯友兰:《三松堂全集》第十卷,河南人民出版社2001年版,第339页。
② 据考证,《万国公报》的编者沈寿康在1896年4月的《匡时策》一文中说:"中、西学问术自互有得失,为华人计,宜以中学为体,西学为用。"首次提出"中体西用"这个概念。
③ 黄见德:《20世纪西方哲学东渐史导论》,首都师范大学出版社2007年版,第34页。
④ 陈山榜:《张之洞〈劝学篇〉评注》,大连出版社1990年版,第159、105页。

不过,此时期学人基本认为,坚守形而上的"道德文章"与形而下的"科学技术"的分野,仍可保儒家"道统"无恙。除了上述的士大夫外,即便是被美国学者柯文(Paul A.Cohen)视为在文化变化容量的"代际变化"上可谓"一代新人"的王韬,也仍坚持如下观点:"西历固无可议,其制造机掠器物,资水火二气之力,事半功倍,诚为精密不苟。然形而下者谓之器,形而上者谓之道。西人亦只工其下焉者已耳! 至其言教之书,迂诞支离,显悖名教。天堂地狱之说,徒拾释氏之唾余;爱人如己之论,亦窃墨子之近似。言其平淡不及儒之统,言其幽奥不及佛之奇。故无一而可者。"①还认为:"形而上者中国也,以道胜;形而下者西人也,以器胜。如徒颂西人,而贬己所守,未窥为治之本源也。"②而此"道",正是"孔子之道"。

但是,甲午海战中同样的"船坚炮利"却一败涂地的现实再一次促使知识分子反思对西方文明之"用"——"器物知识"的理解和运用是否真的出现了偏差,反思本土"道德知识"究竟能否真正发挥而不是阻碍"器物知识"的实效性,甚至反思西学之"用"与中学之"体"是否真能"有机融合"、"协洽共处"。此类问题还可展开为,仅从"技艺之学"的维度安置外来的科学文明,而将本土"天道之学"视为主导前者的德性文明,是否本身就撕裂了现代化的社会共同体文明样态的有机性和一体性。

二、"教"与"学"的分置

与魏源、冯桂芬和洋务官员相比,康有为、梁启超等人在戊戌维新运动中,同样积极倡导引进西方先进的科学技术。康有为曾赞许魏源"师夷长技以制夷"之论。认为,"魏默深之论,至今犹为至论也",并宣称:"吾所取为救国之急药,惟有工艺、汽电、炮舰与兵而已,惟有工艺、汽、电、炮、舰与兵而已!"③不

① [美]柯文:《王韬与晚清改革》,雷颐、罗检秋译,江苏人民出版社 2006 年版,第 114 页。
② 王韬:《与周甫徵君》,见《园尺牍》卷四,光绪廿三年印,第 156 页。
③ 康有为:《康有为全集》第 8 集,中国人民大学出版社 2007 年版,第 71 页。

过,康有为较曾国藩、李鸿章等认识精进之处在于,仅购置国外的炮舰和枪炮,以及拥有自主技术平台和加工实力,而不能实现国家整体的工业化,根本上仍会落后于人。"洋务运动"失败的原因,正是他们"皆知讲军、兵、炮、舰而已,惜乎其未及物质之学,一切工艺、化、电、汽机之事也。"①进而,他更深刻指出,西方国家富强之"用"不仅是船舰枪炮等机械设备,还包括完整的科学知识系统以及民主政治、社会模式等全部现代文明。

在魏源以至洋务官员那里,西人所擅长的"技"、"学"只是文化之"用",作为文化之"体"的则是儒家天道心性之"教"。而此"教",既是人无我有的华夏文化特殊性,亦是其优越性所在。康有为在处理圣人之"教"与西人之"学"的矛盾时,则刻意凸显了西人之"学"的重要性和优先性,以"学"为先。当然,这并不表示他不重视圣人之"教",而是强调在救国保种的优先性上,西方之"学"更重要。他指出:"夫道德哲学空论之说,中国固至美矣,不待求之外矣,求之外则益败坏之耳。数千年之历史、风俗、教化皆不同,而自有纯粹卓立之处,乱之益害。若以立国御敌乎,强军富民乎,则一切空论之学皆无用,而惟物质之为功。然则今日救国之术,惟有急急专从事于物质工学之事斯已耳。"②

这种对本国"道德哲学空论"的不满,实际上冲淡了自魏源等人就秉持的"中体"之优越意识,或者说,康有为在当时根本上是对圣人之"教"采取存而不论的态度。例如,他说:"我国人今之败于欧人者,在此一二百年间,而所最大败远不如之者,即在一二百年间新发明之工艺、兵炮也。凡欧人于百年来,所以横绝大地者,虽其政律、学论之有助,而实皆籍工艺、兵炮以致之也。夫工艺、兵炮者,物质也,即其政律之周备,及科学中之化、光、电、重、天文、地理、算数、动植、生物,亦不出力数、形气之物质。然则吾国人之所以逊于欧人者,但在物质而已。物质者,至粗之形而下者也,吾国人能讲形而上者,而缺于形而

---

① 康有为:《康有为全集》第8集,中国人民大学出版社2007年版,第72页。
② 康有为:《康有为全集》第8集,中国人民大学出版社2007年版,第82页。

下者。然则今而欲救国乎？专从事于物质足矣。于物质之中，先从事于其工艺、兵炮之至粗者，亦可支持焉。若舍工艺、兵炮，而空谈民主、革命、平等、自由，则使举国人皆卢骚、福禄特尔、孟的斯鸠，而强敌要挟，一语不遂，铁舰压境，陆军并进，挟其一分时六百响之炮，何以御之？"①又说："普之重艺若此，宜其今日工艺之盛而统日耳曼而为霸哉！盖欧美今日之盛，不在道德而在工艺。若吾国空谈名理，妙解文学，多在形而上者，而不屑形而下者，国弱民贫皆在于此。人之体壳皆血肉之躯，本一物质，不能高言玄妙。工艺乃物质之实用利物，前民最切者，得之宜强也。"②

显然，相比于对"物质之学"的积极肯定，康有为对传统儒家"天道心性之学"的态度是消极的③。甚至在比较欧美诸强国后，他认为清王朝若仍以传统圣人之道为无上法宝，企图以旧头脑应对新世界，必然会持续衰败。如他说："若意大利、西班牙，崇奉天主教，其神学、哲学虽深，而物质不精，国力亦微。法国亦有然。比利时以蕞尔小国，精机器制铁之业，遂以立国。荷兰首创海船业，俄大彼得亲往学之，则遂先霸南洋。此皆物质之功之成效大验，不止英先创物质学而先霸大地也。德国之昔者哲学尤众矣，而久弱于法。自胜法后，专讲物质、工艺、机器、电化之学，事事业业，皆有专学，讲求不过二十年，今遂胜于强英。德国工商之业，今已横绝欧、亚、美、非之间，英人处处退缩，不独法国已也。"④所以，在他看来，中国文化若建立新的"物质之学"，自然会有更加进步的"新的形而上学"。

那么，西方得以胜出的"物质之学"究竟何指？康有为解释说："以其通贯言之，则数学及博物学也；以其实物言之，则机器、工程学及土木工学也；以求

---

① 康有为：《康有为全集》第8集，中国人民大学出版社2007年版，第67页。
② 康有为：《康有为全集》第7集，中国人民大学出版社2007年版，第419页。
③ 康有为的实用主义和技术优先理念，不仅使他搁置了"形而上学"，甚至对同样是"形而下学"的政治理论、政治模式的学习，他也设置先后次序。因为相比于科学技术的"实学"，政治理念、政治制度等只是"虚学"。
④ 康有为：《康有为全集》第8集，中国人民大学出版社2007年版，第80—81页。

其精新者言之,则电化学也;以其运输言之,则铁道、邮政、电信学也;以求文美言之,则画学、着色学、乐学也。夫是数学者所谓物质学也。"①可见,被视为先进之"学"的,不仅是科学技术、机械,还包括科学知识、科学方法、民主模式、社会治理、教育体系,甚至还包括文学、艺术等。若以此改造中学,可能以往"儒家形而上学"的涉及维度,都需要更新、改造与替换。② 而实际上,康有为虽肯定"中国之人道学"强于西方,但却强调改革"人心风俗"以及革新道德规范之必要性和必然性,尤其要改造国人之"道德观"、"价值观",以符合西方"国民学"和"物质学"之要求。

认识到现代文明不仅体现在西学之"物质"维度,更落实在"观念"维度,从某种程度已然类似承认西学自有其"体—用"逻辑。当时的梁启超从"格致学"的有用性出发,对讨论人性和世界本质的"玄学"持消极态度。尤其在经历了从技术、制度、文化之递进步骤认识科学,以及从"物质文明"到"精神文明"去认识现代文明的过程后③,他开始将科学视为"技术"、"知识"、"方法"、"精神"之统一体,而批评前人仅停留在"技术"、"机械"与"制度"的"物化"维度去认识科学文明,未能认识到其更为深层的"精神"、"思维"、"价值"之"观念"维度,"能使全世界之政治商务军事,乃至学问道德,全然一新其面目。"④甚至,没认识到某些科学还能"影响于一切学问而且改变全社会一般人心"⑤。

康有为、梁启超的认识,根源于他们对科学"普遍效力"与"普遍价值"的理解:既然科学知识乃是基于"科学方法",而"科学文明"又是科学思维与科学精神的驱动落实,那么一切学问都应经受"科学方法"、"科学公理"的检验、

---

① 康有为:《康有为全集》第8集,中国人民大学出版社2007年版,第79—80页。

② 当然,康有为的价值观和伦理观亦存在矛盾和思想阶段的差别。他秘不示人的《大同书》即已基本否定了儒家圣人之"教"的现代价值。也因此被当时许多学者斥为离经叛道之徒。

③ 梁启超在总结鸦片战争后中国学界向西方学习的心路历程和实践阶段时,指出了从机器到制度到文化的学习过程,也侧面印证了中国学者对科学的范围和对象的逐渐深化和拓展,并逐渐提升对科学的价值的认识过程。

④ 梁启超:《饮冰室合集》文集第三册,中华书局2015年版,第573页。

⑤ 梁启超:《饮冰室合集》文集第十四册,中华书局2015年版,第3753页。

改造与认定。事实上,康有为早年就承认"科学方法"具有指导学术研究的普遍有效性。他在 1888 年写就的《实理公法全书》中,就概括了"实测"即"实验方法","实论"即"实证方法","虚实"即"逻辑方法"三种"科学方法"。他将数学尤其是几何学称为"公理",将具有客观性、普遍性的科学理论和科学判断称为"公法",即是肯定其具有裁决真假知识和理论学说的最高权力。且这种"公理"、"公法"不仅在物质世界体现至上权威,还在精神思维和思想观念中具有普遍指导与规范作用。由此,康有为似乎已经具有了"科学至上"和"科学真理一元论"的倾向。①

而若承认科学公理、知识公法在科学文明中的基础作用,实际已将儒家"天道心性之学"置于科学文明之外,也置于中国社会转型进程之外;若主张社会的科学化改造,进而连带变革世界观、知识观,必然会改变儒家德性观念笼罩的宇宙观、人生观、价值观,因而逼迫"圣人教化"的边界不断收缩。体现在康有为、梁启超那里,受天文学影响建立的"物质宇宙观"、受化学影响建立的"元气本体论"、受生物学影响建立的"自然人性论"、受启蒙思潮影响建立的"社会伦理观",已然完全不同于古代儒教之观念系统。即便不置可否的儒家"道德形而上学"的超越之"道",实际也被他们划归在经验知识之外。

三、"对待之域"与"非对待之域"

清末学人中,作为"介绍近世思想之第一人"(胡适语),"第一个真正了解西方文化的思想家"(冯友兰语),严复认为前人以中学为"道"、西学为"技",进而提出"中体西用",引"技"卫"道",是完全错误的。这种"理解错位"根源于不同文化各有其"体—用",因而欲有科学民主之"用",必有科学民主之"体"。集中于科学本身,他更强调科学文明亦有其"体—用"之内在架构:科

---

① 有学者认为康有为受西方科学思潮的影响,在中国思想界"制造着科学的乌托邦,肇始着唯科学主义",是恰当之论。(段治文:《论康有为的科学文化观》,《浙江社会科学》1994年第 3 期)

学的技术、机械、设备、知识若可视为科学之"用",科学的方法、精神、价值则为科学之"体"。

在思想早期,严复认为,西方国家之所以进步与强大,是从"以格物致知为学问本始"①。"其名数诸学,则藉以教致思穷理之术;其力质之学,则假以导观物察变之方"②,所以,"非为数学、名学,则心不足以察不遁之理,必然之数也;非为力学、质学,则不知因果功效之相生也"。③ 而此"格物之学",即是科学。具体来说,"名、数、质、力,四者皆科学也"④。面对中、西两学之优劣,他亦主张引进科学,而此科学,不只是前人所理解的"技术"、"器械",还包括数学、化学、物理学。之后,他完全将科学视为西方先进文明的代表,不但主张全盘引进西方的政治学、社会学、法学、哲学、伦理学等知识,还致力揭示"科学方法"、"科学公理"、"科学思想"、"科学精神"的普遍适用性。

若止于此,严复从技术、知识、思想来认识科学,或许并未触及"天道心性之学"。但他根本是采用"体—用"逻辑来追问文化本身的超越根据,并由此将科学方法、科学公理、科学精神作为现代科学文明、技术文明、社会文明之"体"。例如,他曾指出:"中国之政,所以日形其绌,不足争存者,亦坐不本科学,而与公例通理违行故耳。是故以科学为艺,则西艺实西政之本,设谓艺非科学,则政艺二者,乃并出于科学,若左右手然,未闻左右之相为本末也"⑤。政治文明乃是人文领域的创造物,技艺机械乃是技术领域的创造物,二者之根本,皆在于科学知识、科学理念。而若以"科学方法"、"科学公理"、"科学精神"为现代文明的普遍指导原则,那么引进运用科学的过程中,其自身的"体—用"逻辑,必然会触及此文明中人的知识立场、思想观念、意义判断、价值信仰,由此也就突破了以往士大夫们所理解的"中学—

---

① 南京大学历史系:《严复诗文选注》,江苏人民出版社 1975 年版,第 61 页。
② 南京大学历史系:《严复诗文选注》,江苏人民出版社 1975 年版,第 61 页。
③ 南京大学历史系:《严复诗文选注》,江苏人民出版社 1975 年版,第 74 页。
④ 严复:《严复集》,王栻编,第三册,中华书局 1986 年版,第 559 页。
⑤ 严复:《严复集》,王栻编,第三册,中华书局 1986 年版,第 559 页。

西学"的"道体—器用"模式。

严复并非对此张力缺乏自觉。反而,他致力于将科学从现代文明的"器物层面"提升为"思想层面",以"科学方法"、"科学公理"、"科学精神"的普遍性、必然性、客观性,凝练科学之"道"的合法性与至上性。并主张,现代文明欲在中国全面实现,既要引进一切科学之"用",又要彻底建构科学之"体"。而与前者在物质维度的现实引进与运用相比,后者既涉及知识范式、思维方式、学术方法的转变,又需重构道德观、价值观、信仰观。是因为,科学除了在器物层面摧枯拉朽,更新换代,更应在"立政养才,风俗人心"方面荡涤旧俗,重塑人伦,通过对人的思想和观念进行改造,培养科学精神,才能真正实现国家民族的进步富强。

当然,严复不满足仅在生活风俗、社会道德、人伦关系层面去进行科学改造。是因为,此种方式仍是将科学围于"技艺"的形而下窠臼,以待儒家"天道心性之学"的形上范导。为此,他明确提出"科学即道",否弃了前人处置科学与儒学冲突设计的"技—道"方案,而基于科学自身的"技—道"模式取代儒学对经验世界的作用。其直接影响,即是确立科学在现实经验世界的绝对主宰地位,以一种经验世界的"科学本体论",取代儒家统合"经验—超验"两维的"道德的形而上学"。用他的话,即是在"对待世界"(经验世界),科学统率一切、主宰一切,而在"非对待世界"(超验的形上世界、宗教世界),则是人类知识与能力无法企及的未知之地,只能存而不论。

众所周知,严复依据其经验主义的认识论立场,认为人依靠感官可获得对"形气之物"即外物的经验知识,这种知识能证真伪,是"对待"的,即相对的,也是人的语言能力可以表述的、指称的,是认识能力可以"思议"和把握的。如他说:"彼是对待之名词,一切世间所可言者,止于对待。"①而超出感官能力之外的"非对待"的那个超验世界,以及那个世界的各种绝对的东西,都是"不

---

① 严复:《严复集》,王栻编,第四册,中华书局1986年版,第1106页。

可思议"的,"不可以名理论证"的,即不能用人的语言和思维把握的。

因此,严复实际上将宇宙区分为两个世界:一个是"对待之域",即经验认识之世界、科学之世界;一个是"非对待之域",即"超验之世界"、"形而上学之世界"。对于前者之学,他也称为"形气之学",对于后者,即"形而上学",虽然在与"Metaphysics"的对译语境中或在介绍西方哲学的过程中,被他称为"出形气之学",但基于严复自己的"知识观"、"哲学观"而言,"形而上学"很大程度不可称为"学"。这是因为,西方哲学经过近代认识论转向后,在怀疑主义、经验主义、实证主义的批评下,似乎有资格称为知识者,仅限于"对待之域",如他说:"夫只此意验之符,则形气之学贵矣。此所以自特嘉而以来,格物致知之事兴,而古所云心性之学微也。"①

而各种讨论经验世界之外的东西,如"道"、"太极"、"理"、"存在"、"有"等,均是对无形无相,超越人的认识能力的"绝对者"的不同称谓。他以老子的"众妙之门"为例,说:"其所称众妙之门,即西人所谓 Summum Genus,《周易》道通为一,太极,无极诸语,盖与此同。"②这些概念虽然称谓不同,但其聚焦之对象,均是指向"非对待之域",因而不可以形相之有无论其有无。"太极、庇音之对待为无物,以无对有,正亦可觉,此亦人心之所有事者也,何以言其虚设而矛盾乎?又如自在一论,虽常可以因果,并著为言,然自在实与因果、并著有异。盖培因之意以自在为无可言,故遂以此论为可废。然'在'实与'有'同义,既有矣,斯能为感致觉,既感既觉,斯有可言,何可废乎?昔者德儒希格而亦不知此义,遂谓太极、庇音既称统冒万物,自不应有一切形德相感,至使有著不浑;如无一切形相德感,则太极、庇音,理同无物。以统摄群有之名为等于无,文义违反至于如此,此其弊正与培因等耳。"③

但同时,他却明确主张,认识之外的所谓"超越者"、"绝对者",乃是感官

---

① 严复:《天演论》,商务印书馆 1981 年版,第 71 页。
② 严复:《严复集》,王栻编,第四册,中华书局 1986 年版,第 1075 页。
③ 严复:《严复集》,王栻编,第四册,中华书局 1986 年版,第 1039 页。

无法认识,经验无法把握,思维无法触及,因而不可仅凭"科学知识"就断言其"空"、"无"。所以,他提醒说:"然而世间之大、现象之多,实有发生非科学公例所能作解者。何得以不合吾例,然遂指为虚?"①还说:"若一概不信,则立地成 Materialism,最下乘法,此其不可一也。又人生阅历,实有许多不可纯以科学通者,更不敢将幽冥之端,一概抹杀。迷信者言其必如是,固差,不迷信者言其必不如实,亦无证据。故哲学大师,如赫胥黎、斯宾塞诸公,皆于此事谓之 Unknowable,而自称为 Agnostic。"②总之,在他看来,由于人自身认识能力的限制,根本无法对超验的东西予以肯定或否定,只能"存而不论",因此指出:"盖人生智识,至此而穷,不得不置其事于不论不议之列,而各行心之所安而已。"③

严复之所以肯定各种"形而上者"存在的必然性,是因为,探究绝对者,既是追问经验世界得以可能之终极需要,又是心智思议的必然指向。如他说:"谈理见极时,乃必至不可思议之一境,既不可谓谬,而理又难知,此真佛书所谓'不可思议'。而'不可思议'一言,专为此设者也。佛所称涅槃,即其不可思议之一。他如理学中不可思议之理,亦多有之。如天地元始、造化真宰、万物本体是已。"④

将"形而上学"视作一个以宇宙万物的终极本源、本质和宇宙的永恒存在者、普遍法则为对象的特殊的思想系统,这无疑准确把握到了此学的本质。而正因"形而上学"是"出形气学",人又是"形气之物",自然受感官经验之限制,因而亦无法对那些"无对待"的"形而上者"进行真正实质与内在之描述,甚或会陷入语言逻辑之矛盾。严复对此有清醒的自觉:"今名家所谓庇音(即Bing——引者注),以统凡有名之物者,果何物耶? 盖一言其物无对,即无可

---

① 严复:《严复集》,王栻编,第三册,中华书局 1986 年版,第 1380 页。
② 严复:《严复集》,王栻编,第五册,中华书局 1986 年版,第 825 页。
③ 严复:《严复集》,王栻编,第五册,中华书局 1986 年版,第 825 页。
④ 严复:《严复集》,王栻编,第五册,中华书局 1986 年版,第 1380 页。

言,而莫能指。故言无对,无极,而犹设言诠者,其于言下已矛盾矣。"①也正是从此意出发,"形而上学"不属于人类的"科学知识",也不是"科学的哲学"研究的对象。

可见,严复并不因"科学知识"的实证性而否定科学之外一切东西的合法性,相反,他认为哲学尤其是形而上学、宗教哲学、神秘体验所指向的"绝对者",具有存在的可能性。他一方面从"科学知识"在经验世界的合法性,主张"科学即道",以科学作为裁判经验知识进步与否、优劣与否的最高依据。另一方面又严谨地以经验为界,既约束了"科学知识"的解释效力与范围,又将不可思议、不可言说的"形而上学"世界与宗教世界,划归为超经验界。也正因此后者乃绝对的、永恒的、必然的,因而此"非对待之域",并不因人之知识能力限制而失去其合法性。

尤其是,"科学知识"以经验世界为对象,"形而上学知识"以超验的形上世界为对象。前者仅能解释经验,却不能解释自身,若要追问"科学知识"何以可能,追问经验世界何以可能,甚至追问科学所无力解释的某些问题,必然要归于"形而上学"。正如他所言:"窃尝谓万物本体虽不可知,而可知者止于感觉,但物德有本末之殊,而心知有先后之异。此如占位、历时二事,物舍此无以为有,吾心舍此无以为知。"科学始于时空观念,因而对甄定经验现象的时空本身,不可能有内在的认识;科学囿于经验,因而对经验知识的超越本体、逻辑基础、终极原则,不可能有真正的把握。所以,严复承认:"老谓之道,《周易》谓之太极,佛谓之自在,西哲谓之第一因,佛又谓之不二法门。万化所由起讫,而学问之归墟也。"②

总之,在严复那里,"形而上学"并不是迷信,而是一种特殊的但却不可知的认识。对于天皇上帝、鬼神等迷信观念,他是持明确批判态度的。而对于宗

---

① 严复:《严复集》,王栻编,第四册,中华书局1986年版,第1039页。
② 严复:《严复集》,王栻编,第四册,中华书局1986年版,第1084页。

教思想、哲学学说中,那些专门讨论宇宙万物得以如此存在的终极原因、人类知识得以可能的终极原因等超出认识能力之外的"形而上者之学",则始终秉持着敬畏和认同的态度。也即是说,对于"非对待之域"的不可知,只能表明现实上人的认识能力之有限性,而并不能据此否认此种特殊的、超验的"形上世界"之存在。所以,严复虽以经验认识的限度为依据,为"学"(科学)与"道"(形而上学)两系统划界,同时也是将"经验世界"和"超验世界"视为完整宇宙之两个"彼此相对的可以并存的世界"①,因此冯友兰也认为严复的哲学思想中,实际提出了"不可知主义的本体论"。甚至在思想深层,严复的这种"根源性"、"超越性"意识,也始终为追问经验世界得以可能的"形而上学"的问题意识、理论旨趣提供了变相肯认。

第二节 "科学至上":拒斥与取消"形而上学"

罗志田认为,与晚清时期将科学理解为"技术"不同,五四时期对科学的认识则转向"精神"和"方法"。② 基于上述可知,严复实际早已开此先河。而严复"科学即道"之说,也即科学的绝对化、本体化判断,亦成为之后近四十年"科学一元论"、"科学至上"等科学主义思潮、"拒斥形而上学思潮"之滥觞。这是因为,在人们日渐关注的"科学方法普适性"以及"科学理论真理性"的双重加持和强力支持下,"科学之道"在之后迅速摆脱它所寄附或依赖的科学机械、科学技术的物质维度,从科学方法、科学理论的"知识的普适性",提升为科学精神、科学价值的"价值的普适性",充当了知识、文化、价值的真理性、绝

---

① 王中江教授指出,"对待之域"与"非对待之域"的"相对与相干的两个领域",二者具有"内在的联系":"非对待之域是对待之域存在的根据,而对待之域则能够彰显非对待之域。"(王中江:《严复的两个世界——从经验到超验》,见《道家文化研究》,北京三联书店 2014 年版,第247 页)

② 罗志田:《走向国学与史学的"赛先生"——五四前后中国人心目中的"科学"一例》,《近代史研究》2000 年第 5 期。

对性标准。自此，科学在"技"与"道"两个维度同时扩张，不断侵蚀着传统的"天道心性之学"的形上领地。

一、"科学方法"万能论

在严复、章太炎、康有为、梁启超等人对科学"技术"、"技艺"背后的方法原理、知识理论与思想根源的不断揭示与阐释下，"科学方法"、"科学原理"、"科学精神"最终变为"救亡"与"富强"之终极基础。揭示"科学的秘密"，越来越被学界所关注。梁启超在1902年就明确将"科学"与迷信、宗教对立起来，肯定科学对社会文明的重要推动作用。如他说："科学之力日盛，则迷信之力日衰"①。王国维在对比中、西文化时，还从思维方式去寻找中国学术对接"科学方法"的接榫之处，他认为："我国人之特质，实际的也，通俗的也；西洋人之特质，思辨的也，科学的也，长于抽象而精于分类，对一切世界有形无形之事物，无往而不用综括（Generalization）及分析（Specification）之二法，故言语之多，自然之理也。"②而相比之下，"分析法"、"归纳法"等，均比中国古代学术方法进步，为此，他明确宣称："故今日最亟者，在授世界最进步学问之大略，使知研究之方法。"③

而既然在科学体系中，"科学方法"最具体、最直观、最有效，甚至通过"科学方法"的自觉运用、精进娴熟，可帮助民众逐渐培育"科学思想"、"科学精神"，那么，作为"科学的秘密"，"科学方法"就被视为全盘引进科学的第一要务。也正是越发认识到，"科学方法"才是"科学知识"的基础、"科学文明"的核心，在此后的一段时间里，"科学方法"更成为当时国人科学观、知识观甚至价值观中的"关键词"；能否掌握、应用此方法，既是衡量"新学"之标准，亦是审视"新人"、"新思想"、"新文化"、"新社会"的根本标志。尤其对"科学方

---

① 梁启超：《饮冰室合集》文集第四册，中华书局2015年版，第53页。
② 王国维：《王国维文集》第三卷，中国文史出版社1997年版，第40页。
③ 王国维：《王国维遗书》第五册，上海古籍书店1983年版，第41页。

法"的信奉者而言,"科学方法"在技术、制度、知识、道德、人格、审美、信仰等一切领域均具有适用性、指导性、主宰性。而若某种学说思想无法应用此方法或不适用于此方法,就必须被拒于"非经验世界"或"超经验世界"之外。

1914 年 9 月"中国科学社"成立,并发行《科学》杂志,其主要成员即是之后"科玄论战"的主要推动者如任鸿隽、赵元任,以及之后加入的唐钺、胡适等。"科学社"诸人关注中国为何没有产生科学。任鸿隽在其《说中国无科学的原因》文中认为,原因就是"未得研究科学之方法而已",他揭示"科学方法"的实质:"科学的方法,乃兼合归纳与演绎二者。先作观察,微有所得,乃设想一理以推演之,然后复作实验,以视其合否。不合则重创一新理,合而不尽精切则修补之。然后更试之以实验,再演绎之;如是往返于归纳与演绎之间,归纳与演绎既相同而进。故归纳之性不失,而演绎之功可收。斯为科学方法之特点。"①并明确主张学习引进"归纳的论理、实验的方法",即"归纳法"、"演绎法"、"分析法"、"检验法"。

而当时,蔡元培为《科学》杂志题词时也明确说:"民之初生有神话而已,进而有宗教,又进而有哲学,是谓学之始。学有二道,曰:沉思,曰实验。哲学之始于沉思多于实验,虽有形之物亦皆以悬想定之。及实验之法既备,凡自然现象皆分别钩稽成为系统之学,而哲学之领土半为所占,是为科学之始。至于今日,则精神界之现象亦得以研究物质之道鳃理之而建设为科学,如心理学是。而实验教育学,实验美学亦遂缘是而发生,有成立科学之希望。循是以往,凡往昔哲学之领域自玄学以外将一切科学所占领。"②显然,按他们理解,"科学方法"仅为科学的专属。哲学中的其他领域随着"科学方法"施用,而转变为科学阵营,剩下的"玄学"即"形而上学",亦变为与知识无关的"悬想"。

之后,胡适从美归国,亦集中于在学术上推动"根本上的方法改革"。胡适宣扬的"科学方法",首先,即是"实验主义的方法"。他指出:"'实际主义'

---

① 转引自胡军:《分析哲学在中国》,首都师范大学出版社 2007 年版,第 24 页。
② 转引自胡军:《分析哲学在中国》,首都师范大学出版社 2007 年版,第 17 页。

(Pragmatism)注重实际效果;'实验主义'(Experamentalism)虽然也注重实际的效果,但他更能点出这种哲学所最注重的是试验的方法",而这种全新的哲学,"完全是近代科学发达的结果"①。其次,是注重"证据"的验证方法。体现在对哲学中的每一种理论、每一个观点、每一个判断,进行证实证伪,方有资格称为可信之真理。另外,他也主张学习"逻辑法"、"分析法",借助西学"逻辑方法的发展"促进中国哲学的进步与转型。②

在其著名的《实验主义》一文中,胡适详细介绍了上述方法。他将美国哲学家杜威(John Dewey)的方法归为五步:第一,疑难的境地;第二,找出疑难之点究竟在什么地方;第三,假定种种解决疑难的方法;第四,把每种假定所蕴涵的结果一一想出来,看哪一个假定能够解决这个困难;第五,正是这种解决使人信用,或者证明这种解决的谬误,使人不信用。并且,他还认为凡是"有价值的思想"、"有价值的主张",都应该经过三个科学步骤:(1)研究具体问题种种事实,并发现问题;(2)提出种种解决的方法;(3)推想每一种假定方法法之效果,并加以验证。③ 而为精练,他又将"科学方法"凝练为著名的"大胆的假设,小心的求证"④。

胡适不仅自己宣扬"科学方法",还在 1919 年 6 月,联合蒋梦麟以北京大学、新学会、尚志学会、中国公学的名义,将美国著名哲学家杜威请至中国。杜威在其演讲中高度肯定科学的价值,尤其赞扬"科学的精神"。他指出,"科学发展以后,思想的方法根本改变"。而"科学的方法",便是以事实和实验为基础的"归纳的方法"⑤。在五次演讲中,他对亚里士多德、笛卡尔、培根、洛克、詹姆士的思想方法进行系统介绍,并提炼了四大学派的方法:

第一派——系统派。这派方法,是注重整理的、分析的、类别的。亚里士

① 胡适:《胡适文集》第二集,欧阳哲生编,北京大学出版社 1998 年版,第 207—208 页。
② 胡适:《中国的文艺复兴》,外语教学与研究出版社 2001 年版,第 13—14 页。
③ 胡适:《胡适文集》第二集,欧阳哲生编,北京大学出版社 1998 年版,第 252 页。
④ 胡适:《胡适文集》第五集,欧阳哲生编,北京大学出版社 1998 年版,第 518—519 页。
⑤ 杜威:《杜威五大讲演》,安徽教育出版社 2005 年版,第 120—121 页。

多德是这派的代表。

第二派——理性派。这派把一切科学的知识都看成数量的知识。其方法是算学的解析几何的方法。笛卡尔是这派的代表。

第三派——经验派。洛克可为这派代表。其方法是分析的方法。

第四派——实验派。采用的是检验效果的实验的方法。①

杜威的演讲,帮助学界进一步认识了"科学的方法",尤其是掌握了经验、观察、推论、实验、分析等学术研究的方法程序,增强了学术研究现代转型的信心。与此同时,他口中的"哲学方法"、"批评的方法"、"历史的方法"、"分析的方法"亦成为学界时髦话语。尤其是,杜威在演讲中还明确强调,科学的进步可"发生新的希望,新的勇敢,扩大道德的范围"②。而这种"科学方法"与"科学道德"、"科学价值"、"科学信仰"的关联,也为当时中国学界"科学至上"观念的形成提供了重要的理论支持。

可以说,从此开始,中国思想界、学术界正式进入了"方法先行"时代:一方面,向西方进步文化的学习,已经不再限于"书本子上积聚的知识"或作为"科学的结果"的死知识(杜威语),而是根本在于学习"科学方法"这个"金钥匙"、"金手指"(冯友兰语);另一方面,对于一切学术,一切思想,先问是否运用"科学方法"、能否用"科学方法"检验。随之而来的,是中国哲学界开始集中关注"方法论"的研究,尤其是围绕"科学方法"、"哲学方法"以及二者之比较研究,切实拓展了中国哲学的现代论域。

及至"新文化运动"时期,以"试验的方法"、"证实的方法"研究事实与材料的学术研究,成为当时争相效仿的潮流。受此影响,原有的经学体系开始瓦解,依据科学方法和科学范式所建立的新科学体系与知识体系,逐渐成为学术研究的主流。当时的一些学者"运用着一种迫近机械式的实验派方法,先标出种种个别的、零星的以至暧昧的'问题'而到处搜罗其所谓有关的'事实'或

① 杜威:《杜威五大讲演》,安徽教育出版社 2005 年版,第 173—227 页。
② 杜威:《杜威五大讲演》,安徽教育出版社 2005 年版,第 126 页。

'材料',然后再就一大堆的乱杂事实与材料而类别之、分析之、考据之。风尚所被,居然弥漫一时。"①而有学者在反思科学方法对传统学术的冲击影响时,也认为,古代学术中只有乾嘉考据之学"乃反得于所谓科学方法一名词下延续其生命。二十年来,仍承胜朝之余烈,风靡一世"②,此外的其他传统学术,均遭到了新方法的洗礼。

在"科学方法"的崇奉者中,作为"科学派"代表人物的丁文江明确宣称:"科学的方法是辨别事实的真伪,把真事实取出来详细地分类,然后求他们的秩序关系,想一种最简单明了的话来概括他。所以科学的万能,科学的普遍,科学的贯通,不在他的材料,在他的方法。"③可见,在他看来,"科学方法"主要是对经验事实之普遍规律予以概括的归纳法。此外,他还将"论理的公例"、"定义方法",也视为讨论一切知识问题所应用科学方法。

而人生的一切都是起于感觉经验,人的思想活动也不过是一系列现象的集合,而"科学的材料原都是心理的现象",所以"玄学派"所论证的心灵经验、精神现象,绝对逃不出"科学的范围"。这是因为,人们对外在世界的认识,首先要借助"觉官感触",还要借助以往的认识经验。同时,我们对外在世界的认识,还要经过"心理上的觉官感触,由知觉而成概念,由概念而生推论"④。所以,"科学方法"亦可对人的精神规律、意识规律、思想规律进行研究。因此,他赞同胡适"把科学方应用到人生问题"的主张,明确宣称,在"知识界"内,科学方法是万能的。

而唯物主义学派也明确,能否运用"自然科学的方法",是"一切社会人事

① 罗志田:《文化的眼光:梁漱溟认识取向的特色》,《复旦学报(社会科学版)》2017年第6期。
② 转引自罗志田在:《走向国学与史学的"赛先生"——五四前后中国人心目中的"科学"》,《近代史研究》2000年第5期。
③ 钟离蒙等主编:《中国现代哲学史资料汇编》第1集第6册,辽宁大学哲学系1982年版,第71页。
④ 钟离蒙等主编:《中国现代哲学史资料汇编》第1集第6册,辽宁大学哲学系1982年版,第68页。

的学问"能够被视为科学之唯一标准。陈独秀就强调:"科学有广狭二义:狭义的是指自然科学而言,广义的是指社会科学而言。社会科学是拿研究自然科学的方法,用在一切社会人事的学问上,像社会学、伦理学、历史学、法律学、经济学等,凡用自然科学方法来研究、说明的都算是科学;这乃是科学最大的效用。"[①]他从人类社会的"人为法则"与物质世界的"自然法则"之间的同一性判断出发,确定了"科学方法"对物质世界与思想世界的绝对普适性,也由此否认了科学知识之外,其他类型的"知识真理"的存在。

显然,在"科学方法"的信奉者看来,此方法不仅适用于关涉一切具体经验事物的知识建构,还适用于对精神科学、道德哲学、伦理学、宗教学等知识的研究。也即是,一切思想意识、道德观念、价值信仰,都应该以此方法来研究,而不能适用此方法的,即不是"知识"。基于这种"科学万能"之立场,他们不仅在"学"的维度,以科学"至上",更遵循着将科学"看作知识、智慧和真理的唯一合理形式"之信条,对思想观念和价值信仰领域进行颠覆性改造,甚至在"教"与"道"的维度,以"科学之道"替代"孔孟之道"。

二、"科学至上"与"天道"学说的消退

据金观涛、刘青峰的研究,"新文化运动"之前(1905—1915),当时文化界、思想界尚存在传统常识与现代知识系统"二元分裂"的状态。[②]"传统常识"即是儒家"天道心性之学"主导的宇宙观、世界观、人生观、知识观、价值观。"现代知识系统"显然是科学主导的科学文明系统。而这种分裂状态在"新文化运动"中被打破。当时的众多学人认识到,在"科学时代",建立"新知识体系"即现代科学知识系统已是大势所趋。例如,致力于宣扬科学真理的任鸿隽就明确说:"科学的本体,还是和那形上的学问同出一源。……这理性

---

① 陈独秀:《新文化运动是什么》,《新青年》第 7 卷第 5 号,1920 年 4 月 1 日。

② 金观涛、刘青峰:《观念史研究:中国现代重要政治术语的形成》,法律出版社 2009 年版,第 347 页。

派的主张,就成了现今的玄学,或形上学(玄学也是哲学一部分)。实验派的主张,就成了现今的科学。"①作为同样穷究宇宙万物终极原理的知识,科学替代玄学、形而上学,在他看来,已经是大势所趋。

也正是由于科学的"知识一元化"观念越发深入人心,建基于"天道"学说之上的传统知识系统,已经不可避免地陷入被质疑、被拒斥、被消解的困境。因此,在很多学人看来,以往本土"天道心性之学"为主体的玄学、形而上学,已经彻底失去了在宇宙、世界、知识、人生,甚至是在意义、价值、信仰维度的解释效力。作为"科学主义"思潮的主要推动者,胡适曾形象地描绘当时学界对科学"一致的崇信",他说:"这三十年来,有一个名词在国内几乎做到了无上尊严的地位;无论懂与不懂的人,无论守旧和维新的人,都不敢公然对它表示轻视或戏侮的态度。那个名词就是'科学'。这样几乎全国一致的崇信,究竟有无价值,是另一问题。我们至少可以说,自从中国讲变法维新以来,没有一个自命为新人物的人敢公开毁谤科学。"②

而之后,旗帜鲜明批判"科学主义"的张君劢,在反省当时的"科学崇拜"时也说:"盖二三十年来,吾国学界之中心思想,则曰科学万能。教科书之所传授者,科学也。耳目之所接触——电灯,电话,自来水——科学也,乃至遇有学术之名,以 ics 或 logy 结尾者,无不以科学名之。一言及于科学,若临以雷霆万钧之力,唯唯称是,莫敢有异言。……国人迷信科学,以科学为无所不能,无所不知,此数十年来耳目之习染使之然也。"③

按张君劢所言,当时充斥思想界的,即是"精神上以科学万能为信仰"的观念。而为这种观念提供合法基础的,正是人们对"现代知识系统"的信赖以及崇拜。事实上,除去坚定的科学主义者和顽固的保守主义者之外,在一般意

---

① 任鸿隽:《科学》第 4 卷第 10 期,1996 年 6 月 20 日,第 920 页。

② 胡适:《胡适文存》第 2 集第 2 卷,外文出版社 2013 年版,第 3 页。

③ 吕希晨、陈莹:《精神自由与民族文化——张君劢新儒学论要》,中国广播电视出版社 1995 年版,第 12 页。

义上,不同阵营与立场的哲人们,均会承认随着"现代知识系统"的引进,必然要求"新道德意识形态"的建立。按金观涛、刘青峰的梳理,当时学人们对"新道德意识形态"的必要性的理解,是基于三个依次相扣的环节组成:"第一,建立符合现代科学知识系统(现代常识)的宇宙论;第二,从宇宙普遍之理中推出社会发展规律;第三,根据社会发展规律推出新道德。"①显然,在这一点上,不同阵营与立场的哲人们并不会有太大争议。唯一的差异在于,"科学主义者"将此"新道德"完全附寄在科学事实、科学知识与科学实践之上。由此,文化传统中的道德、伦理、价值、信仰等优秀精神资源即被完全消解与剔除。而以往作为传统价值道德之源的"天道心性之学",也因为经不起"科学方法"的验证,在失去作为"知识"的合法性的同时,也丧失掉承载"价值"的可能性。

英国哲学家弗里德里希·哈耶克(Friedrich Hayek)在追溯"科学主义"的起源时指出:"对自然科学成就的自豪感,以及对其方法万能的信念,在十八世纪末十九世纪初有着无与伦比的正当性。"②尽管西方学界对"科学主义"的理解与解释角度,存在诸多差异,但作为"十九世纪改变了社会思想的两股强大的精神力量"之一③,"科学精神"以及具体化的"科学方法"无疑是"科学主义"区别其他思潮的根本特征——此特征保证了科学成为一种唯一的、绝对的知识系统,进而与其他思想系统相区别。当然,确保自身的知识合法性以及上述划界虽然仅表现为一种事实性行为,但这种主动划界同时具有的裁判者的权威形象却体现出了一种"特殊形式的理想主义"。因为,"科学主义是这样一种信念,即认为科学特别是自然科学是人类知识最有价值的部分,说它最有价值是因为它最权威、最严格、最有用。"④

---

① 金观涛、刘青峰:《观念史研究:中国现代重要政治术语的形成》,法律出版社 2009 年版,第 347 页。

② [英]哈耶克:《科学的反革命——理性滥用之研究》,冯克利译,译林出版 2003 年版,第 113 页。

③ 魏屹东:《科学主义的实质及其表现形式》,《自然辩证法通讯》2007 年第 1 期。

④ 魏屹东:《科学主义的实质及其表现形式》,《自然辩证法通讯》2007 年第 1 期。

而张灏在论及"五四"时期的"泛科学观"时,也认为此种立场来自于知识分子"长久以来对科学性能的错觉和夸大"。当时的知识分子们多认为,"科学是认识真实唯一的途径,它是人类理性唯一的表现。它不但可以帮助我们了解现象,而且可以决定我们的价值观、人生观和宇宙观,因此,掌握了科学知识,人类就可迟早解决一切问题。①"所以,"德先生"与"赛先生"最终变成了"德菩萨"与"赛菩萨"(张灏语)。

完全可以说,中国思想界的"科学主义",既是一套完整的思想体系:物质化、规律化的宇宙观,逻辑化、理性化的认识论,分析化、实证化的方法论;同时,又在整体上表现为一种普适化的价值观:科学的价值、科学的道德、科学的信仰。所以,基于哲学视角审视当时的"科学主义"思潮,可以发现,其以认识论和方法论维度的一元性而建构的"观念复合体",本身表现为极其复杂的面向:"本体论的科学主义",即认为科学中的对象实在是唯一的实在;"价值论的科学主义",即认为科学是人类生活的唯一价值领域;"伦理观的科学主义"即科学精神是现代文明人际关系的唯一指导方针;"信仰论的科学主义"即科学精神可代替其他宗教中的最高信仰。

事实上,杜威来华在演讲中就明确宣称,只有物质文明与思想道德同时并进,一个社会才是真正的进步。而物质文明进步的时代,必然要求与之匹配的"新道德"、"新观念"。他主张"科学的方法"既可以应用到"社会、政治方面",又可以运用到"人生日用社会方面"②,从而使人们的"幸福增加","发生新的希望,新的信仰,扩大道德的范围"。他还宣称科学可以帮助人们祛除蒙昧、纠正误解,提供秩序和真理;科学可以给人以"新的希望"、"新的勇敢",摆脱"命定"和"悲观";科学可以荡涤"私见"和"旧习惯",让人们公正和"诚实"。总之,通过这些"道德的效果"的变化,科学可以促进"道德上的大变

---

① 张灏著,许纪霖编:《思想与时代》,上海文艺出版社 2002 年版,第 331—332 页。
② 杜威:《杜威五大演讲》,胡适口译,安徽教育出版社 2005 年版,第 6 页。

迁",提供一种"新的信仰"。①

杜威此说的启发意义在于以下两点:一是"科学的方法"可以改造精神文明,可以适用意义价值维度的现代重建。二是此方法可帮助建立一种适合中国人的"人生的科学"。并且,尽管在同时代的西方,科学已经从哲学系统中脱离,并以相关技术、方法构建了独立的知识系统②,但科学、科学方法并未与精神文明、道德文明、价值文明相决绝,而是仍在其中发挥重要的正面的建构作用。如法国学者让·马克·夸克(Jean-Marc Coicaud)指出:"尽管以现代分析方式对社会生活所进行的初步研究其目的在于实现客观性的理想,但是由于它与旧观念之间的关系却没有被完全割断:因为描述层面与指令性层面之间的区分并未被绝对地确定。尽管唯科学主义对社会政治现象的初步研究参与了合理化与距离化的批判进程——这一进程构成了社会科学发展和现代性历史的特征,但是却没有制造出一种决定性的裂痕,将科学的理性与道德的判断分离开来。"③与此一致,中国思想界在"现代国家"的探索中,也坚持"科学救国"和"科学救人"同时并进的"价值观启蒙"与"人生观改造"。

如在《新青年》中提出的"科学"和"民主"两大"启蒙符号"(高力克语)的陈独秀,早在1915年的《敬告青年》文中,就号召以科学的精神对治虚妄的幻想和信仰。在1917年他还说:"人类将来之进化,应随今日方始萌芽之科学,日渐发达,改正一切人文法则,使与自然法则有同等之效力,然后宇宙人生,真正契合。"以往人生的诸多困惑均寄托于宗教,而宗教却非"真解","真能决疑,厥惟科学"。因此,他主张"以科学代宗教,开拓吾人真实之信仰"。④

---

① 杜威:《杜威五大演讲》,胡适口译,安徽教育出版社2005年版,第126—131页。
② 李侠:《简析科学、科学主义与反科学主义》,《科学技术与辩证法》2004年第6期。
③ [法]让·马克·夸克:《合法性与政治》,佟心平、王远飞译,中央编译出版社2002年版,第150页。
④ 陈独秀:《陈独秀文选》,吴晓明编,远东出版社1994年版,第63页。高力克指出,陈独秀"以科学代宗教"的主张也受孔德的神学、形而上学、科学的进化三阶段启发。(高力克:《"以科学代宗教":陈独秀的科学主义宗教观》,《史学月刊》2017年第1期)

而在 1920 年的《新文化运动是什么》文中,他明确凭借"科学的威权",批评"文化特殊论",尤其是"哲学特殊论",批判一些人纠结于"中国底学问有应受科学洗礼的必要"的观点。他明确,"一切社会人事的学问",只要是用"自然科学方法"来研究说明的,就可称为科学。而不能经受此方法洗礼的,不过是"昏天黑地乌烟瘴气的妄想、胡说"①。并且,他也强调"科学方法"、"科学知识"、"科学精神"对于现代人格培育之重要作用,主张哪怕是"道德学"、"性理学"这些特殊的"学术",也必须"多少要受科学的洗礼,才有进步,才有价值"②。虽然之后他承认在科学之外,"美与宗教"也能够培育人之情感、促进人性之发展,能够提供"终极关怀";但其以科学(包括作为科学的"唯物史观",笔者注)改造人生观的基本立场并未改变。③

另一位马克思主义者李大钊在《东西文明根本之异点》文中也认为,西洋"动的文明"在器物技艺层面发挥作用的同时,也能"化除种族根性之偏执、启发科学的精神,以索真理"。在"精神"维度改造人的灵智。他相信:"此种技艺与产业足致吾人之日常生活与实验之科学相接近。如斯行之不息、科学之演试必能日臻于纯熟、科学之精神必能沦浃于灵智。"④瞿秋白同样批评西方是"物质文明",中国是"精神文明"的论调,强调"现代文明"就是"技术文明"。他认为,这种以技术为主体的"科学文明",遵照人人均有的"发明真理之权",因而体现了"民权主义"精神,必将彻底改造国人的伦理道德与精神追求。

既然"科学的方法"贯通物质与精神、知识与价值、事实与意义,那么宇宙再无脱离科学而自存之界域。而按此类观点,晚清以来坚持与科学划界而自保的以儒教信仰为代表的"天道心性之学",同样应经受"科学方法"的全面改

---

① 陈独秀:《陈独秀文选》,吴晓明编,远东出版社 1994 年版,第 136—137 页。
② 陈独秀:《陈独秀文选》,吴晓明编,远东出版社 1994 年版,第 132 页。
③ 高力克:《"以科学代宗教":陈独秀的科学主义宗教观》,《史学月刊》2017 年第 1 期。
④ 钟离蒙、杨凤麟:《中国现代哲学史资料汇编》第 1 集第 5 册,辽宁大学哲学系 1982 年版,第 4 页。

造,承受"科学文明"的全面洗礼。所以,"科学至上"、"科学信仰"等主张,在客观知识上,是通过具体的精神科学化、思维科学化、道德科学化改造,建立归属于现代科学体系的价值观、道德观。在精神信仰上,则是一种科学启蒙与科学的人格塑造、价值重建,其目的,是以科学替代作为中华文明的内核的儒教信仰,以科学真理、科学精神、科学价值、科学信仰作为生命意义的最高寄托、生命价值的最高承载。

科学的信奉者们至此,已经是在为"科学的社会",建立相匹配的"科学的人生观"。其正面价值在于,只有在精神情感、道德人格、价值审美、思想观念等维度进行科学启蒙,帮助人们获得自由、独立、公正、民主的观念,以及求真务实、经验证实、去除蒙昧的科学精神,才是真正拥有了"科学的人生观",而这亦是中国的科学主义者忠诚体现"科学主义"一般特征的主要特征。① 只不过,他们中的某些极端论者,既将"人生观的现代化"简单等同于"精神观念的科学化",又在科学乌托邦的"乐观"中,忽视了人生观本身的历史性、复杂性、多维性。正如英国学者汤因比(Arnold Joseph Toynbee)所说:"近代初期的乌托邦理论,几乎都是乐观的。这是因为,没有明确地把科学进步与精神上的进步,看成截然不同的两回事。他们错误地认为,累积科学和技术上的进步,会自然地累积精神上的进步。"②

同时,某些激进的科学主义者对人的"精神性能",即理性、道德、情感、意志、欲望、信仰等精神实践诸要素关系的处理亦过于简单,甚至有些人将科学理性、知识理性与情感、意志、欲望完全对立。"科学的精神"本应是现代科学文明中整全人格的具体维度与现实表征,而不能反过来遮蔽人的精神性能的丰富面向。并且,抽离掉审美理性、道德理性、价值理性、超越理性后的认识理

---

① 苏珊·哈克在总结科学主义的思想时指出:"在过去的几个世纪,科学工作极大地丰富和完善了我们关于世界的知识,随着科学威望的提升,'科学'、'科学地'等词语也具有崇敬的意味"。([美]苏珊·哈克:《科学主义的六种标签》,《科学技术哲学》2010年第5期)

② [日]池田大作、[英]汤因比:《展望二十一世纪——汤因比与池田大作对话录》,荀春生等译,国际文化出版公司1985年版,第409页。

性、技术理性是否本身可支撑起科学主义者孜孜以求的"科学的人生观"的美好愿景,恐怕他们自身都不可能做出绝对精准的回答。这是因为,在现实的生活实践、知识创造哪怕是纯粹的科学知识的创造过程中,客观性质与主观体验、真理规律与直观体悟、科学精神与情感意志、知识观念与精神信仰,并不是泾渭分明、不可共存。正如英国哲学家怀特海(Alfred North Whitehead)所说:"宗教和科学所处理的事情各不相同。科学所从事的是观察某些控制物理现象的一般条件,而宗教则完全沉浸于道德与美学价值的玄思中。一方面拥有的是引力定律,另一方面拥有的则是神性的美的玄思。"①同时,任何一个真正的科学家也不可能在科学研究中完全杜绝猜想、直觉、体悟等精神活动。但对于 20 世纪早期的中国"科学主义者"而言,"科学方法一元论"与"科学知识一元论"的立场,要求他们确立"科学知识"的明确界域之同时,将非"科学知识"的其他学问,驱逐出"知识"之外。首当其冲的,即是早已被科学步步紧逼而毫无还手之力的本土"天道心性之学"。而这又在当时引起另一股思潮的强势回击②,由此引发了 20 世纪思想史与哲学史中著名的"科玄论战"。

第三节　反省"科学信仰":"科玄论战"

在中国的"科学主义者"看来,中华文明在向现代文明转型的过程中,需要从物质到精神的全方位改造。不过,他们既否决了"洋务运动派"以"中体"统摄"西用"的改造方案,亦与主张将科学和哲学分置的人们决裂,而强调科学对"精神文明"的全面指导权:科学知识要剔除各种落后知识,科学精神、科学价值亦可塑造新人格。显然,"科学主义者"的启蒙方案更激进、更彻底,但

① [英]怀特海:《科学与近代世界》,何钦译,商务印书馆 1997 年版,第 176—177 页。
② 张灏认为,"五四"之后,中国思想界已经出现对科学主义的"强烈的反动"。他将梁漱溟《东西文化及其哲学》视为这种反动的早期表现。(张灏:《新儒家与当代中国的思想危机》,见罗义俊编著:《评新儒家》,上海人民出版社 1989 年版,第 52 页)

同时,其激进的性格与强势的僭越所引发的批评也不绝于耳。只不过,对于转型中国而言,与"物质文明"同步进行"精神文明"的改造——无论这种"精神文明"的改造是温和还是激进,以实现人生观的现代转型,已成为晚清已降思想界公认的"公理"。因此,依托本土儒教文明,俨然已无法对抗"科学至上"、"科学万岁"等主张。

一、"科学破产"与反思"科学万能"

但是,在科学文明发源地的西欧所爆发的第一次世界大战,则刺激并促使中国诸多学人重新审视科学的利弊两端,反省"科学至上"、"科学万能"等说。这场大战在中国思想界引发的影响是巨大的。当年主张引进科学文明的严复作诗云:"太息春秋无义战,群雄何苦自相残。欧洲三百年科学,尽作驱禽食肉看。"并自注说:"战时公法,徒虚语耳。甲寅欧战以来,利器极杀人之能事,皆所得于科学者也。孟子曰:'率鸟兽以食人',非是谓欤?'"[①]这种对西方科学文明的深入反省,随着梁启超《欧游心影录》的发表而达到高潮。在1920年3月,他将之前游历欧洲各国的部分文字在上海《时事新报》和北京《晨报》连载,随即引发巨大影响。他目睹欧战中生灵涂炭的惨剧,恍悟"科学万能之梦"的虚幻。他说:"二百年物质的进步,比从前三千年所得还加几倍,我们人类不惟没有得着幸福,倒反带来许多灾难,好像沙漠中失路的旅人,远远望见个大黑影,拼命往前赶,以为可靠他向导,哪知赶上几程,影子却不见了,因此无限凄惶失望。影子是谁? 这就这位'科学先生'。"[②]

对于西方社会文明一些事件的反思,在此时亦成为审视中国传统文化的现代价值的主要依据。如1919年3月,就法国总理被刺一事,王国维就曾在书信中表达过此类想法。他说:"时局如此,乃西人数百年讲究富强之结

---

① 严复:《严复集》第二册,王栻编,中华书局1986年版,第403页。
② 梁启超:《饮冰室合集》专集第五册,中华书局2015年版,第5698页。

果，……若世界人民将来尚有孑遗，则非采用东方之道德政治不可。"①一些学者警示，以往全力学习模仿的西方社会，原来存在致命弊端，科学如果无限制泛滥，最终会毁灭人类自身。他们开始宣称，西方的"科学先生"无路可走了，中国的"道德先生"正可为人类指出新路。而从这种"科学先生"与"道德先生"的对立来看，似乎表明对科学从技术、制度到思想的艰难学习完全走错了方向，思想的轨迹又"复古"为"师夷长技以制夷"与"中体西用"的老路。② 但本质上，这种思想观念的"螺旋式上升"，已经为之后的学者重建中华文明超越之"体"，以应对、规范、限制科学之"用"，提供了清晰且精准的问题意识与课题启发。

梁启超以欧战惨剧反证科学的祸害，这种认识略显粗糙。孙道升在回顾五四时期的科学观念的冲突时，指出："欧战后学者由变态心理而发生一种谬论，就是以为：战争利器之随科学进步而使欧战发生，则欧战惨祸，实由科学所赐，这不仅是"因噎废食"认为科学有害而即加以罪名。抑且把欧战的责任归咎科学，这好比以刀杀人而把杀人的责任归咎于刀的同样错误"。③ 而林语堂在 1930 年的《机器与精神》演讲中，也批评因为欧战惨剧，转向过度阐发中国文化的"精神文明"的错误观点。他说："西人机器文明，闹出欧战大祸，固然足为西洋文明破产之证，而中国虽然没有腾克（即坦克，笔者注），毒气炮，达姆子弹，战舰，飞机等，只有衣履破烂的流氓军队，横冲直撞，抢劫焚毁，奸淫妇女，也不见得就精神发达到如何程度。"④

但在客观上，颇有影响力的梁启超摧毁科学的"迷梦"，正值"新文化运

---

① 王庆祥、萧立文校注：《罗振玉王国维往来书信》，东方出版社 2000 年版，第 447 页。

② 单世联指出，尽管在"五四"西化主流面前，严复、王国维、梁启超这类"复古"思想并不显赫，但后来新儒家的千言万语，说明的也无非是这一点。（单世联：《"文明"与"武明"之辩证——康有为"物质救国论"的意义》，《学术研究》2011 年第 10 期）

③ 钟离蒙、杨凤麟编：《中国现代哲学史资料汇编》第 1 集第 1 册，辽宁大学哲学系 1982 年版，第 86 页。

④ 钟离蒙、杨凤麟编：《中国现代哲学史资料汇编》第 1 集第 5 册，辽宁大学哲学系 1982 年版，第 257 页。

动"竖起"科学"、"民主"两杆大旗,为西方文明摇旗呐喊之时,这也让在思想界轰轰烈烈、席卷蔓延的"科学思潮"陡然受到最强遏制。尤其是,梁启超顺势将学界目光聚焦此思潮之上,批判"科学家的心理学"否定"自由意志"存在,将人类心理与精神活动全部作为物质运动现象,并纳入所谓"必然法则"之下,实际是将矛头直指"科学至上"和"科学崇拜"所塑造的"唯科学的人生观"。显然,若真的建立了此种人生观,其根本错误就在于,如果生命精神仅是现象的罗列和机械的链条,那么宇宙最终会被科学方法改造为整齐划一的精神运动模型;如果生命存在只是一团血肉的自然生灭和弱肉强食的优胜劣汰,那么巧取豪夺的野蛮和种族之间的杀戮本身,就变成失去主体性的本能驱使与被动应世。根本上,这种"人生观"一切以科学技术和科学成就为圭臬,就会培育出一种机械主义、功利主义、纵欲主义、个人主义的生存哲学。①

对此"纯物质的纯机械的人生观"缺陷,梁启超有一经典表述:"宗教和哲学,既已被科学打得个旗靡辙乱,这位'科学先生'便当仁不让起来,要凭他的试验发明个宇宙新大原理。却是那大原理且不消说,敢是各科的小原理,也是日新月异,今日认为真理,明日已成谬见;新去那位到底树立不起来,旧权威却是不可恢复了。所以全社会人心,都陷入怀疑沉闷畏惧之中,好像失了罗针的海船遇着风遇着雾,不知前途怎生是好。既然如此,所以那些什么乐利主义强权主义越发得势:死后既然没有天堂,只好尽这几十年尽地快活!善恶既没有责任,何妨尽我的手段来充满我个人欲望!然而享用的物质增加速率,总不能和欲望的腾升同一比例,而且没有法子合他均衡,怎么好呢?只有凭自己的力量自由竞争起来。质而言之,就是弱肉强食!近年来什么军阀什么财阀,都是

---

① 西方思想家很早即认识到科学文明的负面影响。卢梭在 1750 年的《论科学之影响于风俗》中,也说:"我们的心灵,随着科学艺术的进步而日益堕落……奢侈,荒嬉,奴性都是我们应受的罪,因为我们只想逃出无知无识的乐园。其实那才是我们永久的贤德所生之地。"瞿秋白在转述这段话后,也认为,"技术和机器,说是能解放人类于自然维权之下。这话不错;然而他不能调节人与人之间的关系。"(瞿秋白:《现代文明的问题与社会主义》,《中国现代哲学史资料汇编》第 1 集第 5 册,辽宁大学哲学系 1982 年版,第 14 页)

从这条路产生出来的。这回大战争,便是一个报应。……果真这样,人生还有一毫意味,人类还有一毫价值吗?"①

当然,技术滥用与价值缺失,并不意味科学就此可被彻底否弃。虽然他将一战惨剧归为崇拜进而滥用技术的"唯科学的人生观"。但他也明确说:"我绝不承认科学破产,不过也不承认科学万能罢了。"②不承认"科学破产",是肯定科学依然能够提供最先进最有效的知识体系和科技文明。不承认"科学万能",是理性反省"科学方法"和"科学精神"的限度,重新构建现代人文社会的人生观。但是,社会转型之困局乱象却遮蔽了此命题背后的辩证意涵,为拥护与批判科学的两个阵营均带来各取所需的论辩题材。以往有所迟疑的,因梁启超而观点决绝,以往尚处在认识模糊中的,亦因此而观点明确。③

胡适曾专门谈到梁启超此主张的影响。他说:"自从中国讲变法维新以来,没有一个自命为新人物的人敢公然毁谤'科学'的。直到民国八九年间梁任公先生发表他的《欧游心影录》,'科学'方才在中国文字里正式受了'破产'的宣告"④。胡适也承认:"我们不能不说梁先生的话在国内确曾替反科学的势力助长不少的威风。梁先生的声望,梁先生那支'笔锋常带情感'的健笔,都能使他的读者容易感受他的言论的影响。何况国中还有张君劢先生一流人,打着柏格森、倭铿、欧立克……的旗号,继续起来替梁先生推波助澜呢?"⑤

整体审视自此之后的科学观念,可发现,思想界对"科学"本身的理解、对"科学方法"的限度、对"科学精神"的认识,都较以往得到更精深的推进。虽

---

① 梁启超:《饮冰室合集》专集第五卷,中华书局 2015 年版,第 5698 页。
② 梁启超:《饮冰室合集》专集第五卷,中华书局 2015 年版,第 5698 页。
③ 事实上,梁启超将一战惨剧归罪于科学的观点,在之后就遭到丁文江的批评。后者明确即便追究"欧洲文化破产的责任",也不在科学,而是应追求政治家和教育家的责任。因为"欧美的工业虽然是利用科学的发明,他们的政治社会却绝对的缺乏科学精神"。
④ 胡适:《胡适全集》第 2 卷,安徽教育出版社 2003 年版,第 196 页。
⑤ 胡适:《胡适全集》第 2 卷,安徽教育出版社 2003 年版,第 199 页。

然维护科学者依然强调"科学方法"的万能与"科学价值至上",但另外一些学者则倾向从多元的价值观、意义观、信仰观来看待科学与"形而上学"的关系。1921 年《时事新报》刊登《形而上学的存在问题》,作者承认:"形而上学们,可以存在么? 自从科学万能的观念,传遍于人类以来,这问题就成立了。"作者明确认为,"形而上学"即便是"空谈"、"幻想"与"神游",却也是对人的"精神生命"大有用处的。对此方面,科学不是万能的。但同时,科学对人生存在,具有显著作用,因而亦不必如当时一些人所期望会"破产"。而"形而上学"则应继续服务于"人的精神的满足"。可见,作者实际已经早于张君劢触及到了"形而上学"与"人生观"的重要课题。只是,他并未详细论证"科学方法"缘何会有限制。但他批判"科学万能",此种问题意识,正是梁启超为先进所引领激发的。

从早期的"拥抱科学",到第一次世界大战后的"限制科学",梁启超的科学观念的转变亦影响着他学术方法观的变化。1923 年 1 月,梁启超在东南大学讲学时,肯定"分析法"、"实验法"、"证实法"等"科学的方法"的现代意义,认为"文献的学问"是可以用"客观的科学方法去研究"。但亦明确指出,哲学中的人生问题和"德性的学问",并不能用此方法,而应该用"内省的和躬行的方法去研究"[①]。

梁启超虽是在学术语境讨论"科学的学问"和"德行的学问"的方法差异,但根本上则是试图依托一种学术的"方法论",在科学和哲学之间划下了明确界域。不过,从学术研究的角度,可看出此种论断不太令人满意之一面。首先,这种以方法分别为基础的学问分置,不过是旧论重提,在洋务派之后的严复等人那里,都主张将本土传统的"天道心性之学"与科学知识共存。与科学崇拜者的强势乐观相比,这种划界显然被动消极,并不带有多大建设意义。尤其是对于科学和人生哲学二者之间的内在关联和各自特质,没有进行理论阐

---

① 梁启超:《饮冰室合集》文集第十四册,中华书局 2015 年版,第 3844 页。

释。这样,不但科学主义者不满意,连文化保守主义者亦觉得意犹未尽。最核心之处,在于即便否认"科学万能",却并没有解决社会转型期"科学的人生观"、"科学的人生哲学"这个重大课题。

二、"科玄论战":"科学方法"与"哲学方法"的进退攻守

同样是在1923年,在梁启超演讲之后,作为文化保守主义者的张君劢在清华大学也做了关于"人生观"的演讲,在演讲中他将"科学"与"人生观"的理论实质进行细致区分:(1)科学为客观的(有公例可求,有客观普遍性的效力),人生观为主观的(不能施之以试验,不具有普遍有效性);(2)科学为论理学方法(包括归纳法和演绎法)所支配,人生观则起于直觉(源于人自身的良心,无所谓定义、无所谓方法);(3)科学从分析方法入手,人生观则为综合的;(4)科学为因果律所支配,人生观则被意志自由所决定;(5)科学的对象是自然现象的统一性,而人生观的对象是人格的单一性①。张君劢认为"科学"有普遍公理和规律,"人生观"则是特殊的意志取向,"科学"无论怎样发达,都无法解决"人生观"的问题。

此演讲后刊登在《清华周刊》之后,随即引起巨大争议。作为张君劢的好友,科学家丁文江先后在《努力周报》上发表《玄学与科学——评张君劢的"人生观"》和《玄学与科学——答张君劢》两文,认为"玄学的鬼附在了张君劢身上",否认"科学方法"的局限性,而明确主张"科学方法"可以适用并改造"人生观"。随后张君劢发文回应,力主科学不可以"支配人生",并批评当时"科学主义"、"机械主义"的"人生观"。二人之争论,引发学界地震,诸多学者纷纷撰文加以讨论,提出自己的见解。其中,张君劢、张东荪、林宰平、梁启超等人被归为"玄学派",胡适、丁文江、王星拱、吴稚晖等人则属于"科学派"。由此引发"科学派"与"玄学派"关于科学和人生观关系的著名

---

① 转自朱耀垠:《科学与人生观论战及其回声》,上海科学技术文献出版社1999年版,第121页。

论战。随着论战逐渐深入,以陈独秀、瞿秋白、邓中夏等马克思主义者为代表的第三派亦加入其中,运用唯物主义哲学对两派观点进行批判。但是,正如胡适、张东荪所说,论战三方对"人生观"、"科学"和"科学方法"的认识和理解维度各不相同。因此,从张君劢对"科学方法"和"人生观"的关系论断展开的"思想冲突"和"观念碰撞",已经远远超出了其本人的问题视域和讨论范围。

张君劢讲演的本意,是批评一些人照搬"唯科学主义"的只言片语,试图以科学统治一切思想领域、知识领域、价值领域,更提醒国人深刻认识"科学至上"之危害。与梁启超一样,他亦从欧战惨剧反省科学滥用之弊病。他说:"近三百年之欧洲,以信理智信物质之过度,极于欧战,乃成今日之大反动。吾国自海通以来,物质上以炮利船坚为政策,精神上以科学万能为信仰,以时考之,亦可谓物极将返矣。"①张君劢尤其强调,作为科学文化产生母体的欧洲文化,根本已转向反省科学主义、反省科学方法一元论的"新玄学时代"。这个新的时代中,"反机械主义"、"反主智主义"、"反定命主义"思潮兴起,对于科学理性、理智分析、规律至上等错误观点均给予系统的批判。

由此,他认为,科学与"人生观"乃是完全不同的知识系统,二者各有自己的研究对象、研究方法、表现形式和基本规律,且"人生问题"只能在"哲学"或"玄学"中解决,此即为"科学之限界"。理由是:"第一科学上之因果律,限于物质,而不及于精神。第二各分科之学之上,应以形而上学统其成。第三人类活动之根源之自由意志问题,非在形而上学中,不能了解。"②他所说的"形而上学"即是"玄学",而后者在他看来,与"Metaphysics"一致之处,正在于其对

① 钟离蒙等主编:《中国现代哲学史资料汇编》第 1 集第 6 册,辽宁大学哲学系,1982 年,第 44 页。

② 钟离蒙等主编:《中国现代哲学史资料汇编》第 1 集第 6 册,辽宁大学哲学系,1982 年,第 57 页。

象是"超物理界超官觉界"的。也正因此种学问是专门讨论"天地博厚高明悠久之理",是为了"内界之心安理"的"为己之学"①,因此其本身必然指向"超验"之维。显然,他是从认识对象上去区分科学与"玄学",将"科学"的对象视为"经验的",将"人生观"的内容视为"超验的"。

而作为"科学派"的代表,丁文江也承认,经过科学的冲击,"玄学于是从根本哲学退避到本体论",但同时却认为,"人生观"绝不等于玄学家们所讲的"形而上学"、"本体论"。并且,即便如张君劢所言,将"人生观"视为"形而上学"、"本体论",那么那些"不可知的,存而不论的,离心理而独立的本体",如贝克莱的"上帝"、康德的"物自体"、叔本华的"意向"、张君劢的"为我"等,自始至终没有"公认的定义方法",而不过是"强不知以为知"。而事实上,"人生观"所涉及的问题,即便不同于科学,但"凡是心理的内容,真的概念推论,无一不是科学的材料"。所以,在张君劢与丁文江之最初争论中,人生观究竟可否归于"玄学"即"形而上学"之"超验"维度,是核心问题。

张东荪针对丁文江的上述言论,认为他不但承认"广义的玄学",还承认"狭义的玄学"即"本体论",且丁文江并非要彻底取消"玄学",而只是反对张君劢以"玄学"套至"人生观"之上,以拒斥科学。② 而与丁文江仍肯定"形而上学"、"本体论"的存在不同,同样是"科学派"主将的胡适,则对"玄学"毫不留情。他嘲讽一些哲学家依然陷在"前科学时代"的思维方式中,他在《科学的人生观》一文中嘲讽说:"科学家在二百年中,已把许多关于世界万物和人类的问题逐渐解答了。但一班哲学家还在那里谈玄说妙,寻他们所谓'最后之因',寻他们所谓'绝对的',寻他们所谓'命根'。这个现象,在西洋固然不免,在中国尤其显著。张君劢先生说'国人迷信科学',其实我们的国人只有迷信,哪有科学?……时髦的学者,或者撮拾佛家唯识一派的心理学,认为天

---

① 钟离蒙等主编:《中国现代哲学史资料汇编》第 1 集第 6 册,辽宁大学哲学系,1982 年,第 60 页。

② 张东荪:《科学与哲学》,商务印书馆 1999 年版,第 56 页。

地间稀有的宝贝,也不睁眼看看现代心理学进步到什么地位了;或者撖拾西洋几个反科学的玄学家的余论,以为人生是超科学的而智慧是不能了解人生真义的,也就认为'天经地义'了。"①显然,在胡适看来,"形而上学",无论是"Metaphysics"还是本土的"天道心性之学",在科学时代已完全没有存在的必要。

"玄学派"除了以形而上的"超验"对象作为"人生观"的合法性论据外,与张君劢同一阵营的梁启超,还从"情感"、"意志"、"价值"、"信仰"等精神活动,强调"人生观"的特殊性。他一方面承认,人生问题大部分是可以且必要用"科学方法"来解决的。另一方面又明确,人生观中的"最重要的部分是超科学的"②。他将人的精神能力与精神诉求分为理智与情感两类。理智是人认识"心界"与"物界"即主观世界与客观世界的主要方式,也是科学产生的根本依据。人类生活离不开理智,但是,却不能说理智即是人类精神生活的全部内容。此外,还有极重要的一部分——或者可以说是生活的原动力,就是情感。情感表现出来的方向很多,其中最有"神秘性"的,就是"爱"和"美"。而人生观的最重要部分就是"关于情感方面的事项",因而,此方面内容不可用"科学方法"解决。

而丁文江则明确认为,科学"求真理"、"破除成见",同样也是"教育同修养最好的工具"。只有"了然于宇宙生物心理种种的关系,才能够真知道生活的乐趣。"③并且,"科学方法"完全可以指导"情感的冲动","使他发展的程度提高,发展的方向得当。"④胡适也认为"科学方法",正是"一种评判观念与信

---

① 胡适:《胡适全集》第7卷,安徽教育出版社2003年版,第483—484页。

② 钟离蒙等主编:《中国现代哲学史资料汇编》第1集第6册,辽宁大学哲学系,1982年,第63页。

③ 钟离蒙等主编:《中国现代哲学史资料汇编》第1集第6册,辽宁大学哲学系,1982年,第71页。

④ 事实上,丁文江此说,并没有得到胡适的支持。反而,胡适并不同意情感、冲动等主观心理活动可以被科学方法所指导。(胡适:《胡适文存》第2集第2卷,外文出版社2013年版,第11页)

仰的方法。"①唐钺主张："一切心理现象都是有因的"，因而可以用"科学方法"来解决"情感的事项"。王星拱也强调，科学是凭借"因果"和"齐一"两原理构造起来的，"人生问题无论为生命之观念，或生活之态度，都不能逃出这两个原理的金刚圈，所以科学可以解决人生问题"②。

显然，试图以"心性哲学"、"道德哲学"为论据，从"道德意志"、"超越信仰"、"意义领会"、"精神境界"去捍卫"人生观"的做法，并不为"科学派"所认同。在后者看来，这类提法多受古代"心性之学"、"道德哲学"影响，将"人生观"包装成一种"神秘主义"的"天人感应"、"主观直觉"、"自我证悟"。在本质上，此种"人生观"乃是脱胎于农业文明落后认识所创造的"天道宇宙观"。而在"科学时代"，"物质的宇宙观"已经成为共识，显然作为此"物质宇宙观"的派生物，古代"神秘主义的人生观"必然随之改变。他们认为，"人生观"在本质上不过是社会生活与实践经验中的"认识判断"、"思想认识"、"情感体验"、"价值取向"，而这些内容完全可以被纳入科学知识领域。而不能被纳入的，即不是"科学的人生观"，只是"落后的形而上学"。

"唯物史观派"作为后加入的阵营，在整体上可视为"科学派"的盟友。③他们坚持认为，精神观念是物质世界的客观反映，反对离开物质的独存观念或神秘精神。如陈独秀说："什么先天的形式，什么良心，什么直觉，什么自由意志，一概都是生活状况不同的各时代各民族之社会的暗示所铸而成。"④他们既反对"形而上学"中各种外在的"先验本体"，又反对有所谓的"良知本心"和"自由意志"。这是因为，"宇宙观"、"世界观"以及由此产生的"人生观"，

---

① 胡适:《胡适文集》第三集，欧阳哲生编，北京大学出版社1998年版，第286页。
② 胡适:《胡适文存》第2集第2卷，外文出版社2013年版，第11—12页。
③ 张君劢在回顾论战时，认为唯物史观是科学派的一个主要成分。但唯物主义者却借着"科玄论战"的大舞台，广泛宣传自己。罗志田引史家陈志让的话说，在那次的论战中，科学派虽然取得表面的胜利，却不久即"输给了马克思主义"。（转引自罗志田:《走向国学与史学的"赛先生"——五四前后中国心目中的"科学"一例》，《近代史研究》2000年第3期）
④ 陈独秀:《〈科学与人生观〉序》，见《科学与人生观》，山东人民出版社1997年版，第6页。

均是在所处的客观生活环境中形成的,并直接反映并受制于此环境。因此,只能用客观存在的物质生活环境来解释人的思想观念,而不能用思想观念来解释客观环境的发展变化。陈独秀明确说:"如此不同的人生观,都是他们所遭客观的环境造成的,决不是天外飞来的主观的意志造成的,这本是社会科学可以说明的,决不是形而上的玄学可以说明的。"①

邓中夏甚至认为随着各种自然科学和社会科学的发展,"哲学的所谓本体论部分——形而上学,玄学鬼群众藏身之所——已被科学直接的或间接的打得烟消灰灭了。现今所残留而颇能立足的方法论部分,都是披上了科学的花衣,或是受过了科学的洗礼,如胡先生所信的实验主义,名义上虽则寄籍哲学,实际上科学乃是他的老家;由他们口口声声拿'科学方法'做夸耀骄衿的无价之宝,便可以证明了。所以我的意思,哲学已是'寿终正寝',索性把哲学这一个名辞根本废除,免得玄学鬼象社鼠城狐一样,有所依据。"②

加入论战之中的其他学者,或有调和三派之论说者,他们一方面批评"玄学派"固执己见,没认识到科学方法对心理活动、精神现象研究的可行性,尤其没认识到"科学精神"与"科学观念"有助于心性人格和精神素养的培育。另一方面,他们也承认,"人生观"甚至是"形而上学",亦可在某些方面某些问题上借助"科学方法"。

张东荪指出,科学和哲学,都是借助"实证方法"与"论理方法"产生的。不同在于,科学大部分是由"实证的进路"而取得结论,以"论理的进路"为辅佐。哲学大部分是由"论理的进路"而取得结论,有时亦以"实证的进路"为辅佐。所以,哲学尤其是"玄学",其基础的"起点的素材","必是经验的"③,亦可使用某些"科学方法"。只是,作为哲学核心的"玄学"则主要是以"实证的

---

① 陈独秀:《〈科学与人生观〉序》,见《科学与人生观》,山东人民出版社 1997 年版,第 3 页。
② 钟离蒙、杨凤麟主编:《中国现代哲学史资料汇编》第 1 集第 1 册,辽宁大学哲学系,1982年,第 14 页。
③ 张东荪:《科学与哲学》,商务印书馆 1999 年版,第 44 页。

进路"为主,且与"科学的实证是外界的与机械的"不同,"哲学上的实证是内界的与自我的",因而"玄学"主要的主要方法是"内心的自证","自我的感知"与"直觉的体验"。此种特殊的学问,并非"科学方法"可全部包办。

林宰平也认为,"科学的"并不就是"科学"。"科学方法"也不是科学自身。数学方法应用到无线电,但无线电并不是数学。几何学的方法可应用到绘画和音乐,但绘画和音乐并不是几何学。并且,虽然绘画和音乐可用"科学方法"研究,但它们自身,却是"整的,调和的,活的,不可分析的"①。所以,"科学的方法有益于人生观",但根本上,却不能真正改变"人生观"以及"玄学"的性质。因为"玄学是专讲本体论的",因而"科学方法"只能是在这门特殊的学问起到辅助作用。此外,范寿康在《评所谓科学的与玄学之争》中虽试图统合"科学派"和"玄学派",但根本还是认为,人生观中的一部分聚焦"先天的伦理规范"——传统形而上的"天道心性"的学问,根本是一种"先天的形式",因而必须借助"主观的直觉"②。

所以,张君劢捍卫的"玄学"其理论内核即是"形而上学"。而参与论战的各家各派虽然立场观点视角方法均各有不同,但也均根本触及"形而上学"的诸多问题。整体看,"科学派"是以"科学知识一元论"取代"哲学知识"、"宗教知识"。为此,主张引用"科学方法"、"科学精神"改造并规范传统人生观。如他们均认为:第一,科学研究中的"实证精神"、"逻辑精神"、"规则意识"可以改造传统人生观。第二,"科学方法"可以将"人生观"作为研究对象,并影响和规范"人生观"之具体落实。第三,科学规范性信仰更适合现代社会,传统良知本心信仰应该被拒斥。第四,精神现象和思想观念中不可检验和实证的东西,比如"自由意志"、"直觉"、"良心"、"境界",乃是属于"非知识的形而上学"。

与"科学派"统一战线的唯物主义者则认为:第一,物质决定意识。"人生

---

① 张东荪:《科学与哲学》,商务印书馆1999年版,第18页。
② 胡适:《胡适文存》第2集第2卷,外文出版社2013年版,第12页。

观"是物质环境的产物,各种精神现象均是有其客观物质依据并可知的,没有凭空产生的情感与自由意志。第二,"本体论"与"宇宙论"之类的"形而上学"不是"科学知识",更不能对科学发挥决定作用。第三,科学研究与实验的对象,乃是客观的历史、环境和物质规律,而某个或某种"人生观"与形而上的价值观均乃是上述客观因素的产物,科学当然可以解决"人生观"的问题。第四,情感、价值、道德、理想等思想产物和精神活动反映特定的时代环境,是社会文化的重要组成部分。

与"科学派"对立的"玄学派"虽然立场各异,但在下列观点上大致类似:第一,传统的"人生观"尤其是"形而上学"应该进行现代改造。"科学精神"在其中应该发挥积极作用,但"科学理性"仅限特定范围,根本仍应从属于"道德良知"之指导。第二,"科学"和"科学方法"不能全部适用于"人生观"尤其是"形而上学",例如在"自由意志"、"情感体验"、"审美取向"等方面,"科学的因果律"基本是失效的。第三,"科学的人生观"应该超越"科学一元论"而尊重价值的多元化,科学的进步不能完全实现人类的幸福。第四,"形而上学"作为人类的终极诉求,是"超科学的",其讨论的具体问题,科学无法解决,更无法取代。

可以说,"科玄论战"作为科学与哲学碰撞融合的"放射源",其论域可展开为"科学及科学方法的本质和范围","精神科学的可能性和对象","人生观的内涵","价值理性、审美理性与科学理性的关系","世界观和价值观的本质","自由意志、情感价值信仰的来源","形而上学的对象、方法和范围","形而上学与科学的关系"等多维面向。而即便是仅聚焦论战各派对"形而上学"的相关问题的讨论,我们仍发现,当时的论者们对"Metaphysics"与"形而上学"的对译所存在的诸多"理解偏离"、"内涵游意"、"双向遮蔽"的问题,并没有多少自觉。因而无论是拒斥还是捍卫"玄学"、"形而上学"的论者,都没能精准把握,当时汉语哲学语境中的"玄学"、"形而上学",本身是一个"通言"与"别言"、"专名"与"共名"混杂的"复合型概念"。

事实上，当时也有论者提醒学界注意"玄学"这门特殊学问，在内涵外延上的复杂性。如颂皋专门作《玄学上之问题》一文，认为学界"对于玄学之所以为玄学，不无稍欠了解"。在他看来，"凡论及事物之可能者"，或"探究一切事物之原因、本质、意义，及其结果者"，或"研究本体之最普遍之原理之学"，均可谓是"玄学"。因而，从"人生观的核心"去理解"玄学"，并不能真正把握其复杂内容。他也引乾姆斯（James，即詹姆斯，笔者注）所著《哲学问题》（Some Problems of Philosophy）的话，强调"玄学"（Metaphysics）"乃所以讨论各种空虚的（Obscure）抽象的（Abstract）普遍的（General）问题的学问"，且主要是关于"事物之全体或其永久的原素之问题"。其中又可具体包括：

（1）何谓思想？何谓事物？思想与事物之间如何发生关系？

（2）吾人所云"真理"，果作何解？

（3）一切事实均由材质（Stuff）而成，试问究竟有否此种普通之材质？

（4）世界究竟由何而来？往昔或竟不如是乎？

（5）何者为本体中之最真实者？

（6）凡百事物果如何而并合成一宇宙？

（7）整一（Unity）与分异（Diversity）孰为根本的？

（8）凡百事物只有一源欤，抑为多源欤？

（9）一切事物均为前定的欤，抑有数种事物为自由的欤？——例如吾人之意志然。

（10）试由全部以观，世界是否无限止的（Infinite），抑为有限止的（Finite）？

（11）世界之各个部分，是否相互接连，抑有空隙之处？

（12）上帝是谁？一切神又是谁？

（13）身与心果如何连合者？二者是否相互发生动作？

（14）凡一事一物如何能由别一事物之中发生变化或自产生？

（15）任何事物，对于任何其他事物，如何发生动作？

（16）空间与时间果为"真有"乎？藉曰否，则二者果作何解？

（17）就知识言，物体如何感入心中？心又如何触及物体？

（18）吾人藉普遍的观念而知一切，然则此种普遍的观念果为真实乎？藉曰否，则是否只有特殊的观念真实？

（19）何谓事物？

（20）推考之种种原则为天赋者乎，抑为后天所得者乎？

（21）美与善是否只系一种意见，有否一种客观的证实（Objective Validity）？设曰然，则所谓客观的证实，又作何解？

只是，当时参与论战的学人们，虽然注意到了应该关注"玄学之界说"与"玄学的问题之性质"，但他们却根本是以"Metaphysics"为"标准模型"，来肯定或否定"科学方法"、"科学知识"对"玄学"或"形而上学"的改造与重塑。论战中人很少注意并揭示"Metaphysics"与"中国形而上学"的异同关系，很少论证并阐释"中国形而上学"的义理特质与核心精神。而既然在他们的语境中，"形而上学"只是指"Metaphysics"，那么其作为"科学的科学"或"最高科学"的定位，自然也难以真正阻挡甚至延缓"科学"的冲击、拒斥与消解。

当然，此论战除了使得"科学的人生观"①、"科学的哲学"、"科学的方法"、"科学的知识"等重要命题深入人心，最主要的就是将"形而上学合法性"问题完全置于"中国哲学"自身现代转型的进程面前②。促使主流哲学家们深入辨析"形而上学"体现的"Metaphysics"与"天道心性之学"两种形态，以为回应"形而上学合法性"，重建"中国形而上学"提供主要理据。

---

① 当时，李石岑与杜亚泉分别著《人生哲学》。不过，他们虽尝试"根据于科学"讨论人生诸多问题，但同时也如陈独秀所说，"以科学方法研求哲理，故周详审慎，力避偏宕。对于各种学说，往往执两端而取其中……无不以折衷之法，兼取其长而调和之；于伦理主义取普泛的完成主义，于人生观取改善观，皆其折衷的综合的哲学见解也。"（杜亚泉：《杜亚泉著作两种》，田建业编校，新星出版社 2007 年版，扉页）

② 李维武教授也把论战"作为 20 世纪中国哲学三大思潮讨论本体论问题的起点"。（李维武：《20 世纪中国哲学本体论问题》，湖南教育出版社 1991 年版，第 61 页）

三、"后论战"的问题意识与学术导向

"科玄论战"在形式上表现为"科学方法"与"玄学方法"、"科学"与"人生观"之争,实质上则是科学与"玄学"或"形而上学"的冲突。若从"科学"与"形而上学"互动历程看,晚明时期科学传入,至晚清时期"西技中道"、"中体西用"的出现,可谓"科学中国化"之第一阶段,其主要特点是以"天道心性之学"为最高知识与最高价值,以统摄科学。此后,严复与康有为则以经验世界为重,搁置"天道心性之学",主张以科学知识建立宇宙规律,以科学精神改造观念信仰,建立了经验世界的"科学之道",可谓第二阶段。"科玄论战"时期,科学与作为超验学问的形而上学("Metaphysics"及"天道心性之学")均试图确立自身之最高价值与宇宙万物的最高指导原则,科学之"道"与形而上之"道",互相拒斥,可谓科学中国化的第三阶段。而第四阶段,即"科玄论战"之后,中国哲学转型发展之进路聚焦于"形而上学"的重建,并形成以"良知本体"、"心性本体"为核心的"道德的形而上学";以"生命本心"、"生命心灵"为本体的"生命的形而上学";以"共相本体"、"逻辑本体"为基础的"逻辑的形而上学";以"价值优位"、"人文关怀"为宗旨的"价值的形而上学";以"本心体证"、"意义审视"为依托的"境界的形而上学"。

在后论战阶段,主流的中国哲学家对"形而上学"的一般性与特殊性、世界性与地方性的辩证关系有了更深刻的认识,并逐渐摆脱"Metaphysics"之范式制约。在此基础上展开的"科学知识"与"中国形而上学"关系的探讨,就呈现为一种更深入、更合理的路径建构,主要有三:一是,借鉴逻辑分析、归纳演绎、形式推理、理性思辨等广义科学方法的,重建基于中国概念、贯彻中国思维、体现中国精神的"新的形而上学"。二是,将科学纳入"本体生成论"、"宇宙生成论"逻辑之中。此种方式既表现为"科学之道"(逻辑)本身即上升为"本体之道",以金岳霖"逻辑本体论"为代表;又表现为科学理性被纳入儒学"体用论"的架构中,以牟宗三、唐君毅的"良知坎陷"与"纳方于圆"

为代表。① 三是,基于中国哲学"本体—价值论"逻辑,既肯定科学在人格塑造、思想启蒙方面的基础作用,又坚持将科学价值与科学信仰纳入"道德主义"、"人文主义"、"理想主义"为主导的价值系统之中。以方东美、贺麟、牟宗三、唐君毅等为代表。

(一)聚焦"形而上学方法论"的阐释与建构

哈耶克在描述"科学主义"思潮对其他知识系统的影响时,指出:"它们(自然科学)的成功使另一些领域的工作者大为着迷,马上便着手模仿它们的教义和术语。由此便出现了狭义的科学方法和技术对其他学科的专制。这些学科为了证明自身具有平等的地位,日益急切地想表明自己的方法跟它们那个成就辉煌的表亲相同,而不是更多地把自己的方法用在自己特殊的问题上。"②中国的"科学派"明确主张"科学方法万能",实际体现了他们对"泛科学的知识观"的赞同与坚守。

表现在,"科玄论战"之后的一段时期,某种"知识"能否"取得科学资格"(梁启超语),仍被认为与"科学方法"紧密相关。顾颉刚在1926年的文章中,就主张将"国学"纳入科学之中。他说:"所谓科学,并不在它的本质,而在它的方法。它的本质乃是科学的材料。科学的材料是无所不包的,……没有不可加以科学的研究。……研究国学,就是研究历史科学中的中国的一部分,也就是用了科学方法去研究中国历史的材料。所以国学是科学中的一部分(尤其是用了科学方法而作研究),而不是可与科学对立的东西。"并且,他也赞同

---

① 钱穆也曾说:"西方现代科学传入中国,正与中国传统文化有相得益彰之妙,而并有水乳交融之趣。格物之学与格心之学相会通,现代科学精神与中国传统道德精神相会通,正是中国学术界此下应努力向往之一境,亦是求中国文化进展所必应有之一种努力也。此种努力不仅可使中国文化益臻美满,并可为人类新文化创辟一大道,对人类和平幸福可有大贡献。"(钱穆:《中国文化与科学》,《中国交叉科学》第1卷,科学出版社2006年版,第58页)

② [英]哈耶克:《科学的反革命:理性滥用之研究》(修订版),冯克利译,译林出版社2012年版,第4页。

胡适当年的观点,认为科学,"在故纸堆中找材料和在自然界中找材料是没有什么高下的分别的"①。

丁文江在论战后依然宣称"科学方法万能"。他说:"在知识界里科学无所不全。所谓'科学'与'非科学'是方法问题,不是材料问题。凡世界上的现象与事实都是科学的材料。只要用的方法不错,都可以认为科学。所谓科学方法是用论理的方法把一种现象或是事实来做有系统的分类,然后了解它们相互的关系,求得它们普遍的原则,预料它们未来的结果。所以我们说这一种知识是真的,就等于说这是科学的。"②林语堂虽然批评以"精神文明"和"机器文明"简单替代中学、西学之说,但在1939年讲演中也承认:"三十年来中国人渐渐感觉中国的学术思想,科学方法不如西洋了"③,强调用科学方法改造中国学术。毛子水也认为,"科学的精神",就是"凡立一说,须有证据,证据完备,才可以下判断。对于一种事实,有一个精确的解析;不盲从他人的说,不固守自己的意见,择善而从"。④

但同时,更多学者倾向于调和"科学方法"与"哲学方法",尤其主张发挥"科学方法"的作用,为新时期的哲学研究、文化建设服务。如持"解析的唯物论"立场的张岱年,虽然认为:"逻辑解析可以说是二十世纪初以来在哲学中最占优势的方法,而也是最有成效的方法。……如欲使哲学有真实的进步,更不能不用解析。"⑤但同时,却提出了三个"哲学之要务":"1. 对于生活经验进

---

① 顾颉刚:《一九二六年始刊词》,《北京大学研究所国学门周刊》第2卷第13期,1926年1月6日,第3页。转引自罗志田:《走向国学与史学的"赛先生"——五四前后中国心目中的"科学"一例》,《近代史研究》2000年第3期。

② 丁文江:《丁文江文集》第一卷,欧阳哲生主编,湖南教育出版社2011年版,第370页。

③ 钟离蒙、杨凤麟编:《中国现代哲学史资料汇编》第1集第5册,辽宁大学哲学系,1982年,第257页。

④ 钟离蒙、杨凤麟编:《中国现代哲学史资料汇编》第1集第5册,辽宁大学哲学系,1982年,第284页。

⑤ 张岱年:《张岱年全集》第一卷,河北人民出版社1996年版,第177页。在后期张岱年还认为,使哲学史科学化的关键在于科学方法的运用,也即是在哲学史的研究中切实贯彻唯物主义观点和辩证的方法。(张岱年:《中国哲学史方法论发凡》,中华书局2003年版,第4页)

行分析,以获得客观实在与人类知识之实相;2.厘清基本概念范畴,以达到思想的自己认识;3.厘定理想与价值,以确立生活行动之准则。"①明确主张将此科学方法用于理想、意义与价值的研究。

而张东荪也认为:"科学方法若即是形式论理,则不但玄学用之,宗教用之,乃至小说戏曲亦都用之。于是普天之下莫非科学。……可见科学决不仅是形式论理。"②若说"科学方法"是归纳法、演绎法,那么归纳法、演绎法与三段论本质又很相似。因此,科学的方法在不同学术之中各有分枝发展,不可能有一个所谓的"科学方法"高悬于一切科学知识与一切文化成果之上。甚至,所谓普适的"科学方法"不过是基于某种特定的宇宙观方具有合法性。而任何宇宙观根本又不过是一种"玄学的假定"。所以,"科学方法"与"形而上学方法"并非势不两立,反而前者要以后者为终极的逻辑假定。③

张岱年的观点,在于肯定某些"科学方法"与人生价值的理论关联,张东荪的观点,则肯定绝大多数"科学方法"与"形而上学"的理论关联。据此,某些"科学方法"可服务于人生观、价值哲学,以推进"中国哲学"之进步;另一方面,"科学方法"本是建立在某种宇宙观的"假设"、"预设"之上,科学的终极问题就是哲学问题,因此,"科学知识"根本要以"形而上学知识"为逻辑基础与理论前提。

但是,仅一般性地肯定"科学方法"与"哲学方法"的协调配合,既不能凸显"玄学方法"相较"科学方法"与西学方法的特殊性、有效性,从而真正回答"中国形而上学"的合法性。又会因简单植入"科学方法"造成其与"中国形而上学"所擅长的"自省"、"体会"、"证悟"、"工夫"等传统方法互相抵牾。为此,真正体现"主体性"尤其是"中国性"的"形而上学方法论"之建

---

① 张岱年:《张岱年全集》第一卷,河北人民出版社1996年版,第404页。
② 张东荪:《科学与哲学》,商务印书馆1999年版,第9页。
③ 张东荪:《科学与哲学》,商务印书馆1999年版,第10页。

构,就必须经过传统的话语与思想资源,尤其是经过传统方法之对接与转化,如此方能融合中、西方法论资源,真正内在且有效地服务于"中国哲学"的现代发展。

也正是受"科玄论战"中,各派讨论"科学方法"与"哲学方法"之影响,之后梁漱溟、马一浮、张东荪、熊十力、金岳霖、冯友兰、贺麟、方东美、牟宗三、唐君毅等哲人,开始更全面更深入地思考"哲学方法"尤其是"中国哲学方法"的合法性问题。一方面讨论"实证法"、"解析法"、"分析法"、"逻辑法"、"归纳法"、"演绎法"等"科学方法"的利弊得失,另一方面又阐发中国传统中的"直觉法"、"体证法"、"体悟法"、"负的方法"、"默识法"、"直观法"。进而以后者为主体方法,以前者为辅助方法,既明确不同方法的特殊应用与具体效用,又尝试确立不同方法的适用空间与适用维度,构建了中国哲学视域下的理性与直觉、思辨与直观协同配合的"形而上学方法"。

虽然在不同时期、不同立场的哲学家那里,这些方法的实现方式和运用程序有所不同,甚至彼此之间尚存在某些冲突争议;但他们首次在现代汉语哲学语境中,确立并开辟了"形而上学方法"这一重要课题与论域。他们创建并运用新的"形而上学方法",既是"中国哲学"尤其是"中国形而上学"现代建构与转型的重要标志,也为之后学界推进中国古代哲学研究提供了重要的方法论借鉴。

(二)开启"形而上学类型观"的研究进路

在"科玄论战"中,"科学派"、"唯物派"批评"玄学鬼"们对"玄学"过分信任,同时亦未加区分地将主要讨论"天道"、"心性"问题的"玄学",等同于主要讨论"存在"、"有"之类的"Metaphysics"。如丁文江明确说:"玄学(Metaphysics)这个名词,是纂辑亚列士多德遗书的安德龙聂克士(Andronicus)造出来的,亚列士多德本来当他为根本哲学(Firstphilosophy)或是神学(Theology),包括天帝,宇宙,人生种种观念在内,所以广义的玄学在中世纪始终没有同神学分家。"①而陈独秀亦将"人生哲学"和"宇宙论本体论的玄学"等同,并认为:"玄学是从形而上方面去研究事物之内在的抽象本质的和抽象根源的知识"②,即类似于"Metaphysics"。为此,他们均试图用"科学方法",将"玄学"中的"人生观"部分,改造为现代科学体系中的一种"知识",即只保留"实验主义的及唯物史观的人生哲学"③,而将所谓的"形而上的哲学"——"本体论宇宙的玄学"剔除掉,因为,"形而上的玄学"根本无存在之必要。④

事实上,作为"玄学鬼"的张君劢,同样承认"玄学"的超验性特点。"玄学之名,本作为超物理界超官觉界解释。唯其有此解释,于是凡属觉官以上者,概以归之玄学。"⑤但同时却强调"玄学"不但在西方哲学史中错综复杂,即便是丁文江所认为"没有地方混饭吃"的近代欧洲,也同样层出不穷。通过列举法国蒲脱罗《自然律之偶然性》与《科学与宗教》、德国倭伊铿《精神生活之统一》与《宗教之真谛》、美国詹姆士《信仰之意志》与《宗教的经验之各样》、法国柏格森《形上学序论》与《创造的进化论》、杜里舒《实在论》等著作,他也进一步论证,"新玄学时代"中,"有以玄学作为哲学解释以达科学思想一贯之目的者,如韦尔斯氏、托摩生氏是也。有以玄学求变求实在者,柏格森是也。有以玄学作为达于精神生活之境者,倭伊铿是也。有以玄学与宗教分论之者,詹姆士是也。"⑥因而,"玄学"在西方,并无统一的绝对原理与建构原则,而是表现为多种形态。

论战之后,"中国形而上学合法性"问题得到全面深化。梁漱溟、马一浮、张东荪、熊十力、冯友兰、金岳霖、方东美、贺麟、牟宗三、徐复观、唐君毅等人,

① 郭梦良:《人生观之论战》(乙编),上海泰东书局1923年版,第13—14页。
② 钟离蒙、杨凤麟编:《中国现代哲学史资料汇编》第1集第7册,辽宁大学哲学系,1982年,第413页。
③ 胡适:《胡适文存》第2集第2卷,外文出版社2013年版,第31页。
④ 胡适:《胡适文存》第2集第2卷,外文出版社2013年版,第34页。
⑤ 张君劢等:《科学与人生观》,中国致公出版社2009年版,第44页。
⑥ 钟离蒙、杨凤麟编:《中国现代哲学史资料汇编》第1集第6册,辽宁大学哲学系,1982年,第43页。

同样从"哲学"、"方法"的多样性,来论证"玄学"或"形而上学"的多样性。尤其是,他们突破了自晚清以来众多学人以"Philosophy"为"哲学"唯一范本之观念,明确基于多元哲学观、多元知识观来推进"Metaphysics"与"中国形而上学"的比较研究,确立了"形而上学类型观"或"形而上学形态观"这个比较研究原则,以此,既区分"形而上学"的新、旧类型,又比较"形而上学"的中、西形态,为重建"中国形而上学"提供理论基础。

众所周知,在西方形而上学史中,不同时期的哲人在梳理比较不同古代哲学家的"形而上学"思想时,曾创发"本体的形而上学"、"神学的形而上学"、"语言的形而上学"、"普遍的形而上学"、"特殊的形而上学"等说法主张,以区分不同时期、不同学派、不同立场的哲学体系,客观凸显不同体系中的"Metaphysics"、"Ontology"的内在理论差异。而在 20 世纪"西学东渐"进入高潮之后,在聚焦中、西哲学义理比较时,中国哲人也深刻认识到,中、西哲学尤其是"形而上学"之间,存在着诸多类型或形态之差异。

这是因为,作一般性的哲学思维与哲学观念,"形而上学"在不同民族文化的历史演进过程中,既受制于不同的语言系统、文化传统、价值观念,而呈现出独有的"历史性"、"地域性"、"民族性"品格,又在同一文化系统内部,因为问题意识、研究方法、认识方式、理论架构、思维范式、思想旨趣等差异,而形成诸多核心范畴多元、阐释理路多样、思想形态各异的"形而上学"。

如梁漱溟认为,"中国文化是以形而上学为中心的"①,因而根本不可能取消。且中国的"形而上学"与西洋哲学、印度哲学"全非同物",而根本是一种"玄学"。由于"玄学所讲的是一而变化、变化而一的本体"②。因而只能采用"直觉方法",并呈现为一种"整体主义"的思维方式。冯友兰既按照地域,区分了中、西方两类"形而上学",揭示了"中国形而上学"的理论特质与核心精神。又按照时代标准,区分了新、旧两类"形而上学"。他明确认为,借鉴西方

---

① 梁漱溟:《东西文化及其哲学》,上海人民出版社 2006 年版,第 81 页。
② 梁漱溟:《东西文化及其哲学》,上海人民出版社 2006 年版,第 81 页。

学术的新方法,可以实现"中国形而上学"的由旧到新的形态转换,以论证"中国形而上学"的合法性,以此回应"拒斥形而上学"思潮。张东荪认为,"形而上学系统"与民族社会的"常识系统"是分不开的,因而不可能被彻底取消。正因此种特殊的学问与各自民族文化间的内在关联,在不同的文化常识系统中,所产生的形而上学的"形态"、"范型"也不相同。① 方东美则根据东、西方哲学史中不同的形而上学传统中,对"本体世界"与"具体世界"关系的理解与设定的不同,将西方的"Metaphysics"、"ontology"称为"超绝形态形而上学",而中国哲学的"形而上者之学"则是"超越形态的形而上学"。

徐复观也明确强调,儒家哲学中的"天"、"道"并非如同"Metaphysics"那样"推求"的结果,而在现实生活实践中即可实现与达致的超越的"人道",此是儒学与西方哲学"断然分途的大关键"。因而"儒学形而上学"与"西方形而上学的思辨的性质"完全不同。之后,牟宗三也指出,中、西方哲学由于民族气质、地理环境与社会形态的不同,哲学观念也有"普遍性"和"特殊性"的形态差异,并基于中、西方哲学史的各自传统,区分了"道德底形而上学"与"道德的形而上学"、"执的存有论"与"无执的存有论"、"实有形而上学"与"境界形而上学"等形态。唐君毅一方面认为"Metaphysics"、"ontology"与本土"天道论"大略相当。但同时也认为,两大哲学系统在本体的内涵属性,及本体与现象的关系上,存在显著差别。在大类上,他划分了中国哲学的"即象明体"与西方哲学的"象外求体"、"象后求体"两大类型。而依据不同的比较标准,他也基于中、西方哲学史,进行了"现象主义之形上学"、"超现象主义之形上学"、"'有'之形而上学"、"'无'之形而上学"、"理型论之形而上学"、"有神论之形而上学"、"唯心论之形上学"、"伦理心性论之形上学"区分。

———————————

① 张东荪为牟宗三的《周易的自然哲学与道德函义》所作序言中说:"有人说中国没有形而上学(即玄学或元学),这句话实在是错了。中国的形而上学实在很古。但中国的形而上学与西洋的却大不相同。"[牟宗三:《周易的自然哲学与道德函义》,《牟宗三先生全集》第1卷,(台北)联经出版事业股份有限公司2003年版,第9页]

也正是从"本体范畴的内涵特性"、"认识本体的思维模式"、"表述本体的语言方法"、"本体与事物的关系"等重要维度,揭示了中国的"形而上学"、"本体论"与"Metaphysics"、"Ontology"之间的差异。哲人们多将西方哲学概括为"思辨的形而上学"、"分析的形而上学"、"逻辑的形而上学"、"超绝的形而上学",将中国哲学概括为"道德的形而上学"、"实践的形而上学"、"体悟的形而上学"、"超越的形而上学"。

(三)将承载意义与信仰作为中国哲学重建的根本使命

陈独秀为《科学与人生观》作序时说,类似"科玄论战"的讨论在之前的俄国也发生过。而在西方思想界中,同样也发生的"科学论战",讨论的主题也包括科学的意识形态,科学方法与哲学问题,科学问题和宗教问题等。[1] 这昭示着在不同文明体中近乎同时出现的"思想事件",有着相似的"理论内核"——社会文化转型背景下的"价值冲突"及"价值重建"。而在论战中各派的分歧,其实并不在是否需要重建符合"科学时代"要求的"科学的人生观"。因为,借助美国学者史华慈(B. Schwartz)的话说,在这一课题上,"玄学派"与"科学派"、"唯物派"本质是在"许多共同观念的同一架构里运作"[2]。只是,他们在"科学的人生观"中,究竟以何种理性为根本时,发生了分歧。"科学派"、"唯物派"坚持以"科学理性"作为新的人生观的基础与核心。而"玄学派"则认为新的人生观,虽应增补"科学理性",但同时亦应确保其与审美理性、科学理性、价值理性、超越理性的圆融统一,尤其应坚持"道德理想主义"的价值观。

毋庸置疑,这种"道德理想主义"在中国文化中具有悠久的历史传统。尤其在论战之后,许多哲学家对于社会文化转型时期,"文化的危机"(贺麟语),

---

[1] 魏屹东:《科学主义的实质及其表现形式》,《自然辩证法通讯》2007年第1期。

[2] [美]傅乐诗(Charlotte Furth)主编:《近代中国思想人物论——保守主义》,(台北)时报出版公司1980年版,第20页。

以及"人类价值标准的问题"、"人类文化方向的问题"有明确的自觉。① 而他们也认识到,解决此类重大问题的资源,并不在外来科学知识,而恰恰要从"中国形而上学"那里寻获。是因为,此学聚焦"天人之际"与"内圣外王之道",具有"本体论"、"宇宙论"与"人生论"、"价值论"内在统一的理论特质。也正因"中国形而上学"的致思旨趣最终均指向生命意义、人生价值之维,因而也多被现代学人称为"生命哲学"(梁漱溟、方东美语)、"生命的学问"(牟宗三语)、"意义哲学"(刘述先语)、"宗教哲学"(杜维明语)。

之所以在思考中国的"现代化愿景"时,现代哲人们既赞赏拥抱西式优秀科学文明,同时又明确批评"科学人生观",是因为,他们深刻认识到,"现代化"并不等于"西方化",更不等于"科学化"②。甚至受"科玄论战"影响,他们也采用了类似西方"科学哲学"("Philosophy of science")的研究方式,专门讨论了"科学的本质"、"科学的基础"、"科学的语言"、"科学的方法"、"科学的结构"、"科学知识的合法性"、"科学原理的适用范围"等问题,而其目的也同样是"批评科学"。

但是,他们使用的"批评格式",却恰恰是拒斥阵营们试图取消的"中国形而上学"。可以说,他们创建"中国的科学解释学",即他们在"中国哲学"与"科学知识"之间建立的"哲学的关联"③,并非形式逻辑的,而根本是价值逻辑的。他们始终明确,"现代化"中"人的理想的存在方式",不能仅是"科学的",同时还应是"道德的"、"人文的"。借用刘述先的话说,后论战时期,中国主流哲人均持一种完全不同于西方的哲学观:"哲学的终极目标便是企图去

① 牟宗三:《时代与感受》序,见《牟宗三先生全集》第23卷,(台北)联经出版事业股份有限公司2003年版,第3页。
② 梁漱溟很早就指出,建造新的中国社会,根本在文化。政治、经济的各种创新如果"不从宗教、道德、礼俗、法律这些新起",就不是真正的转型。(梁漱溟:《梁漱溟全集》第3卷,山东人民出版社1990年版,第371页)
③ 李翔海曾以"现代新儒家"为例,强调他们"希望在儒学的内在价值系统中接纳科学理性精神"的致思特定。(李翔海:《现代新儒学论要》,南开大学出版社2010年版,第352页)

探测人生的本质及其自我实现的道路。如何个人得以安身立命,如何人类文化得以走上最健康理性的道路。"①而完成这种"意义哲学"、"价值哲学"的使命,必然需要"在一种崭新的现代的方式之下重新作形上学的追求"②。这是因为,"把形而上学当作科学,这样的形而上学决不是普遍于各文化的,但是把形而上学当作意义系络抉择终极标准的探究,这却不仅是普遍的,而且是全人类所无法逃避的一个形而上学问题。"③

事实上,论战后,哲人们正是"以现代的方式来表现传统的理念"④,通过重建重释"形而上学",而完成"科玄论战"没有完成之使命——重建人生观、价值观。这一方面是哲人们所持的"哲学观"与"Science"、"Philosophy"那种"知识的学问"、"思辨的学问"、"逻辑的学问"完全不同。另一方面还在于,只有借助"形而上学",才能为区分科学的"事实世界"和哲学的"价值世界"提供根本理论支撑,进而彰显"中国哲学"以道德意识与价值观念统摄"形而上"与"形而下"的理论特质。

为此,哲学家们借助重建哲学本体,既对接作为"现代化"核心的科学、民主等要素,同时又以此塑造新时期的"价值论"、"意义论",以"收拾人心",重塑信仰。前者确立了宇宙万事人生与文化知识的"存在之道",后者确立了宇宙人生与文化知识的"价值之道",依然贯彻了中国哲学天道人道相贯通之义理传统。所以,尽管"科玄论战"后大规模的体系化重建,在理论上表现为"存在的形而上学"、"逻辑的形而上学"、"道德的形而上学"、"价值的形而上学"、"境界的形而上学"等类型或形态。但它们的思想旨趣,始终落脚于"人生论"、"价值论"、"境界论",因而在理论实质上,又表现为"宇宙—价值论"、

① 刘述先:《新时代哲学的信念与方法》,(台北)台湾"商务印书馆"1986 年版,第 127 页。
② 刘述先:《哲学的起点与终点》,见景海峰编:《儒家思想与现代化》,中国广播电视出版社 1992 年版,第 433 页。
③ 刘述先:《新时代哲学的信念与方法》,(台北)台湾"商务印书馆"1986 年版,第 136 页。
④ 刘述先:《理一分殊的现代解释》,见景海峰编:《儒家思想与现代化》,中国广播电视出版社 1992 年版,第 536 页。

"存在—意义论"、"本体—境界论"、"知识—价值论"的特殊范式。

总之,"科玄论战"中,对"科学的方法"、"科学人生观"、"科学的哲学"、"科学的价值"等课题的讨论,被梁漱溟、马一浮、熊十力、张东荪、冯友兰、金岳霖、方东美、贺麟、牟宗三、唐君毅等哲人接续。他们在"科学宇宙观"与"玄学宇宙观"、"科学方法"与"玄学方法"、"科学知识"与"玄学知识"、"科学思维"与"玄学思维"、"科学价值"与"玄学价值"等方面进行了大量的细致的辨析,揭示了"科学主义"、"科学崇拜"之理性困境、认识困境与道德困境。

同时,他们深入比较了"Metaphysics"、"Ontology"与中国的"形而上学"、"本体论",以揭示西方哲学之弊端与不足。在此过程中,"中国形而上学"的形态、对象、方法、架构、作用、取向等重要内容得到深入讨论。传统哲学的"宇宙论"、"认识论"、"方法论"、"知识论"、"人生论"、"意义论"、"价值论"、"境界论"等论域,也得到现代改造。正是基于此类新的"形而上学"之重建,中国哲学也找到了自身现代新发展的重要路向。也正因为,"科玄论战"之后"中国哲学"之发展史,是以此类新的"形而上学"作为其核心逻辑与理论基础,"中国哲学"的现代重建是以此类新"形而上学"作为理论载体与表现形态,所以,后论战时期的"写的哲学史",从某种程度上就可谓是一部"形而上学史"。

第三章 "形而上学知识"与"科学知识"的比较

古希腊时期,作为"爱智"的"哲学",本身即为最高的"知识"。在亚里士多德看来,凡是"每一种思维的知识或者在某一方面分有思维的知识全都是或者比较精确或者比较粗略地相关于原因和本原的"的"知识"①,也都是科学。他区分了两种哲学:"第一哲学"与"第二哲学",前者是研究"存在之所以存在"的"Metaphysics",是"最高科学",后者则是"物理学"等自然科学。并且,他也强调,前者是一种可以传授的"学术"。此后,"形而上学"通常被西方哲人视为各学科知识的理论基础。法国哲学家笛卡尔就以"哲学之树"为例,在论述各知识的关系时,以"形而上学"为奠基的树根,体现了当时西方学界的基本共识。②

"Metaphysics"自18世纪,开始遭遇到合法性危机。英国的休谟以怀疑的方法冲击了"形而上学"的"独断论迷梦"。德国的康德则以"经验"为界限,区分"形而上学知识"和"经验知识"。他指出:"形而上学知识本身就表明他不是经验的。形而上学知识的原理(不仅包括公理,也包括基本概念)一定不

---

① 聂敏里:《亚里士多德对科学知识体系的划分》,《哲学研究》2016年第12期。
② 参见冯俊:《开启理性之门——笛卡尔哲学研究》,中国人民大学出版社2005年版,第9页。

是来自经验的,因而一定不是形而下(物理学的)的知识,而是形而上的知识,也就是经验以外的知识。……所以它是先天的知识,或者是出于纯粹理智和纯粹理性的知识。"①但同时,康德又将二者统一起来,将"形而上学知识"作为"经验知识"的基础。

近代"科学"飞速发展,并自"哲学"中脱离,但依然没改变"哲学是知识"的传统观念。德国哲学家文德尔班在回顾西方哲学史时也指出,"哲学"自古希腊时期起就被视为"科学","十九世纪庞杂众多的哲学运动没有不重复早期的哲学形式的,而且'形而上学需要'的蓬勃发展,在一个时期,甚至带回了一种倾向,把人类一切知识都放进哲学之中,又将哲学当作包罗万象的科学。"②而我们从 19 世纪的英国哲学家斯宾塞对"哲学"的定义——"以统一各科学所供给的知识构成无矛盾的体系为职志的科学"中,依然可以看到"哲学"为"科学"提供"知识基础"的传统知识观。

将"形而上学"驱逐出"知识"领域的主要力量,是 19 世纪中后期开始出现的"实证主义"、"经验主义"、"感觉主义"等学派。作为"实证主义"的代表人物,法国哲学家孔德(Auguste·Comte)认为人类的知识需要从"形而上学阶段"转变为"科学阶段"。英国的穆勒(John Stuart Mill)认为寻求经验世界之外的"本质"和"基础"是不可能的,也是不必要的,"哲学"应当成为研究经验事实和科学方法的理论。奥地利的马赫(Ernst Mach)以"感觉主义"的标准区分"科学"和"形而上学",认为与"科学"相比,"形而上学的概念"所表述的东西不能被感觉证实,只是一种心灵的虚构。

之后,分析哲学派的重镇,英国哲人维特根斯坦(Ludwig Wittgenstein)基于"命题意义"视角,认为与科学这种"能证实的经验命题的体系"相比,"哲学"尤其是"形而上学"的诸多命题都是无意义的。因而在原则上不能被视为

---

① [德]康德:《逻辑学讲义》,许景行译,商务印书馆 1991 年版,第 68 页。
② [德]文德尔班:《哲学史教程——特别关于哲学问题和哲学概念的形成和发展》上卷,罗达仁译,商务印书馆 1987 年版,第 11 页。

一种"知识的体系"。而维也纳学派也明确否认"形而上学知识",其代表人物石里克(F.A.M.Schlick)强调,"形而上学"采用的是"归纳方法",但"通过归纳对知识的任何扩展基本上只是在同一领域内的扩展,因而只能给出在该领域之内的同一视角的看法。它决不能达到在原则上超出科学范围以外的任何东西,也就是说不能达到形而上学。"①所以,"形而上学"所追求的目标可以在"诗歌、艺术和生活本身中实现",但哲学家若希望"经验到超验的东西,他就混淆了生活与知识。"②此外,美国的实用主义者如杜威、皮尔斯(Charles Sanders Peirce)、詹姆斯(William James)等也同样主张"知识"来源于经验,并从"效果"、"工具"去作为裁判"知识"的标准,以此拒斥"形而上学"。

当然,20世纪的西方思想界,亦有主张统一"哲学"和"科学"之阵营。例如,英国哲学家罗素(William Russell)认为,当承认我们的"直观知识"分为两种,即纯粹的"经验知识"和纯粹的"先验知识",而且派生的知识永远依于这两种知识时,"哲学的知识和科学的知识便基本上没有区别,没有一种知识之源是只供哲学汲取而不供科学汲取的。哲学所获得的结果也不会和科学所获得的结果有根本差异"③。而美国新实在主义者们也主张"哲学"和"科学"是属于同一层次的学问,认为"哲学的任务并非根本地不同于专门知识的任务,它和它们处于同一平面上,或者在同一领域内。这是程度上的区别,而不是种类上的区别。"④

当代美国学者理查德·罗蒂(Richard Rorty)的观点亦有代表性。他说:"科学并不具有特别的认识论地位,它只是话语的一种形式而已。科学与其他文化部门之间的分界不足以构成一个独特的哲学问题,因此,科学与其他学科之间的对立是可以取消的。科学活动既然并不高明于其他人类活动,科学

---

① 洪谦:《论逻辑经验主义》,商务印书馆2005年版,第53页。
② 洪谦:《论逻辑经验主义》,商务印书馆2005年版,第55页。
③ [英]罗素:《哲学问题》,商务印书馆2000年版,第125页。
④ [美]霍尔特等:《新实在论》,商务印书馆2013年版,第48页。

就不应该成为其他学科的典范。正如哲学不是未来文化的基础一样,科学也不是未来文化的基础。"①可见,他反对刻意强化"科学"与其他学科之间的对立,虽然他并不同意"哲学"可以成为文化的唯一基础。

综观中国古代哲学史,可以发现,在很长时间里,"经验知识"、"自然知识"与"天道知识"、"本体知识"虽自觉被划分为"为学"与"为道"、"闻见之知"与"德性之知"两个维度,但二者却构成中国本土哲学知识观念有机体中辩证共存的不可或缺的基础要素。这种稳定状态被打破的根本原因,恰恰也是在西方哲学知识观念母体中长期蛰伏并最终冲破母体进而试图重新制定知识评判价值的科学知识。事实上,"科学"在晚清时期以"船坚炮利"面向出场之时,也同样冲击到本土的知识体系。尤其是,自魏源到严复等人对外来"Science"的认识逐渐深化,"科学"在中国的知识视域中也迅速从"工具"、"技术"、"方法"、"原理",经"真理"、"思想"、"精神",跃升到"价值"、"信仰"之维,从而对本土知识体系产生裂变级的影响效应。

这种效应,或者如严复、王国维理解那样,将以往的"形而上学知识":"德性之知"、"心性之知"、"天道之知",划在"知识"之外,以成为不同于"Science"②、"Knowledge"的"玄之又玄"的"玄学",或"不可思议"的东西;或者被之后的"科学主义"、"唯物主义"等阵营加以进一步肢解——可以用"科学方法"改造与研究的,即可归为"Science"、"Knowledge",不能用"科学方法"验证与改造的,即可被"拒斥"或"取消"。而无论哪种方式,被划界在"Science"之外的"形而上者之学",在拒斥者看来都是应被划在现代知识体系之外。

这样,自"鸦片战争"之后本土知识系统的危机意识之显现,经19世纪末"科学知识"观念的洗礼与冲击,至20世纪初期"新文化运动"至"科玄论战"

---

① 转引自张国清:《中心与边缘——后现代主义思潮概论》,中国社会科学出版社1998年版,第202页。

② 通常认为,从词源学的角度上说,"science"一词来自拉丁文"scientia",这个词在拉丁文中的意思即是"知识"。(转自李侠:《简析科学、科学主义与反科学主义》,《科学技术与辩证法》2004年第6期)

的爆发,每一次的本土知识系统的存在危机,都源于"科学知识"将矛头指向曾经作为本土经验知识之超越基点的"形而上学知识"。事实上,正是与近代以来科学知识的神圣化与知识观念的更新化相一致,"形而上学知识"合法性问题也同步主导着近现代"形而上学思潮"中的讨论焦点、阶段进程。

表现在,晚清至19世纪末期,仍属于古典学术共同体的学人们,并未对"科学知识"与"形而上学知识"的边界有明晰的理解,因而在原封不动地搬出"天道心性之学"以"统纳"原本以为归属于"闻见之知"的科学时,不但没能化解二者的冲突,反而或者如康有为、谭嗣同等径直将"天道心性之学"科学化,或者如严复、章太炎那样,径直取消了传统"天道心性之学"的"知识"属性,在本质上均消解了原有"形而上学知识"的独立性与合法性。而20世纪初期的王国维对"形而上学"的复杂情感在后二十年里也被科学主义思潮、唯物主义思潮、实用主义思潮、实证主义思潮彻底消融,"Science"不但成为"Knowledge"的唯一"代名词",还变成"Truth"的唯一"代名词"。

也正是出于对"科学方法一元论"、"科学知识一元论"之反省,一些哲学家们开始基于学科分类意识、知识类型视角,重新聚焦"科学"和"哲学"的关系问题,讨论"哲学知识"的特殊性与合法性问题。[1] 例如,发起"科玄论战"的张君劢曾逐条驳斥丁文江依据"科学方法"所制定的知识标准,并分别从"道德之知"、"美术之知"、"形上界之知"予以论证。只不过,他虽正确认识到"哲学"具有特殊的"知识之性质",但却否定"科学之技"(科学的知识、方法等)应用于哲学研究之可能性。

而同样视"哲学"为科学的杜亚泉,虽利用当时最新的生物科学、社会科学、心理科学来阐释人生哲学,但同时却主张在哲学的研究对象、研究目的、研

---

[1] 杜威来华演讲也涉及知识的分类问题。他介绍詹姆士时说,有些知识来自经验,而算术、代数、几何的定理、物理和化学上的物质不灭,玄学上的因果说,人生哲学讲的道德的法则,则是"先天的知识"。(杜威:《杜威五大讲演》,安徽教育出版社2005年版,第234页)而当时及之前的时期,对儒学和科学的区分则与是否依赖经验无关,而与对经验的认识方式和路径有关。

究方法等重要方面,"科学"尚有无法起作用的一面。所以,他一方面强调:第一,"知识为思考或经验的结果,属于知性的活动";第二,哲学"自有其相当的知识和相当的系统",因此哲学乃是一个"系统的知识";第三,"哲学是研究万有全体的科学"。但同时又明确,与普通的"特殊科学"不同,哲学的研究对象是万有全体,提供的是"意义和价值的说明"的特殊知识。①

而梁漱溟在思考西方"很有成绩"、"很有进步"的科学与儒学之关系时,却指出:"西方的学术思想,处处看去,都表现一种特别的彩色,与我们截然两样,就是所谓'科学的精神'。"②所以,西方"思辨哲学"在科学面前都变成了"不足道的残言废语,不能成立的东西"③。而儒学不同于西方哲学"玄想"、"空谈乱谈"的治学路向,乃是从"道德生活"中,从"反躬内向"的实践活动中得来的,是"体认人的生命生活之学",因而可不受"科学知识"的直接影响。

如果说杜亚泉立足"一般哲学",主张"中国哲学"须借助科学知识尤其是科学方法以获得"一般知识",那么梁漱溟则从"特殊哲学"的致思对象、治学方法、思维方式、价值取向出发,捍卫"儒学形而上学"这种"特殊知识"。而从之后哲学史的发展进程看,虽然一些哲人专门聚焦西方式的纯粹"知识论"问题的研究。④ 但更多哲人则基于捍卫"中国形而上学"之明确立场,沿着梁漱溟区分不同知识类型的思考路径,全面讨论"科学知识"与"形而上学知识"的比较问题。也正是自梁漱溟起,熊十力、张东荪、冯友兰、方东美、唐君毅、牟宗三等不同学派立场的哲人们,专门针对拒斥阵营之观点,以大量篇幅讨论了"形而上学知识"的对象内容、认识方法、命题意义、意义验证、价值作用等问题。而他们在讨论过程中使用的主要资源,运用的主要论据,也多是基于"中

---

① 杜亚泉:《杜亚泉著作两种》,田建业编校,新星出版社2007年版,第8—9页。
② 梁漱溟:《梁漱溟全集》第1卷,山东人民出版社1989年版,第362页。
③ 梁漱溟:《梁漱溟全集》第1卷,山东人民出版社1989年版,第270页。
④ 新文化运动之后,还有张东荪的《认识论》和《知识与文化》、金岳霖的《知识论》、张岱年的《认识·实在·理想》和《天人五论》为代表的著作,均是专门讨论外界实在问题、感觉和经验问题、语言问题、规律问题、认识的证实证伪等西方"知识论"中的核心内容。

国形而上学"的特殊传统。所以,他们在为中国哲学创立了"形而上学知识"这个全新论域之同时,也激活了表现为整体思维、体验方式、直觉认识的"中国形而上学"之特殊知识形态之生命力,并为他们重建新的"形而上学"提供了重要的理论基础。

第一节 客观真理与"返己之学"

作为"现代新儒学"的重镇,熊十力的哲学观与知识观,是在与西方哲学、科学知识的双重比较中确立的。整体上,他持一种"多元知识观"与"知识类型观"立场。在他看来,西方哲学已然与科学合流,而"盘旋知识窠臼"之中,也由此不但逐渐式微,甚至变为科学知识的"附庸"。表现在,西方学界信奉逻辑思辨方法,凭借"主客二分"的认识方式去认识经验现象,并试图穷究超越经验现象的哲学真理,甚至以经验规律的知识标准裁判"哲学知识"的合法性,走上批判、拒斥"哲学"尤其"形而上学"的错误路向,而"哲学知识"也逐渐变成了"语言哲学"、"科学哲学"。

熊十力高度肯定科学的价值,承认科学知识的真理性,但同时却明确反对日益高涨的"科学一元论",反对以科学知识取代"哲学"尤其是"形而上学"。他说:"科学本身无可非议。所以者何?科学是知识之学,只假定物质宇宙是实有,从各部分去探究,宇宙之来源、生命之来源都不过问,固其宜也。若乃主张科学万能,视古今哲学家言,皆出自主观的妄猜乱想,毫无是处,此亦莫如之何?"[1]在他看来,科学自有其长处,但其仅能适用于经验世界,而无法满足人们对超越世界之探求。"科学是纯知识的学问,且析为各部门,其于宇宙万象解析至精密,虽足以发见宇宙各方面之奇秘,但宇宙原是变化不测、生生不息之全体,科学于宇宙大生命毕竟不能体会,此不能无待于哲学者一也。"[2]

---

[1] 熊十力:《熊十力全集》第7卷,湖北教育出版社2001年版,第304页。
[2] 熊十力:《熊十力全集》第5卷,湖北教育出版社2001年版,第546页。

可见,将"形而上"视为科学所不能及之领域,以此将两者分置,是其处理科学与哲学冲突的首要前提。他明确指出:"盖哲学之究极诣,在识一本。不是在万殊方面,用支离破碎工夫,可以会通一本也。科学成功,却是要致力于支离破碎……所以于科学外,必有建本立极之形而上学,才是哲学之极诣。哲学若不足语于建本立极,纵能依据一种或几种科学知识出发,以组成一套理论、一个系统、要其所为,等于科学之附庸,不足当哲学也。"①

哲学乃是穷究宇宙事物现象背后本体的"形而上学",科学则是聚焦事物现象规律的"形而下学",前者提供"玄学的真理",乃超越的智慧,后者建构"科学的真理",乃经验的知识。而通观其著述中随处可见的比较讨论,归纳要点大致有二:(1)二者的研究对象不同,前者是以具体存在的经验、事物发展变化的规律和组成要素为对象,后者则是以宇宙万物的本体为对象。(2)二者的研究方法和功用不同。前者通过"科学的方法",即科学实验和考察实证的途径获得知识,其成就的是"知识的学问";后者主要是穷究宇宙本源的"本体论",其所使用的乃是"证悟"、"体证"的方法,其成就的是"修养的学问"。总之,基于此种学术形态或学问类型的划分,他既在科学与哲学间划界,以确立"哲学知识"尤其是"形而上学知识"的合法论域,同时又为重建"形而上学"提供了理论依据。

一、形而上学与科学的研究对象不同

熊十力在思想早期,曾排斥译自"philosophy"的"哲学"一词,而喜用"玄学"来称谓中国学问。其理由是西学多以"分析"、"理智"、"分辨"为方法以推证某种本体。而中国"玄学"传统,多围绕物之"形",以展开"形而上"思考,力图把握的乃是流变的经验现象背后的绝对真实之"实体"。这样,本土固有词汇的"玄学",更能准确突出以"实体"为中心,以"反求"、"实证"为方

① 熊十力:《熊十力全集》第4卷,湖北教育出版社2001年版,第5页。

法的中学特点。他曾在《新唯识论》中说："今造此论，为欲悟诸究玄学者，令知实体非是离自心外在境界，及非知识所行境界，唯是反求自证相应故。实证即是自己认识自己，决无一毫蒙蔽。"①又说："哲学家谈体者，大抵逞其意想，构画万端。虽条理茂足以成就，而其去真理则愈远。徒以戏论度其生涯，而中藏贫乏，无可救药。……治哲学者或计体不可得，退而研讨知识，此亦好转机也。但终不知跳出知识窠臼而别寻体认之路，乃遂止于研讨知识而竟以求体为戒，纵其辨析精微，著书立说足成系统，终是王阳明所呵为'无头的学问'。"②所以，在此时期，"玄学"既不同于科学知识，又与"Philosophy"存在显著不同。

在之后出版的《新唯识论》（语体文本）中，熊十力则开始使用哲学来替代"玄学"③。他指出："学问当分二途：曰科学，曰哲学（即玄学）"④。不过，此哲学所指称的，已非西方的"Philosophy"那种"知识"，而是专指中国传统儒、释、道的"天道心性之学"。在1930年，熊十力在北京大学《唯识论》讲义中就明确指出，学问有两种，一是"甄明事物之关系"的"知识之学"，二是"求尽生理之本然"的"智慧之学"。科学属于前者，哲学则属于后者。中国哲学虽不排斥"知识之下"，但其最终的目的却不在事物关系与现象规律，而在开发其自明实性的智慧。如果徒事知识，则"智慧之机芽永伏，只逞空泛理论，而于人生实性即自家本体，终不自明，长在迷乱虚诳中度其生活而已矣。"⑤

将中国哲学的主旨视为即现象即本体、即功用即本体的"智慧之学"，以与西式学问相区别，始终是熊十力哲学认识观、知识观的基本立场。他还强

---

① 熊十力：《新唯识论》，中华书局1985年版，第43页。
② 熊十力：《新唯识论》，中华书局1985年版，第111页。
③ 有时，他将中国古代学术中的"义理"之学，等同于当时西方翻译过来的"哲学"。例如，他说："义理者，穷万化之源，究天人之故。其方法虽用思维，而是以体认为主，于日用践履之间随处体认，默识本源，所谓精义入神，至于穷神知化。德之盛者，是此派学者之极诣也。此其所治之学在今即所谓哲学思想是已。"
④ 熊十力：《熊十力全集》第3卷，湖北教育出版社2001年版，第14页。
⑤ 熊十力：《熊十力全集》第1卷，湖北教育出版社2001年版，第504页。

调："哲学大别有两个路向：一个是知识的，一个是超知识的。……西洋哲学大概属于前者，中国与印度哲学大概属于后者。前者从科学出发，他所发见的真实，只是物理世界底真实，而本体世界底真实他毕竟无从证会或体认得到。后者寻着哲学本身底出发点而努力，他对科学知识亦自有相当的基础，而他所以证会或体认到本体世界底真实，是直接本诸他底明智之灯。"①在 1956 年的《明心篇》中，他也强调："智与知识有别，儒家义旨如是，道家义旨如是，佛家义旨如是。……智与知识有分，此一主张在中国骨血中确是中心问题所在之处。每一宗派的哲学，其各方面的思想与理论都要通过这个中心问题而出发，仍须还到这个中心来。"②

显然，在熊十力那里，作为一种狭义的"知识"，其主要专指西式学问，尤其是科学与西方哲学。他论证说："夫科学所研究者，为客观的真理。易言之，即为事物互相关系间之法则。故科学是知识的学问。……哲学所穷究者，则为一切事物之根本原理。易言之，即吾人所以生之理与宇宙所以形成之理。夫吾人所以生之理与宇宙所以形成之理本非有二，故此理非客观的，非外在的。如欲穷究此理之实际，自非有内心的涵养工夫不可。……故哲学不是知识的学问，而是自明自觉的一种学问。但此种意义极深广微奥，而难为不知者言。须知哲学与科学，其所穷究之对象不同，领域不同，即其为学之精神与方法等等亦不能不异。"③科学的本质是一种经验知识，其研究宇宙万物的经验性关系和客观规律，并不涉及其本源性存在，其最终目的是操纵、改造、裁成、征服、利用万物；西方哲学因为主要借助"科学方法"，秉持"科学思维"，因而只能建立某些超绝现实世界之外的终极本体。而中国哲学尤其是儒学，则即"由参究人生，而上穷宇宙根源，以解释人生所由始，以决定人生修养之宜与

---

① 熊十力：《熊十力全集》第 4 卷，湖北教育出版社 2001 年版，第 487 页。
② 熊十力：《熊十力全集》第 7 卷，湖北教育出版社 2001 年版，第 223 页。
③ 熊十力：《熊十力全集》第 4 卷，湖北教育出版社 2001 年版，第 202 页。

其归宿"①,其根本的目标是"亲证"经验现象背后的终极实在,通过确立宇宙之大本大源,提升人的精神和境界,进而改善人生、完善人生。

也正是经过上述比较分辨,他一方面承认西方哲学的传统研究范围因科学扩张而"日益缩小",另一方面又强调,哲学尤其是儒学这种"智慧之学"的核心部分,却非其任何科学知识所侵占或颠覆,这个领域即是"本体论"②。他指出:"本体论既是学问的,非宗教的,而科学确不能夺取此一片领土,则哲学终当与科学对立,……科学假定外界独存,故理在外物,而穷理必用纯客观的方法,故是知识的学问。哲学通宇宙、生命、真理、知能而为一。本无内外,故道在反躬。非实践无由证见,故是修养的学问。"③直至晚年的《原儒》书中,他依然强调中国的"形而上学"、"本体论"的任务就是揭示宇宙的大本大源,"明本体备万德,含万理、肇万化"④。

二、哲学本体论乃"返己之学"

在整体上,熊十力受梁漱溟影响,也将人类文化划归为三大类型,并认为不同的思维方式决定了文化与哲学的类型差异:西方哲学擅长在逻辑的分析、理性的思辨,但缺陷最终不能透过经验以见本体大全。印度佛学擅长超越现象以显露真如本体,但弊端在于本体"超脱事外",与世无涉。在三种知识类型中,熊十力认为,只有儒家哲学才是体现本体与功用、天道与人生、超越与内在圆融为一的最高智慧。也正是以此种"中国形而上学"视域下的"体用合一"作为知识层级的判断标准,他认为包括"科学知识"在内的知识谱系中,儒

---

① 熊十力:《熊十力全集》第7卷,湖北教育出版社2001年版,第285页。
② 熊十力用"本体论"和"宇宙论"来指代中国哲学的天道心性等形而上之学。通常在他的语境中,"本体论"和"宇宙论"没有区别,如他说:"我喜用西洋旧学宇宙论、本体论等论调来谈东方古人身心性命切实受用之学"。(熊十力:《熊十力全集》第8卷,湖北教育出版社2001年版,第758页)而梁漱溟则认为中国哲学中如果有涉及形而上学的思想,也只是"宇宙论",而很少有什么"本体论"。
③ 熊十力:《熊十力全集》第4卷,湖北教育出版社2001年版,第114—115页。
④ 熊十力:《熊十力全集》第6卷,湖北教育出版社2001年版,第569页。

学方是最高的智慧之学。

在不同时期,熊十力均不断强调中国哲学超越科学的诸多特点。当然,这种超越并非时间序列意义上的先发与后发之分,非知识发展意义上的进步与落后之分,而是两种本质完全殊途之学,"有天壤悬隔在"。这首先表现在二者在范围与深度方面,即在研究中,科学乃是把"把本来浑全的宇宙无端的加以解析",这种分析的、实验的方法仅能提供经验的、具体的知识。而中国哲学以"穷究天人之际"的智慧为追求,其采用一种整体的、大全的体悟、体证方法,因而能超越"知识猜度的范围而握住了真理。"[1]他还说:"科学家计原子电子等等为实质的物事,在经验的范围固可云尔,在玄学或哲学中必欲穷究所谓物质的小微粒,如原子电子等等者是否果为实质,则大是问题。"[2]科学仅是归纳经验现象的存在、发展、变化之因果关系与恒常性,提供的是个别经验现象的客观规律知识。而哲学则透过现象,解释唯一的、绝对的、永恒的超越本体。

此外,还表现在工具方法方面。他说:"科学之为学,是知识的;哲学之为学,是超知识的。……哲学和科学底出发点与其对象及领域和方法等等根本不同。哲学是超越利害的计较的,故其出发点不同科学。他所穷究的是宇宙的真理,不是对于部分的研究,故其对象不同科学;他底领域根本从本体论出发而无所不包通,故其领域不同科学;他底工具全仗着他底明智与神悟及所谓涵养等等工夫,故其方法不同科学。"[3]更重要的,是熊十力基于儒家"道德的形而上学"来论证中国哲学的优越性。他强调,此种"本体心性论"的形上逻辑,通过"内在超越"进路,可以超越形而下的经验现象,与宇宙"天道本体"合一,从而达致终极的人生价值。

由此,熊十力进一步阐发中国哲学的理论特质与价值旨趣。即从知识对

---

① 熊十力:《熊十力全集》第4卷,湖北教育出版社2001年版,第97页。
② 熊十力:《熊十力全集》第2卷,湖北教育出版社2001年版,第257页。
③ 熊十力:《熊十力全集》第4卷,湖北教育出版社2001年版,第97页。

象与知识范围的比较语境中区分"科学知识"与"哲学智慧"①的这种实然判断,进一步转向价值判断。表现在,在认识真理与致思向度方面,强调科学是逐物求知的外在之学,中国哲学则是"发明心地"的内在之学;在认识属性与知识价值方面,强调科学是"经验之知",中国哲学则是"天德良知"。

进而他在中国哲学尤其是儒学这种"智慧之学"的知识观念基础上,将其又界定为一种"返己之学",以与科学这种"外在对象之学"相区分。其理由在于,中国哲学尤其是儒学之智慧,并非"科学理性"构建"主客关系"的对象认识,而是一种"道德理性"为主导的"性灵之发用",它虽然"发之于日常起居动静,发之于格物穷理,发之于开物成务、富有大业。一切皆是智之流行,一切皆是智之开拓。"②但儒学赋予人们先验的道德良知与超越本性,却根本是以形而上的"天道本体"为认识对象。并且,儒学"天道心性相贯通"的本体论逻辑,又使得宇宙道体、万物性体、本心仁体内在统一,因此,儒学主要通过自我认知、自我体悟的"返己自识",来把握内在于人人皆有的本心良知的宇宙真理。他指出:"科学在其领域内之成就,直夺天工,吾无间然。然人类如只要科学而废返己之学,则其流弊将不可言。返己之学废,即将使万物发展到最高级之人类,内部生活本来虚而不屈动而愈出者,今乃茫然不自识,其中藏只是网罟式的知识遗影堆集一团,而抛却自家本有虚灵之主,不求所以养之,人类殆将丧其内部生活,宇宙失其贞观。"③

本体虽是道体,但同时亦是性体、心体,这样人们不需向外求索,另立对象,而是以本心良知为对象,"反观内证",自然可"通达物我同源之体",进而"证知天道"。由此,熊十力又将儒学"道德的形而上学"视为"内向之学"、

---

① 甚至在熊十力看来,中国文化中本身即存在区分此"学"与"智"之传统:"智与知识有分,此一主张在中国古学中确是中心问题所在之处,每一宗派的哲学,其各方面的思想与理论都要通过这个中心问题而出发,仍须还到这个中心来。"

② 熊十力:《熊十力全集》第7卷,湖北教育出版社2001年版,第237页。

③ 熊十力:《熊十力全集》第7卷,湖北教育出版社2001年版,第303页。

"良知之学"。这种特殊的学问,借助的是"尽心知性则知天"的体证方法、体悟方法,自然也根本与科学的"知识之知"不同。正如他说:"尽心,即是性天全显,故曰知性知天。知者证知,本心之炯然内证也,非知识之知。"①

正因为"儒家形而上学"乃是成就德性教化、成圣成贤与提升精神境界的学问。熊十力也将科学与哲学,视为"外王之学"与"内圣之学"的关系。而此种知识类型的界定方式,也更有利于立足儒学以"收摄"科学的理论目的与价值诉求。是因为,若仅是强调科学与儒学的类型分立,就很容易将儒学置于自我心性与神秘体验的反智立场,反而消解了儒学在新时期的经验生活、社会发展、价值引领等方面的现实作用。只有坚持"内圣开出外王"的基本逻辑,才能为"科学知识"确立一个新的形而上的理论基础,亦可发挥儒学在科学、民主为主体的"新外王"时代的积极作用。

而为了论证科学知识乃是良知本体之"外化"与"落实",熊十力明确宣称:"一切知识,即是良知之发用"。只有先具"良知之能",才能度量事物,悉得其理,方能具备科学理性与知识创造能力。他论证说:"一切知识,要依良知得起。若无良知本体,即无明辨作用,如何得有对于事物之经验而成其知识乎? 故良知是一切知识之源。"②还说:"知识之成,必有内在的了别作用,主动以深入于外物,方得成就知识,否则知识决无由成。"③至此,熊十力利用对"哲学知识"尤其是"形而上学知识"的特殊性论证,既凸显了其与"科学知识"之别,又将后者纳入到前者的理论架构与阐释逻辑之中,为科学本身得以成立的理论与实践提供了儒家范式的"本体论承诺"。

熊十力的知识观念与其形而上学观念是内在统一的。他批评当时中、西方学界受"科学方法"影响,而"将万化大原、人生本性、道德根底一概否认",而是致力于在"科学时代",论证中国哲学的合法性与必要性。为此,他一方

---

① 熊十力:《熊十力全集》第3卷,湖北教育出版社2001年版,第19页。
② 熊十力:《熊十力全集》第3卷,湖北教育出版社2001年版,第669页。
③ 熊十力:《熊十力全集》第7卷,湖北教育出版社2001年版,第238页。

面揭示中国哲学尤其是儒学的"智慧之学"、"返己之学"、"良知之学"、"心性之学"的特质,另一方面又重构"内圣开外王"的理论模型,为知识多元化提供论证,表达了他超越"科学一元论",坚守的"道德理想主义"与"知识人文主义"的新儒学立场。正如有学者指出的,"熊十力的哲学观,敏锐地把握住了科学与哲学的关系这一关键问题,鲜明地凸显出现代形态中国哲学发展中的与科学主义不相同的人文主义路向,从而论证了本体论的合理性与中国哲学的合法性,并由之而建构了'新唯识论'的本体论体系,开始了中国哲学的本体论的重建工作。"①

自中国哲学史、思想史的发展脉络看,作为"现代新儒家"的开山人物,熊十力对哲学与科学关系问题的思考进路与处理方式,尤其是"科学与哲学并重的类型分立论"与"内圣主导外王的价值统会论"等思想主张,既是当时的主要代表观念,又直接影响到之后的哲学家如牟宗三、唐君毅等人,为学界重新审视儒学的"智慧之学"、"返己之学"、"良知之学"、"心性之学"②的理论意义与实践价值提供了重要参考。

第二节　"积极底释义"与"形式底释义"

冯友兰自述,他从"民族的兴亡与历史的变化"中获得"启示",并因此"激发"他去聚焦现代哲学的新问题。③ 其中,哲学与科学的比较研究,就是此"新问题"之一。早在留学美国时,冯友兰即对西方富强而中国贫弱的深层原因

① 李维武:《论熊十力的哲学观》,见《人文论丛》,武汉大学出版社 2006 年版,第 122 页。
② "现代新儒家"普遍将哲学与科学的关系纳入"内圣外王"的逻辑中。其根本目的乃是维护"内圣之学"的现代合法性。张光成认为:"如果不表现在物的斡运上,不表现在用世的事功上,那心又何以自明其健动之性? 又何以其表现其恒定意志,人类目的? 又何以其表现其心之自识其为'本心'?"(张光成:《中国现代哲学的创生原点——熊十力体用思想研究》,上海人民出版社 2002 年版,第 137 页)
③ 冯友兰:《三松堂全集》第 1 卷,河南人民出版社 2001 年版,第 209 页。

进行思考,当时得到的答案是"西方的优点,在于其有了近代自然科学。这是西方富强的根源。中国贫弱的根源是中国没有近代自然科学"①。为了探究中国没有科学的原因,他在1921年曾专作《为什么中国没有科学——对中国哲学的历史及其后果的一种解释》。在此文中,他认为中国古代哲学并不关注征服自然,虽然在《墨子》《荀子》中有科学的萌芽,并且到了宋儒时期,开始关注"技术",但与"欧洲的技术发展是认识和控制物质"不同,"中国技术发展是认识和控制心灵"。这种"技术"的方向性是基于中、西价值观和人生观的差异,即"中国哲学家不需要科学的确实性,因为他们希望知道的只是他们自己;同样地,他们不需要科学的力量,因为他们希望征服的只是他们自己。"②

冯友兰认识到,"中国的落后,在于她没有科学。这个事实对于中国现实生活状况的影响,不仅在物质方面,而且在精神方面,是很明显的。"③所以,中国社会的整体现代化,除在"物质方面"的科学化,还要"精神方面"的现代化。此"精神方面",在科学主义阵营看来,主要就是科学思维、科学理性、科学思想与科学信仰。而在冯友兰看来,科学在人类现代化过程中虽发挥无可替代之作用,科学思维、科学理性在人类诸多知识类型之创制中亦发挥基础作用,但科学本身却不足以承担人类精神生活之全部重任。为此,中国文化要在"精神方面"实现进步,除了科学精神,还需要一种哲学思想。

在最早讨论科学与哲学关系的文章中,他曾区分哲学为"求好",科学为"求真",自此奠定了哲学价值知识与科学事实知识的分野立场。之后,他始终辨析哲学与科学之关系,通过比较"科学知识"与"哲学知识"在研究对象、讨论内容、陈述形式等方面的不同,将二者划分为不同的种类、类型或形态,以论证"哲学知识",尤其是"形而上学知识"的特殊性与合法性。

---

① 冯友兰:《三松堂全集》第1卷,河南人民出版社2001年版,第173页。
② 冯友兰:《三松堂全集》第11卷,河南人民出版社2001年版,第50页。
③ 冯友兰:《三松堂全集》第11卷,河南人民出版社2001年版,第32页。

不过,他虽认为,哲学的目的,主要在确定"理想人生"①以及提升人的"精神境界",因而与科学事实性陈述之知识不同。但哲学本身的三大部:宇宙论、人生论、知识论,本质上也均是陈述或表述一种"道理"。因而哲学家讲"道理",也要运用一般性的知识方法,符合一般的知识形式、遵照一般性的知识逻辑。② 为此,哲学欲获得现代意义上的知识形态,也需要借鉴"科学知识"的有益方法。他区分了以实验法、检验法、经验证实法为主的"科学地方法"和以逻辑分析、理性推理、命题论证为主的"科学的方法"。并明确强调,后者作为普适性的知识方法,可以运用于哲学之中,实现"哲学知识"的现代化。

当然,冯友兰虽赞同对哲学进行逻辑化与系统化改造,但却明确反以科学来裁判哲学,而是始终明确:"总的说来,科学可以增加人的积极知识,但不能提高人的境界。哲学可以提高人的境界,但不能增加人的积极知识。"③这也表现出,他始终是从自己独特的哲学信念尤其是独特的形而上学观念来界定哲学的任务与使命,进而从不同种类与类型来处理"科学知识"与"哲学知识"之冲突,以回应"形而上学知识"之合法性问题。

一、"知识类型观"的立场

冯友兰曾专门讨论了人类知识的分类问题,他将知识分为四类:"第一种是逻辑学、算学。这一种知识,是对于命题套子或对于概念分析底知识。第二种知识是形而上学,这一种知识,是对于经验作形式底释义底知识。知识论及伦理学的一部分,亦属于此种。伦理学的此部分,就是康德所谓的道德形而上学。第三种是科学,这一种知识,是对于经验作积极底释义底知识。第四种是

---

① 冯友兰:《三松堂全集》第 11 卷,河南人民出版社 2001 年版,第 67 页。
② 冯友兰明确说:"有人以为是依逻辑讲底确切底学问,都是科学。如果所谓科学是如此底意义,则哲学亦是科学。"当然,他此处所说之科学,乃是一般意义上的以逻辑为最低原则的学术系统的统称。(冯友兰:《三松堂全集》第 4 卷,河南人民出版社 2001 年版,第 5 页)
③ 冯友兰:《三松堂全集》第 1 卷,河南人民出版社 2001 年版,第 229 页。

历史。这一种知识,是对于经验底记述底知识。"①这种"广义的"知识立场本
质上也是一种"知识类型观"——肯定在"科学知识"之外,还存在不可被其替
代的重要知识类型,其中就包括"哲学知识"、"形而上学知识"。

针对"取消"哲学,"拒斥形而上学"之主张,冯友兰明确,"哲学和科学完
全是两种底学问"②。他批评了当时的三种代表性观点:第一,哲学和科学是
一类知识。哲学中成熟和进步的部分独立为科学,而剩余的哲学相比之下即
是不成熟和不进步的学问。第二,哲学研究的是以宇宙全体为对象,科学研究
的是各种具体的对象,但哲学是诸科学的综合。第三,哲学的主要工作是研究
科学使用的方法和前提假设。总的来看,这些观点的问题,正是没认识到"科
学和哲学之不同,是种类底不同"③,要么将二者混淆为一类,要么将哲学纯粹
变为批评科学的科学④,因而均没能凸显哲学从形而上视角阐释自然、社会与
人生之特殊功用。

为此,冯友兰着力论证哲学知识尤其是"形而上学知识",与科学知识的
根本差异。他在1943年《新理学在哲学中之地位及其方法》长文中说:"在人
类的知识的进步的过程中,人的有些理论,其目的亦是对于事实做积极底解
释,但其方法,却不是实验底。这就是说,持这些理论底人,虽持这些理论,但
却不以或不能以实验底方法,从经验上证实之。此种理论,就其目的说,是科
学底。就其方法说,是非科学底。此种理论可以说是'先科学底'科学。"⑤在
西方哲学史中,实证主义者将知识发展分为三个阶段:"第一是神学阶段,又
名虚构阶段;第二是形而上学阶段,又名抽象阶段,第三是科学阶段,又名实证
阶段"⑥。这里说的"形而上学阶段",是"科学阶段"之前的认识阶段,也就是

---

① 冯友兰:《三松堂全集》第5卷,河南人民出版社2001年版,第154页。
② 冯友兰:《三松堂全集》第4卷,河南人民出版社2001年版,第5页。
③ 冯友兰:《三松堂全集》第4卷,河南人民出版社2001年版,第10页。
④ 冯友兰:《三松堂全集》第4卷,河南人民出版社2001年版,第6页。
⑤ 冯友兰:《三松堂全集》第11卷,河南人民出版社2001年版,第488页。
⑥ 洪谦:《西方现代资产阶级哲学论著选辑》,商务印书馆1964年版,第26页。

冯友兰所谓"'先科学底'科学"阶段。实证主义者认为,随着人类知识发展到"科学阶段","形而上学"就完成了历史使命应该退出知识的舞台。如果不"退位",就会与现在的科学有"冲突"。此等冲突,严格地说就是"现在的科学"与"过去的科学"的冲突,其性质是"进步的科学"与"落后的科学"之间的冲突。冯友兰认为,当时的科学与玄学的论战,就是此等冲突的表现。不过严格说,此类科学与玄学的冲突,只是科学与"先科学底"科学的冲突,是时间序列中"进步"与"落后"的冲突。

而与实证主义者不同的另一种观点认为,"形而上学"本质上是"'后科学底'科学"。这是因为,科学以"实验法"为工具,来研究和解释经验。但现阶段的科学并不是万能的,尚不能以"实验法"解释所有经验现象,而"形而上学"可以暂时以另一种方法来解释科学所不能及之经验。冯友兰指出,这种主张是认为"科学专讨论科学所尚未讨论或尚未能解决底问题。形而上学的问题与科学问题是一类底。在这一类问题中,有些问题是科学所不能以实验底方法解决者。形而上学随科学以之后,取此等问题,专凭思考,试为解决。不过这种解决,是临时底。将来科学进步,即能以实验方法,解决此等问题。这是正式底解决。"①但此种观点依然以为科学与"形而上学"乃是研究同类的问题,只不过有先后之别。所以,将来科学进步,就会真正地解决这些问题,"形而上学"就会被替代。

第三种观点是"形而上学"是"太上科学",其目的是求"第一原理",从这个原理可以推出科学的公式、原理,亦可以在将来发展出人类需要的所有知识。"形而上学"的第一原理,即是科学中基础原理的根据,是一切科学原理的原理,因此,"形而上学"与科学在本质上是对世界认知的同一序列之前后表现形式,只不过"形而上学知识"更为基础,所以,"形而上学"乃科学之母。

冯友兰认为,这些说法虽不尽相同,但有一相同点,"即均以为形而上学

---

① 冯友兰:《三松堂全集》第 11 卷,河南人民出版社 2001 年版,第 489 页。

的目的是积极地解释事实,与科学的目的是相同底。不过形而上学底方法,都是专凭思考,不是实验底。形而上学不以实验的方法从经验证实其结论。因此所谓形而上学即可与科学冲突,因为专凭思考以求积极地解释事实,是为科学所不许底。"①而以相同的经验起点评判"形而上学"与科学之优劣,所造成的直接问题即是,哲学对于经验的解释终究不如科学有效,而必然被驱逐出"经验知识"的范围。为此,把握"形而上学"与科学的研究对象、理论形态、研究方法,对于明确二者各自的合法性,显然尤为重要。

在冯友兰看来,"形而上学"当然始于哲人对经验世界的思考与反省,但此思考与反省却并不以经验对象具体知识为终结,而是由此进一步跨越经验边界,去理据、把握经验之外的特殊对象。他在比较科学和"形而上学"时举的另外一个例子,似乎更能表现其对二者的理解。也即是,无论科学是否进步,"形而上学"研究的都是科学所永远不能解决的问题,如西方哲学的"上帝存在"、"灵魂不灭"、"意志自由"以及中国哲学的"天人合一"、"心性不二"、"境界超越"等。冯友兰将此类问题仍称为"'后科学底'科学",进而将形而上学称为"'外科学底'科学"。

20世纪30—40年代,冯友兰对哲学与科学关系的思考颇具代表性。事实上,不仅是专门研究中国哲学的冯友兰,一些主攻西方哲学的学者,也多反对从"实用"去评价哲学价值,而是将之视为一种完全不同于科学的,关于"宇宙的智慧和人生的智慧"的特殊学问。当时的康德研究专家郑昕也认为:"哲学是一种无用的学问,它不象科学,能显著的致用,所以它常被人所忽略;它研究的是关于宇宙和人生一些根本问题,又觉得它不可须臾离。它有时被尊为'普遍的科学',一切科学都是它的支部;有时被贬为'坏的科学',为科学的渣滓,好像科学发达了,哲学便没有存在的余地。对哲学作这类毁誉的人,都是既未明了哲学的性质,也未明了科学的性质。哲学的价值,不因为有'不虞之

---

① 冯友兰:《三松堂全集》第11卷,河南人民出版社2001年版,第490页。

誉'而增加,也不因为有'求全之毁'而减少。"①可见,将哲学之核心视为"形而上学",进而从研究对象、研究范围、知识属性方面与科学相区分,体现了当时一些学者的共同立场。

而"知识类型观"之立场,也始终是冯友兰论证"形而上学知识"特殊性与合法性的根本原理。在之后《新知言》一书中,他仍强调:"就最哲学底形而上学说,科学与形而上学没有论战的必要。因为科学与形而上学,本来没有冲突,亦永远不会有冲突。最哲学底形而上学,并不是'先科学底'科学,亦不是'后科学底'科学,亦不是'太上科学'。它不必根据科学,但亦不违反科学,更不反对科学。所以它与科学,决不会发生冲突。"②直至晚年的《中国哲学史新编》,在最后的总结里,他仍旧强调哲学不是初级阶段的科学。亦不能因为哲学是人类知识发展的最高产物,而说哲学是太上科学。"真正的哲学不是初级的科学,不是太上科学,也不是科学。"③

二、"积极底释义"与"形式底释义"

针对将"科学知识"与"形而上学知识"混为一谈的观点,冯友兰侧重突出二者对经验世界之解释方式的差异,将前者称为"积极底释义",将后者归为"形式底释义"。他强调:"形而上学的工作,是对于经验作逻辑底释义。科学的工作,是对于经验作积极底释义。所以形而上学及科学,都从实际事物说起。所谓实际底事物,就是经验中底事物。这是形而上学与逻辑学、算学不同之处。在对于实际事物底释义中,形而上学只作形式底肯定,科学则作积极底肯定,这是形而上学与科学的不同之处。"④

具体来说,科学以事实存在的各种具体的、个别的经验现象为研究对象,

---

① 郑昕:《康德学述》,商务印书馆1984年版,第3页。
② 冯友兰:《三松堂全集》第5卷,河南人民出版社2001年版,第146页。
③ 冯友兰:《三松堂全集》第10卷,河南人民出版社2001年版,第647页。
④ 冯友兰:《三松堂全集》第5卷,河南人民出版社2001年版,第153页。

通过实验法、试验法、检验法等方法,对万事万物之构成要素、性质特点、本质规律进行研究,以获得事实性、规律性、客观性之知识,以帮助人类更好的掌控自然、利用事物、改善生活。所以,冯友兰说:"科学的目的是对于事实做积极底解释。其方法是实验底。其结论的成立,靠以实验底方法,得到经验的证实。"[1]科学提供各种分科知识,仅对于实际事物与经验对象,具有一定的普遍有效性,但其真假却完全依赖于事实经验的检验,因而也被冯友兰称为"灵而不空"。

而"形而上学",虽然也肯定"实际"即事实世界存在,但却只是抽象的、一般的、形式的肯定。其并不肯定"实际"中的万事万物各由何种物质元素构成,不具体讨论万事万物的特殊运动、发展、变化的规律,不具体确定万事万物之因果关系。可见,这种对形而上世界的整体的理解、判定并没有增加我们对于具体事物的知识。其对"实际世界"唯一的事实性肯定,只是肯定其"有",肯定其"存在"。因而,此类知识是内涵最大化的"一片空灵",其对一切万事万物而言,都是无不适用、无不遵守的最一版原理。

冯友兰强调:"形上学中底主要观念,既都是从纯思来底,所以形上学并不能增加人对于实际底积极底知识。在这一方面,它有似于逻辑算学。逻辑算学虽亦不能增加人对于实际底积极底知识,但其中亦有一套原则公式,为科学所依靠,以求积极底知识。由此方面说,我们可以说,逻辑算学可以间接增加人的积极底知识。它们虽不依靠科学,科学却要依靠它们。形上学既不依靠科学,科学亦不依靠它,它是真不能增加人的积极底知识。它也有一套命题,但这一套命题,都近乎是自语重复底。"[2]

"形而上学"使用的"自语重复"命题,虽从科学之类的"积极底知识"来看,并没有提供什么"知识",但亦有如同上述逻辑、算学一样的"原则公式",也是对事实经验的某种"释义"、"解释"。而任何对事实经验"释义"的系统,

---

[1] 冯友兰:《三松堂全集》第 11 卷,河南人民出版社 2001 年版,第 487 页。

[2] 冯友兰:《三松堂全集》第 5 卷,河南人民出版社 2001 年版,第 144 页。

既符合普遍理性的原则，又符合逻辑的要求，自然可称为知识。所以，在根本上，冯友兰是将一个概念命题系统是否符合"形式逻辑"，作为评判其是否有资格被纳入知识的"科学地原则"。正是在此原则下，"科学的知识"①、"逻辑学的知识"、"形而上学的知识"等知识，才有资格称为"科学地知识"。

而他所使用的"科学地原则"，正是参考了维也纳学派对科学的定义。维也纳学派宣称："一切科学知识原则上仅是一种形式的秩序关系的假定……知识与实际的关系不在于它们品质的一致性，而在它们结构的相似性，所以知识的内容，是形式的构造符号的体系。"②此处的"形式的构造符号"，是维也纳学派一直宣扬的"分析命题"。而冯友兰一直试图用"分析命题"重建新的"形而上学"，这种命题观与知识观的重叠处，正在于他以命题的"逻辑形式"作为衡量知识的标准，同时又主张"形而上学"可以用"形式的构造符号"来表示，从而保证"逻辑的"、"形式的"的"形而上学命题"可被归入"科学地知识"之中。

当然，冯友兰用此标准评判"知识"的方式，不仅是对维也纳学派判定的误读，亦存在理论的漏洞。作为维也纳学派的传人，洪谦回国后即明确批评冯友兰，其根据之一，就是冯友兰没有正确理解维也纳学派对"科学的知识"的定义。洪谦指出，在维也纳学派看来，这种对于事实予以"形式的"解释的形而上学之所以不是"科学的知识"体系，正是"由于这样的形而上学命题亦无法对于事实有所叙述有所传达，它一如传统的形而上学命题都是一些空洞无实际上的意义的命题。"③从此可以看出，冯友兰与维也纳学派共同追求的，乃

① 这里的"的"和"地"之区分得自冯友兰对"中国的哲学"和"中国底哲学"（"底"通"地"）的区分。陈来教授专门对此分析，认为冯友兰使用"底"，是形容词，表示其属性。"的"则是所有格，指所属关系。（陈来：《现代中国哲学的追寻——新理学与新心学》，三联书店 2010 年版，第7—10页。）而此处"科学地"指具有科学性、先进性、理想性，而"科学的"是所属关系，表示属于科学专有的范围之意。

② 洪谦：《维也纳学派哲学》，商务印书馆 1989 年版，第6页。

③ 洪谦：《维也纳学派哲学》，商务印书馆 1989 年版，第187页。

是概念命题的"形式",但对于概念命题"意义"的理解则明显不同。

因此,"科学的知识"与"科学地知识"的区分,可帮助我们理解冯友兰为何会执意将"形而上学"作为一种能够提供价值和意义的知识,虽然此"科学地知识",是不同于"科学的知识"的"不知之知"。正因为哲学不以科学为根据,亦不会因科学扩张而失其存在价值。所以"科学中之命题,我们可用之以统治自然,统治实际,而哲学中之命题,尤其所谓最哲学底哲学中之命题,则不能有此用。"①只是,"形而上学"的"形式的命题"虽主要说"无意义底话",但此"无意义底话"是符合特定标准的概念系统或命题系统,这个系统所传达的意义,是概念命题的"形式上的意义"与"逻辑上的意义"。此种特殊的概念系统可以帮助人获得一些重要的思想观念,通过为人生意义、人生境界的诉求提供精神性、情感性、信仰性的特殊知识,可使人得到一种感情上的满足和安慰。因而,"形而上学"本身不需要科学实验的证实或证伪。

在当时的汉语语境中,知识显然不仅是一种科学性与事实性概念,同时亦是一种价值性概念。而"形而上学知识"究竟是以"科学知识"外的特定界域作为合法性基础,抑或根本与知识无关,仅作为哲学学术共同体的认知信念与思想成果,这本身是牵涉哲学存废的重大问题。显然,当时大多数哲人均倾向于从"知识类型学"或"知识类型化"立场出发,将人类的文化与知识,划分不同形态、不同维度,以此消解以科学为代表的纯粹理性化、实证化和逻辑化的知识观。冯友兰试图为"形而上学知识"提供相对清晰的理论边界,以作为合法性的领域,也体现了"知识类型学"或"知识类型化"立场。但同时,他也主张任何现代文明中的知识系统——无论是哲学还是其他学术,均需经过"理性化"和"逻辑化"的洗礼,以从古代学术形态变为现代知识形态,而这亦为他积极引进本属于"科学知识"维度的逻辑分析方法、思辨法、归纳法、演绎法等方法,提供了铺垫。

---

① 冯友兰:《三松堂全集》第4卷,河南人民出版社2001年版,第12页。

第三节 "使用天然"的知识与"安然生活"的知识

面对"科学主义"、"经验主义"、"实证主义"阵营发动的"拒斥形而上学"思潮,通过辨析哲学、形而上学与"科学知识"的差异,突出哲学、形而上学在情感、价值、意义、信仰维度的特殊作用,是 20 世纪中国哲学家普遍采用的论证方式。1923 年发生的"科玄论战"中,"玄学"无论被视为人生哲学还是"形而上学",均是代表与科学的实用理性、工具理性不同的,体现道德理性、价值理性的特殊学问。作为论战中的主要参与者,张东荪在思想早期,主张输入西方文化以改造"民族根性",之后,他则既主张输入西方文化,又主张恢复"固有的文化"。这种对文化的一般性与特殊性、时代性与历史性的辩证认识,也促使他重新审视知识本身的一般性与特殊性、时代性与历史性的辩证关系。面对科学与哲学尤其是玄学的冲突,他也尤其注意阐发,与"科学知识"相比,以"哲学知识"为代表的各类"人文知识"的文化性、民族性、价值性特点。

为此,他立足"人文价值",梳理中、西文化中不同的知识观念,重新审视"科学主义"阵营所判定之"知识"内涵及其存在问题。表现在,他对西学中的"摹写说"、"符合说"、"验证说"等真理观、知识观均有评论,明确批判基于此类说法而逐渐定为一尊的"科学真理观"、"科学知识观",强调不能仅将科学原则作为衡量裁判不同文化成果之唯一圭臬。而是主张从"文化"、"社会"、"价值"、"生命"等多维视角与多元因素之有机统一,来把握和界定"知识"范畴,从而表明了一种全新之知识观念。

之所以将"知识"置于不同文化系统去评价与审视,是因为,各种"知识"本身是否有效、是否合法,根本应从它们在不同文化系统能否满足解释宇宙自然与社会人生之需要,来确定其恰当之评价标准与审视原则。用张东荪的话,即是其在文化母体中,是否真正能发挥"便利"作用。他说:"须知知识为了便利,而便利却就是为了活着,可以说就是生命。愈求便利当然愈推扩其范围,自成为社会,造成文化。这乃个人生命的放大。愈放大乃愈有用,即是愈有价值。"①所以,虽然他反对将"知识"视为一种"行动的工具"②。但同时却从类似于某种"实用主义"或"实效主义"的立场,来讨论不同"知识"的合法性与必要性问题。

由此,只要能服务于其中的人文环境,进而满足其特定的文化需要,只要能在"所对上是相应的"、"系统上是符合的"、"未来上是有用的",即可称为"真理",即可称为"知识"。而这种"知识"评价的实用性、实效性的基本立场,实际也体现了他的"知识价值观"的基本立场。也即是,"知识"既然与不同的生活实践、文化实践密切关联,那么不同的"知识"同时也根本反映或体现了不同文化的价值传统、理想信念。以此,他明确提出"知识即价值"的观点,将客观的、实然的"知识类型"与主观的、应然的"价值判断"结合起来。也正是基于这种"多元主义认识论"、"多元主义知识观"、"多元主义的真理观",他在"科学昌明"之时代,依然捍卫"哲学知识"之独特地位。

一、形而上学是"安然生活"的知识

在早期的《科学与哲学》中,张东荪将西方式的"哲学"分为三部分:一为认识论("Epistemology"),二为本体论("Ontology"),三为宇宙论("Cosmology")。并认为专门研究"本体论"③和"宇宙论"的学问,即是"Metaphysics",可译为"形而上学",或译为"玄学"④。可见,他承认中、西方的哲学中,存在

---

① 张东荪:《知识与文化》,岳麓书社 2011 年版,第 46 页。
② 马秋丽:《张东荪哲学思想研究》,中国出版集团、现代教育出版社 2008 年版,第 116 页。
③ 虽然"形而上学"主要表现为"本体论",但张东荪考察中国哲学的语言系统后,却认为中国的"形而上学"并没有西方典型意义上的"本体论"(Ontology)。不过,在之后他谈及中国思想时,又认为中国思想有"全体主义"的特点,始终不离乎"天"观念,而"天"则有"本体"之意。张东荪:《理性与民主》,岳麓书社 2010 年版,第 73 页。
④ 张东荪认为,"Metaphysics"即玄学,而玄学从广义上讲,即是哲学;从狭义上讲是本体论。(张东荪:《科学与哲学》,商务印书馆 1999 年版,第 55 页)

相近或相似的理论学说。进而,他总结了西方"哲学"与本土"玄学"共同的特点在于:"第一,哲学总是向最后最底去追问穷求,第二,哲学总是要拨开现象直见本体,第三,哲学总是要在宗教所主张的见解以外另求有以窥见宇宙与人生的真面目。"①他强调,无论是"哲学"还是"玄学",都以宇宙万象背后的真实存在、人生意义的终极追求、理想价值的终极实现为目标。所以,一般意义的哲学与科学在研究领域、研究对象和裁判标准上,存在明显不同:"一、科学是趋向于个别的,哲学是趋向于总体的。二、科学是趋向于分析的;哲学是趋向于综合的。三、科学是偏于记述;哲学是偏于说明。四、科学是偏于绅绎;哲学是偏于包涵。五、科学有固定的方法;哲学有大体的态度。六、科学有假设的前提;哲学无假设的前提。七、科学所研究的是知识的对象;哲学所研究的是知识自身。八、科学偏于实际;哲学偏于理想。九、科学不求最后,哲学专求最后。"②

在之后的《知识与文化》一书中,张东荪亦从文化与社会统一背景,去审视科学与哲学的统一性。他指出,从科学史上看,一些在历史上被认为是科学的思想,在现代却可被归入哲学,而许多历史上的哲学,在现代也可被归为科学。同时,科学似乎独具"科学方法",但对科学方法本身的研究却属于哲学。根本上,"科学为其方法所支配,而科学方法却又为若干有哲学性质的根本概念所影响。所以,我们可以说,科学与逻辑以及哲学都是互相影响,互相为用,而为其所在的文化之特性所浸染"③。不过,他虽肯定二者在文化维度的内在联系,但同时亦明确指出,二者研究的对象、发挥的作用与确认的方式各不相同。哲学的对象并非知觉经验,"故哲学所得的结论当然是永久不能证实的"。尤其是"形而上学",其"本质是有道德功用的"。因此,绝不可以科学实验的标志视之。

---

① 张东荪:《哲学 ABC》,上海世界书局 1929 年版,第 17 页。
② 张东荪:《哲学 ABC》,上海世界书局 1929 年版,第 58—59 页。
③ 张东荪:《知识与文化》,岳麓书社 2011 年版,第 91 页。

因为,科学以具体的经验事实为对象,其合法性是以事实上的真假检验为标准的。而"形而上学"的对象则是超越经验事实的形上存在,既不能用科学方法检验,甚至亦无需检验真假。虽然,他高度肯定科学的重要价值,认为"科学本身即是一个大理想的实现,且是一个最有价值的精神活动"①,不过,他也指出,科学信奉者所引以为傲的因果律和数理逻辑并不是科学的独家专属,而只是作为一种现代文化的"思想的方式"。这种方式,其他的文化领域也可以使用。所以他说:"玄学与宗教亦是根据思想的方式而成。却以科学与玄学等只是程度的等差——一个比较紧严些,一个比较松放些,实没有高贵与低贱之分。"②

在早期思想中,张东荪反对科学侵占"形而上学"的"领土",同时也反对将"形而上学"简单等同于纯粹的"直觉"或"神通"③。但除了笼统比较外,他尚未对"形而上学"范畴的主要问题与思想实质进行深入的论证研究。随着学术研究的演进,他逐渐关注"形而上学"本身的内在实质。在《思想与社会》一书中他将人类知识分为"常识系统"、"科学系统"、"形而上学系统"三种。

针对一些人依据"常识系统"、"科学系统"来拒斥"形而上学系统"的做法,他提醒说,此三种知识系统虽借助的工具和方法不同,但根本上同归属于一个大的文化系统,并有内在关联:"不仅科学的萌芽是藏在常识中,形而上学思想态度在最初的宗教中已见之;并且即在现代科学不能不算发达,然而除了物理化学等等以外其他科学仍不脱常识的影响。至于形而上学亦何尝能完全与常识离开呢! 所以这三个知识系统在实际上并不能完全分开独立。"④一

---

① 张东荪自述,肯定科学是理想范畴,是一种赋予生存价值的精神活动,这是他与张君劢观点不同之处。反观近代以来中国哲学家的科学观,严复同样肯定科学在经验世界的价值和理想的承载作用,并将形而上学设定在超验世界。应该说,这种方式既可避免道德的理想主义绝对化,又赋予科学以存在价值,是值得肯定的。

② 张东荪:《科学与哲学》,商务印书馆 1999 年版,第 139 页。

③ 张东荪:《科学与哲学》,商务印书馆 1999 年版,第 170 页。

④ 张东荪:《思想与社会》,辽宁教育出版社 1998 年版,第 29 页。

方面,"形而上学"的出发点离不开生活常识的基础观念;另一方面,科学长期依附于哲学,并在近代以来作为哲学的"掘墓人"而获得了巨大威望。因此,解决了与常识的关系,"形而上学"就有了稳固的基础;解决了与科学的关系,"形而上学"就证明了自身系统的合法性。

他指出,"常识知识"系统依靠知觉实现,其服务于"方便界",为了人们"实践的顺利"发挥作用,且在各民族文化中有不同的表现。科学知识系统依靠测度与试验的方法,服务于"事实界",与常识一样,科学能提供"使用天然"的知识。科学能帮助人类解释自然、利用自然、征服自然,根本在于它能提供万事万物产生、发展、消亡的具体规律,可提供关于经验世界的客观性、普遍性的经验知识。自此言,常识、科学均乃人们认识自然、利用自然的重要知识。但是,常识也好、科学也罢,在帮助人们征服自然的过程中,却不是随心所欲、任意妄为的。人们仍要屈从生老病死的规律,仍然要遵循客观世界的物理、化学等规律。人们常常因对自然的索取得不到满足而暗暗不满,人们常常因为现实的禁锢和理想的破灭而郁郁寡欢,人们常常因为生活的困难、坎坷而心生苦闷。面对自然,除了征服,面对欲望,除了满足,人们还收获了更多的无奈、痛苦、空虚。

而"形而上学知识"系统正是依靠"对演法"和"直觉法",目的在于创造"理想的实在"和"理想界"。对于其作用,张东荪阐发说:"形而上学这种知识不仅是在内容上,在题目上,与常识及科学不同,并且在其自身的性质上就确有其独有的特色。详言之,形而上学这种知识其本身是正如荀子所言的'君子之学也入乎耳,著乎心,布乎四体,形乎动静,端而言,蠕而动,一以为法则。'这种知识不仅是知道了就完事,乃是知道以后自然而然在自己的身上起了气质的转化"①。

当然,他也肯定,科学并非仅限于更好地认识与改造世界,在一定程度上,

① 张东荪:《思想与社会》,辽宁教育出版社1998年版,第59页。

"科学本身就是一个大理想的实现,且是一个最有价值的精神活动"①。也即是,他也肯定科学可在技术器械的物质维度与精神心理的价值维度发挥一定作用。只不过,科学本身对精神世界和价值观念的影响,并不能替代"形而上学"作为统一的价值实体在人类精神信仰中的重要作用。这是因为,"一个形而上学系统的建立,其影响便可广大被及于人生各方面。例如宗教的信仰方面,伦理的做人方面,社会政治的处群方面等。"②从此而言,"形而上学知识"的"建立信心"的作用,科学同样具备,只不过,在"心理上的安慰"和"生活的勇气"和"感情的满足"维度,形而上学更擅长。根本上,"形而上学"是为了人们的"安然生活"而得的知识。

为了突出"形而上学知识"的特殊性,他甚至将其类比为一种特殊形式的"宗教形而上学知识系统"。用其话说,"宗教中凡关于知识的我们统可归之于形而上学;除此之外尚有其他方面我们则径称之为宗教。所以宗教与形而上学只是一件东西,因为二者是不分开的。"③他从宗教的起源入手,认为人们在多难的世界里需要获得"心理上的安慰",寻找"生活的勇气",多将精神依托于某个在本质和性质上都比人类能力大得多之东西。这个东西具体来说,在儿童则是父母,在家庭则是祖宗,在部落是图腾,在文化发达些的社会是神,从抽象来讲,就类似于全宇宙,自然界的全体,是在自然界中同时又超乎自然的本体。而这些存在物同样也是形而上学的核心概念。由此,他认为没有一个宗教是不暗含形而上学观念的,而同时亦没有一种形而上学的思想是不依附在宗教上的。④

应该说,张东荪从功效角度将"形而上学"与宗教相比附的进路具有合理之处。中国哲学的"形而上学"为人们提供一种"本体认识"或"本体观念"。

---

① 张东荪:《科学与哲学》,上海商务印书馆 1999 年版,第 103 页。
② 张东荪:《思想与社会》,辽宁教育出版社 1998 年版,第 79 页。
③ 张东荪:《思想与社会》,辽宁教育出版社 1998 年版,第 56 页。
④ 张东荪:《思想与社会》,辽宁教育出版社 1998 年版,第 37 页。

由此,人们可把握到宇宙万物与社会人生的创造性、必然性、永恒性原理,进而以此作为生活实践、生命理想、情感寄托与价值承载。用他的话说,"形而上学"这个知识系统从建立之日起,就有"修身"、"养性"、"为人"和"践行"的意蕴,并确立人之为人的理念想范型——理念。① 他甚至认为,若去除宗教的某些仪式、礼节,其中系统化的、理论化的信仰学说,恰恰体现了人类追求超越、确立信仰、寻求意义的终极追求。所以,他才强调,形而上学的目的就是造出"理想的实在",造出情感、价值、信仰的承载者和托付者,这与宗教在某种程度上的功效是一致的。

二、形而上学知识的"历史性"

在张东荪看来,"形而上学"之所以具有特殊的功能,源于其对所在语言系统中的哲学概念命题的特殊运用。他将日常生活的语言称为"常识的语言",科学为了纠正生活语言的不确定性,试图确立"科学的语言"。而形而上学使用的语言和概念命题既不同于"常识的语言",也不同于"科学的语言"。他指出:"科学对于言语只认为不足,而形而上学则以为是根本上没有办法,不过又无法离开他而已。其故是因为言语是大部分表示人类的愿望(wish),亦可以说'表示'(expression)居多而'说明'(explanation)居少,所以从科学的立场来看总是不够的。……至于形而上学却又不反对表示,不过不是直截了当地表示,乃是用矛盾的看法(即对演法)来表示,所以形而上学对于言语亦是采取矛盾的态度,即一方面要言语同时他方面又不要言语。"②

如果说,"常识的语言"是为了日常适用性,科学则不断地纠正、约束"常识的语言"以达到精确性,而"形而上学"虽然不会纠正和约束"常识的语言",但也不得不利用某些"常识的语言"来构成自己的概念命题。只不过,"形而

---

① 陆杰荣:《形而上学的当代建构及其意义》,《哲学研究》2007 年第 9 期。
② 张耀南编选:《知识与文化——张东荪文化论著辑要》,中国广播电视出版社 1995 年版,第 314—315 页。

上学"利用这些语言不但不是为了追求精确性,反而恰恰是超越与整合这些语言,而提供一种神秘的、整体的、超越的"本体论"、"宇宙论"观念,进而试图依据这些语言以达致某种超越的"直观体验"或"精神境界"。这是因为,"形而上学"借助并运用特殊的语言结构,可提供一种独特的思想观念系统,进而基于对宇宙存在的终极本源或本质的超越性阐释,可提供给人们生命存在的情感慰藉与信仰需求。所以,"形而上学"虽然表面上属于一种特殊的思想系统或义理系统,但其"在表面上讲的条条道理,而在骨子里却是志在信仰。因为没有了这种信仰人类便必不能安然生活下去。人们决不乐意永久在烦闷与苦恼中,必须在这个世界中寻出一个理由来使自己得着生活下去的勇气。"①

张东荪将人类所寻找的生存"理由"称为"理由化"("rationalization")。他提出:"所有形而上学的问题都是在理由化之范围内由'实际推理'(material logic)上'不一致'(inconstancy)而演成的,所谓问题之解决亦就只是从'理由推演'(ratiocination)上把不一致的地方或矛盾的地方排除了。在他种知识系统(例如科学的知识系统)来看,可以说形而上学所提出的问题都是'假问题'(pseudo-problem)。并且这些解决亦都是'假解决'(pseudo-solution)。因为假解决是对于事实并未起有变化。换言之,即变化不起于对象上,而只起于主观上,例如把 H_2 与 O 相加而变为水,这是事实上起变化,因为由气体变为液体在物性上大不相同。但如我们把水认为是万物之本体或认为只是一种现象。在此处水之为水并无变化,而我们对于他的观点却有了变化。这个变化的作用就在于由此引起我们应付他的不同的态度。"②

宇宙万物总是流变不止,生命进程总是充满遗憾,若人类身处生灭幻世,自然心灵无处安放而悲切焦虑,若人类能凝住心神,确定归宿,自然获得心灵之慰藉,不止于永久的愁苦不安,而能"安然生活"下去。所以人们总是通过有限去追求无限,通过个别去认识全体,透过变化去揭示永恒。而透过"哲

---

① 张东荪:《思想与社会》,辽宁教育出版社 1998 年版,第 58 页。

② 张东荪:《思想与社会》,辽宁教育出版社 1998 年版,第 59 页。

学"尤其是"形而上学"的特殊命题系统和观念系统,人们即可获得万物万象生灭不止"背后的支柱"①。从而满足人类追求永恒的需要、追求超越的需要、寻找归宿的需要。

"形而上学"系统之所以能够提供一套价值性、意义性、理想性、信仰性的观念,根本在于其使用的概念命题,承载着各自文化系统长期积淀下来的人生观、价值观、意义观。他说:"一切哲学学说都是对于已有的文化想有所增益或变化。哲学上所用的名辞无一不是负了历史上所延下去的使命。每一个名辞其背后却有一个悠久的文化性的历史。而每一个哲学家又必须对于旧名辞加以新意义,其故乃在借此推进文化,对于理想致其所渴望者。所以哲学家无论其说如何,其结果却无不是改良人生与开辟文化上的新方面。就每一个名辞都有其长久的历史而言,我们便知哲学上的问题都有历史的决定性。每一个哲学问题其本质就只是文化问题,文化是有历史性的,故哲学亦必有历史性。"②

文化是一个动态的"连续体"("continuum"),又是"文化共同体"内部不同文化要素共同支撑起的"观念综合体"。其中,"哲学"、"形而上学"是彰显"文化共同体"思想特色的主要部分,或者说,从"形而上学知识"系统中更能把握到民族文化根本精神的特殊性、连续性、多维性发展逻辑。他明确:"一个民族的文化传统只能在其'形而上学'知识系统中求之"③。

这是因为,"形而上学"虽同样是对于"实在"进行"描述",所构成的知识系统。但其所运用语言概念乃是脱胎于特定文化的语言系统,其表达方式又受特定语言系统的书写与结构影响,其语言概念的内涵意义、思想呈现、价值取向也始终受到文化母体的历史经验影响。例如,在汉语哲学中,"帝"、"天"、"道"、"德"、"理"、"气"等概念,既指某种具体经验事物,又指向某种形

① 张耀南编选:《知识与文化——张东荪文化论著辑要》,中国广播电视出版社1995年版,第85页。
② 张东荪:《知识与文化》,岳麓书社2011年版,第89—90页。
③ 张东荪:《思想与社会》,辽宁教育出版社1998年版,第59页。

而上的超越性实体、本源性实在。而"太极"、"无极"、"阴"、"阳"、"乾"、"坤"等抽象概念,更是被专门用来表述某种特殊的实体或实在范畴①,从而提供一种特殊的思想传统与观念结构。

所以,"形而上学"往往借助本民族文化系统中蕴含神圣性、永恒性、价值性的"关键概念",其对象只是聚焦某种超越的"实在",其目的只是提供超越的认识观念,引起超越性的、价值性的"主观态度"。而"形而上学"之所以有如此功能,根本是它具有科学所不具备的"历史性"特征:与其他经验知识相比,"形而上学"更契合并彰显其文化母体的文明观、价值观、信仰观,更能承担起"历史上文化的使命",更有资格承载、彰显所在文化机体的"共同性"、"存续性"与"传统性"。这种特殊的知识所讨论的内容完全是"非实验的"("non-experimental")。

当然,张东荪在分辨哲学与科学时,也承认"哲学知识",依然要遵守逻辑,要具备怀疑的、批判的态度与分析的方法,认为哲学是"对于科学知识的批判学"②。但这种对科学的批判,却不是西方科学哲学的研究范式,而是一种基于文化传统、社会秩序、政治规范、人伦道德等标准,展开的价值评判、意义审视、人文规范。也正因为,"任何形而上学在本质上是有道德功用的","可以变更我们自己做人处世的态度"。所以,"形而上学"不是"解决宇宙真相之学",而不过"专为道德社会政治立一个超越的理论之根据而已"。也正因为,"形而上学"乃是一种人文精神的理论表达,是一种"文化方面的理想",所以,"其无所谓真乃只有好,换言之,即形而上学的知识系统上真就是好,愈好就是愈真。"③

---

① 从此意义上来说,他理解的"形而上学命题"应该不是"先天命题"。因为先天命题是我们不依赖于感觉经验而获得知识的命题。由于形而上学的历史性,它也不能是分析命题。而围绕核心本体概念构建的一套命题系统,虽然类似于综合命题,但这种综合却不是事实性的,而是衍生性的。

② 张东荪:《科学与哲学》,商务印书馆1999年版,第55页。

③ 转引自张耀南编选:《知识与文化——张东荪文化论著辑要》,中国广播电视出版社1995年版,第321页。

总之,张东荪实际设定了"文化→价值→知识"的特殊知识观,从文化去界定价值,继而从价值去衡定知识,这样必然导出"价值的多元化"与"知识的多元化"。而从"形而上学"的文化性、历史性、民族性,去论证其合法性,肯定"形而上学是人类认识中的一种具有特别性质与特别功用在文化上是一个不可缺少的东西"①,这种方式也是当时及之后诸多中国哲人回应"形而上学合法性"问题的共同选择。但严格来看,凸显"形而上学"所内蕴的文化观念传统与论证"形而上学"的知识性并无必然关联。且即便以知识的"多因素说"("multiple factors theory of knowledge")来引申知识的多维性,但"形而上学知识"的合法性危机却并未得以完全化解。

一方面,以汉语语言的表达方式、运用方式来论证汉语哲学的"形而上学"的概念命题"书写"的独有特点,尤其是揭示"形而上学"的概念、命题的内在逻辑结构、意义传达、思想延展的特殊性,虽准确揭示了哲学范畴本身的民族性、地方性、历史性特点。但是,张东荪维护的汉语哲学中的"本体"概念,在西方的批评者那里恰恰就是"形而上学命题"中的"主词"。后者认为,这些"主词"尽管归入"形而上学的语言",而表明自身内涵的特殊性,但描述这些"主词"的"谓词"却是经验语言,因此,"形而上学命题"完全不能提供超验知识。

另一方面,张东荪揭示"形而上学语言"传达的意义价值与所在语言、文化传统的内在关联,以论证其知识属性。但事实上,自西方席卷而来的"拒斥形而上学"运动,亦并不否认"形而上学"的此种功能。西方现代哲学家和语言学家在研究"形而上学"的概念、命题的本质特点时,也试图区分"日常的语言"与"形而上学的语言",并多认为"形而上学的语言"并不具有外在的客观实在对象,而只是一种特殊的情绪情感表述。而维也纳学派的核心人物石里克虽然否认"形而上学知识"的合法性,但仍将其视为哲学家对宇宙、对人生

---

① 张东荪:《思想与社会》,辽宁教育出版社1998年版,第5页。

的理解与体验,并承认"形而上学","在事实上也是一种充实我们内心生活与体验境界的方法"。①

此外,张东荪正确指出了"形而上学"与所在文化传统的内在关联,以及肯定"形而上学"在其文化系统中所应承担的使命、发挥的作用、具有的地位。但是,他将"形而上学"的本质视为"以修养为知识"或"知识与修养是一件事",仅以为"形而上学"所表示的,"只是'理想'……其讨论所得的答案亦止是给我们以情感的满足,以便调整文化而改变我们自己的态度。"②以此论证:"一切形而上学的学说在本质上就不是要证明的"③。这就将"形而上学知识"完全"精神化"、"价值化"、"实用化",在凸显其特殊性、合法性的同时,既遮蔽了"形而上学"论域同时所关涉的其他重大问题——存在问题、认识问题、方法问题、知识问题、理性问题、逻辑问题,也容易消解其本身所应该具有的理论性、客观性、一般性。并且,他自觉论证在客观与主观、事实与价值、知识与修养两维,科学与哲学各有所长。但对置身"知识时代"的中国哲学尤其是"中国形而上学",如何自我改造、转型,以内在对接、主动参与、进而积极争取主导科学文明,则尚未有专门的阐述。不过,作为现代视域中较早审视"科学"与"哲学"、"科学"与"形而上学"、"知识"与"价值"等重大课题的哲学家,张东荪的诸多思考与诸多观点,却成为之后中国哲学界论证中国哲学特殊性与合法性之滥觞,其尚未解决的诸多课题,也被之后学界加以进一步深化和推进。

第四节　"平面的知识"与"立体的知识"

20世纪中国哲人中,方东美的学术问题意识受"科玄论战"影响甚大。其

① 洪谦:《维也纳学派哲学》,商务印书馆1989年版,第115页。
② 张东荪:《知识与文化》,岳麓书社2011年版,第86页。
③ 张东荪:《知识与文化》,岳麓书社2011年版,第86页。

最早出版的《中国人生哲学》书中,对中国哲学的宇宙观、人生观、道德观的阐发就表现出以"人文主义"对治"科学主义"的致思立场。同年出版的《科学哲学与人生》一书,则专门以"科学"与"玄学"(形而上学)关系为核心主题。①而后期的诸多著作、演讲中,亦始终贯穿着"自然科学"与"生命哲学"、"科学主义"与"人文主义"的比较逻辑。可以说科哲比较研究直接决定了他的学思旨趣并贯穿其思想始终。

方东美在比较中,所阐发的哲学思想,本质上是他兼采古代哲学传统与西方狄尔泰、柏格森代表的生命哲学,而创发的"生命形而上学"。事实上,他也正是基于"生命形而上学"的核心原理,全面回答了科学与哲学比较中的诸多课题,并表达了"一体多元知识观"的基本立场。

首先,"生命本体论"是其"一体多元知识观"的本体基础。此"生命"本体,是对宇宙发展变化的形上认定,是对宇宙生化进程的整体性描述和界定。因而其既是哲学宇宙的终极基础和终极本质,亦是宇宙万有的生化载体与创造本源,更是宇宙、人生终极的真、善、美的价值层级的顶点。方东美肯定人继承宇宙生命的创造力,是宇宙生命创造的具体化身。由此,人既能把握宇宙万物存在的"相联互摄的结构",又能成为"顺成创造之德"、"参赞化育"的创造者②。自然,也是一切认识与一切知识的创造主体。

其次,"机体的宇宙观"为"一体多元知识观"提供了对象存在。方东美将"泛生论"、"泛神论"与"机体主义"的哲学结合起来,将宇宙视为一个生命遍现万有,万物旁通统贯的"机体宇宙"③。因此,现实宇宙既不是"抽象的机械

---

① 在是书中,方东美曾区分"物质科学"与"生物科学"分别论述,而其对后者的理解,一方面是对生命"物质属性"的研究,类似于现在的"精神科学";另一方面是专注生命现象、生命创造、生命情趣的"生命哲学"(以柏格森、尼采、易卜生、萧伯纳为代表),而此种意义上的"生物科学",可"表彰宇宙万类的价值的差别",实际就是他自己致力阐发的"中国的生命哲学"。因此,之后他比较科学与哲学(玄学)时,均是以"物质科学"为核心,而极少提及"精神科学"。

② 方东美:《生生之德》,中华书局2013年版,第293页。

③ 方东美:《生生之德》,中华书局2013年版,第280页。

系统"或物质生灭的"贫乏的系统",也不是支离破碎的生命现象的集合,而是万物彼此联系、相互感通的"完整立体式之统一结构"。而人们对此"机体宇宙"的相互关联、相融互摄的存在层次与结构关联的认识,因为视角不同、对象不同、能力不同、目的不同,自然也表现为不同的认识系统与知识结构。

再次,"价值融贯论"为"一体多元知识观"确立了价值原则。在"生命形而上学"中,"机体宇宙"既是"事实认识"的对象,同时也是"价值认识"的对象。若仅是甄定万有关系,进而确立宇宙本然结构,就是"事实认识",他也称之为"境的认识"。若从"价值判断"去理解的"超化之世界",以建立"深具价值意蕴之目的论系统",则是"价值认识",他称之为"情的蕴发"。而哲学家的使命,就是对此两类知识做出一个"价值学上的统会"。

具体表现在,方东美在对科学与哲学的比较研究中,始终将人的精神能力视为一切认识与知识的创造本体。而"生命性能"本具的"知识理性"、"道德理性"、"价值理性"、"审美理性"、"超越理性",正是不同知识得以创造的先验基础。他也从"宇宙观"视角,将"科学宇宙观"视为囿于事实、经验之维的,依托物质、假设、数理、概念、机械所构成的"物格化的宇宙观"、"平面的宇宙观"。"哲学宇宙观"则基于生命主体的精神取向、生存实践、价值诉求的多样性,展现为"机体的宇宙观"、"层叠的宇宙观"。也正是基于"层叠的宇宙观"中的物质与精神、事实与价值、客观与主观等不同层级的对象,人创造了"科学知识"、"技术知识"、"道德知识"、"价值知识"、"信仰知识"、"超越知识"等知识系统。这些知识系统本身是"有阶段的、有层次的、有程度的"[1],因而整体上构成了"立体的"知识系统。其中,科学是"平面的知识",而哲学则是"立体的知识"。

在比较科学与哲学的过程中,对于科学"平面的知识",方东美着重从"一层同分"的思维方式切入,既揭示科学知识乃"枝枝节节的片面见解",又始终

---

[1] 方东美:《方东美先生演讲集》,中华书局 2013 年版,第 79 页。

将其归为"事实的知识"。对于哲学"立体的知识"（他也称"高度的知识"），他侧重从"双层异分"的思维方式切入，论证哲学是"价值的知识"、"整体的知识"（他也称"全体的知识"）。如他说，中国哲学视域下的知识，"不是讲 one-sided knowledge（单面向的知识），partial knowledge（局部的知识），而是要讲 exhaustive knowledge（彻底穷究的学问）。在方法上并不是 partial analysis，superficial analysis，而是 penetrative analysis，exhaustive analysis。"[①]

可见，在"科学知识"与"哲学知识"的比较中，熊十力是将"知识理性"与"哲学智慧"相区分，冯友兰和金岳霖是以"知识理性"规范哲学与科学，张东荪论证"知识理性"与"价值理性"二者之别，而方东美以"生命形而上学"化解哲学与科学时，则主张：在知识范围上，哲学知识可涵纳科学知识，在知识价值上，哲学知识高于科学知识。

一、科学的"一层同分"与"平面的知识"

（一）科学知识的主要特点

方东美并不吝啬对科学知识、科学技术的赞美之词。科学源于远古神话系统，是对宇宙万物的认识与反思之成果。科学借助"理性的知识"、"真理的系统"，帮助人类利用自然、改造自然、征服自然，提供生存的便利。甚至科学还能"使我们领悟宇宙人生的玄机"，其关于空间、时间的新理论和新解释，使得人们的思想认识"从希腊形体有限的宇宙中解放到意味无穷的宇宙里"。因此，"科学是世界形态的改造者，人生价值的护持者"。

但他反对中国哲学转型为"科学哲学"，更反对科学取代哲学。前者根本是一种"经验的学说"、"事实的解释"，失去了作为探究宇宙多维存在、超越本质的形上学品格，本质上也变成了"科学的附庸"。后者则根本不能满足人们对丰富的情感现象、多样的价值取向、超越的人生理想、多维的精神境界的理

---

① 方东美：《方东美先生演讲集》，中华书局2013年版，第49页。

论探讨与思想需求,造成人类精神生命的"单维化"、"平面化"。

　　为此,他在为学之初,就高度关注并讨论了科学(主要是自然科学,笔者注)的对象、方法、语言、结构、形态、作用、实质等重要问题。在《科学哲学与人生》书中,他明确:"科学之要义在本精密的观察,证验,审计,从缤纷的事象里寻出一条整洁的理路与线索。"①而此"事象",既可指有限空间的形象实物,又可指无穷空间的抽象系统,既包括物质的静止状态,又包括事物的运动状态。在研究事实对象的过程中,科学家使用"详密的归纳"、"审慎的演绎"、"抽象的数学"等方法②,从缤纷的物变、繁赜的事实里归纳出一些"简约的原则"、"系统的关系"、"知识的原理",进而又通过"印证事实"、"即物穷理",以验证此类原则的合理性、精确性、完整性。由此最终创造出描述自然界万事万物的事实结构、相互关系、运动规律的科学知识系统。

　　之后,他又认为,科学"以发现自然界之数理和谐性为理想,以观察、实验、分析及数理的推证为方法,以完成精密的定律系统,藉以说明宇宙之秩序为归宿"③。尤其是他着重探讨了构成科学知识系统与科学原理中"完整的结构"和"思想的体制"的诸多"基本的概念"。这些基本概念,源于科学家将散漫凌乱与互不干涉的"事实对象"归为存在上的"种"、"类",每一个基本概念就是一个科学原理中的"共名",即"类的概念"。这些概念,将复杂繁多的事实万象纳入一个"类关系"之下,或纳入普遍定律的范围之中。④ 而科学家正是借助这些基本概念,通过严密的证明步骤和逻辑推导,建立起普遍有效的科学原理。

　　而在早期《哲学三慧》中,他又专门罗列科学系统的主要特点,可概括如下:

---

① 方东美:《科学哲学与人生》,商务印书馆 1937 年版,第 142 页。
② 方东美:《科学哲学与人生》,商务印书馆 1937 年版,第 145—149 页。
③ 方东美:《生生之德》,中华书局 2013 年版,第 66 页。
④ 方东美:《生生之德》,中华书局 2013 年版,第 97—100 页。

1.科学的发展,大体上均以特殊事实为凭借,逐渐推广引申,形成"概念的系统"、"定律的系统",以解释更广泛更复杂的对象。所以,科学家总是以事实为前提,来证明普遍的结论。

2.科学系统是依照"抽象法"、"分析法"、"归纳法"构成的。科学对丰富的事实"舍异取同",以归纳成一类,从而形成一类事物,进而进行一连串的逻辑推证,在此基础上将"概念逻辑"、"关系逻辑"概念转化为原理与定律。所以,只要事实不间断,方法程序不错乱,逻辑关系不间断,便可获得相应的科学知识。但此方法的困难之处有三点:(1)每一个"类"仅代表分析的或抽象的统一。(2)如把每一"类"化为"概念的系统",此系统与它凭借事实相比必然造成内容的"贫乏"与信息的"失真"。科学向"简括的方向"发展到极致,也就使得"思想的构造"与"事实的构造"在成分上不能——相应。(3)科学系统的每一类知识都是抽象的产物。不同知识类型也各成系统,彼此之间只有绝对的差别内容,而无共同点。

3.在科学系统的建立过程中,"概念的系统"只能代表初步的认识,在此基础上将概念化为定律,方能发现新的"关系逻辑"以替代"概念逻辑"。相比后者的"抽象作用"造成的"贫乏"和"失真",前者的基础为具体作用,其要点是"即异以观同",所以可趋于"丰富"和"存真"。所以科学必须建立"定律系统",才能有效解释事实世界。

4.科学系统以事实为前提,依"逻辑直线型的推证",可展开许多逻辑层级,每一层级可用一种逻辑语言予以说明。第一层的语言可称为"实事实物的语言",第二层为"概念的语言",第三层为"定律的语言"。而"定律的语言"又可分为更多层级,且每一层所提供的"差别真理"只具有相对性而无绝对性。①

另外,在他处,他还讨论了科学自身的局限性:(1)科学"依外倾的态度",

---

① 方东美:《哲学三慧》,(台北)三民书局 1979 年版,第 27—35 页。

专注于对宇宙万物与精神现象提供事实判断,因而"忘却心源",而忽视了生命本心在科学创造中的本体地位。故"常舍弃第一原理而阐发第二原理"①。(2)科学研究是基于"零散的现象"和"具体的对象",因而随时需要"修正"或"变换",甚至"暴露破绽",因而科学真理只能是"经验真理"、"相对真理"②。并且,借助分门别类的相对原理,也不能真正实现"各种科学之会通"。(3)科学不知"反省"自身何以能创造"科学原理",以及"科学原理"得以成立的理论基础。无法解释"求简律"、"齐同律"或"持续律",尤其是"归纳律"。而"归纳原则"以及"因果关系"是否可能,恰恰是"形而上学"的"根本假定"。(4)"科学集中力量作事实构造之探讨而抹煞价值之估定",受制于"事实判断"的科学知识,自然也不能承担"综览各种境界萃集而成宇宙之大全的重要任务,不能满足生命精神的超越追求与价值旨趣。"③(5)科学借助"数理和谐性"、"严密的关系与整洁的系统"描绘"科学世界的广大秩序"④。但其数学原理与知识体系却存在"偏重抽象,遗弃具体的错误"。

(二)"一层同分"与"平面的知识"

在他看来,科学之所以有如上弊端,根本是受制于事实对象这种"平面的"、"一维的"思维方式,将一切存在都置于事实与数理的"平面组织"之中。所以,科学知识归根结底,都只是"把宇宙中所有现象都一律拉平,然后展布在空间形构上,使之成为平等的数量属性。"⑤而既然科学完全局限于事实之维,也就无法满足人生在世所展开的多样多维的实践需求与精神诉求,尤其无法回答人生的多样价值、生命理想、超越信仰等问题。所以,科学主义者们认为科学是具体的、进步的、批评的、有实利的,哲学是抽象的、板滞的、武断的、

---

① 方东美:《生生之德》,中华书局 2013 年版,第 181 页。
② 方东美:《哲学三慧》,(台北)三民书局 1979 年版,第 48—49 页。
③ 方东美:《生生之德》,中华书局 2013 年版,第 181 页。
④ 方东美:《生生之德》,中华书局 2013 年版,第 156 页。
⑤ 方东美:《生生之德》,中华书局 2013 年版,第 183 页。

不切人生的,甚至将哲学视为"繁琐的谵语"、"空疏的诡辩",是严重误解了哲学。方东美则强调,(1)科学不尽是具体的,哲学不全属抽象的;(2)科学的进步由冲突中挣扎出来的,哲学不是循环无已的私见;(3)科学或失之武断,哲学常重视批评;(4)真确的知识都有实践性,科学如此,哲学亦如此①。

为了论证科学知识与哲学知识的不同,他明确将科学视为"一层同分"认识产物,进而通过与哲学"双层异分"比较,来突出科学知识的内在本质。简言之:

1.科学是"一层同分"的思想体系,"一层",即是指科学"直接针对自然客境",哲学是"双层异分"的思想体系,所谓"双层",是哲学"就科学取象自然所已有成就的思想再度推敲其意蕴"。因此,科学知识是"单质的"、"单相的",哲学思想是"多质的"、"多相的"。

2.科学主要确立"客观的知识系统",而哲学则寻求此系统之上的根源,哲学"在人类心性上追求科学所由产生之理性作用的根源"。

3.科学是分学科的知识,主要成果是"构画各种自然现象的细密结构",研究的是"专门的知识",而哲学"从一开始,就是以广大和谐的原则来玄览一致性",追求的是"全体的知识"。

4.科学将宇宙各境安置在"逻辑平面上",只是进行事实的研究,是"价值学的中立"。哲学则"认宇宙为层叠的构造,所以划分境界之后,则须鉴别各层价值,以求上达于最高的价值理想"。

将科学视为"一层同分"的"平面的知识",始终是方东美讨论科学与哲学关系的基本观点。之后,他又用"平面心理学"来把握近代科学思维、科学观念的本质。也即是,在实证科学的影响下,西方人的心理活动和认识方式呈现一种分析思维。精神活动在科学视域中,被分为感觉、理性、情感、意志等要素,这些要素每一样都可能被还原为心理活动意义上的"心灵原子"。这样,

---

① 方东美:《科学哲学与人生》,商务印书馆 1937 年版,第3—14 页。

"一切精神事象皆被一览无遗,而毫无神秘可言。"而与此相对,中国哲学则秉持"高度的心理学",既认识现实世界与事实世界,又关注精神世界与价值世界,赋予精神生命活动具有"玄之又玄的奥秘",反对"把人的静态本性陈列在理智的平面上",而是根据思辨理性的观照,去"领会真实人性,了解创造的生命动力,以及透视文化层次的升进"①。

二、哲学的"双层异分"与"立体的知识"

将哲学思维的特点释为"双层异分"与"高度的心理学",取决于方东美对哲学本身的理解。也即是,他认为哲学的核心就是"形而上学",并始终将"形而上学"视为哲学的专属论域:"形而上学者,究极之本体论也,探讨有关实有、存在、生命、价值等,而可全部或部分为人类领悟力所及者,且其说不一,容有种种殊异之诠释。"②而"形而上学"的主要表现,又是专门探讨宇宙万有得以存在根源之终极学问——"本体论",因此,"本体就是哲学上面第一所要讨论的根本问题。"③因此,与科学相比较的哲学,并不是"Metaphysics",而是"中国形而上学"。

他认为,正是不同的"形而上学",尤其是"本体论"及"宇宙论",才决定了不同的知识系统与知识形态的出现。科学之所以被称为"一层同分",是科学家只将"事实世界"作为研究对象。哲学之所以被称为"双层异分",是哲学家将"事实世界"与"价值世界"统合观之。而"双层异分",按他的话就是"境"、"情"二分。"境"指"宇宙理境",就是人置身于其中的宇宙。"情"非普通所说的情感,而是"哲学化的意境"。

科学与哲学同样认识"宇宙客境",但科学仅能认识此"境"中的诸多事物现象,而哲学则是探讨此"境"背后的终极本体与终极本质。同时,科学仅提供对

---

① 方东美:《生生之德》,商务印书馆 2013 年版,第 291 页。
② 方东美:《中国哲学之精神及其发展》上册,孙智燊译,中华书局 2012 年版,第 20 页。
③ 方东美:《华严宗哲学》上册,(台北)黎明文化事业股份有限公司 1998 年版,第 402 页。

事物现象具体理则的事实性判断,而哲学不但是创造"归纳原则"的"第一义谛",是"征验其他一切后得知识之真理价值"的最高标准。还可提供涉及"善恶"、"美丑"、"对错"等问题的"价值判断"、"意义判断"、"道德判断"、"审美判断"①。所以,哲学既可以提供事实维度的知识,又可以提供价值维度知识。

方东美之所以创发哲学的"双层异分",根本是为了"重新确立知识的定义",以为多样知识提供"形而上学"的理论支撑。而之所以哲学肯定多样知识的合法性,当然是出于对于文化知识创造本源的"生命本体"的理解。他强调知识"不仅起于感觉,也是生于直观"②。这是因为,创造知识的"生命性能",不仅包括"感性"、"悟性"、"理性",还包括"情感"、"意欲"与"知能"。甚至在他看来,能否把"心灵直竖起来",由感性上达悟性,由悟性上达理性,将其与"意欲"、"情感"、"直观"配合,创建出"道德世界""信仰世界"、"艺术世界"、"审美世界",进而创造"立体的知识",是体现生命精神的心性能力和生命境界的重要标志。

为此,他主张:"我们要运用人类的一切智慧去发展精神科学、文化科学、道德科学,不能光发展物质科学。物质科学的知识只是人对'认识自然'的一种智慧表现,一种最基本的知识;我们尚有中级知识,高级知识等待寻求。"③直至晚年,他在《新儒家十八讲》中也依然主张应拓展"学术的范围",汇集各种知识:"所谓一切自然科学、民俗学,乃至于道德、艺术、文学、诗歌、音乐等。整体贯串起来,表现在人的实际生活领域中,它们是一个立体的结构。在这个立体结构中,可以分成若干平面的部分,若干系统,但绝不是各自孤立的,而是有许多不同的层次,迭相应行而形成许多不同的境界,此等境界上下流通而无碍。"④

---

① 同样持"人文主义"立场的唐君毅,也明确强调,理想的人文世界,既包括科学实际,又包括"审美中之艺术世界"、"信仰中之宗教世界"、"修养中之道德世界"等。(参见唐君毅:《人文精神之重建》,九州出版社 2016 年版,第 32—43 页)

② 方东美:《生生之德》,中华书局 2013 年版,第 193 页。

③ 方东美:《方东美演讲集》,中华书局 2013 年版,第 185 页。

④ 方东美:《新儒家哲学十八讲》,(台北)黎明文化事业股份有限公司 1983 年版,第 43 页。

方东美强调,相比科学"一层同分"的认识方式,哲学基于"双层异分"认识宇宙人生,因而"哲学知识"与"科学知识"相比,具有后者无法替代的诸多特点与作用:

1.相比科学的"一层同分"的系统,哲学是"就科学取象自然所已有成就的思想再度推敲其意蕴"的"双层异分"的系统。因此,科学知识是"单质的"、"单相的",哲学思想是"多质的"、"多相的"。

2.针对科学已有成就,再进一步予以穷根究底之探讨,探讨"科学知识所由成立之现实条件,再集中心智为之确立间架,俾在结构原理上能融会贯通",因而是"批评的知识"。

3.相比科学建立的客观事实的"平面知识",哲学"在人类心性上追求科学所由产生之理性作用的根源",进而回答一切知识与文化的根源,因而是"反省的自觉的知识"。

4.科学主要成果是"构画各种自然现象的细密结构",研究的是"专门的知识"、"局部的知识",哲学"玄览宇宙的大全,须经历各个分殊的境界而后综揽适合各个境界的局部知识以求其会通",所以又是"全体的知识"或"整体的知识"。

5.科学只是对宇宙存在进行事实的研究,是伦理学的中立(ethical neutrality)"价值学的中立"(axiological neutrality)[1]。哲学则"认宇宙为层叠的构造,所以划分境界之后,则须鉴别各层价值,以求上达于最高的价值理想"[2],因而又可谓"超越的知识"。

此外,哲学除了解释宇宙万物的事实现象,同时还可进一步探讨宇宙的本源基础、本然结构、超越原则、逻辑进程、终极真理,因而是本质的、整全的、普

---

[1] 方东美:《生生之德》,中华书局2013年版,第181页。

[2] 现代新儒家阵营同样认为科学知识无法触及价值维度。牟宗三、唐君毅均强调价值本身非科学研究的对象,也批评"科学一层论造成价值世界之荒芜,亦造成价值意识之薄弱。"[牟宗三:《人文讲习录》,见《牟宗三先生全集》第28卷,(台北)联经出版事业股份有限公司2003年版,第180页]

遍的、永恒的知识。并且,正因这种德性的、伦理的、超越的认识方式,哲学展现的"立体的知识"又是一种"价值的知识"。也即是,哲学家将宇宙视为物质与精神有机融合的"生生不息的开放世界",认识到其中"充满了道德性和艺术性",并从宇宙的"大化流衍"中获得"广大和谐之道"。基于此,哲学可以通过讨论善恶等道德问题、美丑等审美问题,以及意义、理想、信仰等价值问题,满足生命精神的丰富指向与多样需求,提供与"科学真理"不同的"宇宙中最高真相与知识上的究竟真理"。

由此,哲学的研究论域实际囊括了"层叠宇宙——生命性能——多元知识——价值层级"在内的复杂对象。方东美将此称为包括物质世界、价值世界、道德世界、宗教世界在内的"人与世界的关联性的结构"。相较之下,"一层同分"科学显然不能对此有认识与反省的能力。在他看来,科学对于宇宙,仅有"事实秩序的信仰",对于人生,则没有"价值秩序的信仰",即对于社会价值体系之得失评价,只能保持"中立"。而具有丰富情感与理性能力的人,借助科学知识虽可满足种种物质欲望和生活的便利,但之后却不可避免地走向人生意义、宇宙本质、善恶道德、意义价值的思考追问。而哲学尤其是"形而上学",恰恰是以超越流变、生灭之普遍的、必然的、实在的"形而上者"为对象的特殊知识,其不但能揭示出"宇宙真实存在常是负荷着真美善的价值",且能按照"境情兼综"、"情理交融"的原则,审视评价一切存在、一切知识,"衡论生命的径向,以树立价值的标准"①。

因而,无论是在知识对象、知识结构、知识范围、知识属性、知识作用方面,哲学知识与科学知识均不尽相同。但同时,方东美又认为,"哲学知识"既是"科学知识"的"逻辑基础"与"理论前提",又是评判审视"科学知识"的价值原则。由此,他实际确立了"一体多元知识价值观"的立场。此"一体"即是创造各种知识的"生命本体","多元"是从类型上肯定各种知识的独立性与合法

---

① 方东美:《科学哲学与人生》,商务印书馆1937年版,第195页。

性。但同时,他基于"生命哲学"探讨的知识类型与进行的知识比较,根本是为了建构一种普适性的人文主义的价值原则与价值标准,以化解多元知识的冲突。

总之,西方文化中,创建"生命哲学"的狄尔泰等人就明确将"自然科学"归为"事实知识"。"科玄论战"之前来华演讲的"新实在论"哲学代表人物罗素,也明确认为"全部价值问题"是科学无法解决的。同样,论战之前,章太炎、梁启超等人均强调科学就是"事实知识",与道德无关。"科玄论战"之所以争论不休,核心问题也是科学与价值的关系。方东美在哲学与科学的详尽比较中,也将(自然)科学知识视为"事实知识",将(生命)哲学知识视为统合事实与价值的特殊知识,甚至径直将哲学知识等同于"价值知识"。

结合当时中国思想界对哲学合法性问题的讨论,方东美之所以始终强调"集中于人类精神工作意义的探讨,文化创造之价值的评判"①是"生命哲学"的专属职能,主要目的正是论证"中国哲学"的合法性、必要性。尤其是,他还从"生物科学"尤其是"精神科学"去理解"生命哲学",进而以"生命哲学"解释"中国哲学",这无疑是赋予后者以科学性、知识性、时代性的品格。当然,其对"哲学知识"尤其是"形而上学知识"的论证,也存在过度生命化、境界化甚至宗教化的问题。因为,规避其存在的问题,合理吸收其"人文主义"、"道德主义"、"理想主义"的优秀资源,将其运用到现实社会的人生观、知识观、价值观、道德观、实践观的动态建构中,方能真正确保"哲学情理"与"科学事理"的有机结合,真正实现"科哲合作,理情交得,然后人类思想与文化乃臻上乘"②的高远目标。

---

① 方东美:《科学哲学与人生》,商务印书馆 1937 年版,第 9 页。
② 方东美:《科学哲学与人生》,商务印书馆 1937 年版,第 1 页。

第五节 "知识之知"与"德性之知"

为回应实证主义者、实用主义者、科学主义者拒斥哲学之主张,唐君毅深入思考科学与哲学、科学与儒学之关系。他发现中国古代哲人极少讨论知识分类的问题。而古希腊的亚里士多德即便区分了"理论之学"(包括自然哲学、数学及"第一哲学")、"实用之学"、"创造之学",但在他那里,作为"第一哲学"的"形而上学"与科学均属于"理论之学",二者也并不冲突。

只是近代科学昌盛且独立,方引发哲学的危机。而随着"分科治学"观念深入人心,"知识之分类"亦备受关注,围绕哲学是否是知识的问题①,产生诸多讨论。而中国的"新文化运动"前后,受西学影响,科学主义、实用主义实证主义等思潮兴起,将哲学尤其是"形而上学"驱逐出现代知识系统的主张也蔚然成风。

为回应哲学知识合法性问题,唐君毅持"广义的知识观"、"多元知识观",他形象地将人类创造之知识喻为一张大网。"在此知识世界中,任何一事物,皆可喻如网中之一结,而任何一道理或关系,均可喻如贯通结与结之线。"从不同的视角与维度审视对象,即可获得不同的知识信息,因而知识既是多样性的又具有关联性,并无一种知识卓然独立,纯粹完善。他所界定的知识,是指各种"真的判断或命题,及由之而推演出之判断或命题,或此诸判断命题之结集。"②显然,以此为标准,科学与"形而上学"均各自建构了概念命题之系统,均可以"证实"原则对其"义理"、"真理"加以评判,因而都可称为知识。

---

① 在20世纪汉语哲学的语境中,知识概念乃是基于不同立场所设定的一个多维内涵复合体。在专门讨论"中国哲学知识合法性"论域中,其主要有广义与狭义之别。此处为避免混淆,以知识为广义的概念,是包括哲学、历史、文学、科学、艺术等在内的知识系统。以"知识"作为两类狭义概念,一是为科学家,甚至某些哲学家、思想家所钟情的"分科治学"前提下的科学知识系统;二是被部分中国哲学家所捍卫的"哲学知识"、"形而上学知识"。

② 唐君毅:《道德自我之建立》,九州出版社2016年版,第2页。

但同时,这种基于概念命题的"形式一般性",对哲学的"知识属性"以及"证实原则"的肯定,却并不会遮蔽"科学知识"与"哲学知识"之间的重大差异。按照他将"知"分为"亲知"和"知识之知"两类的观点,"亲知"乃是中国哲学尤其儒家哲学通过自识"本心"良知,所确证的关于宇宙、万物、人生终极规范的价值真理。而"知识之知",是借助概念与语言做媒介,"向外观看所得,进而思虑反省其共同性相、关系性、或寻求其内在之本质、前因后果、体用"①,其构成的概念知识必须经过外在经验对象的检验或验证。因此,他将前者视为知、情、意三者浑然一体的,以"应然"为准则的道德原则、价值真理的"德性之知"。后者则是通过对经验加以抽象、分析、综合,以形成的可被不断重复检验的科学真理的"知识之知"。

一、广义的知识观

唐君毅在思想早期即以更广义的"文化世界"、"人文世界",来规范"知识学术"的定义。他将人文领域的"知识学术"分两种:"一为纯理论性的,一为兼实用性的。前者通称理论的知识,理论的学术。后者通称应用的知识,应用的学术。前者以知'是何'与'因何'(What Why)之真理,为直接之目的。后者兼以知如何(How)之真理,为直接之目的。"②前者知识系统,包括了研究抽象普遍之形数关系的数学、几何学。研究自然界物质现象、生命现象、心灵现象的普遍之理的物理学、生理学、心理学。研究自然界某类存在事物之理的天文学、矿物学、生物学、人类学、人种学、地质学、地理学。在这些知识基础上发展起来的应用科学,则是如工业科学、农业科学、医学、体育卫生学等。

此外,理论科学中,还包括研究"社会之如何组织变迁,社会之经济、政治、法律等现象之理为目的"的各种"社会科学"。还有研究求真求善求美及研究宇宙人生知识的根本原理的知识,如"论理学"("逻辑学",笔者注)、"伦

---

① 唐君毅:《中国哲学原论·原性篇》,九州出版社 2016 年版,第 419 页。
② 唐君毅:《心物与人生》,九州出版社 2016 年版,第 175—176 页。

理学"、"美学"、"形而上学"、"人生哲学"、"知识论"等哲学知识,历史知识。他强调,哲学与历史学"只应用于求人类社会文化,或精神文化之自身之进步,而非应用于自然之改造,故可通称为人文学科。"①显然,在唐君毅看来,"形而上学"自"纯理论性"上看,与数学、物理、化学并无实质不同。

在之后的《哲学概论》中,他专辟一章"知识之分类",讨论此问题时,他区分了"语言文字之知识"、"历史及地理之知识"、"各类事物之原理定律知识"、"数学、几何学、逻辑等纯形式科学之知识"、"应用科学之知识"、"哲学知识"。其基本观点是"尽可自知识范围中看哲学,而以哲学为人之知识之一种"。理由是,哲学亦有"能知所知之别",吾人的"哲学心灵"可对"知识之性质"、"知识之分类"等加以思考,对知识本身有种种是非的认识。尤其哲学历来以"知识论"为论域之一,作为"对知识之知识",其显然可自证自身为知识。

此外,针对"科学知识一元论",唐君毅还提醒说,科学的态度,只是一种"以人的理智,运用概念符号,依规则加以构造推演,以面对经验的对象事物,从而说出其普遍性相,一般律则或共同之理,以预测对象事物之未来,以便加以控制之态度。"②除此之外,人对宇宙社会的理解,尚有"艺术文学态度"、"历史态度"、"哲学态度"、"宗教态度"、"实践态度"等。所以,"科学只是人的学问中之一种","科学只为人文世界之一领域;科学家之人格亦只为人格世界中之一员。"③

如果说,上述知识观,仅是基于某种一般性的判定标准,而对广义上的、多元的知识系统的"实然"肯定,那么在触及到"科学知识"与"哲学知识"尤其是"形而上学知识"的具体关系时,唐君毅就表现出了鲜明的儒家立场——基于道德优位性、价值优先性,重新设定一种"科学时代"的新的儒家知识观:以"知识"与"智慧"的框架,处理"科学知识"与"哲学智慧"的关系。

---

① 唐君毅:《心物与人生》,九州出版社2016年版,第176页。
② 唐君毅:《中华人文与当今世界》上册,九州出版社2016年版,第60页。
③ 唐君毅:《中华人文与当今世界》上册,九州出版社2016年版,第64页。

不过,在唐君毅那里,"智识之辨"这个重大的哲学课题并不是表现为一种哲学家对哲学"知识属性"的"信念式"、"自得式"的武断,这不仅在于做出此种判断,本就反向凸显出哲学家置身"科学时代"而无奈退守与自保之尴尬,还在于此种简单的"理论性"的论证,并没有在积极的意义上肯定中国哲学尤其是儒学的现代作用。对于服膺儒学的唐君毅而言,探讨、确定知识的定义与标准,显然并非儒学第一要义。对他来说,在儒学与科学间建立一种哲学的关联,尤其是发挥儒家擅长的"道德的形而上学",以为"新文明世代"提供儒家智慧,才是核心任务。

而任何基于"道德的形而上学"的阐释都必然触及"形而上学的合法性"、"形而上学的意义"等重大课题。为此,唐君毅曾专门深入梳理了哲学史中"形而上学与知识"的关系问题。

首先,他聚焦西方哲学的"Metaphysics",并详尽罗列了其研究的主要问题:

1. 对各类存在事物之普遍的认知态度的决定问题。如直观之态度,及以概念规定事物之态度,只看现象之态度,及探求现象之后之本质与实体之态度。此即引起现象与本质及实体之形上学问题者。

2. 各类存在事物之普遍的性质之问题。如物质性、生命性、心灵性、精神性之问题。

3. 各类存在事物之普遍的范畴之问题。如有无、变化、数量等问题。

4. 每一个体存在事物之个体性之原理问题。吾人说每一个体存在事物为具个体性,然此个体性本身,则为一切个体事物所具,故其本身亦为一普遍者或普遍概念。

5. 存在之个体事物为多,是否可通为一,即一元多元之问题,或一本万殊之问题。

6. 各存在事物所共在之时空之问题。

7. 各类存在事物或各种普遍的性质,如何关联之问题。如物质性事物、生命性事物及心灵性事物之如何关联;人之物质性、生命性的身体,与其心灵性之如何关联之问题。

8. 存在事物之变化与不变或常,及动与静之问题。

9. 存在事物于变化中,恒显出种种自由变化之可能,则事物之可能与其现实如何关联,成一问题。此变化乃由后面之原因决定,或由一前面之目的决定,或由存在事物自由决定者? 亦为一问题。

10. 存在事物所表现之性质、范畴,所共在之时空本身,是否亦为一存在,或为一种实在之问题。

11. 宇宙中各存在事物之变化中之秩序与方向之问题。如直进之秩序,或循环之秩序,连续之秩序,或不连续之秩序,保存与创造之秩序,封闭的系统与开放的系统中之秩序等。

12. 人之理想中所欲实现之价值,在宇宙之地位之问题。

13. 宇宙有无一最高之主宰或神之问题。

14. 宇宙之最后的真实为何,与最后之归宿为何之问题。

15. 人在宇宙之究竟地位如何,及人之不朽之问题。[1]

他认为,"Metaphysics"虽然研究的问题非常复杂,但在西方古代哲学史中,却历来被视为一种特殊的知识。只是进入 18 世纪以来,经验论、怀疑论、实证论等思潮兴起,以经验证实为原则对"知识"与"非知识"的划分标准,使得"形而上学知识"之合法性、有效性,成为聚讼不断的焦点。尤其在休谟(David Hume)、康德以后,西方哲学界开始将"形而上学"与"经验知识"、"科学知识"对立起来,甚至在众多哲人那里,形而上学完全失去"知识"的定位。

这种困境,实际源于亚里士多德对"Metaphysics"作为"第一科学"、"科学的科学"的界定,以及古代西方哲人从"Knowledge"去界定"Metaphysics"的观念立场。而随着近代科学即"Science"兴盛,"Metaphysics"是否有资格与科学

---

① 唐君毅:《哲学概论》下册,中国社会科学出版社 2005 年版,第 453—454 页。

争夺"Knowledge"之资格,则引起了立场的分化。他细致梳理了西方哲学史中关于此问题的代表观点:

1.受亚里士多德知识分类观影响,直至休谟、康德以前的哲学家,均肯定形而上学是一种知识。其理由是:研究一类事物之理的科学,可称为知识,那么研究一切类事物之共同普遍之理的形而上学,也应称为知识。

2.休谟及逻辑经验论者只承认数学逻辑及经验科学两种知识,而通过否认"形而上学命题"而否认形而上学的"知识价值"。

3.康德认为人依"纯粹理性"必然建立形而上学,但其虽有"训练理性"之价值,以及可助力"实践理性"建立道德形而上学,但其却不能称为知识。

4.康德后学以及费希特、谢林、黑格尔认为形而上学非一般的知识,而对超越科学知识的对象,如终极实在进行讨论的更高一级的知识或绝对知识。

5.柏格森以直觉透视形上实在,因而认为形而上学乃是"非理智的知识","生活上之学"①。

通过审视上述五种代表性观点,进而与东方哲学的代表——印度哲学与中国哲学相比较,他发现,在后者那里,"形而上学"是否是"知识"("knowledge"),历来不会成为问题。究其因,是东方哲学从来不以探索经验规律、科学原理的经验知识"为人生中最有价值之事物"。

并且,即便要讨论"形而上学"是否可称为知识,也不应以"科学知识"为唯一标准,而应在一般知识范式前提下,考量此学的内在实质。在他看来,"就形上学之会悟,可表于语言文字者言,皆可称之为知识。而自此会悟之本身,依于行为上修养或生活上体证,乃引导人至一精神境界或一种生活行为之方式言,即应非知识而为超知识者。如在中国,于知道之知,其可表之于语言文字者,即为可属于知识者。而由知道而体道、证道、行道、则应为超知识者。"②按其所说,若"在知识中看哲学",即从一般知识的形式言,"形而上学"

---

① 唐君毅:《哲学概论》下册,中国社会科学出版社 2005 年版,第 446—448 页。
② 唐君毅:《哲学概论》下册,中国社会科学出版社 2005 年版,第 448 页。

即为知识;如"从知识外看哲学",即从科学与哲学的研究对象的区别而言,"形而上学"即不为知识。

显然,在唐君毅看来,处理科学与哲学的冲突,首先要界定知识概念本身的一般性与特殊性,确立评判的标准、原则与方法。为此,他从三个方面加以论证:

第一,肯定"形而上学"是知识,乃是从一般性的知识观念而言的。"形而上学"的研究对象虽与科学不同,且围绕"一切类之事物之共同普遍之理"的认识、思考与研究各持其说。但每一种"形而上学"的思想体系,均有明确的对象、方法,均经过理性之论证、系统的建构。因而在不能根本否认此"共同普遍之理"存在的情况下,即需要承认"形而上学"是一种"特殊的知识"。

第二,即便一些批评者认为"形而上学"讨论的"一切事物共同普遍之理"总会被未来的经验与理性"证伪",或被未来更进步的理论所抵消,但"形而上学"所运用"普遍化"、"概括化"的"思维倾向",本质上仍是体现了知识的一般原则——对具体杂多的认识对象、信息、材料加以归纳总结的"归纳原则"。唐君毅认为,一切科学知识之所由成,正是依据此原则。而既然依据此原则以形成的科学知识,为合法的。那么同样依此原则,"以形成形上学之种种命题与思想,亦为合法者"。同时,他还强调,纵然如批评者言,一般"形上学之知识",皆不能成立,"然形上学之思想仍为实际上存在,亦必然存在者。而吾人之反省此思想之如何进行,与何所是,而加以说出,则仍可为一义上之知识。"①

第三,他认为,由休谟至逻辑经验论者,将"知识命题"区分为分析命题与综合命题,以此"拒斥形而上学",但此种划分方法只是一家之言,不应作为分辨不同知识类型的"绝对真理"。这是因为,即便知识命题必须划分为此两种,"形而上学"的命题,亦并非绝对不可有经验"证实"或"证伪"。其理由有二:

① 唐君毅:《哲学概论》下册,中国社会科学出版社 2005 年版,第 449 页。

其一,逻辑实证主义者所谓的"经验证实",仅局限于一般的对象性认识,以经验性客体的存在来验证科学知识,但人的精神体验、精神活动,并不必然要求有经验性客体的直接对应,他举例说:"如上帝存在之命题,不可由一般经验证实,未尝不可由神秘经验证实。"

其二,无论是"Metaphysics"抑或是中国本土的"形而上学",构成他们的"形而上学命题",都不必仅是肯定一个"超经验而不可经验之事物之存在"的命题,"形而上学命题"在实质上,乃是"对一切经验事物,皆普遍必然为真之命题"。而此类命题的部分内容,显然皆可由经验否证,亦可由经验逐渐证实。即便此种"形而上学命题"所可能的证实与证伪,需要一种人类不可能真正具备的"无限之经验",但正如同任何一个科学定律、一个知识判断同样无需必然要求人们有"无限之经验",即可具备现实的普遍性、必然性一样,哲学中的"形而上学命题",即便是关于宇宙万物全体存在的某些命题,亦可具有知识合法性。①

二、"知识之知"与"德性之知"

为深入辨析"科学知识"与"形而上学知识",唐君毅进一步论证了二者在认识对象、认识目的、认识作用方面的显著差异:

就认识对象而言,科学以具体时空中各种杂多的客观事物、经验现象为对象,"形而上学"则以超时空、超经验的终极"形而上者"、终极"存在"、终极"实体"为对象,二者在认识层次上存在高低之别。

就认识目的而言,科学基于对外在对象的客观属性、物质构成、发展规律、具体作用的探究,最终创制具有经验世界普适性的科学真理;"形而上学"则探究经验事物、杂多现象、事物功用背后的超越本体、超越本源,二者在认识意义上存在高低之别。

---

① 唐君毅:《哲学概论》下册,中国社会科学出版社 2005 年版,第449—450 页。

就知识的作用而言,"科学知识"乃是依据假设与试验,确定某个或某类对象的经验性基础和时空运行规律,进而以此类知识继续认识、利用甚至征服现实事物、现实世界。而"形而上学知识"则是助人彻悟宇宙、人生的终极本质、终极规律、终极价值,进而助人勘破迷执,超越欲望,通过不断地创造美善人生而获得精神的寄托与意义的满足。

由此,唐君毅认为,"科学知识"包括西方的某些"哲学知识",都仅是"分科知识"与"事实知识"。其问题在于,"一切根据一种科学,以至综合各种科学之结论而成之哲学,与一切只将纯知的理性客观化与依纯知理性去识取外在的共相形式之哲学,亦皆不能真参透到宇宙人生之本源。"①与其不同,中国哲学的"形而上学"聚焦"天道心性"与"内圣外王",实质以道德心性、价值理想为核心。因此,"科学知识"本质为"知识之知",而中国的"形而上学知识"根本为"德性之知"。

(一)"知识之知"

唐君毅承认,近代科学勃兴,人们尽可用"科学方法"去"上穷碧落,下达黄泉,前推万古,后测万世"。大到星云世界,小到原子核,外在的自然社会,内在的心理生理,皆可为科学所研究。不过,"科学的态度,只是一以人的理智,运用概念符号,依规则加以构造推演,以面对经验的对象事物,从而说出其普遍性相,一般律则或共同之理,以预测对象事物之未来,以便加以控制之态度"②。所以,科学知识本质为通过"假设推导"、"形数演算"、"实验检验"、"归纳演绎"等方法手段,对作为对象的事实、经验、现象、预设、判断进行试验验证的"知识原理"。

这些"知识原理"体现在自然科学上,即是外在自然界的各种具体对象的科学知识。体现在社会科学上,也是将上述方法手段应用于"人类社会文化

---

① 唐君毅:《人文精神之重建》,九州出版社 2016 年版,第 471—472 页。
② 唐君毅:《中华人文与当今世界》上册,九州出版社 2016 年版,第 60 页。

现象"的研究,以人性、人文、人格为"科学的对象",将它们规约为某些抽象性、概括性的"概念符号"构成的"事实命题"。所以,即便此类科学亦研究人性、理想、价值等内容,但其,"忽略仁之真正的人性,与价值理想及人之文化、人之人格,在人类社会现象中的重要性。"①这根本在于,一切科学均是将宇宙万物分门别类加以研究,因而是一种"分科知识",而一切科学的目的均是为了"叙述事实"、"预测事实"、"利用事实"而研究,因而是一种"事实知识",总之,科学知识乃是基于知性能力、知识理性,以分门别类的经验事实为对象的"知识之知"。

(二)"德性之知"

唐君毅认为,哲学尤其是"形而上学",也以"普遍经验"为起点,与科学同为"普遍真理"。但相比于科学的"分科知识"、"事实知识",哲学根本上是"形而上学知识"——"探求事物存在之根本真理之知识"。显然,他是基于中国哲学尤其是"儒学形而上学"传统来表达其特殊的知识观念。

儒学本是"内圣外王之学",其聚焦内在仁心与外在礼法的合一,因而其本质是道德的学问、价值的学问。现代新儒家们在总结儒学基础义理与核心精神时,也明确将其概括为"道德的形而上学"。唐君毅也从此视角来思考儒学与现代文化知识系统的理论接榫点,并从此来设定哲学的任务——"回答人类知识的全貌以及各知识的次序关系问题,还能回答人类知识与人生存在的关系问题。"②

显然,唐君毅理解的"哲学",并不是依照科学实证或逻辑分析的路径,去探讨"人类知识的全貌以及各知识的次序关系",而根本是从儒学"本体论"出发,去揭示一切活动(包含纯粹求知活动)与其对应的世界与宇宙万物的本体(儒家良知本体)的关系。而哲学回答"知识与人生存在的关系",也不仅是从

---

① 唐君毅:《中华人文与当今世界》上册,九州出版社 2016 年版,第 59 页。
② 唐君毅:《中华人文与当今世界》上册,九州出版社 2016 年版,第 60 页。

日常的生活舒适便捷、应事接物的便利去简单评价，而是从儒家德治社会与美善人生的理想标准，去审视各种知识在其中的作用。用他的话说："此一切科学知识，总是统属于我们之求知之活动，而为其成果。任你科学知识世界如何发展，什么新理论层出不穷，以至各种新旧理论，如何矛盾冲突，总不能在人之求纯知之活动之可能范围以外。然而在此科学知识所及世界外——即把一切可能成科学知识之对象全部合起来所构成之世界外，仍然有另外的世界。此即关联于人之实践理性或情意之审美活动、实际行为活动、宗教信仰活动所发现之世界。"①

儒家历来主张，人人都有"不学而能"、"不虑而知"的"良知良能"——先验的"本心良知"、"道德意识"。唐君毅也将此"良知"（他也称为"超越自我"或"道德自我"，笔者注）视为存在论与价值论维度的最高本体。他明确此"超越自我"或"道德自我"不但是创造科学知识、推动科学实践的主体，还是检验科学知识、科学实践价值有无与高低的主体。他强调，此"超越自我"或"道德自我"："不仅肯定科学的纯知活动，与其成果之价值，亦肯定其审美之活动、实际行为之活动、宗教信仰活动与其成果之价值。即它超越的涵盖持载此各种活动与其成果，而承认肯定其价值。而个人之能在原则上，或在特殊情形下，判断此各种活动与其成果之价值之高下，决定选择哪一种，亦即此自我之价值意识，或良知。良知判断我之科学的纯知活动之价值，判断我之实际行为之价值，判断我之艺术活动宗教活动之价值，即是看此等等之是否合乎自己之内在的向往或标准，是否合乎良知之理。凡合者，谓之是；不合者谓之非。良知是是而非非，亦即善善而恶恶，是为人一切道德智慧道德实践之原，人生之内在的至高无上的主宰。"②

事实上，良知本体不但是评判各种知识价值有无与高低的主体标准，还是各种知识得以创造与运用的主体基础。以"科学知识"为例，科学是科学认

---

① 唐君毅：《人文精神之重建》，九州出版社 2016 年版，第 470 页。
② 唐君毅：《人文精神之重建》，九州出版社 2016 年版，第 470 页。

识、科学试验、科学创造、科学实践的统一体。而推动每个环节得以落实的,却是基于"精神主体"的产物——"科学认识"与"科学理性"的出现。但"科学认识"与"科学理性"本质上又是人的良知本心(唐君毅也称为"主体性能",笔者注)的产物。

唐君毅借用此"良知",是论证在广义的"知识谱系"中,各种"知识"都是人们追求真理的"善行",人们创造各种"知识"的动力根本来自"良知"。所以,从认识主体创造"知识"的"道德意向"与"价值取向"来看,"科学知识"也根本是为了"致良知"而自觉地建立的求知的活动。当然,从此而言,"哲学知识"、"形而上学知识"也是"良知"的创造。如他说:"形上学知识,亦只是由形上学要求所发出之全部思想活动、精神活动之中间一段事。至于形上学知识之成为知识论所研究讨论之知识之一种,即为形上学知识既成后之一事。形上学知识,固不待知识论之加以研究讨论而后有者也。"①总之,一切"知识",都不过是人们满足道德理想与价值追求的副产品,本身都是"致良知"的必要手段。

显然,既穷究超越的道德原理又观照现实的道德实践之儒学,主要是一种"道德的学问"、"德性的学问"。而基于此种学问聚焦对知识的本源、关系、实践、作用、价值等重大问题的讨论,实际是基于"宇宙之形上的本源",或"绝对的天理",将"科学知识"置于"全幅人生之有价值之活动"中去考量。

这样,按照不同知识的对象、论域与范围来说,"科学知识"显然不及"哲学知识"尤其"形而上学知识"。这一方面是因为:"依据科学所研究之任何其他事物,而得之原理,无一真可穷尽的说明此自我之良知之性相,亦无一人之纯知活动所对之现象界事物,能成为此良知所由存在,或内具价值之来源。"②决定科学的超越基础、原理与原则,乃是超出科学之外的知识。另一方面,既然各种文化系统根本出于人的"道德理想"与"文化理想",而儒家哲学又是专

---

① 唐君毅:《哲学概论》下册,九州出版社 2016 年版,第 11 页。
② 唐君毅:《人文精神之重建》,九州出版社 2016 年版,第 471 页。

门探讨"道德理想"的"德性之知",那么"德性之知"就是"科学之知"得以可能的逻辑基础。首先,从"科学经验"、"科学对象"得以可能的维度,科学人生的对象实际是一个时空框架下主客交汇形成的"直接特殊经验",此经验也是一切知识得以建立的基础。而"形而上学"的超越本心正是对此"直接经验之亲知"①。其次,"科学知识"与其他知识一样,均是"本心良知"、"道德理想"、"人文意识"的产物。"一切科学之活动,一切理智之活动,皆只能在良知承认其价值时才可能,即永在良知所主宰之下,不能翻到上面去"②。再次,一切科学实践,必须借助"本心良知"、"道德理想"、"人文意识"才能审视、评价,科学试验的活动、科学技术的程序、科学真理的检验虽然是客观的,但其独立也只是相对的,而必须附于"德性之知"之上。

将哲学与美德、德性、价值、意义、理想关联起来,甚至以此作为哲学的主要任务与终极使命,以凸显哲学知识与具体经验知识合科学知识的差别,显然非儒学之专利,亦非现代新儒家所独创。自古希腊开始,在西方哲学中,古希腊的苏格拉底将什么是真正的正义、善、美德视为真正的哲学问题。亚里士多德将幸福、美德、至善、伦理视为哲学的主要研究对象。西方古典哲学集大成者康德也认为:"哲学是把一切知识关联于人类理性底本质目的之学","人类理性的立法(哲学)有两种对象,即自然与自由,因而它不但包含着自然律,而且包含着道德律,始初是在两个彼此不同的体系中把它们呈现出来,但最后它们终究成为一个单一的哲学体系。"③知识理性创制知识,而实践理性则追求"最高善",而体现实践智慧的正是"形而上学",因而,哲学知识根本与科学知识不同。

同样作为现代新儒家,牟宗三在论及康德对哲学使命的论述时,也认为:"依此意而言,哲学是把一切知识关联于人类理性底本质目的之学'。本质目

① 唐君毅:《哲学概论》下册,中国社会科学出版社 2005 年版,第 450 页。
② 唐君毅:《人文精神之重建》,九州出版社 2016 年版,第 471 页。
③ [德]康德:《纯粹理性批判》,韦卓民译,华中师范大学出版社 1991 年版,第 691 页。

的中,有是终极目的(最高的目的),有是隶属的目的(当作工具而联系于终极目的)。终极目的就是人类底全部天职,而此不过就是实现'最高善',圆善意义的最高善。把一切知识关联到这个目的上的学问就是哲学。"①唐君毅更明确从文化哲学的视角,将一切文化知识奠基于人的"道德自我"与"文化意识"这个本体之上,且始终从价值意识与主体实践、道德自我与知识创造、人文意识与知识价值的"体—用"原则去进行论证形上本体与形下科学的关系。由此,他明确将"道德理想"、"人文精神"视为创造知识体系、化解知识矛盾、审视知识价值的唯一标准。而儒家哲学完全基于人自身的德性与修养展开,因而可谓"德性之知"或"开悟之知"与"启示之知"②,因而既与科学知识不同,又根本是科学知识得以可能的观念基础。由此,自然也可以通过对"中国哲学"尤其"儒家哲学"的这种特殊定位,回应"中国哲学"的合法性问题,为重建新时期的"形而上学"提供理论根据。

---

① 牟宗三:《现象与物自身》,见《牟宗三先生全集》第21卷,(台北)联经出版事业股份有限公司2003年版,第479页。
② 唐君毅:《中西哲学与理性主义》,九州出版社2016年版,第327页。

第四章 "形而上学命题"合法性的探讨

20世纪初西方"分析哲学"开始兴起,并在渐成规模之后传入中国。其中罗素、摩尔、维特根斯坦主张的逻辑分析、概念分析,直接影响到了中国哲人。而作为"分析哲学"思潮的重要代表阵营,维也纳学派创发"逻辑实证主义",主张哲学的任务就是对概念、命题进行逻辑分析,尤其主张"通过对语言的逻辑分析以消灭形而上学"。从而将"形而上学合法性"问题导引至语言论域,使得"形而上学命题"的合法性变成不同阵营哲人们讨论的焦点。这种对哲学概念命题进行逻辑分析的研究方式,同样深刻影响到中国哲学界。

西方哲学本就有聚焦命题真、假研究之传统。亚里士多德早在《形而上学》书中就提及:"凡以不是为是,是为不是者,这就是假。凡以是为是,以假为假,这就是真。"①而他设定的评判标准,就是命题陈述之知识能否与表述对象相符合。这种"符合论"一度是西方哲学探讨命题真、假的主要理据,并成为近代"认识论转向"时期,判断某种认识是否为"真理"的主要标准。作为"经验主义认识论"的代表人物,17世纪的洛克,在讨论何为认识真理时,就明确主张,从观念与事实的符合去判断命题的真、假。

康德实质开启了"形而上学命题"合法性的讨论。他区分了"先天判断"

---

① [古希腊]亚里士多德:《形而上学》,吴寿彭译,商务印书馆1983年版,第79页。

与"后天判断"。前者如"2+2＝4"、"等边三角形是等角三角形"等,其形成与结论均不需借助,是普遍必然的真判断。后者是从对经验认识中获得的归纳判断,如"天鹅是白的","太阳东升西落"等,不具有普遍性与必然性。同时他还区分了"分析判断"与"综合判断",前者指主词概念内涵可包含宾词概念内涵,例如"一切物体都是有广延的"。后者是宾词概念内涵不包含在主词概念内涵之中,例如"天下雨地会湿"。

由此,他比较"先天分析判断"、"先天综合判断"、"后天综合判断"三种命题。"先天分析判断"是独立于经验的"必然命题"与"逻辑命题",由其建立的知识是普遍必然为真的。"后天综合判断"的知识可由经验来检验,因而是有条件为真的。最复杂的是"先天综合判断"。首先,数学、科学中的许多命题都是此种判断。其次"形而上学命题"不能是"后天判断",而应是"先天判断",但同时,此种"先天判断"又具有"综合判断"之属性,因而,他提出,把握"形而上学的基本内容"[1]之命题,本质乃是"先天综合判断"。但是,数学与科学虽是先验的(独立于具体经验事实),却非超验的(超绝一切经验),因而是确保自身作为经验知识真理性的条件。而"形而上学命题",则是将知性范畴与理性能力越出一切经验的边界去"超验的表述",因而这种以"先天综合命题"所建构之"形而上学"并不能真正提供本体的知识。

康德实际仍持一种"符合说",而这种命题观也深刻影响到了之后的西方哲学。在此基础上,又发展出了"摹本说"、"证实说"、"融洽说"、"实用说"、"逻辑说"等理论。到了 20 世纪,哲学家们更关注"形而上学命题"之研究。从"主词—谓词"、"分析—综合"、"证实原则"、"意义原则"等诸多进路推进对"形而上学命题"之研究,亦成为当时学界研究之"主流"[2]。由此,发展出

---

① ［德］康德:《未来形而上学导论》,商务印书馆 1997 年版,第 26 页。
② ［美］格拉切:《形而上学及其任务——关于知识的范畴基础研究》,陶秀敖、朱红等译,山东人民出版社 2008 年版,第 134 页。

了维特根斯坦"全部哲学就是语言批判"①之观念,也发展出了基于哲学语言尤其是哲学概念命题的属性归类与验证标准,以裁定"形而上学"是否具有知识性与合法性的维也纳学派。

例如,早期维特根斯坦认为,逻辑关系是必然关系,与自然科学命题需要依赖经验发现和证实不同,"逻辑命题"无需依靠经验。他将这种反映逻辑关系的命题称为"先天命题",从其具有的普遍性必然性而言,"先天命题"亦可称"普遍命题"和"必然命题"。因其不依赖于经验,此类"先天命题"也可称为"先验命题"。而"形而上学命题"并非"先天命题",因而并不陈述必然真理。

而维也纳学派认为,"分析判断"是宾词概念包含于主词概念之中,其只是把主词已包含的宾词意义分析出来,表述的知识均包含主词之中而不增加新的知识,因而是重言式的"同语反复"的"分析命题",是必然真理。相反,"综合判断"的知识既来源于经验又依赖于经验去验证真伪,因而这种"综合命题"陈述的只是或然真理。在他们看来,"形而上学命题"既不是"分析命题",又不是"综合命题",只能是一种伪命题。

作为此学派的创始人,德国哲学家石里克认为:"依据数学和物理学的研究成果,判断要么是分析的,因而在应用中具有绝对确定性,但不传达关于世界的任何信息(如逻辑的和数学的命题就属于这种类型);要么它们从经验中得出,因而传达事实性的知识,但就不再是先天的真理(例如自然科学和日常生活的命题)。"②他解释说:"因为我们既不可能把它同任何实际情形相比较,也不可能在任何场合下确定它的真假;这不仅仅是经验上的不可能,而且是逻辑上的不可能。一个陈述,如果由于实践上的原因而无法被证实,它的为真条件还是完全有可能被指出来;但是一个原则上不可证实的

---

① [英]维特根斯坦(Ludwig Wittgenstein):《名理论〈逻辑哲学论〉》,张申府译,北京大学出版社1988年版,第33页。

② 洪谦:《论逻辑经验主义》,商务印书馆2005年版,第52页。

陈述,就违反了语言交流的前提,因而就连承认它是一个命题也是不可能的。"①

由此,石里克反对将"形而上学命题"的超验陈述等同于"分析命题"的必然性陈述,认为基于此类命题不过是一种"无意义的陈述",或是对外部世界表达一种"实在性的情感"罢了。这样,他进一步否认了康德试图保留本体概念以为人类认识划界的底线认定,而径直按照"证实原则",将"形而上学命题"驱逐出"分析命题"与"综合命题"的范围,否认此类命题的知识属性。此"证实",既可指事实上的"经验证实",又可指原则上的"理论证实"。而命题陈述的内容若可被"证实",即为"真命题",反之则为"假命题"。

这种"证实原则"在当时得到了广泛运用与不断修正。波普尔强调可通过"证伪"方式,对一些"综合命题"进行检验,以此判断此类命题是否有意义。卡尔纳普认为不能用"证实"方法,而是用"可验证性原则"来确定命题是否有意义。而艾耶尔也将命题分为"重言式"的"分析命题"与表述"事实内容"的"综合命题",并以"强意义的证实"和"弱意义的证实"来判断命题之意义。由此,他强调:"形而上学家的言词是没有意义上的这个事实,并不仅仅是从它们没有事实内容这一点推论出来的。它是从没有事实内容这一点结合它们不是先天命题这一点而推论出来的。……我们可以把一个形而上学句子规定为想去表达一个真正命题的句子,但是,事实上,它既不表达一个重言式命题,又不表达一个经验假设。并且,因为重言式命题和经验假设构成有意义命题的整个的类,所以我们就有理由下结论说,一切形而上学的断定都是没有意义的。"②

维也纳学派将一切知识性命题都划归为"分析命题"与"综合命题",并将

---

① 洪谦:《论逻辑经验主义》,商务印书馆 2005 年版,第 56 页。
② [英]艾耶尔:《语言、真理与逻辑》,上海译文出版社 1981 年版,第 41 页。

二者截然对立之观点显然是偏颇的。因而也遭遇到诸多批评。① 但被西学浪潮卷入到"分析的时代"②之中国哲学,则受到维也纳学派深刻影响。表现在,中国哲学家开始将哲学理论思想的合法性归结为哲学概念、哲学命题的合法性建构,将其视为重建"中国哲学"尤其"中国形而上学"的必要前提。

面对拒斥阵营的诸多批评,中国哲人一方面引进了概念分析、命题分析、逻辑推理、义理论证等方法,以确保"中国哲学"具备现代哲学学科话语范式之一般特点;另一方面又从汉语的文字书写、词汇结构、字义语义,来论证"形而上学命题"之特殊性、合法性。从而表现出中国哲学家既追求哲学语言的现代形态,又尊重哲学语言的"历史性"与"民族性"品格。而聚焦"形而上学"的概念、命题之研究、讨论,也开辟了中国现代哲学研究之全新论域。

具体而言,"新文化运动"前后,梁漱溟即通过论证汉字字形与组词的特殊性,解释汉语哲学中概念与命题的特殊运用与特殊意蕴,实质触及到了"形而上学命题"合法性之研究论域。之后的熊十力、方东美、牟宗三、唐君毅等人对此问题亦有不同维度的讨论。而冯友兰、金岳霖、张东荪则更集中讨论了"哲学命题"尤其"形而上学命题"的特殊性与合法性问题,并做了深入推进。他们受引入"科学命题"与"哲学命题"、"分析命题"与"综合命题"、"经验命题"与"先验命题"等命题框架③,通过比较"常识命题"、"科学命题"、"形而上学命题",来探讨"形而上学命题"中各概念的逻辑关系,辨析其文字特点与语言结构问题,探讨其命题属性、意义内容与判断标准。

---

① 一些学者也认为,在试图以命题两分法拒斥"形而上学命题"的同时,维也纳学派之绝对性的判断已然具备某种新的"形而上学"之面向,或不过是为形而上学系统又增添了一种图像而已。([美]彼得·范·因瓦根:《形而上学》,宫睿译,北京大学出版社 2007 年版,"导论"第 15 页)

② [英]怀特:《分析的时代》,杜任之译,商务印书馆 1981 年版,第 5 页。

③ 不过,他们并没有像蒯因那样,既揭示了"分析命题"归根到底也具有或然性,又论证了"先验的命题"与"分析的命题"与"必然的命题"之间并不一定存在"同一性"。也没有像美国分析哲学家克里普克所揭示的,"先验的"并不一定是"必然的","后验的"也不一定是"偶然的"。因而,在沿用维也纳学派的命题框架时,也存在诸多论述不清之处。

如冯友兰就将"形而上学命题"代入到"分析命题"与"综合命题"的框架中,将"分析命题"等同于逻辑命题,并受金岳霖影响,引入了"本然命题",进而对照"分析命题"之形式,建构其"新理学"的命题系统。金岳霖提出"本然命题",并重新区分"先天命题"与"先验命题"。他认为表述"逻辑本体"的命题是"逻辑命题",此类命题既是"先天命题",亦是"分析命题"。表述"本然世界"的"本然命题",是不同于"分析命题"的"先验命题"。表述现实世界的特殊命题,是"综合命题"。由此,他认为"形而上学命题"的合法性不仅在于其是"分析命题",而是在于它利用了"先天命题"、"先验命题"、"经验命题",从而共同完成对宇宙存在之超越描述。张东荪则从民族文化的语言逻辑与价值观念来探讨"形而上学命题"的特殊性与合法性。他认为"形而上学命题"既非"分析命题",又非"先验命题",而是一种以特殊的语言结构表述特殊对象的"抽象命题"。并且,他主张以"文化基因说"审视哲学命题的意义问题,突出"形而上学命题"与民族文化的内在关联,通过民族语言与文化传统的特殊"意象"来论证此类命题的合法性。

在中国学者看来,哲学尤其形而上学的概念、命题,其是否有"意义",不能仅以"证实"原则为唯一标准。作为中国逻辑学科和哲学知识论研究之开创者,金岳霖明确批评从"与事实相符"来作为命题"有效性"之标准。冯友兰从形式化叙述来确保哲学命题的意义。张东荪则从语言文化传统来论证哲学命题的有效性。

当然,上述研究虽表现为对一般哲学的共性之讨论,肯定"形而上学命题",可通过对宇宙自然社会人生的本体、本质等之"陈述"与"描述",实现意义传达与思想传达功能。但作为论据的,例如概念文字之字形字义与使用习惯,概念文字之内涵意义表达等,却主要源自于中国文化传统。因而,在根本上,他们主要是基于汉语语言文字的"意象性"、"延展性"、"关联性"等特点,论证汉语哲学命题的在形式上的特殊性与内容上的合法性。

正如英国哲学家怀特海所说,基督徒面对福音书中格言的沉思所呈现的事实时,他并不需要判断这些命题的真、假,他需要的是引发出这些格言作为"情感要素的价值"①。中国学者在讨论哲学命题合法性时,则既注意从文字的逻辑性与系统性来确保命题形式的合法性,又注重从命题陈述的真、假与有效、无效来确保命题内容的合法性。当然,他们所作的改造在于,将维也纳学派检验真假的"符合说"转变为"融洽说",即从基于特定文化的语言系统、思想传统、思维方式、价值传统,来审视其中"形而上学命题"之表达形式与陈述内容之合法性。同时他们又进一步将西方哲学评判命题内容的"证实真假原则"("逻辑证实"或"原则证实"与"事实证实")改造为"证实有无原则"("智慧证实"、"体验证实"、"情感证实"),将西方哲学评估哲学作用的"实用大小原则"改造为"价值高低原则"。正是秉持对"形而上学"尤其是"中国形而上学"合法性与必要性之"信念",他们着力凸显此类命题在意义表达、情感承载、价值指向方面不可替代的重要作用②。

第一节 "分析命题"与"综合命题"

维也纳学派认为,逻辑和数学的命题多是重言式的、逻辑式的陈述,如"山是山"、"2+2＝4",等,其陈述只需要凭借形式逻辑就可判断其真假,与经验无关,因而陈述的是"形式真理"、"必然真理"。"对于事实有所表达,有所叙述"的命题,其真假源于经验之证实,陈述的是"经验真理"③、"或然真理"。前者,被他们称为"分析命题",后者为"综合命题",且两者都可传达知识,都是有效命题。

① [英]怀特海:《过程与实在》,李步楼译,商务印书馆2011年版,第185页。
② 正如美国形而上学研究专家格拉切所言,形而上学陈述得以区分其他知识陈述的根本原因,并不在命题本身的逻辑结构,而恰恰是"形而上学的研究对象和他追求的特定目的"。([美]格拉切:《形而上学及其任务——关于知识的范畴基础研究》,陶秀敖、朱红等译,山东人民出版社2008年版,第142页)
③ 洪谦:《维也纳学派哲学》,商务印书馆1989年版,第6页。

以此命题观,维也纳学派审视了"世界的本源是 X 或 Y"、"上帝存在"、"灵魂不死"等哲学命题。他们认为,这些命题囿于对"存在"、"物自体"等本身就没有意义的概念之讨论,是将完全不符合逻辑的方式的概念组合到一起,其既不能被证实,又不能被证伪,因而既不是"分析命题",又不是"综合命题"。维特根斯坦明确认为,此类命题所说的一些"似是而非"的话,都是毫无意义的废话或"无谓"的"胡说"。

不过,他们虽否认此类命题可提供具体的知识,但也承认其仍可传达一种非知识的意义——"情绪意义"、"图像意义"、"价值意义"。在他们看来,如果形而上学家们只满足于表述主观的"体验",这当然是合法的。但是,"形而上学家的努力一向是看错了方向;他想将纯粹的体验的内容,当作一种知识去表达;将不能说明的加以说明"①,试图将个人体验上升为知识真理的企图则是错误的。

作为维也纳学派在中国的代言人,洪谦回国之后②,即运用此命题观,来审视批判"中国形而上学"。不过,他多是重复维也纳学派之观点,本质上是一种外在"中国哲学"的论点。而冯友兰则既运用此命题观,专门讨论了"形而上学命题"之相关问题,又加以发挥发展创造,自觉建构新的命题系统,以此重建"新的形而上学",在理论上实现了西方命题学说与中国哲学的内在融合。而作为此类命题观在中国运用的两种表现形式,洪谦忠实地坚持石里克的观点,主张"命题的意义就在于它的证实方法",冯友兰则另辟蹊径,试图表明"命题的意义就在于它的逻辑形式",因而他们在 20 世纪 40 年代也产生一系列颇具影响的讨论。

---

① 洪谦:《维也纳学派哲学》,商务印书馆 1989 年版,第 8 页。
② 洪谦于 1934 年获奥地利维也纳大学哲学博士学位,师从维也纳学派创始人石里克。回国后,曾任清华大学哲学系讲师、西南联大哲学系教授、武汉大学哲学系教授兼主任、北京大学哲学系教授、外国哲学史教研室主任及外国哲学研究所所长,中国社会科学院哲学研究所研究员和学术委员,是当时世界知名的逻辑实证主义代表人物。

一、徘徊于"分析命题"与"综合命题"之间

早在 1927 年,冯友兰已经关注到命题的"证明"问题。他发现:"理性主义的方法,是以抽象的,普遍的原理证明命题。经验主义的方法,是以具体的,特殊的事实证明命题。"①之后,他自觉按照"命题演算"和"谓词演算"之模式思考哲学命题的建构进路。在研究中,他对维也纳学派的逻辑分析方法格外青睐,也直接接受了石里克的两种命题观。

作为石里克的弟子,中国学者洪谦回国后,曾在当时专门评论了"富于学术性而且有普遍影响的哲学著作"——冯友兰的《新理学》以及《新理学在哲学中的地位及其方法》,同时也顺带介绍了石里克等之态度:传统的"形而上学"使用的如"上帝存在"、"灵魂不死"、"意志自由"等命题,既不是"分析命题"又不是"综合命题",因而是一种变相的所谓"桌子是爱情"、"炮台是道德"的"似是而非的命题"。

但在冯友兰那里,这些命题的根本问题是试图"对于事实为积极的肯定",这种类似"综合命题"的陈述内容,自然无法验证真假。而他为"形而上学命题"规定的任务是"对于事实为形式的解释",同时在命题结构上,亦明确其是"客辞"重复"主辞"。由此,他认为重新改造的"形而上学命题",可谓是"客辞"内涵基本被包含于"主辞"之中的"分析命题",或是类似"A = A"、"A 是 A"等重复叙述的"形式命题"②、"逻辑的命题"。

在他看来,"分析命题"仅肯定事物的"有"或存在,而对事物的经验要素与实际信息不做判断,或者即便涉及事物的实际方面,但是肯定的内容是极少的。从命题效用上,此类命题完全契合其哲学观:自觉超越"拖泥带水"的传统语言表述习惯和概念命题书写方式,尽力保证新的"形而上学命题"仅是对

---

① 冯友兰:《三松堂全集》第 14 卷,河南人民出版社 2001 年版,第 907 页。

② 金岳霖则认为,这种命题所表述的对象可以是宇宙中的任何一物,因而此类命题就是穷尽可能的"必然命题"。

"形而上者"的"形式性描述"或"抽象性肯定"。这样的描述和肯定,或者是追问存在之所以存在的逻辑判断与形式判断,或者是仅涉及对具体经验事实的一般性与抽象性的事实判断,因而相较于表达具体事实、肯定具体经验,并由此做出判断、提供知识的"综合命题",更适合用来作为新的"形而上学命题"。因为,"综合命题"是能够增加"积极的知识"之命题,而"哲学的功用,尤其是形而上学的功用,不是增加积极的知识。"①

为此,在重建"真正的形而上学"(冯友兰语)时,冯友兰即改造逻辑分析方法,基于"辨名"来"析理"。以对具体的"方之物"之形上学阐释为例,他通过分析"方"之概念,析出"方之理"。由"理"本体,推演出作为质料的"气"。由实际存在全体的抽象概括,设定了"道体"。由逻辑意义上的可能来理解万有,设定了"大全"。也正是由这种本体宇宙论意义上的四个基本范畴,他展开对宇宙万物、人生道德、价值意义等的形而上之阐释。

在《新理学》之后,为了实现哲学命题形式化逻辑化的目标,他聚焦上述四个范畴,重新建立了四组命题,以期表明"理"、"气"、"道体"、"大全","都是用形式主义底方法得来底。所以完全是形式底观念,其中并没有积极底成分",以此来回应实证主义阵营对形而上学的"拒斥"。

在《新原人》中,这四组命题首次出现。第一组主要命题是:"凡事物必都是什么事物,是什么事物,必都是某种事物。有某种事物,必有某种事物之所以为某种事物者。"第二组主要命题是:"事物必都存在。存在底事物必都能存在。能存在底事物必都有其所有以能存在者。借用中国旧日哲学家的话说,有理必有气。"第三组主要命题是:"存在是一流行。凡存在都是事物的存在。事物的存在,是其气实现某理或某某理的流行。实际的存在是无极实现太极的流行。总所有底流行,谓之道体。"第四组主要命题是:"总一切底有,谓之大全。大全就是一切底有。借用中国旧日哲学家的话说:'一即一切,一

---

① 冯友兰:《三松堂全集》第6卷,河南人民出版社2001年版,第8页。

切即一'"①。他指出,这些命题具有以下特点:一是几乎都是重复叙述命题。二是对于实际都没有说什么,至少所说很少。三是虽然所说很少,但又意蕴丰富。② 而由于使用了"形式主义底方法",所以这些命题虽然肯定"主辞"存在,但命题的"客辞"只是重复叙述它的"主辞",所以它们都是"分析命题"。

之后,冯友兰在《新知言》中又修正了这四组命题。第一组命题是:"凡事物必都是甚么事物。是甚么事物,必都是某种事物。某种事物是某种事物,必有某种事物之所以为某种事物者。"第二组命题:"事物必都存在。存在底事物必都能存在。能存在底事物必都有其所有以能存在者。"第三组命题是:"存在是一流行。凡存在都是事物的存在。事物的存在都是其气实现某理或某某理的流行。总所有底流行,谓之道体。一切流行含蕴动。一切流行所含蕴底动,谓之乾元。"第四组命题是:"总一切底有,谓之大全,大全就是一切底有。借用中国旧日哲学家的话说:'一即一切,一切即一。'"

可以说,两书在文字上虽稍有变化,但"对于一切事实作形式底解释"之命题建构方式没变。在他看来,这样的命题对实际并无主张,无所肯定,或最少主张,最少肯定,且了解此命题后,即可知此命题可不待实际中的具体经验事例所能证明,因而可绕过实证主义阵营的经验验证。

应该说,无论是他以"形上学的推理"在《新理学》中"演绎出全部的中国哲学的形上学观念",还是他建立四个"真正形上学底命题",都确实提供了"理","气","道体"、"大全"这四个"形式底观念"。甚至在某种程度上,亦可说,这四组命题具有形式化抽象化之表征。但问题是,这四个观念是否是他所谓没有提供积极知识的"空底观念"? 四个命题是否真是"形式命题"即"分析命题"?

---

① 冯友兰:《三松堂全集》第 5 卷,河南人民出版社 2001 年版,第 127—132 页。

② 冯友兰曾引罗素的观点认为,即便有些命题是"主辞"重复"客辞",但由于"主辞"本身就是不存在的或假的,所以这样重复叙述的命题也是错误的。所以只能用"如果……则"的方式。但冯友兰认为形而上学中的命题并不是这样的命题。(冯友兰:《三松堂全集》第 5 卷,河南人民出版社 2001 年版,第 151—152 页)

有学者顺着冯友兰的论证,认为《新理学》的四组命题只是从"事物存在"这个普遍必然性的事实出发,而并不涉及对任何个别事物的存在、性质与关系之肯定。因而认为这四组命题都是"分析命题"①。但正如冯友兰认为重复叙述的命题不能肯定"主辞"存在一样,它反复强调的四组命题还是肯定了"主辞"的存在②,所以这些命题虽在文字上似乎是重复的,但在实质上,并非如其所期望般,乃是"形式的"或"分析的"。

但也有学者指出,这四组命题也并不是真正重言式的"自语重复",比如,第一组命题中,"凡事物必都是甚么事物"是重言式的,而"是甚么事物,必都是某种事物"已经从个别事物过渡到事物的类。而"某种事物是某种事物,必有某种事物之所以为某种事物者。"这已经从"类概念"上升到本体的"理",也不是重言式的。所以《新理学》中"形而上学"的真值不能从它的四组命题的重言式的性质得到担保。③

显然,如果我们稍加展开,就可发现,即便是对经验世界的最抽象的判断,那么"万物均有其本源"的形而上学判断,与"物都是存在的"这种经验判断显然是不同的。尤其是,他所谓的"真正的形而上学",根本是基于实际世界与事物存在之事实判断,推导出"理"、"气"、"道体"、"大全"等内容,其既涉及经验判断,又涉及先天判断与先验判断,因而并非不传达任何新知识的重言式命题或同语反复式命题。所以,无论是《新理学》中使用的诸多哲学命题,还是他精心建构的四组命题,均不是严格意义上的"分析命题"。

① 陈战国:《冯友兰先生的形而上学》,见《冯友兰研究》,蔡仲德编,国际文化出版公司1997年版,第149页。

② 同样是自觉使用"逻辑分析法",皮尔士代表的实用主义则恰恰反对利用形式逻辑建立形而上学。他认为,从时空中的个体事物到类的抽象认识,在表面上似乎是采用的古希腊以来的形式逻辑,尤其是定义是"种加属差"的方法。但正如鸟可逐渐由低到高归纳为两足动物、动物、生物、自然物、事物这些类,却不可再以此抽象出实体这个范畴一样。冯友兰从方之物,抽象出方之理,同样是概念和类的错误使用。

③ 胡军:《冯友兰〈新理学〉方法论批判》,见《冯友兰研究》,蔡仲德编,国际文化出版公司1997年版,第163—164页。

当时,洪谦曾针对此类命题的问题,指出冯友兰区分"对于事实为积极的肯定"的"科学知识",以及对"事实为形式的肯定"的"形而上学知识",似乎同是对实际的"这一边"的陈述,因而后者也还是"实际知识"而非"真际知识"。但冯友兰却认为"形而上学命题"陈述的是"真际"。

究其因,是冯友兰认为对"形而上学命题"的逻辑化、形式化改造,即可确保此类命题与事实经验无关,从而规避拒斥阵营的攻击。但事实上,他亦自觉"形上学的工作,是对于经验作逻辑的释义",因而此类命题仍然涉及对实际经验的肯定——事实判断,即便是他所谓的极少肯定。所以,在《新知言》中,他又转而承认"形而上学命题"乃为"综合命题"。

不过,"综合命题"是由经验事实来检验验证,是可真可假的,其提供的知识存在或然性,由此又牵涉到"形而上学命题"的合法性。冯友兰亦承认,虽然他建构的几乎是重复叙述的命题,但其也可能是假的。只不过,"形而上学底命题,除肯定其主辞的存在外,对于实际底事物,不积极地说甚么,不作积极底肯定,不增加我们对于实际事物底知识。所以它是假的可能是很小底。只有在它所从说起底事物的存在不是真底的情形下,它才能是假底。"①并且,他还说:"真正底形上学中底命题,虽亦是综合命题,但对于实际极少肯定。其所肯定底一点,不但是有可证实性,而且是随时随地,都可以事实证实底。"②理由是,"一切事物均由理与气组成"之命题,并不需要时刻需要借助大量的经验事例以证明。因而与"宇宙本体是'心'"、"宇宙本体是'物'"的命题不同。可见,他同时又从形式性的解释或因果性的推论,来论证作为"综合命题"的"形而上学命题"之合法性。

由此看出,冯友兰与拒斥阵营实际各自持有一种知识的定义。石里克以神话系统为例,解释其形式化表述本身的非知识性。他说:"一个所观察的命题,仅以与它相关命题的体系的贯融为真理标准,那么一部神话也如科学理论

---

① 冯友兰:《三松堂全集》第5卷,河南人民出版社2001年版,第153—154页。
② 冯友兰:《三松堂全集》第5卷,河南人民出版社2001年版,第219页。

一样能视为一种真理体系。"①可见,维也纳学派虽明确"一切的知识因其有逻辑形式,而后才能成为知识"②,但仅有"逻辑形式",却并不一定获得他们所规定的"知识形式"。正如洪谦所说,若承认形而上学首先是关于实际的问题,"那么它必须从分析上而能了解其在实际上的意义,假如它根本未具有任何关于实际的意义,那么它就不成其为一个实际的问题,只是一种如维也纳学派所谓'似是而非的问题'(die Scheinfrage)了。"但冯友兰则恰恰认为,即便是对实际予以形式化的逻辑化的重复叙述,其对理解、认识实际仍是有意义的,因而亦可谓一种有用的知识。

当然,冯友兰试图通过将"形而上学命题"归为"分析命题"或"综合命题"的尝试,既没有有效揭示此类命题的根本特性,又没能论证其"新的形而上学"必然具有拒斥者所认可的知识属性。他也没有认识到"即使承认形而上学的结论总是被先天分析命题所表达,但也并不是所有形而上学命题都是论证的结果。至少某些用于达成形而上学结论的论证前提本身不是论证的结果。"③所以,他试图将"分析命题"作为"形而上学命题"之"护身符",才招致诸多批评。

例如洪谦就指出,冯友兰创建的"形而上学命题"若是"重复叙述的命题",就是"对于事实一无所叙述一无所传达",因而就成了与实际毫不相干的"空话"④。且四组命题的空洞叙述,甚至不如传统形而上学可以来的"丰富的感觉,优美的境界"和"许多满足与许多安慰",而与冯友兰自诩提升精神境界的哲学使命相背离。当时的马克思主义者也批评冯友兰的形式化叙述,杜国庠的《玄虚不是中国哲学的精神》一文,胡绳也认为他体现了"老哲学界中的理论的芜杂、混乱和空虚"⑤。赵纪彬、陈家康也批评他误以为形式逻辑可以完全脱

① 洪谦:《维也纳学派哲学》,商务印书馆1989年版,第11页。
② 洪谦:《维也纳学派哲学》,商务印书馆1989年版,第21页。
③ [美]格拉切:《形而上学及其任务——关于知识的范畴基础研究》,陶秀敖、朱红等译,山东人民出版社2008年版,第137页。
④ 洪谦:《维也纳学派哲学》,商务印书馆1989年版,第190页。
⑤ 胡绳:《胡绳全书》第一卷(上),人民出版社1998年版,第50页。

离实际。其他不同立场的学者,如朱光潜认为冯友兰对"理"与"气"、"真际"与"实际"的阐释并不符合"分析命题"的先天性。孙雄曾与佛学家王恩洋,都认为冯友兰使用的所谓"分析命题",并没有将对"理"与"气"、"真际"与"实际"的关系解释清楚。

而深入辨析冯友兰的"形而上学命题",他以事实存在为逻辑基础,虽不像一般意义上的"综合命题"那样容易被经验推翻,但由"方的物"推出"方的类",由"方的类之性"推出"方之理",显然前半部分就是使用归纳法的"综合命题",而后半部分则是使用分析法的"分析命题"。可以说,他在《新理学》对形而上学主要范畴的阐释与表述,是"分析命题"与"综合命题"兼用。而之后,被他视为既"空"且"灵"的四组命题,也根本是陈述了诸多事实知识,如"一切事物均有决定其存在的终极原理与终极质料","终极原理和终极质料是事物生灭变化的根据","本体是永恒的绝对的普遍的","宇宙是一个永恒运动变化的整体"等。因而他的命题系统,并没有单一的命题形态,而是由两类命题共同组成。

冯友兰的问题在于,没认识到,"形而上学命题"是何种命题形态,并不是论证其合法性的充分条件。正如洪谦所言,维也纳学派认为"形而上学命题"不合法并不是因为它是"综合命题",而是因为它是对事实无所叙述,无法提供实际知识的"似是而非的命题",其次,某种"形而上学"能被"取消"或不能被"取消"与它以哪种命题为根据,是毫不相关的①。

不过,这并不是说,冯友兰对"形而上学命题"属性之探讨是没有意义的。这种哲学论域下的特殊命题,因为表述的对象与内容之特殊性,既可说是"抽象命题",又可说是"超验命题"②,甚至还可以说是"假设命题"、"道德命题"、

---

① 洪谦:《维也纳学派哲学》,商务印书馆 1989 年版,第 182—191 页。

② 胡军教授认为冯友兰的四组命题,既不是"分析命题",也不是"综合命题",而是一种没有提供实际知识与实际内容的特殊的"抽象命题"或"超验命题"。(胡军:《冯友兰〈新理学〉方法论批判》,见《冯友兰研究》,蔡仲德编,国际文化出版公司 1997 年版,第 162 页)

"价值命题"。这样提醒我们不能简单囿于"分析命题"与"综合命题"之框架。尤其对于"中国形而上学"而言,其独具特色的恰恰是传达道德性、理想性、价值性、规范性的形上知识。因此,对契合这种独特知识表达的命题的厘定与把握,无疑应是形而上学家们的首要任务。

二、作为"本然命题"的"形而上学命题"

在"新理学"的体系中,既然"理"是基于逻辑推导所得到的万事万物存在之终极依据,其就具有一种完美的完满的"范型"地位。形而上学的重要任务,就是陈述、解释"理"之内涵。为了更好论证"形而上学命题"的特殊性,在"分析命题"与"综合命题"之外,冯友兰还借助"本然命题"与"实际命题",以及"特殊命题"、"普遍命题"、"必然命题"等,以论证其真实性、真理性与必然性。

冯友兰认为"理"之义,称为"义理","一理可以涵蕴许多别底理。此理所涵蕴之理,即此理之义;此理涵蕴许多理,即此理有许多义。例如人之理涵蕴动物之理,生物之理,理智之理,道德之理等。凡此皆是人之理之义。又例如几何学中所说关于圆之定义等,亦均是圆之理之义。理之义即是本然底义理。"可见,所谓"义理",就是概念命题所应承载的本来如此之含义。

同时,他又区分了三种"义理":"本然底义理"、"本然底说底义理"、"实际底说底义理"三类。他举例解释:"说底义理,即是说本然义理之理论,例如说圆之理之义之理论,即是说底义理。说底义理之实际底为人所说者,即实际底说底义理。实际底说底义理所依照之理,是本然地说底义理。例如尤可利所讲之几何学是实际底说底义理。尤可利所讲之几何学所依照之理,是本然地几何学,此本然底几何学是本然底说底义理。又例如义理是义理,上所谓义理之学是说底义理。朱子等所讲之义理之学是实际底说底义理,朱子等所讲之义理之学所依照之理,是本然底义理之学,本然底义理之学是本然底说底义理。"[①]

---

① 冯友兰:《三松堂全集》第4卷,河南人民出版社2001年版,第136—137页。

在论述此三个维度时,他虽亦有举例说明,但用语含混,当时也引起诸多批评与讨论。若接着他讲,"实际底说底义理"就是某种特殊命题系统对某种义理的陈述。"本然底说底义理"是各种语言各种形态的特殊命题系统对某种义理的陈述。"本然底义理"就是基于各种特殊命题所形成的最一般命题对义理的陈述。例如,汉语中对"三角形的内角和是 180 度"的证明是"实际底说底义理",也可称"特殊命题"。在汉语、英语、法语等各种特殊命题陈述基础上形成的"△abc 中,∠1+∠2+∠3=180°"是"本然底说底义理",也可称"普遍命题"。此"普遍命题"表达的"理",就是"本然义理"。

在此,冯友兰混淆了使用归纳法与分析法建构的科学知识原理,与人基于特殊的超越理性所设定的形上理体之差异。这主要与其从"方之物"到"方之类"再到"方之理"的推理方式有关。科学命题表述一类事物之"理",形而上学表述的也是一类事物之理,但此两种"普遍命题"并不相同。前者表述的是"或然真理",后者既然是逻辑本体,自然是"必然真理"。他明确说:"本然底说底义理即是真理,而且是绝对底真理。实际底说底义理,如与本然底说底义理相合,亦是真理,亦是绝对真理。"①

而若按照其"普遍命题"与"本然义理"的相合原则,各种科学命题作为"普遍命题",当然是"本然命题"。但因为"本然义理"是绝对真理,进而科学命题又变成了"必然命题"。可见,从"普遍命题"来解释"本然命题"的方式是存在问题的。所谓"普遍命题",是与陈述特殊事实的"特殊命题"相对的。而陈述具体事实的"特殊命题"则会因陈述的对错而有真假之分。这样,从"本然义理"的维度,知识判断真假就有两层标准:从"特殊命题"来看,其真假就在于此特殊命题与事实的相符;而从一个"普遍命题"或一种理论系统来说,其真假就在于其陈述的内容与"本然底义理"的相符。

此外,他参照"实际命题"来解释"本然命题"。"命题之实际地为人所说

① 冯友兰:《三松堂全集》第4卷,河南人民出版社2001年版,第137页。

者是实际底命题"。这样各种陈述普遍之理的"普遍命题"与陈述具体事实的"特殊命题"都可是"实际命题"。不过,"特殊命题"是通过与事实是否相符来判断其是与非、真与假,所以他又称为"事实命题"。而"普遍命题"是陈述义理的,也被他称为"义理命题"。显然,二者在对象、内容与真假标准上并不一致。

但冯友兰则认为,实际的"普遍命题"符合"本然命题",与实际的"特殊命题"符合事实,都表述"实际命题"是真命题。且"如一实际命题为是,则即永远为是。"可见,他并没有将陈述某些特殊事实之理的命题,与陈述特殊事实的命题区分清楚。"凡人皆有死"是个"普遍命题",也是"实际命题",但其并不必然陈述"本然义理",也不是"本然命题"。"张三是个很瘦的人"是陈述事实的"特殊命题",其也并不永远为真,因为张三身体可能会变胖。

所以,两种"实际命题"即便都是真命题,却不是"本然命题",当然,也不是"形而上学命题"。事实上,冯友兰亦明确,实际的"普遍命题"可与"本然命题"相合,实际的"特殊命题"可与特殊事实相合。证实之方法,就是"归纳方法"。因而,"特殊命题"肯定特殊事实,"普遍命题"亦肯定一个普遍的事实。"张三是人,所以会死"是特殊命题。"人终究会死"是普遍命题。二者均是"归纳命题"。

这样,此"普遍命题"虽表述人之为人的"本然",且此"本然命题"表达一个必然的事实,似乎是"必然命题",但其根本上并不是"逻辑的必然"或"先天的必然",而至多是"先验的必然"。所以,这些"实际命题"虽表述"本然义理",因而是真命题,但却并不是"形而上学命题"。

此外,冯友兰将数学、科学的"实际命题",也视为表述"本然义理"的"普遍命题"。他举例说:"例如人实际所讲之几何学,是一实际底理论系统,此实际底理论系统所说者,是关于方圆等之本然义理。但此实际底理论系统所依照之理,其完全底标准,即其'极',并不是关于方圆等之本然义理,而是最完全底一套命题,如定义定理等,最能完全表出关于方圆等之本然义理者。此最完全底一套命题,即是本然底几何学,本然底说底义理,而人实际所讲之几何学,乃此本然底几何学,此本然底说底义理之实际底例证。此一套命题如此,此一套中之每一命题亦如此。每一实际底普遍命题,皆是一实际底理论系统之一套命题中之一命题。如此一实际底理论系统,有一本然底理论系统以为之极,则此一实际底理论系统之一套命题中之每一命题,亦有一本然命题以为之极。所以是底实际普遍命题,只间接与一义理合,而直接与一本然命题合。"

若从一般的认识过程来看,冯友兰所表述的就是将基于归纳方法创制知识命题的原理。因而他解释的"实际事实→实际命题→本然命题→本然义理"之认识逻辑是可说的。但他根本目的是论证形而上学的"本然之理"之存在以及本然命题之合法性。因此,他将此认识逻辑倒转为存在逻辑,从"本然义理→本然命题→实际命题→实际事实",将"本然义理"视为先天潜存的存在。他举例说,人会死的事实,由各种不同文化、语言与主体所做出的"人会死的"之"实际命题"所陈述。这些"实际命题",依照的"人会死"之"本然命题"。但是,"此本然命题即使实际上没有人说它,它亦是有底"。

这种倒转当然是因为他划分"实际"与"真际",并将陈述后者中无穷无尽的"理"之命题视为"本然命题",由此论证此类陈述"本然义理"之"形而上学命题"乃是"先天命题"、"必然命题"。他说:"本然底命题是本然底说底义理,实际底命题是实际底说底义理。实际命题如与本然命题相合者,为是底命题,否则为非底命题。例如我们说;人是有理智底。此是一实际命题。亦即一实际底说底义理。如人之理涵蕴理智之理,然即有此本然底义理,即有一本然底说底义理,有一本然命题,与此本然底义理相应。而此实际底说底义理,此实际底命题,与此本然底说底义理,本然命题,相合,即为是底。如人之理不涵蕴理智之理,然即无此本然底义理,即无'人是有理智底'之本然底说底义理,无此本然命题。如此则'人是有理智底'之实际底说底义理,实际底命题,即为非底。"①

----

① 冯友兰:《三松堂全集》第4卷,河南人民出版社2001年版,第138页。

这样,似乎"本然命题"就是陈述"本然义理"之真命题。但问题是,由上述,冯友兰没有真正把握"实际命题"所依照的"本然义理"与本体论意义上的"先天命题"所蕴含的"本然义理"之根本差异。显然,"水分子是氢与氧两种原子构成的","物质的存在是客观的"都是陈述普遍知识的"实际命题",表达的是"实际说底义理",但此命题不需要有"水分子构成之本然义理","物质客观性之本然义理"作为依照,即可通过事实检验。而"天鹅都是白色的"即便有"本然义理",也与"天鹅之所以为天鹅"所陈述的"本然义理"完全不同。

所以,若以"方之理"为"方之物"中所理智、分析与总括所得到的形上本体,将"方之理"命题视为一种表述存在之为存在的本然基础、状态、依据的"本然义理",仅就一种形而上学系统而言,只要是不违反逻辑,其即是有意义的命题。但若将此"本然命题"与"普遍命题"、"实际命题"关联起来,尤其是与其他经验知识的命题关联起来,反而干扰了对"本然命题"之认定。①

他的出发点,本是论证"形而上学命题"是陈述"本然义理"之特殊命题。并将此命题之有效、为真、为是,有意义乃至合法,关联于"本然义理"本身的有效、为真、为是,有意义乃至合法。所以,即便他使用"本然命题",也应该着力论证此"本然义理"的特殊性。因为,这些"本然义理",是完全不同于一般经验知识的"思议性知识"与"形而上知识"。而要获得此种知识,需要一种完全不同于经验认识、科学认识的思维能力。

事实上,冯友兰也强调,这种思维和思辨能力,乃是创建"真正形而上学"之前提。他曾指出:"有一点我们须注意者,即西洋哲学中英文所谓'买特非昔可司(metaphysics)'之部分,现在我们亦称为形而上学。因此凡可称为'买特非昔可(metaphysical)'底者,亦有人称为形上底。但此形上底,非我们所谓

---

① 冯友兰对于"本然命题"、"本然义理"、"实际命题"、"实际说底义理"等的表述,在当时也引起了一些批评。王恩洋就认为,"不必在本然义理之外更有一本然的说的理、或本然命题译为所依照,亦即不要有本然的理论系统。"(《王恩洋先生论著集》第九卷,四川人民出版社2001年版,第367页)

形上底。可称为'买特非昔可（metaphysical）'底者，应该称为形而上学底，不应该称为形上底。照我们所谓形而上者之意义，有些可称为形而上学底者，并不是形上底。例如，唯心论者所说宇宙底心，或宇宙底精神，虽是形而上学底，而是形下底，并不是形上底。照我们的系统，我们说它是形下底，但这不是说它价值低。我们此所说形上形下底之分，纯是逻辑底，并不是价值底。形而下者，如其是有价值底，其价值并不因为其是形而下底。"①

也即是说，有些历史上的"形而上学"，虽然也试图对超验的"形而上者"进行"叙述"和"说明"，但由于缺少更有效的思想方法、更高明的思维能力，他们所探讨的各种"形而上者"，虽然相比于流变生灭的具体事物而言是长久的、普遍的、抽象的，但它们本身并不是"形而上者"，而仍是时空中具体的"形而下者"，由此建立的亦并非"形而上学"，而是"形而下学"。回顾中、西方古代哲学史，诸多哲学家都将"水"、"火"、"气"、"原子"等物质要素作为本体，这不过是知识与科学水平落后状况下之误解，它们所讨论的本体范畴，也并不是真正的"形而上者"。而除了以时空中的可感事物作为"形而上者"外，古代哲学家还将某些充当"大全"或"一"的整体性的概念，如"天"、"道"、"心"、"物"等范畴作为"形而上者"。但按照上述的判定标准，这些范畴虽然远比个体的事物和要素要抽象，也即是，前者是感官经验可直接认识的，后者则是感官经验无法直接认识的；前者是个别的，特殊的，后者则是宇宙整体，是唯一的。但根本上，这些概念尽管外延极大，是大如天地甚至就是宇宙本身，却始终都是具体的，是时空之中的，亦是可生灭的。所以，许多讨论这些本体范畴的思想并不是"真正的形而上学"。

古代哲学在区分"形而上者"和"形而下者"时，通常以"有形"或"无形"作为区分的标准②，而此"形"一般被理解为是被由感官所认识的如颜色、形状、大小共同构成的"形象"或"形相"。因此，古代很多"形而上学"的核心本

---

① 冯友兰:《三松堂全集》第 4 卷，河南人民出版社 2001 年版，第 33 页。
② 冯友兰:《三松堂全集》第 1 卷，河南人民出版社 2001 年版，第 212 页。

体、本源、本根及本质,虽然不同于具体的"形象"或"形相",但本质上仍是经验的、具体的存在物。在冯友兰看来,一个新的形而上学系统若要合法,核心任务即是确立真正超越"形象"或"形相",即真正超越"经验界限"的本体范畴。此任务之成果,是完成一个"形上底"而非"形而上学底"的系统。相比之下,"形而上学底系统"仍然对实际有事实性肯定,因而需要经验事实的验证。而"形上底系统",则是真正对超验范畴的逻辑分析、综合论证与理论解释。

这种理智的分析、总括和解释,体现之"理论思维"①,被他称为"思议"。"思议"之对象,是"超形"即"超经验"的终极原理——"本然义理"。显然,这个形上对象与数学、逻辑学所先天自明性的客观原理不同,也与专门解释具体经验事实的本质、规律、属性、特点的各种分科之学不同,亦与文学艺术之类的创作产品不同。因而,陈述"本然义理"的"形而上学命题"亦是可传达一种特殊知识信息的,且这些信息,既是普遍的又是合逻辑的,因而是有意义的。

总之,冯友兰基于某种命题类型展开对"形而上学命题"合法性的讨论,都存在着一些问题。从形式上来看,"形而上学命题"并不是对实际很少肯定的、重复叙述的命题,因此至少很大一部分不是"分析命题"。从内容看,"形而上学命题"应是关于"本然义理"的命题。但按照他对"本然命题"的多种界定,此类命题又不完全是形而上学意义上的"先天命题"与"逻辑命题"。尤其是,冯友兰纠结于某种类型的命题才是"真命题"②,实际上仍是囿于石里克、卡尔纳普等人之"真命题"、"假命题"的判断框架。

根本上,比执着于"形而上学命题"的类型与检验更重要的,乃是探讨这种命题能否传达哲学家所期望之意义,发挥哲学家所期望之功能。这是因为,

---

① 冯友兰:《三松堂全集》第1卷,河南人民出版社2001年版,第228页。
② 这种真命题相当于金岳霖的"先天命题",而不是"先验命题"。这是因为"先验命题"尽管不以经验为转移,作为普遍命题仍然与"本然底说底命题"相符合,但却仍然是承认实际世界的实在。即便是"真命题",也只能是"实际命题",而不是描述"本然世界"的"必然命题"。

"科学理论的真假值往往取决于表述其内容的命题的真假值,从这个意义上说,任何科学理论及其命题的真假都不是永恒的,而是相对的。"①而在胡军教授也提醒我们,"形而上学"并不是科学,而是探讨各门经验科学所蕴涵的绝对预设的学问,其逻辑地先于任何的经验科学。因此,"表达形而上学的语句不是命题的凭借,或者说关于形而上学的陈述不是命题,所以它也就没有命题所应具有的真假值。"②

当然,这并非否认冯友兰聚焦"形而上学命题"研究之重要意义。亦非否认他在形式或类型归属上并不那么明确的四组命题,完全不能陈述哲学家之思想,传达"形而上"之观念。正如老子《道德经》中话语表述与语句书写既有抽象化、形式化、逻辑化之特点,又意蕴丰富一样,冯友兰的四组命题为代表的话语系统,同样可准确、有效地陈述或表达出其观点、学说、思想,学术共同体亦能够基于此类哲学命题,获得一种普遍性的知识信息、理论思想。甚至,在此基础上,了解此命题者亦能因新知识新观念之获得而助力其精神境界之提升。

事实上,冯友兰并未完全拘泥于"形而上学命题"的形式或类型之讨论。他也非常重视此类命题的意义传达与观念呈现之问题。他自觉认识到,运用语言来表述"形而上者"以建构命题或语句,即便命题或语句具备逻辑合法性,但运用出于经验性的语言工具,如何才能获得超越性的形而上学观念呢?为此,他顺着"形而上学命题"之合法性问题,就递进到"形而上学方法论"之论域,以讨论借助经验语言陈述超越的"形而上者"之可行性方法之问题。为此,他改造"逻辑分析法"为"辨名析理",建立"正的方法",肯定"形而上学命题"可标示明确的"形而上者",进而他借鉴传统哲学中体悟、体证、直观,创发

---

① 胡军:《冯友兰〈新理学〉方法论批判》,见《冯友兰研究》,蔡仲德编,国际文化出版公司1997年版,第168页。

② 胡军:《冯友兰〈新理学〉方法论批判》,见《冯友兰研究》,蔡仲德编,国际文化出版公司1997年版,第168页。

"负的方法",为"新的形而上学"提供了"分析法"。所以,关联这种全新的方法论,方能更好理解把握冯友兰对"形而上学命题"研究之影响与作用。

第二节 "先验命题"与"先天命题"

20 世纪 20—40 年代,西方分析哲学思潮的命题观、真理观影响到了中国哲人对命题类型、命题意义、命题真假等问题的研究思考。如罗素将命题视为对某一事实加以肯定或否定的直陈句。维特根斯坦把命题视为对现实事态予以描述之"现实的图象",其真假也取决于此事实在现实中存在或不存在。①石里克说:"分析命题……,它是一种所谓同语反复的命题。这样的命题自然是具有先天性的;因为它仅以纯粹形式的关系为对象,对于实际是无所叙述的。我们对于它的了解,仅须视两种相关的语句是否同值,所以我们从知其意义中即能判断其为真为假了。"②

中国学人受此影响,亦赞同以事实检验命题之真假,不过,很多人也强调,对于一些特殊命题,"事实"却不能作为检验标准。例如,作为拒斥阵营之代表,张岱年曾专门讨论"哲学命题之意谓",认为"符号与命题,为事实之表示,其所表示之事实,即符号与命题之意谓。"③而"有谓之命题谓之实在命题","无谓之命题谓之空虚命题"。他将命题分为三类:一是事实命题或经验命题,即表述经验事实之命题。二是名言命题,即关于符号或命题之命题。三是价值命题,即关于理想或事实与理想之关系之命题。强调,命题不同,其"准衡"即标准亦不同。例如,"事实命题之意谓准衡谓可验,或在经验上有征";"名言命题之意谓准衡为可辨或可解";"价值命题之意谓标准为可实践或有实践之可能"。

① 王中江:《金岳霖学术思想评传》,北京图书馆出版社 1998 年版,第 148 页。
② 洪谦:《维也纳学派哲学》,商务印书馆 1989 年版,第 38—39 页。
③ 张岱年:《张岱年全集》第三卷,河北人民出版社 2007 年版,第 16 页。

由此,张岱年一方面批评现代实证论者将一切价值命题均视为"无谓"之错误,强调价值命题与实际命题不同,其意谓准衡,"在于可践,不在于可验"。另一方面又承认,以经验验证来看,以往的一些"形而上学命题",都是没有意义的空虚命题。"过去宇宙哲学之命题,多系无意谓的。最显著之例,如柏拉图关于离物自存之理念,或独立的理念世界之命题。黑格尔关于绝对理念或绝对精神之命题,实皆不可验,即非任何基本命题之概括,故实皆无谓。"①

作为捍卫与重建"新形而上学"的代表人物,金岳霖则强调,命题既可陈述"事实",亦可表达"道理",因而命题本身不止一类,评判命题之标准也不仅一种。按拒斥阵营理解,"形而上学命题"当然有陈述"事实"之一面,因而可用事实检验之方法。但此类命题更多的是陈述"道理",因而其只有符合思想之逻辑,即是"有谓的","有意义"的。

金岳霖也承认,在形而上学中,语言存在难以避免的有限性问题。他说:"治哲学总会到一说不得的阶段。说不得的东西就是普通所谓名言所不能达的东西。有些哲学家说,说不得的东西根本不成其为东西。如果我们一定要谈到这样的东西,我们不过是说些废话而已。这种主张也对。说不得的东西当然说不得。若勉强而说之,所说的话也与普通的话两样。所说的东西既不是经验中的特殊也不是思议中的普遍。但是,这不是哲学主张。因为治哲学者的要求就是因为感觉哲学这些名言之所不能达的东西,而要说这些命题所不能表示的思想。假若他不是这样,他或者不治哲学,或者虽治哲学而根本没有哲学问题。"②所谓"说不得的东西"即是超验之"形而上者",而"说不得",则是语言本身之有限性问题。

但同时,金岳霖也主张,哲学家的使命正是要利用这些本具有限性之语言,创造出新的命题,以提供不同于这些语言原义的新内涵。他区分了哲学话语系统中的概念与命题:表示概念的是单词,体现命题的则是句子。概念没有

---

① 张岱年:《张岱年全集》第三卷,河北人民出版社 2007 年版,第 17 页。
② 金岳霖:《金岳霖选集》,吉林人民出版社 2005 年版,第 125 页。

真假问题,命题则有真假之判断。并指出,一套思想义理系统之真假,与其所用命题之真假直接相关。而命题之真假,则与命题陈述之"意义"相关,他说:"命题底定义就是思议内容之有真或假者,或意思内容中之肯定事实或道理者,或一句陈述句子之所表示而又断定事实或道理,因此而为有真假的思议底内容者。"①

金岳霖则将人类知识命题分为三种:一是"特殊命题",二是"普及命题",三是"普遍命题"。"特殊命题"是对于某一特殊有所肯定或否定的命题。其"主词"是指示一个特殊的东西或事物。"普及命题"是对某一时空中集合体或普遍情形有所肯定或否定的命题。其"主词"不表示特殊,不表示类,而是表示有时空地域限制的集合体或一般情形。"普遍命题"是对普遍的概念有所肯定或否定的命题。其"主词"是抽象的概念。而根据"谓词"是否普及于"主词"的不同,金岳霖又把"普遍命题"分为"统计式的普遍命题"和"非统计式的普遍命题"。"统计式的普遍命题","谓词"不普及于"主词",如"人的生活十之八九是习惯"之类。此类命题虽是真命题,但亦主要是"经验命题"。"非统计式的普遍命题","谓词"普及于"主词",例如"所有的人都是要死的"这一命题。金岳霖认为,此类命题是真正的"普遍命题",一般也被认为是表述自然律的命题。

这样,金岳霖的"特殊命题"就与被冯友兰视为"综合命题"的"特殊命题"不同,而"普遍命题"中,只有"非统计式的普遍命题",是表述自然律的命题,则应是"综合命题"。但与一般将"分析命题"视为"先验命题"之理解不同,金岳霖将表述自然律的"非统计式的普遍命题"(本质是"综合命题")——也称作"先验命题"。当然,此命题并非一般理解之"分析命题"。

而与"先验命题"相对的,在他看来,则是"先天命题",即"逻辑命题"、

---

① 金岳霖:《知识论》,商务印书馆 2000 年版,第 831 页。

"必然命题"。此类命题,当然也是"普遍命题"①。但其与自然律代表的命题不同。因为前者体现的是陈述内容之普遍必然性,而后者体现的是陈述内容之普遍适用性。金岳霖指出:"后一种命题是可以假而适无往而不真的命题,必然的命题根本不能假。因其不能假,其所以为真者也与其他命题的真不同。它不形容事实,而范畴事实,事实无论如何的变,总逃不出必然命题的圈子。"②可见,他对命题类型、命题属性之理解独具特色。

一、"本然陈述"与"经验陈述"

为了与"常识命题"和"科学命题"陈述的经验世界相区别,金岳霖将"形而上学命题"陈述的对象界定为"逻辑世界"与"本然世界"。在其《论道》一书中,他曾细致阐述了其"形而上学"的基本架构与生成逻辑——"逻辑世界"→"本然世界"→"现实世界"。并解释说:"本然世界是实实在在现出来的世界。它虽然是实实在在现出来的世界,而它不必就是现在所有这样的世界。……这本然世界也许仅是原子电子那样的世界,而不是官觉经验所能接触的世界,也许老早就是官觉经验所能接触的世界,也许根本就不是前一样的世界,也不是后一样的世界。可是在这本然世界里,变是有的,时间是有的,前后、大小也是有的。"③

对此"本然世界"的描述命题即是"本然陈述","本然陈述所表示的对象不在名言世界范围之内,而本然陈述所用的工具也不是个体词或概念词。"④此种命题的陈述并不涉及具体事物的专有名词,其对象亦是普遍抽象的。正

---

① 在金岳霖的形而上学中,"共相底关联为理",纯理是逻辑,因此"理"总是用普遍命题表示。"而普遍命题总是概念与概念底关系,所以普遍命题之所表示就是共相底关联或可能底关联。"(金岳霖:《论道》,商务印书馆1985年版,第183页)

② 金岳霖:《逻辑》,三联书店1982年版,第236页。

③ 金岳霖:《论道》,商务印书馆1985年版,第59页。

④ 金岳霖学术基金会学术委员会编:《金岳霖学术论文选》,中国社会科学出版社1990年版,第344页。

如"本然世界"乃是"逻辑本体"现实化过程中的中间环节一样,"本然陈述之所表示既不是必然的理也不是固然的理。它既不是逻辑命题,也不是自然律。它非常之基本。它是治哲学者最后所要得到的话,也是哲学思想结构中最初所要承认的话。"[1]金岳霖强调,"本然命题"分为两类,一类是陈述"形而上学"的"元理",一类是陈述"形而上学"的"非元理"。以《论道》中的哲学话语来说,"现实并行不悖"、"时间是一现实的可能"之类的都是"非元理"。而"能有出入"则是"元理"陈述。可见,前者倾向肯定具体现实,后者则表述现实得以为现实的普遍内容。

可见,"本然命题"虽是"形而上学命题",但其与"逻辑命题"不同。后者不肯定任何现实,仅是肯定一切逻辑上之"可能"能够现实,其对具体现实来说,是"消极陈述"。"本然陈述"虽不肯定任何现实的具体情况,但其所作出的陈述,却对一切现实均有效,因而是一种"积极陈述"[2]。这样,"本然命题"与"逻辑命题"不同,亦与"科学命题"、"经验命题"这种专门陈述具体事实的命题不同。更特殊在于,"本然陈述"中的"主词"并不陈述任何经验中的个体,也没有拒斥阵营所谓的须遵从的"主词"与"宾词"结构。

虽然肯定哲学语言能够陈述或描述"本然世界",但哲学语言总要书写为哲学命题。而命题之所以为命题,总是对于个体、事实或概念等有所表示,任何命题总是对"本然世界"的某一部分进行说明,"普遍命题"如此,"特殊命题"也是如此。对于命题来说,设在 t1,有 p1,q1,r1,……表示 t1 时的那个世界,而在 t2,有 p2,q2,r2,……表示 t2 时的这个世界。这两套命题中一定有不同的命题,"本然世界"没有变。假设 p1p2,q1q2,r1r2,……为不同的命题。p1 或者可以解释 p2,或者不能。其余同样。如果不能,则何以有 t2 时这个世

---

① 金岳霖学术基金会学术委员会编:《金岳霖学术论文选》,中国社会科学出版社 1990 年版,第 345 页。

② 金岳霖学术基金会学术委员会编:《金岳霖学术论文选》,中国社会科学出版社 1990 年版,第 342 页。

界未得答案。如果可以,则 p1p2,q1q2,r1r2,……各套之间的关系一定是"固然的理"。"固然的理"虽可以分别地解释这个世界,但却不能从何地决定何以有这个世界。① 所以表述"本然世界"即"先验世界"的"本然命题"也可称为"先验命题"。当然,此处所谓的"先验世界",并非指我们对它的知识可以先于经验而有,而是指只要有这样可以经验到的世界,我们就得承认有这样"现实的"、"本然的"、"轮转的"世界。

"本然陈述"虽被视为"先验命题",但仅是肯定此种陈述的内容,相对于各种具体的经验现实具有"在先性",而非在内容上与经验完全无关。事实上,金岳霖虽肯定借助概念命题可表述"本然世界",但却始终以经验、现实保住"本然陈述"之内容的客观性、合法性。并且,在他看来,一般的常识系统与知识系统中的"经验命题",仅是专门陈述经验事实。但陈述"本然世界"的"本然命题",因为是对经验、现实的最本然属性的说明,因而亦可从内容上被视为一种特殊的"经验命题"。所以,"本然陈述"的提出,其实质是将"表达形而上学意蕴的经验命题与仅仅以描述经验世界为目的的经验命题区别开来"②。

金岳霖肯定存在"本然陈述",直接证明了,特定的语言系统可作为"形而上学"之工具,特定的概念命题系统,也具有陈述"形而上的世界"的可能性与合法性。借助这些概念命题系统去陈述"形而上的世界",其认识方式,既不同于纯粹"先验论"意义上的"天赋观念"、"天赋良知"、"理性回忆",亦不同于一般"价值论"意义上的"实践理性"(康德)、心性工夫(儒学)。并且,在此语言系统中,既有表述具体事实的"经验命题",又有表述"本然世界"的"本然命题",表述"逻辑世界"的"逻辑命题",三者共同构成了"形而上学"的命题系统。③

---

① 金岳霖:《金岳霖选集》,吉林人民出版社 2005 年版,第 125 页。
② 胡伟希:《中国近现代思想与哲学传统》,浙江工商大学出版社 2009 年版,第 431 页。
③ 胡伟希:《中国近现代思想与哲学传统》,浙江工商大学出版社 2009 年版,第 432 页。

二、"先验命题"与"先天命题"

冯友兰在讨论哲学命题时,分别以"分析命题"与"综合命题"对应"真际"(理本体)与"实际"(事物)两个世界,且前者又可视为"必然命题"。冯友兰采用的命题架构是:"理世界"(逻辑世界)→"本然命题"("必然命题")→"分析命题"→"真命题";事世界(实际世界)→"综合命题"("或然命题")→"可真可假命题"。而从上文"本然陈述"看,"本然命题"则是"先验命题",其虽不是"逻辑命题"即"必然命题",但其表述内容却可为真。所以整体上,金岳霖的"形而上学命题"采用"式世界"(逻辑世界)→"本然命题"("先验命题")→"真命题",以及经验世界(实际世界)→"经验命题"→"真命题"的架构。

关于"先验命题",金岳霖将其与"先天命题"相比较。用他的话说,"先天命题"是对"不能不现实的可能"说的,"先验命题"是对"老是现实的可能"说的。"可能"是《论道》书中确定的形而上之本体范畴,先天命题是表述"可能"的,因而是"形而上学命题",是必然命题。而"老是现实的可能",即相对于任何已然现实存在的宇宙而言,此"先验命题"仍是"形而上学命题",但却不是必然命题。他指出:"先验的命题老是真的,可说,它们虽然老是真的,而它们仍不是必然的命题。"①由此,关于时间、个体、变化、时间、空间等现实世界最一般范畴的命题表述,并不是"先天命题",而是"先验命题"。

对于"逻辑命题"而言,金岳霖认为存在一个客观的公共的"逻辑",而表述此"逻辑"的命题,可形成不同的"逻辑系统"。"每一个逻辑系统都是逻辑之所能有的一种形式,所以每一逻辑系统都代表逻辑,可是逻辑不必为任何一系统所代表。逻辑系统是一种形式,虽然是必然之系统,而本身并不必然的。"②此系统借助概念命题表述"必然",其概念命题系统本身皆是"必然命

---

① 金岳霖:《论道》,商务印书馆 1985 年版,第 182 页。
② 金岳霖:《逻辑》,三联书店 1982 年版,第 237 页。

题"。与此"逻辑系统"相应,"形而上学系统"同样表述客观的、公共的"逻辑本体",其提供的终极观念是必然的、逻辑的,但其概念命题系统不必也不可能全部是"逻辑命题"或"分析命题"。

对"先验命题"而言,其之所以被纳入"形而上学命题"系统,同样可从逻辑与逻辑系统的一、多关系来思考。在《论道》一书中,包含一切"可能"的"逻辑世界",即是形而上的"本体世界"。"本体世界"的"可能"必然会现实,实际的世界必然会出现,其根本原因即在于"能"。"可能"是"逻辑上的可能","能"是不能言说的 X。"能",虽然说不得,而我们仍可思议它。这是因为,认识思维的能力总是可以对于个体进行无量的抽象,抽象出任何的性质和要素都可剥离,总会剩下那无法再抽象的客观的东西。无论是"共相"方面的"无量的抽象法",还是"殊相"方面的"无量的抽象法",都让我们感觉到个体中有"非共非殊"的"底子",这个"底子",就是客观的"能"。在金岳霖看来,概念表示的即是"共相","能"非"共相",亦非可能,所以我们对于它无概念。"殊相"可以被感官感觉,而"能"非"殊相",所以我们对于它无"官觉"现象即不能借助感官提供相关认识。它既不是普通所能思的,也不是普通所能觉的。

因此,"能"不是"知识论"研究的对象。关于"能"所形成的命题不是"逻辑命题"或"分析命题"。但"能"却是"形而上学"的基础范畴。如果没有"能",不但"形而上学"的体系建立不起来,"形而上学"的"描述"功能也无法实现。首先,"能"是决定"可能"现实化为多种多样的"本然世界",进而具体化为多种多样的"实际世界"或"经验世界"的根本要素,因此,对于"能"进行"描述"的命题就是必须的。其次,"能"直接关涉一些必然现实的"可能",如时间、空间、变动、个体,且是在此基础上继续具体化为各种"经验世界"的理论环节,因此"能"所构成的世界即是先于经验的"先验世界"或"本然世界"。而描述这个不同于"逻辑世界"的"先验世界"或"本然世界"的命题,即是"先验命题"或"本然命题"。

金岳霖在研究"形而上学命题"时,尤其注意区分"逻辑命题"(先天命题)与"本然命题"(先验命题)。他指出,从命题的角度来说,"设以 p,q, r……代表'这是桌子','中国在亚洲','所有的人都有理性',以及科学所发现的自然律,……,而 T 代表逻辑命题,在无论 p,q,r……都是空的,或不能证实的,或假的,而 T 那一组命题仍是实的,仍是能证明的,仍是真的。从这一方面看来,先天与先验底分别非常之重要。有不能不现实的命题,所以有先天的命题;有老是现实的可能,所以有先验的命题。先验的命题老是真的。可是,他们虽然老是真的,而他们仍不是必然的命题。我们可以说我们底经验可以打住,我们这样的世界可以没有,而式不能没有,能不能没有,现实不能没有。"①

先天的"逻辑命题"仅表示"逻辑世界"中的"可能"之不能不现实而已,此类陈述对于我们现有的这样的"经验世界"或其他无数的那样的"经验世界"毫无表示。"先验命题"则不同,它们表示有时空,有变动,有类,有性质,有个体等。"先验命题"所"描述"的是"逻辑世界"现实后的"本然世界"。而对此世界之陈述虽不是必然的,只要经验存在,一个世界无论什么样,总要有时间空间,有变动,有类,有个体等,只要有经验,此类陈述就不会是假。因此,"先验命题"是从形而上世界转向形而下世界这一关键环节的必要表述,是必不可少的。可见,对"形而上学命题"系统言,"先天命题"与"先验命题"均是非常重要的。

但同时,"经验命题"亦是不可或缺的。若暂时搁置拥有无限可能的"逻辑本体世界",仅以"本然世界"或"先验世界"来看,它虽包含"经验世界"得以可能的如时间、空间、变动、个体等诸多要素,但个体成为"具体",即成为在特殊时空中存在的万事万物,那么对此类具体的存在而言,亦可有无数的可能。此无数可能的具体的世界,既可是人类当下生存或认识到的"经验世界",亦包括人类尚未认识的,或其他生命类型所生存及创造的"经验世界"。

---

① 金岳霖:《论道》,商务印书馆 1985 年版,第 182 页。

以人类生存的"经验世界"为例,人类可以通过对具体的万事万物的认识,获得对其客观的性质、要素、作用和关系的认识。在其他世界中的生命亦有可能按照客观的认识"所与",去完成对其所处的"经验世界"的描述①,进而同样抽象出时空、变化、类、个体这些客观实在,从而用另一种"经验语言"以及另一套"经验命题"系统,构造出"本然世界"的描述系统——"本然命题"或"先验命题"。这样,"经验命题"就成为反推"先验命题"、"先天命题"的基础,同样是具有意义的命题形式。

整体看,金岳霖将宇宙区分为"本体世界"与"本然世界"、"经验世界",对应提出了"先天命题"、"先验命题"、"经验命题",以此作为论证"形而上学命题"合法性之基础。这三种命题共同支撑其"形而上学命题"的陈述内容与意义空间。"先天命题"主要表述有"式"、有"能"、"能"有出入、"式"不能无"能","能"不能无"式"、"可能"之间有关联等,这些是宇宙存在必然的逻辑秩序,因而其表述的是"逻辑的意义"。

而表述"本然世界"中的"时间"、"空间"、"变化"、"性质"、"类"、"个体"等的"本然命题"即"先验命题",虽不是必然的,但其表述的却是任何"经验世界"所必须遵守的"本然义理",这些命题不但是有意义的,亦是"真命题"。

此外,在《论道》中,"可能"有"能"即成为实有的"共相"。按金岳霖所说,所谓"红",所谓"绿",所谓"烟",所谓"灰"……都是实际的现实的存在,都是"共相"。而表述"共相"的"先验命题"——无论是单独表述"共相"还是表述"共相的关联",都是有意义的。

————————

① 对于这种客观性,某些怀疑主义者、反实在论者和某些实用主义者是持怀疑态度的。例如席勒就认为所与"无不起源于个体灵魂上的独特结构,……那所谓'客观性',总会带着虚构和想象的色彩。"([英]席勒:《人本主义研究》,麻乔志等译,上海人民出版社2010年版,第144页)但这种主张仍然是以人的认识能力为前提。事实上,即便不去讨论人何以能形成普遍客观的知识,对于外界实在的"客观性"而言,简单的经验支持就足以证明。有独立于任何理性生命的外界实在,并在任何理性生命去认识时,在同一标准上具有"真"的特征,这不仅是认识论,也是形而上学的"实在论"。具体也可参见[美]彼得·范·因瓦根:《形而上学》,宫睿译,北京大学出版社2007年版,第105—121页。

　　金岳霖区分了"共相"间的关联与个体间的"关系"。他说:"关联和关系不一样。关系显而易见可以是偶然的,而关联不是偶然的。关联能够给我们以只当不移的意味,而关系不能给我们以这样的意味。"①表现在,说某个体有"红"性质与说"红共相"有某属性,说某两个体有"在左"与"在右"关系与说"在左共相"与"在右共相"有某一种关系,这两类命题完全不同。

　　现实的个体会有性质、有关系,但性质本身与关系本身都是"共相",它们都无所谓有性质、有关系。"红"的"共相"并不红,绝对不会有"红色"之性质。"大"的"共相"也并不比"小"的"共相"大,同样,"左"的"共相"、"右"的"共相"也不会有现实中之"在左"、"在右"的经验关系。作此区分是要说明,"共相"之间的"关联"与现实的性质、关系之认识完全不同,前者是"先验命题",后者是"经验命题"。但前者,只要不违背逻辑,即是有意义的。

　　对此种陈述(金岳霖常用"表述")"共相"及其关联的"先验命题",金岳霖还称为"普遍命题"。他指出:"说某个体之有某性质或某个体与某个体之间有某种关系总是简单命题;说性质之有某属性,或关系与关系之间之有某一种关联总是普遍的话,它们或者是普遍命题或者是定义。如果是定义,说某性质或关系之有某属性就是说前一性质或关系底概念底定义之内有后一概念底定义,所以这里的属性就是内在性。说某一性质与某一性质或某一关系与某一关系有某种关联就是说前两概念底定义之内有后一概念底定义。如果这类的话是命题,他们是普遍命题。如果它们是真的,则他们表示普遍的事实,那就是说,他们表示共相底现实的关联。如果它们是假的,而又不是矛盾的命题,则它们表示共相底可能的关联而不表示现实的关联。如果这些命题既不是已经证明其为真又不是已经证明其为假而同时又无矛盾,则它们所表示的至少是共相底可能的关联,也许是共相底现实的关联。"②

　　在这里,陈述"共相的关联"的命题只要是不矛盾的,即使是"假命题",也

① 金岳霖:《知识论》,商务印书馆 1990 年版,第 599 页。
② 金岳霖:《论道》,商务印书馆 1985 年版,第 93—94 页。

是有所陈述的命题,既然有所陈述,此命题的内容就不为"空",此内容就是有意义的。这是因为,作为逻辑的内容,"可能"是可以有"能"而不必有"能"的;同样,"共相的关联"也可仅是"可能",而也不必现实。而这种不会现实或没有现实的"可能"之关联,仍然可以用命题"表示"或陈述,只不过此命题的内容是对"空的概念"之陈述而已。

由此来看,对于命题的陈述意义,本就可从经验知识与超验知识、具体知识与普遍知识、实际知识与逻辑知识的不同语境来加以界定。自然,对此类不同研究对象之陈述以及其意义的评判标准,在不同的知识系统中,可有不同形式。具体到哲学论域,某些哲学概念与命题,即便其并没有指称某种现实的、具体的存在物,而仅陈述的是某种可能或某种假设,那么其仍然是有意义的。

维也纳学派等拒斥阵营评判命题意义时,使用的主要是"命题"与"对象"相验证的"符合论"。借用希拉里·普特南的话,拒斥阵营实际是将"形而上学"归为一种"描述的形而上学",认为由一系列符号语词和概念命题构成的系统,与外在的某种对象或对象整体存在着"对应"的关系——无论这个对象是各种实在论确立的实体对象,是康德所谓的"物自体"世界,还是某种特殊的本体世界。

金岳霖则反对拒斥阵营基于实证原则、检验原则,将"形而上学命题"判定为"无意义"和"假问题"。相比之下,他主张从"融贯论"来评价命题的意义①,从命题自身的理论逻辑性与知识圆融性来论证"形而上学命题"的知识属性。也即是,"形而上学命题"基于符合形式逻辑的语言文字和概念结构,在形式上是合法的。此类命题通过陈述特定对象的具体内涵,可传达相应的知识信息和哲学观念,因而在内容上亦是确定的。虽然此类命题之语义因为无法检验、验证而为"假",但却表明此类命题所传达的"意义"、"价值"为

---

① 美国"形而上学"研究专家布鲁斯·昂将西方古代哲学史中对"真理"的语义评判标准,主要分为"符合论"、"融贯论"和"实用主义"三种。([美]布鲁斯·昂《形而上学》,田园、陈高华译,中国人民大学出版社2006年版,第160页)

"假"。正如上文,金岳霖指出拒斥者们简单分列"分析命题"与"综合命题"并以非此即彼的方式检视"形而上学命题",本身就是错误的。

而从表述"共相"命题的特点来看,其无论现实与潜在,都是有意义的,亦可被视为知识命题。因而拒斥阵营以事实与逻辑的验证原则来判定命题语义之"真"、"假",进而确定其是否属于知识命题,就同样存在一些问题:

一方面,仅以"验证"、"证实"为原则,来筛查包括哲学在内的各种命题系统之"意义",以此作为其能否具有"知识"之资格,是片面的、错误的。举例来说,"恐龙"、"秦始皇"等概念,指称的对象已经不再存在,因而永远无法验证。不过,这种概念名词所组成的命题却依然有意义,依然是知识命题,如,"恐龙分食草和食肉两种"、"秦始皇统一了中国"。

另一方面,"形而上学命题"并不适用拒斥阵营"验证的原则",但却符合他们的"形式的原则"。也即是,此类命题所构成的,是一个哲学学术共同体普遍认可的思想系统,在此系统中,只要作为"前提"的那些概念命题为真,那么自然可以推出作为"结论"概念命题同样为真。而中西古今的各种"形而上学",所使用的核心概念与基础概念,如"上帝"、"逻各斯"、"存在"、"道体"、"以太"、"理念"、"元气"、"心性"等,虽从未有现实的具体对象可以完全检验验证,但按金岳霖所言,其有的可"思议"有的可"想象",在认识论与知识论意义上,完全可以表达确切的含义,提供有效的内容。因而此类命题既是有意义的,并且也是一种特殊的知识命题。

所以,正如我们并不能因为远古神话中人物的虚幻性,而否认神话本身的叙述逻辑以及所体现的哲理与意义一样。"形而上学命题"中的"心是本体"、"人性本善"、"上帝存在"、"灵魂不死"等,虽无法如拒斥者所愿而始终加以"检验"与"验证",但却并不影响此类命题可以陈述特殊的知识信息,可表达超越的哲学观念。

总之,金岳霖强调"形而上学命题"并非一种类型,其根本是由"经验命题"、"本然命题"、"逻辑命题"等共同组成。因而,此多种命题的内容真假,就非维也纳学派所设定的事实验证与逻辑验证两种方式所能穷尽。由此,诸多命题各自的"形而上学"知识系统中具有的意义,亦非验证之"真"、"假"即可断定。这样,他也给出了自己的回答,即"形而上学命题"有其特殊性与合法性,因而无法如拒斥阵营所言,可被视为某种文学诗歌。甚至,作为人类各种知识得以建立的最基本原理与最基础原则的诸多判断与诸多命题,本就属于"形而上学"的命题,因而根本不可被拒斥与被取消。

第三节 "抽象命题"与"意义游移"

作为 20 世纪较早深入研究介绍西方哲学的哲学家,张东荪既从"哲学一般",去审视"形而上学"概念、命题的一般属性、运用与作用,论证"形而上学命题"与"科学命题"、"日常命题"的根本差异。又主张基于不同民族的"文化传统"——语言系统、思想背景、价值观念,去评判不同"形而上学"概念、命题的合法性。他尤其注重解释民族语言对"形而上学"的内在影响作用。强调,作为"文化的制造品",语言是人们更好解释世界改造世界之产物。语言之基本作用,是"表示"(expression)、"说明"(explanation),同时亦可表达人类的"愿望"(wish)。也正因语言具有多样功能,因而可在不同的学术语境与知识维度中发挥不同的作用。

为更好讨论不同学术语境中语言的作用,他将知识主要区分为"常识系统"、"科学系统"、"形而上学系统",与此相应,划分三种语言类型:日常生活中使用的"常识的语言";为纠正生活语言的不确定性,而建立的更精确、更客观的"科学的语言";既不同于"常识的语言",也不同于"科学的语言"的"哲学的语言"或"形而上学的语言"。在维也纳学派的影响下,他也认为"常识的语言"(不包括蒙昧的幻想、神秘的体验)、"科学的语言"均有明确"表示"与"说明"的对象,因而可以"证实"或"证伪",即可"检验"或"验证"此类语言与对象间的符合关系,从而判断其真假。

"形而上学的语言"的基本语词构成要素,与其他两系统并无太大差异。但其语义的真假,却并不必然遵照"符合论"。因而,"形而上学"虽借助语言以"表示"与"说明",但其却不是"直截了当地表示",而"是用矛盾的看法(即对演法)来表示,所以形而上学对于言语亦是采取矛盾的态度,即一方面要言语同时他方面又不要言语。"①这根本表现在,哲学家既要使用各自的语言系统,又要"清除"或"剥离"掉词汇概念原本的经验内涵和常识观念,而专门陈述"形而上学"意义上的思想观念与知识信息。

张东荪强调,所谓的"形而上学",实际可分为三部分:第一是"形而上界"("metaphysical realm"),是指经验现象背后或之上的本体世界;第二是"形而上学上的各种学说"("metaphysical theories");第三是"形而上学命题"("metaphysical proposition")。而所谓"形而上学命题合法性"问题,即是将"形而上学命题"的"辞句"误认为"形而上学的对象",而后者根本是"形而上界"。所以,对此"辞句"而言,本无合法性可说,因为语言本身不过是"约定"之产物。正如"经验命题"本身不是经验,"宗教命题"本身不是宗教,"形而上学命题"本身亦不是形而上的。所以,"形而上学命题"的合法性,并不在是否需要遵照一般学术语言的基本逻辑与语言结构,因为其与"日常语言系统"和"科学语言系统"所提供的具体内容本就完全不同。

维也纳学派拒斥"形而上学命题"的理由之一,是其"主词"尽管被哲学家们赋予特殊内涵,但描述这些"主词"的"谓词"却都是经验语言,因而此类命题本身就是经验与超验混杂,当然不能提供确切的必然的知识。张东荪也承认,"形而上学命题"中,不仅"谓词"是经验语言,绝大多数"主词"亦是。但他认为即便是此类经验语言,亦可以通过哲学家之陈述,表达一种"形而上界"的知识。只不过,此种知识并不严格与拒斥者划定的分析知识与综合知识相应,而是满足人类生活意义、生命价值、精神信仰之需求的价值知识。表

---

① 张耀南编选:《知识与文化——张东荪文化论著辑要》,中国广播电视出版社1995年版,第314—315页。

现在,"形而上学"中的"主词",乃是一种特殊的"要求的概念"("demanding concept"),其专门指称的是超越性的完满性的永恒性的价值本体。而"谓词"也是满足人们对意义的"要求"之"价值的概念"。

尤其是,任何语言总是体现其所在文化的价值传统。因而,用语言词汇"表示"与"说明"某种"形而上界"时,其所陈述与传达之哲学知识信息,又必然受所在文化的价值传统制约。这样,评判某个民族语言文化中的"形而上学命题"是否合法,就不能仅依赖命题结构的形式逻辑与命题内容的经验实证,而更应检视其是否与所在文化之价值传统"相配",是否能够帮助人们获得生命存在与生活实践的"圆满"。①

总之,张东荪坚持"文化社会学"的立场,从语言的"构造方式"、"运用方式"与"文化传统"的内在关系,去审视"形而上学命题"的民族性与多样性,进而明确从"民族的心性"之视角,去审视不同民族文化中的"形而上学",对于各自民族的生活需求尤其是精神生活需要的意义与价值。其种种讨论,也可为我们审视汉语语言文字的特殊性,以及汉语哲学的合法性,提供了重要参考。

一、"形而上学命题"的特殊性

(一)"主词"与"意义游移":结构特殊性

张东荪指出,研究语言(他称为"言语")可从两方面入手,一是字即所谓名词("names"),二是关于语言的结构,即"字的变化"(即文法)与"句的变化"(即句法)。面对拒斥阵营将"形而上学"视为是"毫无意义的语词"(石里克语)之堆砌。张东荪也从"哲学一般"之进路,讨论"形而上学命题"的普遍特点。他认为,各种"形而上学"都有一个充当"主词"的概念,并与其他哲学概念共同构成命题。此类"主词"在西学是"理念"、"存在"、"实体"、"本体"

---

① 张东荪:《知识与文化》,岳麓书社 2011 年版,第 281—283 页。

等,在中学是"天"、"道"、"仁"、"心"、"性"、"理"等,其在最一般的意义上,可统称为"有"或"体"("being")。

他将这些承担"本体"、"本质"、"本源"意义的"有"或"体",统称为"形而上学"的"核心概念"。其表现为内涵的两重性:"关于这个概念有两个分派,一个是演化'底质'(substratum)。一个是推变为'绝对'或'全体'(totality)。"①前者作为"起始的有",是"形而上学概念系统"的"起点范畴"或"起首论点"。后者作为"最终的有",则是"终极范畴"或"演出论点"。所以,此"核心概念"本身具有两重意涵:一方面是作为经验性的万事万物之存在根据与要素质料,在"存在论"、"宇宙论"、"本体论"维度充当"基础概念"。另一方面则标示一种超验的超越的终极价值和理想状态,以此充当"道德论"、"意义论"、"境界论"维度的"价值概念"。而完整的"形而上学概念系统",通常表现为"基础概念"与"价值概念"的合一。因此,他形象地将其比喻为一个"形而上学"思想系统的"连环"之两端。

此外,包括此"核心概念"在内的其他概念,本质还是一种特殊的"抽象概念"。其表现在:"其'所指的'(the referent)同时可有多个,我们此为所指内容之杂多(variety of the denotational content)。"②他对此进行解释说:"一个抽象概念就是一个类,而其所指的许多意义就是其中分出来的许多种。所以一个概念能维持其统一性(或单一性)即由于其内容虽包含有多种意义(即多个所指)而这些意义却又互相'混重'(overlapping)以致不能有清楚的划界,于是我们归纳来说就是在哲学上的抽象概念都有两个性质:(1)所指的不是一个而是多个;(2)这些所指的却又彼此分不清楚即不能划出一个界限来。根据这两个性质则在推论上自然会产生所谓'意义之游移'(shifting of meaning)。在普通逻辑上意义有游移是一种'错误'(fallacy),而游移又往往由于界限分不清,故不划清界限亦是一种错误。但在形而上学一类的知识上却绝

---

① 张东荪:《思想与社会》,辽宁教育出版社 1998 年版,第 37 页。
② 张东荪:《思想与社会》,辽宁教育出版社 1998 年版,第 77 页。

不能认为是错误,因为形而上学上所有的概念大都是如此的,倘使认为错误则势必大部分哲学都归于不能成立了。"①若将此阐释与其对"形而上学知识"作用的论证结合起来,即是"形而上学"使用的"抽象概念"既可"达意"又可"传情",如此方可成立一种价值知识。

而上述的"起点范畴"或"起首论点"之所以可转换为"终极范畴"或"演出论点",恰恰是很多"抽象概念"本身具有"游移"之特性。详言之,"就是由于在起首论点上所用的那些抽象概念其所指的有多种,而这多种之间,又无分明的界限可以划清。所以起首论点与演出论点之间便自然而然会有很大距离。总之,所谓意义之游移在普通是犯了错误而在形而上学的思想界则并不算一回事,因为完全避免是不可能的。不仅如此,并且就靠这个概念之欠缺分清性乃能把一个大统系架立起来成为一个整套的而显其玄妙高深,所以在起首论点之宕开而引出许多演出论点的时候,这个概念之多含性是最有用的。"②他认为,无论何种"形而上学"系统,总须把"起首论点"弄得明白简单,使人一看即自然承认,然后因为概念包含多数意义的缘故,又使其自然推演开来,成为许多许多的"演出论点",至此乃完成其真正的使命。

此外,张东荪又创发新见,主张"起首论点"在实际上乃是"倒装"上去的。"所谓倒装是指其因为用作论证的缘故,乃把他列在开始,而实际上并不是原来如此的。因为在人心上于不知不觉中早潜伏有那些演出论点的模糊轮廓在那里了。……根据此理我们又可以说所谓起首论点只是'证明'(proof)而不是'原始的命题'(protocal proposition)。此处所谓证明并不是指普通逻辑书上的名理分析而言,乃是在推理上绕一个大弯子的办法,就是在于证明其所要建立的主张。"③

综观中、西各类"形而上学",其中作为解释一切存在者得以存在的"本

---

① 张东荪:《思想与社会》,辽宁教育出版社 1998 年版,第 77 页。
② 张东荪:《思想与社会》,辽宁教育出版社 1998 年版,第 77 页。
③ 张东荪:《思想与社会》,辽宁教育出版社 1998 年版,第 79—80 页。

体"、"本源"、"本质"范畴,本身还被哲学家赋予了终极意义上的实在性、完满性、超越性、理想性。"一般来说,任何一种比较完整的'形而上学'体系,都有一个最高或最根本的符合,以作为体系的出发点,同时也作为世界存在及其本质的终极根源。"①因而张东荪强调"形而上学命题"系统中,"起首论点"表述的是作为存在者之理论基础的"本体"或"本源","演出论点"指向的是存在者的终极目标与终极价值,且揭示了其中"核心概念"的特殊运用逻辑,确有其合理之处。②

当然,他也提醒中、西哲学在"核心概念"的使用与"抽象概念"的结构上存在诸多差异。表现在,西方哲学的命题通常是"主语—谓语"结构,"本体"("substance")通常由"主语"("subject")而成。在此语境中,围绕"主语"的各种陈述都落实在"谓语"("predicate")中。而中国哲学里,很多命题却缺少"主语",没有"主语"与"谓语"结构,亦没有与此"主语"("subject")相应之"本体"范畴。

这并非说中国的"形而上学命题",没有"核心概念"与"抽象概念",而是此类概念更多指向宇宙"全体",而非西方哲学那样"独立的本体"。并且,此类"核心概念"与"抽象概念",也主要用来陈述超越的义理思想,表达终极的价值意义。根本上,"中国形而上学"的概念命题不是"分析式"的,去讨论"本体与属性的分别",而是"比附式"("analogical reasoning")的——仅是以"宇宙观上的宇宙秩序比附人生哲学上的社会秩序,用宇宙观上的职司观念比附人生哲学上的个人地位。"③所以,本质上作为价值判断与意义判断的"中国形而上学"之主要命题,既不关归纳法又无关演绎法,自然也不适用拒斥者所用"分析命题"与"综合命题"之裁判标准。

---

① 王中江:《理性与浪漫:金岳霖的生活及其哲学》,河南人民出版社1993年版,第85页。
② 当然,在"形而上学"所关涉的其他领域,如关于实在论和唯名论的现代研究、共相殊相的理论、语词和命题、真理的研究,以及个体性、客观性、必然存在物的证明、因果性、时空问题等方面,并不完全适合其"起首论点"的相关论述。
③ 张东荪:《知识与文化》,岳麓书社2011年版,第69页。

(二)关乎人生：意义的特殊性

张东荪在比较中、西哲学时,强调"中国哲学"主要聚焦"人事知识",因而着力揭示"中国形而上学"概念命题所发挥的意义引导、价值传达作用。但同时,他却明确反对拒斥阵营将"形而上学"视为情感体验和精神安慰的"文学性作品"或"诗与文"。分歧在于,维也纳学派认为"形而上学"虽可传达特定的意义与情感,但却没资格称为知识。张东荪则反对把"形而上学"视为毫无用处的"废物",而论证"形而上学命题"可陈述超越知识与价值知识。

他指出:"须知诗文只是表现(expression)。表现就是把情感意志甚至于其他种种凡在心内的表示出来而已。实证论者以为形而上学的命题只是表现,这亦由于不了解形而上学的性质,我以为形而上学却是'推理'。在此处可见形而上学的对象是原理原则,而与科学绝无两样。所以我们可以说形而上学有像文学的地方,亦有像科学的地方,但决不可因为像文学就说他是文学,同时亦不可因为像科学说他是科学。"①

在张东荪看来,维也纳学派将"形而上学"视为一种诗歌和散文完全是一种"误会"。理由正在于,此种学问首先要设定作为宇宙人生存在终极依据的"起点范畴"或"起首论点",其次又要论证出"终极范畴"或"演出论点",以为宇宙人生的终极理想与终极寄托。因而"形而上学"与文学与诗歌并不相同,而是基于理智的推理、思辨、论证,而建构的专门陈述超越存在对象的知识系统。当然,此种特殊的知识既表现为"推理"又落脚于"价值",其"没有名学上的问题,而只有价值上的判断",自然也不需要用逻辑或事实去检验。

张东荪由此说:"我承认形而上学上一切主张所表出的命题确是都不能证实。须知'证实'(verification)一辞是指最后可以推至于经验。当然物理学化学上的命题总可多少推到实验上为止。我们说形而上学的命题不可证实即

---

① 张东荪:《思想与社会》,辽宁教育出版社 1998 年版,第 80 页。

等于说形而上学的命题与物理化学上的命题不同。这原无可异议。不过若说不能证实的命题即不能算为命题,这句话是不对的。"①由此看来,维也纳学派将"形而上学"划分在"严格思想(科学)"以外,这并无问题。

因为"形而上学知识"首先出于人生在世的情感需要与意义诉求,张东荪指出:"……一切哲学的理论在文化上都有其功用与地位,而决不是'无意义'的。……哲学家甚且可与社会改良家列在一类里。其故是由于哲学上所讨论的这些范畴在本质上就止是理想,止是表示文化的需要。其讨论所得的答案亦止是给我们以情感的满足,以便调整文化而改变我们自己的态度。"②

即便"形而上学概念系统"中,作为"起首论点"的"本体",可以解释宇宙的终极存在与终极本质。但这种解释,"必须归根到人生问题而后止",其落脚点在"关乎人生",目的在"表示愿望"。也正因,张东荪发现,各种"形而上学知识"归根到底,都表现出"知识与修养是一件事",因而也将其称为"人生哲学的前奏曲"。并提醒,"形而上学知识"之最终目的,"无不是改良人生与开辟文化上的新方面。"③

二、"感情的满足":"形而上学命题"的合法性

与冯友兰、金岳霖自觉运用逻辑分析法改造汉语语言结构,以使其符合一般性的形式化逻辑化要求不同,张东荪论证"形而上学命题"特殊性与合法性的理据,则恰恰是不同文化系统中的语言逻辑。因为,每一个语言系统都直接反映其"文化母体"的思想观念、思维方式、价值传统,"每一个名学系统必是在暗中隐然还有一个哲学思想。"④他还提醒,任何"形而上学知识"都"代表那个文化上的中心问题",还肩负着"历史上文化的使命"。

① 张东荪:《认识论》,商务印书馆2011年版,第124页。
② 张东荪:《知识与文化》,岳麓书社2011年版,第86页。
③ 张东荪:《知识与文化》,岳麓书社2011年版,第88—89页。
④ 张汝伦:《理性与良知——张东荪文选》,上海远东出版社1995年版,第369页。

并且,他还指出:"言语在一方面创造思想,或开辟思想,而在他方面却又因新名词而发生新问题。换言之,即又把人们困在这些名词中使其思想有了固定的轨道,而一时无法解放。"①进而,他这样解释语言的影响:"一是人们非依着言语的性质不能使其思想为之表出;二是言语的构造在暗中把人们的思路与想法决定了,使其不能不依着而进行。"②

也正是基于这种语言观,他强调特殊的语言逻辑制约着哲学思维与哲学思想的表达,而基于哲学思维与哲学思想又可发展出不同的"逻辑"。他把"逻辑"分为"形式逻辑"、"数理逻辑"、"形而上学的逻辑"和"社会政治思想的逻辑"。其中,"形而上学的逻辑",并不像"形式逻辑"与"数理逻辑"那样具有绝对的普适性与一般性,而恰恰体现在不同民族文化的文字书写、语言结构、思维方式、价值观念之中。当然,他并不反对新时期中国哲学应该进行形式化逻辑化的改造,以使自身获得基本的现代学术形态。而是他认识到了任何哲学概念命题,总是以民族语言的形式出现。任何有意义的"形而上学命题",其首先是具体的、民族的,然后才能是一般的、世界的。

为凸显民族语言范式对哲学思想表达之基础作用,张东荪深入分析了汉语与英语在"言语结构"方面的一系列差异,以此论证汉语的特殊表现与特殊运用。他认为,在文字使用上,汉字并没有"词格"的变化,亦不用三段论式的逻辑推论。尤其是,两个单独的汉字总会因字义相反而成对使用,从而表达一个统一体中对立存在的两个范畴。例如"有无"、"阴阳"、"高下"、"进退"、"吉凶"、"体用"、"善恶"等,均可谓"两元",由此,汉语逻辑可称为"两元相关律名学"。

而这又与中国特有的象形文字有关。是因为,汉字通常指称的是一个"独立的物或象"。此种"象"不仅代表外界的一种东西,还可指示一种"可能

---

① 张汝伦:《理性与良知——张东荪文选》,上海远东出版社 1995 年版,第 253 页。
② 张东荪:《知识与文化》,岳麓书社 2011 年版,第 55 页。

的变动"或"相反的可能的变动"①。所以,中国人的思想观念更多关注"象"与"象"之间的相互转化、和谐共处的问题,而并不于现象之外求一个独立的"本体"。相比西方哲学的"本体论"("Ontology"),中国哲学的核心根本是一种"唯象论的宇宙观"②,且此种宇宙观又同时表现为一种特殊的诸种现实社会人生应然处事方式的人生观。

从不同民族语言之特点来把握不同"形而上学知识"之特殊性与合法性,在当时并非个案。梁漱溟、熊十力等哲人亦从作为象形字的汉字的书写与表达之特殊方式来回应拒斥阵营。不过,这种"言语的逻辑"(张东荪习惯用"言语",作者注)决定"思想的逻辑"的观点,却没办法回答为何不同民族语言差别很大,但众多"思想的逻辑",某些表现为基本一致,某些却表现为高度一致。③ 尤其是,这种"语言决定论"按其所言,也不过是"形而上学"类型与形态差异的影响要素之一。因为,他还认为,人类知识,还会受到"生物学的限制"、"心理学的限制",尤其是会受到"社会因素的限制"。

不过,张东荪强调汉字特点与汉语逻辑对中国哲学之影响作用,无论是在当时还是当下都具有重要指导意义。尤其是他还揭示了,语言文字与文化传统之间的一种辩证关系:一方面,"言语本身就是社会的",语言本是社会生产和生活的产物;另一方面,语言一旦被普遍使用获得客观存在,就可以制约并影响人们的思想表达和文化思维。也正因这种辩证关系,人们就可以从名词概念的使用上,反观民族文化特有的思想传统。

上文提及,他是以"主词"作为切入点,以论证"形而上学命题"之合法性。而"主词"又是"名词"。他将名词分为"抽象名词"与"具体名词",而"抽象名

---

① 张东荪:《知识与文化》,岳麓书社 2011 年版,第 215 页。
② 张东荪:《知识与文化》,岳麓书社 2011 年版,第 216 页。
③ 张东荪将"形而上学的逻辑"以民族为单位加以特殊化,是为了论证中国哲学的形而上学,但他并没有处理好一般与个别、普遍和特殊的关系问题。金岳霖就批评他以语言限制逻辑,并认为他混淆了逻辑学和作为逻辑学对象的逻辑本身。

词"则能体现文化传统,反映着某个文化的"民族心思"。他说:"抽象的名词(abstract term)之情形(即有无与多寡)颇足表现那个社会的情形。因为抽象名词的内容其大小是由于这个民族中各个人使用而决定的。一个名词其历史愈久长,则其内容的范围愈有变化。往往一国的名词难以翻译为他国言语,就是因为其内容的范围不能刚刚一样大小。这便是名词的历史性与其民族文化性。换言之,即在一个文化下的民族其心思(mentality)很可就其抽象名词来看出其若干的特征。"①

"形而上学命题"恰恰是使用很多"抽象名词",因而其传达的知识多是反映"民族心思"。并且,上文提及,"形而上学知识"根本在于更好地解决人生问题,根本是为了得到"感情的满足",因而,对于不同民族文化中之人而言,此类命题既可提供解释文化共同体对宇宙人生超越原理的公共性、客观性知识,又能提供文化共同体普遍认可的情感抚慰与价值引导,因而自然是有意义的,是合法的。

所以,拒斥、取消"形而上学"根本是行不通的。他曾专门论证究竟能否有一个"离形而上学的哲学"("philosophy without metaphysics")之问题。也就是,"形而上学"究竟是否能被一种新的哲学模式所取代。他论述道:"我曾说过知识的作用有三方面:(一)是求'确'(exactness 即精确)故由于辨别;(二)是求'定'(certainty 即确定)故必使得以立;(三)是求'便'故必须'执'(即抓)得住。从求确的倾向加以推进使其大发展便演成科学,就是科学知识系统了。从求定的倾向加以推进使其发展出来便造成形而上学。这就是形而上学知识系统。至于求便的倾向之演成常识系统更不待言。……因为每一个知识作用(every single act of knowing)都同时具有这样三个倾向,……所以在实际上没有科学而不含有常识;亦没有科学而不牵涉到形而上学。形而上学与常识之关系亦是如此,……每一个知识作用都具有这三个并不能分开,我们根

---

① 张东荪:《知识与文化》,岳麓书社 2011 年版,第 53 页。

据这个意义便可以对上述问题有一个回答,就是说如果所谓离形而上学的哲学是一种知识,则这个知识决不能不属于科学系统之内。因为离了科学的知识系统必是别无依据。所以离形而上学的哲学当然是可能的(即可以成立的),因为他只是科学之一种。但这种科学却决不能取形而上学而代之。所以我们同时尽管可以有离形而上学的哲学,而对于形而上学却不能因此便加以废弃,总之成立离形而上学的哲学不过在形而上学以外再添上一个哲学罢了。"①

因此,剔除"形而上学"的哲学,在本质上只不过是变成了科学而已。而按照其对人类三种知识系统相互关系之界定,这种新科学不但不能取"形而上学"而代之,反而以新生事物彰显自身进步性与科学性之同时,证明了为其提供最基础的假定与原理之"形而上学"的必要性与合法性。由此得出的结论即是,"形而上学"是根本不能被"废弃"的。

总之,张东荪是当时探讨"形而上学命题"合法性问题的重要代表。他一方面,赞同拒斥者对"粗糙"的"日常语言"(维特根斯坦语)之反省,认为用其表述"形而上界"时,并不能真正完全地描述之,因为此超验的世界"本不可说"。但一方面,又强调一旦使用"日常语言"去言说"形而上界","便起了文化作用"②,也会传达各自文化传统的知识信息与价值信息,因而是有意义的。

在中国哲学语境下,张东荪的理论贡献是,他突破"分析命题"与"综合命题"之评判框架,并从"抽象命题"入手,以揭示此类命题的实质与意义。他提醒学界注意,"形而上学命题"因为民族语言之限制,不可避免带有"民族性"与"历史性",因而绝非"分析命题"。其虽围绕"核心概念"建立知识系统,似乎形式上类似于一般的"综合命题",这种综合却不是事实性的,而是依靠绝大多数"抽象概念"的运用,传达一种对宇宙、人生变化规律的"价值比附"以及聚焦"人事知识"的价值判断。因而,其亦不是局限于特定经验判断与客观

① 张东荪:《思想与社会》,辽宁教育出版社1998年版,第81页。
② 张东荪:《知识和文化》,岳麓书社2011年版,第285页。

属性判断的"经验命题"。针对拒斥阵营为命题设定的逻辑分析与经验实证两大原则,他强调"一切形而上学的学说在本质上就不是要证明的"①。而是以能否承载并传达"文化理想",能否实现"情感的满足"能否发挥"调整社会生活的愿望",作为"形而上学命题"是否具有意义以及具有合法性的评判原则。

当然,张东荪虽自觉从"形而上学知识"的一般性加以立论,尤其从民族文化语言传统的多样性来肯定此类知识的多元化,以试图回应一切"形而上学命题"的合法性问题。但其自身却始终将以"道德问题与人生观为结论"的中国哲学传统,作为论证解释之论据。甚至认为"形而上学","若与人生无干,便无存在的必要"。这显然忽视了"形而上学"类型之多样性与复杂性。

即便这种专门表达价值观、意义观、信仰观的"狭义形而上学",因为民族文化的语言与命题所承载的生活经验、生命情感、民族精神、文化传统,而独具一种为所属民族文化提供道德教化、价值引领、信仰载体的无可替代作用,那么,此类命题的意义,也并非被拒斥阵营所否认。事实上,维也纳学派也从未否认此类命题"在感情方面具有深厚的意义",而不过是区分其"对于意义的传达"与一般知识命题"对于事实的传达",从而否认此类命题对于事实的叙述知识属性而已。由此来看,张东荪所做的工作,与拒斥者的观点并不能一一对应。

不过,张东荪的论证工作也是有重要意义的。按维也纳学派的理解,如"上帝存在"、"灵魂不死"、"意志自由"一类的命题,与"电子内有一种无外在现象的核子"命题,都是些未具有原则上证实方法的命题,都不过是表达一种"信念",因而对实际毫无意义。但"我们之所以有道德是因为上帝的要求","因为灵魂不死,所以我们要向善"这样的命题,却既是"信念",又对实际生活的道德实践有重要意义。因而,维也纳学派本身所持"狭义知识观",本身并

---

① 张东荪:《知识和文化》,岳麓书社2011年版,第86—88页。

不完全适用于众多类型的"形而上学"知识属性之评判。而张东荪虽亦未顾及到古今中外"形而上学"的其他复杂类型,但其从"狭义形而上学"入手的论证,也表明很多服务于人们情感需要的"形而上学命题"不仅是哲学家个人的"信念",还是文化共同体共同认可的知识性命题。

当然,张东荪基于民族语言文化的"历史性"来证成"形而上学"的民族性,进而证成其合法性,虽有其合理一面。但同时也埋下了价值多元主义的种子。显然,不同民族文化各有其有效且公认的价值传统,而其特有的语言文字正是其现实的载体。但超越不同民族文化价值传统的更为普遍普适的价值观念,则是不同民族文字的具体意象与民族生活的具体经验之综合与整合。因而,张东荪没有进一步就各民族的"文化理想"与世界人民的"文化理想"之间的关系展开推进,也留下了各民族专属的合法的"形而上学知识"与普适性的"形而上学知识"之辩证思考的重要理论空间,需要学界进一步探讨。

第五章　"形而上学方法"的争论

　　受西学影响,近代时期的严复、王国维、章太炎等人都将西方哲学中的科学与哲学的冲突,直接投射到当时的"西学东渐"背景下的科学与道学、科学与玄学、科学与理学的冲突场景中,认为专门聚焦"形而上者"的超验之学、玄虚之学、抽象之学,因为没有借助检验的、实证的、数理的、逻辑的"科学方法",因而应该被驱逐出以"科学知识"为范本的"知识"界域之外。这实际上也根本否认了中国思想传统中的"体悟法"、"直觉法"、"体证法"等作为"哲学方法"的合法性。

　　进入 20 世纪,尤其是"新文化运动"前后,随着胡适、杜威、罗素对中国学界持续进行的"方法启蒙",学界目光也完全被吸引到如何实现"哲学上的思想方法之科学化"这个问题上来。[①] 受此影响,中国思想传统中悠久的"体悟法"、"直觉法"、"体证法",越发遭到外来"科学方法"的冲击与消解。而当时"科学方法"的信众,如陈独秀、胡适、丁文江等人,虽然立场不一,但均明确坚持"科学方法一元论"[②]、"知识方法一元论"。他们认为,中国哲学乃至中国

---

　　① 艾思奇就认为,胡适的"功绩"就在于"新底思想方法之提出"。(艾思奇:《艾思奇文集》第一卷,人民出版社 1981 年版,第 59—62 页)

　　② 不仅是自然科学的方法论,对于作为 20 世纪西方哲学主流的分析哲学而言,他们实际上也持一种"方法论的一元论"立场,"力图提供一种普遍有效的方法或方法态度,他可以被运用在所有可能的课题上"。(倪梁康:《意识的向度——以胡塞尔为轴心的现象学问题研究》,北京大学出版社 2007 年版,第 251 页)

学术要实现自身的"现代化"、"知识化",首先必须实现认识方法、学术方法的"科学化",而各类体悟、体证、直觉、直观等"玄学方法"及其相关学说均应被抛弃。

在拒斥阵营看来,西方文化中的"Science"与"Philosophy"之所以具有真理性、系统性、逻辑性,是其善于运用"检验方法"、"逻辑方法"、"分析方法"、"论证方法"、"思辨方法"。而中国哲学则历来以"心性修养"、"体悟证会"、"顿悟直观"等方法为主,既不如"Science"的"事实真理"可经受检验,又缺乏"Philosophy"那样的"逻辑真理",根本与现代的学科体系与知识谱系相背离。

因而,在"科学时代",要么中国哲学整体经过西学方法改造,同时剔除掉不符合西学方法要求的思想论调,要么在抱残守缺中被拒斥于现代科学文明与知识文明之外,而丧失自身的"知识合法性"。显然,前者将中国哲学变为"在中国的西方哲学",后者将中国哲学变为"在现代的古代旧物";前者使"中国哲学"丧失"主体性",后者使"中国哲学"丧失"现代性",均完全否定"中国哲学"基于自身优秀的哲学传统而发展转型,进而得以参与甚至主导"科学中国"的现代文明进程的可能性与可行性。

事实上,"新文化运动"之后,以张君劢为代表的"玄学派"之所以限制、批评"科学方法",并挑起"科玄论战",实际已意识到了这个问题。此一时期,梁启超、梁漱溟、马一浮、张东荪等也陆续开始明确批评"科学方法"的"滥用",并不断申说、论证本土的"玄学"即"中国形而上学"所运用的"体悟法"、"体证法"、"直觉法"的有效性。但是,即便传统的"玄学方法"或具有效性,也仅能证明"中国形而上学"的特殊性,而不能证明其在"科学时代"的知识性与合法性。至此,如何既坚持中国哲学的主体性、民族性而守住"玄学方法",又弥补自身的方法不足,并吸收借鉴外来的先进方法,实现自身学术思想的"哲学化"、"逻辑化"、"系统化",就成为之后中国哲学界的主要课题之一。

审视"科玄论战"之后中国哲学视域中的方法论思潮,可以发现,"科学方法"与"哲学方法"、"玄学方法"的冲突虽仍然存在,但在重建新的"中国形而上学"过程中,二者之间的"价值失衡"与"地位倾斜"的状况却逐渐得到纠正,盛极一时的"科学方法一元论"思潮也逐渐被"哲学方法多元论"思潮取代。与此同时,对中国哲学的新的"哲学方法"、"形而上学方法"之重塑,也成为中国哲学界主流哲人们的"集体立场"。其特点表现在,曾被作为"科学方法"的"分析法"、"归纳法"、"演绎法"、"辩证法"等,已然被视为中国哲学自身现代重建的必要方法,并与"直觉法"、"体悟法"、"体证法"、"直觉法"等传统方法有机融合在一起,共同成为新时期的"哲学方法"尤其是"形而上学方法"的基本要素,并全面融入中国哲学的现代发展进程中。

当然,这并非表明,自此中国哲学界彻底化解了"科学方法"与"哲学方法"的冲突。事实上,拒斥阵营的各种派别依然坚持己见,而欲"重建形而上学"的阵营内部,也仍然存在对彼此哲学方法论的歧见对抗、辩难互斥。这不仅是因为"科学方法"在不同立场之人那里充斥着支离攻杵的理解,更因为对于何者才是真正的"哲学方法",也同样无法取得共识。

而在西方哲学悠久的思辨传统中,哲学多被视为"科学的科学",因而"科学方法"本身就是"哲学方法"。如沃尔夫就明确讲"Ontology"的"论证方法"就是理性思辨和演绎法。近代以来,随着认识论的转向与自然科学的发展,西方哲人开始尝试归纳所谓的"科学方法",从而造成了"科学方法"与"哲学方法"尤其是"形而上学方法"的对立。如法国哲学家孔德理解的"科学方法"是所谓"实证知识"阶段的"观察"、"分类"、"检验"、"比较"方法。英国哲学家穆勒认为"科学方法"即是科学归纳法。同时,他们对此类方法的适用范围有明确规定,如孔德认为这些方法只是"以单纯的规律探求、即研究被观察现象之间的恒定关系"为对象,不能认识"他们产生的奥秘",不能把握"无法认识的本义的起因"①。按此说,这种实证的、检验的"科学方法"是与"形而上学"不相关的。而德国哲学家黑格尔,也明确反对哲学从本来从属于他的学科那

---

① [法]奥古斯特·孔德:《论实证精神》,黄建华译,商务印书馆1996年版,第10页。

里借用方法,无论是数学的、逻辑的还是抽象分析的,而是主张采用"辩证"("思辨")的办法来重建"形而上学"。

　　此后,"哲学方法"与"科学方法"的关系,越发被西方学界关注。到了 20 世纪,德国哲学家海德格尔主张"形而上学"要"坚决反'逻辑'"①,因为理智拥有一切计算与安排的尺度。在英国哲学家罗素看来,数学以及一切自然语言,均以普遍的逻辑为根据,因此他强调"逻辑分析方法"应是哲学的核心方法。并且,逻辑与"形而上学"是不可分的,甚至"形而上学"一定要建立在"某种逻辑学说"之上。② 而德国哲学家伽达默尔则认为,真理不能用"科学方法"来界定,而只能表现在历史、艺术、哲学的主体生活中。他主张"在现代科学范围内抵制对科学方法的普遍要求",去"寻找那种超出科学方法论控制范围的对真理的经验"③。

　　反观 20 世纪的中国哲学界,西方学术中"科学方法"的实证面向与分析面向,通过"形而上学合法性问题"之"折射"与"放大",俨然变为一些哲人们重建"中国形而上学"不可逾越的关卡。而为了证明中国哲学中"形而上学知识"与"形而上学观念"的特殊性、真实性与合法性,现代哲人们不仅要论证原有"体悟法"、"体证法"、"直观法"的合法性,还要回应实证类、分析类方法的挑战,以重构新的方法论。

　　综观现代哲人重构的"形而上学方法",整体上具有高度相似性的方面是,首先,引进"理智思辨法"、"逻辑分析法"、"归纳法"、"演绎法"。借助此类方法"逻辑推导"、"内涵分析"、"系统论证"的方式,服务于相关哲学概念与哲学命题的书写表达与思想体系之建构,以实现汉语哲学概念命题书写表达的逻辑化、系统化、现代化;其次,在此类方法基础上,进一步发挥"体认

①　熊伟:《熊译海德格尔》,同济大学出版社 2004 年版,第 168 页。
②　[美]杰克·奥德尔(S.Jack Odell):《罗素》,中华书局 2002 年版,第 11 页。
③　[德]格奥尔格·伽达默尔(Hans-Georg Gadamer):《真理与方法》第一册,洪汉鼎译,商务印书馆 2010 年版,第 4 页。

法"、"体悟法"、"证悟法"、"默识法"、"直觉法"的作用,以在特定概念、命题的思想传达与对象表述基础上,服务于主体心性与"形而上者"的"内在统一"、"意义呈现"、"心性实践"。这两大方面的工作在形式上表现为理智法与直觉法、分析法与体悟法的内在融合,在实质上根本是明确聚焦"形而上者"这个特殊对象的认识方法。

而在这个不同于"常识认识"与"科学认识"的"形而上学认识"中,方法的运用有更复杂的运用程序与步骤:涉及有效处理哲学语言、哲学概念、哲学命题,使之获得精准、有效表述和严谨、系统形式,因而是一种"形而上学形式构造方法";借助此类精确的概念命题,建立专属的问题意识、思想语境、观念指向,以明确讨论"哲学知识"、"形而上学知识"的特殊对象与界域,又是一种"形而上学对象表述方法";在语言概念表达基础上,对此类认识信息加以统合体悟、逆觉体证、默识直观,以获得确切有效的知识观念,也是一种"形而上学内容实现方法"。

经此重构整合,"科学方法"中的某些方法形式被纳入中国的"形而上学方法"之中,后者也自此获得符合一般认识过程与知识创制规律与程序的方法保证,变成现代哲学意义上的"科学的方法"。这样中、西方哲学各自擅长的学术方法也可圆融施用于现代中国哲学论域中的"形而上学体系"的建构以及"形而上学思想"的表达,而不会出现如某些持极端立场的哲人们理解的那样方枘圆凿、扞格不入。

回溯20世纪中国哲学史,诸多主流哲人都深入讨论了中西古今哲学中的方法问题。而梁漱溟、熊十力、张东荪、冯友兰、贺麟,更是从不同的哲学立场、取向、维度,专门对上述方法间的异同关系、接榫路径、协同程序予以讨论和阐述。客观上,他们的研究,不但构成了中国哲学在近现代转型中的哲学方法论研究的主要内容,也为后世学者继续思考中国哲学论域中的方法论,提供了宽广视域与重要借鉴。

第一节 "玄学的方法":直觉方法

梁漱溟(1893年10月18日—1988年6月23日)早期信奉佛学,之后"弃佛归儒"。他将柏格森(Bergson)的直觉主义与陆王心学相融合,打造了"新孔学"。作为现代儒学史、哲学史和思想史的开山人物,梁漱溟基于独特的比较哲学思维,坚持在文化的"世界性"与"民族性"辩证关系中阐发哲学观念的"地方性",坚持在哲学的"一般性"与"特殊性"辩证关系中论证"形而上学"的"类型化"与"形态化"。他在现代语境下对"中国哲学"、"中国形而上学"的核心精神、特殊取向之研究与论述,在当时都是开风气之先,亦引起广泛的关注和讨论①。

作为"新文化运动"之后,第一批回应"形而上学合法性问题"的代表人物,梁漱溟认为中国文化中最重要的,就是"无处不适用的哲学——形而上学",因而若对其"拒斥"甚至将其"取消",中国文化也会因此死亡,成为"文化的化石"。其主要依据,即是不同民族文化所孕育的"形而上学",根本存在类型与形态的不同,因而以"Metaphysics"在西方哲学的困境,径直比附"中国形而上学",乃浅薄之见。

他曾梳理过西方哲学史中"Metaphysics"的发展脉络。一方面,他批评西方哲人千百年来讨论的"形而上学"("Metaphysics或唤作玄学",梁漱溟自注),都是"无边无涯的胡讲乱讲"。因而到16世纪以后,"认识问题"逐渐触动了"Metaphysics"的合法性。等到18世纪,近代"认识论"的发展,消解了"形而上学的立论基础",从根本危及"形而上学"之合法性。直至20世纪,尽管西哲流派观点各异,但主流学派已不再对此学感兴趣,"而形而上学之还在

---

① 在1920年做"东西文化及其哲学"演讲后,梁启超由林宰平介绍来与冯友兰会面交谈。冯友兰自述在美国哥伦比亚大学读书期间,已经开始阅读梁漱溟关于东西文化及其哲学方面的文章。

退歇,事实昭然"①。另一方面,他将古代西方哲学史中"metaphysics"的困境,归结于其使用的思维方法。也即是,西方哲学擅长论证的、分析的、验证的学术范式,擅长理智思辨,追求"客观公认的确实知识",因而通常采用"分析法"、"检验法"、"逻辑法"等"科学的方法"。而以此方法施用于"形而上学"研究,只会设定出某些超绝经验现实世界的独立本体。而随着"科学时代"的来临,"经验主义"、"实证主义"思维普遍流行,一种形而上的本体,若不能被实证、检验,自然会失去价值。

相比之下,以儒、道、释为代表的中国哲学,并不关注确定性的科学知识与经验规律,亦从不追求与世无涉的悬空超绝之本体。按照"天人合一"、"道器合一"的核心逻辑,中国哲学追求"尽心知性知天"。而根本上,天道本体又寓于世间万物之生化演变过程中,体现于生命心灵的道德良知之中。所以,"中国形而上学",是"人对自己的学术,是打通世间出世间的学问,即是彻究宇宙生命的学问。"②这种学问的最高真理、最高义理、最高存在,并不需要向外求索,而只要"在自家生活上体认生命",通过"践履实修"的修养工夫,即可体证、体悟天道、天理之本质,实现与天道合一、与天理合一。甚至在他看来,"形而上学"在中国哲学中,亦无需如西方哲学那样分析化、逻辑化、系统化,而不过是生命超越实践之"副产物"③。与中国哲学"天道心性相贯通"的"本体论"相匹配,"中国形而上学"的思维方法,主要是"内在超越"的"工夫论",采用的是"体证法"、"体悟法"、"直觉法"等"玄学的方法"。

梁漱溟并不绝对排斥西学方法。他承认与西方哲学相比,东方哲学存在诸多落后之处。尤其西方哲学擅长理智思辨、逻辑分析、细致推理等哲学方法,无论在语言表述、命题推演、体系建构等外在形式方面,抑或是义理传达、问题聚焦、思想呈现等内在知识方面,均较中国哲学要进步。为此,他明确主

---

① 梁漱溟:《梁漱溟全集》第 1 卷,山东人民出版社 1989 年版,第 271 页。
② 梁漱溟:《东方学术概观》,上海人民出版社 2014 年版,第 38 页。
③ 梁漱溟:《东方学术概观》,上海人民出版社 2014 年版,第 6 页。

张向西方哲学学习,引进应用先进的学术方法,以实现中国哲学的学术形态、思想表达、知识研究的现代形态。他甚至认为,借助这些方法改造东方哲学的"形而上学",也是"治东方哲学者最急迫的任务"。

但同时,他却明确反对径直以"科学方法"来替换"玄学方法",进而彻底"取消形而上学"。这不仅因为,中国哲学与印度哲学中,虽有某些类型的"形而上者之学",存在类似"Metaphysics"之困境,但同时亦存在着"固确乎不陷于古形而上学家之错误者也"①。因此,中国、印度为代表的东方哲学,其核心的某些"形而上学"根本不可能取消。尤其对中国哲学而言,作为主流的儒家哲学,乃是基于"天道心性相贯通"逻辑建构的"良知本体论"、"道德的形而上学",因而其以内在良知为核心的"实体本体论",必然需要"内在超越"、"内向体证"的方法论。这些方法论,在形式上,可谓"逆觉体证法"、"直觉证悟法"、"豁然贯通法",在本质上则是一种"道德直觉"、"德性直观"。因此,梁漱溟主张,基于这种道德理性而施用的"直觉法"、"直观法",可帮助主体基于自我先验之道德知识、道德观念,通过内在心性工夫、精神实践去"实证"最终极的"本体"。所以,他始终阐发中国哲学悠久的"直觉方法"②,以捍卫中国自己的,体现民族性、实践性、超越性的"形而上学"。

一、"形而上学方法论"的自觉

在其早期的《印度哲学概论》(1919 年)书中,梁漱溟细致辨析、综合比较印度各教派的"形而上学"体系时,已然运用了"形而上学类型观"、"形而上学形态观"的比较视角。而通过以类型视角审视中国、印度、西方哲学史中不同的"形而上学",也为他回应"中国形而上学"的合法性问题提供了主要依据。

---

① 梁漱溟:《梁漱溟全集》第 1 卷,山东人民出版社 1989 年版,第 408 页。
② 梁漱溟对中国哲学"直觉法"的论述,影响到之后学界对中国哲学方法的特殊性理解。之后,唐君毅也明确认为,中国的形而上学,多运用"离言离思议","天道人性互证"的"直觉法",与西方的"Metaphysics"并不相同。(唐君毅:《中国哲学原论·原道篇》,九州出版社 2016 年版,第 361 页)

首先,他系统考察了中国、印度、西方三大文化系统中,哲学的历史发展与现代命运,认为不同文化中的哲学均有"形而上学"、"认识论"、"人生哲学"三大部分,其在三种文化的命运亦不相同:其一,"形而上学",在西方文化中"初盛后遭批评,几至路绝。今犹在失势觅路中";印度文化的某些形而上学"与西洋为同物,但研究之动机不同,随着宗教甚盛,且不变动",而中国文化则"自成一种,与西洋印度者全非一物,势力甚普,且一成不变"。其二,"认识论",在西方"当其盛时,掩盖一切,为哲学之中心问题";在中国却"绝少注意,几可以说没有";而印度则"有研究,且颇细,但不盛"。其三,"人生哲学",在西方"不及前二部之盛,又粗浅";在印度是"归入宗教,几舍宗教别无人生思想,因此伦理念薄";而在中国则"最盛且微妙,与其形而上学相连,占中国哲学之全部"。

为了根本规避"Metaphysics"之困境,回应国内"拒斥形而上学"阵营的批判,梁漱溟系统回顾了其在西方哲学史中的发展历程:古希腊时期哲学家们注重对宇宙本源进行探索,希腊哲学家以先天的"演绎法",将"推理"看成是万能的。"用不着考察实验,只要心里推究,就能发明许多学理——本来这种空洞的形式关系之研究是能行的。于是他们来研究形而上学的问题,仍旧是那一套法子,什么宇宙的实体本源如何如何,是有,是一,是二,是多,是物质的,是精神的,是真,是善美,是神,是恒久,是圆满无限,是不变,是迥异乎现象,乃至种种奇怪的事情,他们都以为能知道。"①进入近代以来,大陆的理性派,以为天地间的理是自明的,是人的理性所本有,自会"开发"出来,"推演"出来,所以不觉得自己方法有什么不对。休谟主张"科学"才是知识,"形而上学"则不是知识。康德则试图化解经验主义与理性主义两派之争,虽然设定了"物自身"为"形而上学"划界,但同时也承认"形而上学"之必要性。之后孔德以"实证方法"否认"神学"和"形而上学"的合法性。而科学哲学家也批评某些

---

① 梁漱溟:《梁漱溟全集》第 1 卷,山东人民出版社 1989 年版,第 403 页。

哲学家将哲学的观念应用到"形而上学"中,"至是形而上学即覆"①。梁漱溟
还认为美国实验主义者詹姆斯、杜威反对"形而上学",一半原因是反对"形而
上学的方法",另一半原因是"形而上学的问题多半不成问题"。

为此,他非常关注"形而上学方法"的合法性问题,认为对印度唯识宗、中
国儒学而言,自有一种特殊的"直觉法"。而此观点之思想来源有二:一是,他
从传入中国的"生命哲学"代表柏格森那里,借用了"直觉"("Intuition")概
念。受柏格森思想启发,他认识到宇宙的形上本体不应是"固定的静体",而
是动态的"生命"与"绵延"。所以,他领会到"讲形而上学要用流动的观念,不
要用明细固定的概念"②,而此"流动的观念",即是一种特殊的"生活的直
觉"。二是,他将"直觉"的具体规定性,解读为佛学唯识宗的"体证"、"顿
悟",并以唯识宗"不可思议"、"不可言说"修行之法与自我顿悟来解释"直
觉"方法的施用形式与运用步骤。

而整体上,他所理解的"东方形而上学"的"直觉法",主要基于对印度各
教派"形而上学"发展历程的考察。这是因为,他发现,印度各教派所讨论的
核心问题,多数与"西方形而上学"的主要论域类似,也都喜欢探究宇宙的"本
体"。其中,"僧佉宗"所谓的"自性"、"神我"与笛卡尔心物二元论相似。"吠
檀多宗"所谓"梵天"类似于斯宾诺莎的泛神一元论。梁漱溟直接使用西方近
代哲学家对"形而上学"的批评观点,来审视此两派,发现其"实不能解免于批
评"③。而为规避批评,他在之前的《究元决疑论》中,就总结了认识"本体"的
三种主要原则,即"一者不可思议义,一者自然(Nature)轨则不可得义,一者德
行(Moral)轨则不可得义。"④

---

① 梁漱溟:《梁漱溟全集》第 1 卷,山东人民出版社 1989 年版,第 404 页。
② 金岳霖曾批评梁漱溟这种错误的理解。即概念可以是不固定的,这是因为概念要灵活
才能正确反映不断变化的事物。但概念不能不明确。否则无法正确反映客观事物的本质属性,
思想也无法交流。(梁漱溟:《梁漱溟全集》第 1 卷,山东人民出版社 1989 年版,第 406 页)
③ 梁漱溟:《梁漱溟全集》第 1 卷,山东人民出版社 1989 年版,第 407 页。
④ 梁漱溟:《梁漱溟全集》第 1 卷,山东人民出版社 1989 年版,第 9 页。

按其所说,这"三种义"为:第一,"不可思议义",是说"所究元者以无性故,则百不是:非色,非空,非自,非他,非内,非外,非能,非所,非体,非用,非一,非异,非有,非无,非生,非灭,非断,非常,非来,非去,非因,非果。……以是故,如来常说不可思议,不可说,不可念,非邪见之所能思量,非凡情之所能计度。"①第二,"自然轨则不可得义",是说无性者无法。"所究元者不可思议,即宇宙不可思议。宇宙不可思议即一事一物皆是不可思议。不可思议,云何而可说有轨则?"②第三,"德行轨则不可得义"。"德行唯是世间所有事,世间不真,如何而有其轨则可得?……唯是不可思议,云何而德行轨则可得安立?至于良知直觉,识心所现,本来不真,而不可谓无。彼土心理家未曾证真,而说为无,亦妄言耳。至于树功利之义,以为德行之原,虚妄分别,更劣于此。"③

也即是,不可思议,首先,是对语言有限性的理解,即以经验语言、文字去描述、解释形上"本体",反而是对"本体"的误读与限制。其次,不可思议,表现在对科学理智与知识理性的有限性理解。经验知识乃是对现象关系的认识,其借助理智推证以及现象验证的方式,并不能获得对"本体"的真正认识。再次,社会伦理和德行实践,也都是根源于预设的先天德性观念和伦理观念,本身属于第二性的经验知识,也无法直达"本体"。

此三种认识本体的方法,并非梁漱溟独创,而是完全贯彻"唯识宗"断除"知障"、"法障",突破"相分","不立文字"的方法论。他指出,佛学的最高本体即"真如法性",其特殊性在于:"所究元者唯是无性。唯此无性是其真实自性。分别性者但有名言,多能遮遣,唯依他性少智人所不能省。若离依他,便证圆成,自佛而后,乃得究宣。"④"形而上"的"本体"是"非知识的",是"超

①　梁漱溟:《梁漱溟全集》第1卷,山东人民出版社1989年版,第10页。
②　梁漱溟:《梁漱溟全集》第1卷,山东人民出版社1989年版,第11页。
③　梁漱溟:《梁漱溟全集》第1卷,山东人民出版社1989年版,第12页。
④　梁漱溟:《梁漱溟全集》第1卷,山东人民出版社1989年版,第9页。

绝"和"神秘"的,不能通过"理智施其作用"①,只能依靠超越语言和理性的"顿悟"与"直觉",即所谓"言语道断,心行路绝"②。因而,只能靠"菩提妙明元心",在"无可说中妙有言说,成立形而上学",只有通过"纯静观"的方法,坚持"将即万象而讨其本原"的基本原则③,才能破除"我执"、"法执"后,却可以"空无所见",把握"全物皆心,纯真无妄"的"本体"④。

梁漱溟受此启发,认为必须通过"亲证真如"、"根本智证真如"的方法,才能成就一真正的"本真的形而上学"。而此方法的实质,即是直觉体悟、直观体证。通过对真如本体的实证、体证,可提供"主体"与"本体"的"存在同一性",保障此种类型的"形而上学"不会被"拒斥"或"取消"。而从佛家"唯识宗"那里寻获的"形而上学方法",也为他揭示"中国形而上学"尤其是"儒家形而上学"的真义,进而阐发其合法性提供了重要依据。

这是因为,通过对西方哲学与印度诸多教派哲学的梳理,梁漱溟意识到,在科学知识面前,西方哲学和印度哲学中绝大多数的"形而上学"似乎都变成了"不足道的残言废语,不能成立的东西"⑤。而这些"形而上学"之所以到了"没法可讲"的地步,根源即是思维方式与方法的缺陷:"一是感觉不到,二是概念作用不能施,这两个难关有一不解除就不成功"⑥。而佛学"唯识宗形而上学"的方法,既不需要完全依托概念语言展开,又可超越理智思辨而获得观念实证与精神证实。并且,这种方法,也完全适合"儒家形而上学"。

梁漱溟的主要理据,是儒家的"道德的形而上学",乃是基于一种"整体主义思维",将形而上者与形而下者以"形"为主轴统一在一起。这种思维方式,落实在中国哲学独特的"体用论"上,即是"天道与人道合一"、"天理与物理合

---

① 梁漱溟:《梁漱溟全集》第 4 卷,山东人民出版社 1992 年版,第 629 页。
② 梁漱溟:《梁漱溟全集》第 7 卷,山东人民出版社 1993 年版,第 763 页。
③ 梁漱溟:《梁漱溟全集》第 1 卷,山东人民出版社 1989 年版,第 87 页。
④ 梁漱溟:《梁漱溟全集》第 1 卷,山东人民出版社 1989 年版,第 409 页。
⑤ 梁漱溟:《梁漱溟全集》第 1 卷,山东人民出版社 1989 年版,第 270 页。
⑥ 梁漱溟:《梁漱溟全集》第 1 卷,山东人民出版社 1989 年版,第 275 页。

一"、"本体与功用合一"、"心体与性体合一"。这种思维方式体现在儒学的
"本体论"、"体用论"上，即是"天道心性相贯通"；体现在"认识论"、"境界论"
上，即是"尽心知性知天"、"内在超越"；体现在"方法论"上，即是"逆觉体
证"、"自我体悟"、"本心体认"的直觉方法。

二、"整体主义"的思维方式

在梁漱溟看来，"中国人讲学说理必要讲到神乎其神，诡秘不可以理论，
才算能事。若与西方比看，固是论理的缺乏而实在不只是论理的缺乏，竟是
'非论理的精神'太发达了……从论理来的是确实的知识，科学的知识；从非
论理来的全不是知识，且尊称他是玄学的玄谈"①。这种"玄谈"，即体现了中
国人认识宇宙万物的特殊的思维方式与阐释范式。表现在中国哲学的"形而
上学"上，即是将宇宙万物看做各种矛盾"平衡"、"和谐"的动态发展过程，而
并不追求在万物存在中设定某种"一元"、"破坏"和"斗争"的绝对性，不在生
生不息、和谐共生的自然万物之间设定独立、断裂、隔绝的价值。他以《周易》
为例，认为中国哲学的典型思维，就是"以为宇宙间实没有那绝对的，单的，极
端的，一偏的，不调和的事物；如果有这些东西，也一定是隐而不现的。凡是现
出来的东西都是相对、双、平庸、平衡、调和。"②他也明确，受《周易》哲学思维
的影响，之后的中国主流哲学家均秉持这种特殊的"整体宇宙观"，既从"变化
流行"去认识万事万物③，从联系、发展的视角去看待事物的多样性、斗争性与
不平衡性，同时又从此自然万物生化不息的历程中去理解宇宙机体、自然万物
的超越本体、终极本质，以凸显其整体性、统一性、动态性、和谐性。

梁漱溟从《周易》中去寻找中国文化的原始思维与观念源头，显然是针对

①　梁漱溟:《梁漱溟全集》第1卷,山东人民出版社1989年版,第37页。
②　梁漱溟:《梁漱溟全集》第1卷,山东人民出版社1989年版,第444页。
③　甚至在他看来,西方物理学中的相对论,就是中国哲学的"调和"思维,而柏格森主张
"形而上学应当一反科学思路要求一种柔顺、活动的观念来用",也是类似中国哲学的思维方式。
(梁漱溟:《梁漱溟全集》第1卷,山东人民出版社1989年版,第444页)

西方文化重分析、重对立、重思辨的思维特点立说。在他看来,这种"调和"、"中和"的宇宙观、文化观,体现了一种"整体主义"思维。而脱胎于其中的"中国形而上学",同样遵循此种思维,其显著特点是,在思考"本体"与"现象"、"本体"与"功用"的关系时,均表现为"天人合一"、"体用一元、显微无间"、"理气合一"、"理事合一"的特点。

进而,他明确强调,中国文化是以"形而上学"为中心的,"占中国哲学之全部"①。与西方哲学的"Metaphysics"不同,此种"形而上学"贯彻"动态思维"、"整体思维"、"关联思维","即现象而识本体"、"即功用而证本体",因而可被称为"玄学"。具体而言,中国的"玄学"在对象上"所讲的是一而变化、变化而一的本体"②,且此永恒变化的动态"本体"并非经验世界、事实世界之外的某个独立的"绝对者"、"存在者",而就是生生不息的宇宙本身。所以梁漱溟提醒说:"中国自远古的时候传下来的形而上学,作一切大小高低学术之根本思想的是一套完全讲变化的——绝非静体的。他们只讲些变化上抽象的道理,很没有去过问具体的问题。"③

由此,在认识上,"玄学"虽亦可谓透过现象看本质,但此特殊的本质又完全内蕴于人心的知觉灵明,因而不可将西方哲学传统的"认识论"设定的简单对立的"主—客"关系套置在"玄学"特有的"心—物"关系、"道—器"关系、"体—用"关系之上,不能以事实检验、经验证实的科学真理检验法予以裁定。这种"玄学"既然是"整体主义"思维,自然也主张人们不可能超脱现实宇宙,去外在性地审视其本质规律,亦无法纯粹借用经验语言,去彻底说明超越"本体"的核心义理,因此,对于"中国形而上学"而言,虽亦可借用西学中"理智思辨法"、"概念分析法"以达到认识"本体"的"外在特性"(牟宗三语)之目的,但根本上,却只能用"玄学的方式"去把握宇宙万事万物的超越的"本体",即

---

① 梁漱溟:《梁漱溟全集》第1卷,山东人民出版社1989年版,第407页。
② 梁漱溟:《梁漱溟全集》第1卷,山东人民出版社1989年版,第359页。
③ 梁漱溟:《梁漱溟全集》第1卷,山东人民出版社1989年版,第442页。

通过融入宇宙生生不息的无限进程,探寻、体悟其得以存在的终极的依据——"天道"、"天理",从而认识到"人的生命,本与宇宙大生命为整个一体,契合无间,无彼此相对,无能观与所观"①。

梁漱溟曾以中医与西医的不同诊病方式为例,解释中、西方哲学在认识思维与认识方法方面之差异。西医依靠检验和实验,采用的是"科学的方法","科学之所以为科学,即是其站在静的地方去客观地观察,他没有宇宙实体,只能立于外面来观察现象,故一切皆化为静;最后将一切现象,都化为数学方式表示出来,科学即是一切数学化"②。因此,西医将人看作各种器官的合体,诊病也都是将人"解析"开来,孤立地检查某个器官。而中医则依靠对生命机体的"气象"的整体查看,寻找病痛的根源。用他的话说,这种"玄学的方法"的认识特点,总是"囫囵着看,整个着看,就拿那个东西当那个东西看"③。所以,中医诊病,并不是从各个器官表现出来的具体的病灶入手,而是将人视为全身上下气息弥漫流行的整个"生命机体"去"猜想直观"。

20世纪中国哲人在回应"拒斥哲学"与"取消哲学"的流行观点时,在比较中、西方文化尤其是中、西方哲学时,不约而同地发现并阐发中国哲学传统的"万物一体"、"天人合一"的"整体思维"。而他们明确针对的,正是西方文化、西方哲学中作为主流的,表现为"主客二分"的"对象性认识",以及"支离破碎"的"概念性分析"的认识方式与学术范式。作为20世纪融合中西哲学、儒道佛哲学的代表人物,同样是"生命哲学"创建者的方东美,也与梁漱溟一致,同样认为"近代西方思想发展到了末流所产生的种种危机"④,是没有规避分析性思维以及其"二分法"、"分析法"之"陷阱"。而中国哲学擅长一种"澈底的分析",即采用"整体主义"的视角,先将整个宇宙全体、整个人生精神全

---

① 梁漱溟:《梁漱溟全集》第2卷,山东人民出版社1989年版,第130页。
② 梁漱溟:《梁漱溟全集》第2卷,山东人民出版社1989年版,第129页。
③ 梁漱溟:《梁漱溟全集》第1卷,山东人民出版社1989年版,第357页。
④ 方东美:《原始儒家与道家哲学》,中华书局2012年版,第24页。

体,全部"一起透视出来",然后,对此整体宇宙人生各方面予以再"透视",得以形成"旁通统贯的观点"。此种"澈底的分析"是一种"由直觉上把握宇宙人生的全体意义、全体价值与全体真相"的方法①,亦是对经验现象超越性、本质性之"会通"、"综合",以及对意义与价值塑造的方法。

可见,始终将"玄学的方法"与人的生命价值、意义追求、审美情趣关联起来,既是此种方法的特殊性,又是此种方法的合法性论据。而梁漱溟也并不讳言,与科学知识、西方思辨哲学相比,"玄学"的神秘面向、价值面向。反而,他刻意凸显"玄学的方式"所特有的"整体的"、"抽象的"思维方式:以"超越的意识"、"超越的观念"去审视宇宙万物,并从中领会、体悟宇宙本身的最高法则,透视万物因"本体同源性"而具有的有机联系与存在价值。显然,这种"玄学的方式"不同于"科学的方式"、"常识的方式",而是一种特殊的学术系统。

例如,"玄学"系统始终呈现一种"虚的意味"、"抽象的意味",仅提供一种特殊的思想观念。如他说:"不但阴阳乾坤只表示意味而非实物,就是具体的东西如'潜龙'、'牝马'之类,到他手里也都成了抽象的意味,若呆板的认为是一条龙,一匹马,那便大大错了。我们认识这种抽象的意味或倾向,是用什么作用呢?这就是直觉。我们要认识这种抽象的意味或倾向,完全是用直觉去体会玩味才能得到所谓'阴'、'阳'、'乾'、'坤'。固为感觉所得不到,亦非由理智作用之运施而后得的抽象概念。……他那阴阳等观念固然一切都是直觉的,但直觉也只能认识那些观念而已,他并不会演出那些道理来;这盖必有其特殊逻辑,才能讲明以前所成的玄学而可以继续研究。"②

由此,他提醒人们注意"玄学"所使用的概念命题与其表达的哲学观念之特殊关系。也即是,"玄学"的特殊之处在于,其使用的诸多概念、命题,并非如同在日常交流语境、经验表达语境、认识陈述语境中那样,去指向、描摹、陈述具体的经验现象、事实对象、认识信息,而是在使用这些概念、命题时,基于

---

① 方东美:《原始儒家与道家哲学》,中华书局 2012 年版,第 17—18 页。
② 梁漱溟:《梁漱溟全集》第 1 卷,山东人民出版社 1989 年版,第 443—444 页。

特殊的语境、通过特殊的铺垫、借助特殊的启示,传达一种指向经验现象背后的特殊对象之相关知识信息,使人们获得一种抽象性、直观性的"意味"与"倾向",而这实际上已经触及"前形而上学"的"语言——观念"的特殊逻辑。

张东荪在探讨"中国哲学"合法性时,也认为汉语结构中对"主语"使用的特殊方式,决定了"汉语哲学"具有特殊的意谓表述方式和对象认识方式。方东美也认为,不同的民族各有其不同的文化,每种文化又各表现出独特的生命精神形态。而欲真正深入地理解民族文化的根本精神,"则惟有考核其文化符号之性质而征知其意义焉。"①而此"文化符号"即是基于生存共同体共同的时空经验、生活方式、文化传统,在文字、语言中所蕴含之生命精神。金岳霖也指出:"字不只有意义而已,它还有我们在这里叫做蕴藏的种种等等。就字说,字有蕴藏,就用字者说,我们也许要说,我们有情感上的寄托"②。"字的意义"即是概念语词的定义与内涵。"字的蕴藏"则是此概念语词在不同生存共同体中,经过文化、经验的浸润而产生的"关联意向"、"衍生观念"。如"道"字,在不同民族语言中,均有确定的"字的意义",即其定义为"道路"。但"道"字在中国文化中,又代表着形而上的"天道"、"道体",使人从中领会到宇宙大化流行、生生不息的必然性、客观性、永恒性,因而可产生一种庄严、神圣、敬畏之感,发挥金岳霖的"情感上的寄托"作用。

而在梁漱溟看来,西方哲学恰恰是仅关注"字的意义",惯于用"静的"、"呆板的"概念去描述事实。而"玄学"研究的是"变化的问题",多借助"字的蕴藏","中国人讲学说理必要讲到神乎其神,诡秘不可以理论,才算能事"③。因此,中、西方哲学在具体的思维方式上,就呈现泾渭分明之差异:如果说前者因此呈现为概念分析与逻辑思辨的思维特点,那么后者则是一种"超越的观念"之发散性和启发性的"玄谈"。

① 方东美:《哲学三慧》,(台北)三民书局1972年版,第91页。
② 金岳霖:《知识论》,商务印书馆1983年版,第794页。
③ 梁漱溟:《梁漱溟全集》第1卷,山东人民出版社1989年版,第358页。

三、"直觉法"

梁漱溟之所以着重强调"玄学"、"玄学的方法"之特点,根本是想证明"近世批评形而上学可讲不可讲与方法适用不适用的问题,都与中国的形而上学完全不相干涉"①。同时,提醒学界,不能照搬西方文化以"科学的方法"所建立的"科学主义的哲学"②。其理由在于,与追求事实确定性、经验确定性、理论确定性的理智思辨、逻辑分析、经验验证之类的"科学的方法"相比,"玄学的方法"从不以西方哲学那种"呆板的静体问题"为对象,而根本是传达一种"主观的意见"③。

他举例说,中国人写书法,研究书法,主要看的并不是一横一竖的笔画的颜色,也不需要理智的"综简作用",而是体会书法中呈现出来的那种难以表述的"美妙"、气象恢宏的"意味"或"精神"。他论证道:"譬如我听见一种声音,当时即由直觉认识其妙的意味,这时为耳所不及闻之声音即是质,妙味即是影;但是这种影对于质的关系与现量及比量皆不同。盖现量所认识为性境,影像与见分非同种生,所以影须如其质,并不纯出主观,仍出客观;而比量所认识为独影境,影与见分同种生无质为伴,所以纯由主观生。至于直觉所认识为带质境,其影乃一半出于主观,一半出于客观,有声音为其质,故曰出于客观,然此妙味者实客观所本无而主观之所增。"④由此,我们听见声音觉得甚妙,看见绘画觉得甚美,吃糖觉得好吃,只不过是这个事物在头脑中引起的"特殊心理作用",而声音本身无所谓妙,图画本身也无所谓美,糖自身也无所谓好吃。

同样,"玄学"并不试图对经验世界予以确定分析与具体表述,而只是借助一套特殊的语言系统,引发人们对宇宙产生一种"抽象的意味"与"特殊心

---

① 梁漱溟:《梁漱溟全集》第1卷,山东人民出版社1989年版,第443页。
② 梁漱溟:《梁漱溟全集》第1卷,山东人民出版社1989年版,第349页。
③ 梁漱溟:《梁漱溟全集》第1卷,山东人民出版社1989年版,第358页。
④ 梁漱溟:《梁漱溟全集》第1卷,山东人民出版社1989年版,第400—401页。

理作用"。因此,其方法根本是一种"直觉法"。此种方法,不是从现象到本质、从感性到理性的知识方法,因而不追求对经验事物、事件的组成要素、客观结构、发展历程的事实性描述和客观性说明,而是赋予经验世界全体一种特殊的"观念结构"和"思想图景"。通过此能动的"观念投射",经验世界全体被冠上了"天"、"道"、"阴阳"、"五行"、"乾坤"、"气"等特殊称谓,经验对象也因此被赋予一种抽象的、玄妙的价值意味和倾向。

从此言,"玄学"不同于西方那种"Metaphysics"与"Ontology"。相比之下,后者多将经验万物的终极本体置于彼岸世界。而"玄学"的源头,如在《易传》、《老子》中,则主要表现为一种"宇宙论"。且即便从"形而上者"去强说"本体论",也只是"内向式"的"本体论"①。尤其是,这种学问主要关注的是生命精神的超越与人生存在的理想状态,因而没有"内外能所"。其学术方法的特点在于:"点滴有得,皆在亲证。古人云'说食不饱',又云'如人饮水,冷暖自知',是已。其必曰'默识',曰'独知',曰'体认',曰'自证',意皆可见。"②在此,他实际提供了一个重要启示:与西方作为"物理后学"的"Meta-physics"本质是"知识之学"相比,"中国形而上学",则根本为"伦理后学",本质是一种"修养之学"。

对于此"玄学的方法"之表现形式与内在实质,梁漱溟曾在佛学中寻求支持。他认为真正的本体是"非知识的",是"超绝"和"神秘"的。而"神秘",即是认识本体不但不能依靠"理智施其作用"③,甚至要超越语言的限制,即所谓"言语道断,心行路绝"④,"不立言说","不立文字"。而在转向儒学研究后,

---

① 有学者在比较中、西形而上学时,也认为,"形而上学范畴的伦理化是中国传统哲学的一个显著特点。这就使得中国哲学除了道德本体之外,再无任何真正意义上的哲学本体和独立的本体论。"(赵林:《试论中国哲学的道德化倾向和西方哲学的形而上学特点》,《比较哲学与比较文化论丛》,武汉大学出版社 2009 年版,第 83 页)

② 梁漱溟:《东方学术概观》,上海人民出版社 2014 年版,第 60 页。

③ 梁漱溟:《梁漱溟全集》第 4 卷,山东人民出版社 1992 年版,第 629 页。

④ 梁漱溟:《梁漱溟全集》第 7 卷,山东人民出版社 1993 年版,第 763 页。

他又从儒家的先验道德意识、"反躬自省"的精神实践来解释此种直觉。①

此"直觉",最早被他视为是以"道德本体论"为基础的先天精神能力②或先验道德意识,其在先验性、本能性上就是儒家"不学而知"、"不学而能"的"良知"、"良能",所以,他说:"敏锐的直觉,就是孔子所谓仁"③。他又从生物学和社会学的"本能"来解释。他说:"人类自从本能解放出来,生命乃不复局限于其身体,而与其他生命相联通。特别是与其他人的生命相联通,彼此感应神速,有非一般物类所及。"④可见,此种"道德直觉"虽有本能性、自主性、感应性,但其在应用上,既受先天本性的制约,又受后天认识能力的影响。其在本质上,既非普通的感官认知,又不同于理论理性与知识理性。

他也曾借助佛学的"现量","比量","非量"来讨论"直觉"⑤。认为,"现量"就是感觉(Sensation),其借助眼耳鼻舌身等感觉器官认识事物的颜色、味道、大小等现象。比量,即是"比量智",是心理方面去构成知识的一种作用,也就是理智。比量对杂多零乱的现象进行"综合其所同,简别其所异",通过综合和辨析,形成对事物的概念和"共相"的认识和把握。而他认为,在"现量和比量之间还应当有一种作用,单靠现量和比量是不成功的因为照唯识家的说法,现象是无分别、无所得的;——除去影像之外,都是全然无所得,毫没有一点意义。……所以在现量与比量中间,另外有一种作用,就是附于感觉——心主——之'受''想'二心所。'受''想'二心所是能得到一种不甚清楚且说不出来的意味的。……'受''想'二心所对于意味的认识就在直觉。故从现

① 杨国荣教授还指出,梁漱溟将泰州学派的"唯意而出"与叔本华的"意志"融合为"意欲",之后又改为"道德领域中的意志"——理性。但梁漱溟始终将此方法与理智相区分。(杨国荣:《王学通论——从王阳明到熊十力》,华东师范大学出版社2003年版,第248页)
② 李景林教授认为,梁漱溟的直觉,并非心理学的讲法,而完全是心性论的讲法——并且是宋儒那种本体化、宇宙论化了的心性论的讲法。(李景林:《彻底的儒家——梁漱溟形而上学思想论衡》,《天津社会科学》2003年第6期)
③ 梁漱溟:《梁漱溟全集》第1卷,山东人民出版社1989年版,第453页。
④ 梁漱溟:《梁漱溟全集》第3卷,山东人民出版社1990年版,第261—262页。
⑤ 梁漱溟:《梁漱溟全集》第1卷,山东人民出版社1989年版,第397页。

量的感觉到比量的抽象概念,中间还须有'直觉'之一阶段。"①

但根本上,他并非从"认识论",而是从"形而上学"来讨论"直觉",即"直觉法"是不同于"追问"或"推理"的"知识方法",而主要是一种体认超越本体,获得超越价值的"形而上学方法"。此种"直觉法",在形式上表现为不需"操心"和"打量计算",遇事"随感而应"的直觉,在表现上则是一种活泼而无拘滞的、刚健的、大无畏的、充满了浩然之气的精神状态与修养境界。由于这种方法,在认识对象上,贯彻儒学天道心性内在一致的逻辑,要去体证、体知本心良知,在生活实践上,集中在道德反省与道德实践,因而与"科学方法"有显著差别。按梁漱溟所说,儒学"生活的直觉"的特点是,"到中的时候就觉得俨然真是中,到不调和的时候就俨然确是不调和,这非理智的判断不能去追问其所以,或认定就用理智顺着往下推;若追问或推理便都破坏抵牾讲不通了。"②

若从此看,此种"直觉法"似与理智思辨类方法完全无关。但这种界定的最大问题,是虽论证了施用此法之"玄学"的合法性,却也间接否定了"玄学"自身的知识属性。当时,汤用彤就批评梁漱溟从"非理论"去把握"形而上学"的本质。在汤用彤看来,中国的玄学当然"趋重神秘",但不是巫术迷信;中国的儒、释、道三家虽均表现为相近的"道德心性之学",但全非"反对理论"(理智)③。而梁漱溟本人在关于"东西文化及其哲学"的演讲之后,也逐渐认识到他以"本能"释儒家"直觉"的局限性。在"直觉法"的"一任直觉随感而应"之外,补充进了"理智的拣择"④。

梁漱溟根据"直觉"与"理智"的关系区分了三种哲学思维:西洋生活是直觉运用理智的;中国生活是理智运用直觉的;印度生活是理智运用现量的。并

---

① 梁漱溟:《梁漱溟全集》第1卷,山东人民出版社1989年版,第398—400页。
② 梁漱溟:《梁漱溟全集》第1卷,山东人民出版社1989年版,第447页。
③ 汤用彤:《会通中、西、印》,东方出版中心2012年版,第5页。
④ 梁漱溟:《梁漱溟全集》第1卷,山东人民出版社1989年版,第321页。

认为:"所谓以理智运直觉的其实是直觉用理智,以理智再来用直觉,比那单是直觉运用理智的多一周折而更进一层"①。这种表述实际肯定了儒学之"玄学的方法",所本具的理智基础与理性面向。也即是,"直觉法"虽在形式上是主观体悟式的,但其作为一种哲学方法,却有着对思想与理论本身的"反省"和"持中"的理性要求。他强调,"儒家形而上学"不完全依赖"辨别计较评算"的方法,但同时却是"以理智运用直觉使人涵泳于一'直觉的宇宙中'"。儒学追求的"精神生活"(倭铿语)、"灵性生活"(罗素语),虽注重精神境界、情感获得与意义实现,但并不完全拒斥"理智",恰恰相反,由于此种精神生活的境界极高,就需要用"回省的用理智调理情感","于直觉的自然求中之外,更以理智又一种拣择的求中"②。所以,从哲学方法来看,西洋生活是"直觉运用理智"的,中国生活是"理智运用直觉"的,只不过侧重点不同。

基于儒家哲学,既然人人皆有"天德良知"、"良知良能",自然人人皆有"敏锐明利"的直觉。只要率性而为,发掘"本来即有"的"不虑而知"的良知,"不学而能"的良能,即可彻悟形上之本体。因而"直觉法"可谓是儒学乃至中国哲学之核心方法。在梁漱溟看来,中国哲学虽经过白话文的转向,但新的概念命题仍可提供"意味精神、趋势或倾向"③,"直觉法"仍是重建新哲学的核心方法。而既然"形而上学合法性"问题,不仅关涉中国哲学的合法性,更是"一派文明之命根"所在。因此,在"科学时代",研究好阐释好中国哲学的"直觉法",就是哲学家的"非常之大业"④。

需要注意的是,梁漱溟虽在思想早期关注"形而上学的合法性"问题,并集中讨论了"玄学的方法"。但随着学术兴趣与关注焦点之转换,之后,他已

---

① 梁漱溟:《梁漱溟全集》第 1 卷,山东人民出版社 1989 年版,第 486 页。
② 梁漱溟:《东西文化及其哲学》,上海人民出版社 2006 年版,第 144 页。
③ 梁漱溟:《梁漱溟全集》第 1 卷,山东人民出版社 1989 年版,第 400 页。
④ 梁漱溟:《梁漱溟全集》第 1 卷,山东人民出版社 1989 年版,第 444 页。

不再讨论"形而上学方法"之类的问题。① 但其方法论研究的启示在于,一方面力证"玄学的方法"与"科学的方法"之别,为"中国哲学方法论"的自身论域打开了现实阐释空间。另一方面,他又具有开放的"哲学方法论"之眼光。如他从"Metaphysics"在西方学界的方法危机,而遭遇不断"退歇"②的困境,看到了"东方哲学"的危机——专注"形而上学"的东方哲学,依然以16—17世纪以前之理论形态存在。为此,他又主张"东方哲学"尤其是"中国哲学",应学习西方的先进方法。因此,在其"形而上学"视域中,实际存在着两种并行不悖的哲学方法:"分析法"、"归纳法"、"演绎法"等"科学的方法",是中国哲学现代转型的"书写方法"或"建构方法";"直觉法"、"证悟法"、"体证法"等"玄学的方法"则是"形而上学"观念呈现的"实现方法"或"达成方法"。

但是,在"形而上学"这种特殊的学问中,体悟式、证悟式的"直觉法"以及基于此方法的观念创造、精神领会,如何可恰当与现代学术范式要求下的愈加清晰精确的概念命题系统相契合,则是他没有关注与没有解答的重要难题。因为,既然"玄学"是"内在式的本体论",其方法必须拒斥经验、语言与知识,甚至具有"虽有言说,意在言外"的观念发散性思维,由此,其在现代的重建,最终获得的依然是古代形态。但若试图保障现代汉语的精确性、逻辑性、系统性、专业性,又会因逻辑分析法、理智思辨法的应用,而大大减少汉语哲学所特有的"观念的暗示性和情感寄托"③。而这个中、西哲学碰撞融合背景下的方法论难题,自梁漱溟的两难选择开始,亦分别体现在之后学界对"中国哲学"、"中国形而上学"的重建过程中。

---

① 梁漱溟在早期的《东西文化及其哲学》中强调中国文化是"直觉"为核心的,而在《乡村建设理论》和《中国文化要义》时期,他发现"直觉"难以承当引导人们生活的方向的职责之时,便用"理性"取代了"直觉"。(郭齐勇、龚建平:《梁漱溟哲学思想》,北京大学出版社2011年版,第115页)
② 梁漱溟:《梁漱溟全集》第1卷,山东人民出版社1989年版,第271页。
③ 王中江:《理性与浪漫:金岳霖的生活及其哲学》,河南人民出版社1993年版,第85页。

第二节 "思辨"与"实证"方法"冶为一炉"

作为"现代新儒学"开山人物,熊十力"出佛入儒",归本《大易》,以良知本心为超越本体,建构了"翕辟成变"、"体用不二"的"本体论"体系。他高度重视儒学方法论的现代阐释问题,并将其视为"儒学本体论"合法性的核心论据。为此,他在不同著作中处处辨析"玄学方法"(儒学方法)与"科学方法",并明确批评执迷"逻辑分析法"、检验实证法的局限性,反对以此种方法驱逐儒学本有的体证法、体认法。但同时,他又将"理智"、"思辨"引入现代儒学的方法论,并就"理智法"与"直观法"的关系,以及处理两方法与儒学心性工夫的关系,予以全面论述。

他提出"思证兼用",引入理智思辨方法,为儒学体悟直观服务。同时,又提出"思修交尽",以儒学道德修养的"工夫论"来规范理智法与直观法的操作程序,提供了一种"修养工夫→理智思辨→体证直观→修养工夫"的儒学"本体论"的方法程序系统。而在此过程中,他亦对儒学方法、西学方法、佛学方法兼采其长,使得其"本体论的方法论"①呈现出复杂的维度与指向。

整体上,他认为,对"超越本体"的认识最终要借助体证式、体认式的"直观法"。但作为一种"哲学"的"儒学本体论",亦要遵循现代学术研究的一般范式,借助"理智"、"思辨"方法,提供更正确、精准、有效的意义表达、信息传达。在此基础上,再通过"体悟法"、"证悟法"方能助人达致"炯然自明,默然自喻"的道德境界。为此,他重新界定了"理智思辨",并以"自我体证"来重释"实证"概念。同时,又将"思辨"、"实证"始终置于儒家道德修养的心性工夫范导之下,此即为"思证兼用"与"思修交尽"。

---

① 郭齐勇教授将熊十力哲学方法论,即"量论"称为"本体—方法论",认为其已经具备了专门讨论哲学方法的程序与原理,初步形成了思想体系。(郭齐勇:《熊十力哲学研究》,人民出版社2011年版,第77页)

一、"科学方法"与"玄学方法"

(一)"科学的方法"的局限

熊十力比较中、西哲学时,主要从类似"环境决定论"的视角去分析中、西文化观念与思维方式的差异。他认为,与欧洲人相比,中国人生在广漠清幽的大陆,在天地辽阔的视野中,生命与自然是融为一体,所以中国文化呈现为天人合一的和谐状态与整体性思维。而中、西方哲学所以类型不同,根本是此思维方式决定的。这种差异,主要表现在中国人"不愿意过计算的生活,不肯把本来浑全的宇宙无端地加以解析,不肯把他本来浑一的生命无端分作物我,别了内外。他见到分析是因实际生活方面而起的一种支离破碎的办法。他并不是故意反知,却是超出知识猜度的范围而握住了真理"①。中国人习惯将宇宙视为有机统一的生命整体,"形而上"的本体与"形而下"的事物不存在时空内外之隔绝,本体本就内在万物之中。自此言之,万物本性同一,物与物,人与物之间亦没有价值上的高低之分。也正是这种"天人合一"的本体论、宇宙论设定,使得人与人、人与物、人与自然紧密地联系在一起,并且恰恰是在人在外在世界的关系网络与实践交往中,才能获得理想的人生价值和生命意义,从而为生存世界的合法性和重要性提供理论承诺。

由此,熊十力批评西方哲人习惯将人与自然对立,进而借助"算计"和"解析"的方法来探究宇宙终极本质的做法。这是因为,此方法其虽擅长对现实器物、经验现象之内部质素、构造和具体的运行规律进行精细研究和客观把握,由此创制了各种分科之学与有效的知识解释系统,但这种"解析"思维,也同时将本是万事万物多维关联的宇宙,划定为彼此分殊而独立的领域。由此创制的"科学知识"显然只能囿于经验现象,而无法达致宇宙的本质与本源。而运用此思维建构的"哲学知识"、"形而上学知识",也受制于此"分别"思

---

① 熊十力:《熊十力全集》第4卷,湖北教育出版社2001年版,第97页。

维,妄思将某种超越本体置于器物现象世界之外。

在熊十力看来,"学问当分二途:曰科学,曰哲学(即玄学)。"①这两种学问,均为人类不可或缺的生存知识。其主要区别在于:"科学假定外界独存,故理在外物,而穷理必用纯客观的方法,故是知识的学问。哲学通宇宙、生命、真理、知能而为一。本无内外,故道在反躬。非实践无由证见,故是修养的学问。"②他所说的科学,不只是指自然科学,还指西方的人文社会科学,当然也包括西方哲学。其理由,正是因为西方哲学错用了"科学方法",尤其是没认识到哲学与科学的重大区别:哲学是以绝对普遍的形而上的"宇宙的真理"为对象,科学是以时空中复杂多样的具体经验现象为对象;哲学穷究经验现象背后的整全实体,科学研究经验现象的具体规律;哲学以"明智"、"神悟"及"涵养"等工夫为主,科学则以检验、分析、推理等方法为主。

自此而言,西方哲学在领域上与科学重叠,在方法上又借自科学。利用这种科学思维与科学方法去认识宇宙,自然会将宇宙本身隔绝为"本体世界"与"现象世界",陷溺"体用二分"、"理事二分"、"道器二分"之困境无法超拔。而信奉理性思辨和逻辑分析、演绎归纳等方法,拘泥于哲学概念命题的分析、论证与推演,去"构画"宇宙之本体,其本质亦不过是理性创造的"主观产物"或"精神实体"。所以,他明确批评说:"西洋谈本体者,大抵本其向外求理之心习,直以本体为客观独存的物事而推求之。其实宇宙人生非可剖析,云何可于吾性命外别寻本体?"③

熊十力认为,与西方的科学、哲学不同,儒学是一种"玄学",其以超越万事万象的"本体"为对象,并以"天道心性相贯通"为原则,以"心性工夫"的证悟、体证、体悟为方法。应该说,他对"玄学"之界定,体现了儒学不同于科学的超越品格,而强调本心良知可证悟、体悟"本体",也揭示了儒学相较之下具

① 熊十力:《熊十力全集》第3卷,湖北教育出版社2001年版,第14页。
② 熊十力:《熊十力全集》第4卷,湖北教育出版社2001年版,第114—115页。
③ 熊十力:《熊十力全集》第4卷,湖北教育出版社2001年版,第429页。

有的"体用一元"之圆融思维。而由此种知识形态与知识方法之分辨,既为他区分不同类型的"本体论"提供了可能①,也为他重建"形而上学"提供了核心理据。正如他说:"《新论》本为融贯华梵之形而上学思想而自成一体系,又实欲以东方玄学思想对治西洋科学思想。略言之,科学无论如何进步,即如近世物理学,可谓已打破物质的观念,然总承认有外在世界,他们毕竟不能证会本体,毕竟不能通内外、物我,浑然为一。他们所长的还是符号推理,还是图摹宇宙的表层,不能融宇宙人生为一,而于生活中体会宇宙的底蕴。新物理学无法证会本体,旁的科学亦然。继今以往,各科学虽当进步,然其无法证会本体,当一如今日,科学的方法与其领域终有所限故也。"②

(二)体证、证悟:"玄学方法"

熊十力将"天人合一"、"道器合一"、"即体即用"的思维范式视为中国哲学尤其是儒学的核心精髓。他自述:"潜思十余年,而后悟即体即用,即流行即主宰,即现象即真实,即变即不变,即动即不动,即生灭即不生灭,是故即体而言用在体,即用而言体在用。"③其所体悟到的,即是以"体用不二"为核心架构的理论模型。事实上,他正是从此"圆融"的最高境界出发④,为重建"本体论"预设了基本范式,也为其方法论确立了基本要素——以体证、体悟为主的"玄学方法"。

他强调:"科学于现实世界,必设定为客观独存,故必任理智,作客观的研究,而哲学穷究本体,则不当与科学同其态度与方法。"⑤此"理智"即是理智

---

① 在熊十力语境中,"本体论"和"宇宙论"都是称谓传统的形而上之学的名词,二者没有区别,可通用,如他说:"我喜用西洋旧学宇宙论、本体论等论调来谈东方古人身心性命切实受用之学。"(熊十力:《熊十力全集》第8卷,第758页)梁漱溟则认为中国哲学中如果有涉及"形而上者"的思想,也只是"宇宙论",而很少有什么"本体论"。

② 熊十力:《熊十力全集》第4卷,湖北教育出版社2001年版,第294—295页。

③ 熊十力:《熊十力全集》第8卷,湖北教育出版社2001年版,第151页。

④ 熊十力:《熊十力全集》第2卷,湖北教育出版社2001年版,第296—297页。

⑤ 熊十力:《熊十力全集》第4卷,湖北教育出版社2001年版,第429页。

思辨、逻辑分析,此"客观的研究"即是对器物现象的规律知识进行真假的检验。显然,纯粹的"科学方法",仅服务于对形而下的器物现象之研究,以获得"科学真理"为鹄的。而"儒学本体论"则是以超越现实经验、超越具体时空的宇宙终极存在——"本体",为研究对象。而对此特殊的"形而上者",显然无法用常识性和科学性的语言概念与分析思辨来认识,只能借助于"不落文字"、"休止思辨"的自我体悟或自我体证。用他的话说,基于"天道心性相贯通"之原理去认识最高本体时,只需要借助"逆觉体证"、"反求实证","自识本心"、"体认本心",就可领悟本心良知"通宇宙、生命、真理、知能而为一"。

由于这种"玄学方法"主要基于内在体认、体悟,也被他称为"体认的方法"、"证悟法"、"体证法"。其特点即是,在认识方式上,实现"能觉"与"所觉"合一,"主体"与"客体"合一;在认识内容上,不假外求,聚焦本心良知的超越原理;在认识形式上,向内心去体悟、体认生命精神的必然原理与终极法则。

显然,此方法既不受习心常识、物相经验与科学知识的限制,又可亲证"与体合一"的精神体验、领会宇宙万物的终极本源。可见,此"玄学方法"、"体证法",本质乃是一种"直观法"、"直觉法"。基于此方法类型的不同,熊十力捍卫儒学的特殊性与合法性,他强调说:"东方哲学与西洋科学各有范围,各有方法,并行则不悖,相抵终陷一偏。科学以由感官所得经验为依据,非用客观的方法不可。哲学所穷了者为本体,而宇宙本体实即吾人所以生之理,斯非反求与内证不为功。故东方之学非科学所能打倒。"[1]

对此"体认法"、"体证法",他阐述说:"中国哲学有一特别精神,即其为学也,根本注重体认的方法,体认者,能觉入所觉,浑然一体而不可分,所谓内外、物我、一异,种种差别相都不可得。唯其如此,故在中国哲学中,无有像西洋形而上学以宇宙实体当作外界存在的物事而推穷之者。西洋哲学之方法犹是析物的方法,如所谓一元、二元、多元等论,则是数量的分析;唯心唯物与非心非

---

① 熊十力:《熊十力全集》第4卷,湖北教育出版社2001年版,第169页。

物等论,则是性质的分析。……真理非他,即是吾人所以生之理,亦即是宇宙所以形成之理。故就真理言,吾人生命与大自然即宇宙是互相融入而不能分开,同为此真理之显现故。但真理虽显现为万象,而不可执定万象,以为真理即如其所显现之物事。真理虽非超越万象之外而别有物,但真理自身并不即是万象。真理毕竟无方所、无形体,所以不能用知识去推度,不能讲真理当做外在的物事看待。哲学家如欲实证真理,只有返诸自家固有的名爵,即此明觉之自明自了,浑然内外一如而无能所可分时,方是真理实现在前,方名实证。"①这个"实证",即是"体证法"、"体悟法"、"体认法"。

"玄学方法"之所以具有合法性,根源于熊十力对中国哲学"天人合一"、"超越内在"的认同与其"体用不二"的理论设定。是因为,哲学讨论"一切事物之根本原理"——"本体",而使得此"理"却凭借本心良知。所以"吾人所以生之理"与"宇宙所以形成之理"本非有二,"故此理非客观的,非外在的。如欲穷究此理之实际,自非有内心的涵养工夫不可,唯内心的涵养工夫深纯之候,方得此理透露而自达于自明自了自证之境地。"②

这样,"儒学形而上学"探究的"真理",就不可"用知识去推度",或猜度其数量、性质、关系,只能凭借"内心的修养","依靠整心灵的各种功能去认识、发现、把握世界"③。而既然"玄学真理"不假外求,而根本维系于本心的超越智慧、德性修养、精神境界,那么,其"本体方法"的核心就是"修养的方法"。既然儒学终极的道德真理主要经由道德实践、道德判断方可呈现,那么,儒学的"形而上学"、"本体论"本质就是"修养的学问"④。

所以,在他看来,"玄学方法"的特殊性在于:

一是超越"主客关系"、"能所关系"的"逆觉体证"、"反求实证"。与西方

① 熊十力:《熊十力全集》第4卷,湖北教育出版社2001年版,第198—199页。
② 熊十力:《熊十力全集》第4卷,湖北教育出版社2001年版,第202页。
③ 李泽厚:《中国现代思想史论》,三联书店2008年版,第294页。
④ 熊十力:《熊十力全集》第4卷,湖北教育出版社2001年版,第115页。

的科学、哲学基于"主客二分"的认识范式,将本体视为"知觉构画"的"外在物事"不同。儒家哲学以"天道心性相贯通"为准则,并不向外寻求本体,而是基于"心体"、"性体"与"道体"的合一,通过自返本心,对道德良知加以体认,领会宇宙万物的终极真理。

二是超越语言概念、分析思辨的"体悟方法"、"直观方法"。与西方哲学仅以概念命题、理智思辨外在描述本体,进而依据严密概念体系与逻辑系统,把握本体的"知识信息"与"形式特性"(牟宗三语)不同,儒学擅长"不落文字"、"休止思辨",更多依靠直观体悟,即可体证本体的"内容特性",实现自我思想智慧与形上本体的内在统一。

三是以"道德实践"、"心性工夫"为主的"修养的方法"。此方法与西方科学、哲学使用的各种假设方法、实证方法、数理方法、逻辑方法不同,乃是持续不断地对自我的道德良知进行反省、体认,进而通过持续不断的道德实践与精神超越,不断实现自我价值与宇宙价值的终极契合。

总之,与"科学方法"那种理智思辨、现象验证、逻辑分析的方法相比,"玄学方法"是德性直观式、自我体悟式、修养实践式、自反本心式的"本体直观法"。由此,他批评当时学界奉"理智思辨法"为圭臬,主张只有体悟直观方能认识儒家终极真理——本心良知。早在1928年他就曾说,每见青年同学,开口必曰方法,"此极可惜"。只为此方法乃略举大端的抽象程序而已,若"日日空言方法",则或为"知识"所障,或为"言语"所弊,陷入支离破碎之"意见"、"私见",而不能呈现人心的本然良知,无法获得对宇宙超越本体之认识。在1936年与张东荪讨论哲学方法时,他亦认为理智思辨虽可"救主观之偏蔽",但最终仍要有"治心一段工夫"①。

而后人多基于熊十力批判"科学方法"的言论,将其方法论径直归为"直觉主义方法"、"体悟方法",不但造成儒学的神秘直观法与"理智思辨"决然对

---

① 熊十力:《熊十力全集》第4卷,湖北教育出版社2001年版,第170页。

立之感,还赋予熊十力儒学思想之"守旧"面向。在笔者看来,这或许因为他在糅合"一般性的哲学方法论"与儒学心性修养的方法论时缺少明晰分辨与精准论证。但事实上,在讨论认识、把握儒学特殊的"良知本体"的方法时,他已然设定了"理智法→直观法"的递进程序,明确将"理智思辨"作为其"本体论的方法论"的必要基础。

二、思辨与体证"相资为用"

(一)哲学不"废思议"

在熊十力的语境中,"理智"亦名"量智","就是思量和推度,或明辨事物之理则,及于所行所历,简择得失等等的作用。"而与此相对,他还提出"性智","性智者,即真的自己底觉悟。此中真的自己一词,即谓本体。在宇宙论中,赅万有而言其本原,则云本体。……即此真己,在量论中说名觉悟,即所谓性智。"①在"量智"与"性智"对立的比较语境中,前者的"理智认识"主要依赖分析、思辨、推导等西学方法,后者的"本体认识"主要借助体证、体悟、直观等传统方法。他也明确,在儒学"良知本体论"中,觉悟、体悟、默识才是最根本的方法②。针对当时学界崇奉科学方法尤其是"理智思辨法"、"逻辑分析法",试图彻底改造儒学之说,他认为,理智的辨别、比较与思议方法,只是一种向外求理的工具。"这个工具,若仅用在日常生活的宇宙即无理的世界之内,当然不能谓之不当,但若不慎用之,而欲解决形而上的问题时,也用他作工具,把本体当做外在的境物以推求之,那就大错而特错了。"③所以他一再告诫,若纯借助理智思辨的"量智"以"推验"吾人与天地万物同体的"实相",终是向外求理。而将"本体"视为外在一物,对其予以逻辑推验和思辨分析,最

---

① 熊十力:《新唯识论》,中华书局 1985 年版,第 249 页。
② 熊十力:《熊十力全集》第 3 卷,湖北教育出版社 2001 年版,第 16 页。
③ 熊十力:《新唯识论》,中华书局 1985 年版,第 254 页。

终只能获得所谓"知见"。

不过,虽然在"理智思辨法"与"体证直观法"的比较上,熊十力一再贬斥"量智",推崇"性智",如说:"量智只能行于物质的宇宙,而不可以实证本体。本体是要反求自得的,本体就是吾人固有的性智。吾人必须内部净化和发展时,这个智才显发的。到了性智显发的时候,自然内外浑融,冥冥自证,无对待相。"①但在自身"本体论"体系的建构中,尤其在辨别古今、中西哲学史中各种错谬的"本体方法论"、在辨析讨论"形而上的本体"的主要性质、在分析"本体"与"功用"的辩证关系等方面,他却全面且娴熟地使用了理智分析、逻辑推证、理论推导等思想方法。

而为更具体形象地阐发自己的观点,他还运用"海水众沤"、"冰水之喻"、"转燃香现火轮"等比拟方法、论证方法、启发方法。所以,我们应了解,在熊十力各书中随处散见对"理智思辨法"的批评,乃是有明确之所指,也即是,他仅是针对当时学界以"科学方法"拒斥或取消"形而上学"之说,来提出反驳批评,而非彻底否决"理智法"、"思辨法"。

西学方法与儒学方法的关系,乃当时儒家讨论焦点。与梁漱溟、熊十力同被称为"新儒家三圣"的马一浮,也曾力辨儒学与哲学的不同,更批评西方哲学的研究方法。在他看来,儒学本是"自得之学",以穷理尽性为目的,专注"切记体会",久而久之,则可"豁然贯通"。哲学则是"知识之学",专注分析解剖式的梳理研究。他也批评当时部分人迷信分析方法,说:"今人于古今修辞立诚之旨全未识得,独喜称逻辑,以为治哲学者所必由。不知逻辑本身便是一种执,律以破相之旨,便在当破之列。如禅师家言,非情识所道者,岂可辄以逻辑妄加格量?"②还说:"今时科学、哲学之方法,大致由于经验推想观察事相而加以分析,虽其浅深广狭,所就各有短长,其同为比量而知则一。或因营思力索如鼹鼠之食郊牛,或则影响揣摩如猿狙之求水月。其较胜者,理论组织饶

① 熊十力:《熊十力全集》第 3 卷,湖北教育出版社 2001 年版,第 23 页。
② 马一浮:《马一浮集》第 3 册,浙江古籍出版社 1996 年版,第 969 页。

有思致可观,然力假安排,不由自得,以视中土圣人始条理终条理之事,虽霄壤未足以为喻。盖类族辨物必资于玄悟,穷神知化乃根于圣证,非可以袭而取之也。"①

熊十力在思想早期赞同马一浮之说,认为儒学是专门讨论形而上之天道的"玄学"。而按照"天道心性相贯通"之原理,"心之理"即"天之理",绝非经验知识所能解释,只能"反求实证","自己认识自己"。所以他批评当时的一些学者在论及"玄学"本体时,直逞理智思辨,将本体构造为"外在的物事"、"思维中的概念"、"意念中追求的虚幻境界"②。尤其在他认识到儒学、玄学、哲学"乃一事"之后,他对儒学方法论的思考亦随之明显转变。其显著特点,是明确主张引理智思辨于儒学"良知本体论"之中,强调:"玄学者,始乎理智思辨,终于超理智思辨,而归乎返己内证;及乎证矣,仍不废思辨。"③

所以,在熊十力的学术语境中,作为"量智"的"理智"乃有两义:

1. 科学研究与科学知识所凭借的理智,既表现为思议、辨析、推理等方法的"知识理性",亦可称为专注外在器物、经验现象,强分物我二元的"习心"。

2. "本体论"中把握形上本体的理智,此理智虽体现"习心"或"认识论"之一般形式,但是超越经验现象的"本体理性",是将其思议、辨析、推理、论证之手段向内翻转,服务于"本心之自觉自证"的辅助方法。

而熊十力正是将第二种"理智法"纳入认识本体之进程中,以"理智"服务于"性智"。而这种对理智思辨的肯定,显然并非如有些论者解读的那样——"理智"与"直观"(尤其是本心良知直观)截然对立。但同时,熊十力在论证此"理智→直观"的方法论时,多用佛学之"量智"、"性智"概念表述,就使得佛学中两方法截然对立的状况"游移"到其儒学"本体—方法论"中,尤其是,他在建构"儒学本体论"过程中,正是采用了"理智思辨——超理智思辨"的方

---

① 马一浮:《马一浮集》第 1 册,浙江古籍出版社 1996 年版,第 519 页。
② 熊十力:《熊十力全集》第 3 卷,湖北教育出版社 2001 年版,第 11 页。
③ 熊十力:《熊十力全集》第 5 卷,湖北教育出版社 2001 年版,第 12 页。

法步骤,因而招致一些批评。

当时张东荪就明确批评熊十力,一方面始终指明西方科学方法如"分析法"、"思辨法"的局限,一方面又暗度陈仓,通过所谓的重建"本体论",将这些方法嵌入本不属于"本体论"的玄学之中。以最核心的本体范畴的论述为例,熊十力曾说过:"本体的性质是单纯亦或是复杂,此一大疑问不可不解答。唯心一元论执定本体是精神的。唯物一元论执定本体是物质的。两说虽有异而其以本体为单纯性则一也。然试问唯心宗,单纯的精神性何以忽然产生物质?试问唯物宗,何以忽然产生心灵? 两宗毕竟无可说明其故。余敢断言本体是具有生命物质种种复杂性,不可任意想而轻断定其为单纯性。"这显然已是采用理智辨析的方法。

梁漱溟与张东荪观点一致,他专门引用此段话,证明熊十力采用"推论"和"想象"方法①,而"却不悟向外求知既陷乎能(主)所(客)对待之间。早与本体无涉"②,批评熊十力对"科学"与"本体论","科学方法"与"本体方法"区分"迷糊不清",导致其自以为的"本体方法"恰恰就是西学"科学方法",最终导致"本体论"根基不稳。同时,在《读熊著各书书后》一文中,梁漱溟又抄录熊十力论证体证法、体悟法的话:"今云证会者,谓本体之自明自了是也。佛氏谓之证量,亦云现量。阳明咏良知诗'无声无臭独知时',此无声无臭而独知者正是吾人之本体即本心,炯然自知也。斯即证会之谓。……夫证会者,一切放下,不杂记忆,不起分别;此时无能所,无内外,唯是真体现前,默然自喻。"以及熊十力引严复对佛家"不可思议"的解读——"智者则知由五常以入长存",来论证认识本体的方法的另外一段话:"此意极不易言,系乎见性与否。凡夫迷执躯壳,只堕溺无常之生死海中;至人超越形气,直得本体,则时空内外等见,无自而起。夫无常乃相对。见性则即于相对而见绝对,固非于相对之外,别求绝对。"而梁漱溟在转引此段话后也评论说:"'吾自悟当下便是长

① 梁漱溟:《梁漱溟全集》第7卷,山东人民出版社1993年版,第763页。
② 梁漱溟:《梁漱溟全集》第7卷,山东人民出版社1993年版,第773页。

存'一语,正是说的见体。此事只可亲证,讲解是讲不出的。曾亲证者自然相喻无言;否则,无从相喻,无从相信。"①

可见,同是硕儒大哲,梁漱溟、马一浮仍然固守"玄学"的原有方法,希望以此捍卫"儒学形而上学"的特殊性、合法性。而熊十力则更具现代哲学的视野与远见。他既批判以理智思辨取代体悟直观;同时又肯定前者可助人辨别真伪,为最终经由"体悟"、"证悟"实现"炯然自明,默然自喻"之"终极真理"提供方法助力。所以,熊十力明确其方法论是"思证兼用"与"思修交尽"。

熊十力之所以转而肯定理智思辨的作用,是因为,儒学虽以"形而上学"、"本体论"为专属,但其本质仍是哲学。所以,儒学要在科学文明主导的"知识时代"实现知识化、哲学化,既要在外在形式——语言概念的书写、思想表达的系统等方面具备现代知识形态,更要在内在义理——理论基础、知识逻辑、终极真理等方面摆脱武断、空洞的"知见"②。

对于前者,是因为,与西方哲学相比,儒学的述作"不尚逻辑,本无系统","文无统纪,单辞奥义,纷然杂陈"。而要实现儒学概念命题表述的系统化、逻辑化,首先即要使用分析的、思辨的方法。正如他强调的:"语言文字,本是表示日常经验的事理,是一种死笨的工具。我们拿这种工具,欲以表达日常经验所不能及的、很玄微的、很奇妙的造化之理,其间不少困难是可想而知的。"③

对于后者,哲学认识与哲学原理之建立过程,即是对经验万象背后的本体进行叙述、描述、阐述,进而借助特殊的概念、命题以传达具体的系统的知识信息之过程。按其理解,"本体认识"要"博观约取"、"知类不紊",因而必然借助"归纳法"、"演绎法"、"推论法"等。同时,运用概念命题,探讨宇宙大本大源之形上本体时,既要聚焦主题,准确论证,又要纠正错讹、剥相显性,方能助

---

① 梁漱溟:《梁漱溟全集》第 7 卷,山东人民出版社 1993 年版,第 778 页。
② 熊十力:《熊十力全集》第 3 卷,湖北教育出版社 2001 年版,第 179 页。熊十力也明确针对柏格森的"生命"、叔本华的"意志"、康德的"自由意志"进行分析,认为儒家本心自证之工夫并非盲目冲动与神秘体验。
③ 熊十力:《熊十力全集》第 3 卷,湖北教育出版社 2001 年版,第 117—118 页。

人超越经验边界,直指本源,体悟本体。为此,又要运用精深、严谨的"理智思辨法"与"逻辑分析法"。

由此,熊十力明确指出:"极万有之散殊,而尽异可以观同;察众理之通贯,而执简可以御繁;研天下之几微,而测其将巨;穷天下之幽深,而推其将著。思议的能事,是不可胜言的。并且思议之术日益求精。稽证验以观设臆之然否,求轨范以定抉择之顺违,其错误亦将逐渐减少,我们如何可废思议?"①

(二)"思证兼用"

这样,他一方面在不同时期的著作、讲论中对学界迷信"逻辑分析法"、"理智思辨法"予以批评,反对以此类方法拒斥"形而上学";另一方面又从此类方法中借鉴普适性的认识工具、认识程序,以改造儒学"道德的形而上学"的方法论。只是,他并非以此类方法完全取代体证、体悟式的道德直观法和心性工夫式的道德修养法,而是将其协同配合,重塑了一种新的方法结构和方法流程。② 正如他所说:"然学者当未至证的境地时,其于宇宙人生根本问题,有触而求解决,必不能不极用思辨,思辨之极而通感与道为二也;乃反求诸己而慎修以体之、涵养为发之,始知万化根源无须外觅。"③可见,儒家新的"形而上学"体系的建立、思想的阐述、义理的演进,需要将"理智思辨法"作为基础方法。

当然,熊十力始终是在"性智"框架下运用"理智"。也即是,后者虽在形式上表现为"对象性"的认知与观念,并采用综合判断,理性反思、类比推导、领会贯通等一般方法,但其穷究之理,却非科学知识对"物道"之概念性直观、外向性整合、事实性总括,而是通过对真假认识的分析辨别,实现对"天道"之内向性呈现与超越性直观。所以,其运用的"理智思辨",类似于佛家费尽千

---

① 熊十力:《熊十力全集》第3卷,湖北教育出版社2001年版,第146页。
② 熊十力:《熊十力全集》第4卷,湖北教育出版社2001年版,第113页。
③ 熊十力:《熊十力全集》第5卷,湖北教育出版社2001年版,第11—12页。

言万语,扫荡"情识计著",破除种种"错解"、"迷执"之法:如辩证的思考、关联的比拟、错位的指向、辨析的推导等认识方法。其根本上是用分辨、甄别、判断,助人摆脱偏颇、扭曲的经验性思维,剥离错误的"本体"信息,而帮助人们"随机开悟",从而正确认识本体。总之,此种方法即是"从知识方面种种遮拨、各种开诱",以发挥"趣入证会境地之一种开导"①作用,从而引导人们上达"玄学上超知之诣"②。

显然此"开导"说,同时亦明确了认识"本体"的方法程序:在"理智"阶段,以"能—所"与"主—客"视角来审视"非"本体之错误对象,而"超理智"阶段,则在语言论述与理智思辨之"百尺竿头"之后仍要"再进一步",将所有关涉"本体"之信息要素、认识资源、实践工夫等"信息源"、"知识点"实现"有机式的融合"与"飞跃式的整合","观其会通而究其玄极",从而消除主客对立、物我对立,通过体证直观、证悟直观,最终达致本心仁体与宇宙道体合而为一之"超理智的境界"。

因此,"儒家形而上学"虽不反对理智思辨,甚至需借助思辨分析方可成立,但却要借助"超理智"的体认直观方可真正认识"本体"。他明确强调:"吾确信玄学上之真理决不是知识,即不是凭理智可以相应的,然虽如此,玄学决不可反对理智,而必由理智的走到超理智的境地。"③其理由主要在于,所谓"本体",乃是"形而下"之生化万象背后的超越实体,其既不能用理智推论、分析思辨、猜想描摹,也根本无法用语言概念去表达,否则即可落入熊十力一再批评的某些西方哲学"假立种种名"之困境。他也强调:"宇宙或一切行是有他底本体的。至于本体是怎样的一个物事,那是我们无可措思的。我们的思维作用是从日常的经验理发展来的,一向于所经验的境,恒现似其相。因此,

---

① 熊十力:《熊十力全集》第 4 卷,湖北教育出版社 2001 年版,第 189 页。
② 自此而言,熊十力与他批评的冯友兰,在分析本体和语言的关系时借用的"筌鱼"之喻上,在处理"分析法"与"直觉法"之程序上,基本完全一致。(熊十力:《熊十力全集》第 5 卷,湖北教育出版社 2001 年版,第 65、212 页)
③ 熊十力:《熊十力全集》第 8 卷,湖北教育出版社 2001 年版,第 136 页。

即在思维共相时,亦似物的共相。若思维本体时,不能泯然亡相,即无法亲得本体,只是缘虑自心所现之相而已。须知,本体不可作共相观,作共相观,便是心上所现似的一种相,此相便已物化,而不是真体显露。所以说,本体是无可措思的。"①

而即便借助理智思辨、逻辑分析,借助本体所开显的"功用",加以辅助性的认识,所得的亦仅是精细琐碎之信息,而无法对其进行"超越式的整合",即无法实现"观其会通而究其玄极"。所以,欲把握"本体","必由理智的走到超理智的境地"②。而若将上述的"性智"规范下之"量智",视为"本体理性",其仍是以"能—所"与"主—客"视角来思考作为对象之本体,那么"超理智"阶段则是"超思辨"的"本体直观",是在之前的理智阶段基础上,消除"主客对立"、"物我对立",而体认宇宙万物合而为一、本心仁体与宇宙道体合而为一的自我体悟。所以,正如佛家费尽千言万语去破除种种"执"一样,儒学"良知本体论"同样要经过"思议"、"思辨"、"解析"的阶段,才能保证其体证、证会"良知本体"的进路不流于神秘主义与一蹴而就的主观体验。

从两阶段方法的形式看,从"理智"到"超理智"乃是"思辨分析法"与"体证直观法"的统一。这从其论述中即可得知:"思者思辨,或思索、思考,皆谓之思,此理智之妙也。极万事万物之繁赜幽奥,而运之以思,而无不可析其条贯,观其变化。……证者,本体呈露,自明自喻之谓也。学至于证,乃超越思辨范围而直为真理实现在前。"③所以,无论是自然科学研究,还是哲学史中各种错误本体认识,它们或溺于分析、思辨,或锢于体悟、证会,或者仅外在混杂二者,均是错误的。熊十力批评秦汉以后学人,思辨、体认"二者俱废"、宋明儒虽高谈体认,而"思辨未精",难免"以混沌为体认",清季以来,国人更"炫于理

---

① 熊十力:《熊十力全集》第3卷,湖北教育出版社2001年版,第93—94页。
② 熊十力:《熊十力全集》第8卷,湖北教育出版社2001年版,第136页。
③ 熊十力:《熊十力全集》第4卷,湖北教育出版社2001年版,第151页。

论,更不悟有体认之境"①。而认为,只有"由思辨而归于体认,直证真理"方为妥帖之方法论。

整体上,"思证兼用",即是以作为"性智"附属方法的理智思辨为基础。所以,他才强调:"大哲学家之思辨,由实感发神解,神解必是悟其全,而犹不以傥来之一悟为足也,必于仰观俯察、近取诸身、远取诸物之际,触处体认、触处思维与辨析,然后左右逢源,即证实其初所神悟者。至此,若表之理论以喻人,固亦是知识的,而实则其所自得者是超知的,但不妨说为知识耳。"②

三、思辨与修养"冶为一炉"

理智思辨,可提供正、反两面的"经验知识"以供"哲学判断"。体认直观,则将诸多有效但零散的"经验知识"统合提升,最终实现认识的飞跃:"有体认之初,以主乎知识,则知识不限于琐碎,而有以洞彻事物之本真;有知识,则辅体认之功,则体认不蹈于空虚,而有以遍观真理之散著。"③这样,熊十力所谓的"体认",既非情感信念体验的"悟性直观",亦非一般科学研究中的"知性直观",而是内省道德良知,反诸德性自我去"自觉自证"的"德性直观"。这种特殊的"直观",首先是一种"离言"、"离思想","不起推度,不杂记忆与想象等作用"之"实证"。所谓"离言",是到此时"言语道断",摆脱"言说相",所谓"离思想"是不杂丝毫想象与推求,摆脱"构画相"。其次,是"不杂记忆,不起分别,此时无能所、无内外"的"本体"自明自现,此"现"非"本体"现于眼前,而是"本心—本体"炯然自识,自觉自证自己的良知是"本体",是自我呈露道德良知的"真体现前,默然自喻"。

此种"体认"方法的思想来源有二:一是儒家孔子"默识"、孟子"思诚"以及宋儒的修养体认工夫。他说:"自五四运动以来,学者盛言科学方法,皆谓

---

① 熊十力:《熊十力全集》第 6 卷,湖北教育出版社 2001 年版,第 300 页。
② 熊十力:《熊十力全集》第 5 卷,湖北教育出版社 2001 年版,第 39 页。
③ 熊十力:《熊十力全集》第 4 卷,湖北教育出版社 2001 年版,第 201 页。

治经亦非用科学方法不可。余于此说,固不完全反对,如关于训诂名物度数之考核,何得不用科学方法。但治经而果止于此,则经义毕竟不可得。宋、明诸儒特提出体认工夫,此实穷经之要术。"①儒家基于道德良知的反身自识,内向超越,为认识本心实体提供可能。其二,是佛家"得大菩提"即体证终极之道的"证会"。佛家之"证会",即是从理智转成"正智","所谓正智源如,此时即智即如,非有能所,通内外、物我、动静、古今、浑然为一,湛寂圆明,这个才是真理显现,才是得到大菩提。"②此种"正智",是扭转"能所对立"、"主客二分"的经验认识方式,是对经验现象的整体性的"超越透视"、"形上审视"。正因"本体"乃超越"形"之范畴,只能以此"证会"方式,方能剥离一切虚妄分别之相,直接与形上实体"冥为一如"。

所以,熊十力主张"思证兼用",将理智法与直观法并用。但实质上,此"体证"、"证会"完全是一种"反求实证"、"证量境界",因而其语境中之"直观",并非一般所谓的"感性直观"、"经验直观"、"审美直观",亦非科学研究的"理性直观",而根本是一种"道德直观"、"德性直观"。这种特殊的"直观",乃是体证、实证本心道德的必然性、普遍性,因而是"本心的自知自识"。同时,此所谓"知"或"识",亦是超越"能所"、"内外"及"异同"等"对象思维"的自我确证、自我肯认。也只有达致此种特殊的认识或境界中,才叫做"实证","思证兼用"之单一方法流程方可谓完成。

那么,熊十力在不同语境提出的"思证兼用"与"思修交尽"两种方法论的关系如何呢?从其对"体证"、"实证"的具体论述看,此体证直观即是"道德直观",其实现依赖于人的道德认识、道德观念、道德判断之水平,因而从本质上,"证"、"修"是一致的。但是,他对"思修交尽"的界定,其方法施用范围却比"思证兼用"要宽泛得多。

这是因为,儒学"天道心性相贯通"的原理,决定了"良知本体论"的首要

① 熊十力:《熊十力全集》第3卷,湖北教育出版社2001年版,第858页。
② 熊十力:《熊十力全集》第4卷,湖北教育出版社2001年版,第189—190页。

认识方法,是借助经验知识"反识"本心的道德属性。而这种统摄"主—客"关系的认识,进而聚焦本心良知的道德认知、道德判断本身即是"德性修养"。所以,儒学方法论尽管在形式上可借鉴理智思辨,但其"本体认识"的整体施用过程与认识递进过程——本心仁体之揭显与良知灵明之呈露——根本上是道德体证与心性修养的具体展现。由此可说,"思证兼用"虽是理智法与直观法兼用,但二者却始终是在儒学道德心性修养、心性工夫的框架下展开。

熊十力亦明确,借助道德修养方可自识本心,也即"夫本体必待修养而始显"①。所以,在根本上,道德修养才是决定何时使用理智思辨、何时实现体证直观的终极主导。而审视"思证兼用"中任何一段方法程序的有效性之终极标准,亦是以能否有效呈露道德意识,实现良知的"保任"与"扩充"为原则。这样,"思修交尽"虽在形式上,是现代学术研究中的一般的理智法与儒学道德体证式的修养法的之互动交替,但却根本是以道德修养为第一要义与核心准则。由此,我们方可理解,熊十力早年主张:"西哲思辨,须与东圣修养冶于一炉,始可得到本体"之深意。② 也即是,"思证兼用"之方法递进程序,始终是以儒家道德修养为依托载体的,从理智到超理智的方法形式,根本是与儒学德性修养内在统一的。无论是理智法、直观法,均为使"本心不受障碍",均为辨别错误认识,剔除错误信息,"由微至显"呈露本心的"修养的方法"。

可见,正是此道德修养、德性修养的价值取向,才会保证"思证兼用"不断从"特殊"到"一般"的认识飞跃,服务于"明心见体"的境界超越目的,从而不断地深化、拓展对本心良知道德意含的认识。从认识内容看,"洞见道体",并非儒学之终极完成,而是之后"更须大有致力处"——遵循"体用不二"、"知行合一"之逻辑,既"明体达用",以道德认识指导道德实践,同时又依据新道德实践作为认识"本体"的新起点。如此,方可理解熊十力既主张"始乎思辨而

---

① 熊十力:《熊十力全集》第 3 卷,湖北教育出版社 2001 年版,第 752 页。
② 熊十力:《熊十力全集》第 4 卷,湖北教育出版社 2001 年版,第 545 页。

必极乎体认",同时亦坚持"体认有得终亦不废思辨"①,方可理解其将儒学称为"思辨与修养交尽之学"②。

只不过,儒学的道德修养,不仅在目的上聚焦"自明自觉","自证本心",还具有明确的方法运用要求,如"操存本心"、"保任本心"、"不杂妄想"、"扩充内发"等,因而根本是一种儒学的心性工夫。所以,道德修养方是贯穿理智思辨与体证直观的核心逻辑,"思证兼用"根本亦是"修养的方法"。熊十力曾提醒说:"应知,获得实证,就是本心不受障碍才行。"③而"本心不受障碍"这种儒学心性工夫论之真谛,即在于"其方法虽用思维,而是以体认为主,于日用践履之间随处体认,默识本源。"④

既然道德修养即是良知发用,"思证兼用"亦不过是修养之不同运用,因而其方法论,根本就是"即本体即方法"、"即工夫即本体"的"本体—方法论"或"本体—工夫论"。正如他所言:"无工夫而言本体,只是想像卜度而已,非可实证本体也。唯真切下过功夫者,方证实得本体即自本心,无待外索。……实证乃本体之自明自了。故本体如被障不显,即无实证可言。若知工夫切要,而未知工夫即本体,是工夫皆外铄,而昧其真性,此之谓冥行。又且如无源之水,求免于涸也不得矣。"⑤

熊十力正确认识到,未来的哲学应该是西方哲学、佛教哲学、儒家哲学之优秀哲学资源与哲学方法的融合创新:"当今学哲学者应兼备三方面:始于西洋哲学,实测之术,分析之方,正其基矣。但彼陷于知识窠臼,卜度境相,终不与真理相应。是故,次学印度佛学,剥落一切所知,荡然无相,迥超意计,方是真机。然真非离俗,本即俗而见真,大乘虽不舍众生,以众生未度故,而起大悲

---

① 熊十力:《熊十力全集》第6卷,湖北教育出版社2001年版,第304页。
② 熊十力:《熊十力全集》第5卷,湖北教育出版社2001年版,第12页。
③ 熊十力:《熊十力全集》第3卷,湖北教育出版社2001年版,第21—22页。
④ 熊十力:《熊十力全集》第4卷,湖北教育出版社2001年版,第282页。
⑤ 熊十力:《熊十力全集》第3卷,湖北教育出版社2001年版,第858页。

回真向俗,要其愿力,毕竟主于度脱,吾故谓佛家人生态度别是一般即究竟出世是也。故乃应学中国儒家哲学,形色即天性,日用皆是真理之流行,此所谓居安资深,左右逢源,而真理元不待外求,更不是知识所推测的境界。"①事实上,在其重塑的方法论中,他以心性修养工夫为主轴,厘清了理智法与直观法的运用步骤,并揭示了"思辨分析—直觉顿悟—亲证本体"的基本认识程序,对于把握儒学的"本体论"、"认识论"、"方法论",审视儒学哲学化、知识化、时代化等重要课题,具有重要启发。

熊十力一方面自觉语言、理智和形上本体之间"分剖甚严",一方面又主张借助理智思辨的一般形式,以帮助证会"本体",而为保住"本体认识"的超越性,他在一般认识的"理性直观"基础上进一步提升到"超越直观"。为此,他不得不重新启用传统的道德修养、工夫修炼来保证认识的飞跃。但是,传统的心性工夫。其状态乃是"会万物而归一己,不割裂宇宙于人生之外,故乃通物我而观其大原,会天人而穷其真际,合内外而冥证一如,融动静而浑成一片,即上即下,无始无终,于流行识主宰,于现象睹真实。"②而除此神秘体悟之外,儒学"良知本体论"的先验设定与性能差异,还会导致"体用合一"、"物我合一"的认识境界,因为"根器利钝与熏修疏密"的差别,而有深浅之差异。③ 可见,其"思修交尽"过程的"道德泛化"、"道德优位性",不可避免影响到他致力于赋予儒学所应有的方法客观化、思辨理性化、知识公共化的目标。

总之,熊十力之所以提倡"思证兼用"、"思修交尽",目的有二:一是意在规避理智法之局限性,维护儒学道德修养、境界超越范式之合法性;二是明确对治佛、道两家"形而上学"的"溺于虚寂";三是明确批评古儒用静养工夫把后天习染减尽的"绝欲工夫"。认为此法"专向内心",进而"必走入寂灭"。同时还容易"好执意见","孤制其心,少作格物的工夫,结果自非拿他底意见

---

① 熊十力:《熊十力全集》第4卷,湖北教育出版社2001年版,第86页。
② 熊十力:《熊十力全集》第5卷,湖北教育出版社2001年版,第16页。
③ 熊十力:《熊十力全集》第4卷,湖北教育出版社2001年版,第187页。

来做天理不可。"①

由此看,尽管儒学"天道心性相贯通"的原理,必然要求"即工夫即本体"的方法论,但理智思辨的基础作用却不容轻视。熊十力强调:"哲学家之所得,毕竟由脱然超悟,神妙万物,初不由思辨之术。但如仅止于神悟,则恐务本而遗末,弊不胜言。故透悟矣而犹必精研事物,穷散著以观会通,始证实其所超悟者。"②所以,他在传统的修养方法之中,嵌入理智认识阶段,将体证体悟式的"直观法"借助"理智法"对接上现代学术之一般范式,不但可使此修养认识阶段趋于理性化、科学化、知识化,亦可规避传统儒学体证直观之神秘性、主观性。而若将熊十力重塑的方法论视为两个循环:小循环"理智—直观",大循环"理智('理智'—'直观')——修养",那么,其"本体论的方法论"亦具备一般认识论意义上的辩证的真理观,即从感性认识飞跃到理性认识,再将理性认识继续应用到感性认识加以检验、充实、提高,进而再次重复此进程,以致无穷。

而熊十力引进理智思辨改造儒学方法论的另一目的,则是在"新时代的社会和政治结构"中实现"儒家思想的复活"(张君劢语)。为此,他也表达了借助"理智思辨法",突破儒学心性工夫容易导致的"闭环系统"的用意。他希望借助理智思辨认识的"对象性思维",去对接新时期的"经验知识"——科学与民主,以激活"儒学本体论"的解释效力。

这是因为,按照"体用不二"原则,儒天道良知的超越理想,应始终动态寓于现实社会的实践交往过程中。古代儒学主要聚焦农业社会的礼法实践与道德规范,因而单纯提倡心性工夫。而随着社会文明向"科学时代"前进一步,良知本心也要将道德视域拓展一步,以此保持"道德的理想主义"对新社会的"超越解释"。所以对儒学而言,"经验知识"不可或缺,解释、规范经验的理智

---

① 熊十力:《熊十力全集》第4卷,湖北教育出版社2001年版,第513页。
② 熊十力:《熊十力全集》第4卷,湖北教育出版社2001年版,第335页。

思辨亦不可或缺。由此可见,"理智思辨法",对拓展儒学经验认识的界域,动态保持儒学解释效力的开放性,具有重要作用。

当然,虽然熊十力自觉纠正"儒学本体论"的神秘主义倾向,但理智思辨与体证直观,以"经验知识"起,却以"境界修养"终。而这种"修养境界",乃是"离一切虚妄分别相,直接与实体冥为一如"的"无能所,无对待,无内外,远离一切分别相的"①的"浑然为一"、"湛寂圆明"之状态,以及"会万物而归一己"、"会天人而穷其真际"、"合内外而冥证一如,融动静而浑成一片"之状态。

因此,本心良知在达致这种"主客合一"、"心物合一"的超越状态后,还要重新设定新的对象性思维,方可重新开放以接纳新的"经验知识"。而此中关键,则在于良知主体能否自觉"让开一步",既为儒学的认识论敞开进路,又不干扰人类其他的知识研究、知识生产、社会实践之独立性。所以,反省熊十力新创方法论的有效应用与合理运用,关键不在"理智思辨法"是否运用娴熟、精准与到位,而是如何限制儒学传统心性工夫、道德修养。

第三节 "后理智的直觉法"

在20世纪中国哲学尤其"形而上学"的重建过程中,贺麟与同时代的哲学家一样,是坚定的"方法论先行"的推动者、践行者。而在拒斥阵营看来,贺麟的哲学方法论,乃是西方"反理性主义思潮"之"同盟兄弟"(胡绳语)。因为,"这种反理性主义表现在哲学上就是直觉主义,神秘主义,唾弃客观的观察与思考而推崇朦胧的直觉与盲目的意志。"②并且,贺麟还把"黑格尔学说和辩证法神秘化起来"③,因而其方法论不能提供"真理",最终只能将人们引向"混沌"。

---

① 熊十力:《熊十力全集》第3卷,湖北教育出版社2001年版,第186页。
② 胡绳:《理性与自由》,三联书店1950年版,第2页。
③ 胡绳:《理性与自由》,三联书店1950年版,第12页。

不过,身处"科玄论战"以来所愈演愈烈的"科学方法"与"玄学方法"、"科学方法"与"哲学方法"持续争论之背景下,贺麟为实现"儒家思想的新开展",主动"融会吸收西洋文化的精华与长处",以重塑新儒学方法论时,恰恰是引入西学的辩证法,以与儒学的直觉法相配合,以助力对新儒学的心本体之认识,即助力对"儒学形而上学"终极"真理"之认识。

贺麟重新改造了儒学的"心"概念,将原初作为儒学形上本体、实体的"先验心"、"道德心",重释为"主体逻辑心"(他也称为"逻辑意义的心",笔者注)。在他看来,此"心"乃是宇宙之本原、认识之主体、价值之主宰,既是"本体论"中的本体范畴,又是"认识论"中的主体范畴,亦是"文化哲学"的实在范畴,"价值论"中的本根范畴。因而,所谓外在世界,所谓"物"只有纳入此"主体逻辑心",即主体理性认识能力之中,方可谓存在、方得以认识、方体现价值。由此,他主张"心物一元","心为物之体,物为心之用。心为物的本质,物为心的表现。"①而这种基于儒学本体论(体用论)、认识论、价值论而非西方"存在论"之视角来审视此"心体",其内涵就既不同于西学的"Ontology"范式,又较古代儒者对"心"本体的道德内涵的单一界定更进一步,使之成为一个现代文化、现代知识场景中的知识理性、逻辑理性、价值理性相统一的"理性实体"。

也正因这种新的"心本体"的特殊规定,为之服务的本体方法论就既不可能纯粹是儒家的道德体悟法,又不可能是西方哲学研究所擅长的"逻辑分析法"、"理智思辨法",而只能是中西古今方法融合重塑后的新方法。由此,方可理解贺麟为何在重建"本体论"过程中,既借鉴柏拉图、康德与黑格尔的"辩证法"、柏格森的"直觉方法"、维也纳学派的"逻辑分析法",又发挥儒学尤其是宋儒以"体证法"、"体验法"为代表的"直觉内省方法",而重建新的哲学方法。

---

① 贺麟:《哲学与哲学史论文集》,商务印书馆1990年版,第132页。

纵观"科玄论战"之后中国哲学方法论的整体面向。可发现,将哲学方法论的研究置于"形而上学"论域、将理智分析方法与直觉体悟法融合为一、以"理智分析"服务"超越直观",乃主流哲学家方法论研究之共性进路。但贺麟的方法论研究,除了此三大维度之外,他对中国哲学方法论尤其是"形而上学方法论"研究的主要贡献,还有两个方面:一是深入全面地阐释了"辩证法",并将其界定为认识超越本体的"形而上学方法"。同时,通过"辩证法"将"分析法"与"直觉法"统一起来。二是区别了直觉经验与直觉方法,将直觉方法置于理智的基础上,实现了"分析法"与"直觉法"的有机统一。

一、"后理智"的直觉方法如何可能

(一)对"直觉"的认识变化

贺麟对哲学方法论的讨论,主要集中在"直觉法"与"辩证法"两处,且对"直觉法"的讨论要早于后者。但对于"直觉法",他本人则经历了从排斥到认同的认识演变过程。在海外留学期间,他就受一些学者启发对"直觉"有所关注,但整体上他对"直觉法"在认识中的作用持怀疑态度。甚至认为通常所说的"直觉",乃是一种"直观",只能提供一种模糊的整体感觉,即"舒适的直观方法或自我的直接认识,所得到的只能是含糊、空洞和一个纯粹的'那个'。"①所以,直观式的方法,极大可能会妨碍人们的科学认识。可见,此时期他虽然承认人有直觉能力,但将"直觉"与"理智"对立起来,自然会排斥一种定位模糊的"直观"或程序模糊的"直觉方法"。

贺麟之后对"直觉法"的注意与评价态度的改观,主要是受到梁漱溟的影响。据他所言:"中国思想界近一二十年来,第一个倡导直觉说最有力量的人,当然要推梁漱溟先生。……梁漱溟先生最早即引起我注意直觉问题。"②

---

① 贺麟:《现代西方哲学讲演集》,"附释一",上海人民出版社 1984 年版,第 434 页。
② 贺麟:《哲学与哲学史论文集》,商务印书馆 1990 年版,第 175 页。

而贺麟之所以转而将"直觉法"作为自己方法论的核心,可能是他认识到儒学而非西方哲学,具有独特且悠久的德性直观与直觉传统。至少,让他反省以往将"直觉"视为一种"私属性"、"偶然性"、"感官性"、"碎片化"的做法。他开始承认,不同的"文化共同体"拥有各自的思维方式、思想观念、知识取向,在此前提下,也即是在一定的"文化共同体"中,共同的"文化传统"、"生存场域"、"共同经验"与"精神世界"可以为"直觉经验"与"直观内容"的"同一性"、"实在性"与"合法性"提供保证。

不过,中国文化中虽具悠久的"直觉"传统与"直观"思维,并深刻影响中国人的精神世界。但"直觉经验"的可能性与"直觉方法"的可行性却不可混为一谈。是因为,哲学系统乃是理论化、逻辑化、系统化的思想结晶,哲学的理论思维与通常的"直觉经验"显然存在云泥之别。是因为,(1)从实质上言,哲学乃是理性思辨与谨严论证的理论系统,"直觉"却是一种反理智的、主观的、想象的产物。(2)哲学以超越具体经验现象的理性创造物——哲学真理为对象,"直觉"是零散的、碎片化的当下的感觉经验、神秘的精神体验或是一种特殊的回忆与想象。所以,尽管梁漱溟对贺麟影响很大,但后者却对梁漱溟所述的"直觉"保持一定警惕,也即是,即便中国传统文化普遍存在梁漱溟所揭示的"反功利的"、"不算账的"、"不计较利害得失的"直觉思维,但"直觉"是否有资格称为哲学方法,则是可存疑的。贺麟有针对性地提出质疑:第一,梁漱溟言"直觉"是不计较利害得失的态度,但"直觉"尚计较苦乐,计较善恶否?第二,梁漱溟言"直觉"即是一种生活的态度,一种精神修养达到的最高境界,但"直觉"是否是一种思想方法呢?

若对前者持肯定态度,此"直觉"就非日常交往中所说的"感觉直观",而是基于理性作用的"理性直观"。若对后者持肯定态度,那么此种特殊的"理性直观",既能在形式上表现于人的精神经验中,又可在理论上成为思想传达、观念沟通、意义共识的思维工具,即特殊的实质是"理性直观"的"直觉"可视为一种理论方法。用贺麟的话说,"直觉法"若要可能,此"直觉"("直觉经验")就必须与"理智"关联一起,并以"理智"为基础。当然,贺麟方法论语境中之"理智",并非当时科学主义者所选用之纯粹的"科学理智",而是一般现代学术研究之"理论理性"。

由此,贺麟才结合梁漱溟所说,将梁漱溟理解的"道德敏感"或"道德直觉"的"直觉",转换为"超道德的、艺术的、宗教的直觉"。将"直觉"解释为宋儒擅长的思想方法,以与汉学家的考据方法相对立。同时,针对梁漱溟将"直觉"与"理智"相对立的观点,提出了"前理智的直觉"和"后理智的直觉"的区别,认为在"后理智的直觉"中,"一切对立得到了辩证的统一"。按其所言,"一方面把直觉'辩证法'化,一方面又把'辩证法'直觉化,神秘化。"①正因贺麟独创地将"直觉"与"辩证法"融合起来,而"辩证法"在他那里不仅是一种方法,亦是一种"直观","直觉"("直觉经验")方得以借助"辩证法"之"理性直观"以获得哲学方法之定位。

可见,同身为现代新儒家之重镇,但贺麟与梁漱溟对作为哲学方法的"直觉法",在根本上理解并不相同。在贺麟看来,梁漱溟所谓儒学的"直觉法",实质是一种"道德性直觉"即"道德性经验"②。他深刻指出:"梁先生所谓直觉,不是超苦乐善恶的境界,而是计虑苦乐善恶最酎熟最敏锐的境界;是分辨善恶的敏感(moral sensibility)或道德的直觉,而不是超道德,艺术的,科学的,或宗教的直觉。"③按其标准,这种"道德性直觉"显然是上述的"直觉经验"。所以,后期贺麟批评梁漱溟将"道德上的判断"、"情意上的表示"这种"神秘的直觉主义"与哲学对立起来,与知识对立起来,这恰恰与逻辑实证主义的代表人物卡尔纳普批评西方学界钟情"直觉经验"之见解不谋而合。④

---

① 贺麟:《哲学与哲学史论文集》,商务印书馆1990年版,第466页。
② 当时胡适就批评梁漱溟"用'直觉'讲仁",不过是复活了陆王心学的工夫论。(胡适:《胡适文集》第七集,欧阳哲生编,北京大学出版社1998年版,第342页)胡适没能全面理解梁漱溟的对儒学方法论的改造,但至少表明梁漱溟对"直觉"的方法运用,存在过度道德化的问题。
③ 贺麟:《哲学与哲学史论文集》,商务印书馆1990年版,第177页。
④ 贺麟:《哲学与哲学史论文集》,商务印书馆1990年版,第466页。

因此,贺麟赞同梁漱溟将哲学维度之直觉视为"认识意义与价值的功能(quntuition is faculty of taste and meanig)",认为这类似于康德所谓的"认识意味的能力"。但又批评梁漱溟将"直觉"视为"非认识真实能力"的"非量",取消了"直觉"本可能具备的,对终极"实在"之认识能力。显然,二人之根本分歧在于,在贺麟看来,哲学中之"直觉"、"直觉法",首先应是"认识实在的方法",其次才是如梁漱溟所谓的道德修养与精神境界的方法。并且,在他看来,梁漱溟强调"直觉法"时,更多是论述该方法之结果,即一种思维与精神观念的状态,而并未说明"直觉法"究竟如何认识哲学对象及其确切意涵。

而贺麟正是针对此类问题,展开其方法论研究,他明确认为,"直觉"既是一种经验,也是一种方法。并主要从经验与方法两维度重新阐释"直觉":

(1)所谓"直觉"是一种"经验","广义言之,生活的态度,精神的境界,神契的经验,灵感的启示,知识方面突然的当下的顿悟或触机,均包括在内。"[①]显然此"直觉经验",并非一般科学研究中所谓的经验对象,亦非一般"认识论"或"知识论"中所谓认识或知识要素的杂多经验材料,而是既包括感官感觉、内心模糊的印象与想象,也包括情感体验如幸福、恐惧、希望等,同时还包括一种基于认识主体的智慧水平、思想境界、知识储备等背景而获得一种对认识对象的理性直观、本质洞察、价值判断等。可见,此种"直觉经验"乃是最广义的"直觉认识",它既体现人的自然能力,又是社会化、知识化的智慧洞见。

但同时,此种内涵复杂的"直觉经验",其具体应用及作用则需要具体问题具体分析。基本观点是,既肯定它在日常认识、科学研究与文化创作中的基础作用,又承认其不同的经验材料具有好坏、高下、真妄之别。也即是,日常感觉、神秘体验之类的"直觉经验",多是碎片化的个人观感。而艺术创作、文学创作等维度的"直觉经验",虽相对前者具有更高价值,但同时也具有审美相对主义、创作个人主义的局限。正如贺麟批评美学专家朱光潜的"直觉即创

---

① 贺麟:《哲学与哲学史论文集》,商务印书馆1990年版,第179页。

造说"时所指出的,朱光潜承认直觉形象不过是"观赏者的性格和情趣的反照"。同时又承认:"观赏者的性格和情趣随人随时随地不同,直觉所得的形象也因而千变万化。"①这显然是过于凸显了直觉经验的相对性。

(2)所谓"直觉"是一种"方法","是谓直觉是一种帮助我们认识真理,把握实在的功能或技术。"②作为与科学知识擅长的"分析法"、"检验法"不同的重要的认识方法、思想方法、学术方法,贺麟也将"直觉法"称为"直观法",并自觉区别于科学研究的具体对象,为其设定了大致三类专属对象与专属论域:第一种是"以价值为对象,以文化生活之充实丰富为目的";第二种是"以生命为对象,以生命之自由活泼健进为目的";第三种是"以形而上的真理为对象,以生活之超脱高洁,以心与理一、心与道俱为目的"③。可见无论哪种"直觉法"、"直观法",均是以不同于具体时空、经验、现象的某种超越范畴、超越存在、超越观念为对象,并可普遍运用于不同的文化系统、知识系统、价值系统之中。

而对此类"直觉方法"之实质、形式、要求、特点,贺麟的观点如下:(1)"直觉"是一种由精神的生活或文化的体验,以认识真善美的方法,亦是一种体认文化价值形成精神科学的方法。(2)"直觉"是动态地把握自由活泼的生命,与把握事物内在本性的方法。(3)"直觉"是一种超功利超时间超意欲的认识方法,它将主体意识与对象本身融为一体,最终把握宇宙统一之终极本质。

此种"直觉方法"若运用于"形而上学"之论域,亦可作为一种"哲学方法"发挥作用。只不过,这种"形而上学方法"是以形而上的超越本体为认识对象。其具体的运用步骤与流程,也是以某种超越的问题意识为引导,以相关的理性认识、知识资源为基础,以超越经验现象的理性分析为手段,进而对获得的知识素材与认识信息予以直觉性的体会、领悟,从而获得一种关于

---

① 贺麟:《哲学与哲学史论文集》,商务印书馆1990年版,第487页。
② 贺麟:《哲学与哲学史论文集》,商务印书馆1990年版,第179页。
③ 贺麟:《哲学与哲学史论文集》,商务印书馆1990年版,第197页。

形而上之超越本体的一系列"直觉经验"。并且,此种"直觉经验"亦要再通过理智与理性之方式再度被陈述或被表达,方能呈现"形而上学"意义上的终极真理。

显然,贺麟在将"直觉经验"、"直觉方法"纳入"形而上学"研究中时,实际预先设定了一种哲学方法论的前提,也即是,"直觉"、"直观"的方法效用,一定要建基于哲学的理智思辨、理性分析的基础之上。换句话说,"哲学"、"形而上学"的"直觉法"、"直观法"必须与"理智法"、"分析法"相协同,方能充当有效的哲学方法。

(二)"直觉方法"的三阶段论

贺麟认为,"没有可以不用直觉方法而能作哲学思考的人"。但此方法却非人人均能运用得精巧纯熟。是因为,"直觉法"本身是一种高明的"技术或艺术",甚至是"基于天才的艺术"。若不能具深厚的学养、敏锐的自省,若不能掌握恰当的时机、基于严谨的程序,哲学研究本身反而会被"直觉"所累。且"直觉"的方法"精粗工拙仍须以训练学养的酎熟与否为准",因而表现为运用的成效差别。当然,他也提醒,直觉方法运用的成效并非此方法本身的问题,而恰恰是运用者的能力限制。只有在哲学研究中"积理愈多,学识愈增进,涵养愈酎熟"[1],"直觉法"的运用才会得当且有效。

那么,"直觉"究竟如何融入作为理性产物的哲学,并发挥其作用呢? 或者说,"直觉法"这种体悟式、直观式、体验式的方法,如何在"形而上学"论域下,发挥认识终极实在的积极作用呢? 为此,在思维方式上就需要处理"直观"与"理智"的关系,在方法上需要处理要"直觉法"与"分析法"的关系。贺麟反对当时一些学者制造上述对立的做法。他指出:"直觉方法一方面是先理智的,一方面又是后理智的。先用直觉方法洞见其全,深入其微,然后以理

---

[1] 贺麟:《哲学与哲学史论文集》,商务印书馆1990年版,第180页。

智分析此全体,以阐明此隐微,此先理智之直觉也。先从事于局部的研究,琐屑的剖析,积久而渐能凭直觉的助力,以窥其全体,洞见其内蕴的意义,此是后理智的直觉。直觉与理智各有其用而不相背。无一用直觉方法的哲学家而不兼采形式逻辑及矛盾思辨的。同时亦无一理智的哲学家而不兼用直觉方法及矛盾思辨的。"①就此,贺麟明确强调,形式的分析与推论、矛盾思辨法、直觉直观三者完全可有机结合,助力哲学研究。

自西学东渐以来,借鉴西学以分析、推论、思辨为主的研究方法,促进中国哲学之系统化、论证化、逻辑化,几成学界共识。但仍有部分学者担忧此种"分析法"、"思辨法"与中国天道心性之学中体悟式、体验式的"直觉法"会彼此冲突。贺麟在思考此问题时,运用了一种认识论的模式,将二者有机纳入一种"直觉法"的特殊程序逻辑:"直觉—分析—直觉"②。

首先,对此形而上之终极本体、终极真理的初步自觉与探究意识,本身就是一种高明智慧的"超越性直觉",此种"直觉"亦是哲学观念的地点。哲学首要任务即是对此"直觉经验"进行分析。其次,自觉"分析法"本身的局限,即分析只能提供理论的分别、内涵的差异,不能将丰富的知识材料、思维产物统合为有机整体。最后,基于分析基础上的更高"直觉",将诸多关于对象的知识与信息加以有机统合,实现对形上实体的整体性、本质性把握。正如他所说:"分析即分析直觉方法所获得之丰富材料,乃至部分的分析到了面面俱到的程度,于是又借助直觉之助,对于整体有更新更深的认识。……单是分析,即使面面俱到,亦决不能达到整体。"③

对此种直觉的运用过程,借助贺麟所作图,加以说明:

---

① 贺麟:《哲学与哲学史论文集》,商务印书馆1990年版,第181页。

② 贺麟所阐发的认识论也招致当时唯物主义者的批判。如胡绳认为在理智之前增设"天才"的"艺术"的直觉阶段,不但平常人无法企及,也远离实在知识,乃是"神秘的境界"。(贺麟:《哲学与哲学史论文集》,商务印书馆1990年版,第396页)

③ 贺麟:《哲学与哲学史论文集》,商务印书馆1990年版,第182页。

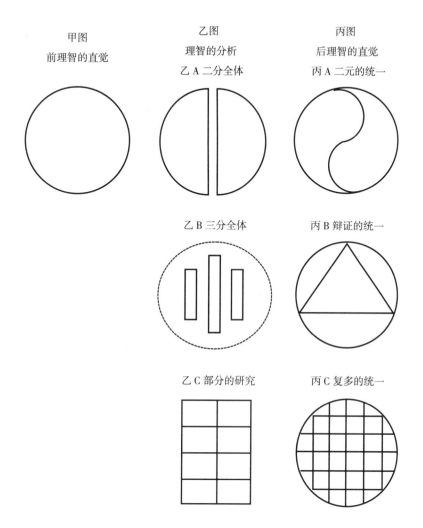

甲图
前理智的直觉

乙图
理智的分析
乙 A 二分全体

丙图
后理智的直觉
丙 A 二元的统一

乙 B 三分全体

丙 B 辩证的统一

乙 C 部分的研究

丙 C 复多的统一

　　哲学认识中的直觉,实际在不同认识阶段作用不同。按贺麟理解,哲学认识实际有三个阶段:(1)"前理智的直觉"——(2)"理智的分析"——(3)"后理智的直觉"。若仅停留第一阶段,仅是"狭义的神秘主义",其是经验,却不是方法。若正确运用第二阶段,即是分析知识,只有经过第三阶段,才能获得"形而上学"的直观知识。也只有纳入此过程的"直觉"才有资格称为哲学方法。也可以说这种"直觉",是即经验即方法的。贺麟指出:"方法与经验,一而二,二而一,敏锐的思想与亲切的经验合一,明觉精察之知与真切笃实之行合一,为直觉法或体验法之特色。"①可见,哲学上的"直觉法"本身既不是所谓的易简便捷工夫,也不是反理智的神秘体验,而是精密谨严的方法与"艺术",且只有兼具先天的天赋与后天的训练之后,才能基于一定的学识、涵养、智慧而良好运用。

那么,"直觉方法"究竟如何运用与准确体现呢? 贺麟与那些强调直觉仅适用于内在精神体验的论断不同,主张"直觉方法"既可以向外"观认"与"透视",注重用理智的同情以观察外物,其对象包括自然、历史、书籍等;亦可以向内"省察"或"反省",认识自己的本心或本性。因此,"直觉方法"具有两个维度,一方面是反省式的直觉,对象的自己的本心或本性,另一方面是透视式的直觉,对象的外界的物理或物性。② 他受古代哲学"天人合一"、"体用一源"、"万物同体"的思维方式影响,认为"形而上学"的终极真理,并非"理智假设的无性无命的抽象真理",而是"活的真理"、"具体的真理",对人言,是人的"精神本性",对物言,是物的本质真理,对心言,是追求终极真善美的本心。因此,两维度的直觉并非各自独立,而是统一于对形而上的终极本体之认识。

贺麟强调,研究哲学,"首贵具有高明的识度,亦可谓之'正见',行的方面对于定方针、正趋向的最高价值,须有深切的认识,知的方面对于管辖宇宙的大经大法,须有透辟的识度。然后更进而将所见得的心同理同,蕴在下意识深处,人人日用而不自知的真理,用谨严的逻辑方法,说出一个道理,发挥成为系统。前一步为直观工夫,所得为高明的境界,后一步为逻辑工夫,所得为精明的理则,严密的体系。"③正因为哲学上的真理,体现于外,是物所同具、心同所

---

① 贺麟:《哲学与哲学史论文集》,商务印书馆 1990 年版,第 200 页。
② 由此,贺麟将程朱格物穷理视为"外在透视直觉法",陆王视为"内在反省直觉法"。这种方法得以可能,是因为中国哲学形而上学、本体论的天人合一、体用一源、物我一理的理论基础。用理智的同情向外穷究专研,之所以了解自己的本性;同样,向内反省,回复本心,亦之所以了解物理。其结果亦归于达到心与理一,个人与宇宙合一的神契境界。由此,批评胡适将宋儒格物致知方法称为"逻辑分析法"。
③ 贺麟:《哲学与哲学史论文集》,商务印书馆 1990 年版,第 124—125 页。

然的"至理",内存于心,则是己所固有的"本则"。此种真理是不随现象而增减转移,而是"本然"存在于生命理性之中。因此,向外"透视"穷究物理,向内"反省"彻悟本心,乃是同一"直觉"本身不同的运用与表现。

而之所以"形而上学"需要此"向外透视"的"直觉法",是因为"盖只有直觉方法方能深入其里,探究其精,而纵观其全体大用。而'科学方法'则只求认识其表面的、粗的、部分的方面,并没有认识形而上的、里面的、精的、全体大用之职志也。"①但向外"透视"物理,乃是出于对宇宙万事万物终极本质的好奇与追问,"直觉方法虽与涵养用敬有别,不是纯修养的方法,但因直觉即是用理智的同情以体察事物理会事物的格物方法,故并不是与情志、人格或修养毫不相干。"②且这种关涉思考人与天、事与道、心与性等的终极真理,乃是"德性所知"、"价值的知识"、"规范的知识",是产生精神的力量,感动人的"情志的真理"。

而所谓"内在反省直觉法",即是古人所谓"求放心"、"致良知"、"回复本心",其基于传统天人合一、心性合一、物理合一之"本体论"设定。因此,除向外"透视"物理之外,还可向内"反省"本心。这种"反省",即是"克己复礼",朱熹的"挑剔揩磨",也是陆象山的"剖剥磨切",均是对本心之理的反省,对本然的灵明之心的唤醒。当然,此种"直觉"既包括对自我观念的涵养与持守,也包括作为方法对他人的唤醒与教导。且这种唤醒与教导之方法亦可有多种,既包括借助语言描述、特殊经验、普遍知识,又包括思维引导、氛围烘托、点化提醒等。总之,在"直觉法"中,理智与直觉乃"代表同一思想历程之不同阶段或不同方面"。"直觉法"有"前理智的阶段"与"后理智的阶段",只要"直觉法"遵守哲学义理的推展逻辑,且不违反理智,就不会存在"直觉的滥用"与"直觉的误用"。

---

① 贺麟:《哲学与哲学史论文集》,商务印书馆 1990 年版,第 191 页。
② 贺麟:《哲学与哲学史论文集》,商务印书馆 1990 年版,第 191 页。

二、"把握实在"的"辩证法"

在"形而上学"维度或围绕"形而上学合法性"问题,来审视"辩证法"本身的作用,并非贺麟独具的慧眼。冯友兰亦在其方法论专著《新知言》中,对柏拉图的"辩证法"给予讨论。揭示了此方法的两种"功用":"辩证法"的逻辑功用与"辩证法"的神秘功用。前者是"问答问题的方法",亦称"分析法"。后者乃是一种"看见"形而上的"绝对底善"的"经验"。据此,冯友兰为统一"正的方法"("分析法")与"负的方法"(直觉法)找到了依据。但是,冯友兰并没有对"辩证法"两种功用的内在联系与有机进程予以展开。贺麟也基于其深厚西学功底,对西方哲学史中"辩证法"的主要思想运用广泛涉猎,并着重阐发其统摄"分析法"与"直觉法"的特点,将其确定为"形而上学"的核心方法。

"辩证法",是古希腊时期哲学家们所使用的一种学术方法。其最初表现为一种"谈话"中使用的论辩的艺术,实质是以问答的方式,通过对谈话者的结论的反驳、批评、提问,来获得确定知识的方法。① 尽管之前的赫拉克利特(Heraclitus)、芝诺(Zeno of Elea)已经运用此法。但西方哲学界公认的正式使用"辩证法",并将其与终极真理的知识联系起来的则是柏拉图。19 世纪德国哲学家文德尔班在论及西方哲学史中的"辩证法"时说:"这些被当作整体的逻辑运算——借以求得理念与理念之间相互关系——柏拉图称之为辩证法。"他强调:"柏拉图著作中可以找到的有关辩证法的论述,全部具有方法论上的性质。"②同时代另一位德国哲学家策勒尔(E.Zeller)也指出:"辩证法,顾

---

① 亚里士多德就将芝诺采用从对手结论中引出相反观点的方法这种"反证法"视为"辩证法"。参见吕详:《希腊哲学中的知识问题及其困境》,湖南教育出版社 1992 年版,第 99 页。而在智者派那里,则是一种诡辩术。在亚里士多德那里,"辩证法"主要是或然性的推理。而在康德以前,"辩证法"通常与形式逻辑混同。黑格尔之后,"辩证法"又被理解为正、反、合的逻辑规律。(方旭东:《中、西与西学——重新解读现代中国学术史》,河北人民出版社 2002 年版,第 208—222 页)

② [德]文德尔班:《哲学史教程》上卷,商务印书馆 2013 年版,第 165 页。

名思义,起初指论辩的意识,后来成为以问答方式发展科学知识的艺术,最后成了从概念上把握那存在者的艺术。因此,在柏拉图那里,辩证法成了一种科学理论,一种认识事物的真正实在的手段。"①

柏拉图受苏格拉底寻求伦理知识的终极真理的思路影响,致力于寻找可感知世界的认识、道德等得以可能的终极真理。他认为,与可感知的世界相对应,存在一个超越的"理念世界"或"理型世界"。对可感知的世界,人们见到的只是杂多的现象、个体,对其的认识只是一种"知觉"与"意见"。而"理念世界"是超越感觉经验的"本体世界",人们无法通过日常观察思考对其加以把握,只能通过对概念思考,去把握概念所表述的"共相",认识真正的实在的理念。在贺麟看来,柏拉图的"辩证法"正是一种"科学理论",一种认识现实事物背后的真正实在的手段。这是因为,事物的"超感觉的本性"是唯一真正的"实在",这一"实在"要与事物的感性现象区别开来。而这种区别的工作,就需要借助"辩证法"中"对话的力量"、"讨论的艺术"、"讨论的程序",同时还有借助神秘的"直觉"。可见,"辩证法"本身虽包括"问答法"、"逻辑推理法"、"归纳法"、"回忆法"、"假设法"、"分析法"等内容②,但亦包括"直觉法"。所以,"辩证法"又是一种认识终极实在与终极真理的专属于"形而上学"的方法,甚至是"形而上学"中的核心方法。

贺麟对于"辩证法"的思考,正是以柏拉图为中心。他在《辩证法与辩证观》长文中明确指出,柏拉图的"辩证法"是"求形而上学知识的方法",是一种"正当的求先天的哲学知识的纯思方法"③。这是因为:(1)"辩证法"目的是求"形而上之理",即超越杂多经验的"一元的本体"方法。可见,"辩证法"提供了辩证把握"一"与"多"关系的方法:在多样性把握统一性,依据统一性认

① [德]E.策勒尔:《古希腊哲学史纲》,翁绍军译,山东人民出版社1992年版,第139页。

② 方旭东:《中、西与西学——重新解读现代中国学术史》,河北人民出版社第2002年版,第208—222页。

③ 贺麟:《哲学与哲学史论文集》,商务印书馆1990年版,第225页。

识多样性。(2)"辩证法"是"由地上到天上、由自然到神圣、由相对到绝对的精神历程",是"由形而下的现象界到形而上的真如界的历程"。可见"辩证法"根本是由"用"及"体"的方法。(3)"辩证法"不仅是方法,也是辩证学,即形而上学是专门研究"众理念间的逻辑的有机的关系或理念界之系统性的学问。"①

在此基础上,贺麟也比较了柏拉图的"辩证法"与黑格尔的"辩证法":(1)黑格尔的正、反、合的辩证逻辑更加系统化,也更加僵化。(2)柏拉图"辩证法"偏重"主观的超越",黑格尔则强调否定客观矛盾的"客观的超越"。(3)柏拉图的"辩证法"是外在超越,是纯理性的。黑格尔"辩证法"则是既超越又内在的,既是理性又是经验的。他发现,尽管二者在具体运用上有所不同,但黑格尔亦主要将"辩证法"作为其超越"有限事物的矛盾",以达到"绝对理念"的"形而上学方法"。尤其是,黑格尔的"辩证法"同样将理性思辨与直觉体验结合起来:"辩证法一方面是求形而上学知识的思辨方法或理性方法,但一方面忠于客观事实的经验方法或体验方法,它是理性方法与精神生活的统一。"②

此外,贺麟对"辩证法"与"直觉法"、"辩证法"与"辩证观"的关系之处理,亦受斯宾诺莎的影响。斯宾诺莎关注"心性伦理和形而上学知识"的普遍性、必然性、客观性,并从超越的视角来观认"物性",这种从"永恒的范型之下"去审视宇宙的"直观法",在贺麟看来,就是佛家所谓"以道眼观一切法"的"道眼"或"慧眼",就是庄子所谓"以道观之,物无贵贱"的"道观法",也是朱子"以天下之理观天下之事"的"理观法"③。并且,此种"直观法",既是"引导我们去研究实体或宇宙观的最好津梁"④,又是沟通超越本体与人的生命精神

① 贺麟:《哲学与哲学史论文集》,商务印书馆1990年版,第226页。
② 贺麟:《哲学与哲学史论文集》,商务印书馆1990年版,第231页。
③ 贺麟:《哲学与哲学史论文集》,商务印书馆1990年版,第249页。
④ 不同的是,斯宾诺莎是以此直观法作为"几何式的演绎推理的基本原理或第一前提的方法",而贺麟自己采用的形而上学直观法,则是以理智分析、形式推理为基础的方法。(贺麟:《哲学与哲学史论文集》,商务印书馆1990年版,第251—253页)

的根本途径。这显然弥补"思辨法"、"分析法"仅外在认识对象,而不能将主体内在于对象本身,进而实现主体生命智慧提升的缺陷。所以,贺麟认为,斯宾诺莎的"直观法"特点在于:(1)由直观的知识方法而引导到"本体论"、"宇宙观";(2)由直观的知识方法以指示"修养论"或"人生观"。而这种观点,又是与"中国形而上学"的核心特质是高度类似的。

至此,贺麟提出了自己对"辩证法"的理解:"辩证法"既是语言的方法、分析的方法、思辨的方法,又是把握绝对实体、绝对真理的直觉方法。在此方法中,"理智"与"直觉"、"分析法"与"直觉法"被统一起来。而针对一些学者将其对立的做法,贺麟充分肯定理性思辨在"形而上学"的"直觉法"中发挥的重要作用。[①] 这首先因为,逻辑概念、语言文字是人类"精神的交通与精神上斗争的利器",而"若没有逻辑—概念的次序、语言文字的理则",则人与人之间思想上无共同的方式或范畴,亦不能组织知识、发明科学、征服自然。而更根本在于,逻辑方法本身即是"本体—认识论"的主要方法,其对哲学之贡献有两点:一是逻辑"不问目的,但问本质",即只研究具有普遍性必然性的"本质的知识";二是"据界说以思想,依原则而认知"[②]。前者为哲学确立终极本体、终极真理之对象,后者则在形式上为"形而上学"义理系统服务。只有这样正确运用逻辑,方能昭示"真理的本质","帮助我们把握实在",提供"普遍必然有系统"的知识。

所以,"辩证法"是思辨理性与洞察直观的统一,是"分析法"与"直觉法"的统一。这是因为,"辩证法"一方面是思想的方法,把握实在的方法;另一方面也是对于宇宙本质的一种"辩证的直观"。这种"辩证的直观",能提供对宇宙万有的"内在的必然的矛盾",同时又能看出"矛盾中的谐和,对立中的统

---

① 贺麟虽认为在学术研究中,逻辑训练至关重要,逻辑方法也不可或缺。不过,与金岳霖立场一致,他也批评将哲学变成"专心致志于名词之玩弄与符号之排列",这种卖弄"智巧",陷溺"繁琐"的倾向完全不顾"思想的全系"。(贺麟:《哲学与哲学史论文集》,商务印书馆 1990 年版,第 211 页)

② 贺麟:《哲学与哲学史论文集》,商务印书馆 1990 年版,第 219 页。

一",能肯定宇宙万有的变迁洪流,又能深察其不变的"轨则"。这种对终极本质、终极规律的认识,本身要求极高,不仅需要"天才的慧眼",还需要"逻辑的严密和纯思辨的训练"。因而,贺麟强调,这种"辩证的直观",本身是"理智的直观",可谓哲学家公用的方法。①

结合贺麟对"直觉法"的论述可知,他将"直觉"与"理智"统一于认识过程,设定"前理智的直觉"—分析思辨—"后理智的直觉"之顺序进程,已具统合"分析法"与"直觉法"之用意。而之后在对"辩证法"的讨论中,则明确在"形而上学"维度设定两种方法的有机联系。他指出,有"分析法"作为基础,"直觉法"的神秘才有"严密的系统"以遵循、运用;有"直觉法"作为升华,"分析法"的"分别的理智"才会统一到形而上的终极真理上来。所以"辩证法"本身既拒斥"图画式的想象"、"神秘情感与感觉的体验",又最终超越"形式的推理"②。只有从此维度理解并运用"辩证法",才能获得"一种有神秘意味的思辨的真理",因而,"辩证法"亦是"辩证观",是一种从"变动不居的丰富的全体内容中,去发现其本身特有的理则规范或纯型式"③的"观"宇宙、"观"万物的"形而上学"视角。也正是在"求形而上学知识的方法"的"辩证法"的丰富内涵中,贺麟借鉴黑格尔的观点,将理智提供的"纲领节目"与直觉提供的"真实内容"结合起来,提出"辩证法"应该是一个"对立的统一",其体现为"是形式与内容的统一;是天才的直观,谨严的系统的统一;是生活体验与逻辑法则的统一;是理性方法与经验方法的统一。"④

对于哲学而言,"分析法"以哲学的概念辨析、命题逻辑为对象,遵从上述

---

① 贺麟:《哲学与哲学史论文集》,商务印书馆1990年版,第220页。
② 自此而言,贺麟与当时朱谦之主张的"生命辩证法"是有区别的。虽然朱谦之亦肯定黑格尔的形而上学,主张将黑格尔与柏格森相结合,但其结合的主要方法——"生命辩证法",仍是一种"直觉主义、生机主义的反理性主义的看法"。而与贺麟理解的"理性的辩证法"明显不同。(贺麟:《五十年来的中国哲学》,辽宁教育出版社1989年版,第108页)
③ 贺麟:《哲学与哲学史论文集》,商务印书馆1990年版,第233页。
④ 贺麟:《哲学与哲学史论文集》,商务印书馆1990年版,第234页。

的语言与思想的"逻辑法则",为"形而上学"的"形式"服务;"直觉法"以概念命题的所指为对象,依靠高明智慧的"生活体验"为"形而上学"的"内容"服务。这样,贺麟就将势如水火的"分析法"与"直觉法"统一起来。当然,这种统一是基于他"新心学"之最高本体——逻辑意义的心,即将人类的知识理性作为一切文化的终极依据,将"理智"、"直觉"分别按照知识理性产生、发展的脉络嵌入其中,既回答了"理智"本身何所从来的问题,又回答了"直觉"本身向何处去的问题。尤其对哲学方法论而言,始终将潜在具有认识终极实在、终极真理能力的特定的哲学直观、直觉置于理性之框架下,也就凸显了哲学直观、哲学直觉本身的合法性与特殊性。

贺麟始终强调,"直觉方法"在本质上与抽象的"理智方法"不同,但"直觉方法"却离不开"理性"更不"反理性"。哲学上的"直觉法",乃是基于学术共同体的思想背景、理论路向、思维模式而形成的具体知识创造技术与解释工具,其在学术共同体的语境尤其是概念命题的基础上对特定精神创造的可行性助力。"直觉法"的可行性不在"直觉"本身,而在于理智思辨、逻辑分析、推理论证。所以,在他看来,统贯"理智方法"与"直觉方法"的"辩证法"才是真正的"哲学方法"尤其是"形而上学方法"。也正是持有此种方法论,他才以"辩证法"作为"重建形而上学"的基本方法。

具体体现在,他受到黑格尔的"绝对精神"的"正"、"反"、"合"的辩证发展,康德的"感性认识"、"理智认识"、"理性认识",朱熹的"理气合一"与"豁然贯通"境界这些观念影响,为"直觉法"的合法性提供了一个辩证的、逻辑的方法论保证:既将"前理智的直觉"作为"分析法"得以进行的前提基础,又将"分析法"作为"后理智的直觉"的理论前提。当然,贺麟肯定的"辩证法"并非古希腊"辩证法"的那种"对话"、"论辩"形式,亦非黑格尔对此方法所理解的那样——"遵循那必然能够引导我们能达成特定目的的特定思想法则或模式"①,

---

① [美]格拉切:《形而上学及其任务——关于知识的范畴基础研究》,陶秀璇、朱红等译,山东人民出版社2008年版,第118—120页。

而仅是在"形而上学方法"的程序与步骤的问题上,肯定"辩证法"的意义。这在方法学上,是为"哲学方法"尤其是"形而上学方法"本身设定了"直觉法—分析法—直觉法"的内在步骤。在"形而上学合法性"问题上,又为"中国形而上学"的理论建构与观念呈现提供了双重保障。

第四节　"正的方法"与"负的方法"

受"拒斥形而上学"影响,冯友兰以创建"最哲学底哲学"为己任,主张利用西学先进方法重建"新的形而上学"。其哲学观的主旨分为两个方面:(1)哲学是运用理智对经验进行分析总括后得出的道理;(2)哲学的根本任务是提升人的精神境界。前者在其哲学中,即是"逻辑形态"、"分析形态"的"本体论",主要运用逻辑分析方法;后者在其哲学中,即是"境界形态"、"价值形态"的"境界论",主要借助直觉体悟方法。这种"本体—境界"的逻辑统合于其"形而上学"体系中,因而必然需要"分析法"、"思辨法"与"直觉法"、"体悟法"的协同配合。

而为化解西方哲学擅长的"分析法"与中国哲学传统的"直觉法"的冲突,冯友兰一方面通过对两种方法的对勘比较,揭示二者各自的特点、要求与作用;另一方面又在新建哲学之义理逻辑中,推进两种方法的协调融合。表现在,他借助"分析法"阐发"正的方法",基于"直觉法"阐发"负的方法",并使二者共同服务于其"形而上学"体系的建构。为此,他在不同时期均讨论过方法论问题,尤其是专门撰写《新知言》一书,来讨论中、西方哲学的方法论,全面阐述了其"正的方法"与"负的方法",因而在学界影响很大。

不过,冯友兰在探讨服务中国哲学现代转型的新方法论时,曾经历独尊"逻辑分析法",到补充"直觉体悟法"的转变。并且他在具体讨论哲学方法时,多是分别从"正的方法"与"负的方法"两部分切入,因而始终给人"分析法"与"直觉法"的简单堆砌与拼凑之感,似乎冯友兰主张,在精细的语言分析与概念分析之后,随即就进入直觉的、神秘的、体验的"静默"。而学界在讨论冯友兰的方法论时,亦随之产生诸多的误读甚至错解:或者认为"正的方法"、"负的方法"本身存在难以化解的沟壑;或者认为"正的方法"仅是纯粹的逻辑分析;或者认为"负的方法"仅是一种纯粹的神秘体验。

而若将此种方法解读置于冯友兰的哲学义理尤其是"形而上学"义理逻辑中,就难免遭遇以下困境:或者认为冯友兰过度使用"逻辑分析法",建构形式化的"存在的形而上学",已经背离了中国哲学传统,无法真正提升人的超越境界;或者认为冯友兰最终倚仗神秘的"直觉法",改为以价值化的"境界的形而上学"为义理主旨,因而背离了中国哲学现代转型的理性化、知识化要求。

可见,若不能准确阐述冯友兰融合"分析法"与"直觉法"的方法论真义,就既无法理解其重建的"存在的形而上学"(理气本体论)与"境界的形而上学"(人生境界说)之间,何以需要"正的方法"与"负的方法"的协同配合;又无法真正化解"分析法"与"直觉法"的张力,以在中国哲学论域中,真正实现古今中西优秀方法论资源的现代整合与有机融合。

而深究冯友兰为中国哲学设计的方法论,可发现,"正的方法"虽经历"逻辑分析"到"辨名析理"的方式转变,但其效用主要服务于"形而上学"的概念命题系统的"意义分析"与"意义呈现",因而在合法性与有效性较少存在争议。关键问题是如何处理"正的方法"与"负的方法"之关联步骤与实践程序,进而从"分析概念命题意义→把握哲学思想义理→达致形上超越境界"的观念演进与认识步骤中,去理解与审视"负的方法"的作用与本质。

一、"正的方法":从"逻辑分析"到"辨名析理"

冯友兰早在 1921 年的《柏格森的哲学方法》一文中就指出:"不但因为方法论的不同,而生出专门哲学家与非专门哲学家的区别,并且在哲学史上,也因为方法论的不同,而分出许多派别,生出许多争论。"他在两卷本《中国哲学史》中,认为哲学乃"理智之产物",哲学家不但要提出"见解",同时还要对于"所以持此见解之理由"予以"说明"。哲学家不但要"成立道理",还要"以论证证明其所成立"。而无论是"说明见解"还是"论证道理",其方法必为"逻辑的,科学的"①。在之后的《新理学》书中,他再次论及哲学之特点与规定性时仍然明确,哲学,"乃自纯思之观点,对于经验作理智底分析、总括及解释,而又以名言说出之者。哲学有靠人之思与辩。"②表明在 20 世纪 40 年代以前,他一直高度重视"逻辑分析法",并将其视为中国传统学术"哲学化"、"理论化"、"系统化"的必要手段。他也认识到,中国的哲学是否具有合法性,关键在于方法本身。所以,在《新知言》一书中,他明确强调:"一门学问的性质,与它的方法,有密切底关系。"

而事实上,无论是哲学史研究,还是哲学体系创建、哲学问题的讨论,他都全面运用逻辑分析方法重新诠释古代哲学概念命题,重新阐释哲学义理观念。可以说,逻辑分析方法是冯友兰"新理学"体系得以创建的基础性方法。这种情结,他终其一生未曾改变。在晚年的《中国哲学史新编》第七册中,他仍强调:"新的现代化的中国哲学,只能是用近代逻辑学的成就,分析中国传统哲学中的概念,使那些似乎是含糊不清的概念明确起来,这就是'接着讲'与'照着讲'的区别"③。

(一)对"逻辑分析法"的理解

20 世纪的西方哲学,逐渐形成了分析哲学思潮。来华演讲的英国哲学家罗素提出了"形式语言的分析方法",摩尔(G.E.Moore)提出了"日常语言分析方法",之后德国哲学家,维也纳学派创始人石里克在前人基础上,着力阐发了逻辑分析方法。石里克宣称:"我确信我们正处在哲学上彻底的最后转变

---

① 冯友兰:《三松堂全集》第 2 卷,河南人民出版社 2001 年版,第 247—248 页。
② 冯友兰:《三松堂全集》第 4 卷,河南人民出版社 2001 年版,第 6 页。
③ 冯友兰:《三松堂全集》第 10 卷,河南人民出版社 2001 年版,第 621 页。

之中,我们确实有理由把哲学体系之间的无结果的争论看成结束了。我断言,现代已经掌握了一些方法,使每一个这样的争论在原则上成为不必要的,现在主要的只是坚决地应用这些方法。……这些方法是从逻辑出发的,莱布尼茨曾模糊地看到这些方法的端倪,在最近几十年里,哥特洛布·弗雷格和贝特兰·罗素曾开拓了重要的道路,而维特根斯坦(在 1922 年的《逻辑哲学导论》中)则是一直推进到这个决定性转变的第一人。"①

维也纳学派主张哲学之基础使命,就是通过分析哲学概念、命题,厘清它们的确切内涵与应用范围,从而保证哲学概念命题的逻辑化、清晰化、系统化。这种主张让致力于推进中国哲学现代转型的哲学家非常认同。作为清华学派代表人物,"哲学界的第一人"(张申府语),金岳霖承认中国哲学没有"发达的认识论意识和逻辑意识,所以在表达思想时显得芜杂不连贯。"②因此造成中国哲学不如"西方哲学那种理智的精细"。在他看来,先秦时期的一些思想家体现了朴素的逻辑思维,但没能成为主流。为此,中国哲学要体现逻辑和科学的进步因素,就必须合理地运用逻辑分析方法。尤其是必须有"彻底的和经过训练的怀疑态度",进而对哲学的概念和命题进行精深的分析。

同样是清华学派代表人物,冯友兰赞同金岳霖的观点。他明确认为,哲学乃理智之产物,其所表达的"道理",需要系统的"论证证明"。在现代学术中,哲学要分析解释经验,进而用"严刻的理智态度"来建立"道理",首要工作就是组织语言,掌握语言逻辑。所以,哲学的方法"必为逻辑的,科学的"③。甚至在思想早期,他在哲学方法的讨论中,还引用当时胡适所说"仍旧跳不出赛先生及逻辑先生之手心里"的话来批评反对逻辑和科学方法的人。可以说,冯友兰将"分析法"作为哲学研究基础方法的态度,是一以贯之的。在 1947

---

① 洪谦主编:《现代西方哲学论著选辑》上册,商务印书馆 1993 年版,第 412 页。
② 金岳霖:《金岳霖集》,中国社会科学出版社 2000 年版,第 38—40 页。
③ 冯友兰:《三松堂全集》第 2 卷,河南人民出版社 2001 年版,第 247 页。

年的《中国哲学简史》中,他指出:"就我所能看出的而论,西方哲学对于中国哲学的永久性贡献,是逻辑分析方法,……对于中国人来说,传入佛家的负的方法,并无关紧要,因为道家早已有负的方法,当然佛家的确加强了它。可是,正的方法的传入,就真正是极其重要的大事了。它给予中国人一个新的思想方法,使其整个思想为之一变。"①

此"一变"主要就表现在哲学语言、哲学表述的外在形式的变化。古代学者由于缺乏有效研究方法和工具,习惯用"名言隽语"、比喻例证的形式表达自己的思想。但哲学的语言、概念来自于日常生活语言,若语言在论域转换过程中不能同时剔除掉概念、命题所指向的对象含义。那么附着于日常语言的经验内容、具体指向、思维惯式会继续在哲学语境中制造观念的混乱。而"逻辑分析法"(有时冯友兰简称为"分析法")是一种依托形式逻辑对语言表达、文本书写、概念分析、命题梳理进行研究的方法。将此方法运用到汉语哲学中,既能帮助学者按照问题意识与观点逻辑进行理论系统的建构,具有必要的表述、分析、论证,又能使得哲学语言保持清晰、准确、简洁的表述风格。在冯友兰看来,在世界哲学交流融合背景下,能够用逻辑分析方法解释和分析古代观念,是中国哲学是否具有时代精神的特征。② 因此,他强调"逻辑学是哲学的入门",明确主张引进逻辑分析方法。

金岳霖虽极度重视"逻辑分析法",但他敏锐发现此种方法的局限性。也即是,若僵化地贯彻这个方法,必然使得哲学研究的视域狭隘化,即局限于逻辑分析方法会让哲学变得"支离破碎",他认为:"分析哲学家大都热衷于运用逻辑分析、语言分析的方法去求得点点滴滴的进步。这本无可厚非。但他们却疏于建立一种统一的哲学世界观,忽略了运用分析方法所必需的哲学大背景。"③如果哲学只是变成概念的游戏,那么这不但是中国哲学的"弱项",其

---

① 冯友兰:《三松堂全集》第 6 卷,河南人民出版社 2001 年版,第 277 页。
② 冯友兰:《三松堂全集》第 6 卷,河南人民出版社 2001 年版,第 278 页。
③ 胡军等著:《金岳霖思想研究》,导言,社会科学出版社 2004 年版,第 6 页。

至也背离了中国哲学本身建构宇宙秩序和价值系统的一贯使命。① 同时,金岳霖又明确反对维也纳学派"拒斥形而上学"的主张。在他看来,"玄学"("形而上学",笔者注)有"新玄学"与"老玄学"的区别。若用"逻辑分析法"把"老玄学"中含混的、容易产生歧义的概念和命题剔除掉,重建的"新玄学"即是合法的。

金岳霖明确宣称:"我是赞成玄学的人,我觉得新玄学与老玄学有极重要的分别,反对老玄学的人,不见得一定反对新玄学。新玄学的题材,是各种科学中所使用而不能证明、不能否认的概念,先用'欧肯的刀''Oakum Sazor'割去用不着的,然后分析存下来的思想,分析之后再从事条理。"② 由此来说,逻辑分析方法这把"奥康剃刀"正是以概念、命题为对象,通过确定概念命题的哲学内涵和逻辑指向,确保"新玄学"概念命题的合法性。

金岳霖的上述观点深刻影响到了冯友兰。面对"拒斥形而上学"主张,冯友兰同样主张借用逻辑分析方法,"经过维也纳学派的经验主义而重新建立形而上学"③。此所谓的"经过",即是从维也纳学派的问题出发,并借用他们"拒斥形而上学"的哲学方法;此所谓"重新建立形而上学"就是用逻辑分析方法重新确立并诠释"形而上学"的命题,实现既推动汉语哲学的现代转型,又回应维也纳学派批判的双重目的。

冯友兰寄希望于逻辑分析方法在如下两方面发挥作用:第一,"逻辑分析法"在"形而上学"概念、命题建构中,能够清洗掉哲学语言本身所牵连的经验表象和常识印象。他将传统哲学中"旧的形而上学"称为"坏底形而上学",其问题在于没有处理好语言和经验的关系。尤其是"形而上学"的概念命题,没

---

① 冯友兰在晚年总结金岳霖的形而上学体系时指出,"《论道》这个体系,不仅是现代化的,而且是民族化的。"(冯友兰:《三松堂全集》第 10 卷,河南人民出版社 2001 年版,第 616 页)

② 金岳霖学术基金会学术委员会编:《金岳霖学术论文选》,中国社会科学出版社 1990 年版,第 158 页。

③ 冯友兰:《三松堂全集》第 5 卷,河南人民出版社 2001 年版,第 194 页。

有剔除生活语言所附着的经验事物的语意印迹,赋予"形而上者"过多的形象化、经验化、时空化的形象,造成"拖泥带水"的混乱观念。比如有些历史上的"形而上学",虽然也试图对"形而上者"进行"叙述"和"说明",但他们建立的各种"形而上者",本身并不是"形而上的",而是"形而下的",是"形而下者"。

而除了以时空中的可感事物作为"形而上者"外,哲学史中还将某些充当"大全"或"一"的整体性的概念,如"天"、"道"、"心"、"气"、"理"、"有"等范畴作为"形而上者"。但这些范畴虽然远比个别事物要抽象却仍然是具体的,是在时空之中的,亦是可生灭的。又如,古代哲学在区分"形而上者"和"形而下者"时,通常是用"有形"或"无形"作为区别抽象或具体的标准①,而此"形"的分界点是原则上一切能被感官认识的存在。所以,古代"形而上学"的对象虽然是"无形"的,但本质上却是形象性和经验性的观念。而在冯友兰看来,真正的"形而上者"根本不能有"形象",亦不能用"形象思维",而只能运用"理论思维"②。这是因为,真正的"形而上者"是不能感觉,不能言说的。这种"不能"不仅是事实上的不可能,也是原则上的不可能。所以,上述"坏底形而上学"确实应当取消,并且取消此等所谓"形而上学",正是维也纳学派所作的贡献。

第二,逻辑分析方法能够帮助建立"形而上学命题"。维也纳学派拒斥"形而上学"之理由在于,哲学命题基本可分两种类型:"分析命题"与"综合命题"。前者如逻辑命题和数学命题,只要依靠演绎推理,确保概念词语在逻辑上没有矛盾就可以证实,而并不需要依靠经验。后者则是后天的事实命题、经验命题,其命题意义必须借助经验来证实。受其启发,冯友兰一度认为借助"逻辑分析法",可以将"形而上学命题"改造为"分析命题"。其理由是,"形而上学命题"若借助形式逻辑,仅肯定有形而上之"真际世界",而极少涉及形而下之"实际世界",则根本类似于分析命题。之后,他虽然转而承认"形而上

---

① 冯友兰:《三松堂全集》第 1 卷,河南人民出版社 2001 年版,第 212 页。
② 冯友兰:《三松堂全集》第 1 卷,河南人民出版社 2001 年版,第 228 页。

学命题"乃是"综合命题",但坚持逻辑分析方法则一以贯之。

(二)辨名析理:改造"逻辑分析法"

但是,维也纳学派的"逻辑分析法",仅在于分析概念命题,确定命题类型。而冯友兰虽同样从分析概念命题入手,但却在"理智的分析、总括"之后,更强调"解释"的功能。也即是,以此方法去研究哲学"形而上学命题",其目的根本在于概念命题的"内涵解释"与"意义传达"①。为此,他明确批评维也纳学派只停留在关注分析概念命题语言逻辑的合法性的"辨名"阶段,而不关注其呈现的思想观念的完整性、丰富性。他指出:"照我们的看法,'逻辑分析法',就是辨名析理的方法。这一句话,就表示我们与维也纳学派的不同。我们以为析理必表示于辨名而辨名必归极于析理。维也纳学派则以为只有名可辨,无理可析。照他们的意见,只是辨名的方法;所谓析理,实则都是辨名。"②

在冯友兰看来,维也纳学派的"辨名"实际上类似于"汉学"的方法,而他的"辨名析理"则是类似"宋学"的方法。前者"对于文字的考证、训诂比较详细,短处是,对于文字所表示的义理的了解、体会比较肤浅"。宋学不注重文字的考证、训诂,"而注重于文字所表示的义理的了解、体会"③。

可见,《新知言》书中"正的方法"已不是早期学自维也纳学派的"逻辑分析法",而是"辨名析理"。此方法内在程序上是由"辨名"与"析理"两个步骤组成的。"辨名"类似维也纳学派的工作,即首先对概念的内涵和外延进行界定,依据"蕴涵"关系确定概念在语句中的位置和关系。同时,按照概念内涵大小和"蕴涵"的逻辑递进关系,保证哲学命题不存在自身的逻辑矛盾,进而

---

① 洪谦等人对"四组命题"的批评,集中在四组命题。他们认为若这些命题真如冯氏所说是分析命题,那么这些命题也根本是无所叙述、无所传达的"空话"、"废话",可见,这种困境恰恰是照搬"逻辑分析法"的必然结果。

② 冯友兰:《三松堂全集》第5卷,河南人民出版社2001年版,第202页。

③ 冯友兰:《三松堂全集》第1卷,河南人民出版社2001年版,第190页。

判定各命题的基本类型。① 按此要求,"形而上学先讲内容少底概念,因为在逻辑上它先于内容多底概念。形而上学所讲内容少底概念,亦是从分析内容多底概念而得者,形而上学先讲内容少底概念,乃所以义释内容底概念。"②而这种概念内容的"多"与"少",即是不同概念对应之"理"。一类概念表述一类事物,此类概念即蕴涵此类事物之理。不同类概念表述的"理"有内涵高低,"理"因此也有广义、狭义之分。按照"新理学形而上学",最广义的"理"即是最高本体。这样,"辨名"工作就转向"析理"③。

在内涵上,"辨名"类似美国新实在论主张"对逻辑形式的考虑",以及维也纳学派对此方法的理解:消极应用是用以清除无意义的词,无意义的假陈述;在积极的应用方面,它用以澄清有意义的概念和命题。④ 此"析理",并非一般常识与学术研究中确定概念命题的经验性、约定性内涵,亦非西方哲学与语言哲学所擅长的"语义分析",而是专门服务于哲学尤其是"形而上学"理论建构与意义传达的任务,通过对特定哲学尤其是"形而上学"语境中核心概念意义与内涵的"赋予"与"创制",所指向的一种特殊的语言与认识对象——超越常识经验与主客认识观念的"形而上者"。其特殊的方法实践过程在于,对某种概念——"名"的"辨",乃是剔除此"名"在常识语言、科学语言中指向的具体"物"或抽象的"类",而"析"出一个专属于形而上学系统之"形而上者"。如"道"字,在中国哲学、形而上学的语言系统中,并非指日常语言的"道路"、

---

① 冯友兰认为,"逻辑分析法"能帮助人们确定命题的内在属性和理论类型。通过分析各命题表述的内容与经验事物的逻辑关系,也是对经验事物的说明和肯定的多少,或通过对概念命题的逻辑形式的研究,区分综合命题、分析命题、先天命题、后天命题等类型,进而评判各类命题的逻辑必然性和现实或然性

② 冯友兰:《三松堂全集》第5卷,河南人民出版社2001年版,第192页。

③ 在《新知言》第七章,冯友兰强调说:"形而上学的正底方法,是以分析法为主,反观法为辅,分析法就是逻辑分析法。"从此可看出,西学的"逻辑分析法"仅是"正底方法"的主体部分而不是方法全部。(冯友兰:《三松堂全集》第5卷,河南人民出版社2001年版,第202页)

④ 卡尔纳普:《通过语言的逻辑分析清除形而上学》,见石里克、卡尔纳普等:《逻辑经验主义》,洪谦、江天骥等译,商务印书馆1989年版,第32页。

"方法"等含义,而是作为经验世界之本体的"形而上者"的称谓词或指示词。这样,"析理"根本上是对哲学语言系统中的特定概念进行再诠释和再阐发,实现剥落掉特定的"哲学概念""形而上学概念"中的"常识内容"之后的第二次"意义填充"。

从"形而上学"思想理论的一般建构过程来看,古往今来的哲学家们总是将其"形而上学"观念,通过其独有的概念命题系统,转化为哲学思想、哲学义理。但是,其借助的哲学概念命题系统之语言要素又来源于日常语言系统与经验认识系统。为此,对哲学家而言,将日常语言转换为哲学语言,并将特定语言要素与关键词汇"哲学化"、"概念化"、"命题化",就成为哲学思想建构之一般要求。中国古代的"言意之辨"、"象意之辨"虽然关注到了哲学语言与哲学对象的关系问题,但却极少因为语言的有限性而彻底否认哲学对象的实在性。所以,"中国形而上学",虽在穷究超越"形"之外的"形而上者"时论点不一,但却并不否认人有认识、理解、把握形上本体的可能性与合法性。而随着近代西方分析哲学和语言哲学的兴起,如何保证哲学语言的有效性,俨然成为关系"哲学合法性",与"形而上学合法性"的唯一基础。这样,"辨名析理"就具有了中国哲学现代转型所必须回应的普遍问题意识。

从哲学方法论的视域看,"逻辑分析法"只不过是在现代意义上激活了中国古代的方法论资源。所谓"正的方法",是在"新瓶装旧酒"意义上的中国化的分析方法。而从"形而上学"的视域看,所要"辨"的"名"虽然是如"理"、"气"、"道体"、"大全"等之类的概念命题。但所"析"的概念命题之理则并不是对这些概念所对应的常识理解或认识论维度知识约定论,而是赋予这些概念命题以一种全新的哲学观念和思想图景。所以,"正的方法"既充分保证汉语哲学以一种"可世界化"的语言结构和"可逻辑化"的外在形态融入到现代文明中,又不会因为僵化遵循西学的"逻辑分析法"的而隔断"形而上学"观念的传达。

在《新理学》中,冯友兰使用了"理"、"气"、"道体"、"大全"四个概念,用以指示、描述宇宙之本原、本质结构和本然状态。只不过，受维也纳学派影响，他试图借鉴形式逻辑的演绎方式，将"形而上学命题"变成"A＝A"，或"如果 A＞B，B＞C，那么 A＞C 之类"的形式命题或分析命题，以此进行哲学命题"书写"。而将"辨名析理"运用于"形而上学"的命题，就表现在他试图通过概念命题的内涵推导与逻辑包含关系，确立"形而上学"的主要观念对象——"理"、"气"、"道体"、"大全"。而由此四个概念所"析"出之理——此类概念指称的超越对象——宇宙的生成本源、本质结构和本然状态。

作为"正的方法"的典型运用，他在《新原人》中提出并在《新知言》中最后确定的四组命题，分别对应上述的四个"形而上学"的认识对象。第一组："凡事物必都是什么事物。是甚么事物，必都是某种事物。某种事物是某种事物，必有某种事物之所以为某种事物者。"第二组："事物必都存在。存在底事物必都能存在。能存在底事物必都有其所有以能存在者。"第三组："存在是一流行。凡存在都是事物的存在。事物的存在都是其气实现某理或某某理的流行。总所有底流行，谓之道体。一切流行涵蕴动。一切流行所涵蕴底动，谓之乾元。"第四组："总一切底有，谓之大全，大全就是一切底有。"①

这四组命题并非此处讨论的重点。② 整体上，运用"正的方法"即"辨名析理"，建立四组命题，进而"析"出哲学之"理"、"气"、"道体"、"大全"，从方法论而言是可行的。这是因为，在哲学研究中，无论是思考一般意义的"演绎科学的逻辑"与任何特殊"经验科学的逻辑"，还是将其研究对象理解为"一切科学所共有的一些概念"，其研究的首要前提，都是确立描述研究对象的概念命题系统，以及"建立支配这些概念的一般规律"③。当时冯友兰引进了逻辑

---

① 冯友兰：《三松堂全集》第 5 卷，河南人民出版社 2001 年版，第 195—200 页。
② 胡军教授对此有深入的辨析研究。参见胡军：《冯友兰〈新理学〉方法论批判》，见《冯友兰研究》，蔡仲德编，国际文化出版公司 1997 年版，第 156—170 页；胡军：《逻辑分析方法的中国式解读——以冯友兰为中心》（上、下），《学术月刊》2010 年第 2 期、第 3 期。
③ ［波兰］塔尔斯基：《逻辑与演绎科学方法论导论》，商务印书馆 1963 年版，"序言"第 5 页。

学的"蕴涵"和"类"概念,他先按照认识论的一般过程对事物归类,确定各种理论上的"类"概念的内涵大小,进而根据不同概念"蕴涵"内容的不同,推出层次最高、内涵最大的"类",然后通过"类"和"共相"("理")的转换,作为"形而上学"的"不可感"、"不可思"的"本体",进而建立"气"、"道体"、"大全"这些核心范畴,是符合逻辑分析规律的。

当然,无论何种哲学,都不能仅满足于仅依据上述"一般规律"去建构概念命题系统,而是要同时传达哲学概念命题本身的独有意义。显然,通过"辨名析理"得到的"理"、"气"、"道体"、"大全"本身可传达一定的意义。这不仅是因为"共相"、"类",实际上仍是认识论维度之范畴,作为形而上的本体的"理"、"气"、"道体"、"大全",也是一种思想逻辑上的推导结论,借助"辨名析理"方法建立的"形而上学"的概念命题,本质仍是"对象语句"(卡尔纳普语),此类概念命题需要遵循语言逻辑的一般规范,而可被理解被传达。还因为,借助"辨名析理"的方法,可以通过对本是来源于经验语言系统或常识知识系统的语词概念,进行概念内涵上的"语义替换"、"语义填充"、"语义重建",进而提供"形而上学"的知识信息、观念思想、义理逻辑。

不过,冯友兰在运用"辨名析理"方法时,由于过于注重概念命题的形式化、逻辑化,这也为其创建新"形而上学命题"之语义理解、意义呈现、信息传达造成一定的影响。也即是,虽然,上述"形而上学命题",可承担一般意义上的"本体论"、"宇宙论"功能,亦可发挥一般意义上的"本体论承诺"、"生成论说明"、"超越性解释"之作用,但此类命题所传达的"形而上学观念"本身是抽象的、是形式的,因而远不如古代玄学那样具象直观、意蕴丰富,也因此曾遭到当时及以后学界的批评。

当然,这种"语言的限制"问题若置于一般意义上的"存在论"、"本体论"的视域中,尚不足以威胁"形而上学"的合法性。因为,上述四组命题,建构的是"本体论式"的"存在的形上学"。也即是,利用概念命题的逻辑蕴涵关系,推证出万物的"理"本体,这与古代各种本体论的提出方式、论证方式基本相同。而利用理性的推论,给出一个经验现象背后的"X",作为现象背后的本体、本质或本源,这种设定虽可说是"悬置的","设定的",但也可说是"逻辑的"、"事实的"①。正如康德基于人类知性的能力推论出一个"物自体"那样,一种"形而上学系统",指出一个作为经验得以存在的逻辑根据——"理"或者是任何一个"X",这在理论逻辑上是可能的,亦契合"形而上学"本身的基本诉求。而"本体论"的建构若到此为止,那么其方法论只需以逻辑分析理智推导、理智思辨方法为主,而无需过度依赖"负的方法"。

但冯友兰不是康德,强大的中国哲学传统使他不满足于建构一种类似西方哲学的存在的、逻辑的、知识的"形而上学",他不但要论证、推理,还要传道。他不仅肯定本体是逻辑的"有",还试图积极地使人与本体产生"现实的关联"。他所继承并新塑的,契合于社会转型文化新命等重大课题的形而上学,不但要在知识论视域下获得合法性,还应在人生哲学的场景中发挥作用。而一旦"本体论"不再是逻辑的、思辨的推导论证,同时还关联着人类生命的价值寄托与精神观念,就需要另一种类型的,即心性的、价值的、境界的"形而上学"出场。而"形而上学"类型的转变必然要求新的哲学方法来提供可行性与合法性。正如他在《中国哲学简史》中总结的,"哲学,特别是形上学,是一门这样的知识,在其发展中,最终成为'不知之知'。如果的确如此,就非用负的方法不可。"②

事实上,在《新原人》一书中触及人生哲学时,冯友兰就开始意识到,中国传统思想的"哲学化"并不能简单视为"逻辑化"、"形式化",中国哲学既要着力建构现代学术语境中的"名言的知识",同时又要顾及传统哲学聚焦人生"意义"与超越"价值"的致思方式。尤其是,中国古代哲学的主体与核心是与

---

① 中国香港学者冯耀明详尽分析了冯友兰对分析命题的误解。但他在证明"新理学中的命题主要都是综合命题"的同时,亦肯定了形而上学"超越论证"、"超越分析"进路的可能性。[冯耀明:《超越内在的迷思:从分析哲学观点看当代新儒学》,(香港)香港中文大学出版社2003年版,第150—158页]

② 冯友兰:《三松堂全集》第6卷,河南人民出版社2001年版,第283页。

人生哲学紧密关联的"形而上学"。袭自西方的以"纯粹的分析活动"和"形式底释义"为主旨的逻辑分析方法,虽可在精炼规制中国哲学话语系统方面发挥作用,但其囿于概念命题的逻辑意义的视角,并不能满足"中国形而上学"对终极意义与超越境界的追求。所以在《新原道》一书中,冯友兰从道家、玄学和禅宗那里,获得了另一种体悟式的、直觉式的方法论资源,被他用来弥补逻辑分析法拘泥于概念命题的经验意义与形式意义的局限。他虽试图重建的"最哲学底哲学",但却认识到"形而上学"之合法性不能仅体现在以"正的方法"建立的"不着实际"的封闭的理论系统,而恰恰在于能够为人的理想的精神生活服务。而这种特殊的使命,却是"正的方法"无法一力承担的,而只能借助另一种体悟、体会式的直觉方法,他将其称为"负的方法"。由此,他在《新知言》书中最终提出了哲学尤其是"形而上学"的两重方法论:"真正形而上学的方法有两种:一种是正底方法;一种是负底方法。正底方法是以逻辑分析法讲形而上学。负底方法是讲形而上学不能讲,讲形而上学不能讲,亦是一种讲形而上学的方法。"①

且在他看来,"维也纳学派以一种中立底方法破传统底形而上学中底各宗。破各宗的结果,可以是'取消'形而上学,也可以是以负底方法讲形而上学。前者是一切维也纳学派中底人所特意地建立底,后者是其中有一部分人或许于无意中得到底。如维特根斯坦虽也是维也纳学派的宗师,也要'取消'形而上学,但实则是以'负底方法'讲形而上学。"可见,在《新原道》以及《新知言》时期,"负的方法"已经成为决定"形而上学"能不能"讲"合法,即"形而上学"能否真正实现提升人的精神境界这个最终目的的关键所在。

二、从私人体验到公共方法——"负的方法"何以可能

冯友兰之所以在"正的方法"之外,增补"负的方法",在于他认识到,经验

---

① 冯友兰:《三松堂全集》第 5 卷,河南人民出版社 2001 年版,第 150 页。

语言和知识理性始终无法"越界"以获取关于"形而上者"的任何信息。而若抛弃哲学命题的义理,只依靠个人体验或经验来证成形上观念,又与他一贯追求客观化、公共化的哲学形式的要求相悖。从方法论看,他把握到了当时学界早已争论已久的哲学方法论难题,即仅对概念命题进行逻辑分析的"分析法",该如何真正实现提供哲学、"形而上学"所本应提供的丰富义理与思想,以及以体悟、体验为表现的"直觉法",如何摆脱自身的神秘化、碎片化、具象化,而在哲学思考、哲学研究中发挥真正的作用。落实到"新理学"语境中,即是"分析法"、"直觉法"如何各自具有合法性,并保证两种方法协同配合、有机统一,实现哲学既是逻辑论证的义理系统,又是提供精神情感寄托的价值系统。所以"正"、"负"方法连用,充分表明冯友兰对哲学公共方法的重视。而这也体现了其对"直觉法"本身认识的重要转变。

(一)从"直觉经验"到"直觉方法"的转变

事实上,在思想早期他就明确说:"我虽承认直觉等之价值,而不承认其为哲学之方法。"这因为,"哲学必须是以语言文字表出之道理,'道'虽或在语言文字之外,而哲学必在语言文字之中。犹之科学所说之事物,亦在语言文字之外;然此等事物,只是事物,不是科学;语言文字所表之原理公式等,方是科学。"①在 1925 年的一篇文章中,他在总结当时关于"直觉法"的争论时说:"我个人以为凡所谓直觉,领悟,神秘经验等,虽有甚高的价值,但不必以之混入求知识之方法之内。无论科学、哲学,皆系写出或说出之道理,皆必以'严刻的理智态度'表出之。其实凡著书立说之人,无不如此。故佛教之最高境界,虽'不可说,不可说',而有待于证悟,然其因明论理与唯识心理,仍是'严刻的理智态度,走科学的路'。故谓以直觉为方法,吾人可得到一种神秘的经验[此经验果与'实在'(reality)符合否,是另一问题]则可;谓以直觉为方法,

---

① 冯友兰:《三松堂全集》第 2 卷,河南人民出版社 2001 年版,第 251 页。

吾人可得到一种哲学则不可。换言之,直觉能使吾人得到经验,而不能使吾人成立一个道理。一个经验之本身,无所谓真妄;一个道理,是一个判断;判断必合逻辑。各种学说之目的,皆不在叙述经验,而在成立道理,故其方法,必为逻辑的,科学的。"①

将直觉经验与逻辑思维、知识理性对立,凸显出早期冯友兰对直觉所持的"消极的"态度。这当然是因为,不加界定的直觉,时常与各种主观的情绪、记忆、猜想、想象等混杂在一起,并且这种私人情感和精神体验,还极容易受到经验常识、思维惯式、因果逻辑等影响。所以他一再强调:"就知识论上言之,人若直觉其与'全'相合,则即真与'全'相合矣。"这是因为,"吾人所以觉其如一体者,以吾人只觉其同而不觉其异也。……总之有人之有此等经验,乃为事实。有此经验之人,觉其经验之中,有最高的真实及最大的幸福,亦为事实。"但这是一种"精神判断"而不是"存在判断";此经验不是"求真理之路",是"求幸福之路"②。因此,纯粹的体悟和体验的直觉,虽可提供感觉经验、意识材料,却与现代意义上的理性哲学观念相冲突。

而之所以在《新知言》书中,增补了"负的方法",是因为,他认识到,经验语言和知识理性始终无法帮助人"越界"以获取关于"形而上者"的任何内在信息。而若抛弃哲学概念命题的义理逻辑与思想架构,只依靠个人体验或经验来证成"形而上学观念",又与他一贯追求客观化、知识化的哲学形式的要求相违背。所以增补"负的方法"并最终依靠此直觉方法,实际上既体现了冯友兰哲学方法论在不同时期的重大转变,亦反映了其对"形而上学"本身的理解与界定发生了重大转变。也即是,"正的方法"只能肯定本体之"有",只能建构纯粹的"本体论"与"存在论"。而受中国哲学"本体—工夫"、"本体—境界"思维模式影响,冯友兰期冀的"完全的形上学系统"还应包括"价值论"与"境界论"。例如,他曾明确指出:"一个完全的形上学系统,应当始于正的方

---

① 冯友兰:《三松堂全集》第 11 卷,河南人民出版社 2001 年版,第 67 页。
② 冯友兰:《三松堂全集》第 2 卷,河南人民出版社 2001 年版,第 230 页。

法,而终于负的方法。如果它不终于负的方法,它就不能达到哲学的最后顶点。但是如果它不始于正的方法,它就缺少作为哲学的实质的清晰思想。"①

"负的方法"虽为"新名",但其实质上却是中国道家和佛家讲"形而上学"时常用的方法。在老子那里,形而上者无名无相,勉强赋名则为"道"。庄子将此"形而上者"称为"一"。但"一"是不可言说,不可思议的。大乘佛学最大贡献之一是"形上学的负的方法"。② 尤其"禅宗形而上学"中,"第一义"是"不言之辨"、"不道之道"。"第一义不可说,因为第一义所拟说者不可说"。③ 其"形而上者",是超越现象、时空的特殊存在,不能用语言表述、规定,更无法以知性能力去判断认识。如果对"第一义所拟说者"试图去"说","其说必不是第一义,之多也不过是第二义,也许不知是第几义"④。冯友兰将此"不言之教"喻为国画"烘云托月"式的方法:不画月而画云,而画了云就等于画了月。相比之下,用"正的方法"讲"形而上学",则如以线条描一月,或以颜色涂一月。所以,"负的方法"本质上是通过讲其他的东西,来对"线内"之月(即形而上之本体,笔者注)"有所表显"(借助哲学理性和语言、行为等加以启发、引导,笔者注)。

由此,冯友兰认识到哲学工作并不应排斥直觉方法。他明确:"对于不可思议者,仍有思议,对于不可言说者,仍有言说。若无思议言说,则虽对于不可思议,不可言说者,有完全底了解,亦无哲学。不可思议,不可言说者,不是哲学,对于不可思议者之思议,对于不可言说者之言说,方是哲学。"⑤显然,这就触及哲学方法论重塑的关键环节:私有直觉经验能否转换为理论思想交流的知识信息与合法要素,是直觉能够有资格成为哲学方法之根本前提。而在冯友兰看来,基于"正的方法"提供的对象信息,以及在此基础上进行的认识分

---

① 冯友兰:《三松堂全集》第6卷,河南人民出版社2001年版,第288页。
② 冯友兰:《三松堂全集》第6卷,河南人民出版社2001年版,第207页。
③ 冯友兰:《三松堂全集》第5卷,河南人民出版社2001年版,第221页。
④ 冯友兰:《三松堂全集》第5卷,河南人民出版社2001年版,第221页。
⑤ 冯友兰:《三松堂全集》第4卷,河南人民出版社2001年版,第8页。

辨、信息整合,进而借助直觉体悟提供的知识经验是可以获得哲学观念的。也即是,基于哲学理性思维是可以将个人私有的直觉经验,转变为公共的思想成果和普遍的理论知识。

但是,承认直觉方法的合法性与阐明直觉方法本身的实践过程与程序步骤仍为二事。由于冯友兰始终强调"形而上者"具有不可思议和不可言说的特点,所以"负的方法"即便有资格作为哲学方法,但其自我体悟与内在领会的具体要求,也与主要借助语言、论证、推导、判断的一般认识方法不同。并且,"负的方法"所凭借的古代道家尤其是佛家的方法论资源,因为过于强调哲学语言命题的有限性,反而更容易赋予直觉方法以神秘性。例如他在介绍僧肇的"般若"这种"直观的知识"时,强调"在直观中,人们不用理性认识中的概念,不用抽象的概念去套具体的事物"①,且其作为"后得的直观",是超越理性认识的。在介绍"三论宗"的方法时,将语言比喻为"桥"与"梯子",将认识佛学更高真理的过程比喻为"过河拆桥"与"上墙撤梯",并通过三种"二谛"——俗谛(一般的经验认识,笔者注)、真谛(超越的真理认识,笔者注)的分析,强调最后的认识要归于"无言"②。

在介绍禅宗时,他径直将其命名为"静默的哲学",并将"第一义不可说"理解为"关于第一义,或'无',不可以有任何言说,所以表示第一义的最好方法是保持静默"③。事实上,在《新知言》中介绍禅宗的方法时,用来作为论据的,还有同时代的分析哲学代表人物约翰·维特根斯坦的观点。例如维特根斯坦曾强调"哲学命题"本身就是一种工具与手段,人们借助命题,但最终"必须超过这些命题,他才对于世界有正见",还说"对于人所不能说者,人必须静默"④。冯友兰以此强调以"负的方法"讲"形而上学",最终达到的状态即是

① 冯友兰:《三松堂全集》第9卷,河南人民出版社2001年版,第518页。
② 冯友兰:《三松堂全集》第9卷,河南人民出版社2001年版,第535—537页。
③ 冯友兰:《三松堂全集》第6卷,河南人民出版社2001年版,第220页。
④ 冯友兰:《三松堂全集》第11卷,河南人民出版社2001年版,第529页。

"静默",也只有具备了"静默"的能力,才能对"形而上者"有所得。

可见,作为哲学方法的直觉方法,与碎片化、体验化、私人化的"直觉经验"在最终状态上是一致的,即是一种"离言""离思想"(熊十力语)的内在精神活动。但直觉方法的根本要求,则是提供哲学的"普遍义理"和思想观念。因而,其最终虽表现为"静默"或"沉默",但作为哲学方法,却始终要基于理性的认识手段方能达致"观念的确立"、"义理的明确"、"意义的呈现"。所以,冯友兰才强调:"用直觉主义讲底形上学,并不是讲者的直觉。形上学是一种学,学是讲出底义理,而直觉则不是讲出底义理。用直觉主义讲形上学者,可以说是讲其所不讲。但讲其所不讲亦是讲。此讲是形上学。"①

由此可说,简单将直觉经验等同于直觉方法,将"负的方法"等同于"静默法"或"沉默法"的错误的。"负的方法"虽落脚在直觉,但其却要在"形而上学"的语义分析、思想引导、观念启发的基础上,通过具有明确指向性的、启发性的一系列的"讲"、"说"、"行",实现"哲学信息"融会贯通与"哲学知识"的认知交流。没有这些前提条件,直觉既不可能提供哲学经验与哲学观念,也不可能被作为哲学方法。所以,具有合法性的直觉,必须在正、负的方法的连用中,即在"形而上学"的一般知识生产过程与理论逻辑中,确保"直觉法"与"分析法"的操作过程与实践程序的内在统一。

(二)"负的方法"的实践程序:"语言"、"判断"与"静默"

若将"负的方法"理解为一个过程,那么冯友兰的设想就应该是在"正的方法"之后对不可思议不可言说的对象,进行再一次的"描述"、"说明"、"判断"的阶段,最后在头脑中实现哲学观念的呈现(无话可说的"静默",笔者注),而这才是"哲学方法论中的重要问题"。作此推断之依据是晚年的《三松堂自序》中,对维特根斯坦"可说"和"不可说"区分的否定。也即是,对"不可

---

① 冯友兰:《三松堂全集》第11卷,河南人民出版社2001年版,第496页。

说"的形而上者进行哲学阐释,并不能仅表现为"静默"。因为"负的方法"不说不可言说的东西是什么,而只说这个东西不是什么,这就是佛学的"想入非非"。"非非",就是说它不是什么(非)而又说它不是不是什么(非非)。这样,不可思议的东西仍可思议,不可言说的东西仍可言说。而《自序》中对"负的方法"过程性和程序性的强调,在于"负的方法"本身并没有独立性,而是以"正的方法"为基础,并同属于整个对形而上者的揭示和显明的过程。

这种想法早在《新原人》时期就有体现。如冯友兰指出,"直觉经验"虽是"精神判断",但同时亦为"存在判断"。说它是"精神判断",是因为人们在读"理世界"这本"无字天书"时,会得到一种"神秘经验"。说它是"存在判断",是这种"神秘经验"并不是主观化、特殊化、短暂化的个人私属经验,而是一种客观化、一般化、普遍化的"类存在"或"类观"。在《新原人》中,冯友兰曾以杨慈湖见陆象山时请教"本心"为例,论证借助"正的方法"提供的知识信息,可获得相应的直觉知识。如陆象山回答:"恻隐,仁之端也;羞恶,义之端也;辞让,礼之端也;是非,智之端也。此即是本心。"这属于"正的方法"。而杨慈湖虽了解这些词语的含义,却始终不知本心。直至慈湖秉公执法,断扇讼一案后,象山一句"是者知其为是,非者知其为非"才令慈湖恍然"大觉"。

据此,冯友兰指出,这种利用"当前底经验,使学者对于某名言底知识,得到印证;或者以一名言底知识,使学者对于当前底经验,得到意义"的方法,也是禅宗所擅长。① 而在《中国哲学简史》中,又确认了此方法具有"说"的任务。他指出:"正的方法的实质,是说形而上学的对象是什么;负的方法的实质,则是不说它。这样做,负的方法也就启示了它的性质的某些方面,这些方面是正的描写和分析无法说出的。"②但是,具体应当怎样"说",他依然没有说清楚。

而结合《新原人》《新知言》《中国哲学简史》和《自序》,我们认为"负的方法"在"静默"前还需要进行的"说"与"表显"乃是一系列复杂的外在言行

---

① 冯友兰:《三松堂全集》第4卷,河南人民出版社2001年版,第470页。
② 冯友兰:《三松堂全集》第6卷,河南人民出版社2001年版,第287页。

与内在思悟的实践活动。首先,"负的方法"并不因为最终导致"静默"而超离理性思维、理智思考、知识判断。所以,"形而上学"观念的培育和获得的过程,其虽是利用语言并最终放弃语言,但本质上则是借助理性而获得对象知识的方法。这个过程,可借用西方认知语言学派"投射联系"理论来帮助理解。该理论认为,主体可通过一较为具体或有清晰系统的"来源域"(the source domain)所承载之推理模式(mode of reasoning),去理解或言及另一通常较为抽象或不甚清晰的"目标域"(the targer domain)。而支撑这个"投射联系"的则是"概念隐喻理论"。此理论认为人类所有的认知行为,比如理解,沟通,寻求意义的过程等,皆须凭借着不同的领域(domain)联系(mapping)始能成就。①"负的方法"以语言为"信息中介",正是借助各种语言的"隐喻"功能,以提供新的"目标域"。

这个过程也类似古代哲学"不落言筌"的方式。《庄子》中说:"筌者所以在鱼,得鱼而忘筌;蹄者所以在兔,得兔而忘蹄"(《庄子·外物》)。佛教受其影响,强调语言阐释和阐释对象的辩证关系。如道生:"夫象以尽意,得意则象忘;言以诠理,入理则言息。……若忘筌取鱼,始可与言道矣。"②"正的方法"的分析是"筌","负的方法"的大部分工作也是"筌",二者的工作都是为了使人最终有智慧有能力放下"筌",上企"顿悟"、"静默"的境界。③ 如同冯友兰指出:"谁若了解和认识了静默的意义,谁就对于形而上学的对象有所得。"④

同时,这种方法也类似于禅宗本体阐释中的"指月之喻"。海外学者赖贤

---

① 陆基洋:《概念隐喻理论应用于中国哲学研究之商榷——以斯林格兰对老子无为的诠释为例》,见熊铁基、麦子飞编:《全真道与老庄学国际学术研讨会论文集》(下册),华中师范大学出版社 2009 年版,第 732—736 页。

② 冯友兰:《三松堂全集》第 6 卷,河南人民出版社 2001 年版,第 215 页。

③ 批评冯友兰最力的熊十力,不仅在论述本体和语言的关系时同样借用了"筌鱼"之喻,还明确说为达"反求实证",则"必随顺众生求知之愿欲而随机开悟,即因众生所有之知识而方便善巧,以祛其迷而使之悟。"并且告诫要"从知识方面种种遮拨、种种开诱",才能上达"玄学上超知之诣。"这种"以思辨始,以体认终"之方法,与冯学基本一致。(熊十力:《熊十力全集》第 5 卷,湖北教育出版社 2001 年版,第 65、185、212 页)

④ 冯友兰:《三松堂全集》第 6 卷,河南人民出版社 2001 年版,第 287 页。

宗在分析此本体诠释方法时认为:"'指月之喻'的'指'是一种命令规定性的(prescriptive)和启悟指向的能力……它提示了一种依于一种'特殊的表象'而产生的存在根基的向上转化的运动。"①对于以"顿悟"为主要理论特点的禅宗而言,他们并不否认语言的基础作用,亦强调借助语言和教理才能"使人称信"。赖贤宗认为,禅宗的"指月之喻"分三个环节,(1)积极的指示功能,(2)诠释学的循环与非思量,(3)从本体诠释到超存有学的妙象。其中第二个环节是一条"否定之路",最终引导禅徒实现对"实相之全体性的参究"。对比禅宗"见山是山",即以名言文字为相、"见山不是山",即通过"非相"以否定方式趋近"实相"、"见山又是山",即"离一切相"的同时"即一切法"②,可以发现,正、负方法正是采用类似觉悟的三个环节。

所以,将"负的方法"视为与理智思考、理性思维完全对立的纯粹直觉或神秘体验,乃是一种误读。根本上,这种直觉成为方法的前提,乃是丰富的知识储备、生活经验、思维能力、觉悟程度的综合统一。正如贺麟指出的,直觉经验"广义言之,生活的态度,精神的境界,神契的经验,灵感的启示,知识方面突然的当下的顿悟或触机,均包括在内"③。在程序上,"负的方法"就是一种借助经验作为媒介和手段的"后经验的直觉",和借助充分理性知识准备的"后理性的直觉"。

这也可理解冯友兰为何一再强调:"神秘主义不是清晰思想的对立面,更不在清晰思想之下。毋宁说它在清晰思想之外。它不是反对理性的;它是超越理性的。"④所以,"负的方法"的"再言说"、"再思议"是理性化的过程。借助理性,才能告诉人们形而上之"X"不是什么。而知道了它不是什么,也就相当于知道它是什么了。因此,"后理性"不是拒斥理性,而是经过理性,从而超

① 赖贤宗:《佛教诠释学》,北京大学出版 2009 年版,第 106 页。
② 赖贤宗:《佛教诠释学》,北京大学出版 2009 年版,第 108 页。
③ 贺麟:《贺麟选集》,陈来编,吉林人民出版社 2005 年版,第 63 页。
④ 冯友兰:《三松堂全集》第 6 卷,河南人民出版社 2001 年版,第 288 页。

越经验常识、知性理智以及理性思辨的碎片化、具体化观念而形成一种新的统贯式的、综合式的、整体式的新判断。这个判断,能够得到对本体存在的逻辑性结论,是"本体论"上的事实判断。同时,借助这个意蕴丰富的判断,人们能形成一种对宇宙本体架构的一系列"形而上学观念",获得自同于"大全"的精神境界,是"境界论"上的价值判断。

由此看,其哲学方法论虽然被分别表述为"正的方法"、"负的方法",但具体运用程序实由三个阶段构成。借用贺麟的哲学方法三段论——"形式的分析与推论"、"矛盾思辨法"与"直觉法"来重新解释,"正的方法"就是"形式的分析与推论",而"负的方法"则是"矛盾思辨法"与"直觉法"协同配合的认识活动。"正的方法"将理性思维带到语言的边界,将知性思维带到分析的边界。而"负的方法"同样要用理性思维来"跨越"这个边界。为此不仅要借助"正的方法"这个"媒介"以便知道边界在哪里,还要借助各种"非分析的语言活动"——例如正话反说、话语他指、比喻借喻、启发暗示等;借助"非语言的行为活动"——一切相关或不相关的事物状态,以及语调、情绪、肢体动作等行为;借助"合逻辑的判断活动"——基于各种上述直接和间接要素进行的正面肯定的观念思考和推论,尤其是借助各种直接和间接要素进行不断"否定"的思考、辨别、判断,以得到"形而上学"的最终观念。至此,即是达到了"一切都否定了,包括否定这个'否定一切'",才能根本上得到"形而上者"之准确观念,才能实现对象的"表显"与"呈现"①。

总之,若不能认识到在"辨名析理"和"直觉体悟"中间存在一个特殊的认识程序阶段,就容易将"分析法"与"直觉法"的运用效果理解为分析概念之

---

① 作为现代哲学史的公案,牟宗三曾说,熊十力对冯友兰的分析方法给予批判,认为真正的形而上学方法不能是分析而只能是呈现。但"负的方法"根本上即类似于牟宗三"辩证的诡词"之类的语言方法对本体的"曲线式呈现"或"超越逻辑层"的"存在地体现",只不过,冯友兰与熊、牟使用的"正言若反"的启示命题概念不同而已。[牟宗三:《中国哲学十九讲》,见《牟宗三先生全集》第 29 卷,(台北)联经出版事业股份有限公司 2003 年版,第 441—447 页;冯耀明:《"超越内在"的迷思:从分析哲学观点看当代新儒学》,(香港)中文大学出版社 2003 年版,第 28—36 页]

后,立即进入静默,或将"负的方法"视为与理智思考、理性思维完全对立的纯粹直觉或神秘体验。而根本上,"正的方法"是对哲学对象的"思议"和"言说"。"负的方法"则通过思议,知道对象不可思议,通过言说,知道对象不可言说,其在实践的结果是消解"对象化认识"的"体验"、"体悟",其实践的效果是思想对象的"呈现"、"洞见",其对不可思议和不可言说的对象的"提醒"、"揭示"本身亦是"思议"和"言说"。所以,冯友兰重塑的方法论乃是一系列哲学实践,它并不神秘,只是在"形而上学"认识的最后状态上才是神秘的。

中国哲学独有的思想传统和核心精神,在于一种"本体论"或"宇宙论"的形上设定:形而上的天道与形而下的器物本质同一。基于这种天人合一、体用一元、道器不离的"观念性前提",中国哲学在"价值宇宙的宇宙观"、"天人同体的本体论"、"精神超越的境界论"等重大维度,凝练出与这种独特的"内在超越"思维和精神境界追求相匹配的体悟方法。进入 20 世纪,西方的"实验法"、"分析法"与中国的直觉体验方法渐成截然对立之势。此对立表现在,或者以"分析法"、"实证法"碾压直觉体验法的存在空间而彻底经验化,或者以心性体悟的神秘直觉对抗西学入侵而画地自保。这种方法间的冲突催生了"科玄论战",但却愈加造成哲学方法中"科学的方法"和"玄学的方法"非此即彼的尖锐矛盾。因此,中国哲学的内在逻辑与外在困境,都引导哲学家聚焦于方法论本身。

不过,部分哲学家为凸显中国哲学的特殊性,在"重建形而上学"的过程中,过于强调"直觉法"的独立性与绝对性,甚至存在排斥分析思辨的极端主张。其虽借助"直觉法"论证了古代学术的民族性、地方性,但却忽视了现代学术语境中知识性、理论性、学术性的一般要求,甚至在一定程度上尚未达到为直觉体悟提供思想资源的古代禅宗水平。禅宗中有著名"渐教"、"顿教"之争。"顿教"强调"刹那"或"豁然"的觉悟。"渐教"则要求以教义、对话、行为和点化等"中介"作为觉悟的工具手段。但主张"顿教"者也承认,"顿悟"需要借助"知识方便指授"的支持,尤其是前期的教义学习。

冯友兰试图融合"分析法"与"直觉法",将哲学观念的"实现"与最高境界的"呈现",统摄在义理诠释和思辨规范逻辑中,正是要规避传统学术依赖"体悟""体证""顿悟"而导致的碎片化、主观化、神秘化。事实上,同时代的熊十力虽坚持儒学现代开展中,仍要以"体悟法"、"体证法"等"心性工夫"为主,但也承认,其必须要以"理智法"、"思辨法"作为学术基础,主张新儒学的方法论应是"思证兼用""思修交尽"。而我们认为,在同一哲学共同体或哲学语境中,均存在共同的"学术对象"。而在对此对象的认识与理解的过程中,基于形式逻辑的理智分析、理性思辨和基于辩证逻辑的理性体悟、理性直觉,均是不可或缺的重要的"知识生产的方法"与"观念认知的方法"。

但我们也应认识到,"分析法"与"直觉法"的理性化、程序化甚至技术化的要求,仅是"形而上学"超越观念的必要条件而非充分条件。首先,在程序上,它受到哲学命题的建构水平、表达水平影响,又与哲学受众的悟性能力有密切关系。并且,由于没有特定的"程度性指标"或"程序性标准",其运用还主要受制于各种"信息中介"的有效性。其次,直觉法仍然具有某种神秘性与偶然性。正如禅宗"所有的顿悟故事都暗示觉悟前需要漫长的精神准备"一样,①以"负的方法"为代表的"直觉法"同样具有跳跃性、转折性、突发性的精神基因。最后,"哲学式的觉悟"获得的"形而上学观念",本质是一种与"理解对象"("终极实在"或"形而上者")同体合一的整全式经验,如何保证这种哲学观念,在重新借助语言、经验与行为实践后,完全被他人领会,仍存在不确定性。

这些问题,不仅体现于冯友兰的方法论,同时亦体现在 20 世纪试图融合理智思辨与直觉体悟的诸多方法论中。这提醒学界,在中国哲学的研究视域中,应全面评估"分析法"与"直觉法"整合后的施用空间,一方面,中国古代哲

---

① 杜维明、[美]彼得·N.格里高瑞编:《顿与渐——中国思想中通往觉悟的不同法门》,冯焕真、龚俊等译,上海古籍出版社 2010 年版,第 361 页。

学是以独特的汉语话语系统为支撑,并在汉语语境与传统思维范式的共同影响下,形成了具有民族性、地方性品格的精神观念传统。因而不可完全依赖逻辑分析法,以免造成中国哲学过度的形式化、逻辑化,使其变成"在中国的"西方哲学。另一方面,在新时期彰显中国哲学的主体性,继续阐述、发展重境界、重修养、重体悟的精神传统,需要阐述好运用好修养工夫、心性实践等直觉方法。但同时,又需要借助理智思辨、理性分析等方法,以确保其获得逻辑化、理性化、系统化的现代学术形式。所以,在思考"中国哲学的现代性"与"哲学的中国性[①]"的重大问题上,冯友兰融合"分析法"与"直觉法"的思想,在当下中国哲学尤其是"形而上学"(主要是中国特色的"境界的形而上学"、"价值的形而上学",笔者注)的研究与新创中,仍具有重要的启发意义与参考价值。

---

① 陈来在谈及梁漱溟、熊十力、冯友兰等人的哲学重建工作时,也强调哲学的民族性、地方性与现代性、普遍性,应是对立统一的辩证关联。由此可见,冯友兰依托哲学方法论实现这种中国哲学现代性与民族性有机统一的转型工作是值得肯定的。(陈来:《现代中国哲学的追寻:新理学与新心学》,三联书店 2010 年版,第 15—21 页)

第六章 形而上学现代重建的
本体论根基

　　自晚清中国遭遇"船坚炮利"的异质文明开始,由中西文明优劣比较而引申出的时代性问题——儒家传统道德心性学说的作用与价值问题,实际已经预示了作为"中国哲学"核心之"形而上者之学",在之后要屡经不同立场不同学派学人之拷问、质疑与拒斥。回溯观之,最早触及到此合法性危机的魏源以及之后的冯桂芬、王韬、郭嵩焘、张之洞、薛福成、李鸿章等,虽也自觉意识到儒家"天道心性之学",已经在某种程度上失去了解释新文明时代的理论效力,但他们却没有从理论上改造与发展此学之能力。

　　严复利用西方哲学尤其西方科学的最新成果,间或采摘中国古代哲学资源而建构了一个以科学实证为方法,以科学知识为基础之理论系统。维新学人康有为、谭嗣同则以中学为主体,西学为辅助,对儒学本体论加以科学化改造。两种类型均可谓近代以来中国哲人创造的新的"形而上学"、新的"本体论"。但整体看,他们大量使用科学词汇与科学原理来包装儒学的本体范畴,虽使得"道"、"仁"、"心"、"理"等观念更契合当时先进知识文化,但同时亦使其经验化、实证化。因而,此时期体系化的"形而上学"、"本体论"之建构,契合了当时农耕皇权文明向科学民主时代转变之历史逻辑,有其理论价值。但这种特定时代的特定之思想成果,尚不能以更长远之眼光,为中国文化与社会的理想现代化样态,提供超越的理论说明与思想引领。

　　这种不足随着之后的一战爆发,以及清末民初社会转型建构诸多现实困境之接连出现,而越发凸显。时代呼唤新的哲学体系,呼唤新的形而上学体系,以为人们既坚持中国文化的主体性,又创造不同于西方式现代化的新型现代化提供超越的理论说明与思想引领。

　　而经过晚清时期科学主义、实证主义、经验主义阵营对"天道心性之学"拒斥之观念奠基,从 20 世纪初开始逐渐强势扩展的"拒斥形而上学思潮",为当时众多中国哲学家设定了一个极其重大的研究课题,即回应"形而上学合法性"之世界性问题,以回答"中国形而上学"之合法性问题。这些问题,引导中国哲学家深入研究分析辨别古今中西的"形而上学学说"(张东荪语),进而引申出"形而上学概念"、"形而上学类型"、"形而上学命题"、"形而上学方法"、"形而上学知识"等全新论域。至此,自晚清以来因"形而上学合法性"之刺激而引发的相关研究讨论,在 20 世纪上半叶全面延展开来,而成为几乎关系到现代中国哲学全部论域的重大思潮。

　　在"东西互鉴"与"古今对勘"基础上,对这些重要论域的全面深入讨论,进一步帮助现代哲人们把握到了"中国哲学"尤其"中国形而上学"在语言文字、问题意识、思维范式、思想方法、理论模式、价值旨趣等方面的特殊性。而"回应现代"[①]的文化使命感与时代责任感,尤其是为回应社会转型、文明重建中的"文化新生"、"秩序重建"、"知识更新"、"价值重塑"等现实课题之理论需要,也促使他们重建新的"形而上学"。

　　当然,相比 19 世纪后期建构的"科学本体论",这些在现代学科意识与学术范式前提下,以"实质的系统"[②]面向出现的诸多形态的"形而上学学说",

―――――――――

　　① 　陈鹏教授将"回应现代"解释为"对西方文化而引发的现代学术、现代价值、现代社会、现代人生做出回应,或至少对其中的某些环节做出回应。这种回应一般应该包括两个并存的环节:一是基于现代批判传统,一是基于传统批判现代。"(陈鹏:《现代新儒学研究》,福建人民出版社 2006 年版,"绪言"第 3 页)

　　② 　冯友兰:《三松堂全集》,河南人民出版社 2001 年版,第 252 页。

不但在理论性、系统性、逻辑性、思辨性、丰富性等方面均有了极大的提升,还内在推动中国哲学实现了自身的现代转型与发展。因而可视为自先秦时期、宋明时期之后,中国哲学的又一次重大理论突破。借用张东荪"层叠的哲学观"之提法,此时期重建的多种多样的"形而上学",亦可视为中国哲学第三次"层叠"式的提升与跃进。

对于此时期重建的"形而上学",可从多方面切入与把握,但聚焦于其中的本体论,无疑是最有效的研究视角与研究进路。当然,这种中国学界惯用的本体论一词,其内涵却并不完全同于其所对译的"Ontology"①。"Ontology"被译成"本体论"并得以在中国广泛使用,大概与西方近代以来将"本体"("Noumena")与"现象"("Phenomena")相区分之范式与中国哲学多习惯"体—用"、"本—末"、"道—器"、"理—事"、"心—物"并举之思维模式类似。并且,此类"对子范畴"在中国古代哲学中,非常直观地表达了相对于"形而下者"("用"、"末"、"器"、"事"、"物"),还有"形而上者"("体"、"本"、"道"、"理"、"心")之存在,且前者依存于后者,后者彰显于前者。尤其是这些"形而上者"通常被理解为"形而下者"之"本体"、"本源"、"本质",并有必然性、永恒性、绝对性、完善性和普遍性等特征。

也正是基于这种相似性,"本体论"被作为"Ontology"之专门译词。但是,重建阵营所理解、使用并建构的本体论,却与"Ontology"之存在显著差异。正如杨国荣教授指出的,现代哲人们关注的,"不仅仅是传统哲学意义上的理气、道器、体用等关系的辨析,广而言之,其研究之域包括与存在相关的诸种领域。从认识的前提(所知与能知的确认),到道德的基础(包括伦理关系于道德主体之'在'),从价值判断的根据(人的需要与对象属性的关系),到审美过程的内在意义(合目的性与合规律性的统一)等等,都可以看做是本体论的视

---

① 张东荪曾明确认为中国没有"本体论"。当然,他是把"ontology"视为一种"substance philosophy"。而中国哲学则较少去设定某种独立的自存的"质料"、"实体"与"存在"。(张东荪:《知识与文化》,岳麓书社2011年版)

域。……要而言之,作为中国现代哲学的概念,'本体论'的意义已不仅仅表现为ontology的译名,它在相当程度上已获得本土化的性质,其内涵既非ontology所能范围,又包含了ontology的某些涵义,既有别于中国传统哲学中的'本体'等理论,又渗入了传统哲学的相关内容;在实质的层面,上述意义中的'本体论'似乎更接近于广义的形而上学(metaphysics),相对于ontology及传统的本体理论和道器、理气、体用诸辨,它显然包含更为丰富的内容。"①

尤其是,现代哲人们重建的本体论,恰恰是以规避"Ontology"之诸多问题为前提的。最明显的,是现代哲人们基于对西方哲学史之梳理,发现主流的"Metaphysics"、"Ontology",多表现出"体用二分"、"道器二分"、"理事二分"之理论设定,因而其本体多是外在于甚或脱离于、超绝于现象、器物、人世的范畴。相比之下,"中国形而上学"则坚持"天道心性相贯通","理在事中"、"道在器中"、"体用一元"之原则,将本体视为内在于现象、器物、人世之范畴。

事实上,正是自觉基于这种中西方本体论之显著差异,现代哲人们又着力细化了对"本体"范畴的内涵、特性、作用之讨论,明确了本体与现象、本体与器物、本体与人世、本体与文化、本体与知识等关系之规定。使得此时期的本体论重建,始终彰显出"中国哲学"的思维特点、理论意蕴、思想旨趣。当然,因为不同立场不同派别的哲学家们使用的话语体系与理论资源不同,且在问题意识、探讨目的等方面存在不同,因而他们创制的本体论也形态各异、类型多元。而若以开创性、代表性、系统性、整全性为依据,可以按照本体的内涵、属性、作用,大致分为三类:以熊十力、牟宗三为代表的"道德的本体论"类型;以金岳霖、冯友兰为代表的"逻辑的本体论"类型,以梁漱溟、方东美为代表的"生命的本体论"类型。而准确理解这三类本体论,即可把握重建形而上学复杂图景中的主要纲维与核心节点。

――――――――――

①　杨国荣:《存在之维――后形而上学时代的形而上学》,人民出版社2005年版,"导论"第6―7页。

第一节 "良知"与"心":道德本体论

一、"体用不二"与本心实体

作为现代新儒家的开山,熊十力在思想早期即已触及本体论方面之探讨。在1923年的《唯识学概论》中,他即使用"体"、"用"概念来表述现代学界通常区分的本体与功用、本体与现象。在1930年《唯识论》中,他则批评佛家"体用各分二重"①,呈露出从"体用不二"统合"形而上者"与"形而下者"之思想萌芽。在1932年《新唯识论》(文言文本)中,他已经明确本体是一种生化的"实体",且此实体不离现象,而认识本体又基于本心之"反求实证"。表明在此时期,作为其"本体论"主要理论纲维的主要内容,如"本体的内涵"、"本体与现象的关系"、"认识本体的方法",均已确立。之后,他在申论此类思想时,逐渐皈依儒学"道德的形而上学"传统,将"吾身与天地万物同具的本体"——"本心"②,转换为儒学先验性、实体性、创生性、道德性的"良知"。

熊十力自佛转儒后,即始终明确,儒学的"道德本心"、"德性良知"、"本心仁体"才是真正合法的超越本体,同时,他还据此创生实体,来为宇宙万相的变化生灭提供超越依据。因此,贺麟在总结当时重建"新形而上学"的代表体系时,认为熊十力哲学,"对陆王本心之学,发挥为绝对的本体,且本翕辟之说,而发展设施为宇宙论,用性智实证以发挥陆之反省本心,王之致良知。"③

---

① 熊十力:《熊十力全集》第2卷,湖北教育出版社2001年版,第528页。

② 在《新唯识论》(文言文本)中的本心,按其所言有"虚寂的"、"明觉的",还有"真"、"净"、"灵"、"通"等性质,尚未明确为儒学良知心。有学者也认为此本心,是"对儒道佛诸家形上本心的归纳,道心、法性心、真如心、良知等,都是同一本心的异名。"(黄敏:《〈新唯识论〉儒佛会通思想研究》,社会科学文献出版社2020年版,第107页)

③ 熊十力:《熊十力全集》附卷上,湖北教育出版社2001年版,第667页。

也因此,学界亦将熊十力的形而上学思想凝练为"本体—宇宙论"模式。①

(一)"体用不二"

熊十力始终将哲学与玄学相等同,将"哲学"与"本体论"相等同②,并认为科学时代,哲学的核心即是"本体论",主张:"哲学,自从科学发展以后,它的范围日益缩小,究极言之,只有本体论是哲学的范围,除此以外,几乎皆是科学的领域。虽云哲学家之遐思与明见,不止高谈本体而已,其智周万物,尝有改造宇宙之先识,而变更人类谬误之思想,以趋于日新与高明之境。哲学思想本不可以有限界言,然而本体论就是阐明万化根源,是一切智智。"③

但是,他却批评古今中外之甚多哲学家均错思了本体,并认为:"从来哲学家谈本体者,都于'体'字,不求正解,而与原因意义相混。须知言因,即以彼为此因;言体则斥之为此物之体,无所谓彼也。故体非原因之谓,即是现象之本体,固非立于现象背后,而为其原因也。"④又说:"从来哲学家谈本体,许多臆猜揣度,总不免把本体当做外在的物事来推求,好像本体是超越于一切行或现象之上而为其根源的。他们多有把本体和一切行或现象界,说成两片。他们根本不曾见到体,而只任他的意见去猜度。因此,任意安立某种本体,并组成一套理论以解释宇宙。其实,只是他们各自构造宇宙,绝不与真理相应的。"⑤

他在思想早期即批评几种错误观点:第一种是"计执实体是超脱乎法相之上而独在",宗教哲学的上帝,佛教的真如,唯心论的绝对精神都属于此类。

---

① 冯友兰论及熊十力核心思想时,就分别从本体论和宇宙论加以阐述。(冯友兰:《三松堂全集》第十卷,第642—652页)
② 学界对于"ontology"应译成"本体论"或"是论"是存在争议的。而对"being"应该译成"存在"或"在"、"有"或"是"也有着广泛讨论。(童世骏:《西方哲学的中国研究:思想风险及其应对办法》,《学术月刊》2009年第9期)
③ 熊十力:《熊十力全集》第3卷,湖北教育出版社2001年版,第14—15页。
④ 熊十力:《熊十力全集》第2卷,湖北教育出版社2001年版,第228页。
⑤ 熊十力:《熊十力全集》第3卷,湖北教育出版社2001年版,第91—92页。

第二种是"计执实体是潜隐于法相之背后",如唯识家的种子说,康德的物自体,老子的道都属于此类。第三种是"计执实体是空洞寂寥,包罗宇宙万象",道家的本体,张载的"太虚"都属于此类。并认为上述三种错见同犯一大过,即"皆脱离宇宙万有而纯任空想去造出一种宇宙实体"①。尤其在西方哲学中,哲学家多是按照"认识论"的思维去推论"现象"("phenomena")背后的"本体"("noumena"),由此设想出一个外在于经验的、超时空的、独立的某种存在或实体或第一因或范型,造成本体与现象世界、经验世界相隔绝,类似上述错误观念,熊十力也将其统称为"体用两撅"。

与之相反,以儒学为主流的中国哲学在讨论"天人关系"、"心物关系"、"道器关系"、"理事关系"、"体用关系"时,所建立的"天"、"道"、"心"、"理"等形而上之本体,却不与现象、器物隔绝,反而始终寓于形而下世界之中。也即是,本体与万物的关系,是以"形"为边际展开的"形而上者"与"形而下者"的关系,以"形"为前提,未成"形"时,器与理俱隐,有"形"之时,器与理俱显。熊十力也认为,器作为"形"只有已显与未显之分,而无"从无至有"之阶段。这样,器之理亦随之隐显,而不能存在"器无理有"的状态。他也要求,若要"于器识道"或"即器即道",同时就要超越形器之虚妄,而避免以形器为真实。此种形而上学观念呈现出"天人合一"、"道器不离"、"体用不离"、"理气不离"、"心物不离"的思维方式,亦被他总称为"体用不二"。

"体"、"用"范畴是熊十力"本体论"思想的核心概念,各有其复杂内涵。整体上,所谓的"体",既是"本体",同时又是"主体";所谓"用"既是"现象",同时又是"功用"②。而他将本体拓展为"主体",就沟通了天道与人心、形而上与形而下两个世界;将现象增加"功用"义,不但摆脱了西方哲学中对现象幻灭义之界定,还肯定其具有实在义、价值义。而作此调整之理由,在他看来:"用者,作用或功用之谓。这种作用或功用的本身只是一种动势(亦名势用),

① 熊十力:《熊十力全集》第7卷,湖北教育出版社2001年版,第305—306页。
② 郭齐勇:《熊十力哲学研究》,人民出版社2011年版,第26页。

而不是具有实在性或固定性的东西。易言之,用是根本没有自性。如果用有自性,他就是独立存在的实有的东西,就不可于用之外再找什么本体。体者,对用而得名。但体是举其自身全现为分殊的大用,所以说他是用的本体,绝不是超脱于用之外而独存的东西。因为体就是用底体,所以不可离用去觅体。"①这种"体用不二"的思想架构一经提出,即贯穿在其之后的哲学研究与"本体论"的建构过程中。在之后的《十力语要》中,他也明确概括其思想主旨为:"即体即用,即流行即主宰,即现象即真实,即变即不变,即动即不动,即生灭即不生灭,是故即体而言用在体,即用而言体在用。"②

以"体—用"为纲,熊十力将宇宙万物的现实发展变化与超越本质规定之认识内容全部纳入"本体论"之中,"体是要显现为无量无边的功用的,用是有相状诈现的,是千差万别的。所以,体不可说,而用却可说。用,就是体的显现。体,就是用的体。无体即无用,离用元无体。所以,从用上解析明白,即可以显示用的本体。"③同时,以此为纲,他回答了"本体论"关涉的一系列重大课题:如本体的特性、事物的地位、本体与事物的关系,同时也对传统哲学中的天人、乾坤、翕辟、心物、理气等形而上学核心问题给予了重新阐释。④

整体上,他所使用的"体"、"用"这个"对子范畴",遵照了中国哲学"形而上者"与"形而下者"相即不离的思想范式。虽然本体寓于器物世界,但却非感官认识与理性思辨所能把握。不过,正因为"道器不离"、"体用一源",人们可以"辨器明道"、"即用显体",利用关联思维加以推证。他解释说:"体与用,本不二,而究有分;虽分而仍不二。故喻如大海水与众沤。大海水全成众沤,非一一沤各别有自体,故众沤与大海水本不二。然虽不二,而有一一沤相可说,故众沤与大海水毕竟有分。体与用不二而究有分,义亦犹是。沤相虽莞尔

①　熊十力:《熊十力全集》第3卷,湖北教育出版社2001年版,第151页。
②　熊十力:《熊十力全集》第4卷,湖北教育出版社2001年版,第79—80页。
③　熊十力:《熊十力全集》第3卷,湖北教育出版社2001年版,第79—80页。
④　郭齐勇教授对此有系统的分梳,笔者不再赘述,参见郭齐勇:《熊十力哲学研究》,人民出版社2011年版,第43—54页。

万殊,而——沤,皆揽大海水为体故,故众沤与大海水仍自不二。体与用虽分而仍不二,义犹如是。"①所以,尽管熊十力一再批评有些哲学家用理性分析、理智思辨来"构画"本体,但从其"本体—方法论"维度看,他仍然运用了理智思辨、分析等方法,其理论仍是哲学理性的思考、推导、辨析的产物。

(二)本心实体

在早期的《新唯识论》(语体文本)中,他指出:"本体所以成其为本体者,略说具有如下诸义:一、本体是备万理、含万德、肇万化、法尔清净本然。……二、本体是绝对的,若有所待,便不名为一切行的本体了。三、本体是幽隐的,无形相的,即是没有空间性的。四、本体是恒久的,无始无终的,即是没有时间性的。五、本体是全的,圆满无缺的,不可剖割的。六、若说本体是不变易的,便已涵着变易了,若说本体是变易的,便已涵着不变易了。他是很难说的。本体是显现为无量无边的功用,即所谓一切行的,所以说是变易的。然而本体虽显现为万殊的功用或一切行,毕竟不曾改移他的自性。他的自性,恒是清净的,刚健的,无滞碍的,所以说是不变易的。"②在后期的《体用论》一书中,他又将本体涵义归纳为四:"一、本体是万理之原、万德之端、万化之始。二、本体即无对即有对,即有对即无对。三、本体是无始无终。四、本体显为无穷无尽的大用,应该说的变易的。虽大用流行毕竟不曾改易其本体固有生生、健动、乃至种种德性,应该说是不变易的。"③在《十力语要》中,他还说:"体者具云本体;用者作用或功用之省称。不曰现象而曰用者,现象界即是万有之总名,而所谓万有,实即依本体现起之作用而假立种种名。……体是无方所、无形象而实备万理、含万善,具有无限的可能,是一真无待。"④

---

① 熊十力:《熊十力全集》第4卷,湖北教育出版社2001年版,第77页。
② 熊十力:《熊十力全集》第3卷,湖北教育出版社2001年版,第94页。
③ 熊十力:《熊十力全集》第7卷,湖北教育出版社2001年版,第14页。
④ 熊十力:《熊十力全集》第4卷,湖北教育出版社2001年版,第76页。

从本体范畴的规定性看,熊十力的理解与古代各种"本体论"对本体的本源性、超越性、永恒性的界定相同。且他对本体的实存性、整体性、创生性之理解,仍是将本体作为"宇宙实体"。但此实体却非外在之超绝存在,而是万象得以存在的总根源。他解释说:"道体是绝待,是真实,可以说为万变之大原,而不即是万变之总名。万变皆道体之显现,离万变固不可觅道体。譬如大海水,显现为起灭不断的众沤。大海水不在众沤之外,谓于众沤而识大海水则诚然;谓大海水即众沤之总名,则是执众沤为实有,而大海水但是虚名,无实自体矣。其实,唯大海水有实自体,而众沤非离大海水别有自体也。明乎此喻,则知道体虽不是超越万变而独存,亦不可说道体即是万变之总名。"①

对于本体的创生性,他举例说,将燃香猛力旋转,即有火轮相现。宇宙众相,流行不住。而每一个现象器物之现,"只是一真实流之过程中之一种节序"。对于本体为何能具变动性,他强调,之所以本体能现为全体流行大用,是因为其内具两种功用:一种是"翕",即是表现为凝聚力,是物化的、静止的趋势。另一种是"闢"(也做"辟"),是"运乎翕之中而显其至健者",能够不断创造、开发、演进,是遍运乎物的活泼能力。一"翕"、一"闢"两种功用相反相成,相待相涵,共同推动着宇宙运转不停,进而化成万物。

本体之上述内涵设定,也为理解"体—用"关系提供根本规范:"一、浑然全体流行,备万理、含万德、肇万化,是谓本体。二、本体流行,现似一翕一辟,反而成变。如是如是变,刹那刹那、顿起顿灭、顿灭顿起,实即刹刹皆是顿变,无有故物可容暂住。奇哉大变! 无以名之,强名曰用。三、离用无体,本体举其自身全显为用,无可于用外觅体。四、离体无用,大用流行实即本体显为如是。譬如众沤起灭腾跃,实即大洋水显为如是。五、体备万里,故有无量潜能;用乃唯有新新,都无故故。六、本体真常者,是以其德性言,非以其自体是兀然坚住、无生无造、不变不动,方谓真常也。"②

---

① 熊十力:《熊十力全集》第4卷,湖北教育出版社2001年版,第423页。
② 熊十力:《熊十力全集》第6卷,湖北教育出版社2001年版,第301页。

若"本体论"阐述到此,熊十力已完成对宇宙生成、动力、发展,以及宇宙万物本然结构的形而上学解释。此解释在理论上,乃是基于现象反推实体,基于万物反推本根的"理性推证"进路。而从此一般进路言,这种独断论的解释模式与古代各种形而上学并无太大差别。其对本体的超越性、实体性、整体性、能动性的判定,同样根源于古代形而上学的"寻根意识"、"超越意识"。不过,按此逻辑,贵为万物之灵的人类,同样是本体乍现的"众沤"之一。这显然根本违背了熊十力自觉传承的儒家传统之根本旨趣。而要延续儒家"天道心性相贯通"的基本逻辑,就需要对人心给予重新界定。

如果说,以大海水和众沤所喻之本体,是宇宙客观演进的"道体",那么,万物之中唯一能承继、领会与印证此超越"道体"的只有人的"本心良知"。从此"本心"与"道体"的内在统一言,"本心"即有资格被视为"吾人与天地万物所同具之本体也。"①也正因唯人能"即物穷理",能"实现天道于己身,而成人道,立人极。"所以,熊十力始终明示"本心良知"乃是形上追问的根本落脚点。他基于儒家"天人同体"之形上逻辑,肯定人的"本心良知"就是超越实体,为万化之原、万有之基。他指出:"本心即万化实体,而随义差别,则有多名。以其无声无臭,冲寂之至,则名为天。以其流行不息,则名为命。以其为万物所由之而成,则名为道。以其为吾人所以生之理,则名为性。以其主乎吾身,则谓之心。以其秩然备诸众理,则名为理。以其生生不容已,则名为仁。以其照体独立,则名为知。以其涵备万德,故名明德。"②

这种"道体"向"心体"的"滑转"之依据,是本体生化万物所内蕴的"翕"、"辟"势能,尤其是本体健动不息的"自性",如主宰义、定向义、感通义,只有"假托"心性方能呈现。他解释说:"本心是绝待的全体。然依其发现有差别义故,不得不多为之名。一名为心。心者主宰义,谓其遍为万物实体,而不即是物。虽复凝成众物,要为表现其自己之资具,却非舍其自性而遂物化也。不

---

① 熊十力:《熊十力全集》第3卷,湖北教育出版社2001年版,第397页。
② 熊十力:《熊十力全集》第3卷,湖北教育出版社2001年版,第636页。

物化故,谓之恒如其性。以恒如其性故,对物而名主宰。二曰意。意者有定向义。夫心之一名,通万物而言其统体,非只就其主乎吾身而目之也。然吾身固万物中之一部分,而遍为万物之主者,即主乎吾身者也。物相分殊,而主之者一也。今反求其主乎吾身者,则渊然恒有定向。于此言之,斯之意矣。定向云何? 谓恒顺其生生不息之本性以发展,而不肯物化者是也。故此有定向者,即生命也,即独体也。依此而立自我,虽万变而贞于一,有主宰之谓也。三曰识。夫心意二名,皆即体而目之。复言识者,则言乎体之发用也。渊寂之体,感而遂通,资乎官能以了境者,是名感识。动而愈出,不倚官能,独起筹度者,是名意识。……故心、意、识三名,各有取义。心之一名,统体义胜。意之一名,各具义胜。识之一名,了境独立。本无异体,而无差别,随义异故。"①

熊十力对"本心"的阐释,基于良知的超越意识,同时又将此超越意识与宇宙本体的创进能力相关联,进而将"本心"对物质身体的主宰能力,提升为万物之主宰、宇宙之主宰。这样,作为宇宙终极"道体"的本体,就与作为"心体"的"主宰识"——"仁心",即道德理性,逻辑上融贯为一。② 所以,他才说:"心体即性体之异名。以其为宇宙万有之源,则说为性体。以其主乎吾身,则说为心体。"③在实质上,其乃是用儒家良知,即道德主体性充当形而上的超越本体,用道德心灵的无尽超越指向赋予宇宙生生不息的价值,正如张东荪所说:"其道德观念即其宇宙见解,其宇宙见解即其本体主张,三者实为一事,不分先后"④。

从此而言,"体用不二"的"本体论"就有超越某些"心物二元论"的形而上学类型的取向。在内涵上,本体"不是僵死的、机械的、纯粹客观的、外在的

①　熊十力:《熊十力全集》第 3 卷,湖北教育出版社 2001 年版,第 429—431 页。
②　郭齐勇教授也认为,熊十力的"本体—宇宙论"不完全等同于孟子——陆王的"心本论"或道德扩充论。其依据,就是心体的实践不仅仅是"修身养性",即不仅仅是狭义的道德实践,而是客观世界向理想状态发展的实践的总称。
③　熊十力:《熊十力全集》第 3 卷,湖北教育出版社 2001 年版,第 173 页。
④　熊十力:《熊十力全集》第 4 卷,湖北教育出版社 2001 年版,第 174 页。

'自然本体',而是生生不已、刚健自动、主客内外合一的'生命本体';不是自外于宇宙万象和人类生活的所谓'超绝本体',而是合天地万物于一体,将宇宙人生打成一片的、动态的有机整体。同时,它又是内在的'道德自我'即'道德主体'。"①由此来看,熊十力创建的超越实体,虽存在梁漱溟批评的"好玩弄思想理论把戏"、"耽求思想理论而追摹想象中"②,且在根本上依然逃不出"旧形而上学"的套子,但却非梁漱溟所批评的,是"西洋未经批判的老把戏"!

通观熊十力不同时期的著作,他始终就本体的动静、本体的内涵、体用的关系等问题进行中、西哲学的比较,以凸显中国哲学尤其是儒家哲学的根本精神。在比较中,他有过诸多独断性的判定,如从中国哲学的本体视为"至诚无息"的流行的动态存在,判定西方"Metaphysics"的本体多是静止的;从儒家本体是"赅万有而言其原也,所谓遍为万法实体是也"③,批判"Metaphysics"将本体理解为"观念"、"可能性"、"共相"等抽象范畴、逻辑概念;从中国哲学"体用不二"立场,批判"Metaphysics"的本体是隔绝于经验世界之外。在制造上述对立过程中,他有意选摘西方哲学的个案而难免失之偏颇,并且,强行于不同文化、不同类型的"形而上学"之间判断价值优劣,亦具有武断之嫌。但这种从本体的特性、本体与现象的关系作为切入点,以"本体—实体论"规范"本体—方法论",以及统合"天道与人道"、"超越与内在"、"客观与主观"的哲学立场与观点,则为之后的"重建形而上学"运动提供了重要参考。

二、从"道体"到"心体"与"性体"

作为熊十力弟子,牟宗三对本体有不同的表述:如"良知"、"本心"、"心体"、"性体"、"仁体"、"道体"、"自由无限心"、"如来藏心"等。他认为,中国哲学没有西方那样的独立意义的"本体论"(ontology)、"宇宙论"(cosmology)。

① 郭齐勇:《熊十力哲学研究》,人民出版社2011年版,第26页。
② 梁漱溟:《梁漱溟全集》第7卷,山东人民出版社1993年版,第779页。
③ 熊十力:《熊十力全集》第4卷,湖北教育出版社2001年版,第275页。

西方讲本体都是就希腊传统传下来的独立意义的"本体论"。在中国哲学中,
"本体论"是"道德本体论"(moral ontology)、"宇宙论"是"道德宇宙论"(moral
cosmology)。为了突出中国哲学的特殊性与现代价值,他分别以儒家和康德
哲学为例,精研二者的差异。① 因此,其对西方哲学尤其是康德哲学的消化,
始终是以"儒学本体论"的"天道—人道"、"性体—心体"的逻辑为理论架构。
他认为,康德只是说明道德的先验本性,"通过道德之形上的解析而见的道德
之基本原理",因而其形而上学本质是道德哲学,可称为"道德底形而上学"
("Metaphysics of Morals")。而儒家哲学的形而上学则可称为"道德的形而上
学"("Moral Metaphysics")。而两种类型形而上学之比较,也正是牟宗三重建
新哲学的根本依据。

他在《心体与性体》书中说:"'道德底形上学'与'道德的形上学'这两个
名称是不同的。……前者是关于'道德'的一种形上学的研究,以形上地讨论
道德本身之基本原理为主,其所研究的题材是道德,而不是'形上学'本身,形
上学是借用。后者则是以形上学本身为主(包含本体论和宇宙论),而从'道
德的进路'入,以由'道德性当身'所见的本源(心性)渗透至宇宙之本源,此就
是由道德而进至形上学了,但却是由'道德的进路'入,故曰'道德的形上
学'。"②之后,他又将"道德底形上学"称为"执的存有论","道德的形上学"称
为"无执的存有论",而后者"不但上通本体界,亦下开现象界,此方是全体大
用之学。"③在晚年《圆善论》中,他仍将以康德为代表的西方"Metaphysics"统

---

① 牟宗三以康德为西方哲学代表,进而试图以儒家超越康德之所限。但两种形而上学是
否存在局限与圆满以及超越替代之可能,学界普遍存疑。成中英认为,康德是用"知识的批判来
论证本体之知或直觉的不可能以及任何对本体或物自身的建构的理性的限制",所以康德的逻
辑理性、科学理性与牟宗三的道德理性、本体理性是对立的,甚至是不相容的。(成中英:《成中
英文集》,第二卷,李翔海编,湖北人民出版社 2006 年版,第 209 页)

② 牟宗三:《心体与性体》第一册,见《牟宗三先生全集》第 5 卷,(台北)联经出版事业股份
有限公司 2003 年版,第 40、144—145 页。

③ 牟宗三:《现象与物自身》,见《牟宗三先生全集》第 21 卷,(台北)联经出版事业股份有
限公司 2003 年版,第 41 页。

称为"执的存有论"或"静态的内在的存有论",将"儒家形而上学"称为"无执的存有论"或"动态的超越的存有论"①。可见,这种"形而上学类型观"始终体现在他的研思全过程中。

牟宗三认为,康德对古代"本体论"的批判几乎彻底消解了西方"Meta-physics"的合法性。但同时,他却从中发现重建"新形而上学"之新路:"形上学经过康德的批判以后一定是道德,一定是道德的形而上学,其他的形而上学都站不住的。"②这种观点当然有独断之嫌,这是因为,由道德实践反推道德法则和道德理性的方式,本身是以道德良知"逆推"仁心本体的论证方式。有学者就批评其论证是将"概念"等同于"存在",把逻辑必然性当作客观必然性。③ 还有学者据此也认为,这种论证,实质类似于西哲对上帝存在的论证方式,即以完美的概念作为一个事实或某种事物的结果,必须假设一个完美的存有者作为其原因。④ 究其原因,显然牟宗三秉持以儒学主导未来世界哲学的"立场先行"的信念,所以他才将"道德的形而上学"视为"传统形而上学终结之后的唯一可能的形而上学形态"。

不过,牟宗三亦有其理论依据,也即是,康德和儒家对道德理性的形而上之基础,理解完全不同,才决定上述两类形而上学终至"泾渭分明"。详言之,由于康德受西方哲学传统影响,他否认人类具有"自由的立法之意志",遂以自由为"设准",因此"自由"、"自律"、"道德法则"以及"实践理性之动力",皆成"虚悬"。而儒家则基于"性善论"肯定人之超越的"道德意识"⑤是得自于

---

① 牟宗三:《圆善论》,见《牟宗三先生全集》第22卷,(台北)联经出版事业股份有限公司2003年版,第327页。
② 牟宗三:《四因说演讲录》,见《牟宗三先生全集》第31卷,(台北)联经出版事业股份有限公司2003年版,第52页。
③ 郑家栋:《本体与方法——从熊十力到牟宗三》,辽宁大学出版社1993年版,第343页。
④ 廖晓伟:《牟宗三劳思光哲学比较研究——以儒学重建和文化哲学为中心》,(台北)花木兰文化出版社2012年版,第62、32页。
⑤ 牟宗三:《中国哲学十九讲》,见《牟宗三先生全集》第29卷,(台北)联经出版事业股份有限公司2003年版,第72—76页。

"天道"、"天理"之下贯,肯定"道德意义的仁与义皆是内发,皆是道德理性的
事"①。儒家这种对人性的形上之思,将"仁义内在"作为"性善论"之前提,将
"恻隐"、"羞恶"、"恭敬"、"是非"这"四心"作为人性之本然内容,就将血肉之
心,改造为"超越的,普遍的道德意义之心"。由此凸显的差别是,康德所在的
文化传统,视人性为原罪,需要外在的上帝去拯救;而儒家肯定"纯粹善的意
志"内在于人的本心,肯定人有"自由意志",因此人性为善。且儒家将自由自
主自立的"道德理性"和"道德意识"外化生活实践,即为道德行为。

　　这种比较并非以解决道德本身的先验依据为鹄的,而是借着探求道德的
先验根据建立形而上学的本体。而这种"本心"实体的确立,首先源于古代儒
家悠久的"道德的形而上学"的致思理路,同时,也是面对康德对西方古代
"Metaphycsics"的批判,尤其是对逻辑分析和知性推证式的方法困境的自觉,
而寻获的"内在本体"—"道德本心"的建构新路。为此,牟宗三着重阐发儒家
形而上学中,人的先验的"道德本心"所关涉的几个重大课题:本心实体何以
是道德的? 道德本心如何是普遍性体? 性体如何是形上本体?②

　　首先,牟宗三从孔子、孟子、陆九渊、王阳明代表的儒学心性传统中发掘
"性本善"的思想资源。他认为孔子讲"仁",孟子则将此"仁心"先天赋予"恻
隐"、"羞恶"、"恭敬"、"是非"这四德,进而主张人"性善"。后期儒家均秉承
人有"道德本心"的观念,至王阳明以"良知"讲心,将"本心"的"良知"视为
"是非好恶之准则,并能彰著心之至善"③。儒家肯定人心具"良知良能",能
知道德上之是非善恶,更是道德实践的决定者,从此言,"道德本心"即是"能

---

　　① 牟宗三:《圆善论》,见《牟宗三先生全集》第22卷,(台北)联经出版事业股份有限公司
2003年版,第14页。

　　② 牟宗三对形而上学之研究或形而上学思想之建构,整体经历了"本体的逻辑构造与直
觉的构造"两个阶段。王兴国教授认为其哲学有前期和后期之分。但从牟宗三继承儒家哲学以
重建形而上学言,"道德的形而上学"方是关键所在。(王兴国:《牟宗三哲学思想研究——从逻
辑思辨到哲学架构》,人民出版社2007年版,第608页)

　　③ 牟宗三:《人文讲习录》,见《牟宗三先生全集》第28卷,(台北)联经出版事业股份有限
公司2003年版,第101页。

自立法、自定方向之实体",亦可从道德得以可能说,是道德的形上本体。

以"道德本心"作为道德实践的本体,以道德理性为道德经验提供理论可能,这种方式更类似一种"因果关系"而非"体用关系"。究其因,"道德本心"作为本体,虽是一个"道德实体",但尚未成就一个"超越实体"。牟宗三强调:"超越的道德本心,显然不是心理学的心。道德的本心虽不是一独立物,然却是一独立的意义而为吾人道德实践之先天根据,为吾人道德生命之本体也。"①为了从吾人道德生命之本体推扩为宇宙万物之本体,他提出"性体"概念,采用"道德意识"→"道德实体"→"万物同体"的推演逻辑,将"性体"作为"心体"→"本体"的中间逻辑环节。

儒家说"天道"创生万物,是肯定一个"超越的实体"。此形而上之"实体"或"道体"("Metaphysical reality")具于万物之中,万物皆有"性体",但只有人能自觉并充分地以实践彰显之。牟宗三精阐此义说:"客观地、本体宇宙论地自天命实体而言,万物皆以此为体,即潜能地或圆顿地皆以此为性。然自自觉地做道德实践言,则只有人能以此为性。"性体是人心所具的"道德的性能"("Moral ability")或"道德自发自律性"("Moral spontaneity"),由此性体所体现的"心之自律"("Autonomy of mind")即是康德的"意志之自律"("Autonomy of will")。

天道的创造性"完全由心之道德创造性"来证实和显现。因此,虽在"宇宙论"和"本体论"的一般意义上,天乃宇宙本体,但这并非"本根论"和"生成论"式的天生万物,而是一种"价值性的解释"。牟宗三强调,儒家的天道本体,"是对天地万物所作的道德理性上的价值上的解释,并不是对于道德价值作一存有论的解释"②。也即是,儒家并非为道德理性确立一个外在的、他

---

① 牟宗三:《心体与性体》第一册,见《牟宗三先生全集》第5卷,(台北)联经出版事业股份有限公司2003年版,第495页。

② 牟宗三:《圆善论》,见《牟宗三先生全集》第22卷,(台北)联经出版事业股份有限公司2003年版,第131页。

者的根源本体,而是将道德作为"价值精神领域中之实事实理",将显现道德理性的本心作为"道德本体"。所以,"天道"创生万物的意义,不过是"由吾人之道德的创造性之真性而证实"①。或者说,"仁心",实为天命、天道的一个"印证"②。

这样,以"道德本心"("Moral mind")言本体,"本心"是"心体"。若从万物的共性看本体,本体又是"性体"。按照孔子、孟子、陆九渊、王阳明对"心"的理解,心之德,即心的内容,就是心的特性,而此种内容与特性,即是"性"③。因此,"性体"非"心体"外之单独存在,而是"心体"本身。"言性,即为的是建立道德创造之源,非是徒然而泛然之宇宙论也。"④并且,"性不是干枯的死体,亦不是抽象的死理,乃是能起宇宙论的创造或道德的创造者"⑤。此"性体"是"人之性体",亦是"天地万物之性体",其"神用"同于天道。所以,"性体"虽是从"本体—宇宙论"的立场说本体,但只是就统天地万物而为其体言,且此"道德创生"的"性体"乃是与"天命不已"的实体同一,"决不会'天命实体'为一层,'性体'又为一层"⑥。

而从儒家传统的"天命之谓性"的语境来解释,天道生生不息体现于万物生化不息,因此天道之性体现于万物之性。若从"宇宙论"的视域看,"於穆不已"的天命下贯道个体之性,即是普遍性(Universality)的"心体"、"性体"。并

---

① 牟宗三:《圆善论》,见《牟宗三先生全集》第22卷,(台北)联经出版事业股份有限公司2003年版,第131页。

② 牟宗三:《中国哲学的特质》,见《牟宗三先生全集》第28卷,(台北)联经出版事业股份有限公司2003年版,第41页。

③ 牟宗三:《人文讲习录》,见《牟宗三先生全集》第28卷,(台北)联经出版事业股份有限公司2003年版,第100页。

④ 牟宗三:《心体与性体》第一册,见《牟宗三先生全集》第5卷,(台北)联经出版事业股份有限公司2003年版,第514页。

⑤ 牟宗三:《心体与性体》第一册,见《牟宗三先生全集》第5卷,(台北)联经出版事业股份有限公司2003年版,第518页。

⑥ 牟宗三:《心体与性体》第一册,见《牟宗三先生全集》第5卷,(台北)联经出版事业股份有限公司2003年版,第33页。

且,本心是"道德实体",亦是体现天道之"创造性的实体"、"价值性的实体",人皆有此心,心皆有此理。此理非个人独有,而是"人同此心,心同此理"的普遍"性理"。此"性理"即在"本心"之中,因此,"本心即性","心"是本体,"性"亦是本体,前者可称为"心体",后者可称为"性体"。

与"道体"、"仁体"等称谓相比,"心性"与"性体"恰能表述本体在主观地、实践地维度的含义与客观地、形式地维度的含义。具体言,"心体"体现了如下含义:(1)"心体义";(2)"心能义";(3)"心理义";(4)"心宰义";(5)"心存有义"。"凡此五义,任一义皆尽心体之全体:心全体是体,全体是能,全体是理,全体是主宰,全体是存有(实体性的存有)"。"性体"同样体现五义:(1)"性体义";(2)"性能义";(3)"性理义";(4)"性分义";(5)"性觉义"同样,"凡此五义,任一义皆尽性体之全体:性全体是体,全体是能,全体是理,全体是分,全体是觉"①。

这种对"心体"与"性体"的阐释,既肯定了本体的"实有性"、"超越性"、"普遍性",同时亦肯定了本体的"能动性"、"创造性"。(这种本体的"能动性"、"创造性",在不同时期的著作中通常以"觉"、"健"两义来阐发。"觉"是恻怛之感,体现了生命不僵化,不黏滞,"健"是健行不息。笔者注)而这种本体"即存有即活动"之特殊规定性,既是牟宗三评判古今中外不同"本体论"之唯一依据②,还是他区分"观解的形而上学"与"实践的形而上学"之主要标准。

这样,"本心"就从个体所独具之超越实体——心体,提升为普遍性与客观性的"哲学实体"和"哲学本体"——"性体"。可以说,作为链接"形而上与形而下"、"天道与本心"、"本体与道德"之理论桥梁,"性体"乃是"道德的形

---

① 牟宗三:《心体与性体》第一册,见《牟宗三先生全集》第5卷,(台北)联经出版事业股份有限公司2003年版,第590—591页。

② 牟宗三也以本体的存有和活动之表现,批判小程、朱子"对于实体、性体、理解有偏差,即理解为只是理,只存有而不活动,此即丧失'于穆不已'之实体之本义,亦丧失能起道德创造之'性体'之本义"。

而上学"得以可能之重要创见。牟宗三认为,"性体"是道德实践的"超越根据"和"创造实体"(Creative reality),而在西方哲学中无论是讲"实体"、讲"存有"、讲"本体"(Substance),皆没有"性体"这一观念。"故其所讲之实体、存有或本体皆只是一说明现象之哲学(形上学)概念,而不能与道德实践使人成一道德存在生关系者。故一方道德与宗教不能一,一方道德与形上学不能一,而无一能开出一即函宗教境界之'道德的形而上学'。"①而儒家"道德的形而上学"之"性体"即"心体",其虽具于本心,却是绝对的普遍的。由此言,"心体"即是"性体","性体"即是天道。正是自此形上之"体"而言,"心"、"性"、"天"乃是"超越的合一"。

之后,他在《圆善论》中阐发"心体"和"性体"关系时指出,"仁体"的实质有两方面,一是"万物皆备于我,反身而诚,乐莫大焉",二是"感通无隔,觉润无方",根本在于万物一体之意。"觉润"即是以人之觉"润之",有良知之"觉润",自是万物的创生。儒家的仁含"觉润"与"创生",既是"仁道"又是"仁心"。此"仁心"是吾人不安、不忍、悱恻不容己的本心,而本心"触之即动,动之即觉",这活泼地本心亦是吾人的真实生命。此"仁心"是遍润遍摄一切而"与物无对"且有绝对普遍性的本体,亦是道德创造之真几。故亦曰"仁体"。言至此,"仁心"、"仁体"即与"为天之命於穆不已"的天命流行之体合而为一,天命"於穆不已"是客观而超越地言之;"仁心"、"仁体"则由当下不安、不忍、悱恻不容己而启悟,是主观而内在地言之。主观、客观合一,是之谓"一本"。

至此,"存在论"意义上的形而上学得以完成。② 由于牟宗三明确区分宋儒和他自己的"道德的形而上学"与汉儒"宇宙生成论"之区别。因此,"心性

---

　　① 牟宗三:《心体与性体》第一册,见《牟宗三先生全集》第5卷,(台北)联经出版事业股份有限公司2003年版,第41页。

　　② 学界对牟宗三"道德的形而上学"之批评,多集中于这种从"存在论"和"本体论"意义上对本心的实体化、本体化、形上化的阐释。[廖晓伟:《牟宗三劳思光哲学比较研究——以儒学重建和文化哲学为中心》,(台北)花木兰文化出版社2012年版]

本体"并非如上帝或神灵般的创造宇宙万物,而根本依"心性本体"的道德创造力,赋予宇宙万物之存在的真实性与价值性。从此而言,"心性本体"虽亦是"终极实体"或"形上实体",但却是在道德实践中,透过道德理性反推出之终极依据。"心性本体"是道德本心,亦是"道德的实体",所以,"道德的形而上学"中,本体并不是理论的预设与思辨的结果,而是充满主动性、创造性的"本心"。

牟宗三在《心体与性体》中专门阐述了儒家的本体与万物之间的关系问题,他指出:"创造实体确有能生义、生起义、引发义、感润义、妙运义。此创造实体之客观性、实体性、实现性(创生性、生化性)不只是一种姿态,而确是一种客观的实体、实有之所具。惟此实体实有不是柏拉图型的,不是智及之静态的形式,乃是意志、德性之动态的性体、心体、虚体、神体、诚体,乃至天道、天命以及太极。……此种形上学名曰道德形上学。如果此中亦含有一种宇宙论,乃是道德创造之宇宙论。如果亦含有一种存有论,乃是创造实体之存有论,实有形态之存有论,不只是境界形态也。"①

以"创造性实体"、"价值性实体"来支撑存有论的形而上学,牟宗三就将儒家传统形而上学的各种本体范畴统摄到"道德本心"之中。这并非形而上学中的"泛宇宙论"传统,而是从形而上的"创造实体"、"道德实体"所具的"全德"而言。他说:"寂显通而为一,统曰理与天理,它是本体宇宙论的实体。同时亦即是道德创造(道德行为之纯亦不已)之创造实体(creative reality)。此寂显(寂感)通而为一统曰理的天理亦得曰天道,此则就其自然之动序说;亦得曰天命,此则就其渊然有定向而常赋予(於穆不已地起作用)说;亦得曰太极,此则就其为极至而无以加之者说(无称之言,穷极之辞);亦得曰太虚,此则就其为无声无臭清通而不可限定说;亦得曰诚体,此则就其为真实无妄纯一不二说;亦得曰神体,此则就其生物不测妙用无方说;亦得曰仁体,此则就其

① 牟宗三:《心体与性体》第一册,见《牟宗三先生全集》第5卷,(台北)联经出版事业股份有限公司2003年版,第487页。

道德的创生与感润说;亦得曰中体,此则就其亭亭当当而为天下之大本说;亦得曰性体,此则就其对应个体而为其所以能起道德创造之超越根据说,或总对天地万物而可以使之有自性(making thing as ting—in—itself)说;亦得曰心体,此则就其为明觉而自主自律自定方向以具体而真实地成就道德行为之纯亦不已或形成一存在的道德决断说。"①至此,牟宗三统摄儒家诸派为一体的宏大视角和明确意图,通过本体指向之殊途同归而完成。

总之,"道德本体论"是牟宗三重释与重建新儒学体系之理论基础:在"人性论"方面,肯定人以生命道德本心为本体,故尽人之性就可知天,同时肯定,"尽性知天的过程即是成德的过程"②,进一步发展了传统的性善论之说。在"工夫论"方面,强调"儒家自孔孟立教,讲本体必函着讲工夫,即在工夫中印证本体;讲工夫必预设本体,即在本体中领导工夫。"③进一步发展了"即本体即工夫"之说。在"方法论"方面,肯定人可有"无限智心",强调"道德的实体只有通过道德意识与道德践履而呈现而印证"④,同时又在道德实践中引入理智思辨以服务"智的直觉",进一步发展了实践体证的方法论。在"境界论"方面,依托儒家道德本心的"实体本体论",撑开"实有形态的境界形而上学",并通过"德福一致",指向最终实现最高的"圆善"境界⑤,进一步发展了儒学道德的理想主义传统。而这些重要方面,正是牟宗三致力于创建新的形而上学体系之重要架构与主体内容。

---

① 牟宗三:《心体与性体》第二册,见《牟宗三先生全集》第6卷,(台北)联经出版事业股份有限公司2003年版,第21—22页。

② 牟宗三:《中国哲学的特质》,见《牟宗三先生全集》第28卷,(台北)联经出版事业股份有限公司2003年版,第105页。

③ 牟宗三:《圆善论》,见《牟宗三先生全集》第22卷,(台北)联经出版事业股份有限公司2003年版,第150页。

④ 牟宗三:《心体与性体》第一册,见《牟宗三先生全集》第5卷,(台北)联经出版事业股份有限公司2003年版,第350页。

⑤ 当然,"道德的形而上学"的语境中德、福两个概念与康德的原义并不尽相同,我国港台学界对此亦有争论但牟宗三以其形而上学体系,试图解决"圆善"问题。[杨祖汉:《当代新儒学思辨录》,(台北)鹅湖出版社1998年版]

第二节 "理"与"式":逻辑本体论

"逻辑"("logic")作为东渐而来的西学概念,曾被译为"论理学",并在19世纪后一度成为一切学问的基础。如严复认为"逻辑"能"挽救吾数千年学界之流弊"①,谭嗣同将"逻辑"视为"学者之始基也"②。梁启超说:"论理学为一切学问之母。以后无论做何种学问,总不要抛弃论理的精神。那么,真的知识,自然日日加深了。"③之后,"逻辑"更被视为普适一切学术的根本方法。如胡适就强调:"近代中国哲学与科学的发展曾极大地受害于没有适当的逻辑方法。"④而"新文化运动"之后"分析哲学"、"逻辑实证主义"在中国学界之大热传播,亦将"逻辑"提升为衡量某种哲学进步与落后、某种思想严谨与独断的最高圭臬与主要标准。

应该说,西方哲学擅长的"逻辑",乃是古代"形式逻辑"与近代"数理逻辑"的统称,且20世纪西方分析哲学思潮对"逻辑分析方法"的理解及运用亦不尽相同。但中国哲人则主要是从"形式逻辑"尤其是哲学概念语言的形式化、逻辑化,去界定"逻辑"和"逻辑分析法"。在重建中国哲学新的形而上学过程中,大部分学者均自觉运用"逻辑分析法"处理哲学概念,阐释哲学理论。而作为典型代表,金岳霖、冯友兰更进一步,他们将"形而上学"中"本体"之规定性与"逻辑"本身的先验性、必然性、客观性融合起来,既利用"逻辑分析方法",重新建立或阐释哲学形而上学的概念命题,又将"逻辑"本身纳入形而上学,将形而上学"编织为一种层层推演的逻辑体系"⑤。也正因金岳霖、冯友兰二人重建形而上学的基础部分乃是"本体论",且两种本体之内涵均以"逻辑"

---

① 严复:《论世变之亟——严复集》,胡伟希选注,辽宁人民出版社1991年版,第165页。
② 谭嗣同:《仁学——谭嗣同集》,加润国选注,辽宁人民出版社1994年版,第41页。
③ 梁启超:《饮冰室合集》专集第十一册,中华书局2015年版,第7223页。
④ 胡适:《先秦名学史》,学林出版社1983年版,第7页。
⑤ 王中江、安继民:《金岳霖学术思想评传》,北京图书馆出版社1998年版,"绪论"第5页。

为主体,因而可统称为"逻辑的本体论"①。

一、"式—能"本体论

金岳霖受休谟的"因果问题"、罗素的"新实在论哲学"之影响,关注知识合法性问题,反对逻辑多元论,致力纯粹"逻辑的分析"。为此,他写就了"最具独创性的玄学著作"(贺麟语),创建了"自成其体系"的"逻辑本体论",而其哲学体系凭借"思想过于周密,理论过于深邃,而文字又过于谨严"②的特点,在百年来的中国哲学史中,都可谓"独步一时",一时无两。

金岳霖认为,一种学问"既为系统,就不能离开逻辑"。而中国哲学欲实现系统化、现代化,其研究亦应以"精深的分析"为主要任务。但同时,他却反对将哲学变为纯粹聚焦语言概念的思辨分析活动,而是主张以"逻辑分析"服务哲学义理思想之建构。由此,他明确反对拒斥阵营之错误观点,而明确主张哲学家的使命,即是首先要建立"统一的哲学世界观"——"形而上学"、"宇宙观"、"本体论"。

此种立场很早就体现出来,例如,在1927年的文章中,他就指出:"我们必须记住,'形而上学'一词完全是个好词,意谓高于超出无理事物或自然事物之外。但是在近代,它被等同于康德的先验论和黑格尔的唯心主义以及近代唯心论者和神学家的理论,作为这样一种理论,它似乎在某种程度上被罗素先生和其他一些人描述成进入学术界的伦敦的大雾,这里,理性之光过分昏暗,以致使我们怀疑远处隐隐出现的空中楼阁。但是对'形而上学'一词的这样一种限制是对一个有用的好词的浪费。这里用这个词表示哲学的一个分支,

---

① 以往学界已经认识到金、冯二人的形而上学思想的相似性。如胡军教授在评价当时学院派哲学家的形而上学重建时,认为金、冯二人"大体可归为一类",与二人相比,熊十力"则属于新儒家系统",但胡军教授并没有使用"逻辑本体论"一词。柴文华教授在讨论现代哲人的形而上学时,则将熊十力、贺麟的形而上学归为"心性形上学",将冯友兰、金岳霖的形而上学归为"逻辑形上学"。(柴文华:《论中国现代哲学家的形上学情结》,《哲学研究》2010年第5期)

② 郭湛波:《近五十年中国思想史》,山东人民出版社1997年版,第199页。

这个分支探讨那些非常基本以致既不能证明也不能反驳的思想或概念。它是一种领域,在这个领域中,对假设、公设、假说、基础前提,或我们可随意命名的这些东西进行检验和分析,以便做出一种选择,以此用作任何一种哲学讨论的出发点。"①

而为证明"哲学分析的倾向与其形而上学的哲学趣味并不发生冲突"②,金岳霖借助"逻辑"、"逻辑分析法"来重建形而上学。他认为:"任何世界,即与现实世界完全不同的世界,只要是我们能够想象与思议的,都不能不遵守逻辑。"③也即是,"逻辑"是哲学宇宙的终极规则,形而上学又以探究宇宙终极本质、本性为天职,因此,形而上学思想系统的基础即是"逻辑","逻辑"亦是形而上学的基础与核心内容。这样,对中国哲学自身的现代转型而言,"逻辑的本体论"实际提供了一种全新理论样态,即"分析形态的形而上学"、"逻辑形态的形而上学"④。

(一)"式"与"能"

金岳霖明确说:"我是赞成玄学的人,我觉得新玄学与老玄学有重要的分别,反对老玄学的人,不见得一定反对新玄学。新玄学的提出,是各种科学中所使用而不能证明,不能否认的概念。先用'欧肯的刀''Oakum Sazor'割去用不着的,然后分析存下的思想,分析之后再从事条理。"⑤事实上,他在 1940 年出版的《论道》一书,正是以此为"观念的前提",利用逻辑分析方法重建"本体论"。

---

① 金岳霖学术基金会学术委员会编:《金岳霖学术论文选》,中国社会科学出版社 1990 年版,第 466 页。
② 胡军、王中江、诸葛殷同、张家龙、刘培育:《金岳霖思想研究》,中国社会科学出版社 2004 年版,第 4 页。
③ 金岳霖:《论道》,商务印书馆 1985 年版,第 3 页。
④ 胡军教授指出,《论道》的概念辨析和命题构建,虽然使用的是分析方法,但其呈现的形而上学观念则是整体的、统一的,可称为类似道家的"综合统一观"。(胡军:《道与真:金岳霖哲学思想研究》,人民出版社 2002 年版,第 499 页)
⑤ 金岳霖学术基金会学术委员会编:《金岳霖学术论文选》,中国社会科学出版社 1990 年版,第 158 页。

在《论道》这本"最有独创性的玄学著作"（贺麟语）中,金岳霖新创并诠释了一些哲学概念命题,这些概念命题所指向的,正是他认为通过分析和思议可获得的形而上学观念。《论道》全书共分八章,第一章"道、式—能";第二章"可能底现实";第三章"现实底个体化";第四章"共相底关联";第五章"时—空与特殊";第六章"个体底变动";第七章"几与数";第八章"无极而太极"。在该书的基本框架上,类似于古代哲学史中之一般的"本体论"建构模式,即通过对时空个体的"超越的分析",提出"式"与"能"两概念,充当现实世界得以存在之最高要素与终极依据,进而对本体与时空个体之关系,时空个体之存在,宇宙之统一本质予以阐释。不过,在"本体—个体"的"形而上—形而下"的"本体论"视域中,金岳霖的思考远比历史上和同时代的中国哲学家要更加深刻。

古代哲学的"本体论"多探讨宇宙万物生灭变化的终极根据,但对生灭变化规律本身则讨论较少。仅说到变,尚未说到如何变,是古代"本体论"之理论不足。金岳霖在第二章和第三章则对各类存在的出现、必然出现、会出现、可能出现、交替着出现、必然不出现的问题进行研究,对为何有时空以及时空的本质、为何会有变化、为何变化本身无变化等重要问题都予以解释。同时,他亦对各类存在何以会具体化,何以会并行不悖,何以存在缺陷、何以有蕴涵和包含关亦分列许多问题子项进行讨论。此外,他在第六章专门以"个体底变动"为题对各种个体事物的一般变化和特殊变化,个体事物变动的因果和生灭进行研究。在第七章对个体事物变化的时机、趋势、运势、目标与手段、冲突与调和等问题进行了研究。第八章则以"无极太极"为题,对理、势问题提出"个体底变动,理有固然,势无必至",对个体的"性"、"情"问题提出"情求尽性,用求得体",对个体的变动问题提出"自有意志的个体而言之,太极为综合的绝对的目标"。正是通过对哲学宇宙的"道演"过程的整体分析、凝练,金岳霖亦提供了一种"逻辑的宇宙观"与"逻辑的本体论"视角。

在哲学资源上,金岳霖采用了类似古希腊的亚里士多德和宋朝的朱熹在探讨形而上学时采用的观念架构①,即通过将万物本源区分为终极原因——"式"和终极质料——"能",以提供一种"宇宙生成论"或"本体生成论"的终极依据。他在《论道》中曾说,"本书底式类似理与形,本书底能类似气与质,不过说法不同而已。"②具体而言,"式"是事物得以存在的形式因素,是事物的本质规定性,类似于亚里士多德讲的"形式因"、"目的因"和朱熹讲的"理","能"是事物得以成为现实的基本要素,也类似于亚里士多德讲的"动力因"、"质料因"和朱熹讲的"气"。

作为形而上学视域下,理论分析的起点,时空中个体所表现的性质和关系,金岳霖将之称为"共相"和"殊相"。在现代汉语中,"共相"译自英文"Universal"。20世纪英国新实在论代表人物罗素用其表述柏拉图的"Idea"。金岳霖在使用该词时,则是从一般与个别的关系,将"共相"视为具有客观独立性的实在范畴——"一般"。如一个"方的物",形状、颜色、硬度、方位、大小以及物质材料的构成元素,均是"共相"。他受此启发,认为若对一个特殊的个体抽掉一切的"相",最终得到的某种东西,即是构成"本体论"之最终质料。此质料被称为"能"。他说:"一特殊的事物有那根本就不是任何相的成分在内。……能既不是任何相,我们当然不能以概念去形容它。"③

"能"是不具有任何形相,既无法用语言描述又无法想象的终极质料。首先,"能"不具有"相",也即是,其没有一般经验事物在时空中、认识中所存在的广延性等性质。其次,"能"亦非人类凭借自然感官能力无法看到的"中子"、"电子"、"量子"之类的物质元素。甚至,即便将来科学进步发现更微小的物质元素,它们亦是以此"能"为存在基础。因此,"能"是不具备任何现实

---

① 胡军教授对此有整体的梳理,并对金岳霖采用此类架构之目的有着精深的分析,限于篇幅本书不再赘述,参见胡军:《道与真——金岳霖哲学思想研究》,人民出版社2002年版,第20—23页。

② 金岳霖:《论道》,商务印书馆1985年版,第13页。

③ 金岳霖:《论道》,商务印书馆1985年版,第14—15页。

性质和规定性的"纯料"①。金岳霖强调,"能"既不是"思议底对象",又不是"想象底对象"。而形而上学对其的认识,却不能不利用思议和想象,将其作为"作为万物之所同的材料"。

"能"虽是构成万事万物的最初质料,但"能"本身却不足以使得万物出现,而必须依据"可能"。"可能"是逻辑的可能性,按西方"新实在论"的说法,逻辑上的可能只是"理论的可能"、"潜在的可能"。"理论上的可能"无穷无尽,如"金山"、如"超人"、如"剑仙"等等。但因其终究只是可能,因此没有"具有的表现",即没有"现实性"。金岳霖的"可能"亦是一切逻辑上的理论上的可能。其具体上亦可表述一些可能存在但现实却不存在的东西,例如,"可能"可以包括"恐龙"、"秦始皇"等,亦可以包括"外星人"、"像牛一样大的兔子"等一切可能的存在。当然,他将"可能"纳入形而上学的前提是逻辑。虽然"可能"可以表述一切过去有现在没有,现在没有将来会有的一切可能的东西,且这种"可能"虽无穷无尽,但作为思议的对象,却不能违背逻辑。所以,他所设定的本体世界并不包括反逻辑的"白的黑"、"高的矮"之类的"可能"。而只是在逻辑上,规定了一切可能会现实却不一定会现实的一切的可能性的集合。

金岳霖指出:"可能是可以有而不必有'能'的'架子'或'样式'。"②所以,"可能"仅是逻辑上的、理论上的可能性。而"能"是使得事物从可能变为现实的纯质料。事物得以从"潜在可能"变成现实,根源于"能"要进入"可能"。显然,逻辑上的可能性无穷无尽,因此作为本体之"可能",亦可说无数。自此言之,人类所处的现实宇宙不过是无穷无尽的可能宇宙中的极其微小之部分。

他将一切"可能"称为"式":"式是析取地无所不包地可能"③。如果以 p1、p2、p3 代表可能,以"∞"表示无穷,那么,"式"就是"p1、p2、p3……∞"。

① 胡军指出,亚里士多德有时将质料理解为相对的,有时将质料理解为消解被动的。只有从亚里士多德的纯质料的论述中,才能说其与"能"的相似性。
② 金岳霖:《论道》,商务印书馆 1985 年版,第 21 页。
③ 金岳霖:《论道》,商务印书馆 1985 年版,第 22 页。

"式"包含或穷尽一切可能,一些可能会现实,就是"实的共相",一些可能没有现实,就是"空的概念"。因此可说,"式"外无事、"式"外无理、"式"外无心。"式"在本质上"就是逻辑底源泉"①。可见,他根本是以逻辑为哲学的本质,以逻辑为形而上学的合法论域,以逻辑为形而上学之本体范畴。

"可能"与"能"的关系非常重要。"可能"中可以没有"能",而"能"必然要落在"可能"之中。金岳霖将之概括为"无无能的式,无无式的能"②。"可能"一定要有"能",是因为,存在、时空、变化等等均是"可能",而且"老是现实的可能",因此,"式"中虽有无尽的"可能"无法现实,但一定会有一些"可能"现实。这样,"式"中可有生灭,但"式"本身则无生灭、始终可言,当然亦无所谓存在不存在。他指出:"如果我们把'存在'这两字限于具体的个体的东西底存在,则存在也是可能,也可以有'能',也在'式'中。'式'中虽有存在,而'式'无所谓存在;存在虽可以有'能',而'能'无所谓存在。……存在固然是可能,不存在也是可能,它也在'式'中,它也可以有'能'。'能'可以塞进存在这一可能里面去,也可以不塞进存在着一可能里面去。"③

这是因为,存在与不存在均是"可能",均在"式"中,"能"本身亦无生灭、新旧、加减,当然也无所谓存在。因而"式"、"能"本无孰先孰后的难题。二者虽在思议上可分开来说,但无论在现实上还是逻辑上,都是先天一体的。不过,虽然金岳霖试图通过逻辑解决历史上的"二元本体论"之困境。但其对"式"与"能"的阐释仍然可引发一些问题。比如,"式"是一切可能的集合,它通过"能"来获得自身的现实,自此言之,在现实世界的生成论维度,"能"似乎是第一性的了。再如,"能"自身没有任何规定性,但自身却能出入于"可能",这似乎有着主动性、目的性、动态性。而这又陷入了历史上各种形而上学都无法摆脱的循环论证。并且,按照"现实并行不悖"、"现实并行不费"两原则,

① 金岳霖:《论道》,商务印书馆 1985 年版,第 24 页。
② 金岳霖:《论道》,商务印书馆 1985 年版,第 24 页。
③ 金岳霖:《论道》,商务印书馆 1985 年版,第 26 页。

"能"不会全部进入一个"可能",不会同时进入所有"可能",也不会同时进入一个"可能"再出来,无论哪种表述都给人能有数量之感。

(二)"本然世界"与"道"

古代哲学家由于思维能力的限制,虽有形而上之超越思考,但对超越经验时空与个别事物的本体阐释,却存在众多笼统的、经验的、体验的,可被批判者所捕捉的形而下之属性。金岳霖以"可能"、"能"作为本体世界之二因素,似乎亦不得不用经验去言说,但其根本目的是建立一种"客观本体",而非"主观本体"及"属人的本体"。为此,他在"逻辑世界"与经验世界中间又设定了一个理论过渡——"本然世界"。

《论道》中说,"式"是无所不包的"可能","能"总在"可能"中出入,"可能"一定会现实,现实的世界一定会出现,但此"现实"却不一定可被人类完全认识。他提出了三个世界理论:"逻辑世界"——"本然世界"("现实世界")——经验世界。"逻辑世界"是本体世界,是形而上的。"本然世界"("现实世界")是"逻辑世界"无限可能中的极小部分现实的结果。这个"现实世界"只肯定时空、变化、存在等一般定义,因而虽不是无限的,却是无数的。"现实世界"("本然世界")继续具体化、个体化,才产生人类所存在、所经验的这个现实宇宙[1]。他强调,"本然世界"虽是无数经验世界之现实源头,但却与经验世界一样,均是形而下的。他说:"本然世界是实实在在现出来的世界。它虽然是实实在在的现出来的世界,而它不必就是现在所有的这样的世界。"[2]

一般而言,哲学家利用各种或分析或思辨或体悟的方式提出某个本体范畴,进而建立形上本体与形下器物的关系,"本体论"的内容基本完成。这类

---

[1] 冯友兰也强调,金岳霖的"本然世界",是一切经验中的现实世界的逻辑前提。因而"从逻辑推论起来,它是实实在在的。"并认为"本然世界"是一个"真正的哲学的概念"。(冯友兰:《三松堂全集》第十卷,河南人民出版社 2001 年版,第 615 页)

[2] 金岳霖:《论道》,商务印书馆 1985 年版,第 60 页。

"本体论"虽也讨论现实宇宙如何出现,但却几乎均停留在本体在一般意义上的"生成"判断。金岳霖对此的思考却复杂而深刻得多。他不仅指出,"能"必然在"式"中,还指出时空、变化、先后、大小、生灭等"可能"一定会现实。那么按此逻辑,现实的宇宙一定会出现。只不过,我们既可以说如我们这般存在的宇宙会现实,亦可不从人类之经验出发,设想其他类型的宇宙会现实。

"本然世界"是"本然的、轮转现实的、新陈代谢的世界"①。它不仅是对任何一种现实的宇宙之肯定,还是从"本体"向"具体"、"个体"逐步现实的重要环节。在《论道》中,"具体"是指"可能"中有"能"或"式"中有"能",也是指"本然世界"。"从本然世界着想,具体是本然的。"②而"个体化"则是以具体化为"先决条件"的。金岳霖说:"现实的个体化是具体底分解化、多数化",而"具体分解化后,多数化后,本然世界就不只一个具体。每一个个体均各有它底特别情形。"③不过,此处的个体,并非普通所理解的这一个或那一个的"个体",而是"共相"。以人为例,人的可能若现实,即有人之具体。人之具体属"本然世界",只有继续个体化,成为人的一般概念,才能在各种经验世界中被认识。在不同的经验世界中,均有人之个体,因此即有各种各样的经验时空的人,只不过不同经验世界中的人可能特殊化为各种不同的形象。

金岳霖既以精细致抽象分析能力,将哲学宇宙一分三,同时又以整全的眼光,将之融为一体。对此整全宇宙,在《论道》中被称为"道"。此"道",即是对"能"永恒出入"可能",从而导致现实世界永恒发展的过程的总称。④ 其按

① 金岳霖:《论道》,商务印书馆1985年版,第61页。
② 金岳霖:《论道》,商务印书馆1985年版,第64页。
③ 金岳霖:《论道》,商务印书馆1985年版,第65—66页。
④ 金岳霖虽完全可新创一词,但他自觉"道"字所体现的"意味",以及"浸润于此意味的情绪",道字"有浩浩荡荡的意味"。(金岳霖:《论道》,商务印书馆1985年版,第37页)胡军、王中江均强调金岳霖之"道"具有真善美的最高理想,可发挥动心、怡情、养性的境界引领作用。但贺麟则认为金岳霖有"内容和名词不协调的困难",他说:"金先生以独创的且习于'用英文想'的元学思想,而又多少采取了'旧瓶装新酒'的办法,用了宋明理学的旧名词以表达之。往往增加理解的困难,而未必能达到他所预期的感情的满足。"(贺麟:《五十年来的中国哲学》,辽宁教育出版社1989年版,第30页)

"合着说"与"分着说",包括三种含义:第一,是对"逻辑世界"和"本然世界"的总称,"道是式—能"。第二,是对三个世界的总称。按照金岳霖的分析,"现实"本身是一"可能"并且是一定会现实的"可能",因此,现实的宇宙是无始无终的。由此,"道"亦无始无终。他借用了古代哲学的概念,认为"道"从时间的维度说是无始的,可称为"无极","无极"是万物之所从生的"极限";"道"从时间的维度说是无终的,可称为"太极"。虽然在理论上可对道之以往与将来进行思议,但金岳霖也强调说:"无极既不是道底始,太极也不是道底终。追怀既往,我们追不到无极,瞻望未来,我们也达不到太极。"①第三,是对天地日月山水土木等时空事物的规律和秩序的总称。而无论"合着说"还是"分着说",道既是"式—能",有形而上的超越性,又包括一切现实的存在,有着形而下的现实性。

"道"是一元的、绝对的,"无动静、无刚柔、无阴阳、无显晦"。但同时,它又是"无极而太极"的永恒进化发展历程,在此历程中,各种不符合"道演"的"现实的可能"终会被淘汰,世界会愈加完美而进步。因此,可以说,《论道》全书以"逻辑世界"→"本然世界"→"具体"→"个体"→个体事物的推演过程,完成哲学"宇宙论"和"本体论"的理论使命。

金岳霖指出,逻辑既是"可能底必然的关联",当然也就是任何事实的最高(最低)限度。"可能与可能之间底关联"有一部分是"必然的关联","式"就是可能之间必然的关联,这个必然的关联,就是逻辑。正如胡军所说:"由于在《论道》中式具有本体的地位,而逻辑学就是研究式、研究必然的思想,所以在金岳霖的逻辑形而上学哲学体系中逻辑也就相应地具有了本体论的地位。"②

此种类型的"本体论",并没有实体生成论的传统。但从以"式"为本体而言,万物亦可说同体同源之"万物一体"。当然,金岳霖以逻辑的客观性、绝对

---

① 金岳霖:《论道》,商务印书馆 1985 年版,第 194 页。

② 胡军:《道与真——金岳霖哲学思想研究》,人民出版社 2002 年版,第 35 页。

性来替代传统儒家的仁心本体,从一般的本体属性和本体与个体的关系看,其"逻辑的本体论"更类似于道家。① 将他称为"新道家",还因为"逻辑的本体论",将万物的现实消亡过程还原为如其本身的客观进程,既没有人格神亦没有道德良知在其中能发挥一点作用。并且,基于此"本体论",他彻底消解了儒家为主流的性善论传统,明确提出自然人性论②,在宇宙"道演"过程中将人与万物平等对待。他强调,虽然在"无极而太极"的宇宙永恒发展中,某种有意志有理性的生命一定会出现,但其不一定是人类,即便是人类,也终将会消失。总之,"式—能"的"本体论"虽同样肯定万物一体、天道超越、秩序和谐,但其本体自身的"逻辑化"建构,以及对古代"本体论"的"实体化"范式的取代,则是其根本特点。

二、"理"("共相")的本体论

冯友兰认为,哲学的本质是"对于人类精神生活的反思",而精神生活之范围包括自然、社会和个人三部分。自然就是中国传统哲学中所说的"天";社会和个人,就是中国传统哲学中所说的"人",人和自然的关系就是传统哲学的"天人之际"。因此,"新理学"同样以"天人之际"为问题意识,将形而上学作为哲学的基础和核心。他将形而上学称为玄学③元学。认为:"元学(本体论、形而上学)是哲学的中心"④,且是"最哲学底哲学"。

---

① 对于金岳霖哲学的学派归属一直存在争议,乔清举教授 1999 年出版《金岳霖新儒学体系研究》,认为金岳霖是儒学家。而胡军、王中江两位教授则均认为金岳霖的哲学类似道家。但王中江教授同时亦指出,老子的道实际上类似于金岳霖的"道"中之"式"。(王中江、安继民:《金岳霖学术思想评传》,北京图书馆出版社 1998 年版,第 57 页)

② 《论道》是形而上学专著,其中涉及一般意义上的个体之性论述,而在其英文稿《道、自然与人》中,则明确对人性的自然属性予以说明。

③ 在冯友兰的哲学语境中,"玄学"有两种含义,一种是指称中国哲学史中魏晋时期的哲学形态,一种是作为"形而上学"或"本体论"的代名词。除了在《中国哲学史》特定章节之外,他的"玄学"均指作为普遍哲学范畴的"形而上学"或"本体论"。冯友兰还认为民国时期的"科玄论战"中的"玄学",也即"形而上学"。

④ 冯友兰:《现代哲学史》,三联书店 2009 年版,第 183 页。

在 20 世纪哲学史中,冯友兰与金岳霖恰似"学术双子星"。贺麟在当年亦说从二人的形而上学专著《论道》与《新理学》在"基本概念"和宇宙观上是相同的。① 如果说金岳霖以"逻辑分析法"建构的体系中,通过亚里士多德"形式—质料"对接程朱"理—气"架构,那么冯友兰则将柏拉图和新实在论的"共相—殊相"思想填充进程朱之"理—气"架构,试图通过"逻辑分析法"重建"逻辑的本体论"。其特点在于:在方法上,利用"逻辑分析方法",遵照"形式逻辑",将哲学命题改造为"逻辑命题"。在论证上,他受新实在论影响,依照"逻辑"的"类"、"内涵外延"、"抽象具体"、"矛盾"等原则以及本体的"潜存",来解决"逻辑一般"与"现实个别"、"形上世界"与"形下世界"的辩证关系。在内容上,将"本体论"中核心范畴改造为"逻辑范畴",将"本体论命题"改造为"分析命题"与"形式命题"。

(一)作为"真际"的"逻辑世界"

M.怀特在《分析的时代》中指出,20 世纪的"实在论"有两种特别的表现:"一种表现为,太阳和星星这些物理对象不依赖心灵而独立存在这样一种符合常识的信念;另一种表现为柏拉图式的理念或共相这些东西也独立存在这样一种极不符合常识的信念。"②在深刻影响冯友兰哲学建构的英美新实在论看来,"共相"可以不依"殊相"实存与否而独立存在,亦可称为"潜存"。冯友兰受此启发,并引进逻辑中的"零类"或"空类"范畴,将之与"共相"结合起来,将形而上的"理本体"置于"潜存"世界。

在专门讨论"本体论"的《新理学》书中,他以某个方形物为例,对"方之物"以及"方有四隅"(方有四角)进行"本质透视"与"超越审视",推出此方形物的"方之理"。同时,任何"方之物"均可归为"方之类"。而"方之理"即是此"方之类"的内在规定性,各个的"方之物",则是"方之类"的外延。"方之

① 贺麟:《五十年来的中国哲学》,辽宁教育出版社 1989 年版,第 31 页。
② [美]M.怀特:《分析的时代》,商务印书馆 1986 年版,第 18 页。

理"与"方之物",前者为形而上者,后者为形而下者。"方之物"必依照"方之理","方之理"则可不因"方之物"的有、无而生、灭。反而,即便现实没有任何"方之物",但"方之理"依然存在,只不过它是作为任何方形物存在的潜在基础。

由此,冯友兰划分了两个世界:"理"或"共相"的存在是形式的、逻辑的,亦是超时空的,永恒的。个别事物或"殊相"的存在是现实的、经验的,亦在时空之中,是生灭的。前者乃"形而上"的本体世界,也称为"真际世界",后者乃"形而下"的现实世界,也称为"实际世界"。所谓"真际",在他的不同时期表述中则有两层含义:一是"潜存"的"共相"世界,二是包括实际世界的"大全"。在《新理学》一书中,他说:"真际是指凡可称为有者,亦可名为本然。实际是指有事实存在者,亦可名为自然。"①既然"真际"是"形而上"的,那么"实际"作为一个事实性和实存性的整体就是"形而下"的。实际虽然是"形而下"的,但也是"有"。

同时,他又区分了"纯真际"与"真际",前者仅是逻辑可能性的"潜存",后者则包括"实际"与"潜存"。这样,在《新理学》中,"形而上者"就是"真际"和"共相"("潜存")两个范畴,或者"真际"还与包括"形而上"与"形而下"的"大全"重叠,这也引起诸多争议②。而有"真际"与"实际"之划分,他还借助古代的"理"、"事"关系问题,重新界定了"理在事先"与"理在事上"。这不仅在当时引起了诸多讨论,还招致诸多批评。如仅仅在《大公报》上,就有张荫麟的《代戴东原灵魂致冯芝生先生书》和《戴东原乩语选录》,张申府的《事、理与事实——关于"理"的讨论的谈片》,张岱年的《谭"理"》等文章。而其他不

---

① 冯友兰:《三松堂全集》第4卷,河南人民出版社2001年版,第11页。

② 正如陈来教授所说:"由于'真际'既在广义上包括实际,有时又狭义地特指纯真际,这使得在交互使用中可能引起不必要的误解。如果真际只是指纯真际,即理是世界,它就不能'包括'事的世界。事实上,广义的真际概念是不必要的。"景海峰教授也认为,"真际"包含"实际",仍然不够纯粹。(陈岱孙、季羡林等编:《冯友兰先生纪念文集》,北京大学出版社1993年版,第212—225页)

同立场之学者,也围绕其形而上学核心概念命题展开一系列批评。

但归根到底,冯友兰是想明确,"真际"是一切实际事物得以存在的"理"世界,实际世界要么不出现,要出现,一定要遵照"真际"世界之"理",一定是"理"的内在规定性的实现。所以,冯友兰设定的"理事"关系,并非古代"元素说"、"五行说"、"元气说"之类的"质料本体论"。而是依照实际事物→"实际"→"真际"(本体),去辨析实际世界得以如此这般的逻辑依据。依此种视角,"真际"(本体)→"实际"→实际事物乃是"弱的逻辑说明",而非"强的本根衍生"关系。而既然此种关系乃是逻辑上的 A 包含(内在本质规定性意义上的包含)B 的关系,那么从逻辑上说,可谓"实际"在"真际"之中。尤其是按照"真际"的"潜存"而言,其作为可以现实而不必现实的逻辑上的可能世界,只是逻辑的本质,其本身可谓纯粹的、必然的。只有在被用来解释"实际"的形上本体时,"真际"才被与现实的"实际"相联系。

(二)本体论核心范畴的逻辑属性

按照《新理学》的话语,"真际"包含一切"理",即包含逻辑上的一切可能。冯友兰强调,每一类事物,都遵循此类概念所规定的一般规定性。如方之为方,必遵循"方之理",飞机之为飞机,必其"飞机之理"。他将此一类东西所遵循的类本质,称为"理本体"。他说:"所谓方之理,即方之所以为方者,亦即一切方底物质所以然之理也。凡方底物必有其所以为方者,必皆依照方之所以为方者。此方之所以为方,为凡方底物所皆依照而因以成其为方者,即方之理。凡方底物依照方之理而为方,其所依照于方之理者即其性。"①

在形而上学维度,"就真际之本然说,有理始可有性,有性始可有实际底事物"②。"方之类"中一切"方之物"均以"方之理"为标准。现实之"方之物",可以不很方,也可很不方,但若达到理想的方,则必依照"方之理"。"方

---

① 冯友兰:《三松堂全集》第 4 卷,河南人民出版社 2001 年版,第 29 页。
② 冯友兰:《三松堂全集》第 4 卷,河南人民出版社 2001 年版,第 34 页。

之物"必然遵照"方之理",某类事物必然遵照某之理。统一切现实之类,即"实际世界",此"实际世界"必然遵照其中一切类所遵照之"理"——"真际"。

冯友兰指出:"凡实际底存在底事物皆有两所依,即其所依照,及其所依据。"①所谓的"所依照",是逻辑上的"理本体"。而"所依据",即是使潜在的"理本体"现实化的终极的"质料"、"材料"——"气"。为了与古代朴素唯物论和气论相区分,他对"气"的阐释进路、内涵界定与金岳霖完全相同:通过对实际事物各种性质和构成元素层层剥离后,所谓"绝对底料",即是事物得以秉承理,并得以现实化的终极质料——"气"。虽然,万事万物在依照"理本体"的同时要借助"气"方能现实化,但"气"却非一种现实的元素或质料。正如他强调的:"在我们的系统中,气完全是一逻辑底观念,其所指既不是理,亦不是一种实际底事物。一种实际底事物,是我们所谓气依照理而成者。"②这种界定,剥离了"气"的一切现实规定性,这种不具任何性质的不可言说、不可思议的终极"质料"、"材料",只可理解为理论意义上、逻辑意义上的"真元之气"。

可见,不仅"理本体"是逻辑范畴,"气"同样是逻辑的观念,且它与"理本体"之间,又存在必然的逻辑关系。首先,"气"虽是"逻辑的观念",但同时亦是"现实的观念"。"气"不能无"理","气"尽管无任何时空属性,但"气"至少有"存在"之性。若无"存在"之性,"气"根本不存在。"气"若不存在,则一切实际事物均不存在,宇宙即是绝对的无。"理"本身是超时空的,而"气"是构成时空的最终依据,由此冯友兰指出:"真元之气,不是实际底事物,不能有任何实际底关系,所以它亦是不在时空底。"③

按照他对"无极而太极"的新阐释,"理"是一切万物之终极的标准和极限,是"太极";"真元之气"没有任何规定性,自身不为任何标准,因而是"无

---

① 冯友兰:《三松堂全集》第4卷,河南人民出版社2001年版,第43页。
② 冯友兰:《三松堂全集》第4卷,河南人民出版社2001年版,第45页。
③ 冯友兰:《三松堂全集》第4卷,河南人民出版社2001年版,第54页。

极"。前者是极端的清晰,后者是极端的混沌。前者是有名,后者是无名。"由无极至太极中间之过程,即我们的事实底实际底世界。此过程我们名之曰'无极而太极'。"①由此,"气"虽在逻辑上为"实际世界"之"终极质料",因此是超越具体时空的,但"气"本身就是决定"实际世界"从产生到消亡的时间空间历程的超越基础。

冯友兰认为,"气"依照"动之理"以及许多类之理,以推动某类事物出现,即一类物的"建设地、积极地趋势",即是此类事物之"阳",而气依照"静之理"以及其他类之理,而促使某类事物发展变化以至消亡的"破坏地、消极地趋势",即是此类事物之"阴"。任何一类事物均内在蕴含阴、阳两辩证的趋势动力。由于一事物之"阳",皆受其"阴"之阻碍,"其阴不但阻碍其阳,以致其不能永远继续依照其所依照之理,且阻碍其阳,以致其不能完全依照所依照之理。"②前者决定了现实世界中,无一物是永恒的,任何事物必遵循成、盛、衰、毁,即生灭消亡的发展规律;后者决定了任何一物都不是绝对完美的,而是在永恒追求太极的过程中。同时,任何一类事物亦可成为他类事物存在消亡之阴阳动力。火对森林而言,即是消极的破坏因,水对火亦是消极的破坏因。但木对于火则是积极的建设因。水对于木亦是积极的建设因。整个实际世界万事万物均紧密关联而成一个相互影响、相互制约的生生不息之世界。

正如在金岳霖"逻辑"的"式"世界中,"能"始终在"可能"之中,从而"能"与"可能"并无现实的先后关系一样,冯友兰认为,"理"与"气"的关系,同样没有时间上之先后关系。"气"作为"实际世界"得以出现的"质料",决定了它必须依照"存在"之理。但"气之依照存在之理,是无始底。因为如其有始,则在此始以前,气即不存在,气即是无,无变为有是不可能底。气之依照存在之理,亦是无终底,因为如其有终,则有须变为无,此亦是不可能底。"③所以,

① 冯友兰:《三松堂全集》第4卷,河南人民出版社2001年版,第49页。
② 冯友兰:《三松堂全集》第4卷,河南人民出版社2001年版,第60页。
③ 冯友兰:《三松堂全集》第4卷,河南人民出版社2001年版,第55页。

"理"与"气"在逻辑上是可分的,在事实上则是不可分的,自然也没有古代"理在气先"或"理在气上"之问题。不过,正如金岳霖的"能"会存在能动性的内在困境一样,"气"之所以"依照"理的"依照之理"是什么?冯友兰认为,"气"除了依照"存在之理",具"存在之性",同时又依照"动之理",有"动之性"。那么,"气"未依照以及"气"的能动性问题,都会为理解"理气关系"带来困扰。

除了"理"、"气"两个逻辑观念外,在其"本体论"中,另一个重要的范畴——"大全",同样是逻辑的观念。哲学乃通观形上、形下之学,因此"本体论"必然需要对整个宇宙、整个世界进行肯定、描述、界定与反省。冯友兰认为,对宇宙中一切物、一切类的整体概括,即是"大全"。虽然,人可对此"大全"进行总括、分析与解释,但在事实上,人始终在"大全"之中,不可能独立于之外。且人也不可能对宇宙中一切物、一切类均有具体之认识了解,因此"大全"本身"不是经验底观念,而只是逻辑底观念"①。而对另一个重要范畴"道体"进行论述时,他强调:"无极、太极,及无极而太极,换言之,即真元之气,一切理,及由气至理之一切程序,总而言之,统而言之,我们名之曰道。"②同样,本身处于"道体"之中,人也无法对其进行现实化的认识,"道体"也是不可思议,不可言说之形上范畴。

"新理学"的"本体论"影响巨大,同时亦引发诸多批评讨论,冯友兰在之后的《新原人》、《新知言》中持续修正了某些观点。如果说,在《新理学》中,他确立了"逻辑本体",搭建起"逻辑本体论"之基本架构,并论述了相关的架构内容与范畴内涵,那么之后,他更进一步,将"本体论"这个本该统摄"形上与形下"、"体与用"的丰富论域,简化为四个逻辑命题。他指出:"在新理学的形而上学的系统中,有四个主要底观念,就是理,气,道体及大全。这四个都是我们所谓形式底观念。这四个观念,都是没有积极底内容底,是四个空底观

---

① 冯友兰:《三松堂全集》第4卷,河南人民出版社2001年版,第28页。
② 冯友兰:《三松堂全集》第1卷,河南人民出版社2001年版,第63页。

念。在新理学的形而上学的系统中,有四组主要底命题。这四组主要底命题,都是形式命题。四个形式底观念,就是从四组形式底命题推出来底。"

此四个命题,"理"及"气"是人对于事物作理智分析所得之观念。"道体"及"大全"是人对于事物作理智地总括所得之观念。其中,"理"是纯逻辑,是可以思议可以言说的。而"气"是终极的质料,其不可用任何名称表述,因而是不可思议不可言说的。"大全"是总括一切的"有",自然也包括主体在内,因而"大全"不可作对象化思考,其也是不可思议的不可了解的。同理,"道体"也是不可思议的。可见,在"本体论"之建构与修正过程中,冯友兰始终自觉确保其概念命题系统的抽象性、逻辑性、形式性,而随着四组命题的提出,"新理学的本体论"按其所想,也变成了几乎对现实没有多少肯定的"空话"。

从整体看,冯友兰对"本体论"的思考经历三个阶段,第一个阶段是"理"、"气"为核心的"本体—宇宙论",此阶段围绕逻辑本体,确立"本体论"的主要架构与展开对宇宙本源和生成变化的形上描述①;第二个阶段是四组命题为框架的"本体—宇宙论",此阶段试图以四个形式命题来凸显命题系统的合法性,并提供"本体论"视域中的四种存在维度以及相对应的四组观念;第三个阶段是以"概念"、"共相"为核心的"本体—概念论"。虽然在论及"理"之内涵时,冯友兰经常将其与"共相"互释,《新理学》的"本体论"中并没有将"共相"、"殊相"的框架代入。之后的《新原人》的第一章"别共殊"中,才真正引入"共相"、"殊相"。此时期,他将"共相"界定为"理",将"殊相"规定为"事",主张"共相"可"潜存",主张"理在事先"。冯友兰在《三松堂自序》中说,《新理学》反映了"新理学"的自然观——"共相"、"殊相"的关系问题。"共相"就是一般,"殊相"就是特殊或个别。而"共相"、"殊相"的问题在程朱理学中表现为"理"、"气"问题。② 这样,"共相"与"殊相"在"本体论"中的

---

① 对于《新理学》一书的"理"、"气"和"共相"、"殊相"范畴的研究,以及"理气关系"的研究,学界已有相当多的成果。此处不再赘述。

② 冯友兰:《三松堂全集》第 1 卷,河南人民出版社 2001 年版,第 211 页。

"理—事"关系,就变成了晚年的认识论中的"一般—特殊"、"普遍—个别"的关系。

若按在《自序》中所说,他在《新原人》中已经埋下消解"本体论"之线索。例如,在《新原人》中的"'大全'就是宇宙,就是所有的东西的总名。可以说是最大一类的殊相的总名。这一大类的殊相之中所寓的共相是什么呢?就是'有',就是'存在'。这一大类的殊相真是千差万别,可是它们也有一个共同之点,那就是它们都'存在',都'有'。所以它们也称为'群有'。就是说,这一群都是'有',除此之外,没有别的可以说的了。"①这样,"大全"就变成了"共相",其内容从逻辑上包含一切可能的"有",转为一切现实存在的"群有"。显然,《新理学》中"理本体"那种潜在的"有"已被他抛弃。同时,"共相"也失去"潜存"之可能性,而变为"具体的共相"②。可见,此全新的"具体的共相"范畴,已经不是形而上之"本体",而是认识论意义上的"概念"的内涵和外延的统一。

第三节 超越心、物:生命本体论

"生命哲学",是 19 世纪末 20 世纪初,以德国的狄尔泰(W.Dilthey)、法国柏格森(Henri Bergson)等为代表之哲学思潮。狄尔泰主张:"在生命之后一无所有,没有物自体,没有形而上学的终极因或柏拉图式的理念的天国……我们实际上所经验的是处于其丰富多彩的整体之中的生活。"③柏格森则将宇宙视为一个流动的"绵延",且此动态变化的宇宙本身就是存在本身,此外别无外

---

① 冯友兰:《三松堂全集》第 1 卷,河南人民出版社 2001 年版,第 227 页。
② 在《中国哲学史新编》中,冯友兰说:抽象即一般,具体即特殊。一般寓于特殊之中。特殊不能离开其中所寓之一般而存在。讲一般要顾及其所寓之特殊。讲特殊要顾及其中所寓的一般。讲一般要顾及其所寓之特殊,这个一般就是"具体的共相"。
③ [英]H.P.里克曼:《解释学和生命哲学的创始人——威廉·狄尔泰》,《哲学译丛》1985年第 5 期。

在的物质实体或精神实体。而此永恒的"绵延"进程的动力和派生出宇宙万有的根源就是"生命冲动"。可以说,"生命哲学"所谓的"生命",既非一般的自然生命或躯体,又非抽象的普遍的生命范畴,既不是古代"Ontology"讨论的"实体"、"理念"、"精神"等本体,又不同于科学的"物质"范畴,而是一种推动宇宙生命变化的内在的创造性本体。[①]

"生命哲学"传入中国之前,"进化论"、"生物科学"已经广为人知。中国哲人从后者去理解前者时,也强化了前者的科学性、知识性与先进性。他们从"生命哲学"那里,既发现其与西方古典哲学的不同之处,又发现其与中国哲学相同之处,并获得诸多启发:整个宇宙是充满生机和活力的整体,宇宙的本体就内蕴在生化宇宙之中,因而人的生命本质也先验具有创造性。人基于生命本心可以通过"内省"、"体验"的方法认识生命本体。且人生命存在的根本要求就是实践与彰显生化的天道规律,在生生不息的创造性与生养万物的道德性中去实现生命的最高意义与生命的终极价值。

为此,一些中国哲人将其视为对抗西方古典理性主义哲学和现代"科学哲学"之同道。他们将"生命"概念引入中国哲学,并对其重新阐释,赋予其形而上之道德性、超越性、价值性。尤其是以中国哲学传统中,"情理交融"、"物我一体"、"智识合一"的思维方式与义理模式,来替代西方哲学家对"生命"的本能性、冲动性、非理性之界定;以道德社会共同体的稳定价值秩序和意义空间,替换生命本能所可能导向的无序、冲突。其中,梁漱溟、方东美更是明确将西方的"生命哲学"与"中国形而上学"予以比附、糅合,创建了现代意义上的"中国的生命哲学"或"中国的生命形而上学"[②]。而其中作为理论基础与思想内核的,就是以道德性、创造性、超越性的"生命本体"为核心的"生命本体论"。

---

　① 赵敦华:《现代西方哲学新编》,北京大学出版社 2001 年版,第 28 页。
　② 李景林教授认为:"在形而上学的意义上,梁漱溟把宇宙理解为一个动态流行的生命历程。所以,他的形而上学,实即一种生命哲学。"(李景林:《直觉与理性——梁漱溟对儒家理性概念的新诠》,《人文杂志》2005 年第 2 期)

一、"生命派哲学"

(一)从佛学向"生命派哲学"的转变

梁漱溟在东西文化的比较研究过程中,始终从一般性与特殊性、世界性与民族性的辩证关系审视中国哲学尤其是儒家哲学之核心精神。而其选择之比较研究进路,正是"形而上学"尤其是"本体论"。在他看来,"本体论为哲学所自始,亦哲学之中坚"①。他强调,"本体论"主要讨论的对象,是哲学得以成立的"本体"。而比较讨论不同的文化系统、不同的哲学派别的"本体论"时,他径直采用了古代哲学的"形而上者—形而下者"之理论模型,并将如何认识"形而上者"以及"形而上者"与"形而下者"的关系,作为中、西、印哲学比较研究的主要理据。② 在此过程中,他还借助近代科学的思想、理论与概念③,以分析、论证不同民族文化的"形而上学"在"本体—认识论"、"本体—方法论"方面的异同,进而评判错谬,其目的是彰显中国的"生命哲学"尤其是"生命本体论"的特殊性、合法性。

梁漱溟早期的哲学研究,主要集中在印度宗教哲学的"本体论",且对"本体—认识论"、"本体—方法论"的比较研究,也基于印度哲学展开。他指出,小乘佛教讲的"色"、"心"只是"将宇宙万有分门别类"来看的现象,都是所谓的"有为法",都是非真实的,所以缺乏"万有归总一个的观念",认识不到"宇

---

① 梁漱溟:《梁漱溟全集》第1卷,山东人民出版社1989年版,第74页。

② 从本体、现象的关系去理解本体论,进而代表形而上学,实际是跳过"Metaphysics"和"ontology"、"cosmology"的内涵差异,将"形而上学"、"宇宙论"、"本体论"三词通用,并以"本体论"统一替代。这种"即用见体"的哲学任务,透过纷繁复杂的现象,穷究"本体"的形而上学观,代表了之后汉语学界的通行做法。从梁漱溟开始,熊十力、冯友兰、金岳霖、贺麟、方东美、牟宗三、唐君毅等重建的"形而上学",在形式上就是"本体论"。

③ 梁漱溟在1916年《究元决疑论》文中,借助近代物理学中指"以太"概念讨论佛学"本体论"。但此文写就七年后,对他在24岁写出的这篇论文中的问题有所反省。尤其推翻了将佛学形而上学与科学知识进行比附的错误方式。但基于现代学术概念阐释佛学形而上学的思路没有变化。

宙本体的问题"①。大乘佛教,尤其是"唯识宗"从"现量"出发,通过"纯静观"的方法,虽然见到山河大地万象,但破除"我执"、"法执"后,却可以"空无所见",透过现象把握本质。所以,"这空无所见就是见本体。在唯识家叫做'根本智证真如'"②,也即是《究元决疑论》中作为本体的"真如法性"、"阿赖耶识"的思想。

通过对印度哲学的研究,梁漱溟基本确立了"本体—认识论"、"本体—方法论"的三种根本原则,即"一者不可思议义,一者自然(Nature)轨则不可得义,一者德行(Moral)轨则不可得义"③。不可思议,即是本体无法以日常语言文字去描述和界定,亦不可用理智推理与理性思辨去推证。这是因为,日常语言只能描述经验对象,用其去具体指示与表述本体,本身即是一种对本体的限定。而常识知识和科学知识,是以对现象的客观假定和观念假设为基础,运用理智思考和理性认识的结果。因此,即便掌握了自然规则和现象规律,也无法认识本体。同理,社会伦理和道德规范,本身也属于第二性的经验知识,也无法据此认识形上本体。既然超越的本体一定是"不可辨不可说"的,任何用"世俗假设名言"即日常经验的概念命题去描述和认识本体的"本体论",都不是"真正的形而上学"④。以此标准,中、西、印哲学中,类似的形而上学均可以取消,而只有佛家唯识学却可运用"亲证真如"的"本体—认识论"、"本体—方法论",而于"无可说中妙有言说,成立形而上学"。

不过,梁漱溟虽借用了当时译自西语的"本体论"、"形而上学"词汇,但其词义本身却是唯识学义理。且基于此义理,也为他分辨中、西哲学提供基本理据:一方面,他受唯识学影响,批评"Metaphysics"、"ontology"那种"遗用见体"、"离用见体"的错误认识;另一方面,又认为儒学"即用显体"、"即体即

---

① 梁漱溟:《梁漱溟全集》第1卷,山东人民出版社1989年版,第408页。
② 梁漱溟:《梁漱溟全集》第1卷,山东人民出版社1989年版,第409页。
③ 梁漱溟:《梁漱溟全集》第1卷,山东人民出版社1989年版,第9页。
④ 梁漱溟:《梁漱溟全集》第1卷,山东人民出版社1989年版,第140页。

用”的思维与唯识学相近。

在研究佛学的同时，梁漱溟接触到了柏格森的“生命派哲学”。在1916年《究元决疑论》中，他就将佛学与“生命哲学”进行比较。1920年他聚焦“东西文化及其哲学”这个重大课题，在论及西方“Metaphysics”的合法性危机时，就认为柏格森强调，宇宙的本体不是“固定的静体”，而是“生命”、是“绵延”。宇宙所有的现象，不过是宇宙生命体“在生活中之所现”，因此认识本体，必须借助“生活的直觉”，而不能完全依赖“感觉”与“理智”，否则就落入古代“Metaphysics”创造各种“静体”的窠臼，等等，是“替形而上学开辟一条道路”①。

不过，他同时又论及印度哲学，认为“大乘佛学是谈形而上学而开辟得法的”。尤其是唯识宗，既不像罗素舍弃经验纯粹依赖理智，又不像柏格森用“可疑的直觉”，而是用可信任的感觉即“现量”。他所谓作为“现量”的感觉，并非一般所言的感官认识所得的感觉经验，而根本是“纯静观”。在此基础上，进一步“无私静观”、“空无所见”，方能见本体。梁漱溟明确说：“我认唯识家提出有形而上学的新方法，且比罗素、柏格森的方法为满意，为可信任。形而上学本来不能讲，现在他能来讲，这个大翻案只有他做到了。”②

当然，由于柏格森与唯识宗都聚焦“生命”，都反对“静体”，因而在此时期梁漱溟将二者相互发明。正如艾恺(Guy Alitto)所言，20世纪20年代后期，梁漱溟就扬弃了“佛家形而上学”。而是“由佛转儒”，在柏格森“生命哲学”与明儒“泰州学派”间找到接洽处。③ 他认为“儒家形而上学”与西方和印度均不同，而正类似于“生命哲学”：聚焦“宇宙的变化流行”，肯定变化的“动体”而非“静体”，肯定“直觉”的认识方法。

他认为孔子以及之后的儒家思想中，“生”字都是最重要的概念与观念。“天地之大德曰生”；“天何言哉，四时行焉，百物生焉，天何言哉”；“致中和天

---

① 梁漱溟：《梁漱溟全集》第1卷，山东人民出版社1989年版，第406页。
② 梁漱溟：《梁漱溟全集》第1卷，山东人民出版社1989年版，第413页。
③ 梁漱溟：《梁漱溟全集》第2卷，山东人民出版社1989年版，第126页。

地位焉,万物育焉";"唯天下至诚为能尽其性,能尽其性则能尽人之性,能尽人之性则能尽物之性,能尽物之性则可以赞天地之化育,可以赞天地之化育则可以与天地参矣";"大哉圣人之道洋洋乎发育万物,峻极于天"等等,均表述其"形而上学"就是讲"宇宙之生"的。他还强调,孔子的宇宙观,就是"顺着自然道理,顶活泼顶流畅的去生发"。"宇宙总是向前生发的,万物欲生,即任其生,不加造作必能与宇宙契合,使全宇宙充满生意春气。"①

　　而在论及"生命派哲学"时,梁漱溟说:"唯有生命派的哲学具有改变态度的真实魄力和方法。因为唯有生命派的哲学有把破碎的宇宙融成一整体的气魄,从而他的方法也真可以解脱了逼狭严酷,恢复了情趣活气,把适才化为物质的宇宙复化为精神的宇宙。"②这样,他就将孔子与柏格森相互发明,从而确立"生命宇宙观",进而确立"生命本体论",就成为梁漱溟自身"形而上学"思想的核心内容:客观实然的"生命"属性上升为宇宙论、本体论的核心范畴,即宇宙这个变化无休的生命之流,乃是以天地生养万物的,生生不息、有机共生的"生命机体",而因为人的良知方能认识变化的本质规律,因而能把握宇宙的本质,因此,宇宙的天道就寓于人与自然的生化进程之中,天道且与人心内在贯通,人的生命亦具有目的性、创造性、主动性。

　　在此"生命本体论"的语境中,"生命"概念的内涵,从"意志"、"意欲"、"冲动"、"本能"转向了"良知"、"本心",但同时,梁漱溟又引入"理智"、"理性"以来改造拓充"生命"意涵。具体言,起初他从自然生命体的本能冲动即"意欲"来理解"生命"本身的创造力,以此作为生命实践与文化创造的本体。之后,他从人类生命中的本心意向、精神取向即"本心"来理解生命实践与生命创造的本源。而在探究"本心"的复杂性能时,他进一步引入了"理智"与"理性",既肯定人心的"理智"能力在认识"物理"方面的重要作用,又赋予"理性"以创造"情理"的特殊能力。

---

① 梁漱溟:《梁漱溟全集》第 1 卷,山东人民出版社 1989 年版,第 448 页。
② 梁漱溟:《梁漱溟全集》第 1 卷,山东人民出版社 1989 年版,第 505 页。

所以,梁漱溟基于儒学"道德的本体论"消化"生命哲学"时,他虽然并无自觉创建系统的"本体论"之意愿,但通过"生命"概念重新阐释改造原始儒家"心本体"时,他实际最终确立了新的"生命本体"。而此新的"生命本体"在内涵上,也变成了"本能"、"欲望"、"理智"、"情理"、"道德"、"德性"多种性能之统一体。究其因,是他认识到儒学的"仁心本体"范畴,应该契合"科学时代"、"知识时代"的需要,尤其是新的科学宇宙观、民族文化观、知识价值观的需要,以此方能提供"人类的普遍性关怀"(艾恺语)。为此,他一方面自觉推动儒学本体论的现代化改造,另一方面又坚持儒学道德优位性之理论原则。表现在,他对"生命"的本然性能与本质属性的理解,虽然坚持"情理合一"、"仁智双彰"的本体论逻辑,但根本上,他仍以"道德之心"或"道德理性"为主①,而以"理智之心"或"知识理性"为辅,表现出其"生命本体论"思想本身的"道德主义"、"价值主义"、"理想主义"之立论原则。

(二)从"意欲"、"心灵"到"理性":"生命本体"的内涵变化

贺麟在《五十年来的中国哲学》中说:"梁先生注重的是文化问题。他发挥儒家陆、王一派思想,亦重在人生态度方面,很少涉及本体论即宇宙论。"②但是,在思想前期,梁漱溟以生命"意欲"作为中、西、印文化路向、思想传统的决定者,实际已经将"生命"视为文化哲学视域中的超越本体。如他说:"你且看文化是什么东西呢?不过是那一民族生活的样法罢了。生活又是什么呢?生活就是没尽的意欲(Will)——此所谓'意欲'与叔本华所谓'意欲'略相近——和那不断的满足不满足罢了。"③所以,作为文化样态与生活实践的根本决定因素,"意欲",即"生命意志",在形而上学维度,就成为文化的本体,亦

---

① 王中江教授,也由此将梁漱溟的生命哲学称为儒家现代新开展意义上的"伦理生命主义"。(王中江:《自然与人:近代中国两个观念的谱系探微》,商务印书馆 2018 年版,第 455—473 页)

② 贺麟:《五十年来的中国哲学》,辽宁教育出版社 1989 年版,第 12 页。

③ 梁漱溟:《梁漱溟全集》第 1 卷,山东人民出版社 1989 年版,第 352 页。

成为宇宙的本体。① 可以说,时至今日,审视梁漱溟"文化三路向说"的价值,并不在其对三方文化的"大概印象"(贺麟语)在当时引起的巨大轰动,而是他将生命活动的"意向力"、"创造力"的内容加以抽象化、普遍化、超越化,将"生命"哲学化、本体化。

在《东西文化及其哲学》一书中,他将此生命的"意向力"、生命的"创造力"与孔子讲的"仁"结合起来,将"意欲"解读为一种价值视域下的生命本质——"敏锐的直觉"。他说:"能使人所行的都对,都恰好,全仗直觉敏锐,而最能发生敏锐直觉的则仁也。仁是体,而敏锐易感则其用;若以仁兼赅体用,则寂其体而感其用。若单以情感言仁,则只说到用,而且未必是恰好的用,故言仁者不可不知寂之义。"②而此"仁"的"直觉"就虽然具有随感而应的"感应"的动态性,同时规避了古儒说"性"时常呈现的静态性,但始终与柏格森以情感欲望为主的"直觉"不同。

所以,梁漱溟在深化其"生命本体论"思想时,也不再使用"意欲"而是改为从"人心"作为宇宙万物和文化生活的本体。他指出:"宇宙是一个大生命。从生物的进化史,一直到人类社会的进化史,一脉下来,都是这大生命无尽无已的创造。一切生物,自然都是这大生命的表现。……其能代表这大生命活泼创造之势,而不断向上翻新者,现在唯有人类。故人类生命的意义在创造。"③他认识到,宇宙乃是万物紧密关联的、"浑然一体而无限"发展变化的"实体",从此"变化"之义看,宇宙本身即是一大生命体,宇宙与生命乃是"一事非二"。所以,"生命"是对宇宙本身生生不息的"大生活体"的统称,是对一切生命活动的"属性"之理论概括。而"人心"则是人个体生命的根本所在。

---

① 林安梧认为,梁的"意欲"是"一种盲目的意志,又是一种精神,又是一种趋向、态度及动机,有时又含有一超越的实体的味道,甚至也有纯粹理型的味道,也有如柏格森所提出的'生机力'的意思,笼统地说,'意欲'乃是'万法唯识'的'识'"。(林安梧:《现代儒学论衡》,台北:业强出版社1987年版,第59页)

② 梁漱溟:《梁漱溟全集》第1卷,山东人民出版社1989年版,第455页。

③ 梁漱溟:《梁漱溟全集》第2卷,山东人民出版社1989年版,第94页。

梁漱溟强调,"生命是没有其时限的"。生命本身是"理",现实生命活动是"事",生命之"理"具有理论上之普遍性、一般性、永恒性。不过,"生命"虽为超越实体,"不囿于可见之生活",但却并非隔离于、超绝于现实生活之外。他明确贯彻"体用不二"之基本立场,强调"生命"范畴是超越之"体",而现实生活即是形下之"用","生命"与"生活"实为一件事。这是因为,"生命"就是"活的相续","活"就是"向上创造",既以生命实践拓展生活空间,又以生命精神提升生活意义。可见,从"本体论"的一般范式而言,"生命"本体与现实"生活"之间,清晰地呈现为"体不离用"、"用不离体"的"体用一元"、"即体即用"的基本原则。

作为本体,"宇宙生命"通过现实的、具体的生命活动呈现其创造性、活动性。宇宙万物的发展演化过程,即是"生命本性"在"无止境地向上奋进",并不断扩大其"生命力"(表现为"图存"、"传种")之过程。① 但是,一般的生物体不具备理智与理性的之能力,无法认识宇宙的变化规律与根本原理。而心灵作为人生命的真正精神主体,既是生命得以可能的"实体化承载",又是生命精神的"创造力体现"。因而,人心可谓是人生命之"体",人生命可谓是人心之"用"的逻辑。甚至,按照"心、物即能所"的逻辑来看,人心可谓是宇宙生化与万物存在的主宰、统驭、操纵的根本力量。

也正是基于"生命本体"与"人心本性"的"义理同一性"逻辑。梁漱溟从凝练生命的本质和动力,发掘人心主宰生命的能力进路进一步提升,将具体人心的"性能"加以哲学的凝练与超越的解释,将人的心灵提升为宇宙大心。通过对人心即"超越理性"所体现的生命创造性、方向性、决定性的普遍性凝练,"心"就成为"一切生命本原透露最大者",是知性知天的超越实体。从其超越性而言,"心不属世间任何范畴,因一切皆心之所现",从其功能性而言,"心体通乎一切"②,至此,"心"的本体化论证基本完成。

---

① 梁漱溟:《梁漱溟全集》第 3 卷,山东人民出版社 1990 年版,第 555、569 页。
② 梁漱溟:《梁漱溟全集》第 8 卷,山东人民出版社 1989 年版,第 19 页。

梁漱溟在《中国建国之路》中提到他在之前的《中国民族自救运动之最后觉悟》一文中说的:"凡创造都是生命中见精彩处,在个人如是,在民族如是。于此际,你要激发一民族的精神,打动一民族的心——他生命的深处——而后他的真力气、真智慧、真本领始得出来,而后乃能有所创造,有所成就"①。他认为当年的那段话是"非常重大的发觉"。这是因为,"模仿西洋制度不能有助于人心之透达流行,而相反地,却使人心晦塞不明。其结果不过使中国旧社会陷于崩解,并不能走向一新社会之构成"②。也因此,他才将视角转向关注人的本心。③

之所以重新启用传统哲学中的"心"概念,是他认识到"人之所以为人,独在此心","说人,必于心见之;说心,必于人见之。人与心,心与人,总若离开不得"④。当然,"生命本体论"语境中的"心即主宰",与古代儒学将"本心良知"界定为纯粹的"道德本体"不同。按其所言,思想早期他主要以"二分法"看人心,并以"本能"重于"理智"。而在《人心与人生》序中,他转为"三分法":"本能"、"理智"、"理性"。而被其视为本体的"人心"或"本心",则主要是以"理性"为主体,并兼统"本能"与"理智"。

这样,作为人生命主宰的"心",既具有"反本能的倾向",又具有明显的理智与理性之性能。事实上,他正是从此性能入手,来诠释"心"范畴的本质:"指人类生命从机体本能解放而透露出来那一面,即所谓理智理性者。"⑤他强调:"理性、理智为心思作用之两面:知的一面曰理智,情的一面曰理性,二者本来密切相联不离。"⑥"理智"表现为分析、计算、假设、推理,是创造知识与

① 梁漱溟:《梁漱溟全集》第3卷,山东人民出版社1990年版,第372页。

② 梁漱溟:《梁漱溟全集》第3卷,山东人民出版社1990年版,第373页。

③ 李景林教授指出,梁漱溟"形而上学"可以分为前后两期。前期以"意欲"、"直觉"为核心,20世纪30年代后以"心"、"理性"为中心。但其基本思想和学说精神是一贯的。(李景林:《彻底的儒家——梁漱溟形而上学思想论衡》,《天津社会科学》2003年第6期)

④ 梁漱溟:《梁漱溟全集》第3卷,山东人民出版社1990年版,第527页。

⑤ 梁漱溟:《梁漱溟全集》第3卷,山东人民出版社1990年版,第528页。

⑥ 梁漱溟:《梁漱溟全集》第3卷,山东人民出版社1990年版,第125页。

学问的能力,是人区别于动物的智慧表现。而"理性",则是"平静通达的心理"①,是"人心的情意",作为"心灵"的一种核心能力,其体现生命中"清明的动向",是一种"要求生活之合理"的"无私的感情"。借助"理性"能够区分善恶、明辨是非、评定优劣,可以知天知理知性。也正是发现"理性"具有"悟理"的重要职能,梁漱溟也明确"人类的特征在理性"。

按梁漱溟对"理智"与"理性"的界定,他认为前者是"求真之心",后者是"好善之心"。如果说"理智"是"人心的妙用",主要聚焦"物理";"理性"则是"人心的美德",主要关注"情理"。所以,二者乃是"心灵"不同的能力与表现形式。而之所以"于理智之外增用理性一词代表那从动物式本能解放出来的人心之情意方面",是他深刻认识到,虽然人类凭借创造知识、文明的"理智"远远高于动物本能,但仅仅依靠"理智"或迷信"理智",却是错误的。

柏格森曾批评"理智"之有限性,他说:"按照我们的理智的自然倾向,它一方面是借凝固的直觉来进行活动,另一方面又借稳定的概念来进行活动。它从不动的东西出发,把运动只感知和表达为一种不动性的函项。它利用现成的概念,并且竭力企图好像在网中一样在这些概念中去把握实在。"②艾恺也认为身处"现代处境",梁漱溟感受到了遵奉"理智"的"批判的理性主义"导致的"理智和情感之间的紧张"③。梁漱溟同样强调"理智"根本是一种"静观",其提供的"物理"并不能真正帮助人们认识人生之超越目的,不能帮助人们获得终极的生命价值。而"心灵"之"理性"则是活动的、道德的、超越的生命活动,是"人心纯洁伟大光明公正之德"。

他在1930年的《中国民族自救运动之最后觉悟长文中》,就区分了"理智"与"理性"。但彼时"理性"尚未完全本体化。不过,当时语境中的"理性"

---

① 梁漱溟:《梁漱溟全集》第2卷,山东人民出版社1989年版,第181页。
② 柏格森:《形而上学导言》,商务印书馆1963年版,第29—30页。
③ 艾恺:《梁漱溟——以圣贤自诩的儒学殿军》,见封祖盛编:《当代新儒家》,三联书店1989年版,第296页。

亦较古代儒学的"良知"不同,而是表现为以"道德理性"为基础,并涵纳"理智理性"、"知识理性"、"思辨理性"的复杂范畴。并且,他已经反省批判西方人迷信滥用"理智"的问题,而强调一种"道德优位性"意义上的"理性"。

正因为"理智"利弊兼备,而"理性"则可弥补其不足而丰富生命的存在追求,梁漱溟明确认为,因此在"理智"与"理性"的关系上,理想的生命存在应是"理想与理智双举"①。这样,随着其对"本能"、"意欲"、"理智"、"理性"的不断推进,其设定的"生命"范畴最终"理性化"、"知识化"、"道德化"、"价值化"。

由此,他最终确认"理性"就是"生命"或"心灵"的本质、本体。他说:"世俗但见人类理智之优越,辄以为人类特征之所在。而不知理性为体,理智为用,体者本也,用者末也;固未若以理性为人类特征之得当。"②而之所以将"理性"设定为新的本体概念,是其既能表达"生命本心"所体现的情感趋向、知识运用、道德判断、思辨精神、价值取向等整全人格,以此与一般所言的生命冲动、本能直觉等非理性主义相区别,又能凸显人类生命实践的多维取向、超越诉求的精神意向、情感意识的丰富意蕴。而"理智"与"理性"并举的人生,就是"物理"与"情意"的统一。

这样,他就将内蕴"情意之知"且"含情契理"的"生命理性"视为形而上的本体,而此重新塑造的新本体,既纠正了早期将生命哲学与儒家仁学对释时,对"仁本体"内涵的"生物化"、"本能化"解读。同时,也以此统摄"理智"的"理性",对接上现代文明:既引进理智,以契合西方式现代化中的现代科学与民主,服务于科学民主时代中人的生存实践活动的各种各样需求,同时,又以一种新的"中体西用"的理论模型,为坚持新时期"自家根本精神"③、——"中国精神"、"中国价值"的主体性,为新时期"自家新生命"与生命价值的健康发展提供本体论依据。

---

①　梁漱溟:《梁漱溟全集》第 3 卷,山东人民出版社 1990 年版,第 600 页。
②　梁漱溟:《梁漱溟全集》第 3 卷,山东人民出版社 1990 年版,第 606 页。
③　梁漱溟:《梁漱溟全集》第 5 卷,山东人民出版社 1992 年版,第 110 页。

总之,在梁漱溟那里,"生命"范畴从"生物化"、"本能化"向"情感化"、"理智化"、"知识化"、"理性化"的转变,体现了他不断调适本体的意涵,以更好发挥儒学在社会转型时代的解释能力、论证效力的思想历程。最重要的,是他对"生命本体"之"情理交融"的总体设定,既弥补了传统儒学重生命情理、轻自然物理之不足,又规避科学重自然物理、轻生命情理之弊端,从而既可保证中国哲学尤其是儒学的主体性、民族性,又为中国文化的科学化、理性化、现代化改造①,提供理论接引。

二、"含情契理"的生命本体论

方东美 1922 年在美国的硕士毕业论文即为《柏格森生命哲学之评述》。并且,他始终认为哲学是"生命的学问"。在内容上,哲学尤其是"形而上学"、"本体论"的主要研究内容即是"实有、存在、生命、价值"等问题。② 所以,以事实对象为研究内容的科学知识,根本无法取代哲学。甚至在他看来,在"科学时代","本体就是哲学上面第一所要讨论的根本问题"③。因此,他从传统哲学中发掘思想资源,以《周易》为基础,以"生命"范畴为核心,以华严哲学为骨干,以"生命形而上学"为旨归,建构了新的"生命哲学"体系。④

方东美始终坚持以生命精神为视角去比较不同文化,以凸显中国文化之特点。早在 1931 年的《生命情调与美感》一文中,他就认为,与希腊人、欧洲人宇宙观"常呈形体着明之理路,或定律严肃之系统"相比,中国人宇宙观则是"体质寓于形迹,体统寄于玄象,势用融于神思",所以,"中国人之视宇宙多

---

① 郭齐勇教授也认为,此种生命本体之思考,决定了梁漱溟对未来文化发展趋势的判断以及对中国文化世界化的信心。(郭齐勇、龚建平:《梁漱溟哲学思想》,北京大学出版社 2011 年版,第 260 页)
② 方东美:《中国哲学之精神及其发展》上册,(台北)成均出版社 1984 年版,第 28 页。
③ 方东美:《华严宗哲学》上册,(台北)黎明文化事业股份有限公司 1998 年版,第 402 页。
④ 早期对柏格森生命哲学的研究以及怀特海的过程哲学均对其有影响。但在经历中、西哲学观念的比附后,方东美转向主要从《周易》之内蕴观念去阐发中国哲学之固有传统。

舍其形体而穷其妙用"①。而五年之后《哲学三慧》文中,他进一步指出,希腊人创造了"契理文化",欧洲人创造"尚能文化"。中国人创造的则是"充量和谐"的"妙性文化",追求"大公无私,尚同无别,质碍都消,形迹不滞,天地为官,万物成材"的一体俱化之"太和"意境。此种文化视人为天地和合而生,能合内外之圣道,赞天地之化育,以成人之至德。② 之后,他着重从宇宙的生生妙用中凝练出哲学的"生命"范畴,进而试图以"生命哲学"统摄宇宙万有、化解知识冲突、引导价值取向。这样,方东美就建构了"生命本体论"、"体悟方法论"、"生命境界论"为架构的形而上学系统。而作为核心的"生命本体论"主要是从"宇宙存在"和"生命精神"两维度展开。

(一)"生命机体"的宇宙观

方东美受怀特海、柏格森以及新兴的天文学、地质学、生物学的影响,并受中国哲学史中丰富的生命哲学资源影响,倾向于将宇宙理解为"创进的自由性"(此即其生命本体的理论原型,笔者注)所推动不断演化、进化、进展、开拓的过程。在此宇宙中,生命是"一种持续的创造,拓展的动作",是一种"进取的欲望,向前的冲动"。因而宇宙根本上就是一个"大生命"——宇宙的万物彼此生养、生生不息、生化不止。他批评西方哲学割裂现实世界与本体世界,将终极价值置于彼岸,更批判近代自然科学"物格化的宇宙观",将宇宙万有视为物质、机械、数理的集合。在他看来,中国哲学本质是一种"生命哲学"。在孔子那里,"由天道之原始创造力,配合地道之赓续顺成性普施于人,使人得兼天地大生广生之德"③,整个宇宙天、地、人均弥贯着"普遍生命"。此生命的创始与顺成,推动宇宙永不休止的发展变化。道家老子曰:"道生一,一生二,二生三,三生万物",其中心思想"道乃能生,能生又出所生,所生复是能

① 方东美:《生生之德》,中华书局 2013 年版,第 100—103 页。
② 方东美:《生生之德》,中华书局 2013 年版,第 113—116 页。
③ 方东美:《生生之德》,中华书局 2013 年版,第 287 页。

生,如是生生不已,至于无穷"①。

而在他对中国哲学核心原理予以概括时,首先提出的就是"生之理"与"化育之理",即强调中国哲学以宇宙本身为一大生命体,"宇宙全局弥漫生命,生命各自得一以为一,一与一相对成多,多与多互摄,复返于一"②。从现实看,此宇宙生命体包容万类、变通化裁,万类含生以共生,依存而不离。从形而上学看,"生为元体,化育乃其行相。元体是一而不局于一,故判为乾坤,一动一静,相并俱生,尽性而万象成焉。元体摄相以显用,故流阴阳。一翕一辟,相薄交会,成和而万类出焉。生者,贯通天、地、人之道也。"③他也在《生命悲剧二重奏》、《哲学三慧》、《从比较哲学旷观中国文化里的人与自然》、《中国形而上学中之宇宙与个人》、《中国人生哲学》等重要著作中,反复阐发此种"生命的宇宙观":宇宙本身是一个生命动态的发展历程。人类之生命、万物之生机,运乎无始,周乎万方,贯彻宇宙全境。宇宙生命本身具有生生不息的创造力,此创造力分途流贯于整个宇宙的万事万物,使得万物生生不息、发展变化,旧物消失,新质产生。

为更好阐发此"生命宇宙"的本质,他又从"机体宇宙"的视角予以论证。在他看来,中国哲学"一切思想形态之核心"、"主流与特色",恰恰表现为一种"机体主义"④。而此所谓"机体主义",主要是"旨在融贯万有,囊括一切,举凡有关实有、存在、生命、价值之丰富性与充实性,相与浃而俱化,悉统摄于一在本质上彼是相因、交融互摄,价值交流之广大和谐系统,而一以贯之"⑤。在此一切生命相联互摄的宇宙结构中,生命本性"健行不已地通贯层层世界",又可视为一种"旁通统贯"的生命结构。

---

① 方东美:《生生之德》,中华书局 2013 年版,第 123 页。
② 方东美:《生生之德》,中华书局 2013 年版,第 123 页。
③ 方东美:《生生之德》,中华书局 2013 年版,第 123 页。
④ 方东美:《生生之德》,中华书局 2013 年版,第 306 页。
⑤ 方东美:《生生之德》,中华书局 2013 年版,第 306 页。

以"机体主义"来描摹宇宙的"本然样态",将哲学视域中的人与自然视为一种内在有机的关联,这就赋予众相、万有以实在性、关联性。也即是,从形而上之维度,在"存在性"的意义上,肯定人与自然的"存在性之同一"与"本质性的内在关联";从形而下之维度,在"现实性"的意义上,则肯定一切生命活动都有自己的层次与结构,同时又与宇宙中其他生命层次与结构相互联系、彼此影响。

(二)"生命"本体论

方东美曾以《易》学为代表,揭示"乾元"创生万物的"创始原理",以及"坤元"厚载万物而持养的"顺成原理",整体阐述中国哲学的大化流衍、圆融和谐、广大弥贯的主流宇宙观时。他在重建形而上学时,同样将古代哲学"乾坤并建"的思想转换为"机体宇宙",为重建形而上学提供了"宇宙论"资源;进而他将古代哲学"乾道生化"的思想转换为"生命本体",为重建形而上学提供了"本体论"资源。

在他看来,中国的哲学从春秋时代便发展成一套"以生命为中心的本体论"①。这个"生命",并非生物的自然活动和本能冲动,亦非生命个体生存过程的实然描述和经验判断,而是对宇宙"本然样态"与"超越本质"的整体性描述和界定。作为超越的、形上的宇宙本体,此"生命"范畴与哲学视域中的"宇宙"等同。方东美也称其为"自然"。他指出:"自然,顾名思义该是指世界的一切。就本体论来说,它是绝对的存有。就本体论来说,它是绝对的存有,为一切万象的根本。它是最原始的,是一切存在之所从出。它就是太极……,为万事万物所遵循而成就最完满的秩序。""宇宙"在哲学上作为一个对象,是静态概念。而"自然"是就宇宙万有之现实发展变化的整体而言,"生命"是就宇宙本根的哲学判断而言。只不过,方东美在哲学语境中确立的"生命"本体,

---

① 方东美:《原始儒家道家哲学》,(台北)黎明文化事业股份有限公司1983年版,第158页。

并非宇宙大化流行的逻辑根据与外在根据,而是将宇宙变动本身做"超越的审视"后得出的"本体论"判断。

在中、西哲学的比较中,基于二者的形态差异,将中国哲学的关注点集中在"生命"范畴,这是现代哲学家之共识。除梁漱溟外,牟宗三在阐述中国文化的"独特性与根源性"时,也认为希腊哲学关注"自然",中国哲学关注"生命",即"中华民族首先是向生命处用心",关注"如何来调护我们的生命、安顿我们的生命"。同时牟宗三也指出,中国文化注意"生命",把握"生命"不是生物学意义上的认识、把握或了解,而是"一个道德政治的把握",这个"生命",也不是自然生命,而是道德生命、理性生命。这种取向引导中国哲人去关注"心灵世界"、"价值世界"①。

同样,方东美的生命哲学,虽然得自于对宇宙万有生命之活体,尤其是对人的知、情、意之生命活动的综合概括与整体描述,但作为本体的"生命"既不是个体生命、宗教神灵,又非某种外在宇宙的本根或本源——包括最初的"实有"、"实体"、"理念"、"形式"等,当然亦非各种逻辑观念。虽然在理论表现形式上,"生命"亦是哲学形而上学追问根本存在的"统一性思维"的产物,体现为体与用、一与多、永恒与流变的形而上与形而下的思维范式,并在事实上充当着哲学宇宙的核心。但方东美对此"形而上者"的理解,本质上是来自于对宇宙发生变化的客观现实之"整全性描述"与"超越性描述"。

因此,此本体并不因被纳入现实世界而消解其超越性。"生命"即是自然全体,即是宇宙本身。从根本上来说,宇宙的绵延即是时间空间得以现实的基础。而此宇宙之绵延若以"生命"范畴界定,那么此"生命"即是时空存在之基础、万物生灭之基础、价值评判之基础。所以,此"生命"本体依然具有通常"本体论"的共性内涵:是哲学概念命题系统中的基础和核心概念;是哲学视域中的宇宙图景之基础和本源;是真善美价值层级的顶点。

---

① 牟宗三:《历史哲学》,见《牟宗三先生全集》第9卷,(台北)联经出版事业股份有限公司2003年版,第189页。

方东美基于中国哲学的乾坤生物、天道不息、生生不已、天人合一等思想资源,对此"生命"本体的含义特点给予阐发:(1)育种成性义。"在赓续不绝的时间之流中,创造性的生机透过个体和族类的绵延,对生命不时赋予新的形式。"(2)开物成务义。"生命在其奔进中创造不已,运能无穷。"生命资源"蕴藏有无穷的动能,永不枯竭",生命的价值,就在发扬创造精神,就在创造过程中。(3)创进不息义。"整个宇宙的是一个普遍生命的拓展系统观,因此是整个大化流行不但充塞苍冥,而且创进无穷,……迈向无穷的完美理想。"由此可知生命本身是无穷拓展的"绵延不绝的创造历程"。(4)变化通几义。生命之流"营育变化乃是前后变奏,新新不停,更迭相酬,生生不续,如同在时间中有无穷变化,生命在变化中也有着无穷机趣"。(5)绵延不朽义。宇宙生生不息,创造不已,"在生命历程中所展现的活力,在时间的创进中它是从不萎缩的,即使到了最后还是直奔'未济',重新发扬新的生机"①。

这样,方东美所说的生命宇宙,在形而下的经验现象层面,显示为一切事物尤其生命体本身的生机蓬勃、生长消亡、生化多样的有机状态,宇宙整体亦是一个生生不息、创造演化的动态生命体。在形而上的超越维度,将此宇宙动态的生命体本身予以提升超拔,即为终极之体——"生命本体"。当然,正如美国学者史华慈指出的那样,中国古代形而上学观念中,"生命"本体主要是作为宇宙生命的总体称谓或理论指代而出现的,更多体现的是宇宙天道流行中"生养"("procreation")隐喻,而非上述一些"本体论"或"宇宙论"的"制作"或"创造"隐喻②。因此,"生命本体论"一方面是确定本体,追索恒有的存在,同时也以此生命精神为主体源,赋予万物一种观念性的认知结果,投射出宇宙进程之变化不息、纷繁多样的本质结构。"在这相联互摄的结构之顶点,正是神明生生不息的创造力。这创造力分途流贯于世界与人性,使人类成为参赞化育者,使世界称为顺成创造之德的领域。永恒的创造历程,导源于无限者健

---

① 方东美:《中国人生哲学》,中华书局2012年版,第124—125页。
② 史华慈:《古代中国的思想世界》,程钢译,江苏人民出版社2004年版,第25页。

行不已地通贯层层世界,透入其相联互摄的结构之莫测深渊。"①

"中国形而上学"以"本体—宇宙论"、"本体—价值论"、"本体—境界论"为其核心逻辑。方东美也强调宇宙万有相融互摄,一体俱化,生命宇宙与生命个体"旁通统贯"为一体。② 在整体上,宇宙的形而上"存有"与形而下"万有",就是内在关联的有机整体。宇宙生化含赅万事万理,而宇宙大法就体现在天与人,理与事之相融相即的永恒历程中。尤其是,人之本性得自天道,人类以万物之灵的卓越身份分享神性的"存有",因而人的使命就是在"参天尽物"、"替天行道"中彰显人的主体地位,扶持众生、包裹万类,共同分享这种"存有"。于是"存有"与"万有"是相通的。

这样,方东美就将古代"天——人(性)同构"所体现的天、人之间"单向关系"扩充为"多样关系"。他指出,哲学家之使命,就是阐发宇宙机体联系,赞扬生命神性之存有,号召人类替天行道,贞定宇宙万有的"蓝图",使万有在不同的"存在维度"中各安其位。他认识到:"根据中国哲学的传统,本体论也同时是价值论,一切万有存在都具有内在价值,在整个宇宙之中更没有一物缺乏意义。各物皆有价值,是因为一切万物都参与在普遍生命之流中,与大化流衍一体并进,所以能够在继善成性,创造不息中蔓延长存,共同不朽。"③因此,将"本体论"转换为"价值论",从机体宇宙之实然转换为价值秩序之应然,才是其理论重建之根本目的。

这是因为,宇宙生命的流布,若是无序的冲动,那就会变成盲目的生物意志和生死唯我,私利为大的短视眼光和互害倾向,最终演变为优胜劣汰的生存竞争。那么人类身处其中,不但无法体味生存精神的欣趣和价值意义的感受,

---

① 方东美:《生生之德》,中华书局 2013 年版,第 287 页。
② 当时的学者多从《易经》入手比较中、西哲学,张东荪亦认为《易经》是将宇宙"当作一个有机体的整体机体(functional whole)",由此影响到中国文化中,将人、社会、宇宙都视为同一性质,同一秩序的有机体。不过,他也认为西方基督教思想中,以人皈依神的观念,亦有"类于有机体的主张"。(张东荪:《理性与民主》,岳麓书社 2010 年版,第 133、76 页)
③ 方东美:《中国人生哲学》,中华书局 2012 年版,第 95 页。

反而始终面临生存的紧张、残酷。若是自我的生命体验与精神活动,就会滑向面壁自修式的离群独居或消解万有式的观念体验之渊薮。而真正的生命哲学,根本是以生命本身之创造、进取、共生、演化的整体进程为视域来审视人的生命。

人是宇宙生命创造和神明精神的具体化身,是宇宙之中心,能上体生命精神而发挥创造之能力。他指出:"人源于神性,而此神性乃是无穷的创造力,它范围天地,而且是生生不息的。这种创生的力量,自其崇高辉煌方面看,是天;自其生养万物,为人所禀来看,是道;自其充满了生命,赋予万物以精神来看,是性,性即自然。天是具有无穷的生力,道就是发挥神秘生力的最完美的途径,性是具有无限的潜能,从各种不同的事物上创造价值。由于人参赞天地之化育,所以他能够体验天和道是流行于万物所共禀的性分中。"①

这样,在宇宙生命创进历程中,人类就与自然"协然一致",具有"深厚的同情交感",是这历程中参赞化育的共同创造者。也因为是从"机体宇宙"之视角,由人个体的生命创造可以反证宇宙的形上本质,并从宇宙创化中获得"无限仁爱"和"真福之神秘经验"。这样,人性之挥洒,生命之实践,自然亦会触发与点化宇宙之万相,使得处处有情谊、在在得圆满。而从本体存在维度,揭示宇宙生命的"机体主义",主要是实然状态之说明。但从本体创造维度,又可强调其"融贯主义"。相比于"机体","融贯"同样是宇宙论维度对万有的内在联系的说明。不过,"机体"更是对生命实然状态的说明,而"融贯"则主要是从"人文途径"着意凸显万有之价值意味。尤其是就是"经由创生不已的生命事迹"来思考,举起人类精神的高贵旗帜。肯定人的生命本身体现着"高贵的情趣"和"意义的实现",除了肯定人类在自然中的生命尊严和生命价值,还将哲学形而上学的终极价值牢牢嵌入现实的大化流行中。这样,人类因为有着创造才能而自主、自立,摆脱了外在的抽象实体或神明存在的胁迫,获

---

① 方东美:《生生之德》,中华书局 2013 年版,第 224—225 页。

得主体自信与尊严。而只要遵循"生命本体"所要求的共生共进、积极有为、和谐友善、服务他者的生存法则,在自我精神维度上实现"内在超越",就可达致一种神性高明的境界,在社会价值维度,也是尽己所能"参赞化育"的善行善举。

从"本体论"本身看,方东美虽从柏格森等人那里借用了"生命"概念,却剔除其感性因素与不确定性,而是以一种普遍的、理性的精神取向和价值追求,来改造之。正如他一贯主张的:"把理性世界从生命上追求其根本、本源,然后再反始根本。……使本体论化为一套宇宙发生论,一套创造生命的过程,再完成实现人生种种道德理想,种种艺术理想、种种社会政治的理想。"①也正是基于此观点,其"生命本体论"将宇宙本体与人性本质同一设定,将宇宙层级向上的存在价值与人生命精神、德性修养的超升层级相匹配。不过,虽然方东美在早年既已立下"抚事求真"和"识得情蕴"的哲学宏愿。但在具体研究中,他在对宇宙"事理之了解"方面,更关注形而上的"本体论"。其"普遍生命"的本体,本身有强烈的"泛神化"色彩,以及强烈的"理想主义"特征。而"识得情蕴"维度,他主要集中于对事理"价值之估定"方面,最终落实为"境界的形而上学"。所以,在其形而上学体系中,"泛神论的本体论"最终是为理想主义的"境界论"服务的。

---

① 方东美:《原始儒家道家哲学》,(台北)黎明文化事业股份有限公司1993年版,第103页。

第七章　形而上学"开出"与"统摄"科学的尝试

　　虽然中国文化尤其是中国哲学初遇科学的时间点,可上溯至晚明时期传教士来华,但当时并未整体形成中、西文明比较下的文化危机意识,因而作为文化逻辑基础与理论核心之"天道心性之学"亦未受到明显冲击。晚清国门大开,国族政教遭遇合法性危机之后,各时期学人始聚焦科学与儒学、科学与中国哲学之关系问题,并试图在"科学中国"的文明架构中,确立二者各自的和洽定位。而无论何种定位,都涉及科学与"中国形而上学"之理论比较、类型界定、边界厘定等全新问题。

　　具体而言,为捍卫儒学在社会文化中的主体地位与主导地位,自魏源等人的"师夷长技以制夷",经张之洞等人的"中学为体,西学为用",均试图在维护儒家"良知本体"的超越主宰性前提下,直接套用古代"形而上—形而下"的理论模型——"道—技"、"理—器"、"体—用"等,将外来的"科学系统"纳入"中国形而上学"的"天道心性系统",而形成"中道—西技"、"中理—西器"、"中体—西用"的世界观、知识观、价值观新模型。

　　他们将诞生于异质文化中的近代科学对象纳入到"中国形而上学"的理论逻辑与解释论域,体现了一代哲人的重大理论创新。但同时,他们却也面对如下难题:首先,"儒家形而上学"中的"中体"范畴在内涵上,本与科学文明毫无直接理论关联,因而"中体"(道德本体)与"西用"(科学的真理与科学的制度)也根本是一种假设的、潜在的、可能的逻辑关系;进而,即便按照儒家"内圣—外王"的"体用模型"来拓展"新外王"以实现社会科学文明,但此种新型的社会文明本是一个有机体,其中具体的知识原理、科学精神、价值观念、制度设计、社会秩序、文化生态、道德理想等文明要素,既与古代外王理想不同,又为儒家"道德的形而上学"提出全新的任务——如何基于本是解释道德行为的道德知识,来解释全新的科学实践与科学行为?

也正是由于中国哲学尤其儒学自身没能在形上原理与超越维度,提供化解科学与儒学、科学与哲学冲突之理论学说,这种冲突也在"新文化运动"时期凸显并在"科玄论战"时期达到顶峰。而此类重大课题也促使哲学家们再度思考"中国形而上学"可为化解此冲突提供何种更具有合理性的理论解释,尤其是促使他们去思考,如何从"中国哲学"的核心义理与思想逻辑中,建立与科学的内在理论关联,进而为在具体科学实践中捍卫"中国形而上学"思想理念的主导、指导与评价、评判地位提供支持。

而他们从古代形而上学传统中发掘的有效理论资源,恰恰也是前人们使用过的"体—用模型"。只是,相比前人们简单将儒学与科学分置于"中道—西技"、"中理—西器"、"中体—西用"的外在"拼凑"模型,新一代哲人们则自觉重新建构或重新阐释"形而上学"语境中的"体"、"用"两范畴的内涵、属性,并重新设定了二者之间逻辑关系与理论关系,以一种"内在的生发关系",或某种特殊的"辩证的开放性(dialectical open-endenness)"(傅伟勋语),来建立儒学(中国哲学)与科学的理论关联。

这种新的理论模型与哲学观念,在梁漱溟、熊十力那里已经凸显。如梁漱溟明确以"理性"为文化本体,以此为不同类型的知识理性提供超越依据。而熊十力也深刻指出:"一切知识,即是良知之发用"①。进而他主张要"依本体

---

① 熊十力:《熊十力全集》第 3 卷,湖北教育出版社 2001 年版,第 668 页。

之明去量度事物",要基于良知本体,确保道德伦理、人文关怀"以主乎知识"。其他哲人同样基于"体—用"之理论模型,强调科学始终囿于因果关系与归纳方法创建现象世界的规律学说,哲学则透过现象穷究终极实在或宇宙本体,以为宇宙器物万象寻获超越根据。

由此而言,"科学规律"、"科学知识"不过是宇宙"道演"、"本体知识"的具体化与经验化。所以,无论是在"存在逻辑"上,还是在"价值逻辑"上,哲学均可谓科学之"体",科学均可谓哲学之"用"。作为此种新型哲学观念在哲学理论建构中的落实,诸多哲人一方面在形而上的"本体"与形而下的"科学"之间建立"存在体用论"。另一方面,他们创发"价值体用论",在现实的知识实践过程中,确立"道德实践"、"伦理实践"对"科学实践"的优先性,确立"道德价值"、"人文意识"对"科学价值"的主导性。

在前者维度,他们强调"科学对象"、"科学理性"、"科学原理"并非形而上学视域中的第一性存在,而是以形而上的本体为其终极依据。为此,他们首先建立阐发新的哲学本体,进而探索基于此新的本体。"生成"、"开出"、"转出"科学("科学对象"或"科学理性"或"科学原理")的"本体生成逻辑"。例如,熊十力基于"体用不二"的原理,论证宇宙本体客观开显出现象大用,从而成为科学研究的对象,基于"性智"转出"量智"之本心性能,论证道德本体对科学理性的内在主导逻辑①。金岳霖基于他对宇宙的"本然结构"之超越论证,通过"逻辑本体→实然存在"的"本体生成论"模式,去处理本体与科学的关系:在"科学对象"方面,他将经验现象与认识主体共同构成的"所与",作为科学研究的真正对象;在"科学原理"方面,他将"归纳原则"、"因果关系"作为科学知识得以成立的理论基础,同时又将"存在论"维度之"共相的关联",作为"归纳原则"的形上基础,以此为分科治学的"科学真理"提供先天的"图

---

① 杨国荣教授在论及熊十力"即用显体"的主旨时,也强调,熊十力有"沟通玄学与科学的运思倾向","通过施设现象界而为科学知识提供安足处"。(杨国荣:《王学通论——从王阳明到熊十力》,华东师范大学出版社 2003 年版,第 225 页)

案"或"结构"。牟宗三以"本心良知"或"本心仁体"为形上实体,并在形上本体与形下科学之间建立"辩证的"、"超越的"理论逻辑:将科学本身视为此超越本体对外在器物现象的一种经验的、逐物的、凝固的运用,因而"科学理性"("知识理性")本身不过是"道德理性"的具体运用与具体落实。他还提出"良知坎陷说",设定了道德本体自我"曲折"、自我"坎陷",以及"暂忘"之程序①,以此为道德人格具备"科学理性"提供"本体论"依据。唐君毅主张以儒学的"尊德性而道问学"之教摄入科学知识。他认为本体就是积极活动的"道德本心"、"道德自我"。人类世界的各种"文化意识"和"文化现象",均以这个理性的"道德自我"为本源。本心可以自我节制,从而自觉地在"致良知"的道德实践进程中,"建立一附套,包涵一附套",以此即形成"知识心",产生"科学知识"。方东美根据"生命本体"自身生生不息的能力,通过"上下开显"为人类知识提供超越依据:生命实践要满足"情的蕴发",实现"事理上价值之估定",必然要借助"哲学知识"尤其是"形而上学知识"。同时,生命实践必显现于现象界全域,实现本体和现象的通贯圆融,此即获得"境的认识",完成对"时空上事理之了解",即通常的"科学知识"。贺麟认为包括科学、哲学、宗教、艺术在内的人类文化之全体根本是"精神的显现",即"心本体"的自觉创造。而"科学对象"也是主体(人心)与客体(自然物)相"契合"后的经验对象。这个"心本体"不是一般的"心理意义的心",而是"知识理性"、"逻辑理性"、"价值理性"合一的"逻辑意义的心"。这样,其所重释的"心本体",就成为回答"知识何以可能"的超越基础。

而在后者维度,他们基于上述的"本体生成论",又阐发相应的"价值体用论"。表现在,为在理论上回答基于本体创造的各种知识,在具体的现实的应

---

① 牟宗三在1958年与张君劢、徐复观、唐君毅一起联合发表的《为中国文化敬告世界人士宣言》著名长文中,将道德主体、良知本心开显出知性主体、科技理性的过程,解释为:本心仁体对其本具的道德理性之"暂忘"与"暂退"之过程。此意与"曲折",均是"良知自我坎陷"之不同表述。

用中可能造成的价值冲突问题,他们将各种知识均纳入一种特殊的"应然判断"之逻辑中,使实然上的知识类型之"平列"转为应然上的知识价值之"层级"——在现实效用与价值视域下,通过"知识价值层级观"与"文化价值层级观",确立承载"人文观念"、"道德意识"、"超越境界"、"永恒真理"、"必然逻辑"的超越理念对科学知识理性、科学知识谱系与科学实验实践的规范、引导、主宰作用。

例如,牟宗三主张中华文化的新开展需要"三统"并建,并以"道统"(儒家"人文主义"的道德信仰与价值关怀)作为"学统"(科学)与"政统"(民主)的基础,主张"本着理性、自由、人格尊严的文化生命"来引导科学民主而实现中国文化的现代化。唐君毅改造传统的"尊德性而道问学"命题,将儒学与科学置于人与社会的"当然理想"与"价值意识"之下,尤其将"理想人格"置于"人文历史世界"的核心与枢纽。由此他主张"纳方于圆"的知识观与实践观,明确以"道德理想"、"生命关怀"、"人文主义"主导科学实践。贺麟提倡建立新的"文化哲学",以解决中西古今文化的冲突问题。而此新哲学的核心原则就是依据"价值的形而上学",在文化系统、知识系统内部确立"相对的体用论",以儒学、道德哲学为体,以科学、经验知识为用,来论证哲学对科学理性、科学实践的规范指导作用。方东美创发"生命的形而上学",将宇宙生化不息的客观进程与客观联系阐释为"机体主义"的宇宙观。并将宇宙万物存在的哲学定位与生命精神、生命意义结合起来,设定从"器物→知识→文化→道德→信仰"的"价值层级",从而在"价值的形而上学"的存在图景中,确立科学的基本定位。

可见,中国现代哲人们秉持的这种特殊的"知识观念",与同时代西方哲人建构的"科学哲学"("Philosophy of science")完全不同,尽管他们同样聚焦"科学何以可能"的相关问题,并实质触及了科学真理的合法性、科学知识的基础、科学认识的对象、科学知识的特点等问题。甚至,他们也注意到了"归纳原则"在科学原理建构过程中的理论基础作用。只是,他们试图用"本体论"论证、对接此原则,却没能认识到科学本身还需借助"积累原则"(事实发现的累加性增长)、"实例确认原则"(科学定律的真与实例的数量成正比)等方可成立①。他们从"主体意愿"、"理性主体"、"价值判断"去确立规范、引导"科学理性"的更高原则,但却将认识或知识的"意愿选择"、"观念驱动"的主观能动性"泛本体化"、"泛道德化"、"泛价值化",而没能认识到时空维度、官觉能力、心物关系等客观性因素对科学的决定性作用。

所以,现代哲人重塑中国传统"体用论"的阐释模型与理论架构,从而在"存在的体用论"与"价值的体用论"两个维度实现对科学的"安置"与"统摄",根本是体现了一种中西古今交错背景下,异质文化与多元知识碰撞融合场域中,以"人文主义"、"道德主义"、"理想主义"为主导的"知识价值观"。也即是,现代哲人们之所以在"科学时代",面对强大的怀疑主义、实用主义、经验主义与科学主义等之冲击,仍要重建新的"形而上学",其根本目的,正是为了对治当时越发强势的"科学至上"、"科学信仰"等错误思潮。他们希望借助这种"知识价值观",强化"人文精神"对"科学精神"的主宰、规范、评价地位,建立"哲学知识"与"科学知识"之间的理论逻辑与实践逻辑。以此,既为中国自身的整体"科学化"提供理论支持,又规避"科学滥用"的负面效应,这也充分体现了中国哲人对"西式现代化"诸多弊端的反省与超越,以及他们指向新中国的"良序社会"和"美善人生"的道德信念与人文理想。

第一节　"共相的关联"与科学归纳的
合法性

冯契先生曾指出,金岳霖在认识论上有如下三个贡献:(1)"所与是客观

---

① 张志林:《因果观念与休谟问题》,中国人民大学出版社 2010 年版,第 153 页。

的呈现"①;(2)概念对"所与"的双重作用;(3)知识经验的必要条件:逻辑与归纳原则②。作为 20 世纪对认识论研究最精深之哲学家,金岳霖的这三个贡献,无疑为在中国哲学语境下讨论"认识论"与"知识论"的问题,奠定了重要基础。但值得注意的是,虽然对"认识论"乃至"知识论"有极其专业的研究,金岳霖却并不因此而拒斥"形而上学",相反,他重建中国特色的"逻辑本体论"目的之一,即是解决"形而上学"与"认识论"、"知识论"之间的内在关系问题。这是因为,人类的认识与知识的所涉及之理论问题,虽整体上可归属于"认识论"、"知识论"论域,但若确定性探求认识与知识何以可能的超验原理与超越根据,却往往不得不借助于"形而上学"。作为人类所创造的最有效的认识与知识类型,科学认识与科学知识的基本前提就是"归纳原则"、"因果关系"。但"归纳原则"、"因果关系"的理论基础与逻辑前提,则根本要从"形而上学"那里获得。

一、"归纳原则":科学得以可能的基础原则

西方哲学家在近代的"认识论转向"过程中,已经首先从"归纳原则"、"因果关系"来探讨科学研究总结个别现象与因果关系的合法性问题。受西方哲学影响,金岳霖在《知识论》一书中,亦明确将"归纳原则"视为所有认识或知识的根本前提。而在专门阐释"形而上学"思想的《论道》一书中,他则通过建立"逻辑本体论",进而细致展开"本体世界"、"本然世界"、"现实世界"的理论说明,为"归纳原则"得以可能提供形而上的依据。而两书的关联环节,即在人对宇宙的认识结果——"所与"。事实上,金岳霖在"本体论"中讨论"归

---

① 金岳霖在《知识论》中对"所与"有明确的界定。"所与"(given)是类型化了的感觉内容或客观的呈现。"所与"不只是人正常感觉的内容,它更是"外物或外物底一部分"。(金岳霖:《知识论》,商务印书馆 1983 年版,第 130—131 页)

② 冯契:《金岳霖先生在认识论上的贡献》,见《冯契文集》第 8 卷,华东师范大学出版社 2016 年版,第 231—232 页。

纳原则"时,正是以对"所与"之先在肯定为前提的。

也正是既在"本体论"视域中设定知识的形上基础,又同时遵循"认识论"的"主—客"认识逻辑,使得金岳霖在回答"形而上学"与"科学"关系的问题时,相比同时代学者的论证方式,更具客观性、逻辑性的特点。主要表现在,牟宗三、唐君毅、方东美、贺麟在讨论此问题时,仅从主体意识和思维观念入手,试图在传统哲学的主体理性能力中发展出科学理性、科学意识、科学思维,或者是将科学纳入主体价值取向与精神需要的主观选择中。而金岳霖则关注"科学原理"的超越原则与终极原理,思考科学规律反映的经验世界的普遍秩序是否合法,论证科学知识得以建立的"归纳方法"是否有效。

金岳霖之所以对上述问题高度关注,是他注意到,西方学者依据逻辑原理,对科学知识合法性提出了明确质疑。也即是,在一些西方学者看来,科学基于实验方法、分析方法、实证方法,建立诸多认识原理或知识原理,以此解释经验现象、辨析对象性质属性、揭示事物发展规律,具有普遍有效性、客观规律性的特点。不过,科学的"真确性"在经验生活中虽被广泛认可,但"科学原理"得以成立的"实验基点"与"知识起点",却通常是没有经过经验证明的"假设"。因此代表"真确性"的科学,其得以建构自身知识系统的最初的前提、基础,并不是纯粹必然、确定无误的。

近代西方学界的"认识论"、"知识论"研究,多将科学认识、科学知识,视为一种借助假设方法、归纳方法建立的"经验认识"、"经验知识",而较少探究其绝对性、必然性的逻辑基础,甚至认为科学知识与逻辑并无必然关联。而对于信奉逻辑的金岳霖而言,科学实验、科学研究、科学原理都必然需要基于逻辑、借助逻辑、运用逻辑,得以获得"自明的无可怀疑的出发点"。

事实上,他从"形而上学"视角揭示科学知识的终极原理时,正是借助逻辑展开论证:"我们的认识若要对我们的生命是有用的,那么与已知的世界相比,它就必须是更静止的。它的名字、符号或用词必然至少暂时地形成统计概括或严格的概念,它们的关系必然是具有相对持久性质的一般概括,因此它们可以用作进一步的更复杂的推论的数据。如果我们的认识是绝对的和抽象的,则它包含概念和命题系列的关系,如果它是统计和描述的,则它包含概率计算。无论哪种方式,认识都不能逃避逻辑。它可能包含不同的逻辑种类或不同的逻辑系统,但是没有某种逻辑或某个逻辑系统,认识就不能发展。"①可见,他首先是聚焦科学认识过程中使用的具体逻辑,如语言逻辑、概念逻辑、命题逻辑、数学逻辑等。同时,他又强调此类逻辑与归纳方法有密切关系,甚至明确宣称"以归纳为客观的知识底唯一来源"②。由此,他对归纳方法之合法性问题非常感兴趣,并专门从"形而上学"之维来寻获解答此问题之理据。

　　在逻辑意识更为发达的西方哲学传统中,归纳方法、归纳原则在"形而上学"中被表述为"因果性"问题,并在很长时间内充当人类认识与知识的重要逻辑前提。例如亚里士多德在《形而上学》中就明确"原因"与"结果"之间体现着必然性。但十八世纪的英国哲学家大卫·休谟,却继承了前人的怀疑主义传统,将目光聚焦到归纳方法、归纳原则,其对"因果性"问题的讨论,自此后深刻影响到了"归纳逻辑"的合法性。休谟认为一切观念都是从印象中得来的。印象是特殊的,观念同样是特殊的。"一个特殊观念附在一个一般名词之上以后,就成为一般的了"③。他认为,一切因果推理都是建立在经验上的,一切经验的推理都是建立在自然进程将一律不变地继续进行下去的假定上的。但"自然齐一律"的假定不可能获得逻辑的证明,"因果关系"也不是借助于理性,而是完全来自习惯和经验的结论。这样,休谟不但推翻了"自然齐一律"和"普遍因果律",也将经验世界的普遍联系性和必然统一性之基础摧毁掉,更摧毁了"形而上学"得以成立的统一性和整体性的逻辑基础。

　　这种否认"归纳逻辑"的观点得到某些后世学者的认同,20 世纪的卡尔·

---

①　金岳霖学术基金会学术委员会编:《金岳霖学术论文选》,中国社会科学出版社 1990 年版,第 459 页。

②　金岳霖:《论道》,商务印书馆 1985 年版,"绪论"第 2 页。

③　[英]休谟:《人性论》,关文运译,商务印书馆 1980 年版,第 35 页。

波普认为,"归纳法"是一种具有高概率的真实性的理论,而科学理论乃是在大胆的假设,以及重复出现的事实中归纳出来的,因此,科学理论本身的真实性概率很低。按照以卡尔·波普为代表的"科学哲学家"们的立场,既然"归纳法"本身是一个高概率的方法,而非"必然的逻辑",那么各种分科之学亦无须以此为认识原理与知识理论之终极依据。但问题是,科学家在建构分门别类的科学认识、科学知识的过程中,正是以"归纳方法"来总括经验现象,进而依照"因果关系"来提炼其内在规律。若"归纳方法"与"因果关系"并无逻辑意义上的必然性,科学认识与科学知识本身也失去了逻辑的必然性。

自休谟开始西方学界对"归纳方法"与"因果关系"的属性置定,深刻影响到西方哲学的"认识论"、"知识论"之问题意识与思想范式。对于当时精通"逻辑学"与"知识论"的金岳霖而言,此类观点是错误的。他之所以从"政治学"转向"哲学",就是矢志解决此种"休谟问题"。而他也正是从卡尔·波普所批评的"基础论"出发,分别从"认识论"或"知识论"与"本体论"两维度展开讨论。在他的《知识论》书中,主要从"归纳方法"的"命题形式"和"证成原则"两方面进行论证。在《论道》中,他将体现客观性、确定性、必然性的逻辑本身确定为形而上的"本体"。同时,他明确坚持"逻辑一元论"的原则,批评将"形式逻辑"与"归纳逻辑"对立的观点,更批评将"归纳逻辑"驱逐出真正逻辑的错误主张。由此,他基于"逻辑本体论","归纳方法"、"因果关系"提供了"本体论承诺",赋予"归纳逻辑"以合法的地位。与此关联,这种"逻辑—归纳逻辑—归纳方法—科学原理"的递进论证,也就为科学原理、科学知识提供了"形而上学"之终极依据。

二、"共相的关联"是"归纳原则"的形上基础

休谟曾经提出著名的"因果问题":"因果律"是否具有普遍必然性?"因果律"是否与经验知识有必然关系?而通过探究使得"因果关系"具有逻辑必然性的"推论的本性",他明确将此普遍必然性视为"观念的关系"。不过,他

亦承认全部关于经验的知识是奠定在"因果关系"之上,承认"因果律"的普遍必然性是经验知识得以扩展的根据,可见,他至少是肯定科学知识建基于"因果关系"之上的。① 康德同样致力于探究经验知识得以可能的超越基础。只是,他认为,"因果律"本身乃是先验(a priori)原理,而不是经验的原理。从此言,他亦认为"因果范畴乃是经验知识得以形成的先决条件之一,而因果律又是经验知识体系得以形成的先决条件之一。"② 而有学者也指出,对"因果律"而言,其本身即是"描述和解释世界的概念之网",其显著特点之一,即是"因果律对于因果关系概念的使用来说,乃是一条普遍必然的先在性的范导原理",而这种"先在性"(即"先验性",引者注),即证明其具有"普遍必然性"③。

由此来看,金岳霖通过"本体论"为"归纳逻辑"提供超越基础,并利用"归纳逻辑"来解决"归纳问题"的合法性,实际上已触及到此问题的先验维度。而按其问题意识与解答方式,也间接为"科学知识得以可能"提供了"本体论承诺"。事实上,他在研究此问题时,正是借助了"形而上学"论域中的"本然结构"与"共相的关联",来保障经验世界之秩序、关系与联系。

在《论道》一书中,"式"是无所不包的"可能"的全体。"可能"是可以有而不必有"能"的"架子"或"样式"。此"可能"是逻辑上的"潜存",是"真"而不"实"的,是理论上的"有"。其只依赖于"能"的进出而"现实化"、"个体化",从而进一步形成时空中的万事万物。"能"虽可出入某个"可能",却不能跑出一切"可能"。也即是"能"必然在"式"中。金岳霖指出,有"能"在内的"式"就是"道",就是逻辑。一切不违背逻辑的事物,无论其未来存在、现在存在、将来存在,都必然遵循的"可能"的规定性,自此言,"逻辑"就是宇宙万物的形而上的本体。

---

① 张志林:《因果观念与休谟问题》,中国人民大学出版社 2010 年版,第 119 页。
② 张志林:《因果观念与休谟问题》,中国人民大学出版社 2010 年版,第 273 页。
③ 张志林:《因果观念与休谟问题》,中国人民大学出版社 2010 年版,第 220 页。

按照他对"本体世界"的基本设定,"可能"一定会有"能",潜在的可能性一定会有某些具有现实性。因此,"可能"一定会现实。而任何一个"本体论",都必然要解释形上本体与形下世界的理论演进过程。此过程,金岳霖称为"可能的现实"。在作为一切"可能"集合的本体世界向一切现实化的个体世界转换的过程,既是形而上的"本体界"向形而下的"个体界"的现实过程,也是时空宇宙的产生过程。在此过程中,"共相的关联"作为现实宇宙得以可能的中间环节,其在"本体论"的维度,为宇宙万物的普遍性、必然性的联系提供超越基础,其在认识论维度,则为人类认识经验世界的此种联系提供逻辑前提。

金岳霖之所以从此立论,是由于他有着明确的"秩序"观念——"本体世界"有逻辑,"经验世界"有秩序。而科学对"经验世界"秩序的普遍揭示与概括,本身就具有"形而上学"的基础。其次在于,金岳霖对"式—能"→"共相"的逻辑设定,以及对"共相的关联"之揭示,也提供沟通"经验世界"与"本体世界"之桥梁。他坚信"共相的关联"是普遍秩序的坚实基础,其作用就在于,"从知识方面着想,它表示我们有根据使我们可以发现普遍的随时可以证实的真命题。从行为方面着想,我们有根据,使我们发现普遍的为我们所遵循的原则"①。

需要注意的是,以"本体"作为"科学知识"的基础,在"体用论"维度,是以"形而上学"为"本",以"认识论"为"用"。但在论证过程中,金岳霖则是以"认识论"("知识论")作为论证工作的出发点。是因为,"本体论"的"本然结构"与普遍的、必然的秩序的设定,既是客观的独立存在,又是主体对其的认识结果。事物存在之理虽是客观的,同时又内在于认识过程,也即是事物存在之理,本身就内在于人对外物的"认识结构"与"认识过程"之中。

金岳霖将此"主—客"的认识结构称为"所与"。他肯定"意念"源自"所

---

① 金岳霖:《论道》,商务印书馆1985年版,第95页。

与","意念"能够反映表现于"所与"中的"共相的关联",这就为认识主体的认识能力、抽象能力和归纳能力提供了可能。而"所与"所呈现的"共相的关联",本就是不违背逻辑的一种图案或一种结构,所以,认识主体和认识对象共同形成的"所与"之中,本来就有"秩序"。进而言之,从"本体论"来说,只有"可能"与"可能"的"关联"可以现实,那么现实了的"可能的关联"即"共相的关联"就会形成"客观的秩序"。人类就可以基于"所与"认识到此"秩序",即可借助语言表述此"秩序"以建构"普遍的真命题",以作为"科学知识"、"普遍的联系法则"、"普遍的世界观"的最基本命题。

这样,"科学知识合法性"就从"共相的关联"那里获得超越之维的支持:在科学认识中,任何个体都有多种性质和多种关系,因此对任何个体的科学定义也不止一个。任何个体都具有物理维度的"共相",化学维度的"共相",生物维度的"共相",颜色维度的"共相",形式维度的"共相"等,而每一方面的"共相"都分别各有自身的"共相的关联"。并且,某一方面的"共相"所具有的"共相的关联"也不止于这一方面。此种逻辑体现于科学知识上,研究物理方面的"共相的关联"即为"物理学",研究化学方面的"共相的关联"即为"化学",等等。

同时,若借助形象思维来思考,那么,不同的"共相的关联"本质即是一种"共相集团",每个"共相集团"均以"可能"的现实逻辑为彼此关联的绳索,但不同层次、不同领域的各个"共相集团"又具有相对独立性。他将"共相的关联"既彼此关联又相对独立之理论,解释为"共相"的"内在关联"和"共相"的"外在关联"。这种"内在"与"外在"之别,对知识之定义非常重要,"从定义方面说,所有的定义都表示一方面底内在关联。每一定义均划分一领域,在此领域之内,各命题底关系都是一方面底共相底内在关联。从个体方面说,一个体底性质都是该个体本身各部分或该个体与其他个体之间的内在关系。"①

―――――――――

① 金岳霖:《论道》,商务印书馆1985年版,第103页。

可见,这种理论的设定,既解释了万事万物的异同关系,也确保万事万物均可被归入不同的"类"、"属"、"目"、"科"等维度。① 同时,又从知识本身,保障了不同"分科治学"的"科学知识"各自具有专属的研究对象、研究内容、研究价值。由此,科学中不同的政治、经济、化学、生理等知识才能各自独立为不同的学科。

但是,金岳霖也提醒,所谓彼此不相关的"共相的关联"只是对经验常识中之万事万物存在以及其诸多学科知识而说,而不是对于"本然世界"的"共相的关联"本身而说。这是因为,某一方面"共相的关联"与另一方面"共相的关联"虽可谓不相干,但并不是说两套"共相的关联"可以完全绝对隔绝,而只能说是一方面的"共相的关联"有自己内在的关联集团,另一方面的"共相的关联"也有自己内在的关联集团,两者之间当然存在着可以与两个集团都相互关联的关联集团。

以文化知识为例,文化是"可能"的现实,亦是一个"共相的关联",在此关联中,同时又有不同个别领域的"共相的关联",前者规定了文化的普遍性、一般性,后者为不同地域不同民族的文化系统的多样性提供依据。但根本上一切的"共相"都处在一个错综复杂、相互联络的网络或图案之中。所以,人类的文化亦是相通的,各种文化和语言系统可以沟通交流,各种价值观可以取得共识。同理,一切科学知识均是对作为宇宙本质图案的"共相的关联"的不同层次的认识,但同时,不同知识如物理学、化学、建筑学、机械学、哲学、政治学、经济学等各门科学又均有自己的研究领域,以成各自独立的科学系统。以往科学不发达,对部分"共相的关联"认识不够,因而没有获得相关知识。而未来随着对更多的"共相的关联"的发现与研究,各种交叉学科和跨学科的新型

---

① 英国哲学家布拉德雷(Francis·Herbert·Bradley)认为,两个个体一经发生关系就会互相影响,从而产生第三者,提出内在关系理论。而摩尔和罗素则提出外在关系理论,认为个体之间的关系并不能改变关系者的性质。金岳霖对共相关联的这种理解来源于20世纪初西方哲学的"外在关系"和"内在关系"的理论。(胡军:《道与真:金岳霖哲学思想研究》,人民出版社2002年版,第111页)

知识系统亦会必定出现,科学本身亦将获得继续的进步。

金岳霖告诉我们,对于科学而言,未曾现实的关联也许就是科学的假设或定义,就已经现实的关联而言,有些是已经被发现的,有些尚未被发现,已经发现的关联可以用普遍的真命题来表述,没有被发现的将来也可以用真命题去表述。并且,人们发现的"共相的关联"亦可能仅是其一小部分,这一小部分同时亦可关联着或大、或小的"共相的关联",且人们发现的一部分"共相的关联",亦可因为多种要素如科学仪器、知识水平、思维能力之限制,而提供或多或少的信息与知识。上述种种可能性,决定了现在的科学知识中,有的比较系统化,有的则不够谨严,有的则尚未构成系统。系统谨严的科学知识代表某一方面的"共相的关联"的秩序事实被人们掌握得较多,未成系统的科学知识代表某一方面的秩序事实人们了解得较少。甚至对某一方面的"共相的关联",人们可以因为没有完全发现其秩序而假定、猜想或自以为发现"共相"间的秩序,此部分知识本质是"假设性的科学"。若此种"假设性的科学"将来因为"共相的关联"的事实证实,即为真科学,否则即为假科学。

金岳霖提醒说,只有认识"共相的关联"的"科学知识"本身有真假,"共相的关联"则不能说有真假,而只能有"潜在"与"现实"之别。为此,他区别了"逻辑上的秩序"与"逻辑底秩序"的不同,"逻辑底秩序"本身就是必然的逻辑,逻辑是"可能世界"的"必然的关联",因而可独立于"本然世界"与"共相世界"。所以,逻辑不需要现实经验与具体事例之证实,自然不会假。而"逻辑上的秩序"只有"秩序"本身是符合逻辑的,有"秩序"的"关系者"本身则不是必然的。金岳霖提醒,任何一方面"共相的关联"的"秩序"不能独立于"共相","共相"的改变,会导致已经出现的现实,被将来的现实所推翻,已经发明的,可以被将来的新发现所否证。从此来说,任何一方面的"秩序",都有真假的问题。即是说,人类创造的知识都是相对的,是有真有假的。现阶段所证明的"真知识"未来亦可以随着知识的进步而变为"假知识"。

金岳霖认为,"共相的关联"要落实为现实的秩序,才能称为科学。因为,

"如果它不是实的,即令它不因此就假,它还是有能应用与否底问题,如果它不能应用,它不是所谓科学,它至多不过是一思想结构而已"①。由此看出,他是从经验实证的角度去理解科学的标准,也即是,只有能够被证实或证伪的知识理论,才是科学。而不能被证实的"思想结构",如哲学、形而上学、文学、诗学等,虽然有着明确的价值意义,但却不能称为科学。并且,"科学的秩序"遵照"共相的秩序"。而"共相的秩序"在某一现实维度体现的秩序又各不相同,因而各门科学的具体对象、领域、框架内容与表现亦多种多样。②

不过,虽然各种科学均有自己的对象、领域与不同的知识原理,但它们又共同遵照一个"至当不移"的秩序——"逻辑的秩序"。此秩序,也就是所有知识均遵守的"必然的逻辑"或者"必然的规律"。只不过,不同的科学知识,因为反映此"共相的关联"的方面与程度不同,因而体现此秩序的层次和程度也不同,并且,所有的科学知识都是既体现并无限接近此终极秩序,但却不会完全达到或实现此秩序。

由此,金岳霖基于其"逻辑本体论",设定了"科学知识—归纳问题—归纳逻辑—本体逻辑"的形而上学关联,既论证了"归纳问题"的必然性,又同时为科学知识的合法性提供了逻辑意义上的"本体论承诺"。当然,他对科学的本体的"逻辑解释",也并非仅适用于科学知识本身。事实上,他从"本体世界"的超越视角,借助"共相的关联"来讨论"归纳逻辑"的适用性问题,本身又提供了一种现代中国哲学视域下的认识论、知识论的解释范式。也即是,人类的认识、知识不止一种,只要它们能借助各自的概念命题系统表述"共相的关联"与宇宙的逻辑结构,即是合法的。这也表现出在其"逻辑的形而上学"视域中,"逻辑一元论"与"多元认识论"或"多元知识论"圆融谐洽的致思方式。

所以,在其语境中,以逻辑本体为科学知识甚至其他知识类型提供"本体

---

① 金岳霖:《论道》,商务印书馆1985年版,第100页。
② 虽然金岳霖以证实标准去界定科学。但他语境中的科学有狭义与广义之分。广义的科学知识,是一切人类知识系统的统称,甚至科学方法改造的哲学和形而上学,都可称为科学。

论承诺",这根本既是形而上学的问题,亦是知识论的问题。事实上,从逻辑视角去探讨归纳问题的合法性问题,在西方哲学界亦有大量的讨论。不过,在形而上学视域中对于"归纳问题"以及"归纳逻辑"的合法性的探讨,却较少直接与知识合法性尤其是科学知识合法性具体关联起来。反而是与金岳霖同时代乃至之后的西方学界聚焦"知识论"的研究者中,更关注"归纳问题"与"科学原理"的关系问题。一些学者在聚焦"自然定律"(laws of nature)合法性的研究中,正是以"是否承认必然性作为划分休谟主义与反休谟主义的标准"。"休谟主义"否认"必然性"的存在,"反休谟主义"则承认某种形式的必然性,如律则必然性(nomological necessity)、形而上学必然性(metaphysical necessity)等。而后者恰恰是认为科学定律反映的是"共相(universal)间的律则必然关系",进而明确主张为科学定律提供一个"恰当的形而上学前提"①。由此看,金岳霖以逻辑为本体,通过借助"归纳逻辑"为科学奠基,并非哲思独运。

当然,金岳霖以"逻辑本体论"为科学奠基,其科学观、知识观本质上还是类似于以笛卡尔代表的"基础主义"所持的科学观与知识观,即认定科学知识本身之合法性,需要某种确定的、统一的先验依据。而随着现代科学之发展,对非欧几何与量子力学的研究,与传统的欧几里得几何学、牛顿物理学的理论基础并非完全一致。所以,在一些科学家、科学哲学家看来,至少物理学方面的研究,并不必然要求一个先验的"实体"与"因果关系"为其提供知识合法性的保证②。这也表明,科学知识、科学原理的合法性问题是否必然导向形而上

---

① 倪明红:《论自然定律研究中休谟主义与反休谟主义之争》,《自然辩证法研究》2014年第11期。
② 当然这种立场,并不能彻底否认人类知识系统或哪怕是"科学知识"具有某种先验的根据与依据。事实上,从亚里士多德、康德到之后的新康德主义,以至中国的金岳霖,虽然力图为知识提供确切基础的使命从未改变,但作为此基础的先验根据,则是随着思想的进步、知识的深化而不断变化的。知识的先验基础,无论是表现为超越本体、物自体、因果关系,抑或是"前知识"的心理、思想逻辑、价值判断,均为哲学在科学时代不断探索提供了充分的经验与遥远的合法性预期。

的先验范畴,在不同立场的学人那里,是一个开放性的课题。

只是对于20世纪的中国哲学家来说,"科学的合法性"这个问题,归根到底还是"形而上学"尤其是"本体论"的问题。这是因为,无论是将本土哲学核心义理对接上科学文明,解决传统哲学知识的时代化与外来科学知识的中国化问题,还是基于哲学尤其是形而上学提供科学的超越解释与超越论证,以此回应哲学、形而上学的合法性问题,均需要超越认识对象、认识经验本身,而指向超越的理论之维。这是因为,从中国文化、社会、哲学转型的重大课题来看,"知识"若没有统一的基础与统一的逻辑,那么,不但人类的各种认识失去了客观性、一般性、普遍性,"科学知识"本身也会因此而失去合法性。由此,不仅西方文化中的科学的知识不具普遍必然性,中国人反复探讨向西方学习科学的进路、方式与实践亦失去了必要性。显然,金岳霖深刻认识到基于哲学为科学提供"本体论承诺"之重要意义。而这种"科学本体的逻辑解释学"范式,与同时代的"科学本体的道德解释学"范式,共同构成当时中国哲人对"科学的合法性"问题的中国式解释的两种主要模型。由此亦可看出,20世纪中、西方哲学虽同样将科学纳入解释视域,但与西方的"科学的哲学解释学"相比,中国哲学则创发了一种独特的"科学的本体解释学"。

第二节 "科学理性"的性能基础:
"良知坎陷"

20世纪初期,大量的科学著作、科学技术传入国内。而在深入认识到科学乃是技术、方法、原理、体制、精神合一的特殊文化机体后,一些现代哲人也开始重新探究中国为什么没能产生科学的深层根由。其中,现代新儒家群体尤其前后相继地讨论此问题。梁漱溟、熊十力均从思维方式和理性运用去探讨中、西文化的不同路向。之后,牟宗三、徐复观、张君劢以及唐君毅,在论及中国文化缺乏西方"近代的科学"与"实用技术","致使中国未能真正的现代化工业化"的根本原因时,也一致认为正是缺乏西方的"科学精神",才导致中国文化中没能产生科学。①

在他们看来"科学精神"就是"为求知而求知之态度"。而古代儒学过于看重"道德的实践",仅能使人成为"道德的主体",而不能成为"认识的主体"②。因此,他们主张要探讨在此儒家"道德的主体"中"兼为一认识的主体"的重要问题。其中,牟宗三更是在哲学研究中,专门聚焦此问题,提出了著名的"一心开二门"与"良知坎陷说"③,尝试在儒家良知本心的"道德理性"之外,开出"科学理性"或"知识理性"。由于其理论创建的逻辑基点正是儒家"道德的本体论",因而其最终目的,仍是将科学统纳入儒家"道德的形而上学"之中。

一、理性向度差异:"架构表现"与"运用表现"

牟宗三曾在不同著作中讨论过中国文化与近代科学、民主的关系问题。在他看来,虽然"中国向来不反对知识的追求、求知的真诚,尤其不反对自由民主的精神"④,但中国哲学过于重视"主体性(Subjectivity)"与"内在道德性"(Inner-morality),而不注重"客体性",不以"知识"为中心⑤,又轻视技术发明创造,从而认识论、知识论不发达,亦发展不出科学。通过比较分析,他发现中国文化关注内在德性的"内容真理",西方文化注重经验真相的"外延真理",

---

① 景海峰编:《为中国文化敬告世界人士宣言》,见《当代新儒家》,三联书店1989年版,第28页。

② 景海峰编:《为中国文化敬告世界人士宣言》,见《当代新儒家》,三联书店1989年版,第28—29页。

③ 学界前辈曾从不同视角对于牟宗三"良知坎陷"说予以讨论。近年来程志华教授对学界关于此说的以往争论与批评有专门的总结与讨论。(程志华:《牟宗三"良知自我坎陷"再辨析》,《哲学研究》2020年第12期)

④ 牟宗三:《中国哲学的特质》,见《牟宗三先生全集》第28卷,(台北)联经出版事业股份有限公司2003年版,第95页。

⑤ 牟宗三:《中国哲学的特质》,见《牟宗三先生全集》第28卷,(台北)联经出版事业股份有限公司2003年版,第4页。

而影响此差异的则是对"心智"("mentelity")即理性的不同运用方向。他提出两个重要概念:中国文化体现天人合一、物我合一、体用合一,乃是"理性之运用表现";西方文化体现天人二分、主客二分,将万物推开以做分析研究之对象,乃是"理性之架构表现"。而"凡是运用表现都是'摄所归能','摄物归心'。这二者皆在免去对立:它或者把对象收进自己的主体里面来,或者把自己投到对象里面去,成为彻上彻下的绝对……这里面若强分能所而说一个关系,便是'隶属关系'。……而架构表现则相反。它的底子的对待关系,由对待关系而成一'对列之局'(co-ordination)。是以架构表现便以'对列之局'来规定。"①

正因对理性之运用维度不同,西方文化体现为"分解的尽理之精神",而中国文化体现为"综合的尽理之精神"。此"综合"乃是就中国文化"上下通彻,内外贯通"之观念说,"尽理"则是从"尽心、尽性、尽伦、尽制"说。可见,中国文化始终关注"价值世界"的事,而轻视"实然世界"的事。所以,尽管在一般意义上,任何知识类型都建基于主体对客体之认识,但中国文化受儒家哲学主导,"仁心"主体秉持一种"智的直觉"以形成一种观念,将本该作为科学研究对象的客体"收摄"进所创造的"有机主义"、"整体主义"、"道德主义"的宇宙观。基于此种特殊宇宙观,主体与客体的"对列关系"始终无法建立,经验事物无法获得独立性,而成为研究对象,"心智"本身"既不经由经验,又不经由逻辑数学,当然不能成科学知识"。②

可见,决定中、西文化各自走向的乃是主体理性运用的不同向度。科学以"观解理性"或"理论理性"来观察事物,体现主体、客体之间的"对立关系"。而中国哲学惯用"实践理性"去"观照"或"寂照"万物,其特点如下:(1)是非

---

① 牟宗三:《政道与治道》,见《牟宗三先生全集》第10卷,(台北)联经出版事业股份有限公司2003年版,第58页。

② 牟宗三:《政道与治道》,见《牟宗三先生全集》第10卷,(台北)联经出版事业股份有限公司2003年版,第56页。

经验的,既不借助耳目感官,又不受耳目感官限制;(2)非逻辑数字的,既不是以理论形态出现,不需通过辩解的推理过程,亦不需要逻辑的程序和数学的量度。这种理性之作用是基于"道德心灵"展开,追求的是"德性之感召"或"德性之智慧妙用"。在《现象与物自身》一书中,牟宗三分析儒家之知识特性,说:"知体明觉之感应(智的直觉,德性之知)只能知物之如相(自在相),即如其为一'物自身'而直觉之,即实现之,它并不是把物推出去,置定于外,以为对象,因而从事去究知其曲折之相。'万物静观皆自得',在此静观中,是并不能开出科学知识的。"①

如上所述,牟宗三为中、西文化寻获了两种理论逻辑:体现"综合的尽理精神"之中国文化擅长"内容真理"(形而上学、道德哲学),主要受"理性之运用表现"限制;体现"分解的尽理之精神"的西方文化擅长"外延真理"(科学、逻辑学)得益于"理性之架构表现",两种学问本无价值高低。但中国转型急需科学,为此,思考"如何从运用表现转出架构表现","如何能由知体明觉开知性"②,始终是中国哲学彰显合法性之重要课题。

而牟宗三虽延续晚清以来儒学统摄、安置科学的问题意识,且亦从形而上学的"体—用"框架入手,但却非前人对科学与儒学关系的外在拼凑式认识:如魏源、冯桂芬、薛福成、严复等人的"技"(科学)—"道"(儒学)关系,或张之洞等洋务派的"体"(儒学)—"用"(科学)关系。表现在,牟宗三虽同样坚持形而上之本体"开出"形而下之科学,但他却试图"彻底反省外延真理背后那个基本精神"③。

不过,他仍没能超越儒学"内圣开外王"的老路。事实上,在写作《理性之

① 牟宗三:《现象与物自身》,见《牟宗三先生全集》第21卷,(台北)联经出版事业股份有限公司2003年版,第125页。
② 牟宗三:《现象与物自身》,见《牟宗三先生全集》第21卷,(台北)联经出版事业股份有限公司2003年版,第126页。
③ 牟宗三:《中国哲学十九讲》,见《牟宗三先生全集》第29卷,(台北)联经出版事业股份有限公司2003年版,第42页。

运用表现与架构表现》之前，牟宗三就明确："中国要在现世界站得住、立得起，必须由内圣开出外王处有一转折，绕一个弯，使能显出架构表现，以开出科学与民主，完成新外王的事业。"①而在《政道与治道》书中，他开始试图将科学、民主置于儒家内圣外王逻辑之中，指出："运用表现自德性发，是属于内圣的事。讲内圣必通着外王。外王是内圣的通出去。"②但根本问题在于，外王内涵之中，并不包含科学、民主这些"特殊结构"、"材质条件"。为此，就必须将这些新外王的"结构"与"材质"与内圣之超越本体建立理论关联。为此，即是从理性的"运用表现"转出"架构表现"，将儒学"道德理性"转出科学"观解理性"。这种理性的有机关联③，必然需要触及本体论域。

二、"认识心"如何可能："一心开二门"

"儒学本体论"，即天道心性之学，本质是以"道德本心"、"良知本体"为核心的内圣学。其思维方式表现为"仁智合一而以仁为笼罩者"。牟宗三认为，若使得原有仁心笼罩之智心（即"科学心"或"认识心"）独立彰著，而"智的全幅就是逻辑、数学、科学"④，自然可生成"观解"思维、对象思维，终成科学知识。为此，儒学必须将"仁智合一"观念"转折一下"，以开出"智心"（"认识心"）。但问题在于，作为超越的"本体仁心"（"道德心"），在理论上完全与科学无关，甚至其道德规定性尚与科学理性相冲突、相违背。为此，牟宗三从佛学"一心开二门"与康德的"两层存有论"来获取理论支持。

---

① 牟宗三：《人文讲习录》，见《牟宗三先生全集》第 28 卷，(台北)联经出版事业股份有限公司 2003 年版，第 134 页。

② 牟宗三：《政道与治道》，见《牟宗三先生全集》第 10 卷，(台北)联经出版事业股份有限公司 2003 年版，第 61 页。

③ 正如王邦雄所说，新儒家为了不引起在理性与情感上的对抗或破裂，就"通过中国文化传统，去开出当代的民主科学"。[王邦雄：《从中国现代化过程中看当代新儒家的精神开展》，(台北)《鹅湖》1983 年 10 月]

④ 牟宗三：《历史哲学》，见《牟宗三先生全集》第 9 卷，(台北)联经出版事业股份有限公司 2003 年版，第 195 页。

　　佛教《大乘起信论》中言"一心开二门",在理论实质上是一种形而上学的"本体论"。一心,即本体"如来藏清净心",二门,即"生灭门"和"真如门"。牟宗三以此"二门"来对应现象世界和形上世界:认识现象世界的发展规律,是"认识心";认识形上世界的本体,是"超越心"。而"生灭门"又相当于康德所说的"感触界"(phenomena),"真如门"则相当于康德所说的"智思界"(noumena)。受此启发,他认为科学知识以前者为对象,以成"执的存有论",儒学以后者为对象,已成"无执的存有论"。所谓"执",即是执着于经验现象。而之所以借鉴康德,将宇宙分为"无执的存有论"(本体界)与"执的存有论"(现象界),是在理论上为"科学的儒家解释学"服务:一是本心仁体(此时也被称为"自由无限心")以自我"坎陷"回答科学理性何以可能的问题;一是德性创生之宇宙观自我分裂为两层存有界,以为以往不曾关注的现象界提供依据。他指出:"自由无限心既朗现,我们进而即由自由无限心开'知性'。这一部开显名曰知性之辩证的开显。知性,认知主体,是由自由无限心之自我坎陷而成,它本身本质上就是一种'执'。它执持它自己而静处一边,成为认知主体,它同时亦把'物之在其自己'之物推出去而视为它的对象,因而也成为现象。"①而既然思想主体本身可有"道德主体"、"知性主体"两维度,那么即可用"一心开二门"来解决儒学道德论域转出"知性主体"即"认识心"的问题。

　　此"认识心"是与"道德心"完全不同的理性形式和观念系统。具体言,"认识心的全相"包括"直觉的统觉"之心,发展为"客观的心"或"逻辑的心"的过程。因此,其实际包含两个维度,一个是基于时空、范畴的"直觉的统觉之心",其以经验现象作为对象;一个是使得千头万绪、千变万化的经验现象得以贞定,使其客观化、规律化、系统化的"客观逻辑心"。"直觉的统觉之心"

---

　　① 牟宗三:《现象与物自身》,见《牟宗三先生全集》第21卷,(台北)联经出版事业股份有限公司2003年版,"序"第8—9页。

是客观逻辑心的必要基础。① 两个维度的认识功能,共同构成认识心,为科学认识得以可能提供基础。

可见,"认识心"乃科学得以可能的"观念性前提"。但是,"认识心"却并非超越本心之外的独立实体,而是本心实体自我"曲通"后之特殊形态,是形而上之本体的另一面向。因此,儒家哲学视域中"科学何以可能"之问题,虽然必须围绕"认识得以可能"之问题展开,但其根本上却非一个"认识论"或"知识论"的问题,而是一个"形而上学"的问题。② 牟宗三亦明确,对客观"认识心"而言,"逻辑理性不能保证之,必须有一超越形上学担任之"③。这样,按其理解,作为本体的道德实体与科学之关系,就应是:"道德实体→道德本心→本心自我'曲通'→认识心→科学理性(包括'直觉的统觉之心',类似认识论意义上的感性认识)、'客观逻辑心'(类型认识论意义上的理性认识)两维度→科学知识"的展开逻辑。所以,"道德心"与"认识心"之关系,并非"横列之平行关系",而是"纵贯之体用关系"。

此处问题在于,原已呈现为"惟精惟一"的精纯道德意识之"超越本心"如何自我"曲通"而为内容、指向、特性完全不同的科学理性呢? 儒学超越本体的本质规定性乃是天道心性贯通的"德性范畴",从"德性范畴"推出"认知范畴"这本身难道不矛盾吗? 而牟宗三亦承认科学理性之"观解的"、"架构的"思维,与德性本体的万物一体、德性流布之宇宙观相冲突。他坦言:"德性,在其直接的道德意义中,在其作用表现中,虽不含有架构表现中的科学与民主,但道德理性,依其本性而言之,却不能不要求代表知识的科学与表现正义公道

① 王兴国:《牟宗三哲学思想研究——从逻辑思辨到哲学架构》,人民出版社 2007 年版,第489 页。
② 将"认识心"置于形而上学之中,牟宗三还使用了"两层存有论"的理论框架进行解释。"认识心"对应的是"执的存有论",其理论系统表现为科学,道德本心对应"无执的存有论",其理论系统表现为形而上学。
③ 牟宗三:《认识心之批判》上册,见《牟宗三先生全集》第 18 卷,(台北)联经出版事业股份有限公司 2003 年版,第 376 页。

的民主政治。而内在于科学与民主而言,成就这两者的'理性之架构表现'其本性却又与德性之道德意义与作用表现相违反,即观解理性与实践理性相违反的东西。……这显然是一种矛盾。它所要求的东西必须由其自己之否定转而为逆其自性之反对物(即成为观解理性)始成立。"①这样,如何既保证儒家德性本体的形上地位不变,又使得道德心转为认识心,从"德性"(道德理性)"逆着"转向本与其"违反"的"知性"(科学理性),就是搭建儒学与科学内在关联的核心要义。

三、"本体论承诺":良知自我"坎陷"

儒家哲学中的超越本体,历来被视为生化万物的道德实体。牟宗三是"一心开二门"更应表述为"一体开二心",此"一体",即形而上之道德实体,"二心"即"道德心"与"知识心"。在古代儒学中,此"道德实体"是无限的,绝对的,必然的,那么作为此本体之显现者、彰显者与实践者,"道德心"能够呈露无条件的道德意识,践行无条件的定然命令,落实无条件的道德实践。自此而言,超越实体即是"道德心"。而"道德心"之能力,即是"不虑而知、不学而能"的良知良能。还原此种形而上学逻辑,道德实体乃是理论上之"必然","道德心"乃是本体必然规定性的普遍现实化,是为"本然",而良知("知体明觉")乃是必然本体的普遍属性,在具体时空中的具体呈现,是为"实然"。按照牟宗三道德理性与科学理性之区分,道德实体是形而上学本体,"道德心"是本体在现实世界的普遍样态,而良知则是此样态之具体能力呈现——道德理性。

在古代"儒家形而上学"语境中,对此"道德实体"—"道德心"—"良知(道德理性的仁智合一观念)←→经验"的范畴边界尚未形成明晰的界定。尤其是古代儒者多从良知良能去论证本心之先验性,因而在赋予良知能动性的

_____

①　牟宗三:《政道与治道》,见《牟宗三先生全集》第10卷,(台北)联经出版事业股份有限公司2003年版,第63页。

同时,消解了其本该具有的经验面向。按牟宗三"一体开二心"说,其超越本体与认识的关系,似乎应为以下进路:"道德实体"—"认识心"—"科学(观解理性的对列观念)←→经验"。这个过程,牟宗三称为良知"自我坎陷"("self-negation")。

(一)"良知"与"坎陷"的本意

不过,在阐述"良知坎陷"时,他不断论说从"道德心"开出"认识心",从道德理性转出科学理性,因而始终给人如下错觉:一是,"道德心"就是超越本体,"认识心"是经验产物,因而上述形而上之本体开出形而下之科学的"必然→本然→实然"的本体现实化逻辑,就变成"必然→实然"的逻辑断裂。二是,"道德心"并非超越本体,而是本体现实化的普遍规定性。这样,"坎陷"就遭遇"道德心"(心的普遍道德规定性)→"认识心"(心的个体时空中的经验面向)的理论矛盾。

而欲准确厘清"良知坎陷",首要问题把握"坎陷"之意。在1942年的《阴阳家与科学》文中,牟宗三已经使用了此概念。[①] 在1947年的《王阳明致良知教(上)》中,他已自觉讨论"良知本体"与科学知识之关系问题,他将"致良知"解释为"良知自己决定坎陷其自己:此亦是其天理中之一环。坎陷其自己而为了别以从物:从物始能知物,知物始能宰物,及其可以宰也,它复自坎陷中涌出其自己而复会物已归己,成为自己之所统与所摄。……此方是融摄知识之真实义。"[②]可见,在早期他已经设定了良知"开显"科学对象及科学知识后,再将其"收摄"进"道德意识"的特有逻辑。

而在20世纪40年代末完成的《认识心之批判》一书中,他运用"坎陷"一

---

① 肖雄:《牟宗三"坎陷"概念的产生与早期发展脉络》,(台北)《哲学与文化》,2019年3月。

② 牟宗三此时理解的"坎陷"即是之后成熟时期的《现象与物自身》书中,主要从"智的直觉转出识心"解释坎陷的早期表达。肖雄:《牟宗三"坎陷"概念的产生与早期发展脉络》,(台北)《哲学与文化》,2019年3月。

词,主要是在"认识之心"①与科学之间建立"逻辑之心",以建立成就科学知识的先天"格度"。他说:"理解限于辩解中始能成知识,而限于辩解中必有成就其辩解之格度。是以格度之立全就理解之坎陷一相而言之。此一坎陷是吾人全部知识之形成之关键,是以论知识者皆集中于此而立言,寖假遂视此为全部理解相状之所在,而不复知其只为一坎陷之相状。……自理解本身言之,理解外用而坎陷其自己亦成功知识,然其本身之根源处却是一自发之创造性:它坎陷其自己以成功坎陷中之辩证,同时由其根源处,它创生其自己而破除其坎陷,而从坎陷中提起。"②此处的"坎陷",主要是在认识论维度设定两种认识方式之转换,即"理解"从"直觉状态"坎陷为"辩解状态",开始聚焦时空、逻辑、概念、命题等科学知识系统得以可能的基本要素与经验对象。③ 可见,这种"认识心之坎陷",也被他称为"直觉的理解之坎陷",主要在认识论维度进行讨论,而极少关涉道德形上实体与道德观念之主宰问题。

由此,在牟宗三思想早期,"坎陷"出科学的"认识心"之主体,实际有"良知"与"认识之心"两种说法,而此时的"坎陷"是否遵从一种形而上学逻辑,学界则各有解读。但在之后的"新外王三书"等著作中,他则开始明确从"内圣"开出"新外王"的儒家道德形上学逻辑,去理解形而上的良知本心实体与形而下的科学知识的本体生成模型。而他区分儒学和科学的诸种表述:"综合的尽理之精神"与"分解的尽理之精髓"、"理性的运用表现"与"理性的架构表现"、"理性的内容表现"与"理性的外延表现",均是基于本心实体展开。如在《道德的理想主义》中,他即对"新外王"有明确的构想:

---

① 对此坎陷之主体,牟宗三在此书中称为"认识之心"(寂照之心),其本质是科学认识之前的"超理智的认识心"。同时,他对此"寂照之心"又区分了儒家与佛、道之不同,认为前者才是形上本体。显然,此时期"认识之心"绝不同于后期"良知坎陷"所得之"认识心",即纯粹的理智认识心、科学认识心。

② 牟宗三:《认识心之批判》下册,见《牟宗三先生全集》第 19 卷,(台北)联经出版事业股份有限公司 2003 年版,第 610—611 页。

③ 颜炳罡教授也就此认为,牟宗三在《认识心之批判》中理解之坎陷,主要是理性思维之运用或起用,所以坎陷的全过程,就是知识的完成过程。

依据此纲维,开出中国文化发展之途径,以充实中国文化生命之内容。由此而三统之说立:

一、道统之肯定,此即肯定道德宗教之价值,护住孔孟所开辟之人生宇宙之本源。

二、学统之开出,此即转出"知性主体"以融纳希腊传统,开出学术之独立性。

三、政统之继续,此即由认识政体之发展而肯定民主政治为必然。

此皆为随时建立此纲维,而为此纲维之所函摄而融贯者。①

对于三者的关系,他明确以"道德宗教的学问之纲维"作为"日常生活方面的常轨",在科学知识之外,设定更高一层,更具纲维性、笼罩性的"圣贤学问"②。这是因为,科学本身亦是生命精神的落实,因而必须发展此知识之学。使得儒家以往完全的"德性之智"、"超越之智"所笼罩的"圆智",转出科学的"知性之智"、"分解之智"。他解释说,此种"智,必须暂时冷下来,脱离仁,成为纯粹'知性',才有其自身独立的发展,因而有其自身的成果,这就是逻辑、数学与科学。智成为纯粹的知性,才能与物为对为二。"而发展出"知性",即"知性主体"的出现,方可"携其逻辑、数学的理性的运用而观解外物,则'自然'始成为真正的知识之所对,成为纯粹的自然物,只就其为一物而理解之。如是,方能发见其律则,而自然科学始能成立。"③

而在《历史哲学》中,他也解释说:"因为圆智、神智是无事的。知性形态之智是有事的。惟转出知性形态,始可说智之独立发展,独具成果(即逻辑、

---

① 牟宗三:《道德的理想主义》,见《牟宗三先生全集》第9卷,(台北)联经出版事业股份有限公司2003年版,"序"第9页。
② 牟宗三:《道德的理想主义》,见《牟宗三先生全集》第9卷,(台北)联经出版事业股份有限公司2003年版,第196页。
③ 牟宗三:《道德的理想主义》,见《牟宗三先生全集》第9卷,(台北)联经出版事业股份有限公司2003年版,第202页。

数学、科学),自成领域。圆智、神智,在儒家随德走,以德为主,不以智为主。……智只是在仁义之纲维中通晓事理之分际。……一个文化生命里,如果转不出智之知性形态,则逻辑、数学、科学无由出现,分解的尽理之精神无由出现,而除德性之学之道统外,各种学问之独立的多头的发展无由可能,而学统亦无由成。"①也即是,作为以道德理性为本质之"良知",其原本是对应"仁义之纲维"之类的经验去呈现。而"良知"所开显之科学理性,亦非凭空创造,而是本心实体将其理性运用聚焦于经验现象而出现的。

可见,"良知坎陷"本意是形上本心之"知体明觉"从道德经验转向科学经验,而转出科学理性。这种"仁智合一之心"转出"知性"的方式,被牟宗三视为内圣开出"新外王"。如他说:"以前儒者所讲的外王是由内圣直接推出来:以为正心、诚意即可直接函外王,以为尽心、尽性、尽伦、尽制即可直接推出外王,以为圣君、贤相一心妙用之神治即可函外王之极致:此为外王之'直接形态'。这个直接形态的外王是不够的。现在我们知道,积极的外王,外王之充分地实现,客观地实现,必须经过一个曲折,即前文所说的转一个弯,而建立一个政道,一个制度,而为间接的实现:此为外王之间接形态。亦如向上透所呈露之仁智合一之心需要再向下曲折一下而转出'知性'来,以备道德理性(即仁智合一的心性)之更进一步地实现。经过这一曲折,亦是间接实现。"②而在20世纪50年代中期《理性的运用表现和架构表现》一文中,他也明确了道德理性自我"坎陷"以成观解理性、科学理性的主张。

(二)"辩证发展"与"辩证开显"

这样,"良知坎陷"本意已经清楚,即是人从以往儒家观念笼罩下的道德

① 牟宗三:《历史哲学》,见《牟宗三先生全集》第9卷,(台北)联经出版事业股份有限公司2003年版,第206—207页。
② 牟宗三:《历史哲学》,见《牟宗三先生全集》第9卷,(台北)联经出版事业股份有限公司2003年版,第219—220页。

理性转出科学理性,以为科学实践提供"观念性前提"。按其理解,儒学与科学均是理性之表现,道德理性摄物归心,科学理性与物为对,自然不存在谁开出谁的可能。但为了转出认识心,就必须依靠理性主体自身"把'所'与'物'推出去,凸显出来,与自己成一主宾对列之局"①,将以往消解于道德宇宙中之万事万物的个别相、差异相、生灭相凸显出来。在《现象与物自身》书中,他也说:"知体明觉之自觉地自我坎陷即是自觉地从无执转为执,自我坎陷就是执。坎陷者下落而陷于执也。不这样地坎陷,则永无执,亦不能成为知性(认知的主体)。"②还强调:"识心之执既是由知体明觉之自觉地自我坎陷而成,则一成识心之执即与物为对,即把明觉感应之物推出去而为其所面对之对象,而其本身即偏处一边而为认知的主体,因此,其本身遂与外物成为主客之对偶,此曰认识论的对偶性(epistemological duality),此是识心之执底一个基本结构。"③

按牟宗三此时将"道德心"、"认识心"与"无执的存有界"、"执的存有界"相对应的观点,"道德心"转出"认识心"的问题,有其存在论意义的两维世界之基础。"执的存有界"即为经验现象的世界,只是,在"道德心"的本然状态时,它所表象的经验仅关涉应然判断与道德实践,主要关注其道德意义及其精神价值,而"认识心"出现时,它表象之经验乃是事物现象与科学实践,主要关注的则是其普遍范畴与规律定义。

不过,他也提醒说,此"认知我"虽非感性现象意义上的我,但亦不是"知体明觉之真"。其根本上"是由知体明觉之自我坎陷之一执而成者"。所以,这种"坎陷"之结果,即是从"道德的我"转出"逻辑的我"、"架构的我"。他解

① 牟宗三:《人文讲习录》,见《牟宗三先生全集》第28卷,(台北)联经出版事业股份有限公司2003年版,第140页。

② 牟宗三:《现象与物自身》,见《牟宗三先生全集》第21卷,(台北)联经出版事业股份有限公司2003年版,第127页。

③ 牟宗三:《现象与物自身》,见《牟宗三先生全集》第21卷,(台北)联经出版事业股份有限公司2003年版,第187页。

释说:"经由这一执所成的认知主体(知性)是一个逻辑的我、形式的我、架构的我,即有'我相'的我,而不是那知体明觉之'真我'(无我相的我)。同时它亦不是那由心理学意义刹那生灭心态串系所虚构成的心理学的假我。"①

但根本问题在于,若坚持"儒学本体论","知体明觉"在儒家视域中亦无自性,而不过是超越本体("道德实体")的现实规定性。这样,"道德心"转出"认识心"的规定性,只能上溯到超越本体。但问题却在于,"儒学本体论"所预设之超越本体,有且只有道德规定性。因此,将"坎陷"理解为"良知"(道德理性)转出"认识心"(科学理性),并不存在"本体论"之合法性。而若将"坎陷"理解为"超越本体"直接转出"认识心"(科学理性),又必须面对本质规定性毫无关联之二者,以此种"直通"转出的困境。而牟宗三既不愿消解儒家"道德本体论",又试图对科学做"道德本体论"的说明。为此,他不得不提出"曲通"、"转折"等说辞来化解矛盾。他强调儒家之"内圣"对科学"外王"的"本体生成",只能以间接方式,通过范畴内涵的"曲通"或"突变"将"认识心"有机嵌入"内圣"理论范畴,"在曲通之下,其中有一种转折上的突变,而不是直接推理"②。

此"曲通"与"突变",是为解决"良知本体"道德属性与"认识心"知识属性的异质冲突问题,而其实质,即是所谓的"辩证的发展"说。对此说,牟宗三解释说:"从理性之运用表现到架构表现,是转折上的突变,不是直线之推理,故虽说架构表现必以运用表现为本,但直接却推不出来。……凡直接推理可用形式逻辑之方式把握之,但转折上的突变,却是一辩证的发展。"③在他处,他还称为"辩证的开显":"知体明觉不能永停在明觉之感应中,它必须自觉地

①　牟宗三:《现象与物自身》,见《牟宗三先生全集》第21卷,(台北)联经出版事业股份有限公司2003年版,第128页。
②　牟宗三:《政道与治道》,见《牟宗三先生全集》第10卷,(台北)联经出版事业股份有限公司2003年版,第63页。
③　牟宗三:《人文讲习录》,见《牟宗三先生全集》第28卷,(台北)联经出版事业股份有限公司2003年版,第137页。

自我否定(亦曰自我坎陷),转而为'知性';此知性与物为对,始能使物成为'对象',从而究知其曲折之相。它必须经由这一步自我坎陷,它始能充分实现其自己,此即所谓辩证的开显。"①而两说之本质,均是明确能自我"坎陷"之良知,并非在经验中呈现之道德理性,而是"道德本体论"意义上的超越实体。此形上实体之"坎陷",乃是辩证地建立新的实践维度,也即是,"坎陷"本质是形而上之实体自我发动的革命,此革命它是"在自己而又对自己",以及"它在跃起之自觉中建立其自己,同时即在此中客观化其自己"②。

超越实体自己树立自身的对立面,是"本体论"意义上"绝对的主体",转换出"认识论"意义上"客观的主体"。他说:"这表面或平列地观之,是矛盾;但若内在贯通地观之,则若必须在此一逆中始能满足其要求,实现其要求,则此表面之矛盾即在一实现或满足中得消融。而此实现是一'客观的实现',如是即在一客观实现中得消融。由此一消融而成一客观实现,即表示曲而能通。……如只是主观实现,则可表之以逻辑推理;而如果是曲通由之以至客观实现,便非逻辑推理所能尽。"③

可见,所谓的"曲通"、"辩证",根本是形上实体→形下经验的本体生成逻辑。"坎陷"之起点,是实在的超越实体,"坎陷"的终点,是现实的理性能力。"良知坎陷"乃是"体—用"架构之具体落实:"德性实体"(良知)→"认识心"→"科学(观解理性的对列观念)←→经验"。牟宗三之初衷,乃是在"儒学本体论"之逻辑运演中,将"认识心"作为超越实体与形而下之经验世界的"逻辑中转"或"过渡环节",以此实现科学的"儒学本体论承诺"。但此处遇到的问题是,若以良知本体"坎陷"出"认识心",那么"认识心"即处于上文"必然"→

① 牟宗三:《现象与物自身》,见《牟宗三先生全集》第21卷,(台北)联经出版事业股份有限公司2003年版,第126页。
② 牟宗三:《认识心之批判》上册,见《牟宗三先生全集》第18卷,(台北)联经出版事业股份有限公司2003年版,第96页。
③ 牟宗三:《政道与治道》,见《牟宗三先生全集》第10卷,(台北)联经出版事业股份有限公司2003年版,第63页。

"本然"→"实然"的本体生成逻辑中之"本然"地位。但这样,"认识心"与"道德心"就处于同一维度,"道德心"在理论上即无规范"认识心"之可能性。

他乐观认为,良知转出科学理性后,即"暂忘"与"退隐",以赋予科学理性与科学实践之独立性,但是,儒家"内圣—外王"观念,始终要求挺立于一现实的道德人格。所以,若在此框架下,道德理性显然不会真正"退隐",道德观念依然笼罩在科学人格之上,二者间本质上的天人合一与物我两分、万物有生与研究实验、应然判断与实然解释的冲突,始终是儒家道德理性与科学理性相"背反"的关键所在。① 而若为保障科学独立性,在具备科学理性之后,真正清除道德观念的影响。那么,就会出现如下困境:或者道德理性之内圣为确保新外王之独立性而丧失原有的普适影响,或者新外王遵照自身"分解的尽理精神"而形成独立的理性王国。显然,两种困境均非基于"道德本体论"的"体—用"逻辑而展开之"内圣—外王"架构所能涵盖。

(三)"主体活动之能"

所以,我们在牟宗三的论述中,又发现了另一种"坎陷":"主体活动之能"说。也即是,他不再单纯强调"良知"超验实体对"科学心"之形而上"生成"逻辑,而仅从道德理性之求善、求好、求真去作为科学之前提:"诚心求知是一种行为,故亦当为道德理性所要求,所决定。无人能说诚心求知是不正当的,是无价值的。……既要求此行为,而若落下来真地去作此行为,则从'主体活动之能'方面说,却必须转为'观解理性'(理论理性),即由动态的成德之道德理性转为静态的成知识之观解理性。这一步转,我们可以说是道德理性之自我坎陷(自我否定):经此坎陷,从动态转为静态,从无对转为有对,从践履上

---

① 牟宗三不仅将科学套在"道德理性"中,还套在"民主政治下"。其本意是将技术现代化与自由、平等、人权运动等现代文明结合起来,认为这种全面的现代化,才是"现代化的本质意义之所在"。[牟宗三:《政道与治道》,见《牟宗三先生全集》第10卷,(台北)联经出版事业股份有限公司2003年版,"新版序"第19页]

的直贯转为理解上的横列。"①

而在《道德的理想主义》中,他亦肯定"理性主体"可落实为践行道德的"道德主体"、创造科学的"知性主体"、制定民主的"政治主体"、体会美感的"审美主体"等。但同时明确科学理性不过是主体理性能力的一个维度或一个面向。他说:"科学是系属于成就科学的'知性'的,这就是把科学系属于'思想主体'了。其次,须知'知性'或思想主体的本性及其限度;知性只是人的心灵活动之一形态,思想主体只是内心主体之一形态。"②既然科学仅是"知性"或"思想主体"的"机能"的产物,那么对具有多种维度与面向的心灵能力而言,科学理性显然是第二性的特殊运用与具体表现。

此种解释在现实维度显然合理。否则也就无法回答世界上包括中国在内的其他后发国家,之所以能学习、引进科学知识与技术,进而将其落实在教育层面,从而实现科学化、技术化的显著成就之根本原因。显然,从"主体活动之能"即理性能动性,去处理道德理性与科学理性的关系,不失为一条合理路径。人理性能力的运用与实践,乃是出于作为"观念性前提"价值选择、价值判断、意义理解,由此言,"主体活动之能"本身,更多呈现出价值取向与意义选择内涵。所以,科学理性、科学知识、科学实践的可能,既是"主体活动之能"的产物,又是价值与意义的产物。

但即便如此,本质规定性为价值性与道德性的"主体活动之能",却并非牟宗三明确坚持的形上超越实体。且其与科学理性的关系,虽亦有"体—用"逻辑,但却仅是一种潜在的、可能逻辑。也即是,在理论上,"主体活动之能"的道德理性仅是产生科学理性的"形式的必要条件"而非"实际的充足条件"。他曾将科学视为儒家"事功精神"的落实,认为儒家可从"动机之善"去为科学

---

① 牟宗三:《政道与治道》,见《牟宗三先生全集》第 10 卷,(台北)联经出版事业股份有限公司 2003 年版,第 63—64 页。

② 牟宗三:《道德的理想主义》,见《牟宗三先生全集》第 9 卷,(台北)联经出版事业股份有限公司 2003 年版,第 236 页。

兴趣、科学研究提供一种先在的"动机源",但以"要求科学"的"内在道德动机"去解释儒家良知作为科学事功"动机"的本体地位,显然又回到了良知与科学间始终存在的巨大逻辑断裂困境。并且,此种解释无法回答,为何不止是儒家文明或儒化社会才具此种"主体活动之能",而这也符合恰恰是非儒家文明主宰与影响下的生活共同体,才率先发明科学的基本事实。事实上,他亦坦承基于主体之能的"坎陷"与"曲通",仅是一种可能性的探讨。他明确承认:"良知不是成功科学知识的一个认知机能"①。

在他所举的可从"山川气象"之传统精神观念转出现代"高楼大厦"之物质存在的例子中,他正是认为前者只是"一个形式的必要条件",而非"实际的充足条件"。所以,即便儒家人格"坎陷"后具备科学理性,但仍然要承认:"有了德性,亦不能直接即有科学与民主政治"②。可见,"主体之能"仅有开显、运用科学理性的"向度"而非形上实体开出科学理性的"必然","坎陷"之后,儒学与科学仍处于逻辑的潜在性与可能性关系中。而若从此理解"坎陷"说,那么"主体之能说"隐然消解"本体生成说"的可能,并内在瓦解了牟宗三所试图证明的儒家德性本体与科学理性的必然逻辑。

"坎陷"一词乃是源自《周易·说卦》的"坎,陷也。"一般易学研究认为,坎卦的卦象,有上下贯通之意。回顾百年来儒学遭遇科学始终被"拒斥"与"驱逐"的困境,牟宗三显然试图将二者之"横列"冲突转为"纵观"的顺成,提供一种"辩证的(dealectical),即是辩证的必然性"③。只不过,他选择了"本体生成论"的"创生义"逻辑,来确保"儒家形而上学"对科学的解释效力以及现代范导能力。虽然"良知坎陷"类似于康德所说的"经院式的概念"(scholastic

① 牟宗三:《政道与治道》,见《牟宗三先生全集》第10卷,(台北)联经出版事业股份有限公司2003年版,"新版序"第18页。
② 牟宗三:《政道与治道》,见《牟宗三先生全集》第10卷,(台北)联经出版事业股份有限公司2003年版,第62页。
③ 牟宗三:《中国哲学十九讲》,见《牟宗三先生全集》第29卷,(台北)联经出版事业股份有限公司2003年版,第279页。

concept)，追求一种"理论系统的统一"和本体知识的"逻辑圆满"（logic perfection）。但从理论上看，此"道德实体"（"必然"）→"道德心"（"本然"）→"良知"（"实然"）←→经验（产生"科学心"）之进程中，根本无需将"道德实体"视为逻辑起点。就此看，儒家若试图对科学给予"本体论承诺"，"本体生成论"是走不通的。显然，以良知本体"保住科学知识的必然性（'necessity'）"，已然溢出了其解释效力之范围。

"良知坎陷"说提出后，颇受学界关注，并引发诸多讨论。比如，林毓生认为以科学实存为前提的"良知坎陷"只是把结论预设在前提之中的"循环定义"，"坎陷"是"使用具有普遍意义的形而上学观点来面对中国历史境况中的特殊问题，从而致使他的看法变得不甚相干。"傅伟勋认为"坎陷"说，"仍不过是张之洞以来带有华夏优越感的'中学为体，西学为用'的现代翻版而已，仍突破不了泛道德主义的知识论框架。"①景海峰认为："一种观念提纯式的运作，没有了历史真实，没有了当下情景，只剩下一大堆抽象概念的博弈和滑转。"②林安悟也认为"良知自我坎陷"乃是使用了"存有的发生学方法"，是采用了一种倒退论证的方式，这个方式本身是一种"理论的次序"，而非科学实践的"发生的次序"，而林安悟本人则主张放弃对理性的过度依赖，放弃对科学理性之理论建构，而是采用"学习的次序"，与科学平等对待。蒋庆批评牟宗三背离了孟子、阳明的良知学，将良知从生命证悟的精神境界具化为认识论上的"理性概念"，将良知的"呈现"物化为"生成"，其将"一心开二门"引入儒家良知学，乃是消解儒学真意。郑家栋认为牟宗三将历史、社会实践的问题简单归为心性问题，体现了道德主义的立场。颜炳罡则认为，应区分哲学理论与现实实践的分野，过于逼问"良知坎陷说"的"现实效应"是幼稚的，而基于此理论"缺乏因果的必然性就完全抹杀它的理论价值，甚或认为它是主观唯心

---

① 傅伟勋：《从西方哲学到禅佛教》，三联书店1989年版，第449页。
② 景海峰：《简论牟宗三圆善论的理性主义困境》，《深圳大学学报（人文社科版）》1999年第1期。

主义的变戏法则完全是误读、误解"①。

　　而牟宗三以儒家"良知本体论"、"内圣开外王"来解释科学合法性问题时,虽存在诸多问题。但在经验现实层面,以道德理性"制衡"与"规范"科学理性、科学实践则无疑是正确的。正如他所说:"科学之发展固是知识上之佳事,然人之心思为科学所吸住,转而为对于价值德性学问之忽视,则亦正是时代之大病。"②事实上,若将"良知坎陷"从"超越性生成"转向"超越性解释":一方面,良知是以道德理性为规定性的人格主宰,并具有"德行的优先性与综纲性"。另一方面,作为行为实践、道德判断、知识效用价值评判的主体,在经过必要的理性衡量后,将认识能力、兴趣爱好、学习实践转向更具现实意义的科学,同时,又在诸多社会科学实践的选择冲突、价值冲突时,保持人之为人的道德立场、伦理规范、终极关怀。若此,依然可说"识心之执与科学知识是知体明觉之所自觉地要求者",但此"知体明觉"既不需要超越天道作保障,又无需超拔为形上实体,而仅是生存共同体的道德规范所培育的道德人格。若将此人格视为内圣,将科学视为外王,那么儒学依然可在内圣(主体良知维度)为科学理性"立法",亦在外王(知识评价与实践规范维度)为科学实践"立规"。而此种意义上的"良知坎陷"显然更具理论合法性。

第三节　价值宇宙对科学的"统摄"

　　金岳霖以"逻辑本体"为"科学知识"得以可能的"归纳原则"提供超越理据。牟宗三以"良知本体"的自我"坎陷"为"科学理性"得以可能提供超越依据。这种理论尝试,主要是一种"本体生成论"的模式。在重建形而上学的整体视域下,他们表现出基于各自的"逻辑的形而上学"与"道德的形而上学"为

① 颜炳罡:《整合与重铸——牟宗三哲学思想研究》,北京大学出版社2012年版,第177页。
② 牟宗三:《道德的理想主义》,见《牟宗三先生全集》第9卷,(台北)联经出版事业股份有限公司2003年版,"序"第6页。

科学提供"本体论承诺"之用意。

其他哲学家从"形而上学"视角审视哲学与科学、儒学与科学之关系问题时,同样基于对新的超越本体之建构与阐释,论证哲学本体范畴与科学技术知识之内在理论逻辑。但相比之下,方东美、贺麟、唐君毅更注重据此新的本体论或体用论,来阐发一种新的"价值宇宙观"与"知识价值论"。表现在,他们以中国哲学尤其是儒学的道德理性与礼法观念为新时期的科学文化与科学社会之最高价值原理,进而将人类创造的各种文化成果、知识系统、实践行为予以价值层级、意义等级的重新排序。从而提供了一个以价值逻辑、意义逻辑为标准而构造的知识宇宙新层级与知识大厦新结构。因而,他们的学说可视为是基于一种"价值的形而上学",以建立评价文化知识、实践行为的"价值体用论",从而为科学提供"知识价值标准"的新理论尝试。

一、"价值层级的知识观"

(一)"层叠的宇宙观"立场

方东美青年时期即关注"科玄论战"讨论问题,他既在《哲学三慧》中仿照梁漱溟确立了不同文化系统的"文化类型"、"文化形态"框架,又专门著《科学哲学与人生》一书接续论战的课题。为了探求科学产生的原因,他深入比较中、西方文化,并将科学的出现归因于西方文化中居于主流的宇宙观。对此,他在不同时期均有论述。

统而观之,可以将西方宇宙观的形态归结为以下几种:(1)西方文化中存在"现象的宇宙观"。自古希腊开始,西方人多将宇宙的本体视为超绝时空的纯粹自我统一。这样,宇宙虽被分为"本体世界"与"现实世界",但后者不过是虚幻不实的现象,宇宙进程不过是无尽现象的集合。(2)西方文化存在必然规律与秩序"定律的宇宙观"。由此对宇宙万事万物的变化发展,在宗教上被理解为一个"命定的顺从秩序",在科学上被理解为客观的必然规律。(3)

近代以来,西方人又以某种"机械的方式"、"机械的质力"、"机械的秩序"来说明宇宙万事万物的关系及其运动变化,从而表现为"质力的自然观"①或"质力的宇宙观"。(4)近代科学家应用"数理上静性的结构"解释宇宙人生,用数学计算的原理来解释客观事物甚至生命现象,将其"化为抽象条件而表现数理和谐性",均是体现了"数理的宇宙观"②。

这种事实的、机械的、质力的、数理的宇宙观被他统称为"物格化的宇宙观"。在此种宇宙观的影响下,近代西方发展出了科学。但同时,在方东美看来,这种"物格化的宇宙观","因为要确守逻辑的谨严,追求方法的利便,重视客观的真实,乃遂剥削自然界之内容,只承认时空数量物质之存在,而抹煞人类心理属性之重要。因此艺术才情所欣赏之美、道德品格所珍重之善、哲学宗教所覃思之真,以及其他种种价值,都失其根据而流为主观的幻想。这是文化发展上一种极大的危机。"③

相比之下,中国文化中的宇宙观则完全不同。如他说:"希腊人与欧洲人据科学之理趣,以思量宇宙,故其宇宙之构造,常呈形体着明之理路,或定律严肃之系统。中国人播艺术之神思以经纶宇宙,故其宇宙之景象顿显芳菲蓊勃之意境。……准此以言,希腊人与近代西洋人之宇宙,科学之理境也;中国人之宇宙,艺术之意境也。"④这种"意境的宇宙观",不同于常识与科学认识,而是一种独特的生命体验、生命创造的产物。"中国人之视宇宙多舍其形体而穷其妙用,纵有执著形质者,亦且就其体以寻绎其用"⑤。也即是,中国哲学将宇宙视为物质与精神的统一体,将其作为"情愁意想所行之境",进而领会"冲虚绵渺之意境"。"情愁意想"作为一种精神的创造附着贴合于宇宙所展开的现实图景之上,因而实际上是"感性"、"悟性"、"理性"、"情感"、"意欲"与

---

① 方东美:《科学哲学与人生》,商务印书馆1937年版,第207页。
② 方东美:《生生之德》,中华书局2013年版,第66页。
③ 方东美:《方东美先生演讲集》,中华书局2013年版,第170页。
④ 方东美:《生生之德》,中华书局2013年版,第100—101页。
⑤ 方东美:《生生之德》,中华书局2013年版,第103页。

"知能"共同作用的复杂精神实践与思想创造。

方东美描绘人认识宇宙及其万物时的这种精神实践与思想创造时说："情感牵连感性而成自然的灵魂,情感注入悟性而为合理的灵魂,情感洽化理性而起空灵的幻想,意欲杂糅感性而生冲动,意欲配合悟性而生目的,意欲融贯理性而呈自由。这些活力镕冶在一起,共促心灵一贯向上发展、向外表现,形成不同层叠的主要知识活动与知识方式。"①

"层叠的主要知识活动与知识方式",是以宇宙大生命机体所展现的"层叠的宇宙"为对象。生命宇宙中所创造万事万物,既是生命机体的产物,亦是生命追求的体现。因此,宇宙不是漆黑一团,也不是寂静死物,而是在进化发展中彰显价值的舞台,万事万物都体现了丰富多彩、内蕴丰富的精神色彩与生命的向往与追求。因而,"科学宇宙观"的重大缺陷即是将"创进的宇宙当作钝滞的物质,活跃的人生当作死沉的僵尸"②。而中国哲学家多认为"宇宙间所有现象充满了道德价值","中国的宇宙观乃是一种以价值为中心的哲学"③。

由此,中国的宇宙观可提供一种体验的、领悟的、价值的思想认识与精神观念,其目的,不是如同科学那样计算、检验、验证具体事实对象的客观理则,而是阐发宇宙万物与人生命精神的内在关系,以为人生的情感、意义、信仰提供价值寄托。这种观点很早即体现在《科学哲学与人生》书中。他为理想哲学设定的两大任务是"境的认识"和"情的蕴发"。而"境的认识",主要是通过把握宇宙万物生成、发展、变化的事实属性和本然结构,揭示其条理规律与形上本体。而"情的蕴发",正是基于宇宙万物的事实属性与变化条理,将其从"事实之世界"转换为"超化之世界"。表现为,将客观宇宙阐释为"机体宇

---

① 方东美:《生生之德》,中华书局2013年版,第195页。
② 方东美:《科学哲学与人生》,商务印书馆1937年版,第207页。
③ 蒋国保、周亚洲编:《生命理想与文化类型——方东美新儒学论著辑要》,中国广播电视出版社1992年版,第147—148页。

宙",对"客观之境"做出"价值学上的统会",建立"深具价值意蕴之目的论系统"。此"统会"之主体,就是具有"同情体物的美善人性"之人。统会之方式,是"玄览旷照,探索宇宙之大全。然后提神上跻于价值之极峰,于以体会真相,证悟真理,故能从源溯流,穷根究底,创获上下融贯纵横旁通之思想系统。"①"统会"之目的,是创造一个具有目的性、道德性、价值性的精神蓝图——"价值宇宙"。

总之,方东美创发的"层叠的宇宙观",既是肯定宇宙万事万物多样存在的存在论,又是揭示宇宙机体关联的宇宙论,同时又是设定不同价值"所应有之层次与等级"②,进而"将宇宙大全内,各种境界差别联络起来,以形成纵贯的统一"的价值论。因而表现为"机体主义"、"融贯主义"、"价值主义"、"人文主义"的观念统一。这种特殊的哲学设定,一方面是为规避西方文化"存在事实化"、"知识单向度"、"价值一元化"等问题;另一方面又是为了进一步论证"生命形而上学"对科学进行"价值学的统会"的可行性与合法性

（二）哲学对科学的"统会"

方东美说哲学可对科学予以"统会",首先是基于两种知识的认识深浅与认识范围之差别。例如,哲学肯定"立体的知识",对经验层面的自然万物、文化知识、技术产品、政治法律、精神现象以及超验层面的本体本源、情感意志、道德伦理、意义价值、终极信仰等内容均可予以理论阐释。而科学专门研究事实对象但仅是"立体的知识"结构中的一个脉络。而另一种"统会"则是要对科学进行"目的论的解释",对其进行"价值学上的统会"。其因由,是方东美

---

① 方东美:《哲学三慧》,(台北)三民书局1979年版,第55页。

② 他以两种宇宙观作为标准,批评康德的知识论是一种"剖面的建筑蓝图",而自然界只是一种平面的"周遭界"。他借黑格尔的口说出康德形而上学之局限:"从黑格尔的立场看来,康德显然未能将宇宙大全内,各种境界差别联络起来,以形成纵贯的统一,可为系统哲学上大一统的系统尚未造成,因之对于各种价值所应有之层次与等级犹未决定。"(方东美:《生生之德》,中华书局2013年版,第192页)

反省当时"科学主义思潮"的扩张，一方面造成生命精神与价值信仰的"单向"与"窄化"，消解了"人本主义的伦理理想"；另一方面又在欧洲造成"工业组织及制度的罪恶"①，引发世界大战。他明确强调："科学是宝贵的，科学主义是要不得的。"而"科学主义"最大的问题，就是缺少真正合理的哲学作为指导。

为此他创发"生命哲学"，尤其从"生命形而上学"视域，阐释了"生命本体"、"机体宇宙"、"层叠宇宙"、"立体知识"、"价值融贯"等重要思想。强调科学是人类生命欲的表现，不能远离"人类心神上的要求"。"科学即是生命情调的象征"②，因而科学本身也应被纳入到生命价值的审视和评价语境。

事实上，他充分肯定科学对人的重要价值。认为，"科学之发展自有其本身的理想，内在的价值，特具的方法，平允的结果。"同时，科学体现的进取精神、探索精神、求真精神、怀疑精神，科学方法与科学结论的普适性、有效性，均能够在宇宙人生中培育一种"普泛的态度"③。他还认为，科学对于人生就有两种"丰功伟烈"："一是帮助人类征服自然，增加我们的物质享受，一是发舒人类生活的情趣，是我们领悟宇宙人生的玄机。"④因此，科学研究本身虽然是客观的，但科学知识的运用与科学技术的实践，则会"增进人类共存的情趣，提高人类共享的幸福"⑤。

但是，科学仅能提供"事实真理"。而宇宙根本却是"情理的连续体"，人的精神生命与生命实践也是"情理的集团"。因而仅靠科学并不能满足人丰富多样的知识需求与价值诉求。而哲学则坚持"情理的一贯性"⑥，从"情境兼综"的认识方式、"同情体物"的价值视角，既讨论"物理"与"事理"，又据此表达"情理"。在此过程中，哲学并不排斥以科学为代表的其他知识，反而可

---

① 方东美：《方东美先生演讲集》，中华书局 2013 年版，第 174 页。
② 方东美：《科学哲学与人生》，商务印书馆 1937 年版，第 226 页。
③ 方东美：《科学哲学与人生》，商务印书馆 1937 年版，第 148 页。
④ 方东美：《科学哲学与人生》，商务印书馆 1937 年版，第 148 页。
⑤ 方东美：《科学哲学与人生》，商务印书馆 1937 年版，第 149 页。
⑥ 方东美：《科学哲学与人生》，商务印书馆 1937 年版，第 35 页。

称为"科学的科学",或"知识的知识"①。也就是说,哲学不是一个孤立的学问,它要透过科学知识,以取得和现实世界、自然世界的联系;还要更进一步地根据科学的了解,统会各种知识,以建立"向上超升的立体结构",并对此新结构进行"美化、善化以及其他价值化"的阐释。

这个"立体结构",从宇宙论、存在论的维度,是"使得万有在不同存在领域中各安其位";从价值论、意义论的维度,则是一种涵纳万有、统合知识的价值结构。这种事实与价值合一的结构,既可以甄别万事万物存在,又可以评判包括科学在内的多元知识系统的价值类别与高低层次,也就可以满足"明理安情"的认识需要与精神诉求。而作为其"生命形而上学"的"三位一体"的核心原理——宇宙存在本身的"机体化",知识系统的"立体化",价值观念的"层级化",正可为建构起这个重要的结构提供思想逻辑与理论基础。

事实上,方东美始终自觉以此为重要的研究使命。他自述:"把诗艺、道德、政治、文化、宗教和哲学融贯在一起,驰情遐思,宅心冥想,蓄意要树立一种广大的形而上学系统,以求精神愿望之高度满足。"②直至晚年,他依然强调:"一个伟大的哲学思想体系,必须从现实的人生、现实世界,向上层层超升,一直追求到价值高妙的领域,具有永恒的理境;而后成立一个系统的世界观,作为吾人精神上安身立命之所。"③也即是,基于生命性能与生命精神的多样性,阐发存在世界、知识世界与价值世界彼此关联融贯的内在本质,从而确立"人与世界在理想文化中的蓝图"。

而相比西方哲学,"中国哲学"尤其是"中国形而上学"具有悠久的"人文主义"、"道德主义"、"理想主义"思想资源,更擅长搭建此精神"蓝图"。他也继承发扬了这些资源,建构起了六层的"理想蓝图"。从下到上分别为:第一层"物质世界",第二层"生命世界",第三层"心灵世界",第四层"艺术境界",

---

① 方东美:《生生之德》,中华书局2013年版,第181页。
② 方东美:《生生之德》,中华书局2013年版,第131页。
③ 方东美:《新儒家十八讲》,(台北)黎明文化事业股份有限公司1985年版,第42页。

第五层"道德境界",第六层"宗教境界"。每一层级均是人对世界认识产物,既分别对应不同的知识系统,又是生命精神创造与实践能力高低体现。由此,物质知识、生命知识、艺术知识、道德知识、宗教知识等知识也因此在理想文化的蓝图中,寻获各自的定位与价值。

总之,正如上文所言,在方东美的"生命形而上学"中,宇宙观、知识观、价值论是三位一体的,因此对"层叠的宇宙"的本体论、宇宙观阐释,本质是一种"存在的形而上学"。对此"精神的蓝图"价值论、境界论的解释,则可看作是一种"价值的形而上学"。而他对科学的"统会"与"统摄",正是基于"生命的形而上学"之存在原理与价值原理。

不过,方东美的"生命形而上学"具有"泛生命主义"和"泛价值主义"的特点。他以超越的伦理、道德、宗教式的精神取向与生命境界为最高价值标准,这显然将建基于现代科学理性、事实规律基础之上的科学知识乃至民主知识,置于价值理性、道德理性、审美理性为主导的"内在超越"之中。这种哲学"统会"科学的"知识价值观"范式,当然有其合理性与必要性。但这种以生命情感、精神境界与价值体会为标准的知识价值观,如何规避如同古代"天道心性之学"那样的消极与限制作用,以真正尊重科学原理的真正地位、遵照科学技术的程序应用、推动科学文化的发展传播、坚持科学文明的交往模式、捍卫科学知识的公共价值,也是他留给学界的开放性话题。

二、"相对性的文化体用观"

(一)"心物一体"的本体论

作为现代"新心学"代表人物,贺麟融合唯心论与实在论、观念论与感觉论、理学与心学,重塑"心"本体。同时,他又承继了中国古代形而上学的"体用合一"、"心物合一"、"心性合一","心理合一"的理论逻辑与思想架构,创发"绝对体用论"、"相对体用论"思想。并依据此独特的"体用论"模型,以化解"科哲冲突"。

贺麟对传统"心"本体改造时,指出:"心有二义:一,心理意义的心;二,逻辑意义的心。逻辑的心即理,所谓'心即理也'。心理的心是物,如心理经验中的感觉幻想梦呓思虑营为,以及喜怒哀乐爱恶欲之情皆是物,皆是可以用几何方法当作点线面积一样去研究的实物。"①这种概念的区分是要突出,"心理意义的心"乃是经验物,或"被物支配的心",其可谓"科学派"主张的"科学的对象"。而"逻辑意义的心"(也称"主体逻辑心",笔者注),作为"理想的超经验的精神原则"则是人认识万物、创造知识、实现价值的本体。

此"逻辑心",被贺麟视为是"经验的统摄者,行为的主宰者,知识的组织者,价值的评判者"②,显然,他是从认识过程、实践动因、知识创造、价值评判的人类社会实践与文化实践的现实过程,来探讨进而追溯某个终极因素与终极范畴。因而,"逻辑心"在其"新心学"的哲学体系中,虽是作为人与自然全体存在与实践过程的超越性本源,但其却并不是传统的宇宙创生论、本体生成论范式下的本体范畴。其本质上,是人类知识文化的主体性能与主观动因的本体论式的表达。而这就与古代儒家仅聚焦道德观念与道德实践得以可能的"良知心"视角显著不同。亦可说,"逻辑心"作为本体,根本突破了古代儒家纯粹以道德释心的基本立场,而是拓展为解释现代科学文明一起认识、知识与文化的"主体性能"本身。

"逻辑心"实际就是"主体性能",是对认识主体所具有的逻辑思维、数理思维、归纳思维、道德思维、价值思维、超越思维等理性能力的统称。也正是借助此心,人们才可能去认识人与自然万物的真正本质。

1. 基于此"心",可认识人与自然各种类型各种层级的存在的具体本质"性"与"理"。"性"是具体存在的本质"性为代表一物之所以然及其所当然的本质,性为支配一物之一切变化与发展的本则或范型。凡物无论怎样活动

---

① 贺麟:《哲学与哲学史论文集》,商务印书馆 1990 年版,第 131 页。
② 贺麟:《哲学与哲学史论文集》,商务印书馆 1990 年版,第 131 页。

发展,终逃不出其性之范围。"①而"理"则为具体存在的规律、原理、规则、秩序、趋势、准则等。"就理之为普遍性的概念言,曰共相。就理之为解释经验中的事物之根本概念言,曰原理。其是理即是原理,理而不原始不根本即不能谓之为理。就理之为规定经验中事物的有必然性的秩序言,曰法则。就理之为理想的模型或规范言,曰范型或形式。就理之为经验中事物所必遵循的有效准则言,曰尺度。"②

2. 人凭"逻辑心",可完成对事实对象与价值对象的各种认识,在识真假、知是非、明善恶的基础上,人们创造科学、技术、文学、艺术、道德、伦理等各种分科知识系统。同时,人们还可基于进而透过人与自然万事万物的各层级各类型的"性"与"理",从更普遍、更根本、更绝对的视角解释、探讨、把握宇宙万有的最终本源、终极本质、终极原理、终极价值。按中国哲学传统,统合形而上与形而下、心与性、道与器、理与事,即为"道"。

这样,作为文化与知识的创造本源,此种"逻辑意义的心",并非超绝经验世界、物质世界之外的彼岸存在,而是本身就寓于现实的人与自然的认识关系之中。换句话说,认识有主观、客观两要素,主观实为"心能",客观实为"物相"。而认识的真正源点,就是"心能—物相"的同时显现。所以贺麟明确说:"心是主宰部分,物是工具部分。心为物之体,物为心之用。心为物的本质,物为心的表现。故所谓物者非他,即此心之用具,精神之表现也。"③

这种"心能—物相"的同时显现,可视为古代心学"意之所在便是物"以及"心即理"、"心物合一"、"心具万理"命题的全新内涵。由此,贺麟虽然也不否认一般的客观外在物即"自然的存在物"之存在。但根本上,若其不与"心能"发生关系,这种外在物即便存在,也是一无色相,无意义,无条理,无价值的漆黑一团,其对于主体而言即是一种"无"。这样,贺麟实际还深刻揭示了

---

① 贺麟:《哲学与哲学史论文集》,商务印书馆 1990 年版,第 133 页。
② 贺麟:《哲学与哲学史论文集》,商务印书馆 1990 年版,第 147 页。
③ 贺麟:《哲学与哲学史论文集》,商务印书馆 1990 年版,第 132 页。

"心能—物相"的同时显现,本就内嵌了认识主体所主观投射的价值属性。

事实上,他正是从认识论、价值论合一意义上的"体用论"(而非metaphysics那种推证超绝世界的外在本体的"存在论",笔者注),来界定心、物——"认识与文化的创造物"之关系。也即是,一旦在主客交接的认识维度上说物,此物即由"主体性能",赋予其色相,意义、条理与价值。甚至人类认识的最基本维度与事物存在的最基本方式——时空,也根本是"逻辑意义的心"的产物,是"心"中之"理"。而既然"时空是自然知识和自然行为所以可能的心中之理或标准"①,既然外在物必须经过主体心的"时—空格式"方能被认识,外在物的本质规律必须借助主体心的认识方能被把握,那么其哲学语境中的物就根本是"人化物"。

按张学智教授总结,贺麟语境中的物,内涵有三:"一是有质碍、占据时间空间并经过人认识的物体,二是主体参与其中的一切事为、行动,三是作为人的文明成果的文化、科学、艺术、宗教等。"②显然,在"新心学"中,没有完全超越人的认识之外的自在物。而在哲学尤其是本体论、认识论、价值论所谓的"物之理"根本即是"心之理"。事实上,贺麟也说:"普通所谓'物',在唯心者看来,其色相皆是意识所渲染而成,其意义、条理与价值,皆出于认识的或评价的主体,此主体即心。"③正是自此维度,物是被心所认识、判断之物,心是受物影响、牵系之心,心与物之结合,既是将客观存在物"观念化"、"主观化",同时亦是将观念"实物化"、"客观化"。

所以,只有"逻辑意义的心",方具有赋予物以实在性、规律性以及价值性的理性能力,以甄定流变之现象,把握万有之条理、探寻宇宙之意义。因而,此"心"就既是存在的本原、认识的主体,又是价值的主宰。但同时,此"心"要现实地运用与实践自身,根本又离不开"心照"之下"物相"的同时呈现,因而又

①　贺麟:《哲学与哲学史论文集》,商务印书馆 1990 年版,第 149 页。
②　张学智:《贺麟的"新心学"》,《中国社会科学》1992 年第 5 期。
③　贺麟:《哲学与哲学史论文集》,商务印书馆 1990 年版,第 131 页。

可说,"体用论"视域下的"心物一体",不仅是探究"对象存在"的"逻辑源点",还是"认识过程"得以可能的"现实起点",甚至还是以此展开对知识与文化的本质与评判的"价值基点"。

由此,贺麟的"心",就是包括逻辑理性、思辨理性、知识理性、道德理性、价值理性在内的全新哲学范畴。由此可说,虽然"新心学"延续了古代儒学的"本体论"、"认识论"、"价值论"多元一体的原则,且作为本体的"逻辑意义的心"仍遵照儒家"心即理","心即性","心即道"的义理逻辑,但此"心"有了现代意义上的全新拓展,也正是在此新的"心本体"主导之下,人就不囿于传统的道德实践与道德对象,而是具有了包括现代科学知识在内的广义的认识理解能力和知识创造能力。

尤其是此范畴"心物一体"之理论设定,就从"体用论"之维,确立了中国哲学打通到建立科学知识的"主体性能"之进路,既回答了对科学对象的认识何以可能的问题,又回答了科学理性何以可能的问题。事实上,他明确哲学家的主要任务就是"追溯构成科学知识的基本条件"①,只是,他既没有采用西方"知识论"的方式,又不赞同"科学哲学"的研究,而是根本"追问知识所以成立的道理,追问知识何以可能,欲为知识建筑一形而上学的基础"②。

所以,他关于科学与哲学关系的讨论,关于科学何以可能的追问,落实在理论上,根本是一种"形而上学"。凭借此学,他要完成对"认识与文化的创造物"的"存在论追问"与"价值论审视",既追问两者得以产生的"精神基础",以分辨其地位,又将两者纳入生命存在的价值图景,以对其进行本末主次之价值判断。前者是为"科学时代"的知识谱系、实践创造、文化系统提供理论逻辑上的"本体论基础",后者则是为"科学时代"的生命意义、意义超越、精神信仰提供"价值论引领"。

基于此种原则去审视哲学与科学的关系,在知识原理的属性次序上,哲学

---

① 贺麟:《哲学与哲学史论文集》,商务印书馆1990年版,第132页。
② 贺麟:《哲学与哲学史论文集》,商务印书馆1990年版,第312页。

研究第一性的"存在",科学研究第二性的"经验",在知识属性上,哲学高于科学;哲学契合生命精神的多样性与真善美诉求的多维性,科学则仅服务于对宇宙的事实性认识诉求,在知识功能的效用范围上,哲学亦高于科学。而后者,尤其是"新心学"的核心任务——基于超越的"心"的理性能力、创造能力、主宰能力、评价能力,对各种"认识与文化的创造物"予以"价值论的审视",进而据此对人类文化系统的整体架构与组成要素进行价值比较与意义衡定。

事实上,贺麟正是从此超越性视角,审视诸多知识类型的目的、作用和价值,以"价值观"重构"知识观",以"知识观"凸显其"价值观"。他明确应该用人类"最高的精神能力"以"范导"生活世界,"发挥精神生活的本质、文化活动根基,批评自然科学和社会科学所依据的范畴,原则和前提,调节自然和精神的对立,而得到有机的统一,使物不离心而独立,致无体;心不离物而空寂,致无用,便是理想的观点所取的途径"①。

(二)"文化体用论"对科学的安置

为实现此目的,贺麟在"心本体"基础上重塑了传统的"体用论"模型。他认为,"体用论"具有两个维度的意义:一方面是"本体论"和"存在论"意义上的"绝对性体用","体指形而上之本体或本质(essence),用指形而下之现象(appearance)。体为形而上之理则,用为形而下之事物。体一用多,用有变化动静,体则超动静变化,此意义上的体用约相当于柏拉图的范型世界与现象世界的分别,亦可称为柏拉图式的体用观。"另一方面是"价值论"意义上的"相对性体用论"或"等级性的体用论",也可谓"价值的体用论"或"价值形态的体用论","将许多不同等级的事物,以价值为准,依逻辑次序排列成宝塔式的层次(hierarchy)。最上层为真实无妄的纯体或纯范型,最下层为具可能性、可塑性之纯用或纯物质"②。

---

① 贺麟:《哲学与哲学史论文集》,商务印书馆1990年版,第136—137页。
② 贺麟:《哲学与哲学史论文集》,商务印书馆1990年版,第344—345页。

首先,从"绝对性体用"来看哲学与科学的关系:基于"心本体论"的"存在原理",肯定"心物一体",方有时空范畴,方有主客关系,科学认识的对象方能真正获得真实性、合法性。而"心物一体"中"心"才是主宰,"心"的理性能力既可认识宇宙万有的"本质"、"律则"、"范型",又可把握宇宙万有的"意义"、"理想"、"价值"。由此,心特有的"理性"与"精神"是包括科学认识在内的一切认识与文化的创造根源。"理性为人之本性,在人的一切活动中,如道德艺术宗教科学的生活,政治社会经济的活动,皆是理性发展或实现的历程,不过程度有不同而已。"①

基于"理性"与"精神",人心方具有认识与创造的理性能力,可揭显把握宇宙万物人生之"道",并据此来创造分科知识与文化文明。所谓"道",即是"宇宙人生的真理,万事万物的准则,亦指真善美的永恒价值",而"道之凭借人类的精神活动而显现者谓之文化"②。各种具体的文化要素如哲学、科学、民主、艺术、音乐等,是"逻辑意义的心"认识宇宙外物和内在生命时创造的产物。其通过文字系统、符号系统、观念系统表现宇宙万物的必然联系、客观真理、具体作用,满足人类生产生活实践某一方面的现实诉求。同时,它们得以被创造并被运用,也正因为它们可以满足了人类生命存在的真、善、美的终极价值追求。

因而,各种知识与文化文明本身的创造过程,就是"合心以言实在,合理而言实在,合意义价值而言实在"③之过程。各种知识与文化本质上也是作为终极价值的"道"与"理",凭借人类的精神活动而显现出来的"价值物"。而这种"心与道的契合,意识与真理打成一片的精神"④,即是一切知识文化的本源。贺麟明确说:"文化乃是精神的产物,精神才是文化真正的体。精神才是

---

① 贺麟:《哲学与哲学史论文集》,商务印书馆 1990 年版,第 133 页。
② 贺麟:《哲学与哲学史论文集》,商务印书馆 1990 年版,第 347 页。
③ 贺麟:《哲学与哲学史论文集》,商务印书馆 1990 年版,第 329 页。
④ 贺麟:《哲学与哲学史论文集》,商务印书馆 1990 年版,第 348 页。

真正的神明之舍,精神才是具众理而应万事的主体。就个人言,个人一切的言行和学术文化的创造,就是个人精神的显现。就时代言,一个时代的文化就是那个时代的时代精神的显现。就民族言,一个民族的文化就是那个民族的民族精神的显现。整个世界的文化就是绝对精神逐渐实现或显现其自身的历程。"①还说:"根据精神(聚众理而应万事的自主的心)为文化主体的原则,我愿意提出以精神或理性为体,而以古今中外的文化为用的说法。"②

从此种意义,去审视精神与文化的关系,二者就是"绝对性体用"的关系。在此维度,"体"决定"用",是先验的决定、创造的决定、理论的决定。这样,作为文化要素的哲学与科学,同是精神之"用"。但哲学尤其是形而上学本就是研究心灵本体之真理、原则的"第一性的知识",而科学则是心灵本体聚焦形而下的现象与器物的"第二性的知识"。并且,哲学方能揭示"科学的前提知识的条件"③,赋予科学以合法性与可能性。因此,在"体用创造论"维度,哲学又是科学之"体",科学则是哲学之"用"。

其次,所谓"相对性体用",是从价值的本末、主次视角,以判断不同知识可谓文化之"体",何者可谓文化"用"。例如,在人类文化中,哲学、艺术、诗歌、宗教等体现心灵或精神的创造能力较强,其反映心、性、理合一的程度也较高,可谓"精神文明",处于文化的形而上层面。常识、经验、技术、科学仅是关于事物的具体知识,可称为"物质文明",处于文化的形而下层面。正如贺麟强调的:"科学上的因果,都同是形而下的事物,无价值的等级或层次之别,而哲学上的体属形而上,用属形而下,体在价值上高于用。④"由此可说,科学属于"物质文明",仅体现人类应对客观自然的知识创造水平。哲学则属于"精神文明",可以彰显人类精神的无穷超越与价值理想。因而以体现生命精神

---

①　贺麟:《哲学与哲学史论文集》,商务印书馆1990年版,第348页。
②　贺麟:《哲学与哲学史论文集》,商务印书馆1990年版,第353页。
③　贺麟:《哲学与哲学史论文集》,商务印书馆1990年版,第132页。
④　贺麟:《哲学和哲学史论文集》,商务印书馆1990年版,第346页。

的价值为标准,哲学应为"主"、为"本",科学则应为"次"、为"末"。这样,从"体用价值论"的视角看,哲学为"体"、科学为"用"。

可见,借助"绝对体用论","新心学"为科学对象的出现与科学认识的可能,提供了"心物合一"的"存在的源点"与"事实的基础",为科学理性的出现提供了"主体性的根源",为科学知识的建立提供了"创造性的性能"。因而,哲学不仅是科学得以可能的超越依据,还承担着"注重批评科学的前提,盘问科学定律所以有校准的原因,并限制科学知识的范围和限度①"的使命。而借助"相对体用论",他从"经验行为知识以及评价的主体"视角,与"理想的超经验的精神原则",划分了生命存在与生活实践中,不同知识的价值标准与意义层级,将贯彻"人文主义"的"新心学"的价值知识作为评价、检视、反省科学知识以及科学实践的主要标准。

可见,在"绝对性体用"框架中,作为心或精神本体的派生物,文化全体均是形而下之用。但在"相对性体用"框架中,作为"用"的文化系统内部,又架构起另一种体用关系——以精神价值作为标准,区分不同知识的体与用、主与次、本与末的"价值的体用论"。通过这种相对的体用框架,就将同是文化组成要素的哲学与科学的关系,从两种学术平等的知识系统,变为一种层次高低的价值比较。正是基于"不同部门文化之表现精神价值有等差之不同"的判断,贺麟就将哲学、艺术、宗教等归属于文化知识的"体学",将科学归属于文化知识的"用学"。

这样,基于对"绝对性体用"与"相对性体用"的新释,贺麟就明确表达了其对"科哲冲突"的基本立场。一方面,哲学在理论逻辑与价值效用上,均是科学之体,科学不能真正"拒斥"与"取消"哲学、形而上学,回答了聚讼不已的"哲学的合法性"与"形而上学的合法性"问题。另一方面,又在二者之间确立了紧密关联。针对当时"科学一元论"将宇宙万物、人生、精神和文化"物质

---

① 贺麟:《哲学与哲学史论文集》,商务印书馆 1990 年版,第 128 页。

化"、"机械化"、"一维化"、"实用化"的思潮,贺麟主张以哲学解释科学原理、以哲学规范科学实践、以哲学引领科学文化。

他认为,对转型中国而言,新的文化、新的知识,均应符合"心物合一"、"体用合一"的原则,既发展"物质文明"又发展"精神文明",尤其应明确"精神文明"对"物质文明"的引导、规范、评价作用。按其所言,二者的辩证关系是,"应用其精神的或理想的观点以解释人生和自然,认自然为自由精神的象征,认历史的进化为绝对精神的自求发展,认精神有陶铸物质的力量,且必借物质方得充分的表现。"①显然,在一个文化系统中可承担此重大责任的,非哲学莫属。

当然,贺麟认可的哲学,主要是儒学。所以,对于儒学与科学的关系,他说:"如果中学指天人性命之学,指精神文明,而西学则指声光电化船坚炮利之学,指物质文明而言,则天人性命之形而上学,理论上应必然的为声光电化等形而下学之体,而物质文明理论上亦应必然的为精神文明之用。"②同时,他又自觉规避此"体用模型"的封闭化,明确既以"新体"(融合中、西方文化的新儒学)重塑新的"精神文明",又以"新用"(以现代的科学、民主为核心)重塑新的"物质文明"。主张中国文化的现代重建,应同时从"体"、"用"两面展开,"以体充实体,以用补助用"。

"以体充实体"就是学习国外先进的知识理念、价值观念,以建构新的文化哲学乃至形而上学。"以用辅助用"就是学习西方先进的科学、民主。为此,他甚至还主张以西洋的哲学发挥儒家的理学,以基督教的精华充实儒家的礼教,以西洋的艺术发扬儒家的诗教。

而这种"体—用"两个维度的全新改造,就与近代学人明显不同。事实上,对于前人简单将中、西文化划分为"技—道"、"体—用"、"器物之学—精神之学"的说法,贺麟均明确持批判态度。究其因,是他们错置了文化本身的

---

① 贺麟:《哲学与哲学史论文集》,商务印书馆1990年版,第136页。
② 贺麟:《哲学与哲学史论文集》,商务印书馆1990年版,第344页。

"体用关系",尤其囿于某种文化的具体要素、部门,而遮蔽了任何一种文化所自具的"体—用"架构。而审视贺麟的"中体西用"说,虽然在文化之"体"的改造中,对西方哲学、基督教和艺术的吸纳方式,或许是他一家之言,但他主张"透彻把握西洋文化,创进发扬民族精神",主张对西方文化的"体与用之全套"即现代化全部精髓有"深刻彻底的了解"的观点无疑是正确的。

当然,此种"全套"的学习并非时人所主张的"全盘西化"。事实上,贺麟反而批评这种表面的"学徒式的模仿"①。冯友兰先生也曾深刻指出,中国文化的转型,是转向现代化,而不是西方化。贺麟主张学习的"全套",正是"现代化"核心要素的"体—用",并且在学习中,坚持的也是"自觉地吸收,采用,融化,批评,创造"之原则。正如他所期望的:"根据精神(聚众理而应万事的自主的心)为文化主体的原则,我愿意提出以精神或理性为体,而以古今中外的文化为用的说法。以自由自主的精神或理性为主体,去吸收融化,超出抛弃那外来的文化和已往的文化。尽量取精用宏,含英咀华,不仅要承受中国文化的遗产,且须承受西洋文化的遗产,使之内在化,变成自己的活动的产业。"②

总之,贺麟既有对民族文化转型的自觉意识,又有着吸纳西方先进文化的开放胸怀。他认识到,"西洋文化的输入,给了儒家思想一个考验,一个生死存亡的大考验,大关头。假如儒家思想能够把握、吸收、融合、转化西洋文化,以充实自身、发展自身,儒家思想则生存、复活而有新的发展。如不能经过此考验,渡过此关头,它就会消亡,沉沦而永不能翻身。"③而解决"文化危机"的理想路径即是"儒家思想的新开展"。为此应内在地认识把握西方文化。只有通过"儒化西洋文化"与"华化西洋文化",才能建立既超越西方文化,又超越古代儒家文化的,既有世界性、科学性,又有民族性、价值性的新文化。

---

① 贺麟:《哲学与哲学史论文集》,商务印书馆 1990 年版,第 351 页。
② 贺麟:《哲学与哲学史论文集》,商务印书馆 1990 年版,第 353 页。
③ 贺麟:《文化与人生》,商务印书馆 1988 年版,第 6 页。

　　显然,任何传统文化的现代化重塑都不应丧失主体性原则。贺麟基于儒学传统重建"新心学本体论",并以"两维体用论"对接西方文化的核心精华,就既捍卫了"儒家形而上学"在未来新文化中之主导地位,又肯定了科学文明之基础地位。而这种"人文主义"、"道德主义"、"理想主义"立场,也显然较"科学主义"的"价值平面化"主张,立意更高远,境界更高明。

　　由此,在中国文化系统、知识系统、价值系统的新建过程中,形而上学与科学之间不但不存在冲突,反而成为合力推动中国文化整体发展的有机动力源泉。同时,也正是通过重铸此新的"体用论"框架,他就将科学有机融入中国文化"精神—物质"文明的新机体之中。当然,面对世界、社会、人生永恒递进发展的新情况、新问题,无论是精神文明还是物质文明,无论是超越理想价值还是经验知识课题,都会随着人类生活实践的无止境进程而发展变化。所以,贺麟也提醒,在建构"人类的公共精神产业"过程中,并不存在某种绝对的终点与完美状态,而是应不断以"虚心客观的态度",动态的"撷英咀华","融会贯通",才能在未来不断促进中国文化的发扬光大。①

三、良知"附套"与"纳方于圆"

(一)良知"附套":科学的"性理"基础

　　唐君毅以"知识类型论"看待科学与哲学之关系:在对象上,科学证验于经验世界,处理经验事物之关系与规律。而哲学则超越经验现象,穷究宇宙与人生的终极本质,并可界定各种学问之相互关系,审视其与人生的关系。在作用上,借助科学可更好利用自然、改造自然,创造优质生活条件。哲学则"以言说成教"②,通过"超知识之智慧之知"提供"价值关怀"与"终极信仰"。但

---

① 贺麟:《哲学与哲学史论文集》,商务印书馆 1990 年版,第 127 页。
② 唐君毅:《生命存在与心灵境界》,九州出版社 2016 年版,"导论"第 20 页。

根本上,哲学不但为科学提供逻辑性前提与合法性说明①,还可为科学提供价值评判与实践规范。这样,二者即有价值高低之别:"在各种知识中,吾人可谓经验科学、历史科学、应用科学之知识之真理价值属于较低层次,几何、数学之知识较高,而逻辑、哲学知识最高"②。

此种"知识类型论"、"广义知识观"解构了"科学一元论",消解了"科学至上"之"迷梦"与"狂热"。但唐君毅并不满足于此。他既不愿像严复那样,将全部知识领域之权力让渡于科学,进而将儒学归为某种神秘的精神体验,又不愿将儒学矮化为现实生活的道德说教。他不但在实然层面确立两种知识之价值高低,还借助儒家"道德的形而上学"的"体—用"逻辑"统纳"科学,表现在形而上维度,是将良知本体转化为"文化意识"、"性理"本体,以道德理性"统摄"科学理性。

1."内圣"涵义的扩充:科学理性纳入本心良知

为在逻辑上将良知与科学建立"体—用"关系。唐君毅捻出"尊德性而道问学"之命题,将儒学良知本体置于"尊德性"的人文价值维度,将科学知识置于"道问学"的知识实践维度,以有机接续二者。"尊德性而道问学",建基于儒学"道德的形而上学":人人皆有仁心良知,此"道德实体"的形上天道下贯于人心,因而是普遍性、必然性、理想性的最高本体。按儒家理解,此内在道德实体("体")助力心性修养的提升,是为"内圣",同时落实于外在实践("用")则建构道德社会,是为"外王"。他以此命题,既为道德理性与科学理性圆融无碍提供论证,又为新的"体—用"框架提供超越逻辑:以道德良知融汇科学理性,将"新良知"作为"新内圣"的本体。

---

① 事实上,在讨论"哲学知识"的作用时,唐君毅用了大量篇幅来说明哲学对各种"分科之学"的反省、辨析、比较作用。尤其突出哲学虽统合各种知识,但同时尚能对"知识以外的存在"、"知识与存在的交界"、"知识本身之构造"、"知识成分之存在地位"等课题进行专门研究的特殊能力。
② 唐君毅:《文化意识与道德理性》,九州出版社2016年版,第332页。

　　唐君毅在不同时期将其形上学的本体称为道德自我、道德理性、生命心灵,但其本质则是同一的①:良知本心即"性理"本体,不但能赋予宇宙万事万物以存在价值,还能制约、规范万事万物的发展,乃宇宙万物的最高主宰。在他看来,古代儒家仅关注道德的"本体论承诺",围绕"良知"建立之"内圣",其"精神自我人格世界"仅表现为道德理性、道德人格。但在现代文明社会,虽仍可以"良知"为超越本体,但基于此本体建立的"精神自我人格"之"内圣"义涵却必须扩充:以道德人格为基础之"内圣",需要填充进知识理性、科学理性等新内容。

　　这首先表现在他对本心良知的重释上。他在《中国文化之精神价值》书中论述"统贯心性情"时,认为心的"虚灵明觉"只有基于性、情,方能"感通"外物,方能既"接物"又"知物"。显然,此种更具"实在性"与"实效性"的良知本身即蕴涵着知识理性、科技理性之基因。② 但同时他也强调,儒家始终"以性理言心",而作为理性表现之"性理"又多"含善义"③,因而本心良知虽面对经验事物与科学知识亦有"知体明觉",但却始终是超越性、涵盖性、无限性的本体。之后,他虽有时将良知的"性理"内涵改称为"理性",但依然强调此"理性"并非西方认识论中的"Reason"或"纯粹理性",亦非纯粹的科学理性,而是以道德理性为主体,以心、性、情合一的主体人格为底色,融合科学知识与科学精神等时代"性理"或"性能"之综合体("生命心灵")。如他说:"所谓心灵之理性,则表现于前后之思想活动,与为其成果之概念、命题、推论之一致贯通者,为逻辑中之理性;表现于思想中之概念内容,与所对境物之内容一致贯通者,为知识中之理性;表现于其行为之应境物,以通于目的之实现,使行为与境

---

　　① 唐君毅建立形上本体是经历了长期的阐释、拓展、递进的。其本体,就是良知本心或道德本心。其建立的方法,是从本心自我意识具有的知觉灵明、道德意识去赋予一切对象之存在意义、认识意义、价值意义,以此证成其既是"超越的主体",又是"超越的本体"。对于其建立心本体的历程,学界已有研究,此处不再赘述。

　　② 唐君毅:《中国文化之精神价值》,九州出版社 2016 年版,第 98—99 页。

　　③ 唐君毅:《中国文化之精神价值》,九州出版社 2016 年版,第 85 页。

物之变化,与此目标一致者,为实践中之理性;而使一目的之实现,与其他一切目的之实现相贯通而一致者,即为道德实践中之理性。"①可见,他虽"开放"良知内涵,甚至从知识理性、科学理性去界定"知体明觉",但却将其得以可能的本体依据,统一收摄进儒家的"性理"、"性能"或"本心"之中。而通过此"新内圣"涵义的拓展,就既保持了儒家道德理性、道德实践的"优位诉求",又为对接、科学理性提供了义理保证。

以"尊德性而道问学"统摄科学,全赖新的"性理"、"性能"本体的重建。而此"性理"、"性能"与科学的关系,亦是"道德本体论"上的"体—用"关系。此种观点早在1944年出版的《道德自我之建立》中已经被清晰表达:"心之本体,即充内形外之精神实在,为超现实世界、现实生活,而又表现于现实世界、现实生活者",而各种认识对象,不过是"心之本体表现于我们所谓现实世界所通出之各种道路之象征"②。之后,他更加明确此观点:"人类的一切文化活动,均统属于一道德自我或精神自我,超越自我,而为其分殊之表现。……一切文化活动之所以能存在,皆依于一道德自我,为之支持。一切文化活动,皆不自觉的,或超自觉的,表现一道德价值。道德自我是一,是本,是涵摄一切文化理想的。文化活动是多,是末,是成就文明之现实的。"③

所以,唐君毅始终是从"文化意识→文化实践"、"性能主体→科学理性"这种"主体意识"主导"文化存在"的维度,来设定良知本体与科学理性的生成与被生成、决定与被决定关系。就此言,一切文化意识,既有其理性的基础,又现实体现着"性理主体"的"文化理想之要求",而此要求在本质上又属于道德理想的表现。因此,道德理想、道德理性因其相对于具体文化意识的"超越性涵盖性",而同时具有"主宰性"。所以,他宣称此道德理性乃是:"一切求一文

---

① 唐君毅:《生命存在与心灵境界》下册,九州出版社2016年版,第233—234页。
② 唐君毅:《道德自我之建立》,九州出版社2016年版,第2、86页。
③ 唐君毅:《文化意识与道德理性》,九州出版社2016年版,"自序二"第3页。

化理想之实现的文化活动之必然的基础。"①

自此而言,以求知为目的之科学活动,虽始终为科学理性独立运用的过程,但决定发展科学的决定、判断却源自"性理主体"、"性能主体"、"道德自我"。这样,"知识之知"不过是价值选择即"德性之知"之表现。所以,若从事实进程看,"知识之知"乃是科学实践的主导原则,但从"体—用"逻辑看,知识理性却无自性,而"缘起"于道德理性。而为突出此道德的超越性,以"善"论"知",就成为他治学的主旨:"于即使科学成一独立知识之领域之后,再求说明此独立,唯是相对的独立于传统德性之知或良知之外,而非绝对之独立于人之德性之知或良知之外。夫然,而吾人今日乃既须发展中国先秦儒学,及程朱陆王之言尊德性而道问学之教,以摄入科学知识之一支;亦须使此科学知识之一支,再综合于传统之精神之中,以合为一更新之中国文化及中国思想之发展。此即吾人今日之任也。"②

2."内圣"学中两种理性的关系

牟宗三在进行中西比较时,认为西方文化呈现"分解的尽理的精神",因而科学理性发达。而中国文化则体现"综合的尽理的精神",其"仁智合一的观念形态"中,"仁"始终为"笼罩者",作为科学理性的"智"始终未独立地"彰著出来",因而无法产生科学。为此,他提出"良知坎陷说",探索从"本源处,转折一下,开辟出分解的尽理之精神"③。此本源处,即是儒学的良知本体,此"转折"亦被他称为"曲折"、"曲通"、"坎陷",其结果,是论证良知自己"转化出了别心"。而在此后的科学认识与实践过程中,良知需要"退隐"、"暂忘"以为科学提供独立性。不过,在字面上"良知坎陷"容易被解读为儒家先验道德本体直接开显出科学功用,为此,牟宗三又将其阐释为良知本心与科学理性间

---

① 唐君毅:《文化意识与道德理性》,九州出版社2016年版,第16—17页。
② 唐君毅:《中国哲学原论·导论篇》,九州出版社2016年版,第275页。
③ 牟宗三:《历史哲学》,见《牟宗三先生全集》第9卷,(台北)联经出版事业股份有限公司2003年版,第200页。

的"辩证逻辑",并将其"坎陷"明确为"主体之能"与"价值选择"。

可见,将"道德心"作为"知识心"的逻辑基础,并从主体"性能"、"性理"去论证良知本心的自我让渡、自我限制、自我革命,唐君毅、牟宗三的立场是基本一致的。只是牟宗三为赋予知识心、认识心的独立性,同时又强调良知的"退隐"与"暂忘",这亦容易给人"主体性能"创造"知识心"后,"道德心"即"退场"之感。而唐君毅在《中国哲学原论·导论篇》中,专门论及牟宗三"坎陷说"时,则通过"附套说"予以解释。

也即是,良知"坎陷"出的"了别心"、"知识心",根本乃"致良知"具体落实中之一"附套"。科学虽为"知识心"所创造,但与物有对的"知识心"的出现却是良知之决定,其对象、进程、效果的决定者亦为良知本身。虽然自被"坎陷"后,"知识心"可有独立性,但却仅是"相对之独立性"。唐君毅说:"人之求知识活动,初乃由良知而引发,故即在其被引发后,而单独进行时,仍有良知之静居于超自觉之境,加以支持。此二者间之内在之关联,自始未尝断。"也正因始终有良知于背后加以"支持"言,"一切求知识活动之进行,及一切知识之点点滴滴之成就,亦无非良知之在后支持之功之间接表现"①。

按此逻辑,"道德心"与"知识心"、道德理性与科学理性即不存在"先后断裂"与"对列相斥"问题。唐君毅亦明确知识活动,根本是良知落实的"手段",乃是"在致良知之一整套中,建立一附套,包涵一附套。"而他在分梳"知识之知与德性之知之四种关系"时,亦明确指出:"吾人如将德性之知和良知与知识之知,加以分解以观,亦可说其中仍涵有牟先生所谓知识之知之一附套,然此一附套,实又只为其中之主套之德性之知或良知之所通过,而只为其一面相。换言之,亦即此中之了别心,乃如只为人之道德心,所通过贯注充实之一虚廓,而未真显为一独立之了别心者。"②也即在"主体性能"中,"知识心"始终要以良知为本、为体、为主宰。虽然"性理"、"性能"可有不同理性运用,"知

---

① 唐君毅:《中国哲学原论·导论篇》,九州出版社 2016 年版,第 280—281 页。
② 唐君毅:《中国哲学原论·导论篇》,九州出版社 2016 年版,第 279 页。

识心"亦可作为"附套"应事接物而恒转不息,而自有其独立性、客观性,但根本上,科学理性仅是良知落实的一个维度、一个面向、一个具化。良知本心绝非彻底的"暂忘"、"退隐",而仅是通过理性的自我"节制",以为"知识心"让渡一部分空间。

(二)"纳方于圆":人文精神"摄入"科学实践

在内圣中增补科学理性,是在形上之"体"维度为科学提供"本体论承诺",但在形下之"用"中,如何整全处理包括科学研究、技术制造、现代交往、制度设计、道德规范等在内的现代知识系统的关系,尤其思考科学在道德生活中的规范、评价、运用问题,则属于"外王"之维。唐君毅主张以"文化理想"为主轴重塑现代社会的文化观。他在1951年的《中国文化之精神价值》一书中提出"纳方于圆",并将之视为中国文化现代转型必由之路。他认为,中国文化在度量上,德量上之"圆而神"之精神非常高明,但却缺乏"理智之智"的支撑,因而"神卷无迹",无法开出科学。他主张:"吾人今日必纳方于圆,以撑开此圆。或由中国文化精神之圆中,化出方来,如《河图》之转为《洛书》。……又吾所谓纳方于圆之人格精神、文化精神,必须为依一十字架以开出之方。所谓依十字架以开出之方,即人之精神,依分殊理想,向上向外四面照射,而知识客观化以成就之科学知识、工业机械文明、生产技术,及各种客观社会文化领域分途发展,与社团组织、国家法律,以真实建立一多方面表现客观精神之人文世界。①"按其所想,作为现代化要素之科学以及民主,乃是"主体意识"、"文化理想"在现实文化创制的"客观精神之文理结构"之底层基础,而文学、艺术、哲学、宗教则为此结构的顶层。同时,此一结构又仍覆载于"中国传统人格精神之高明敦厚之德量度量中"②。

《周易》中有"蓍之德圆而神,卦之德方以知"(《系辞上》),"纳方于圆"命

---

① 唐君毅:《中国文化之精神价值》,九州出版社2016年版,第330页。
② 唐君毅:《中国文化之精神价值》,九州出版社2016年版,第330页。

题意出于此。《孟子》中有言:"大而化之之谓圣,圣而不可知之之谓神。"(《孟子·尽心下》)而所谓"神",即是一种知,而且是比圣更高的某种极高明而至精微的知。①《大戴礼记·曾子天圆》中有:"天道曰圆,地道曰方"。天道生育万物,统摄万有,体现广大悉备,和谐圆融之超越精神,所以曰"圆";地道承载万物,体现万有之具体发展变化之中。地道即物道,是万事万物具体发展变化的规律的统称,所以曰"方"。由此可理解:"圆"是将万事万物做一整全性理解,且此理解是一种大全的、超越的、主体性的认识方式,如天人合一、上下圆融、内外统一、仁智合一等"圆盈的形态",所以曰"圆而神",乃"智慧之智";"方"是以个别的经验事物为研究对象,并落实为"分科之学"的研究范式,体现了一种分析的、分解的认识方式,如主体客体、本质现象、分析思辨等"隔离的形态",所以曰"方以智",乃"理智之智"。

牟宗三同样借用过此命题,以"圆而神"表述儒学"仁智合一"的观念形态;以"方以智"概括西方科学"智的系统",即"分解的精神"。他认为:"分解的精神是方方正正的,是层层限定的(这就是遵守逻辑、数学以前进),因此显示出有圭角而多头表现。综合起来,我们可说这是'方以智'的精神。而中国'综合的尽理之精神',则是'圆而神'的精神。"②因此,在整体上,唐、牟二人所论比较相似。在唐君毅为牟宗三《历史哲学》一书所作的《中国历史之这哲学的省察》长文中,他概括牟宗三:"以融综合的尽理与分解的尽理之二精神,而成一更高之综合。此即中西文化自然谐一远景之所存,亦即形上道体之全副彰露于形下之世界"③,当是对"纳方于圆"主旨之精髓概括。

"纳方于圆"体现了以人文道德精神引领现代文明建构的理想。其理论

---

① 庞朴:《方以智的圆而神——〈东西均·所以〉篇简注》,《传统文化与现代化》1996年第4期。

② 牟宗三:《历史哲学》,见《牟宗三先生全集》第9卷,(台北)联经出版事业股份有限公司2003年版,第164页。

③ 牟宗三:《历史哲学》,见《牟宗三先生全集》第9卷,(台北)联经出版事业股份有限公司2003年版,第447页。

基础却是唐君毅一贯所持的"知识价值论",即将哲学视为综合一切"科学原理"与一切知识的"内部一致而融贯之系统者",并将之视为知识的最高成就。他明确主张,"科学的真理"应以"哲学的真理"为基础。其理由有二:在认识维度,"科学的真理"的实现基础,源于主体对客体的认识过程,而本心的"性理"或"性能",既是此认识过程的发源者、推动者,又是验证者、反省者;在价值维度,人认识自然万物的过程,亦是对象客体不断进入主体心灵之过程,而对象客体得以被主体的知觉灵明关注,正因其受主体价值意愿的影响。所以,此过程既是知识创造过程,又是价值选择、真理判断的过程。由此,"外在真理"(科学真理)既要以"内在真理"(本心之知觉灵明、本心性能)为基础,又要不断在"内在真理"(价值意愿、道德理性)之中得到合法性确认。

这种儒学高于科学,进而以儒家人文精神主导科学实践的立场,实际已经体现在最早期他从"智慧表现"去评判知识价值的论述之中,并在之后不同时期被不断深化。在 1951 年《中国文化之精神价值》书中,他认为各种知识不过是"内心理想之分别客观化而超越化"的产物。① 在 1957 年《中国人文精神之发展》书中,他主张:"以人之仁心为科学之主,……要由人之人性或仁心之流行伸展,以成就中国人文世界。"②在 1958 年《文化意识与道德理性》书中,他认为"道德理性"乃是:"一切求一文化理想之实现的文化活动之必然的基础。"③此后,在 1961 年《哲学概论》书中,他仍主张:"吾人无论采何观点,以论价值之次序,此观点之所以产生,皆原于人之哲学的心灵"④,认为任何知识的价值判断均以主体"心灵"之价值倾向、选择判断为先决条件,而"心灵"又是超越的道德良知,因而知识价值的判断标准,必然要以"善之价值"或"心灵之价值"为本,而不能以"知识上之真之价值或物质世界之价值"为本。

---

① 唐君毅:《中国文化之精神价值》,九州出版社 2016 年版,第 333 页。
② 唐君毅:《中国人文精神之发展》,九州出版社 2016 年版,第 95 页。
③ 唐君毅:《文化意识与道德理性》,九州出版社 2016 年版,第 16—17 页。
④ 唐君毅:《哲学概论》下册,九州出版社 2016 年版,第 379 页。

总之,在 20 世纪 50 年代之前,唐君毅主要从形上"内圣"即心性本体维度来设定道德自我与科学之本体逻辑,表现在《道德自我之建立》书中,即是以"道德自我"为"体",以文化活动为"用"来化解儒学与科学之冲突。此时他尚认为:"一切人类活动都是属于同一的精神实在,只是同一的精神实在表现出之体段,一切人类活动在本质上是互相感通互相促进互相改变的。"①但从 1951 年《中国文化之精神价值》之后,他开始专注从形下"外王"维度,强调一切知识系统、一切文化意识,既有其理性之基础,又现实体现着"性理主体"的"文化理想之要求",而此要求在本质上又属于道德理想的表现。论证道德理想、道德理性因其相对于具体文化意识的"超越性涵盖性",而同时具有的现实的"主宰性"。

这样,虽在"本体论"维度,作为道德自我本体的形下落实,各文化系统、知识系统均具相同的派生地位。但在"价值论"、"意义论"、"境界论"维度,一切现实的"分科知识"、"文化活动"、均应以"人生最高或最后价值的道德的求善"为标准,重新进行"价值层级"的审视、分类与评判。而"纳方于圆"的目的,正是基于"道德活动"既内在又超越于一切"分科知识"、"文化活动"的判断,发挥道德理性在社会实践的"道德优位性",为"科学时代"的新型知识观提供义理支撑,并在现实上将科学实践活动置于人文道德理想的规范之下,以避免造成与"整个人生之道德生活脱节之罪恶"。

只是,唐君毅过于强化良知善念的"优位性",甚至将其作为一切"科学真理"、"科学实践"的真假判断的"观念性前提"。如他说:"本此哲学真理,以看一切科学,与初当作对自然负责之自然哲学,则一切科学与自然哲学之真理之真,乃在此'真理'中真,而为此'真理'所保证护持之真理。一切自然与自然哲学中之错误的思想观念之所以错,亦非只以其与无情之客观外在之自然不合而错,而是与'我们自己之自动自发的,愿以其心灵光辉外在化于自然,

① 唐君毅:《道德自我之建立》,九州出版社 2016 年版,第 118 页。

而通过自然之所是、自然对吾人所表现之真理,并以此真理为其思想观念之内容,所产生之更融贯而无矛盾之思想观念'相对照,而后显其错误者。①"显然,他既消解了"科学真理"的客观性、实在性,亦否认其发展性、辩证性。他借由"科学真理"是可错的,而"本心"德性俱足,至善至真,将"科学真理"的价值标准,收摄回"本心良知",使得"科学真理"自此失去自性,完全沦为"哲学真理"的附庸或"哲学真理"的表显。

(三)"心灵九境"知识图景的双层统摄

如果说,在处理儒学与科学关系问题时,良知"附套"说主要从内圣维度,基于良知实体设定科学理性的"本体论逻辑","纳方于圆"则主要从文化理想、道德社会的外王维度,以道德实践引导科学实践、以道德价值规范科学价值。那么在晚年《生命存在与心灵境界》一书中,唐君毅再度深化此两个维度:基于心灵本体的"感通"开显出宇宙万有存在,进而相应"存在—价值"的超越逻辑,将一切知识文化收摄进"文化哲学之系统"。

此系统的核心为"心灵本体"或"生命心灵"。他肯定生命存在、文化创造的历程中,存在"能思之心灵主体"。此心灵主体既显现为能思想一切可能存在的存在,又可视为其"位居一切可能存在之上一层位之超越的主体"。而从人类文化、知识的形成与发展的理性源头来思考此"心灵主体"的作用,亦可将之视为"心灵本体"。他主张人类一切文化活动和知识,均乃生命心灵的具体创造,既肯定生命心灵始终存在于认识、观照外物的现实活动中,又肯定"心灵之恒居于统此一切概念、思想、知识之地位",并对其加以运用、评判与取舍。同时,包括科学活动在内的不同文化活动,又是生命心灵真实存在、生命道德意义的具体体现。由此,心灵与外物"感通"所构成的"境界"即构成对万物、行为、知识、文化得以可能的终极基础。

---

① 唐君毅:《哲学概论》下册,九州出版社 2016 年版,第 518—519 页。

此"境界"乃生命心灵活动与外在世界相互交感的产物,因而非普通"主体—客体"的认识范式,亦非纯粹的精神体验的境界。具体言,生命心灵的"感通"能力有"纵观"、"横观"、"顺观"三方向,以此三种能力去理解领会认识对象(客体、生命心灵之主体和超主客之目的理想)的"体"、"相"、"用"之关系,即形成有机贯通的"境界图景"—"心灵九境"。其中"客观境"—"万物散殊境",观个体界。"依类化成境",观类界。"功能序运境",观因果界。"主观境"—"感觉互摄境",观心身关系与时空界。"观照凌虚境",观意义界,包括数学、几何、逻辑等。"道德实践境",观德行界。"超主客观境"—"归向一神境",观神界,以一神教如基督教、伊斯兰教等为主。"我法二空境",观真法界,以佛学境界为主。"天德流行境",又名"尽性立命境",观性命界,以儒学境界为主。

显然,基于心灵本体"感通"外物得以构成的境界,亦为科学对象、科学方法、科学思维、科学理论提供了存在论支持。如他以"万物散殊境",为科学提供作为对象的"器物世界",并将其视为"人格精神相互表现"之"媒介";以"依类成化境",肯定人可有归纳、命题、判断之能力;以"功能序运境",为人类创造知识提供因果观念、逻辑观念;以"感觉互摄境"为心灵提供经验心理、身心关系、时空观念等能力;以"观照凌虚境"为创造知识提供直观思维、逻辑思维、数学观念、几何观念。而以此心灵"感通"以成之境界运用去看中、西文化的差异,唐君毅亦指出,西方文化之所以产生先进的科学知识与科学技术,乃是其生命心灵擅长从"观照凌虚境"降入"感觉互摄境"、"万物散殊境",将各种知识用于具体的器物对象。为此他也认为中国文化欲"开出"科学,同样应把握此"契机"。

自"万物散殊境"到"天德流行境",源于心灵的"感通"创造。因而首先是一种"本体生成论"式的"存在序列",可视为"宇宙存在论"与"本体境界论"。同时,心、物"感通"开显的境界又基于心灵的"知体明觉",而"知体明觉"本质乃是儒家的"道德良知",因而,在"存在论"维度,此"精神境界"具有

"客观性"、"实在性"、"一般性",但在"价值论"维度,境界开显的高低转进却维系于生命理性的运用。由此,亦可说不同境界的知识系统具有价值意义上的差别。也即是,唐君毅从其一贯重视的"吾人求各类真理之原始意识或原始意向"出发,借助境界层级之定位,提供"各类真理知识之高下"的基本原则:对"个体"、"类"、"因果关系"、"感觉"、"时空"、"数学"、"几何"、"逻辑"等问题研究的"科学知识"以及在此基础上的"科技应用",应以"人文知识"尤其是"儒学知识"为评定原则,应以"人文价值"尤其是"道德价值"作为最高价值,引导对"科学价值"的评估与理据。

应该说,科学知识与科学实践的实现,即便是出于为科学而科学的纯粹立场,其本身亦有"价值选择"、"意义认同"的"内在意识"的驱使,进而体现为主体意向与行动落实。由此而言,将科学观念维系于价值观念,将"意图"道德化,确实为儒家擅长的道德意识与科学意识找到接榫点。作为现代新儒家的开山人物,梁漱溟在讨论科学与儒学关系时,即以知识(科学)作为"意识的创造"的派生物。只是此"意识",虽有明辨是非之"良知"意,但根本却是一种自觉的"意图"①。而唐君毅在处理科学与儒学关系时,也将科学得以可能的前提,从"宇宙论"、"存在论"的经验性、客观性、逻辑性基础,转向人心灵精神活动的"原始意识或原始意向"。只是,他显然规避了梁漱溟的问题:若是仅以本能、自觉、情感等自然维度规定此"原始意识或原始意向"。那么古代之图腾崇拜与谶纬之术与现代科学之间如何分辨高下呢?出于个体超越思维而建构的古代宇宙观高于现代科学天文学、宇宙学的价值标准又究竟在哪里呢?为此,他将此"原始意识或原始意向"置于"良知本体论"之中,以道德本心作为形上本体;确保此意识或意向在"感通"经验现象以成就科学时,始终被牵连在道德意识的"附套"中。

只是,儒家"道德的形而上学"的基因,必然使得唐君毅与牟宗三一样,将

---

① 梁漱溟:《梁漱溟全集》第3卷,山东人民出版社1990年版,第582—585页。

"德行的优先性与综纲性"逻辑追溯到良知本体范畴之上。因此,"附套说"虽比"坎陷说"在处理良知与"认识心"的关系上,更直观更圆融,但其对"良知本体"绝对的、普遍的、永恒的统摄效力的捍卫,却较牟宗三更强势更直白。而"纳方于圆"的表述,强调道德意识乃为一切知识活动中更高层次的"超越涵盖意识",以及科学乃一种"文化表现"、"价值追求",并主张"文化意识"、"道德意识"可引导、规范科学知识、科学活动,则相对温和与合理。不过,以道德知识统摄科学知识的"价值层级范式"与"知识价值模型"虽有其现实性,但"文化意识"与"道德理性"根本却仍以儒家良知本心为逻辑依据。

这亦可以解释,他晚年所造的"心灵九境"理论体系,何以通过"感通—知识—境界"的多重维度,既再次申论心灵本体对知识理性的"生成"逻辑,又通过人文理想"统纳"不同类型文化知识,强化超越、圆融之精神人格与价值追求对科学人格的规范效力,以确立"科学时代"的终极价值与生命信仰。而此种以儒学形而上学"统摄"科学的"体—用"范式,也均可以自其思想发展中找到理论资源:前者在于他通过对"境界"的客观实在性设定,深化了他自思想早期即肯定的心灵"感通"之创造性,从而将源自于西方的科学,通过生命存在之不同面向而有机接续至良知本心;后者则是贯彻了他历来秉持的道德主义、人文主义的知识价值观,将不同维度的科学知识、科学实践,"统纳"于具有价值性、超越性的生命智慧与生命实践中。

总之,唐君毅(亦包括牟宗三)对儒学与科学关系的论述,基于其一贯的"道德的本体论",体现为一种儒家视域下的"知识价值论"。前者建立了良知本心与科学识心的超越关系,此为"本体生成论"意义上的"体—用"关系。后者肯定道德活动乃反省、评判、拯救一切文化活动的"被动"、"偏枯"、"成见"甚至"陷溺"的主宰,此为"知识价值论"意义上的"本—末"关系,二者又"即体即用"地统一于其"道德的形而上学"系统。他既揭示"吾人心灵之综合的智慧与超越的涵盖力",以捍卫道德意识、道德生活的最高地位,化解科学与儒学、科技与人文的冲突,又回应"科学无善恶"之说,尤其以道德意识、心灵境界提供对各种文化活动的"向内的协调意识"与"向外开拓意识",以"德性之知"统摄"科学之知",以道德生活"范导"科学实践,儒者仁心值得敬仰。其在论证中,基于良知本心的"主体性能",将科学理性"附套"于道德理性,基于道德生活,规范科学实践造成的负面问题。尤其以文化活动、知识运用彰显人的道德意识、价值意识与文化理想,种种论述亦是深刻的,有重大启示的。

只是,其在形而上与形而下、存在与价值的双重维度讨论科学的本根与限度时,为强化良知本心对其的"安置"与"统摄",始终将"存在论的客观性"牵系在"本体论的先验性",始终将"文化知识的类型化"滑转为"精神价值的层级化"。这种以"道德意识"、"道德价值"为逻辑原点的解释立场,就将在对象、方法、目的、效用等方面各不相同的"分科知识"融合为一种完全由道德意识、价值取向决定的"价值图谱"。他认识到了需要赋予科学以独立性,尽管是相对的,也深刻揭示了科学知识、科学实践、科学理想本身亦有助于人的理想人格、道德人格的实现。但他却忽视了从道德自我、道德理性、文化意识到心灵境界的自始至终的"道德至上"的"加持",反而容易使儒学高明且超越的形上睿思,变成现代分科知识体系的"道德主宰",存在以"善念优先性"消解"真理实在性",从而扭曲知识本质的危险,以及容易陷溺于道德意识而造成现代知识价值评判的抽象化。

为此,在肯定良知"附套"说与"纳方于圆"说的一般意义之同时,也应认识到依据"道德的形而上学"去建立儒学与科学的理想关系模式,即理想化的"科学解释学"、"知识价值观"、"理想文明观"中可能出现的问题。尤其要注意到"本体与功用"、"内圣与外王"的"本体生成论"逻辑,可能导向虽是"道德的",却是"封闭的"、"抽象的"的关系模式。而规避此类问题,才能更容易为儒学创造温和的出场条件。也即是,科学理性显然为人之所能,且其运用自有其独立性、客观性。但从"主体性能"看,科学理性客观上却为整全人格的一个"功能"、一个"面向"、一个"附套",由此言,对科学理性的检视、反省显然需要更具超越性的"理想的超经验的精神原则"(贺麟语),这种道德理性非为儒家所独具但却为儒家所擅长,因而不会有道德绝对主义之嫌。而在"科学社会"的知识与技术应用过程中,坚持以生存共同体最大多数人的当下利益与长远利益为价值标准,以源自生存共同体的理想实践中的人文精神、道德诉求作为"经验行为知识以及评价的主体",擅长道德学说的儒学同样可以参与建构动态的、具体的、长远的、辩证的评价标准,规范科学实践,引导文明进步,亦是发挥了儒家"纳方于圆"的"尊德性"的道德优先原则。

第八章　"境界形而上学"的出现

　　自拉丁文"Metaphysica"在晚明传入中国,其在汉语译介过程中,就不断为中国哲学提供了全新的学术概念,以及与之相关联的全新学术观念。如从晚明时期的"超形学"、"超性学"、"超性理学"到晚清时期的"格物后学"、"格致后学"、"超形气学",实际都是从"超感觉"、"超经验"去表述与理解"Metaphysica"、"Metaphysics"。进而,中国学人亦从此类新的学术概念与学术观念去表述与理解本土的"性理之学"、"天道之学"、"心性之学"等"形而上者"之学。

　　随着 20 世纪"西学东渐"的深化与汉译语词的细化,与"Metaphysics"及其相关的"Cosmology"、"Ontology"之汉译概念如"形而上学"、"存在论"、"宇宙论"、"本体论",逐渐在汉语哲学语境中定型。而由于在 20 世纪初期,学界惯用"Philosophy"、"Metaphysics"、"Cosmology"、"Ontology"之范型来反观中学,就难免将本是作为宇宙秩序、理想社会、美善人生之内在依据与超越原理的"天"、"理"、"性"、"道"、"心"等,理解为某种超离人事、超绝经验、超脱实际的逻辑实体、抽象范畴,进而遮蔽了"中国形而上学"始终聚焦心性工夫、德性修养、精神实践,进而抚慰生命情感、转换生命气质、提升生命境界的学术品格。

正是为规避此"以西律中"、"以西释中"、"以西蔽中"等问题,自"科玄论战"时期开始,一些哲人开始自觉基于中国古代哲学特殊的思维方式、思想传统与精神取向,来创发运用新的哲学概念,凝练阐发新的哲学观点,从而论证揭示相较于西方哲学,属于中国哲学的某些哲学思想观念之历史传统与现代价值,以此凸显"中国形而上学"的"民族性"、"特殊性",进而回应"中国哲学"、"中国形而上学"之合法性。他们一方面认为,作为"理性知识的珍宝"(黑格尔语),中、西方哲人在聚焦"事物、自然和心灵的本质"这个共同问题时,具有"家族相似性"(维特根斯坦语)的学术共性。另一方面也强调,对此"共同问题"的回答,不同民族文化中的哲学,却可体现出多样性、多元性之特点。

综观诸多哲人们如梁漱溟、马一浮、张君劢、张东荪、冯友兰、方东美、贺麟、徐复观、牟宗三、唐君毅等的论述,他们均明确秉持一种"形而上学形态观"、"形而上学类型观"的中西哲学比较研究之立场。且高度一致的观点表现为,他们均致力于揭示论证与强调,西方哲学整体表现为思辨化、逻辑化、知识化、实证化的思想特点,中国哲学则表现出价值化、修养化、直觉化、境界化的思想特点。尤其是,哲人们着力阐发,中国哲学关注的核心内容,并不在对宇宙存在的实然性与事实性,作合逻辑的信息统合与概念说明,而是着力讨论人生在世的应然价值追求与理想生命实践。尤其是,中国哲学将超越现实的形而上价值之实现,置于人的自我心性修养与精神实践基础上,因而"中国形而上学"作为一种表述超越对象与超越价值之理性知识,同时又表现一种智慧与精神的境界超越。

甚至,一些哲人又重新激活了汉语中本有的"境界"概念,将其明确界定为一种超越思维与超越真理相结合的普遍化、客观化之哲学范畴。并创造了"境界形态"、"境界哲学"等新概念,来表述"中国形而上学"理论形态之特质。例如,在中、西哲学比较中,他们多将"Metaphysics"界定为"分析形态"、"逻辑形态"、"实证形态"、"知识形态",将"中国形而上学"界定为"境界形态"、"道德形态"、"价值形态"、"意义形态"①。例如,冯友兰、方东美、唐君毅就明确使用"境界"概念来阐发中国哲学精神传统,进而构建现代意义上的新哲学理论——"境界论"。而牟宗三则使用"境界形态"一词,来论证"中国形而上学"的特点,进而用其作为辨析儒道佛三家体用论异同之重要工具。"境界形态形而上学"也成为他处理中西哲学比较、儒道佛比较之重要理论。

这样,无论是从中国哲学思想传统在 20 世纪的新阐释,还是从新时期中国哲学理论建构的新形态,都可以说,"境界的形而上学"是现代中国哲学史中的全新的问题论域与观念视域。不过,现代哲学语境中的"境界的形而上学",乃是从两种理论维度展开:

第一个维度,在中、西形而上学比较背景下,基于重建新的形而上学之需要,以新的本体论、新的认识论、新的方法论为理论基础,以中国哲学"天道心性相贯通"、"内在超越"为理论原则,重新建构以"境界"为核心的理论系统,构成了中国哲学的在现代时期的全新理论范式——"境界论"。该"境界论"是以"本体论"为逻辑前提与理论基础,以"认识论"为主要手段与内容保证。以此,将人对本体认识的具体内容及其体现出的认识层次与认识境界,按照具体认识内容与反映之价值高低予以辨析分类,从而形成从低至高的"人生境界"之完整系统。因此,此种"境界论",乃是以"境界"为主题,通过将人生境界内涵的类型化,以架构起普遍必然性的理论系统②。也正因"境界"范畴在此过程中得以形而上学化,因而可谓"境界的形而上学"。其主要以冯友兰、方东美、唐君毅为代表。

---

① 牟宗三在中西哲学比较时,认为中国哲学主要是"生命的学问",西方哲学主要是"知识的学问"。事实上,黑格尔在比较中西哲学时,也认为中国哲学主要是"体悟式的知识",而西方哲学主要"概念式的知识"。

② 西方哲学家如克尔凯郭尔也将精神境界分为三个依次提升的阶段,即审美境界、道德境界、宗教境界。审美境界是感性能力的结果,道德境界是理性能力的实现,宗教境界则是信仰的实践。

第二个维度,是在中、西形而上学的比较语境,以及中国儒、道、佛形而上学的比较语境中,提出的"境界形态的形而上学"。其代表人物是牟宗三。表现在,牟宗三基于不同"本体论"中对本体的"构造方式"——"实体本体"与"境界本体"之差异,以及不同"本体论"中,"本体特性"、"本体作用"之差异,将西方哲学的"Metaphysics",判为"实体形态形而上学",而将中国儒、道、佛为主流的"形而上学"之理论特质判为"境界形态形而上学"。同时,在辨析中国哲学内部儒道佛三家理论异同过程中,他虽同样采用"实体—境界"的比较理论模型,但却在"中国形而上学"的"境界形态"共性之下,再划分两类:一类是儒家,因为创建的是"天道"与"心性"相贯通的"实体本体论",且肯定"实体实用"的"体用关系",因而"儒家形而上学"本质是"主客合一"的"实体—境界形态的形而上学"。一类是道家、佛家,因为将本体规定为"无"、"空"的"境界本体",且仅以主观"知见"与"心境"去观照、妙用、肯定心外之物,因而本质是"虚体虚用"的"体用关系",它们的"形而上学"也是纯粹"境界形态的形而上学"。

所以,"境界形而上学"或"境界的形而上学",本身既是现代哲学家们在中西古今哲学比较语境中,对于"中国形而上学"自身思想特质的理论总结,以此彰显与捍卫中国哲学之特殊性与民族性;同时,亦是现代哲学家们面对拒斥阵营之批判,而寻获的一条中国哲学新开展之路,是他们为"中国形而上学"在现代文明中彰显自身价值而找到的可能方向。正如方东美所言,"面临着整个世界哲学的衰退、中国哲学的死亡",要为将来的中国、将来的世界创建一种"新的哲学",建筑一个"新哲学的体系",中国哲学正应寄希望于建构新的"生命形态形而上学"、"境界形态形而上学"。

应该说,作为对中国哲学的现代阐释,"境界形态"以一种更精练的方式,表明了"中国形而上学"的学术旨趣与思想取向。更进一步说,"境界形而上学"还直观呈现出"中国形而上学"在本体意涵、本体功能、本体认识、本体方法等方面的重要理论特质。当然,因为诞生于比较哲学之语境,因而"境界形态"之揭示与界定,一方面更直观凸显了相较西方哲学而言,中国传统哲学的心性修养、内在超越、变化气质与境界超升等特殊意涵;另一方面也以预设性之方式,设定了中、西方形而上学之知识属性与理论价值之评判标准。表现在,"境界论"、"境界而上学",从被创造之初,就预示着"中国形而上学"相较metaphysics 之优势,或者预示着,相较之下,metaphysics 之不足。

因而,哲学家们实际是从中、西哲学观念的事实性之差异,滑转为中、西哲学理论的价值性判定,甚至在某些时候,"境界形态"已然成为评判中、西哲学水平高低的终极依据。这也提醒学界,无论是在研究现代哲人们对"境界形而上学"之相关论述,还是借用"境界形而上学"来进行中、西形而上学的比较研究,以及中国古代儒、道、佛形而上学的比较研究,都应该明确厘定其理论适用空间,以正确评估"境界形而上学"的理论创造与理论阐释本身,对于"中国形而上学"现代开展的意义与价值。

第一节　中国现代哲学中的"境界"概念 及其内涵

虽然在中国哲学的古代传统里,追求一种超世俗、超经验、超是非的精神境界,在儒、道、佛主流哲学流派中均有体现,但自觉将"境界"概念纳入学术尤其是哲学研究的视域,并将其作为哲学话语体系的核心概念,则是在 20 世纪才实现的。进入 20 世纪,无论是自觉与擅长检验方法、实证方法的科学知识相划界,还是自觉与擅长逻辑分析方法的西方哲学相区分,中国现代哲学家均从"生命"、"精神"、"意义"、"信仰"等旨趣来论证与揭示中国哲学尤其是形而上学的特殊性。而"境界"一词正是在此种特殊哲学话语的表达中得以出场并得到广泛运用。只是,在现代汉语哲学语境中,"境界"一词的概念内涵、理论论域与思想关联,则具有不同的理解与体现。

一、古代哲学中的"境界"叙事及形上意蕴

从词源的角度看,古汉语中即有"境"、"界"二字。如《说文》中云:"境,疆也,从土、竟声"、"界,境也"。《列子·周穆王篇》中有"西极之南隅有国焉,不知境界之所接,名古莽之国。"《毛诗》中有:"于有叛戾之国,则往正其境界,修其分理。"《后汉书·仲长统传》中有"当更制其境界,使远者不过二百里。"此种意义上的"境"、"界"及其连用,有比较明确的字义内涵,如《尔雅·释诂》中解释说:"疆、界、边、卫、圉,垂也。"①可见,"境"、"界"以及"境界"的概念本义,主要是指具体时空中的,客观的、现实的地理量度、范围界域,即为"边境"、"边界"。

而《庄子·逍遥游》中有:"且举世而誉之而不加劝,举世而非之而不加沮,定乎内外之分,辨乎荣辱之境,斯已矣。"《淮南子·原道》有:"夫心……驰骋于是非之境,而出入于百事之门户者也",郭象有"神器独化于玄冥之境"②等说法。此类说法中,"境"的含义主要是指一种主体所遭遇的客观的"处境"、"境遇"或是具有的主观的"心境"、"意境"。此外,在古代汉语的认识理解、思想表达、文学创作的不同语境中,"境"亦用来表述一种主体基于特殊的认识方式与认识进路,对不同的认识对象的存在样态与所处环境的主观感受,如"处境"、"情境"、"化境"、"梦境"、"意境"等。

学界一般认为,"境界"合用并明确作为学术概念与理论范畴被纳入理论研究尤其是哲学研究,是从外来佛教经典的汉译表达开始的。而在汉译佛教经典中,"境界"一词亦是核心概念。例如《无量寿经》(上)就有:"比丘白佛:斯义弘深,非我境界",《俱舍论讼疏》中有"功能所托,名为境界,如眼能见色,

---

① 转引自方朝晖:《中国文化为何盛行境界论?》,《国学学刊》2020年第1期。
② 郭象:《庄子序》,见郭庆藩:《庄子集释》,《诸子集成》第3册,上海书店出版社1986年版,第2页。

识能了色,唤色为境界"①。《占察善恶业报经》(下)有:"一实境界者,谓众生心体,从本以来,不生不灭,自性清净,无障无碍,犹如虚空。"《入楞伽经》(九)中有:"我弃内证智,妄觉非境界。"《阿毗达摩俱舍论本颂疏》卷一中有:"功能所托,各为境界,如眼能见色,识能了色,唤色为境,以眼识于色有功能故也"。而此种佛教经典中的"境界"的含义,已与上述古汉语中的原意不同。②

佛教解释"境界"为:"Visaya,自家势力所及之境土,又,我得之果报界域,谓之境界。"③或解释为:"指与心相对的外境。境随心转,各因心情不同,境界亦异。"④在佛教语境中,还有"五境"、"六境"、"七境"说。"五境"指为五根所取之五种客观对境,亦为五识所缘之五种境界,即色、声、香、味、触。"六境"指六根所取之六种对境,亦为六识所感觉认识之六种境界,即色、声、香、味、触、法;"七境界"(七种第一义境界),乃诸佛所证得之境,计有心境界,慧境界,智境界,见境界,过二见境界,过佛子地境界,入如来地内行境界;前六者通于佛菩萨,后者则为如来之自境界。⑤ 可见,在佛教那里,"境界"既离不开眼、耳、鼻、舌、身、意,又是这些主体感官感知与精神意识的"对象性认识"之后的心灵创造与精神成果。

而这种特殊的"主体—客体"的认识关系,既包含"主体—现象客体"之认识,又涉及"主体—本体客体"之认识,与之相应又可得到两种不同的认识境界,即认识现象的境界与认识本体的境界。同时,这种本体、现象之不同的认识能力,本身也为判断精神境界的高低提供依据。例如《大乘起信论》中记载,"问曰:虚空无边故,世界无边;世界无边故,众生无边;众生无边故,心性差别亦复无边。如是境界,不可分齐,难知难解。若无明断,无有心想,云何能

---

① 转引自魏鹏举:《王国维境界说的知识谱系》,《文艺理论研究》2004 年第 5 期。
② 韩东晖:《境界与实体——论中、西传统哲学的一个差异》,《文化中国》1998 年夏季号。
③ 转引自方朝晖:《中国文化为何盛行境界论?》,《国学学刊》2020 年第 1 期。
④ 陈义孝编:《佛学常见词汇》,福建莆田广化寺印,2003 年,第 463 页。
⑤ 蔡钊:《道家境界论探微》,《四川大学学报(哲学社会科学版)》2012 年第 5 期。

了,名一切种智。答曰:一切境界,本来一心,离于想念。以众生妄见境界,故心有分齐,以妄起想念,不称法性,故不能决了。诸佛如来,离于见想,无所不遍,心真实故,即是诸法之性,皆能开示出种种法义,是故得名一切种智。"①显然,此种"境界"本身即体现理性认识的深浅程度,以及关涉特殊的真假判断、价值判断。也正因"境界"兼具真实性、真理性等规定性,其不但是认识范畴、存在范畴,也是价值范畴。

所以,佛家的"境界"根本上是以哲学的认识论、存在论、本体论为基础,进而同时体现真理论、价值论的内涵。而既然佛学的"境界"指向某种形而上学之维,那么也只有被纳入"本体—认识论"的框架中,方能准确把握其实质。是因为,佛学的认识境界,根本是一种对真如法相、本体涅槃的终极体悟与证会,对主体而言,其境界的实现过程既是认识过程又是内在超越过程,在形式上表现为主观体验与体悟式的精神活动,但同时亦是对形而上的终极实在、终极存在的把握与共在,因而具有形而上学意义上的客观性、实在性、普遍性。

受佛学影响,宋明时期的哲学家对哲学境界本身的理论基础与理论逻辑愈发关注,并认识到佛学的高明境界实基于形而上学的义理架构,进一步明确了哲学境界本身的超越性、客观性、普遍性实质。而为应对儒学的危机,他们也重塑儒学的"本体论"、"境界论"。按照"本体—境界论"、"本体—工夫论"逻辑,在"境界"的理性范式(本体论)与体验范式(境界论)两方面同时予以推进。② 在境界的理性范式方面,哲学家重建了更加系统、更加明确的以"太极"、"理"、"气"、"心"为超越本体的"本体论";在"境界"的体验范式方面,他们集中阐释德性修养、道德自觉、自我体悟式的精神修炼,如周敦颐提出"诚"、"无欲"、"主静",张载主张"学贵心悟"、"养气集义",程颢主张"涵养

---

① (梁)真谛译,高振农校释:《大乘起信论》,中华书局1992年版,第154页。
② 所以,一些学者仅将中国哲学的"境界"视为"宗教性的神秘体验",或特殊的"精神体验"、"生命意境"、"心灵觉悟"、"修养状态",而没意识到"境界"本身实乃建基于特定的形而上学观,尤其是宇宙观、存在观,是不利于准确把握中国哲学的境界传统的。

用敬",朱熹强调"豁然贯通",都呈现为一种哲学认识与价值旨趣上的"无纤介染着"、"无毫发黏滞"、"胸中渣滓俱化"、"无滞无碍"的洒落境界、理想境界。

二、从"哲学境界"到"境界哲学"的现代观念

20世纪中国学者,梁漱溟、熊十力、宗白华、冯友兰、方东美、朱光潜、金岳霖、张岱年、牟宗三、唐君毅、冯契等人,均曾借用古代哲学中的"境界"概念来助力学术研究与思想建构。例如,宗白华、朱光潜主要是从"美学"之维将"境界"理解为审美的"情趣"与"意向与情趣的契合"。冯契主要是从"价值"之维将"境界"理解为"意和境的结合",并强调,其中,"'意'就是实现了的、表现了的理想,'境'则是有意义的结构"①。而梁漱溟、熊十力、方东美、牟宗三、唐君毅等也专门聚焦中国古代哲学的境界取向与境界旨趣,明确主张继续发扬此种境界传统,以论证与阐发中国哲学在"知识时代"的合法性。

此外,冯友兰、方东美等在建构"中国哲学史"的学术范式时,也自觉从精神境界这个视角予以阐释;以突出中国哲学的特殊性。如冯友兰在其早期两卷本《中国哲学史》绪论中论及中国哲学的特点时,就指出,中国哲学重视"内圣"之道和"修养之方法",其依据显然是古代哲学重视精神修养和重视精神境界的传统。之后,张岱年在其《中国哲学大纲》中,也认为中国哲学的"宇宙论"与"人生论"乃是内在统一的,宇宙根本原理即是人生根本原理。他认为古代哲学家对"生活之最高境界"的阐释是一种哲学上的"人生理想论",且认为其是"中国哲学的最大贡献"②。

对于在现代汉语哲学中堪称"关键词"的"境界"概念的确切意涵,因为哲人们的立场观点不同,而得到多样的理解界定与运用。这种理解界定与运用的多样性,体现在哲人们对"境界"概念的译词的讨论上。对于较早在现代学

---

① 冯契:《冯契文集》第3卷,华东师范大学出版社1996年版,第92—93页。

② 张岱年:《张岱年全集》第2卷,河北人民出版社1996年版,第283页。

术语境中使用"境界"一词的王国维来说,"境界"概念,应该译为"State",其意在表达一种特殊的学术研究的认识程度与思想层次。之后,牟宗三曾专门论及中国哲学语境中的"境界"概念。他认为"境界"作为佛教的核心名词,主要表述一种实在、实有的精神世界或特殊世界。还指出,该词由"境"、"界"两词构成,"佛教说境,由境说界,境和界都是一个实有的意义。境是指着对象讲的,境在佛教就是 objects,就是 external object,外在的对象。……照佛教的解释,界是因义,是 ground 或 cause 的意思。……是原因的因,也可以说是根据的意思。有这个因,就可以决定一个范围,就可以成为一个界。这个界就是平常所了解的一个 world,一个范围,例如十八界的界,这个界就是划类、分类的意思。所以能成一个类,就有它的原因,按照我们现在的说法,就是按照一个原则,可以把这些现象划在一起,成为一类,也就是成为一个界。"①

因为主客交接与主客感通的程度、视角、取向不同,且认识主体依据的不同"原则"影响,因而达致与呈现的精神世界、心灵状态亦不同。这种复杂内涵,也导致在英文中也无法找到与"境界"准确对应的词汇。为此,牟宗三主张译为"vision form",并强调:"或者我们可以勉强界定为实践所达至的主观心境(心灵状态)。这心境是依我们的某方式(例如儒道或佛)下的实践所达至的如何样的心灵状态。依这心灵状态可引发一种'观看'或'知见'(vision)。"②

而另一位哲人唐君毅论及此时,曾指出:"此境界一名,初出自庄子之言境。佛家唯识宗以所缘缘为境界依。此缘即心之所对、所知,则境界即心之所对、所知。此所缘在印度之本义,当近于西方哲学中所谓对象之义 Object。但西方哲学中之对象一名,初涵为心之外向、前向所对之实象之义。而中国哲学

---

① 牟宗三:《中国哲学十九讲》,见《牟宗三先生全集》第 29 卷,(台北)联经出版事业股份有限公司 2003 年版,第 127 页。

② 牟宗三:《中国哲学十九讲》,见《牟宗三先生全集》第 29 卷,(台北)联经出版事业股份有限公司 2003 年版,第 129 页。

之境界之原义,则兼通虚实,于义为美。"①

在他看来,"境界"乃是主体与客体"感通"的产物。此客体既可指客观的存在物,又可是心灵本身,甚至是精神境界本身,因而"境界"是兼虚与实的。尤其是,他所谓"境界",是"知物"、"生情"、"起志"的结果,因而在主观心境中就有不同的表现,按其所言,就是有"种种或纵或横或深之界域"。而此种种界域虽有分别,但却可统合为一"总境"。此"总境",是生命心灵"遍观"、"遍运"存在的义理概念系统,因而唐君毅也将"境界"视为哲学尤其是形而上学的理想宇宙,即是宇宙观。由此,他主张汉语哲学中"境界"之本意,更适合用"World"、"Horizon"来对应②。

在现代哲人们看来,西方哲学并非不讲"境界"。他们承认,自古希腊哲学开始,西方哲人创建的解释自然与人生终极本质的"知识"与"真理",均指向一种超越的、客观的精神界域、存在界域、价值界域,且亦有服务于此种哲学知识与哲学真理的"方法"与"技术"。只是,西方主流哲学多依据"思辨理性"与"逻辑分析",将终极价值寄托于外在超绝之彼岸存在或逻辑世界,而中国哲学则认为,基于生命心灵之"觉解"、"智的直觉",可在生活世界中体悟并践行终极的"天道"、"天理",从而获得人生的最大意义,实现人生的最大价值。

可见,中国哲学追求的"境界",自始至终体现了形而上学的超越原则、实践原则与价值原则。正如唐君毅所言,20 世纪中国哲人始终将哲学境界与"宇宙论"、"本体论"、"人生观"、"价值观"关联在一起。按他所说,哲学境界虽是哲人们"观照"自然存在、宇宙本质、人生意义、生命价值所形成的精神观念,但其理论实质,却不过是哲学家们的形而上学,尤其是"宇宙论"、"本体论"的义理逻辑在思想维度、价值维度、意义维度之投射与落实。所以,现代哲人所讨论的境界,不是单纯的"认识的问题",而是"存在的问题"。

---

① 唐君毅:《生命存在与心灵境界》,中国社会科学出版社 2006 年版,"导论"第 2 页。

② 唐君毅:《生命存在与心灵境界》,中国社会科学出版社 2006 年版,"导论"第 2 页。

　　例如,牟宗三从中国主流的形而上学系统,即儒家的"性理"、道家的"玄理"、佛家的"空理"那里获得启发,揭示其内在的"本体论—境界论"架构,以论证中国哲学是特殊的"境界形态的形而上学"①。而其他现代哲学家如冯友兰、唐君毅、方东美在专门探讨"哲学境界"时,亦明确从形而上学视角予以阐发,他们不约而同创建的新的"境界论",也同样是依据各自重建的"本体论"所展开。

　　同时,现代哲人们在论及古代哲学的境界传统时,也发现,中国儒道佛的主流哲学派别,历来肯定基于人的"主体性能"与"心性实践",即可实现"内在超越",从而达致终极的精神境界、获得终极的价值意义、实现终极的人生理想。为此他们也注意突出中国哲学中高明的精神境界与特殊的心性修养、精神修炼、工夫实践之间的密切联系。②

　　总之,在现代哲人看来,中国哲学中的"境界",在形式上是一种私人体验与精神观念的"精神的创造",在内容上则是对人与自然的存在本质与存在价值的"类观",在本质上是反映哲学理性与人生智慧的认识能力,在旨趣上落脚在体现生命涵养、道德修养与价值追求的意义标准。

　　除了论证中国哲学的重视提升精神境界、追求超越精神境界的特点之外,一些现代哲人还从中国古代的"哲学境界"中获得启发,进一步围绕"哲学境界"这个新的哲学范畴与哲学问题,建构现代意义上的"境界哲学"③。在此

---

　　①　由此,牟宗三也认为,玄学虽符合"本体—境界论"的逻辑,但其精神境界却消解了哲学"本体论"的理性色彩,而过于追求自我的生命体验与感觉感受之"乐"。所以魏晋时期的境界呈现,总予人以过度追求自我感性愉悦、放浪形骸之感。

　　②　20世纪西方后现代哲学也有对借助"体验"、"技术"方法的"超越境界"的讨论,不过他们却明确超脱以往那种将形而上学视为知识或科学的语境,他们肯定的精神境界,仅是超脱现实的、历史的"界限"的"自由的无定限"的状态,而不指向具体的人格层级或价值层级。[邓刚:《自身技术与精神境界——境界论视野下对西方哲学发展脉络的若干考察》,《安徽大学学报(哲学社会科学版)》2019年第5期]

　　③　杜保瑞教授认为中国哲学就是"境界哲学",他说:"所有的中国哲学家的理论终点在于提出一个完美人格的典范,他的世界观和自己的人格景统合为一,他获得了一个感通天地宇宙的理想自我人格,不论他的称谓是圣人、君子、贤者、真人、神仙、菩萨或成佛。"[杜保瑞:《中国哲学方法论》,(台北)台湾"商务印书馆"2013年版,第33页]

过程中,进一步拓展了哲学视域中"境界"概念的内涵,并建构了两种形态的
"境界形而上学":

一是,牟宗三在中西形而上学比较、儒道佛形而上学比较中,基于"形而
上学形态观"立场,创发"境界形态形而上学"命题,既从"境界"凸显中、西方
哲学差异,又用"境界"作为比较儒、道、佛三家形而上学形态的主要进路。而
他为此提出的"本体特性论"、"本体功用论"、"本体构造论"、"实体本体"、
"境界本体"、"实体体用论"、"境界体用论"等观点,也成为其"境界形而上学
思想"的核心概念与核心架构。

二是,方东美、冯友兰、牟宗三、唐君毅在比较中、西方哲学时,也借助"境
界"概念阐发"中国形而上学"的特殊性。他们一方面通过哲学史的梳理阐
发,凝练出一种"境界论"的传统以及"境界形态"的形而上学,寻找中国哲学
境界传统的历史逻辑;另一方面又重建"本体论",进而建构一种与之对应的
"境界论",通过设定不同的"境界层级",建立"科学时代"新的意义模型与价
值模型①。

第二节 "境界形而上学"视域下的
古代样态

在现代哲学史中,明确从"境界形态"去审视中国古代哲学的形而上学的
精神传统与义理品格,是牟宗三的重要创发与重要贡献。他首次提出"境界
形而上学",并配套提出了"本体内容特性"与"本体形式特性"、"境界本体"
与"实体本体"、"实体本体论"与"境界本体论"、"实体体用论"与"境界体用
论"、"实有形态"与"境界形态"等一系列全新命题。借助"境界形而上学",
他深入推进了中、西方的形而上学,尤其是中国古代儒、道、佛的形而上学的比

---

① 这种思路也被当下学界继承发扬。张世英教授也明确从境界进路把握中国哲学的传统
精神,并推进其现代开展。(张世英:《张世英文集》,北京大学出版社 2016 年版)

较研究。为在"哲学"范式下更好把握中国本土形而上学的核心精神、义理架构、理论形态提供了重要的借鉴。

一、"境界形而上学"提出的两种语境

（一）中、西方形而上学的比较语境

"境界形而上学"是"境界形态形而上学"的简称,其内涵主要指向一种"哲学类型观"视域下的特定"形态"或"类型"。此命题最早在《才性与玄理》书中被提出并加以系统阐述。此书中,牟宗三首先辨析了"知识之形态":"常识的闻见形态"、"科学的抽象形态"、"术数的具体形态"、"道心的境界形态",并将"道心的境界形态"的特点解释为"即寂即照"。而在对王弼注《老》、向秀、郭象注《庄》的研究过程中,他梳理王、向、郭对"道"、"无"、"自然"等核心概念的解释范式,明确从"寂照"视角理解道家形而上学,并将其判定为"境界形态"。同时,在该书论及儒家、佛家的形而上学时,以及在中、西哲学整体比较时,"境界形态形而上学"亦是核心提法。

究其因,在《才性与玄理》第一版序言中,他明确此书目的:"展现此玄学系统构成之关节,并确定其形态之何所是。"①并介绍其方法即是"试取西方哲学中诸大形上学系统",与道家之玄理系统(同时也涉及佛家之般若佛性系统、儒家之性理系统,笔者注)相比较。而在全面梳理魏晋时期哲学后,他专辟《魏晋名理正名》一章,以"魏晋玄学"作为中国哲学之代表,与西方哲学比较。他说:"大体言之,中国名家传统所开之玄理哲学,其形态是'境界形态',而西方哲学,其形态是'实有形态'。一是主观的神会、妙用、重主观性;一是客观的义理、实有,重客观性。一是圆而神,一是方以智。一是清通简要,虚明朗照,一是架构组织,骨骼挺立。一是圆应无方,而归于一体如如,洒然无所

---

① 牟宗三:《才性与玄理》,见《牟宗三先生全集》第 2 卷,(台北)联经出版事业股份有限公司 2003 年版,"序"第 10 页。

得。一是系统整然,辩解精练,显露原则原理之'实有'。一是不着,一是着。一是浑圆如如地对于客观真实无分解撑架的肯定,一是分解撑架地对于客观真实有肯定。"①两形态差别在于,前者基于“主观的神会、妙用”,以提供超越观念,后者基于“客观的义理、实有”,以建构理论系统。前者以“圆而神”之“超越思维”,将形上之体与形下之用视为圆融一体;后者以“方以智”之“分析思辨”,借助精细的逻辑系统与严谨的推导方式,确立创造、支配经验世界的终极原则原理。

“玄理哲学”,其主体就是魏晋名士所接续并阐发的道家思想。将此“境界形态”视为中国哲学的代表,因其代表了“中国哲学底特质”。在牟宗三看来,道家哲学以“自然”、“无为”的“道”为本体,但此“道”却非“客观的实体”,而只是“境界形态的本体”。所谓“境界”,即是“主观的心境”。“主观的心境修养到什么程度,所看到的一切东西都往上升,就达到什么程度,这就是境界,这个境界就成为主观的意义。”②当然,这个“境界”主要是形而上学、本体论视域下的认识观念。所以,他指出,道家的“道”本体是一种超越的生命智慧与观念境界。道家之学乃是“依境界之方式讲形而上学”,其本质为“境界形态形而上学”。而西方主流的“Metaphysics”、“Ontology”则主要采用“实有之方式”,即以对象的、知识的、分析的方法确立某种外在“实有”、“实体”(“entity”)本体的方式,由此建立的即是“实有形态形而上学”。

所以,“境界形而上学”的第一种内涵,是在中、西哲学比较视域下,对以“魏晋玄理”为代表的中国形而上学的思想进路、终极意旨与理论形态的概括统称。由此反观中国形而上学,他强调,儒、道、佛三家所祈向的“圣人”、“至

---

① 牟宗三:《才性与玄理》,见《牟宗三先生全集》第2卷,(台北)联经出版事业股份有限公司2003年版,第305页。

② 牟宗三:《中国哲学十九讲》,见《牟宗三先生全集》第29卷,(台北)联经出版事业股份有限公司2003年版,第128页。

人"、"神人"、"天人"、"菩萨"、"佛"之终极境界,可基于"天心"、"道心"、"菩提心"、"自然"、"无为"、"虚"、"空"、"寂"、"化"、"神"等方式亲证或达致。所以,不仅道家"玄理",儒家"性理"与佛家"般若",也均是将超越的主观"心境"和修养"境界"客观化为形而上学义理系统,而达致的一种"圣证之主观性所达至之境界之客观姿态"①。

这种观点之后一直被牟宗三所运用。最典型的,在二十年后《中国哲学十九讲》书中,他仍将中西方的形而上学区分为"境界形态"与"实有形态"。例如,将自希腊开始的西方形而上学,都是"依实有之方式"或从"存在"上讲的实有本体,认为大体上都是实有形态的形而上学②。他也将《才性与玄理》中"主观的神会、妙用"解释为"观看"或"知见",强调:"我们依实践而有观看或知见;依这观看或知见,我们对于世界有一个看法或说明。这个看法所看的世界,或这个说明所明的世界,不是平常所说的既成的事实世界(如科学所说的世界),而是依我们的实践所观看的世界。这样所看的世界有升进,而依实践路数之不同而亦有异趣。"③

再将儒、道、佛三家均擅长的特殊"实践"称为"广义的实践"。他说:"儒、释、道三教都从修养上讲,就是广义的实践的。儒家的实践是 moral,佛教的实践是解脱,道家很难找个恰当的名词,大概也是解脱一类的,如洒脱、自在、无待、逍遥这些形容名词,笼统地就说实践的。这种形而上学因为从主观讲,不从存在上讲,所以我给它个名词叫'境界形态的形而上学';客观地从存在讲就叫'实有形态的形而上学',这是大分类。中国的形而上学——道家、佛教、

---

① 方东美曾专门研究中国哲学儒、道、佛为主的境界传统,并认为在终极处,三家均是一种尽善尽美的"高贵人"境界。参看方东美:《方东美先生演讲集》,商务印书馆 2013 年版。冯友兰认为中国哲学的主流传统就是追求"最高底境界"。(冯友兰:《三松堂全集》第 5 卷,河南人民出版社 2001 年版)

② 牟宗三:《中国哲学十九讲》,见《牟宗三先生全集》第 29 卷,(台北)联经出版事业股份有限公司 2003 年版,第 126 页。

③ 牟宗三:《中国哲学十九讲》,见《牟宗三先生全集》第 29 卷,(台北)联经出版事业股份有限公司 2003 年版,第 129—116 页。

儒家——都有境界形态的形而上学的意味。"①总之,在中、西哲学比较中,他将"Metaphysics"视为确立某种外在"实有"、"实体"("entity")本体的"实有形态形而上学",着重突出中国形而上学整体上的"境界形态"。

(二)儒、道、佛形而上学的比较语境

相比在中、西哲学比较中,以结论的方式径直分判"实体形态"与"境界形态"两类形而上学,牟宗三在本土儒、道、佛三家哲学的比较研究中,则全面展现了"境界形而上学"的理论架构、阐释模型与思想全景。

前文提及,在《才性与玄理》初版序言中,他解释此书之目的,在确立玄学之哲学形态,进而整体把握儒、道、佛形而上学之形态。但到1974年再版时,他却重新撰写序言,将当时提出的"境界形而上学"视为形而上学比较研究的"共法",认为可以此破除哲学史中,宋儒尤其是陆、王一系抄袭佛、道之"禁忌"。可见,经十余年的哲思演进,再版序言实际把《才性与玄理》时期思考的另一重大主题揭显出来:借助"境界形而上学"来回应作为哲学史公案的宋儒"抄袭"之说。

在哲学史中,宋儒"抄袭"说,是指宋代儒者为对抗道、佛两教之冲击而重建的儒学形而上学,因由借鉴并采用了与道、佛两家相似或相近的要素,如哲学范畴的超越特性、哲学类型的系统性建构、哲学观点的缜密辨析、哲学方法的运用方式、哲学境界的致思取向,导致的宋代"新儒学"与道、佛两学的学源争论。而在当时儒家阵营内部以及儒、道、佛阵营间的讨论中,斥某人或某派思想"阳儒阴释"、"杂采佛老",既是一种不同学统的比较认知,同时又暗含讥讽甚至贬斥之义。所以,宋儒"抄袭"已成为关涉宋代新儒学的学统定位与学术品格的重要问题。

---

① 牟宗三:《中国哲学十九讲》,见《牟宗三先生全集》第29卷,(台北)联经出版事业股份有限公司2003年版,第102页。

事实上,作为宋代"理学"与"心学"两大思潮的核心人物,当时的朱熹与陆九渊在论学时就互讥对方"曾学禅宗"①,还被后人视为"朱羽陆释"。但"学自佛老"与"袭自佛老"毕竟有别。而宋儒诸人实际并不讳言对其他两家的学习、参考之事。吕大临曾说张载,"访诸释、老之书累年,尽究其说,知无所得,反而求之六经"②。程颐也说其兄程颢,"出入于老、释者几十年,返求诸六经而后得之。"③所以,宋儒"抄袭"之关键,显然不在三家思想系统的外在表现形式与方法进路,而根本在于核心理论的异同判断。

作为当事人,朱熹在论及儒、佛相异之"大本"时,就曾说:"释氏虚,吾儒实。释氏二,吾儒一。"④显然,"虚"与"实"是从"本体特性"上说,"二"("体用两撅")与"一"("体用一元")是从"体用关系"上说。⑤ 在朱熹看来,三家思想之根本差异,应从形而上学尤其本体论入手方能把握。而后世学者论及此问题时,也时有触及此"大本"之处。如戴震说:"宋儒合仁、义、礼而统谓之理,视之如有物焉,得于天而具于心,因以此为'形而上',为'冲漠无朕';以人伦日用为'形而下',为'万象纷罗'。盖由老、庄、释之舍人伦日用而别有所谓道,遂转之以言夫理。"⑥可见,戴震一方面从"形而上者"的超越性、普遍性去理解儒、道、佛终极指向的相似性,另一方面又从"形而上"与"形而下"的关系指明了儒家与道佛的理论分野。

20 世纪的学者中,冯友兰论及此问题时,肯定三家均呈现超越的精神境界,但不同在于,道、佛两教是以"修养"为工具,以"境界"为目的。宋明"道学"却以彻悟"义理"为目的,境界仅是"副产品"。但根本上,三家哲学显然各

---

① 朱熹:《陆九渊集》卷二,中华书局 1980 年版,第 30 页。

② 张载:《张载集》,中华书局 1978 年版,第 381 页。

③ 程颢、程颐:《二程集》第 2 册,中华书局 1981 年版,第 638 页。

④ 朱熹:《朱子语类》,(宋)黎靖德编,卷一二六。

⑤ 而钱穆也认为,朱熹正是以此标准来"辟禅"以对儒学做"净救"。(钱穆:《朱子学提纲》,三联书店 2002 年版,第 142—147 页)

⑥ 戴震:《戴震集》,上海古籍出版社 1980 年版,第 314 页。

有其"义理"即形而上学、本体论,且均有"义理→修养→境界"的理论架构与实践逻辑。因此,冯友兰仅以"境界"的第一性(单纯目的)与第二性(副产品)作为区分依据,既没能揭示两阵营各有不同的义理做架构支撑,又无法对三家共同借助直觉证悟而达致的精神境界予以区分、定性,而无法真正厘清三家思想核心的内在差异。

牟宗三非常重视宋儒"抄袭"问题,并将其视为儒门"禁忌"。他一方面肯定三家的超越境界具有相似性,另一方面又将此相似的"境界形态"分置于"两序本体论"、"两序体用论"的理论基础之上,以揭示两阵营形而上学的内在差异。

所谓"两序本体论",即是直透至本体论,依据"本体特性"即本体的内涵与属性,区分"第一序本体"与"第二序本体"。而这种做法,实际在20世纪40年代即已体现出来。表现在,牟宗三在比较研究中,注重分辨不同学派对本体的不同的认识方式、建构方法,从"本体特性"、"本体意涵"、"本体作用"等基础问题揭示形而上学的不同形态。最早系统阐释此类观点,当是在《认识心之批判》书中,他专门归纳了两种"本体概念"的"可能性"与"构造方式",细致铺陈了"本体概念之逻辑构造"之说。并认为,对于"所与"即认识心所已显露之世界的反向超越推导,即"逻辑的"构造本体,此类本体只有"形式可能性",而无"真实可能性"。反而,有赖于"直觉之构造"的"证实"而得之本体,则有"真实之可能性"[1]。在《人文讲习录》时期,他在论及儒、道、佛形而上学时,也认为,"儒家之心为仁,故有创造。道家佛家之心为觉照,非仁,故无创造。所以儒家要辟佛老。"[2]还说:"老氏所谓天地万物生于有,有生于物,

① 牟宗三:《认识心之批判》下册,见《牟宗三先生全集》第19卷,(台北)联经出版事业股份有限公司2003年版,第703页。
② 牟宗三:《人文讲习录》,见《牟宗三先生全集》第28卷,(台北)联经出版事业股份有限公司2003年版,第114页。

'无'乃绝对无限之妙用,它是一实体,可作本体看。"①可见,此时期,他还从"本体作用"、"本体能力"切入儒、道、佛三家不同本体论的比较研究。

而依据上述"逻辑构造"、"直觉构造"的"构造方式"和"创造"、"觉照"、"妙用"的"作用方式",去深入地审视儒、道、佛的本体论,在《才性与玄理》书中聚焦儒、道、佛三家本体比较时得到全面地落实与展开。牟宗三认为,道、佛两家讲本体,主要是以"主客型"、"可视性"、"水平型"的认识方式去认识本体的"性质"与"属性",在此过程中多采用借助语言、概念的描述法、判断法、思辨法,因而理解道家的"道"、佛家的"阿赖耶识"、"清净心"等所借助的信息,多出自"外在描述"本体之"一"、"自然"、"静"、"无"、"空"等"形式特性"的概念。相比之下,儒家讨论本体时虽同样借助此类语词描述本体的"形式特性"。但又可基于本心"良知",用"逆觉体证"或"体悟直观"等方法把握超越天道的"创造"、"道德"、"善"、"诚"、"中"等"内容特性"②。

由此,他明确,儒家的本体——"道体"、"理体"、"心体"、"性体"等,是客观的、普遍的、具体的"存在实体"、"实体本体",是"存在上的或第一序的体"或"客观的存有形态之体"。而道家、佛家的本体,仅是基于"智及"与"知见",对某种超越范畴的"描述"、"领会"、"理解",此类本体范畴在其形而上学、本体论中,虽是"真实的本体"或具"形而上的实在性、真实性",但却仅是"境界的真实",虽有"实体"面向,但根本却是"境界形态实体"与"境界本体",因而被他判为"境界上的或第二序的体"或"主观的境界形态之体"。

牟宗三不仅借助"本体特性"分辨儒家与道、佛两家这两类本体的差异,还据此区分了"两序体用论"。在他看来,儒家"实体本体"本就是内蕴于四时行、万物生的现实宇宙生化之中,且基于形上本体与形下万物间具有的"现实

---

① 牟宗三:《人文讲习录》,见《牟宗三先生全集》第 28 卷,(台北)联经出版事业股份有限公司 2003 年版,第 172 页。

② 牟宗三:《才性与玄理》,见《牟宗三先生全集》第 2 卷,(台北)联经出版事业股份有限公司 2003 年版,第 120 页。

的创生关系",既可保证"体"有客观实体性,亦可保证"用"有"客观而积极的价值"。所以,儒家本体论又可视为"实体本体"("创生实体")——现实物事("创生对象")的"体用论",用他的话,是"实体实理的体用论"或"存在的体用论"。

而基于"以无为道","以空为本"的诠释立场,他将道、佛的本体判定为"主观的知见"、"虚无的心境"、"应然的取向",将此类本体与宇宙万物的关系判定为"主观的映像关系"。所以,道家、佛家的体与用、心与物,均是"虚体虚用的体用论"、"境界的体用论"即"境界本体"(精神实体)—"境界显用"(宇宙万物)的关系。他甚至认为,道、佛两家本体论中:"体或无即无客观之实体性的意义,而用或有则只是自然带出之'糟粕',淡然无系,泛然从众之'应迹',其本身并无客观而积极的意义,而只有主观而消极的意义。"①

两种体用论的差异在于:"境界的体用以'寂照'为主,属于认识的,为水平线型,无论老庄的应迹或佛教的权假,皆归此型。存在体用则以'实现'为主,属于道德之体性学的,为垂直线型,此是儒教之立体的直贯,以仁体流行,乾元生化为宗。"②也正是基于上述理解,他明确,道、佛家形而上学根本是对宇宙万物存在状态的"应然认知",是一种超越的思想观念之普遍化与境界呈现之客观化,可谓纯粹"境界形态形而上学"。儒家则是"实体—境界形态形而上学"。

由此,在回答宋儒"抄袭"问题上,牟宗三提供的解释就是,道、佛两家的形而上学穷究本体,体现了极高的超越境界。但原始儒家的形而上学同样有对天道本体的致思。并且儒家的本体乃是具"创生"、"实践"、"道德"功能的"天道实体",道家、佛家的本体则仅是"观照"、"寂照"、"知见"的"境界实

① 牟宗三:《才性与玄理》,见《牟宗三先生全集》第2卷,(台北)联经出版事业股份有限公司2003年版,第144页。
② 牟宗三:《才性与玄理》,见《牟宗三先生全集》第2卷,(台北)联经出版事业股份有限公司2003年版,第146页。

体"。只是,秦汉之学渐将儒学的超越义理"淡忘"。宋代儒者之所以重建形而上学,正是对先秦儒学"相应而契悟",而非来自佛老。在之后《心体与性体》书中,重提此"抄袭"问题时,牟宗三也明确说:"若因谓受佛教之刺激而豁醒可,然谓其所讲之内容乃阳儒阴释,或儒释混杂,非先秦经典所固有,则大诬妄。"①而其再次否认宋儒"抄袭"的理由,正是儒、道、佛三家在同一"境界形态"的表象下,存在完全不同的体用论架构。

总之,牟宗三主要是基于宋儒"抄袭"的问题意识,在儒、道、佛的比较中,全面展现了其"境界形而上学"的思想。而在此过程中,他也分别对儒、道、佛三家的"境界形态形而上学"加以阐发,形成了别具一格的中国古代形而上学传统的现代阐释话语与理论模型。

二、儒、道、佛形而上学的"境界形态"辨析

(一)儒家的"境界形而上学"

综观牟宗三不同时期对儒家的阐释,他始终给予孔子的"践仁知天"、孟子的"尽心知性知天"、《中庸》中的"天命之谓性"、《易传》中的"乾道变化,各正性命"、《诗经》中的"维天之命,於穆不已"等思想,揭示儒家"道德的形而上学"中,"天道本体"与"人心良知"可具"义理的同一性"与"超越的同一性"。也正是基于"天道性命相贯通"的原则,人的道德良知,即可作为超越的实体,成为"道德实践所以可能之超越的根据"②。

他明确,西方哲学的形而上学传统中,无论是从宇宙论讲本体的亚里士多德、怀特海,从知识论讲本体的柏拉图、罗素,从本体论(存有论)讲本体的海德格尔、胡塞尔,从生物学讲本体的柏格森与摩根,从实用论讲本体的杜威、席

---

① 牟宗三:《心体与性体》第一册,见《牟宗三先生全集》第5卷,(台北)联经出版事业股份有限公司2003年版,第40页。

② 牟宗三:《心体与性体》第一册,见《牟宗三先生全集》第5卷,(台北)联经出版事业股份有限公司2003年版,第40页。

勒,自独断的、纯分析的形上学讲本体的笛卡尔、莱布尼茨、斯宾诺莎,还是专门讲实体(Reality)的布拉德雷,皆没有"儒家形而上学"视域中,作为道德实践根据,即作为道德创造本源的实体("道体"、"理体"、"性体"、"心体"、"诚体"、"神体"等)观念。

这亦提醒我们注意,上文西方形而上学的"实体形态"与"儒家形而上学"的"实体形态"完全不同。简言之,西方本体论,所讲的本体,"皆只是一说明现象之哲学(形上学)概念,而不能与道德实践使人成一道德的存在生关系者"①。因而主要是外在的超越实体。而儒家虽"依实有之路讲形上学(metaphysics in the line of being)",但"天道"本体呈现于本心良知之中,从而成为人们推动道德创造之"性能",以及超越有限性的内在性的、主体性的依据,因而其本体论具有明显的内在实体本体的特点。

整体上,儒家之本体可从两个维度去把握:"就统天地万物而为其体言,曰形而上的实体(道体 Metaphysical reaty),此则是能起宇宙生化之'创造实体';就其具于个体之中而为其体言,则曰'性体',此则是能起道德创造之'创造实体',而由人能自觉地作道德实践以证实之,此所以孟子言本心即性也。"②儒家的本体虽是超越的,决定的,普遍的,但在宇宙维度,是"创造的实体"(Creative reality),在人化自然维度是道德实践的"道德的性能"(Moral ability)或"道德的自发自律性"(Moral spontaneity)。

牟宗三强调,儒家正是将人人均具有的,超越的、自发、自律、自定方向的"道德的心"③(Moral mind)视为形上的实体本体。他指出:"心体充其极,性体亦充其极。心即是体,故曰心体。自其为'形而上的心'

---

① 牟宗三:《心体与性体》第一册,见《牟宗三先生全集》第5卷,(台北)联经出版事业股份有限公司2003年版,第41页。

② 牟宗三:《心体与性体》第一册,见《牟宗三先生全集》第5卷,(台北)联经出版事业股份有限公司2003年版,第43页。

③ 牟宗三:《心体与性体》第一册,见《牟宗三先生全集》第5卷,(台北)联经出版事业股份有限公司2003年版,第44页。

（Metaphysical mind）言，与'於穆不已'之体合一而为一，则心也而性矣。自其为'道德的心'而言，则性因此始有真实的道德创造（道德行为之纯亦不已）之可言，是则性也而心矣。是故客观地言之曰性，主观地言之曰心。自'在其自己'而言，曰性；自其通过'对其自己'之自觉而有真实而具体的彰显呈现而言则曰心。……心性为一而不二。"①所以，在内在本心的"心体"、"性体"与"天道实体"乃是通而为一，具有"绝对的普遍性"（"性体"无外、"心体"无外）。

在《现象与物自身》书中，他继续阐发儒家本体的"实体性"、"创造性"、"绝对的普遍性"，"此实体所贯彻的万事万物（行为物与存在物）都直接能保住其道德价值的意义。在此，万事万物都是'在其自己'之万事万物。此'在其自己'是具有一显著的道德价值意义的。……这个释道两家所不能至的。"②这样，"儒家形而上学"中，本心良知的"道德决断"是与"具体的道德生活"密切地联系在一起。按其所说："良知在具体道德生活中的裁决知是知非，它能给吾人的现实生活决定一方向。"③所以，在形而上学的存在逻辑、创生逻辑上，儒学本体在宇宙维度内蕴形而下的四时行、万物生的生化之德，在社会维度关联形而下的道德创造、道德实践。

用牟宗三的话说，"儒家形而上学"中的本体，自"本体特性"言，既是实体存有，又可活动创造，是"即存有即活动"，"故能妙运万物而起宇宙生化与道德创造之大用"。所以，基于这个"形而上的绝对真实"，即虚灵的、涵盖的、主宰的、绝对无待的、普遍的"道德心灵"，儒家又可展开独特的"精神生活"与"道德践履"，达到超验的高明的精神境界。

---

① 牟宗三：《心体与性体》第一册，见《牟宗三先生全集》第5卷，（台北）联经出版事业股份有限公司2003年版，第45页。

② 牟宗三：《现象与物自身》，见《牟宗三先生全集》第21卷，（台北）联经出版事业股份有限公司2003年版，第452页。

③ 牟宗三：《现象与物自身》，见《牟宗三先生全集》第21卷，（台北）联经出版事业股份有限公司2003年版，第452页。

牟宗三强调,在此"精神生活"中,作为主体的"道德心灵"与作为客体的万事万物,乃至"身体"以及"才"、"情"、"气"、"欲",都消融了认识意义上的"对立",使得客体不会成为生命的窒碍,而成为"普遍的道德心灵之显现处",与道德实践的承载者。在此"精神生活"中,主体超越了与客体的对立,反而能"融摄"客体于其自身而消化之或转化之。"消融客体即是消融对立,使客体不复为障碍,而全成为普遍的道德心灵之显现处。如是,身体、自然、才、情、气、欲,都成为载道之器,而一是亦皆为普遍的道德心灵所贯彻所润泽,而情不为恶情,欲不为私欲。如是,便是天理流行之大谐和。……道德心灵已不复是抽象的、隔离的、对立的状态,然而却仍保持其主宰性、虚灵性与涵盖性,而自然、情欲等亦不复是其原来之对立状态、障碍状态,然而却仍保持其从属性与被动性。"①

据此,我们可以这样理解:儒家的"精神生活",既是"精神实践"又是"道德践履",其在思想上是"辩证发展",在现实上则是"工夫历程"。因而"道德心灵全体彰显而至大谐和的境界",并不仅是主观的"知见"、"观照",而是在客观现实的应事接物的道德实践中呈现"从心所欲不逾矩",在良善社会的"外王"事业中彰显"天理流行"。也即是,儒家的形上境界乃是主体与客体、本体与功用、天道与人世的内在统一。事实上,也正是基于此种实体本体与"实体—实用"的体用逻辑,他才强调儒家的形而上学与道家、佛家的不同,是将"立体的内容骨干树于那外表的形式特性之中"②的以道德实体为基点,以超越境界为理想的,既有"实体(有)形态"又有"境界形态"的形而上学。并以此"主客合一"、"体用合一"、"理事合一"的理论模型作为评判终极"圆教"的唯一标准。

---

① 牟宗三:《理则学》,见《牟宗三先生全集》第12卷,(台北)联经出版事业股份有限公司2003年版,第325页。

② 牟宗三:《才性与玄理》,见《牟宗三先生全集》第2卷,(台北)联经出版事业股份有限公司2003年版,第120页。

可以说,在牟宗三的比较哲学研究尤其是"境界形而上学"的思想演进中,对于儒家特殊的"实体——境界形而上学"的形态判定,终生未变。在《智的直觉与中国哲学》时期,他正是从"存有论的(创造的)实现原则(principle of ontological or creative actualization)"来阐释"儒家形而上学"。认为儒学肯定天道创生,肯定"智的直觉",其形而上学不仅体现"认知的呈现原则",还体现"创造的实现原则"。而良知诚明之体既"创生",又"圆照"①,显然是从实体与境界两方面做论证。在之后《中国哲学十九讲》书中,他明确儒家的天是"负责万物的存在"②,可提供存有论即本体论的承诺。同时"天道"下贯于本心的良知,因而又由"性体"、"仁体"体现主观性。正因这种由本心良知主导的认识与实践,是主体"透射到客体而且摄客归主"③,仍指出:"儒家不只是个境界,它也有实有的意义。"④在生命晚期出版的《四因说演讲录》书中,他依然认为儒家从"实践理性"建构本体论,既讲"心性",又讲"工夫","儒家形而上学"既有"境界形态",也有"实有形态"。

总之,在儒道佛三家的"境界形态形而上学"中,只有儒家因"践仁以至圣",真正体现了"体用合一"、"有无合一"、"主客合一"的"圆教"标准。这个观念,在《理则学》时期已经萌芽,在《才性与玄理》时期得以明确表达。如他曾明确说:"儒家圣证自正面立根,自德性之路入。体天立极,繁兴大用,故既有主观性,亦有客观性。且真能至主客观性之统一。盖仁是客观之实体,遍人遍万物而为实体,而亦即由圣证而见而立。而浑化、无为、寂照、寂感、圆、一、虚、空、觉、健,这一切皆自主观圣证之境界言,皆为圣人所体证;而又一是皆树

---

① 牟宗三:《智的直觉与中国哲学》,见《牟宗三先生全集》第 20 卷,(台北)联经出版事业股份有限公司 2003 年版,第 237、244 页。

② 牟宗三:《中国哲学十九讲》,见《牟宗三先生全集》第 29 卷,(台北)联经出版事业股份有限公司 2003 年版,第 75 页。

③ 牟宗三:《中国哲学十九讲》,见《牟宗三先生全集》第 29 卷,(台北)联经出版事业股份有限公司 2003 年版,第 79 页。

④ 牟宗三:《中国哲学十九讲》,见《牟宗三先生全集》第 29 卷,(台北)联经出版事业股份有限公司 2003 年版,第 102 页。

之以仁体而实之,故一是又皆为仁体之属性。此其所以为大成圆教。"①

（二）道家的"境界形态形而上学"

按照"两序本体"的基本立场,牟宗三将道家的"道"本体诠释为"境界上的无",认为道家"以境界上的无之为体,视作存在上的无之为体"。而此"无",并非一具体的形而上之实体存在,"一方面固只是生活上'无为'之扩大,一方面亦只是遮诠,而只为形式之陈述"②。他断定,道家的"道"并非"存有形态",根本"乃是浮在实物之上而不着于物者"的冲虚之意境③,仅是"境界形态冲虚之所照"。因此,道家形而上学可谓"观照之宇宙论",其无"客观的存有形态之体",其"道"虽有"内容的意义",但此内容完全由"主观修证"而证实,是一种"主观的境界形态之体"。

在《才性与玄理》书中,他曾以老子的"道"为例,专门进行论证:

首先,从"道"之主宰性和先在性的论述看。老子指出了"道"在一切形物之先,为万物之宗主。但牟宗三认为,"道"本体,"非以'实物'之方式而为宗主,亦非以'有意主之'之方式而为宗主,乃即以'冲虚无物,不主之主'之方式,而为万物之宗主。"④并且,老子讲"有物混成,先天地生",这个"道"的先在,"非逻辑原则之先在,亦非范畴之先在,亦非存有形态的形上实体之先在"⑤。是因为,"道"的"先在性",是"消化一切存有形态之先在性,只是一片

---

① 牟宗三:《才性与玄理》,见《牟宗三先生全集》第 2 卷,(台北)联经出版事业股份有限公司 2003 年版,第 318 页。
② 牟宗三:《才性与玄理》,见《牟宗三先生全集》第 2 卷,(台北)联经出版事业股份有限公司 2003 年版,第 158 页。
③ 牟宗三:《才性与玄理》,见《牟宗三先生全集》第 2 卷,(台北)联经出版事业股份有限公司 2003 年版,第 167 页。
④ 牟宗三:《才性与玄理》,见《牟宗三先生全集》第 2 卷,(台北)联经出版事业股份有限公司 2003 年版,第 163 页。
⑤ 牟宗三:《才性与玄理》,见《牟宗三先生全集》第 2 卷,(台北)联经出版事业股份有限公司 2003 年版,第 165 页。

冲虚无迹之妙用。此固是形上之实体,然是境界形态之形上的实体。此固是形上的先在,然是境界形态之形上的先在。"①

其次,从老子对"道"之生成性或实现性的描述看。老子的"道生之,德畜之,物形之,势成之"虽表现为一套"宇宙论之辞语"。但"道生万物",既非柏拉图"造物者"制造,非耶教"上帝"创造,亦非儒家"仁体"生化。这种特殊的创生与实现,只是"境界形态之实现性,其为实现原理亦只是境界形态之实现原理。非实有形态之实体之为'实现原理'也。……道之为体为本,亦不是施以分解而客观地肯定之存有形态之实体也。故其生成万物,亦不是能生能成之实体之生成也。"②所以,这种"道生"不是现实的"创造"与"作用",而不过是对万物自生自化的实然样态的认识理解与观念领会。根本上,老子本体的"实现原理"乃是一种反向的"万物自生自化"→"道无为"→"以无为本"的认知方式、生存智慧。

再次,从"道"之"本质性"与"规定性"看。老子以"无"释"道",说"天下万物之生于有,有生于无","道可道,非常道","无名天地之始,有名万物之母",但"道"、"无"只是"反面的主观圣证之化境之客观姿态",只是主观觉悟后的观念的客观化。牟宗三认为:"在主观圣证上,'无不为'以'无为'为体。'无不为'为有,'无为'为无。是则'有'之繁多以'无'之浑一为体。此为'体'之无,在主观圣证上是至真至实的:'真'是亲证亲见,而'无'亦实可为体,并非虚拟,亦非假托,故曰'实'。"③因此,"道"本质是一种特殊的超越认识"透显出来"的虚寂、虚灵、浑化的"有无限妙用的心境"④。而老子将"道"

---

① 牟宗三:《才性与玄理》,见《牟宗三先生全集》第2卷,(台北)联经出版事业股份有限公司2003年版,第166页。

② 牟宗三:《才性与玄理》,见《牟宗三先生全集》第2卷,(台北)联经出版事业股份有限公司2003年版,第187页。

③ 牟宗三:《才性与玄理》,见《牟宗三先生全集》第2卷,(台北)联经出版事业股份有限公司2003年版,第313页。

④ 牟宗三:《中国哲学十九讲》,见《牟宗三先生全集》第29卷,(台北)联经出版事业股份有限公司2003年版,第105页。

释为"自然"时,后者也仅是通过"不塞其源,不禁其性,不吾宰成"冲虚之心境而"观照"万物自生、自长、自理而获得一种相应省悟和领会观念。① 所以,"道"仅在主观认识上为"实"为"体",或可谓"境界的实体"或"观念的实体"。

所以,以老子为代表道家的形而上学,关于"道"的先在原理、实现原理、绝对原理等的描述,均非"积极的宇宙论之语句"。而是一种"消极的宇宙论语句"。这个"观照之宇宙论"的核心之"道"、"无"概念,"是从主观作用上的境界而透显出来,或者说是透映出来而置定在那里以为客观的实有,好像真有一个东西叫做'无'。其实这个置定根本是虚妄,是一个姿态。"②根本上,作为"万物之宗主"的道,并非"存有型"本体,而是"本于主观修证"的"境界型"本体。总之,牟宗三始终明确,道家本体论不是"客观地置定一存有型之实体"。虽然在老子的语境中,"道"具有某种"实有姿态",但发展至庄子处,此"道"在"实现性"、"客观性"、"实体性"的"姿态"亦被庄子"统摄于主观境界上而化除"③,而不过是"虚一而静"的无限妙用的"心境"④。

此种以"道"为"境界实体",以"道家形而上学"为"境界形态"的观点,在牟宗三之后的道家研究中一以贯之。⑤ 在《心体与性体》书中论及老子形而上学时,提醒道家体用论与儒家不同。"老子之宇宙论地言'无'为天地万物之始、之本,道显似有客观性、实体性及实现性。然此三性说穿了,只是一种姿

① 牟宗三:《才性与玄理》,见《牟宗三先生全集》第2卷,(台北)联经出版事业股份有限公司2003年版,第163页。
② 牟宗三:《中国哲学十九讲》,见《牟宗三先生全集》第29卷,(台北)联经出版事业股份有限公司2003年版,第130页。
③ 牟宗三:《才性与玄理》,见《牟宗三先生全集》第2卷,(台北)联经出版事业股份有限公司2003年版,第207页。
④ 牟宗三:《中国哲学十九讲》,见《牟宗三先生全集》第29卷,(台北)联经出版事业股份有限公司2003年版,第98页。
⑤ 1978年重印《才性与玄理》第三版时,牟宗三在第五章"王弼之老学"中增补了两段话,目的正是纠正十几年前"以道为无"的偏颇。他改为肯定"道有双重性,一曰无,二曰有",并从"有与无,母与始,浑圆而为一"之"玄",去解释"道"与万物的关系。他还肯定"道之具体性与真实性而可以生万物"。只不过,"道"的"创生性"、"现实性"、"作用性"并非儒家的"实践的创生",而是"境界的创生"。

态,实并无一正面之实体性的东西曰'无'而可以客观存在地(存有论地)生天地万物,而天地万物亦存有论地实际存在地由无而生出也。盖'无'是一遮诠字,由否定人为的造作有为而显,其原初之义仍是由生活上而体验出。"①

他提醒说,依据老子表述,"道"似乎有"客观性"、"实体性"及"实现性",但"道"根本是一种"无为"的"心境"与"自然"的"境界"。在老子哲学中,"实并无一正面之实体性的东西曰'无'而可以客观存在地(存有论地)生天地万物",因而,"道、无之客观性、实体性只是一种姿态,乃由'本'义、'根据'义而显示,而实则可消化于主体之自在、自然、自适、自得而为一种境界。故道家之形上学乃澈底'境界形态'之形上学,非'实有形态'之形上学。"②在《智的直觉与中国哲学》(1968—1969 年撰写)书中,他依然强调道家之学追求"不倾注对象而洒然无所得(一无所有)",甚至"减损的精神"要将一切指向外物的"矢向"(徼向)全部消化掉,已达至"无为"之境。道家借助"智的直觉",即"泯化一切而一无所有之道心之寂照",实现泯除外物之相与主客经验之知,使得"一切皆在其自己,如其为一自在物而一起朗照而朗现之"③。也正在此主客合一的"灭于冥极"的境界中,"自适自在自然自足"的道心即呈现。

此外,在《现象与物自身》书中,他也重复了《才性与玄理》的主要观点。"'玄理'是客观地言之之名,以有无'两者同出而异名,同谓之玄,玄又之玄,众妙之门'为根据。'玄智'是主观地言之之名,以'致虚极,守静笃',归根复命之玄览观复为本。玄理是在玄智中呈现。玄智者虚一而静,无为无执,洒脱自在之自由无限心所发之明照也(知常曰明)。此所谓'自由无限心'之自由不是由道德意识所显露者,乃是由道家的超脱意识,致虚守静之工夫所显露

---

① 牟宗三:《心体与性体》第一册,见《牟宗三先生全集》第5卷,(台北)联经出版事业股份有限公司 2003 年版,第484—485 页。
② 牟宗三:《心体与性体》第一册,见《牟宗三先生全集》第5卷,(台北)联经出版事业股份有限公司 2003 年版,第485 页。
③ 牟宗三:《智的直觉与中国哲学》,见《牟宗三先生全集》第20卷,(台北)联经出版事业股份有限公司 2003 年版,第262—264 页。

者……凡是无为无执,洒脱自在,无知而无不知者,都是自由无限心之妙用,因而亦就是玄智之明。"①

而在思想后期的《中国哲学十九讲》中,他在论及道家形而上学时,也强调"无为是高度精神生活的境界",而"无"不过是从"无为"中"普遍化"、"抽象化"的产物。所以道家的"无"、"道"仅是"主观的境界或智慧",是"主观的心与客观的物一体呈现",而不是一般的"存有论的概念"(ontological concept)②。而生命晚期出版的《四因说演讲录》书中,他依然认为:"儒家从实践理性进入,所以讲心性,讲工夫,这样,也有境界,也有实有。道家纯粹是境界形态,没有实有意义。"③即儒家是从"创生"讲本体,道家是从"无"保全万物。所以,道家不属于"实有形态"。

总之,牟宗三提醒人们"洞晓道家'无'之性格与佛家般若之性格之共通性"④,也即是,在"本体属性"、"本体特性"、"本体作用"方面,道家本体与佛家本体均是主观的"境界本体",道家形而上学视域中的形而上学的"体"与形而下的"用",也均被统纳入一种超越的思想观念之中,因而是"境界形态形而上学"。

(三)佛家"境界形态形而上学"

正如上文所言,牟宗三虽然在早期也涉及三家形而上学的比较研究,并认为三家均是与西方"Metaphysics"那种"实体形态形而上学"不同的"境界形态形而上学",但专门聚焦佛家形而上学的研究,开始得则比较晚。在《才性与

---

① 牟宗三:《现象与物自身》,见《牟宗三先生全集》第 21 卷,(台北)联经出版事业股份有限公司 2003 年版,"序"第 12 页。

② 牟宗三:《中国哲学十九讲》,见《牟宗三先生全集》第 29 卷,(台北)联经出版事业股份有限公司 2003 年版,第 89—90 页。

③ 牟宗三:《四因说演讲录》,见《牟宗三先生全集》第 31 卷,(台北)联经出版事业股份有限公司 2003 年版,第 80 页。

④ 牟宗三:《圆善论》,见《牟宗三先生全集》第 22 卷,(台北)联经出版事业股份有限公司 2003 年版,"序"第 15 页。

玄理》书中,他因为宋儒"抄袭"佛、道的问题,开始论及三家两阵营之别,但着墨较少。并且,他同样从"本体特性"来审视佛家的形而上学与本体论,认为佛家的本体,同样只是一种思想观念的普遍化与呈现之客观化。他说:"……则尤纯自菩提、般若以言圣证,证如不证悲,故尤纯属境界形态,而根本不肯定'实体'之观念,故自不涉及其客观性。"①也即是,佛学虽然讨论"究竟义",具有超越取向。但其概念命题系统均是外在描述最高佛法的"形式特性"。尤其是佛家的"究竟义"——终极的"佛性"、"法身",并非指向一个超越的"客观实体"、"存在实体"本身,而仅是一种"主观圣证之化境之客观姿态"——万法无自体、无自性的观念认知与精神领悟。

在《心体与性体》一书附录的《佛家体用义之衡定》长文中,牟宗三开头即认为佛家讲"缘起性空",而"空"者,"空却诸行诸法之自体或自性也"。所谓"缘起",即"缘备则生,缘离则灭。"所以,"缘生即涵无常","无常即涵无我"。他解释说:"故缘生即空。言诸行诸法无自体无自性,而唯是以空为性也。故亦云空性或空理,言空即是万法之通性、万法之共理。法无自性,以空为性。亦可类比说,法无自体,以空为体。故亦可类比说空体,……故此空字如字,初无玄妙之意。并非于缘生外指一实体曰空,或有一实体于此,而以空、无、妙、如形容之也。即使空、无、妙、如都是抒意之形容字,亦是形容缘生,而非形容缘生外之实体。"②因此,在"本体特性"上,佛家的本体在本质上"以无自性之空为其性,以无自体之空为其体",因而,"其为性并非儒家之作为实体之'性理'之性,其为体亦非儒家作为性理之诚体、心体、神体、性体之体,总之,非道德创生的实体之体。"③

---

① 牟宗三:《才性与玄理》,见《牟宗三先生全集》第2卷,(台北)联经出版事业股份有限公司2003年版,第318页。

② 牟宗三:《心体与性体》第一册,见《牟宗三先生全集》第5卷,(台北)联经出版事业股份有限公司2003年版,第600—601页。

③ 牟宗三:《心体与性体》第一册,见《牟宗三先生全集》第5卷,(台北)联经出版事业股份有限公司2003年版,第601页。

在论及"天台宗"的大乘如来藏系统时,他肯定"如来藏自性清净心"乃是一切"染净诸法"所凭依的本体,其与万法为"性具"关系。在论及"华严宗"时,则强调本体与万法间的"性起"关系。表现在,他梳理了其中有"体用义"的七种代表论述:(1)由智净相显现法身;(2)依智净能作一切胜妙境界;(3)"因熏习境"即觉体对内在的体用;(4)"缘熏习境"即觉体对众生的体用;(5)真如熏习引觉者渐次向觉;(6)真如自体相无断;(7)真如用无断,即"应身"、"报身"不断。并强调,真正有"正面的体用义"的仅是第七种——应、报身之说,即"法身"为体,应、报身为用。但由于应、报身不过是"如来法身之体相",因而"法身"与应、报身之间也并非"创生"意义上的"体→用"关系。用牟宗三的话说,虽然"无明识念凭依如来藏而缘起",但却不可说"如来藏自身真能缘起生灭法",即二者没有"创生—被创生"之关系。因而"华严宗","是以佛家之空假关系、理事关系、真如心与缘起法之关系,其本身皆非体用关系。如果可以以体用模式论,则皆是'缘起性空,流转还灭,染净对翻,生灭不生灭对翻'教义纲领下虚系无碍之体用,'物与虚不相资,形性天人不想待'之体用。"①

顺此理路,他在之后全面研究佛学的《佛性与般若》书中,全面深入梳理讨论了佛学本体论。并依然认为佛家"从无住本立一切法",建立的是"无住无本"之"本体","此与普通从实有之体立一切法(例如从仁体、道体立一切法)不同。诸法无住无本,是空。若从仁体起用,则一切法正是有住有本。是故'从空立一切法'与'从实有之体立一切法'正是两绝异之系统。"②在《中国哲学十九讲》中,强调与儒家的"实体创生本体"、道家的"境界创生本体"不同,佛家虽同样是"纵贯横讲"——"纵贯的形态以横的方式去表达"。但佛家

① 牟宗三:《心体与性体》第一册,见《牟宗三先生全集》第5卷,(台北)联经出版事业股份有限公司2003年版,第677页。
② 牟宗三:《佛性与般若》下册,《牟宗三先生全集》第4卷,(台北)联经出版事业股份有限公司2003年版,第680页。

追求的"究竟"、"了义",却既不是儒家那种"纵贯式的创造的实体",亦非道家那种"境界实体",根本上,佛家的"佛性"与"法身"既非"实体",又不能"创造"。因此这种"纵贯横讲"形态的存有论,虽是"实践",但却是"智慧",因而仅是"境界形态"①。

而在晚年《四因说演讲录》书中,他依然认为佛家形而上学乃是一种"境界形态"②。他说,佛家"不从实理实事、天命不已、道德创造说,它从无明说。无明所成的业感,因缘生起,所以结果统统是虚妄。业感缘起,一切法一切现象是如幻如化。所谓一切虚妄,一切如幻如化,……就是根本无自性,任何东西没有自性,没有它自己,无所谓自己,自性这个观念站不住。无自性结果是空,空什么东西呢? 不是空掉如幻如化的这些现象,而是空却这些法后面的自性,把自性空掉,空掉自性就是把'体'去掉,'体'没有了。"③

而在论及佛家的体用关系时,他强调其主流的"业感缘起"、"阿赖耶缘起"、"如来藏缘起"、"法界缘起",都是"说明一切法的存在"的特殊的存有论、本体论。但因为佛教"不承认有实有或存有(being),不承认有同一(identity),也不承认有常体(substance)"④,因而自然否认有永恒性、实体性、普遍性的实体本体。并且,因为每一个法、相、色都是因缘而生,可谓如幻如化,无自性,本性是空。因而以此"空理"来"观照"世间万事万物,也就必然消解其客观性、现实性、价值性。在他看来,主流佛家如"天台宗"的"性具"、"华严宗"的"性起"、"禅宗"的"性生",虽在理论上指向万法万相,但其"体"乃"境

---

① 牟宗三:《中国哲学十九讲》,见《牟宗三先生全集》第29卷,(台北)联经出版事业股份有限公司2003年版,第117—118页。

② 牟宗三:《四因说演讲录》,见《牟宗三先生全集》第31卷,(台北)联经出版事业股份有限公司2003年版,第126页。

③ 牟宗三:《四因说演讲录》,见《牟宗三先生全集》第31卷,(台北)联经出版事业股份有限公司2003年版,第127页。

④ 牟宗三:《四因说演讲录》,见《牟宗三先生全集》第31卷,(台北)联经出版事业股份有限公司2003年版,第132—133页。

界实体","用"乃"境界之相"。所以,佛学形而上学,没有"实体→创生→实用"的理论逻辑,而仅是"智体—色相"、"境体—境相"的"体相模型",本质仍是空体空用的"境界体相论"。总之,牟宗三始终将佛学形而上学视为纯粹的"境界形态"。

三、"境界形态形而上学"的"圆教"判定

综上所述,在早期比较中、西哲学时,牟宗三将中国哲学视为"境界形态形而上学"。肯定作为主流的儒、道、佛三家,均可以"形而上的玄思"——主观体证、体悟的方法获得对本体的"内容真理"的认识:"这些真理皆有圣人、至人、真人、神人、天人以及菩萨、佛所亲证、体现或达至之境。一切皆从人证圣证之'主观性'上说,不自存有之'客观性'上说。自'我'这里发,不自'它'那里发。"①这种主观的圣证,即是他之后阐发的"智的直觉"与"自由无限心"。而与西方哲学以分析的、逻辑的、推导的方式建立外在实体本体的比较中,突出中国哲学的内在境界本体,也是之后"外在超越"与"内在超越"观念的先声。

在本土儒、道、佛三家比较研究中,他创发新说,既肯定"境界形态"之共相,又揭示三家两类本体,以及"两序本体论"与"两序体用论",不但影响到其之后"即存有即活动"的本体观,还是之后"两层存有论"的理论铺垫。更重要的是,在三家"境界形而上学"的比较中,"两序体用论"还始终关联着他比较哲学研究中最终的价值指向——"圆教"观念。也即是,他始终以"体用关系"这种理论"模型"作为评判三家是否为"圆教"之终极标准。

梳理其思想全程,在1955年《理则学》中,他就在与西学相比较时,强调中国哲学尤其是儒、道、佛的哲学智慧,均可由"辩证的遮拨",经由"绝对真实

---

① 牟宗三:《才性与玄理》,见《牟宗三先生全集》第31卷,(台北)联经出版事业股份有限公司2003年版,第306页。

以及践履工夫中的精神生活有痛切的体悟与肯定"可达"圆境"①。而在之后的《智的直觉与中国哲学》、《现象与物自身》、《才性与玄理》、《心体与性体》、《中国哲学十九讲》、《周易演讲录》等书中,他也始终肯定以儒、道、佛为代表的中国哲学是一种不同于西方哲学的,表现为"境界形态"的"无执的存有论"、"实践的存有论(practical ontology)"、"实践的形而上学(practical metaphysics)"②。

但根本上,道家、佛家仅是从"虚"、"寂"、"无"去认识外事外物,将"体"、"用"全部统摄于一种"无分解的"、"虚寂的"、"无应无对的"主观心境中,因而是"虚体虚用的体用论"。而儒家"能将其所证现之仁体通出去而建立道之客观实体性"。既分别"立体立用",同时又"即体即用",既保证"体"有客观实体性,亦保证"用"有"客观而积极的价值",可谓"实体实理的体用论"。其内在实质,则是"圣证之境界形态下虚灵的、主观的宇宙论与本体论通而为一的形而上学"。因而儒学"通体达用","践仁以至圣","体道而不遗万有",既有"宇宙论"、"本体论"维度的"终极承诺"(杜维明语)体现超越境界,又有"君子之道,本诸神,征诸庶民,考诸三王而不谬,建诸天地而不悖,质诸鬼神而无疑,百世以俟圣人而不惑"的现实关怀与实践指向。因而可视为三种"境界形态"中的最圆融、最圆满的形而上学。

这种"判教"观念的合理性在于,一方面,形而上学以穷究超越的本体为目的。但若仅建立某种"物事形态"、"逻辑形态"的知识系统,而不能体现超越精神、彰显超越价值,其在精神信仰、意义承载方面功能阙如,即非圆融。另一方面,形而上学若仅以"主观精神"与"观念意向"构造一个超越境界,就会将世间万物万事消弭于此精神之中,而缺乏客观性、现实性、差异性,亦非圆

---

① 牟宗三:《理则学》,见《牟宗三先生全集》第 12 卷,(台北)联经出版事业股份有限公司 2003 年版,第 330 页。

② 牟宗三:《中国哲学十九讲》,见《牟宗三先生全集》第 29 卷,(台北)联经出版事业股份有限公司 2003 年版,第 93 页。

融。按此标准,他从"体用论"的视角审视道家、佛家时,也认为道家的"有无合一"与佛家天台、华严、禅宗的"体相合一"、"智色合一"具有"圆教"姿态。但相比这种"境界体用合一",儒家则是兼有"实有"与"境界"的"统一模型"的最高"圆教"。

当然,这种对"境界形而上学"的类型分梳,并不仅是停留在对古代形而上学的理论阐释与实然说明。事实上,牟宗三对中国哲学所擅长的这种"境界形态形而上学"抱有很高的期望,按其所言,即是"对治"西方文化过于注重"客观性",向外寻求之弊病。为此,他也提出改造西方形而上学之两步骤:(1)消化"实有形态"之宗教与上帝:耶教"证所不能证,泯能而归所",为脱离"境界形态"而孤悬的"实有形态"。人们只有祈祷与信仰,而无主观之圣证。此则幽明之路隔,人天之道违,故必须予以消融而真实化其"实有形态"之客观性。(2)提升、扭转并消化希腊哲学传统之"实有形态"之体性学与宇宙论:此则第一步须先打通柏拉图系与康德系之睽违,而以康德之"主体哲学"统摄柏拉图系之"实有哲学",此即谓扭转。此则将此统一再提升而消化于性命天道相贯通之立体骨干中。以此实现中、西哲学、中、西文化之真正"打通"①。

第三节 "境界论"的现代形而上学阐释

审视中国古代哲学的思想世界与智慧旨趣,可以发现哲人们虽然哲思纷呈、观点各异,但在超越现实的有限性而获致无限性的追求上,却表现出高度的相似性,因而整体呈现为一种追求自由、洒脱、逍遥、宁静、德性、幸福、永恒的精神境界。② 尤其是发展至宋明时期,哲人们在论学时,更是自觉在哲学尤

---

① 牟宗三:《才性与玄理》,见《牟宗三先生全集》第31卷,(台北)联经出版事业股份有限公司2003年版,第321页。
② 有学者在探讨哲学尤其是形而上学与精神境界的关系时,还认为任何的形而上学,都是体现了一种超越的哲学境界。(陆杰荣:《形而上学与境界》,中国社会科学出版社2006年版)

其是形而上学的研究过程中,明确指向或追求一种展现其哲思智慧的"精神境界"。但是,他们的理论建构仍以是"本体论"、"体用论"为主,即主要是聚焦"气"、"理"、"心"等"本体范畴",以及"理事关系"、"理气"、"心物关系"等"体用范畴"的辨析探讨,以此展现、呈露哲学、形而上学视域下的超越的精神境界。因而,宋明儒学的"精神境界",主要是附于"本体论"、"体用论"之上的主观体验修养、超越精神呈现,其在本质上虽也是哲学理性在人格气象与精神境界维度的表现,但却并未实现真正的理论化、系统化建构。也即是,从哲学理论、哲学思想的创建或建构维度看,宋明也未对"境界"范畴本身加以哲学、形而上学的理论建构与类型研究。所以,在宋明哲学尤其是在形而上学的论域之中,"境界"范畴尚未理论化、系统化。

而20世纪的中国哲学家中,冯友兰、方东美、唐君毅虽然学术立场不同、哲思旨趣各异,但在哲学尤其是形而上学的理论建构中,却不约而同地聚焦阐发中国哲学传统中精神境界,进而明确将精神境界提升为哲学问题、哲学范畴,切实推动了"哲学境界"在现代汉语哲学论域中的实在化、类型化、标准化。

冯友兰在论及精神境界时,曾指出,客观的时空世界、生活空间是公共的,但对此公共空间、公共关系以及此种环境下自我之存在定位的相关理解认识,即面对此客观公共空间而产生的认识理解以及由此呈现的精神境界则是多样的。究其因,是精神境界的形成、保持、发展,主要受主体情感取向、思维方式、理解能力、知识水平、实践经验等各种复杂要素之影响。不过,精神境界的表现形式虽是多样的、体验的、私属的,但在哲学维度,仍可从理论上对"境界"范畴予以研究,以构成哲学上的"境界论"①。而"境界论"得以可能,也是基于文化共同体的一般性的理性判断、价值取向、意义规范、学术水平,对境界内容加以对象化、类型化、理论化研究。这种研究包括且不限于境界的内涵、外

---

① 蒙培元也明确认为中国哲学本质是"境界论","境界问题实为中国哲学的精髓或精神所在"。(蒙培元:《心灵超越与境界》,人民出版社1998年版)

延、方法、架构、比较等工作。可见,以境界为对象,即是通过"论"境界,以建构哲学"境界论"是具有理论合法性的。

在本质上,"境界论"主要讨论的是"人生境界",因而首先属于传统哲学的"心性论"、"人生论"、"价值论"维度。而现代哲学视域中的"境界论",一方面同样是现代哲学家创建的新的"本体论"、"宇宙论"的理论衍生与思想延展,另一方面又有着不同于传统哲学的特殊问题意识与论域空间。也即是,20世纪中国哲人置身古今中西文化碰撞的历史境遇,对哲学境界的系统化阐释,并不仅是满足于一种现代意义上的体现中国哲学特色的理论新建构,而毋宁说是为"转型时代"的生命意义、人生价值提供一种形而上学的阐释。由此,中国现代哲学史中的"境界论",根本是一种"意义论"、"价值论",是一种关于人生意义与人生价值的形而上学的研究。如同牟宗三对康德"道德地形上学"的解读一样,此类"境界论",所研究的是意义、价值,因而形而上学只是"借用"。但这种"境界论"仍然是一种形而上学,只不过是一种特殊形态的"意义的形而上学"、"价值的形而上学"。

一、"四境界说"

面对哲学合法性危机,冯友兰一方面强调哲学相比科学,乃是一种特殊的"无用之学",同时又认为,哲学可用特定的概念命题系统,传达重要的思想观念,这些观念,不能增进人们对于实际之知识,却对人生有重要价值,即能增加人的"觉解"能力,提高人的精神境界,此即是其"无用之用",也是其"大用"[1]。进而他提出了人生四境界说:"各人有各人的境界,严格地说,没有两个人的境界,是完全相同底。每个人都是一个体,每个人的境界,都是一个个体底境界。……但我们可以忽其小异,而取其大同。就大同方面看,人所可能有底境界,可以分为四种:自然境界、功利境界、道德境界、天地境界。"[2]此"大

① 冯友兰:《三松堂全集》第5卷,河南人民出版社2001年版,第159页。
② 冯友兰:《三松堂全集》第4卷,河南人民出版社2001年版,第497页。

同方面",主要指衡量此人生境界的标准,即是人们自身的哲学认识水平,尤其是形而上学认识水平。可见,其理解的人生境界乃是对人的"形而上学"的意识、思维、观念之统称。

冯友兰强调:"形上学的功用,本不在于增加人的对于实际底知识。形上学的功用,本只在于提高人的境界。它不能使人有更多底积极底知识,它只可以使人有最高底境界。"①而其所谓的"形上学",即是经过《新理学》一书对本体论的阐述,到《新知言》一书所最终明确的以"理"、"气"、"道体"、"大全"为核心框架的"逻辑的本体论"。不过,此种"本体—境界论"逻辑在1949年之后被搁置。他转而强调"实践—境界论"、"劳动—境界论"。此时期,他认为,人生境界的产生与提升,乃是以现实生活和社会形态为基础的,尤其是劳动与社会实践才是人生境界产生与提升的主要根据。这突出表现在,他肯定新社会中,集体主义的生活实践与生产劳动可帮助更多人达到"道德境界"。而到了晚年,在《中国现代哲学史》和《三松堂自序》中重提人生境界时,他又将境界得以可能之基础,归于人们对于哲学概念的理解。他说:"一个人所有的概念就是他的精神境界;一个人所有的概念的高低,就分别出他的精神境界的高低,例如一个人没有宇宙这个概念,他就根本不可能有如《新原人》所说的'天地境界'。"②

从"理本体—境界论"、"劳动—境界论"到"概念(本体论概念)—境界论"之转变,虽表述不同,但均是为"境界论"本身提供了"本体论承诺"。这种本体论的基因,亦决定了其四境界说,本质是以人生意义、人生价值为核心,通过确立意义与价值的层级,所建立的一个普适性的境界范式,其理论实质可视为"境界形态的形而上学"。

---

① 冯友兰:《三松堂全集》第5卷,河南人民出版社2001年版,第144页。
② 冯友兰:《三松堂全集》第10卷,河南人民出版社2001年版,第639页。

（一）"觉解"

哲学视域中的"境界论"，虽基于生命精神的整体观念，但根本却是理智理性与道德理性之产物。借此能力，人们能够在认识人与世界关系的过程中，通过对宇宙万物的本质、关系以及在此基础上的自我反省，获得一种主观维度的认识理解与意义领会，即可称为精神境界。冯友兰将此能力称为"觉解"，"觉"是自觉，"解"是了解。按其所说，人首先应对外在的事与物有了解，此事与物才可与人产生关系，进而产生对人的意义与否、意义大小的问题。而人对外在的事与物若无了解，其对人而言则仅是一种"混沌"。而若要了解事物，或依据经验或依据知识，总要表现为概念表述，因此，"觉解"主要是对表现经验与知识的概念的自觉与了解，尤其是对客观的义理系统与形上观念的了解。① 本质上，"觉解"是一种理智理性与超越理性（冯友兰将之称为"道德理性"）的能力。

"觉解"以本体论的主要核心范畴与主要命题为思考认识对象，因而其对"理"、"气"、"道体"、"大全"等核心范畴的了解认识，实际是借助相关的哲学概念、哲学命题而展开。正如冯友兰所言："一个人可对于理有知识或无知识。如其有知识，则既有概念，其概念不是空底。如其无知识，则既无概念，亦不能说概念是空底。"②所以，"觉解"本身是"主体→本体论概念、命题→认识了解→四种境界"的进路与逻辑。而能否对本体论核心概念范畴有认识，以及具有何种程度的认识，亦决定了所获得境界的有无与高低之别。

冯友兰区分"觉解"与普通的认识时说："以目观物，即以感官观物，其所得为感。以心观物，即以心思物。然实际底物，非心所能思。心所能思者，是

---

① 在晚年《三松堂自序》中，他虽依然将"境界"理解为精神世界，但却名为"世界观"。他说："人在生活中所遇见的各种事物的意义构成他的精神世界，或者叫世界观。"（冯友兰：《三松堂全集》第 1 卷，河南人民出版社 2001 年版，第 223 页）

② 冯友兰：《三松堂全集》第 4 卷，河南人民出版社 2001 年版，第 468 页。

实际底物之性,或其所依照之理。……知物之理,又从理之观点以观物,即所谓以理观物。"①这种"以理观物"在形式上类似于康德的"先天综合判断",但本质上又有其复杂的界定。这在于,哲学境界虽基于对本体论的理解,但"觉解"的内容又并非一般意义上的"名言的意义",即概念本身的内涵与关系。按照"言"、"意"的辩证关系,语言、名言均不可能完全表达意义本身,因此,只有"名言的意义"是不够的。正如冯友兰在讨论形而上学方法论时,认为仅有"正的方法"的"辩名析理"是不够的,在对概念命题传达的义理得以领会后,还需借助一种知识背景、经验背景的启发,以直觉体悟此哲学观念之全体。所以,"觉解"的"以理观物"最终需要加入"经验的意义",以构成形而上学观念的完整指向。

因此,"新理学"的"境界论",必须基于其形而上学的"方法论",才能被准确把握。可以说,"境界"无方法则盲,"觉解"无经验则空。当然,此"经验的意义"非普通认识论中的经验,而是形而上学的体悟、体会。前者比如,人可通过学习或他人解释,而对"甜"字有"名言意义"。但其没有亲口品尝,始终没有真正地体会"甜"的经验。后者则是在理性分析认识形而上学名言的内涵基础上,进而获得对宇宙、万物、人生之本质的再认识、再理解、再体会。冯友兰将之称为"豁然贯通底了解,就是悟"②。

所以,在"新理学"哲学语境中,境界的获得与实现,根本是主体对"本体论"的再反思、再超越,进而获得一种形而上学的"意义"观念。他指出:"形上学是哲学中底最重要底一部分。因为它代表人对于人生底最后底觉解。这种觉解,是人有最高底境界所必需底。我们对于经验的内容,作逻辑底分析,总括及解释,其结果可以得到几个超越底观念。所谓超越就是超越于经验。用

---

① 冯友兰:《三松堂全集》第 4 卷,河南人民出版社 2001 年版,"绪论"第 13 页。这种特殊的"以理观物",陈战国亦将其称为"超理性认识"。(陈战国:《冯友兰哲学思想研究》,北京大学出版社 1999 年版,第 146 页)

② 冯友兰:《三松堂全集》第 4 卷,河南人民出版社 2001 年版,第 469 页。

中国哲学史中底话说,就是超乎形象底。我们的理智,自经验出发而得到超越
于经验者。对于超越于经验者底观念,我们称之为超越底观念。这几个超越
底观念,就是形上学底观念,也就是形上学中底主要观念。"①而他在《新理
学》中,阐释"理"、"气"、"道体"、"大全"这四个主要概念,后在《新知言》中,
又对这些概念予以"形式底"的推导,提出四组"形而上学命题",正是为了提
供形而上学的主要观念,进而提升人的精神境界。

但同时,冯友兰亦提醒:"人对于宇宙人生底觉解的程度,可有不同。因
此,宇宙人生,对于人底意义,亦有不同。人对于宇宙人生在某种程度上所有
底觉解,因此,宇宙人生对于人所有底某种不同底意义,即构成人所有底某种
境界。"②既然"觉解"能力有高低,自然对宇宙人生本质的理解有深浅,其所
获得的形而上学观念亦有不同,以此不同的哲学观念,看待宇宙万物,思考生
存际遇,反省生命实践、评判知识效果,自然会获得不同是意义与价值。冯友
兰基于形上观念的不同,提出了"四境界说"。

(二)"四境界说"的内容

1."自然境界"。其特征是:"在此种境界中底人,其行为是顺才或顺习
底。"③所谓"才",即是生物本性或自然本性。所谓"习",即是个人的习惯与
社会习俗的统称。在此境界中之人,无论其是"顺才而行"抑或"顺习而行",
他对于其实践行为、对于其所做的事的性质,并没有自觉的、清楚的认识、了解
与反思。由此而言,他的实践行为,他所做的事,对于他也没有自觉、明确的意
义。仅从他的精神境界看,其中似乎是一片"混沌"。古诗中"凿井而饭,耕田
而食,不识不知,顺帝之则",对于他所做的事,他有自觉,对于各种规律法则,
他也自觉遵奉。但他不知他所做事的意义,亦不知他身处各种规律法则与知

---

① 冯友兰:《三松堂全集》第5卷,河南人民出版社2001年版,第144页。
② 冯友兰:《三松堂全集》第4卷,河南人民出版社2001年版,第496页。
③ 冯友兰:《三松堂全集》第4卷,河南人民出版社2001年版,第498页。

识的意义。严格地说,在此种境界中的人,虽不可说是"不识不知",但可说是"不著不察"①。

"自然境界"中的人,"其行是不得不然,莫知其然而然"。他们对我与非我的本质区别,没有"觉解"。他的行为可以是自私的,也可以是为人的。他的行为可以是反社会的,亦可以是"尽伦尽职"的。在此精神境界之人,并不应仅限"前文化"的诸如原始社会之中,无论是在农业社会、工业社会、还是当下的信息社会中,均有"顺才顺习"之人。并且,这种对所作所行无甚反思的境界中人,亦不限于那些每日重复、价值很低、无甚创新之群体。这些人虽不"不著不察",但其所顺之"才",却可是大才、奇才,其所顺之"习"却可是精深、娴熟之技术与范式。所以,这些人在学问、艺术、道德、事功等各方面,亦能做出惊天地、泣鬼神之成绩。只不过,他们是"自有仙才自不知",且往往是"行乎其所不得不行,止乎其所不得不止","莫知其然而然"。那些高于常人之处,因为完全是随顺自己性情而得,所以他们才对自己的行为并无"觉解"或较少"觉解"②。由此来看,才人多疏狂不羁,英雄多桀骜倔强。若此疏狂不羁,桀骜倔强仅是顺才顺习,自然而然,那么其亦在"自然境界"之中。由于此境界中人,对万物和自己之存在本质、存在价值、存在理想均没有明确之自觉或极少自觉,那么,他对人与自然的关系、对自身的实践活动、对人与人的关系、对生命本身均没有明确的哲学自觉,这些问题对他亦没有意义或有很少意义。

2. "功利境界"。在此种境界中之人,其思维指向与价值取向全部基于自身的利益和好处,其认识与实践的核心动力与终极目的也均是为了自己利益和好处。通常而言,各种自然生命体均是"趋利避害"的,但大多数动物的行为,即便是为了自己的利,却均是出于生物之本能,而不是"出于心灵的计划"。同样,在"自然境界"中的人,虽亦有为自己的利的行为,但他对于"自

---

① 冯友兰:《三松堂全集》第 4 卷,河南人民出版社 2001 年版,第 498 页。
② 冯友兰:《三松堂全集》第 4 卷,河南人民出版社 2001 年版,第 498—499 页。

己"及"利益",并无明确的"觉解"。对他们来说,逐利的行为不过是他们不自觉去做的行为。而在"功利境界"中的人,他们实际持"自我中心主义"立场,对人与我、利与害之分别有明确之"觉解"。他既了解自己的行为是怎样一回事,又自觉其之所以如此这般去做的根本目的,无论其行为目的,是追求他自己的财富,或是希望发展自己的事业,或是期望获得某些崇高的荣誉①。此种境界中的人,无论他们的行为表现为何,引起怎样的影响,取得怎样的效果,其根本目的"总是为他自己的利"。此"利",亦可包括"名"。所以,只要人所求,是为他自己,无论是功名利禄抑或是幸福快乐,均是"功利境界"。

"功利境界"中人虽以功名利禄为目的,但此境界中人却因为这种追逐名利而具有积极性、创造性,进而可为人类社会、人类文化之发展进步作出贡献。冯友兰特别强调,一个人的学问或事功之大小,与其所常处的境界高低,并没有必然联系。"功利境界"中人,他们虽有"自我中心主义"立场,专作利己之事,甚至有些人会"损人利己",但其中仍有一些人会为了自我之利益,不但可以是积极奋斗的楷模,是推动社会文明创新创造的领军,还会是良好践行道德仁义的模范,因此而惠及他人、造福社会,甚至还会牺牲他自己,尽管其最后目的仍是为了自己的利益。例如秦皇汉武、唐宗宋祖所开创的事业,例如许多的盖世英雄、伟大烈士的光荣事迹,都可以说是"公在天下","利在千秋"。但他们的根本目的若仅是为了自己的利益,他们的境界是"功利境界"②。

3."道德境界"。在此种境界中的人,其根本目的是"行义",而此"义"即是为他人、为社会提供利益、作出贡献。所以"道德境界"中的人对什么是"利"、什么是"义",以及什么是道德、什么是责任有清晰的了解,尤其对人的本性、人与人的关系、人与社会的关系有清晰的"觉解"。此境界中人,对人性之本质有较深的理解,尤其认识到"社会性"乃人本质属性之所涵,他们既知道"人之理"蕴含"社会之理",又知道于各种社会关系与各种实践中践行"社

---

① 冯友兰:《三松堂全集》第4卷,河南人民出版社2001年版,第499页。
② 冯友兰:《三松堂全集》第4卷,河南人民出版社2001年版,第499页。

会之理"可帮助个人完善提升,实现"人之理",认识到"尽伦尽职,都是尽性。"人处在社会之中,必有人与人之关系,此关系,即是"人伦";必有人在社会中之地位不同,此不同,即是"位分","人职"。关系不同、职分不同,则人在社会中所应做之事亦不同。此境界中之人,对在社会之伦职有充分的"觉解",并努力创造各种伦职关系的理想状态。

尽伦尽职的行为,即是遵照社会的"应该"要求去做的行为,所以"道德境界"中人,他们只问行为是否"应该",而不问是否对自己有利。冯友兰强调,"功利境界"是为自己,其"觉解"中有"我"。"道德境界"亦可以"觉解"有"我",但此"我"乃是"人之性"、"人之理"。由于对人之理的较高程度的"觉解",此境界中人可舍生取义,他"先天下之忧而忧,后天下之乐而乐"。他的"尽伦尽职",只是"尽伦尽职",并不计较行为所及之对象,是不是值得他如此。他救苦救难、尽忠尽孝,尽心竭力,不可而为,也只因他认为该如此去做。总之,此等行为即是道德的行为,有此等行为者的境界即是道德境界。

4."天地境界"。如果说"功利境界"中人是自觉为自己谋利,"道德境界"中人是自觉为他人为社会服务,"天地境界"中人则自觉"事天"。是因为,在此种境界中人,不但了解"社会之理",还了解"宇宙之理"。他们不但知道要在为他人奉献中获得自我价值的彰显,还知道积极主动融入宇宙天道,才能使自我价值、自我本性获得终极提升。"人不但应在社会中,堂堂地做一个人;亦应于宇宙间,堂堂地做一个人。人的行为,不仅与社会有干系,而且与宇宙有干系。"[1]所以,在此境界中人,不但知人、知性,还知物、知天,因而有着完全的、最高的"觉解",亦有着最高的精神境界。

"天地境界"的获得,源于对宇宙本身的"完全底觉解"。此"知天",不是经验性的"常识之知"、"经验之知",而是超越杂多流变的经验世界的万事万象,是对宇宙本原、万物本根、人生本质的"超越之知"。此种"超越之知",既

---

① 冯友兰:《三松堂全集》第4卷,河南人民出版社2001年版,第500页。

然认识了"超越的"、"形上的"本体,自然是一种"本体论"、"宇宙论"的"知识"。同时,认识了"本体"①,他也就发现了宇宙的"秘密",用古代的话说,他已"知天"。按冯友兰所说,人首先要有宇宙的观念,然后可知自己不但是社会的一员,也是宇宙的一员。他有"理"本体的观念,知道宇宙存在形而上之"理世界",实际的各种事物均依照永恒之理,事物是不完全的,常变的,"理世界"则是永恒完美的。他有"道体"的观念,知道实际的世界无时不在生灭变化中,任何个别事物的变化,均是这种绵延不息的宇宙洪流中的一个程序、一个环节。他有"大全"的观念,知道宇宙本身是"理气合一"、"道体流行"、"万物一体"整体。这些"知"或"体会",使得其人有了一种他人不具备的眼界、心胸,即更高明的智慧,因而亦获得一种他人不具备的意义与境界。

同时,他虽在社会中居于某位某伦,但因"觉解"到"天之理",而知自己乃是尽天职、尽天伦的"天民"。他对自己与宇宙的关系,及其对于宇宙的责任,有充分的"觉解"。所以,他对任何事物的改善与救济,均是对于宇宙尽职;对于任何事物的了解,都是对于宇宙的了解。他已经认识到人的各种行为,都是"事天"的行为,即是参赞化育。他的尽伦尽职的实践,亦是"穷理尽性"。不过,此"穷理尽性"不仅是穷他自己的理,尽他自己的性,还是穷宇宙的理,尽宇宙的性。所以,他虽同样见着或做着与其他普通人一样的事,但其所见、所做,对于他都有了一种新意义。此种新意义,使人有一种新境界。冯友兰举例说,《论语》的"逝者如斯夫,不舍昼夜",《诗经》的"鸢飞戾天,鱼跃于渊",智者可看出天道生生不息。碧天之际,绿水之滨,南山飞鸟,智者可看出"万物有生"和"化育流行"。同样的"日用常行",智者却可看出"天理道体"。"天地境界"中人,能"知天"、"事天",亦能"同天","不但觉解其是大全的一部

---

① 当然,晚年的冯友兰已经将理或共相的"潜存"意义修改为理论上之"一般"。随着这种"本体论"向"认识论"的转变,"天地境界"显然内涵已有所不同。但重视并强调"天地境界",则是他一以贯之的。

分,而并且自同于大全。"此境界中人,不但"与天地参",而且是"与天地一",有对万物之痛痒相关的情感,佛家"证真如"的境界,道家"得道"的境界,儒家的"浑然与物同体"、"合内外之道"的境界,均是"天地境界"。

冯友兰指出,境界有高低之别。而此分别"是以某种境界所需要底人的觉解的多少为标准"①。所以,"自然境界,需要最少底觉解,所以自然境界是最低底境界。功利境界,高于自然境界,而低于道德境界。道德境界,高于功利境界,而低于天地境界。天地境界,需要最多底觉解,所以天地境界,是最高底境界。至此种境界,人的觉解已发展至最高底程度。至此种程度人已尽其性。在此种境界中的人,谓之圣人。"②在他看来,精神境界本身的差别,从原因说是"觉解"能力的高低,从结果而言则是意义获得与精神满足的程度不同。因此,"自然境界"中,人的"觉解"能力最低,实现他自己的价值程度最小,而"天地境界"中的人,"觉解"能力最高,也能最大程度地实现人之为人的价值。人们只有不断提升自己的"觉解"能力,这样,才能更深刻地认识宇宙、人生,进而获得更高的存在价值与精神满足。

冯友兰试图从哲学一般性来总结人生境界。③ 但他却将此境界完全依附于对本体论的具体认知与理解,即将本该基于丰富的生存实践所培育的人格内涵规约到"形而上学观念"上来。也即是,人生境界的有无系于"形而上学观念"的有无,"形而上学观念"的有无又系于对"形而上学命题"的"觉解"。但同时,他又承认:"宇宙的观念,并不能使人知宇宙间有些什么。理及理世界的观念,并不能使人知其理的内容是什么。道体的观念,并不能使人知实际底世界如何变化,某实际底事物若何生灭。"④因此,即便"觉解"到"理"、"气"、"道体"、"大全"等"形而上学概念"的主要含义,并获得相应的形而上

---

① 冯友兰:《三松堂全集》第4卷,河南人民出版社2001年版,第501页。
② 冯友兰:《三松堂全集》第4卷,河南人民出版社2001年版,第501页。
③ 任剑涛认为其"境界论",主要是人生哲学的核心理论。(任剑涛:《境界与境遇——析冯友兰境界说的言说方式与人生指向》,《哲学研究》1996年第2期)
④ 冯友兰:《三松堂全集》第4卷,河南人民出版社2001年版,第591页。

学观念,但这些形式的抽象的观念与人生境界的关联性,显然没有冯友兰所设想的那么明确。

二、"心灵九境"

作为重建"儒家形而上学"之代表人物,唐君毅以道德理性、生命心灵为形上本体,建构了道德的宇宙观、本体论。他自述受方东美、宗白华两先生论中国人生命情调与美感之文影响很大①,又受到黑格尔哲学"绝对精神"的运动和佛教华严宗"四界"思想影响②。同时,他注重以"观念的形成"为哲学的研究内容,既反思"一般的知识"何以可能,又将哲学这种"一般知识的知识,或对一般知识之相互贯通的意义之直观",视为一种"智慧的理解或观照"③。在其晚年巨著《生命存在与心灵境界》一书中,他正是着力辨析哲学形而上学这种"智慧的理解或观照"的内在形成机制、运演逻辑、理论架构与观念取向,进而依据生命心灵的创造性,建立了完整的"境界论"模型,以论证中国哲学的合法性,提供转型时代安身立命之终极关怀。他明确指出:"今著此书,为欲明种种世间、出世间之境界(约有九),皆吾人生命存在与心灵之诸方向(约有三)活动之所感通,与此感通之种种方式相应;更求如实观之,如实知之,以起真实行,以使吾人之生命存在,成真实之存在,以立人极之哲学。"④

此种哲学的内容是根据心灵与世界的感通关系,确立三类九种之人生境界;此种哲学的目的是建立统合一切文化成就、精神追求、宗教信仰于儒家"道德本体论"的宏大系统。因此,从其理论之实际效用看,"心灵九境"就是

---

① 唐君毅:《中国文化之精神价值》,九州出版社 2016 年版,第 3 页。
② 赵德志对唐之哲学与黑格尔哲学有整体之比较。(赵德志:《〈生命存在与心灵境界〉评述——兼论唐君毅与黑格尔哲学》,《孔子研究》1995 年第 1 期)
③ 唐君毅:《生命存在与心灵境界》,中国社会科学出版社 2006 年版,第 433 页。
④ 唐君毅:《生命存在与心灵境界》,中国社会科学出版社 2006 年版,第 1 页。

"心灵宗教",是将儒学宗教化。① 事实上,唐君毅明确将儒家视为一种人文宗教,尤其肯定儒家哲学应该承担中华文化之教化功能。② 因此,其"心灵九境"既可视为儒学向哲学化转型的尝试,亦可视为儒家道德形而上学宗教化的实践。

(一)"生命心灵"

"心灵九境"的理论基础,是经过重释的儒家"道德本体论":境界的显现源于心、物之间的"感通"关系,而"感通"的合法与可行则归根于超越的、普遍的、纯粹的、灵动的道德理性或道德本心。也即是境界得以可能,其决定性因素是主体根本是道德自我、精神自我,更是超越自我。由于作为"境界论"逻辑基础的本体论,并非"宇宙本根论"、"本体生成论"、"本体存在论",而是道德属性的"心本论"。所以,此"心本体"的内涵、特性、取向尤为重要。

在早期形而上学建构中,唐君毅通过《人生之体验》与《道德自我之建立》两书,侧重以生命精神的体验与道德自我的展开为哲学基础③。首先,即是肯定"形上界之真实自我之存在",面对流变不已之现象世界,寻获一个超越的完满的"恒常真实根原"——"心"本体。他指出:"此恒常真实根原即我自认为与之同一者,当即我内部之自己。……此内部之自己我想即是神,即是我心之本体。"④此"心",是道德本心、仁爱本心,是"道德价值之全体"。如果说,

---

① 如中国台湾学者林维杰,认为唐君毅的哲学思想本质是一种"人文宗教"。(林维杰:《儒学的宗教人文化与气化》,见《中国哲学与文化》第八辑,广西师范大学出版社 2010 年版,第127—134 页)

② 唐君毅本人也主张"哲学是学以成教的"。中国台湾学者皇冠闵也认为,唐君毅本意是将"哲学提到'成德之教'的层面来论述"。(皇冠闵:《主体之位:唐君毅与列维纳斯的伦理学思考》,《中国哲学与文化》第八辑,广西师范大学出版社 2010 年版,第 166 页)

③ 单波也认为在 1940 年写就的《人生之体验》书中,唐君毅即表露"试图在人类精神人类文化的大背景上去阐明中国文化的特点",进而对中国文化之地位给予界定。(单波:《心通九境——唐君毅哲学的精神空间》,人民出版社 2001 年版,第 10 页)

④ 唐君毅:《道德自我之建立》,商务印书馆 1946 年版,第 57 页。

此时期唐君毅更专注于思考生命存在的超越主宰与寄托。那么多年之后,他则开始关注依据此内在道德本心,去甄定审视生命创造的现实世界尤其是文化世界的意义。在《文化意识与道德理性》一书中,他实际将此道德本心之知觉灵明(他称为道德理性,笔者注)所投射之宇宙,视为一个"人化之自然","精神之自然"。

这种特殊的哲学观、宇宙观,将客观宇宙维系在"精神之光"的界域,使"自然的宇宙"转变为"属人的宇宙"。因此,在他的语境中,宇宙、世界、万物,均是纳入"道德意识"与"心灵感通"维度中的精神"交感"的对象。而"精神宇宙"以心灵精神为核心,这就将一切生命实践、一切精神交感之对象,均纳入心灵这个精神实在的统摄之中,以构成一个"精神交光网"①。自此看,他将人类一切活动都视为"同一的精神实在"表现出的"体段"②,且各种活动、各种文化、各种知识在本质上可以互相感通、互相促进、互相改变。

同时,唐君毅进一步将心灵本体的精神能力加以道德化、理想化。一方面,肯定"道德自我"或"文化意识"创造"精神存在"、"文化活动"的"创生逻辑"与"存在逻辑";另一方面又将此万事万物的"实然存在"纳入到"道德自我"或"文化意识"在具体认识实践与创造实践的过程中,以及表现生命精神能力的高低、体现超越思维程度的高低、彰显精神境界层级的高低的"价值判断"与"意义判断"的视域中,逐项讨论审视了心灵本体的知觉灵明所创造的伦理、道德、经济、政治、科学、艺术、文学、宗教、哲学等"精神交光"产物的价值。

上述"道德本心—精神宇宙"的"体—相"逻辑,"文化理性—道德判断"的"体—用"逻辑两维度的致思,终在晚年《生命存在与心灵境界》书中得以交汇合流,在三维的逻辑相度撑开拓展,以成"体—相—用"之立体架构,为"心灵九境"得以实现奠定理论基础。而此立体架构之基点,是他重新回到心灵

---

① 唐君毅:《道德自我之建立》,商务印书馆 1946 年版,第 84 页。
② 唐君毅:《道德自我之建立》,商务印书馆 1946 年版,第 92 页。

语境,所确立的作为生命实体、道德实体的灵动、感通、交感之心灵。他以"灵"说"心",即为突出此知觉灵明。"'心'自内说,'灵'自通外说。合'心'、'灵'为一名,则要在言心灵有居内而通外以合内外之种种义说。然人有生命存在,即有心灵。则凡所以说生命或存在或心灵者,皆可互说,而此三名所表者,亦可说为一实。"①

"心"即本体论中的道德本心,"灵"即指心智的知觉灵明。生命以"心"为本,存在以"灵"为显。一切生命体均体现一定程度的生命能力,无此"心",即无生命。存在若无"心"的"观照",乃是漆黑一团的混沌。因此,有"心"无"灵",仅为抽象的、主观的精神活动,无以凸显生命之的价值。有"心"亦有"灵",方得生命之光照射混沌,以在时空中观物,存在方得以在精神观照中得以为存在。自此言,生命与存在,精神与物质乃是有机统一,共生共在。

唐君毅对"心"的诠释,尤其是注重道德本心之"内在性"与"经验性"。如果说,传统儒家之"心本体",在后世诠释过程中过于强调其超越性、永恒性、绝对性、一元性,那么,他虽在本体论维度亦肯定"心本体"之形上地位,但却在"境界论"中将其与形而下的器物世界完全关联在一起:"心"仅在逻辑意义上有独立性,而在现实中是与经验世界同步关联的,时时活动、时时开显、时时变化的动态境域。

作为境界基础之知觉灵明,被称为"超越的感通"。"感通"并非普通的感官认识或理性思辨分析,而是一种形而上学的本体论、存有论意义上的主体能动性。"感通"非"知",是因为"知之义不能尽感通之义,知境而即依境生情,起志,亦是感通于境之事故"②。所以,在内涵上,"感通"乃是包括"知境"、"生情"、"起志"的更复杂的精神活动与观念运作。或可说,"感通"是知、情、意、行共同的作用。"然知既自知其为知,必更求自知其为知之所依以生,则必更知及此情意。既知及此情意,更知无此情意则知不生,无情意之行以继

---

① 唐君毅:《生命存在与心灵境界》,中国社会科学出版社 2006 年版,第 2 页。
② 唐君毅:《生命存在与心灵境界》,中国社会科学出版社 2006 年版,第 3 页。

知,知之感通不能完成,则人可更知此知之生,乃后于此情意之行;亦知此情意之行,乃主乎此知之生与成者。此即知之由自知其为知,而更自知其主之事。既自知其主,乃自宅于其主之宅,而自知即自知其为亦局情意之行之内,而自内照澈此情意之行,而与之俱行之知。知之为真实知者,必归于如此之一与情意共行之知方得为真实知。"①

这种"感通"能力,首先,为心灵境界提供了构成要素的规定,即境界的内容乃是主体与客体交相融合的产物。用中国哲学的话说,即是"合心物乃为境","境由心物起,心物以境合",此"境界"中"心不离物","物不离心"。其次,"感通"为"境界"提供了属性判断的标准。心物交感会通,乃是知、情、意同时观物之过程,其中以心成物,以情饰物,以意化物。因此,唐君毅指出:"言心灵之境,而不言物者,因境界义广而物义狭。物在境中,而境不必在物中,物实而境兼虚与实。如云浮在太虚以成境,即兼虚实。又物之'意义'亦是境。以心观心,'心'亦为境。此'意义'与'心',皆不必说为物故。于境或言境界者,以境非必混然一境,境更可分别,而见其中有种种或纵或横或深之界域故。然以境统界,则此中之界域虽别,而可共合为一总境。则言境界,而分合总别之义备。"②

"感通"既是存在论意义的"创生",又是价值论"实践"。"本心"既然是先验道德的,亦是理智反省的,能够面对心物感通之境,以生"应然"之判断。因此"本心"不仅具有认识能力,还具有"超越的反省"能力、"道德的实践"能力。此能力亦是体现生命活动能力与境界本身之内容大小、高低晋升次序、价值审视判断的基础。也正因"本心"不断突破自身限制和封闭,不断超越反省,以求尽生命之道,才会不断向上超拔,从原有的"感通"之境不断升腾,以成生命之最高、最理想状态。而这根本又是"感通"的神奇能力所致:以"当然之道"对"外在事物"与"内心事物"的"感而遂通"。

---

① 唐君毅:《生命存在与心灵境界》,中国社会科学出版社 2006 年版,第 10 页。
② 唐君毅:《生命存在与心灵境界》,中国社会科学出版社 2006 年版,第 2 页。

在唐君毅形而上学语境中,"本心"是超越的本体,万有是形而下的功用,二者一主一客,一本一用,此是从逻辑上说;而在境界论维度,"本心—境界"的体—用逻辑,则应是"体用一元",此是从"感通"上说。也即是,在"存在之维",心灵为存在之体,心灵为先、为主;在"境界之维",心灵与存在同时呈现为"境界","心境俱起",而无分先后。他强调:"有何境,必有何心与之俱起,而有何心起,亦必有何境与之俱起。"①但同时,心灵又可因由自身的超越本性而超越之前的"境",由此推动"境界"次第的升进。

既然整个宇宙,"不外此生命存在与心灵境界",宇宙存在与心灵感通就融为一体,宇宙万有就因生命精神与主体心灵的知觉灵明"投射",以成一生命有机体与精神统一体,最终实现的是"形上实在之存在"。其直接结果是将生命心灵客观化、普遍化,将万有存在精神化、价值化。离开"境界",谈心灵,此"心"只是一空悬虚静之本体;离开心灵,看境,此境亦只是漆黑混沌之存在。某种"哲学境界",即体现生命心灵的取向,乃是相应的宇宙观、认识观,价值观,某种心灵活动,即落实为相应的"哲学境界",表现为具体是文化形态、知识系统、实践成果。

(二)"心灵九境"的具体内容

唐君毅在其《生命存在与心灵境界》一书中,将"生命心灵"的"横观"、"顺观"与"纵观"所产生的"所观",作为心灵"观照"的对象世界。而此对象又可分别从"体"、"相"、"用"三维度以切入。因此,分别从"客观心灵"、"主观心灵"与"超主客心灵"中可建立九类精神境界:(1)"万物散殊境",(2)"依类成化境",(3)"功能序运境",(4)"感觉互摄境",(5)"观照凌虚境",(6)"道德实践境",(7)"归向一神境",(8)"我法两空境",(9)"天德流行境"。

唐君毅的弟子李杜在概述《生命存在与心灵境界》一书中心思想时说:

① 唐君毅:《生命存在与心灵境界》,中国社会科学出版社2006年版,第3页。

"此九境由心灵依不同的观点而显,故皆为心灵所涵摄。九境中的前三境即客观境。万物散殊境为心灵相应于客观事物的体所形成的境;依类成化境为心灵相应于客观事物的相所成的境;功能序运境为心灵相应于客观事物的用所成的境。其次三境为主观境。感觉互摄境为心灵自己反省主观活动所成的境;观照凌虚境为心灵自己反省主观的相的呈现所成的境;道德实践境为心灵自己反省主观的用的活动所成的境。最后三境为超主客观境。归向一神境为心灵超主客的有关体的向往所成的境;我法两空境为心灵超主客的有关相的向往所成的境;天德流行境为心灵超主客有关用的向往所成的境。"①

总的来看,此"心灵生命之三意向或三志向",是生命心灵对左、右向观"种类",前、后向观"次序",上、下向观"层位"的活动。

第一类是"客观境界"。此境界中,心灵把它自身与外在世界都当做一个客观存在的世界看待,却不自觉其自身的存在。又细分三种:

一是"万物散殊境"。此境中人的生命心灵活动,主要表现为一种向外的认识形式,并聚焦于外在世界的无穷无尽的个体事物。在面对此无数的个体事物时,人们可有时间、空间观念,并将每个个体事物视为一个独立的"实体"。在认识过程中,基于此类独立个体,去分别罗列同样是个别的性质、关系、规律等知识。在此基础上,人们虽可运用此个别的知识去认识其他对象,但其所建立的仍是单独的、个别的知识。所以,此"万物散殊境"中人,仅承认宇宙自然存在无穷无尽的事事物物,甚至将自身亦当作一个"实体",视为万物中之一物。故此由心灵面对无限散殊的事事物物,所构造的境界主要是一种"个体界"②。

二是"依类成化境"。此种境界是基于"万物散殊境"提供的个体性质、个体观念、个体知识,而形成"种类意识"、"种类思维"。此是观"类界",即是了解普遍性的"类概念"之后所得之境,体现心灵的"理性认识"与"理性判断"

---

① 李杜:《唐君毅先生的哲学》,(台北)学生书局1982年版,第59页。
② 唐君毅:《生命存在与心灵境界》,中国社会科学出版社2006年版,第22页。

的结果。得此境界后,人能以"类观"来观物、事、人。在此境中人,不但知"个体"存在,还知"种类"存在,并能从"种类的视角"去分辨个体事物,认识个体事物及一类事物的发展变化。所以,凡是表现为"种类思维"的,如一切关于事物之类,如物质类、精神类、生物类、人类等的知识,关于家庭、民族、职业的知识,均在此境界中。并且,一切以种类为本的"类的知识论","类的形而上学",与重视人类自我发展演变的人生哲学,亦可归为此境界。①

三是"功能序运境"。此境中人,不但具有"个体性思维"、"种类思维",还可对个体与个体、类与类之间的关系,尤其"因果关系"有充分的自觉。他们知道利用万物的功效与功能以及将他人视为手段,来实现目的、解决问题、创造条件,提高认识。因此,"一切世间以事物之因果关系为中心,而不以种类为中心之自然科学、社会科学之知识,如物理学,生理学、纯粹之社会科学之理论;与人之如何达其生存于自然社会之目的之应用科学之知识,及人之备因致果、以手段达目的之行为,与功名事业心,皆根在此境。一切专论因果之知识论,唯依因果观念而建立之形上学,与一切功利主义之人生哲学,皆当判归此境。"②此境界观"因果界"和"目的手段界",即以功用为中心,乃是一种主体价值判断与选择之结果。此境中人,非是以客观实在的个体性、一般性为标准,而是以功能、效用的因果关系、手段目的为标准,而成就一种秩序感、规律感、历史感。

第二类是"主观境界"。此境中人,自觉其所对的客观世界是内在于能感觉的心灵之中,而且自觉其心灵活动的存在。此境又分三种:

一是"感觉互摄境"。此境中人对主客体的认识关系、主体的感觉构造能力有充分的自觉。他们认为认识对象的诸多性质、关系,乃至对象所处的"时空格式",均是内在于感觉,进而主张一切事物的存在以及被知,均基于能感觉的"主体"。唐君毅认为:"一切人缘其主观感觉而有之记忆、想像之所知,

---

① 唐君毅:《生命存在与心灵境界》,中国社会科学出版社 2006 年版,第 23 页。
② 唐君毅:《生命存在与心灵境界》,中国社会科学出版社 2006 年版,第 23 页。

经验的心理学中对心身关系之知识,人对时空之秩序关系之一般知识,及人对其个体与所属类之外之物之纯感性的兴趣欲望,与其身体动作之由相互感摄,自然互相模仿认同,以成社会风气之事,而以陈述经验之语言表示者,皆根在此境。而一切关于心身关系、感觉、记忆、想象与时空关系之知识论、心身二元论,或唯身论、泛心论之形上学,与一切重人与其感觉境相适应,以求生存之人生哲学,皆当判归此境。此境与万物散殊境相应,皆以体义为重,而体之层位不同。"①此境观心身关系和时空界,是心灵反观其自身的感觉活动所成之境。此境中人对作为客体的宇宙万物与主体之人的关系,在认识上更进一步,从"主客关联"的角度获得知识。在"感觉互摄境"中,人人有感觉,可以相互交通,可以相互交流。但人的生存不同,各自的感觉世界和体验也不同。

二是"观照凌虚境"。此境中人,将一切现实事物之"相"视为不可脱离人的经验能力的"主客共在"。"依类成化境"基于物之"相"的同异而区分种类。"观照凌虚境"中人则更具抽象思维,认为一切现实事物之"相"可与承载其的"实体"游离脱开,独立存在。即相对于时空中的个别实体世界,还存在一个"纯相之世界","纯意义之世界"。此境中人认为,此"相"可以面向"凌虚而观照之心灵"而显现。因而人们可用语言、文字、符号来表示所认识和理解的"纯相"、"纯意义"世界。认识和理解的角度与进路不同,所用文字符号表示的方式不同,所提出的观点、创造的成果亦不同。唐君毅强调:"一切由人对纯相与纯意义之直观,而有之知。如对文字之意义自身之知,对自然及文学、艺术中之审美之知,数学几何学对形数关系之知,逻辑中对命题真妄关系之知,哲学中对宇宙人生之'意义'之知,与人之纯欣赏观照之生活态度,皆根在此境。而哲学中之重此对纯相、纯意义之直观之现象学的知识论,与论此纯相之存在地位之形上学,如柏拉图哲学之核心义,与审美主义之人生哲学,皆当判归此境。"②

---

① 唐君毅:《生命存在与心灵境界》,中国社会科学出版社 2006 年版,第 23 页。
② 唐君毅:《生命存在与心灵境界》,中国社会科学出版社 2006 年版,第 24 页。

三是"道德实践境"。唐君毅指出,此境界与"功能序运境"相似,皆以"用"之义为主。不过,"功能序运境"是专注客体事物之功用,而"道德实践境"则关注主体"理想之德用"。此境界中人,具有自觉的"道德目的"与"道德理想",并自觉要求在认识外物、利用外物、认识自我的过程中,贯彻并践行"道德目的"与"道德理想",最终培育并实现"道德人格"。而这种对道德的认同、重视,体现在思想认识上,即是心灵聚焦道德,聚焦德性,以开"德性界",唐君毅认为:"人之本道德的良心,所知之一般道德观念,与本之而有之伦理学、道德学知识,及人之道德行为生活,道德人格之形成,皆根在此境。而一切有关此'道德良心之知,与其他之知之不同'之知识论,及此良心之存在地位与命运之形上学,一切重道德之人生哲学,皆判归此境。"①

第三类是"通主客境界"或"超主客境界"。如果说第一类三境,乃是人的心灵主体,相对于客观世界所成之境。第二类三境,乃是以人之感觉心灵、观照心灵、道德实践心灵的主体,自作反观,而以主观统摄客观所成之境。那么第三类境界,则是"皆为超主客观之相对之绝对境"。心灵能超越客观与主观相对之认识,"以统一此相对之二观,更成一超此相对,而非主非客,或通贯此相对,而亦主亦客之绝对观,而于其中见一绝对真实境者。"②唐君毅认为,此一类境界,皆是指向"一超越主客而统此主客之形上实在",因此是"形上境"。

"通主客境"是形而上学之领域,分三种。一是"归向一神境"。此境"要在论一神教所言之超主客而统主客之神境。此神,乃以其为居最高位之实体义为主者。"③此境中人以超越主客的最高实体为知识。二是"我法二空境"。观佛家破除我、法之执着。"此要在论佛教之观一切法界一切法相之类之义为重,而见其同以性空,为其法性,为其真如实相,亦同属一性空之类;以破人对主客我法之相之执,以超主客之分别,而言一切有情众生之实

---

① 唐君毅:《生命存在与心灵境界》,中国社会科学出版社2006年版,第24页。
② 唐君毅:《生命存在与心灵境界》,中国社会科学出版社2006年版,第396页。
③ 唐君毅:《生命存在与心灵境界》,中国社会科学出版社2006年版,第25页。

证得其执之空,即皆可彰显其佛心佛性,以得普度,而与佛成同类者。"①三是"天德流行境"或"尽性立命境"。"要在论儒教之尽主观之性,以立客观之天命,而通主客,以成此性命之用之流行之大序,而使此性德之流行为天德之流行,而通主客、天人、物我,以超主客之分者。故此境称为尽性立命境,亦称天德流行境。此为通于前所述之一般道德实践境,而亦可称为至极之道德实践境或立人极之境也。"此境中人,以"儒家形而上学"方式看待宇宙,而通主客、天人、物我,以超主客之分,其可获得儒家尽心知性知天、天人合一的境界。

"天德流行境"与前两境不同,"归向一神境"是自下而上的纵观,以见一统主观客观之对立的上帝或神灵存在,以使我们信心上达,而超主客观之对立,佛家是自上而下,如实观法界中主客内外之一切法执性,破我执和法执,使智慧下澈,而超主客观之对立。此二者都是生命之外观生命。"天德流行境"是顺生命存在之次序和世界次第展现,以通贯天人上下之隔,物我内外之隔,融和主客观之对立,达于"超主客观境"。显然,按此说,儒家乃居于基督教、佛教等之上。事实上,唐君毅在不同时期著作如《中华人文与当今世界》、《中国人文精神之发展》中均集中讨论过宗教本质问题,及儒教相比其他宗教的作用和意义问题。而在这些时期,他亦明确主张儒教能实现"一切宗教之冲突之协调"②,并终将为一切宗教之"结局"。其主要理由正是基于"理事合一"、"体用一元"的形而上学传统,批评其他宗教"只知向上超越,以遥接天光,或观空而不免沦虚滞寂,又尚不能直下销化",相比之下,儒教的胸襟与心量则在于"既重人之超越的无限之胸襟与心量之呈现,又重本此心胸重之生生化化之几,肫肫恳恳之仁,以护念人间,裁成万物"。③

将儒家置为最高的境界,根本在于儒家德性流布、仁礼交融、既超越又内

---

① 唐君毅:《生命存在与心灵境界》,中国社会科学出版社 2006 年版,第 25 页。
② 唐君毅:《中华人文与当今世界》上册,九州出版社 2016 年版,第 65 页。
③ 唐君毅:《中华人文与当今世界》上册,九州出版社 2016 年版,第 77 页。

在的观念乃是至上之智慧表达。牟宗三就此说:"儒家的人文化成尽性至命的成德之教在层次上的高过科学宇宙、哲学宇宙乃至任何特定的宗教宇宙的;然而它却涵盖而善成并善化此等宇宙。"①唐君毅亦不讳言,以儒家"大中至善之教"统摄人类信仰之高度热忱与文化合流之深切期盼。当然,这种"信念的真诚,远过于论证这信念所必要的思理的缜密——新儒家毕竟是道德形上和道德一元论者,他有时代生命刺激下兼作认知主体的愿望,却仍是只能扮出传统的道德主体的角色"②。

(三)境界与知识

本心的实在性始终依托客观之境,这是唐君毅"心灵九境"中最根本所在。以往学界多将此恢宏之境界系统,归为一心灵受外界刺激、引发而形成的观念系统。这种理解,就将客观存在变为精神活动的附属对象。赵德志认为,唐君毅论述生命心灵升进的过程中,人的生命心灵的对象,乃是一个"精神空间"——包括感觉活动、认知活动、审美活动在内的"主—客"关系的整体。所谓"心灵九境",乃是对此"主—客"关系中的所有结果的再次审视。与作为此审视的事实性的主客认识及知识、审美、艺术等活动不同,此审视乃是一种以成德教化为目的之超越的、价值的、哲学的反思,"使人生的一切活动都体现出道德教化的意味"③。作为生命活动的创造物,科学之为科学、知识之为知识、情感之为情感、艺术之为艺术均是特殊的"生命心灵"基于"感通"的结果,其本身不存在可与其他文化类型或实践行为比较之标准。而当人的生命心灵不满于上述创造而期望对之进行反省、评价,则有哲学之境界高低判断。这种对感性、知识的先在肯定,"反映了他试图在更广阔的知识背景下,追求德性

---

① 牟宗三:《文化意识宇宙的巨人》,见罗义俊编:《评新儒家》,上海人民出版社 1989 年版,第 523 页。

② 黄克剑:《百年新儒林:当代新儒学八大家论略》,中国青年出版社 2000 年版,第 215 页。

③ 胡伟希:《传统与人文——对港台新儒家的考察》,中华书局 1992 年版,第 124 页。

与知性、价值与知识的平衡与协调"①。

唐君毅强调:"形上学初并不须在知识论上立根,而可直接在其所接之——实在事物之共同普遍之理或道,初尽可直接以此理此道,为所向往之对象,而一方求知此理此道;一方亦同时欲由此知,以接触实在事物,而非只在成就形上学之知识为目的者。其成就形上学知识,亦只是由形上学要求所发出之全部思想活动、精神活动之中间一段事。至于形上学知识之成为知识论所研究讨论之知识之一种,即为形上学知识既成后之一事。形上学知识,固不待知识论之加以研究讨论而后有者也。"②因此,在生命心灵所开出的"三向九境"中,其现实的表现,可以各类的知识与文化成果来说明,但在"境界论"的语境中,这些知识却并非一般的"知识论"或"认识论"意义上的"对象知识"、"经验知识",而是作为生命精神的"具体投射"。亦可说,在"心灵九境",尽管是以不同领域的知识为论述内容,但这些知识只是"借语"或"转语",只是阐述心灵活动意向、心灵感通取向的"外在标志"。正如有学者所说:"人的心灵相应于其所对的不同的境界而见其分殊的功能的表现。但此一对心灵所具有的分殊的功能的表现的说明,亦同时显示了由此而建立的不同的知识所具有的不同的性质,及其不同的依据所在。"③

这种"境界论",以心灵实践的创造物为层级,完成了"观念"(精神境界)替换"存在"("物"与"文化物")的实在论过程,也完成了从主体与客体、能知与所知的"认识论"式的"对象性价值"向主体统摄客体、价值决定存在的"内在性价值"的转换。其对"物"与"文化物"之排序,并非采用一般认识维度的真确性、检验性、真理性标准,亦不以满足生存实践的效用与利益的大小为准绳,而是以符合生命心灵自我感通、自我活动、自我开显的路向为根本要求。

---

① 赵德志:《生命存在与心灵境界评述——兼论唐君毅与黑格尔哲学》,《中国哲学史》1995 年第 10 期。

② 唐君毅:《哲学概论》上册,九州出版社 2016 年版,第 11 页。

③ 李杜:《唐君毅先生的哲学》,(台北)学生书局 1982 年版,第 114 页。

在"心灵九境"的境界提升中,唐君毅将形而上之超越本体——心灵,完全嵌入到形而下之功用——文化系统中,具有"体用一源"的显著特点。其在形式上符合儒家"尽心知性知天"的逻辑进路,在客观上指向圣人之境。但这种"自我转化"(self-transfomation)①,较古代儒家"成德之教"更丰富。是因为,"心灵九境"的形成,根本乃"心—境"感通的产物。此种感通,虽仍有儒家传统的精诚恻坦、恻隐仁爱之意,但却与原始儒家那种"观念的道德工夫"与"现实的道德实践"不同,亦突破了宋儒为凸显道德境界之超越性而过于强调自我体验的"心性工夫论"。虽然唐君毅对此"境界论"的阐发,"宗教意识很浓厚"②,但其对心灵"感通"运用,显然并非纯粹自我观念的活动,而是基于比古代儒家道德实践更广义的实践维度,将中、西、古、今文明中的文明成就、社会现实、人生理想、价值信仰融合为一。因此,其"境界论"乃是基于"人文主义"、"理想主义"的境界内核所架构起来的形而上学系统。③

三、"人生六境"

方东美同样基于重建的"生命的本体论",采用"本体—境界论"的哲学逻辑,继承并阐发古代哲学悠久的境界传统,并通过对生命取向、生命境界的层级建构,提出了系统的人生境界思想。其致思目的,是在于以多维的"生命"范畴对治"科学万能"背景下的"理性"的神话;以"生命的宇宙观"统摄"科学的宇宙观";以"生命的价值观"引导"科学的价值观"。在他看来,"科学的宇宙观"、"科学的价值观"问题在于:一方面,看待宇宙万物,会以概念系统、定

---

① 劳思光谈及唐君毅之哲学精神时,说:"在儒学本来的传统里,有一种特殊的语言,是以自我成为什么为核心、为目的,也可以说是'转化的语言',讲自我的转化、社会的转化。"(劳思光:《从唐君毅中国哲学的取向看中国哲学的未来》,《中国哲学与文化》第八辑,广西师范大学出版社 2010 年版,第 19 页)

② 徐复观:《徐复观杂文·续集》,(台北)时报文化出版公司 1981 年版,第 408 页。

③ 牟宗三正是从此角度,称赞唐君毅"越过了哲学宇宙而进至于文化意识之宇宙,成为中国文化意识宇宙中之巨人"。(牟宗三:《文化意识宇宙的巨人》,见罗义俊编:《评新儒家》,上海人民出版社 1989 年版,第 523 页)

律系统舍异而取同,将其视为数字、因果与机械的抽象关系集合体,这种"普遍秩序"完全剔除了生命所具之"活泼机趣":生命美善、创造才情、文化理想与超越取向;另一方面,"科学的宇宙观"又将主体与客体规定为认识的、分析的、实验的关系,人依仗理性能力借助先进科学,趾高气扬且一路高歌地遇神杀神、遇佛弑佛,既激情地征服自然,又无情地征服他人,从而造成科学滥用、世界大战等恶果。

"科学的宇宙观"、"科学的价值观"根本是根源于"科学的心理学",他也称之为"平面的心理学",表现在将人类的一切知识、情绪、意志、愿望置于"理性支配"之下,以理性解决一切。为此,他阐发"哲学的心理学",也称之为"深度的心理学"、"高度的心理学",即将生命精神活动视为感觉、知觉、直觉、理性、情感等共同作用之结果。与此对应,他主张从人生命主体的"知能才性"出发,思考在认识与实践中所形成的精神境界与价值观、意义观。体现在哲学"境界论"上,他据此提出人生六种境界说,其理论实质,亦是一种"境界形态的形而上学"。

（一）"知能才性"与"人格超升"

方东美发现,与近现代西方的"科学主义"思潮不同,中国哲学具有悠久之"人文主义"传统。所谓"人文主义",乃是"它明确宣称'人'乃是宇宙间各种活动的创造者及参与者,其生命气象顶天立地,足以浩然与宇宙同流,进而参赞化育,止于至善"①。体现在对生命本身的态度上,前者或将生命精神视为自然属性的本能意识,或将生命本质视为纯粹的知识理性。后者则既肯定人的自然属性、又肯定人的社会属性,既肯定先天的知觉本能,又倚重后天的文化教养。显然,将生命规定为纯粹的物质属性(将生命等于客观物质),或者纯粹的主观机体属性(将生命等于主观感知),均无法解释生命现象、生命

---

① 方东美:《中国人生哲学》,中华书局 2012 年版,第 87 页。

实践的复杂性,亦不能正确理解、把握生命本身。而方东美超越西方哲学之处,是坚持从主体与客体、物质与精神之交互性去理解宇宙的本质,生命的本质。在他看来,宇宙根本是普遍生命的变化流行,其中物质条件与精神现象"融会贯通",而毫无隔绝。因此,我们生在世界上,"不难以精神寄色相,以色相染精神"。物质表现精神的意义,精神贯注物质的核心,精神与物质合在一起,共同构成生生不息之宇宙。

方东美既肯定生命本身有类似"本能"、"知觉能力"等的先天能力,又有后天认识学习、社会实践、道德修养、价值追求的培育与塑造的可能。用他的话,就是人既有先天的特殊的"自然的才能",同时又可经过"文化的修养"、"教育的训练"而具有"后天的才能"[1]。而统合此先天、后天之才能,即是人的"知能才性"。显然,从"知能才性"去理解生命、理解人性,这本身就是一个动态的、发展的、价值的视角。相比自然科学主张"自然人性论",基督教主张"原罪人性论",方东美在主张"性善论"。他肯定"宇宙的普遍生命迁化不已,流行无穷,挟其善性以贯注于人类"[2]。并强调:"故从中国文化的本质看人,无论那家学说,都是赞美人的伟大,提高人性的价值,使我们所处的宇宙价值愈益提高,我们所有的生命意义更加扩大。"[3]因此,中国文化中,人类并无原罪,始终是"生命创造的中心"。

这样,在创进历程中,人类就与自然"协然一致",是这历程中参赞化育的共同创造者。也因为人生命精神与宇宙创生的有机同体,可以反证宇宙形上本质,并从宇宙创化中获得"无限仁爱"和"真福之神秘经验"。人性之挥洒,生命之实践,自然亦会触发与点化宇宙万相,使得处处有情谊、在在得圆满。所以,作为人生哲学、伦理道德哲学的基础,生命的本体论、宇宙观呈现给人们的,根本是一个"普遍生命大化流行",且人与自然、人与万物之间存在"深厚

---

① 方东美:《方东美先生演讲集》,中华书局 2013 年版,第 61 页。
② 方东美:《中国人生哲学》,中华书局 2012 年版,第 43 页。
③ 方东美:《方东美先生演讲集》,中华书局 2013 年版,第 184 页。

的同情交感",这个生机勃勃、彼此关联的生命体,"不仅是机械物质活动的场合,而是普遍生命流行的境界"①。

正因从生命存在去理解人性本然、从人性本然去提升生命应然,他基于中国哲学肯定"知能才性"的传统,继续阐发"人格超升"之可行性。也即是,肯定人们具有某些"自然的才能",经由"文化的理想培养",经过"崇高伟大的精神阶梯","汇归到真、善、美价值的统一理想"②。并且,人们会"自我发展、自我训练、自我修养",通过不断地塑造、提升人格而实现这个理想。从而"把一切扁平的生命提升成为立体的境界,在立体的境界中,表现人生的意义同价值"③。

方东美将这种"人格超升"(Exaltation of personality)视为"中国哲学之通性与特点"之一。这是因为:"中国哲人中,儒家意在显扬圣者气象,道家陶醉于诗艺化境、佛家则以苦心慧心谋求人类精神之灵明内照"④,整体上均表现为一种超越然属性限制,不断提升个人以致"道"的更高境地。尤其是肯定"人之伟大则在于扩充德行的全面发展以至于圆满——通过转化、启迪的过程,通过理想化的理性"⑤。

"人格超升"基于"知能才性",实际是对"个人的人性与能力"和"人类心智的作用"的肯定。其对于思考人生价值、人生境界而言,是必要的认识基础。而"生命本体论"则是"人格超升"、"境界提升"重要的理论基础。基于生命本体论,生命宇宙观,宇宙万物始终"有一种盎然生气,贯彻宇宙全境"⑥。所以中国哲学语境中的世界、自然、宇宙,并非用科学的方法、知识、技术去了解、控制、操纵的"数量的世界"。而是"把人的理智要求、情绪的要求、意欲的

---

① 方东美:《中国人生哲学》,中华书局 2012 年版,第 18 页。
② 方东美:《方东美先生演讲集》,中华书局 2013 年版,第 206 页。
③ 方东美:《方东美先生演讲集》,中华书局 2013 年版,第 44 页。
④ 方东美:《方东美先生演讲集》,中华书局 2013 年版,第 39 页。
⑤ 方东美:《中国哲学之精神及其发展》,匡钊译,中州古籍出版社 2009 年版,第 20—21 页。
⑥ 方东美:《中国人生哲学》,中华书局 2012 年版,第 19 页。

要求,融通洽化,使之成为一个理想,而这个理想总要把它展开来在广大的宇宙的里面做一个适当的和谐安排,并且还要把人的生命也投到那个广大和谐的客体系统里面去"①。

事实上,方东美对宇宙"生生不息"、"化育万物"、"无穷势用"、"和谐共存"、"旁通统贯"的阐发,也将揭示机体宇宙之"实然"与塑造价值秩序之"应然"有机融合。他明确贯彻"中国哲学的传统",认识到"本体论也同时是价值论",万事万物既都具有"内在价值",又都反映生命精神、关联生命意义、体现生命价值、彰显生命境界。

正因始终秉持"本体—价值论"、"本体—境界论"原则,他始终强调哲学的使命,即在"明理安情",尤其对宇宙进行"美化,善化以及其他价值化的态度与活动";即在阐发宇宙机体联系,赞扬生命神性之存有,号召人类替天行道,甄定宇宙万有的蓝图,使万有在不同的存在领域中各安其位。如果说,"本体论"、"宇宙论"的理论建构与实然描述,仅是"境的认识",那么"境界论"的使命就是实现"情的蕴发"。

整体上,人格的超升不能仅是自我精神的玄想与独造,人生价值也不能仅是物质的满足与自我的享受。方东美强调,形而上学中真正"理想的存在",是从感觉器官,亦即见闻的知识里面肯定这个世界。然后再"把这个有限的系统设法点化了,成为无穷"②。可见,人生境界之本质,乃是"主客合一"、以"主"为主的观念成果,其体现了人类"观看"、"认识"、"评价"宇宙万物的主要方式、内容,本质是人对待世界、对待他人的"态度"。

因此,万物的价值、生命的意义,乃是人凭借其"知能才性"去"点化"宇宙之结果。而"点化"的凭借,正是生命本身所内蕴之丰富"知能"、"才性"、"才情"——艺术、审美、情感、超越、道德的丰富人格。方东美认为,宇宙无数生命体中,只有人类的精神是"立体型的精神",人类能在"意义同价值上面求真

---

① 方东美:《方东美先生演讲集》,中华书局 2013 年版,第 91 页。
② 方东美:《原始儒家道家哲学》,(台北)黎明文化事业股份有限公司 1993 年版,第 184 页。

善美,把人类的精神价值向上面发展、向上面提升,表现一个纵贯的、不仅是横面的统一,而是一个高度的统一"①。人类的感性、理性、知性、悟性之能力,可以分享宇宙生命本体的创造精神,践行宇宙生养万物、维持万物的孕育精神,同时又具备"参赞化育"、"民胞物与"的崇高责任精神。自此而言,人立于天地之间,贯通天地之道,甚至可谓天、地、人三极。因此,人类有能力、有资格替天地行道,进而使本来属于自然的生命变为创造的精神,使得"扁平世界"提升为"立体境界"。

这个"点化",是自觉将自我生命与宇宙万象合一,虽同样面对诸多现象,却直透现象而把握宇宙大化流行之本体,并赋予其一直全新的观念。在此基础上,"发扬生命的精神"去追求更高的意义、价值、理想。通过"点化",即从价值性的、意义性的、体悟性的精神创造与观念感受去"观"宇宙万物,宇宙就从平面的客观物的"对列"存在,变为立体的"无穷的境界",投射出"意义瑰伟"的生命光彩。这样,现实的宇宙、人化的宇宙就呈现出"极空灵、极冲虚的现象"②,并内蕴无穷的意味、价值、意义、境界。

总之,方东美将其"境界论"明确建基于中国哲学肯定人性的创造精神的传统之上。他指出:"我们若想真正探究人性,必须发展 height-psychology 而非 depth-psychology",或者 flat-psychology。我们要运用人类的一切智慧去发展精神科学、文化科学、道德科学(moral science),不能光只发展物质科学(psysical science)。物质科学的知识只是人对"认识自然"的一种智慧表现,一种最基本的知识;我们尚有中级知识,高级知识等待寻求。像宗教、哲学、艺术正是我们要求探讨的领域。换句话说,我们要把人的生命领域,一层一层地向上提升,由物质世界—生命境界—心灵境界—艺术境界—道德境界—宗教境界,借用现代人类学的一些名词,我们同时可将人提升的历程画为层层上跻的价值阶梯……从自然层次的行为的人,到创造行为的人,到知识合理的人,

---

① 方东美:《方东美先生演讲集》,中华书局 2013 年版,第 44 页。
② 方东美:《中国人生哲学》,中华书局 2012 年版,第 21 页。

到象征人(符号运用者的人),到道德人(具备道德人格的人),到宗教人(参赞化育),再到高贵的人,就是儒家所谓圣人,道家所谓至人,佛家所谓般若与菩提相应的人,就变做觉者(Buddha),最后更进入所谓玄之又玄,神而又神,高而又高,绝一切言说与对待的神境。"①

由道德性、创造性之主体,对此生生不已、和谐共存、美善所具的宇宙创造历程,做出"价值学上的统会"。这个统会的主体,自然是具有"同情体物的美善人性"的人。统会的对象,则是恒进不止的生命力创造出的"旁通统贯的整全宇宙",统会的目的,是创造一个具有明确创造性、目的性、艺术性、道德性、价值性的精神蓝图。而此精神蓝图,即是"境界论"的主要架构。可见,这种特殊的"人性—宇宙观",在结构上,是客观物质世界与主观精神观念的集合体;在内容上,是主体基于特殊观念取向与思维方式对客体存在的超越性认识;在本质上,是将人文精神、才情观念附着于生命经验、外在世界构成的多维的精神观念系统。在此基础上形成之"境界论"亦具有两层维度:将宇宙视为物质条件与精神现象融会贯通、浑然一体的普遍生命流行贯注的存在,提供一个"包罗万象的大生机,无一刻不在发育创造,无一地不流动贯通"②的"存在图景";在宇宙中,"一切尽善尽美的价值理想"都可以"随生命之流行而得着实现"③的"价值图景"。合此两个"图景",即是哲学上之"理想境界"。

(二)六种"理想境界"

此种"理想境界",实即是他所谓的"人与世界关联性的结构图"。他强调,此种"精神蓝图"乃是"哲学精神"寄托在"真实而有价值的世界"上而成。因此,只能是以"有智慧"的人类作为主体,以"客观的世界"为客体。而此"智慧"并非科学知识与娴熟的生活经验,而是本质是一种特殊且超越之生命理

---

① 方东美:《方东美先生演讲集》,中华书局 2013 年版,第 185 页。
② 方东美:《中国人生哲学》,中华书局 2012 年版,第 230 页。
③ 方东美:《中国人生哲学》,中华书局 2012 年版,第 23 页。

性——"知性才能"。作为知识、情感、价值、才能、心性的统一体,其愈高明,达致之精神境界越高。因此,此"精神蓝图"亦可形象理解为一"宝塔形"的层级架构。他指出,"我们在建筑图里面要建筑一个物质世界,把这个物质世界当做是人类生活的起点、根据、基础。把这一层建筑起来之后,才可以把物质点化了变成生命的支柱,去发扬生命的精神;根据物质的条件,去从事生命的活动,发现生命向上有更进一层的前途,在那个地方去追求更高的意义、更高的价值、更美的理想。这样把建筑打好了一个基础,建立生命的据点,然后在那里发扬心灵的精神。因此以上回向的这个方向为凭借,在这上面去建筑艺术世界、道德世界、宗教领域,把生命所有存在的基础,一层一层向上提高、一层一层向上提升,在宇宙里面建立种种不同的生命领域。所以,在建筑图里面是个宝塔形,以物质世界为基础,以生命世界为上层,以心灵世界为较上层,以这三方面,把人类的躯壳、生命、心灵同灵魂都做一个健康的安排。然后在这上面发挥艺术的理想,建筑艺术的境界,再培养道德的品格,建立道德的领域;透过艺术与道德,再把生命提高到神秘的境界——宗教的领域。"①

因此,此境界蓝图并非主体自我纯粹精神创造的观念物,而是对作为认识对象的客观存在——"客观的领域、对象"的了解、应对、处理的过程中才实现的。如上所述,主体"点化"宇宙以成的"理想境界",乃是凭着人的"才情"即"才能"和"心性"。而此"知能才性",非中国古代哲学某些先验的抽象人性论。而是既有人之为人之先验精神能力、认知能力、判断能力做基础,又依赖后天的教化、学习、实践、发展的综合素质。在事实上,人的"知能才性"各不相同,因此其追求之"理想境界"亦有高低差异。显然,"知能才性"的能力越高、知识越丰富、视域越广、境界越高。

整体上,方东美的人生境界可为以下六种类型:

第一种是"行能的人"或"行动人",这一种人最大的特点、能力,就是行

① 方东美:《方东美先生演讲集》,中华书局 2013 年版,第 13—14 页。

动。"籍其行动,即使没有世界,他可以来开辟一个物质领域。这就是行动人,拿他的生命动力可以肯定、处理、控制、驾驭一种境界。"此种人只是发挥本能,一切生命均是"猖狂妄行",其与动物的生命活动几无差别。其面对的是物质的世界,且只是物质的世界而已,仅此可说是物质境界。① 由于此类人虽善于行动,但其行动全凭自我精神之驱使或欲望、激情的推动。他们的行动会受"不正当的才能牵引着、支配着",那么这个行动就是混念妄动,是"疯狂的行动",因而又可称为"疯狂行动人"。

第二种是"创造行能的人"也称"创造人",此类人虽同样有行动能力,但更有创造能力,此类人的行动,是有创造性的行动。他们发扬生命精神,"把它指点到真相世界、更高的意义境界、更有价值的境界。"此类人的精神视域,已经从物质存在的领域提升变成生命的领域,而且是创造生命的领域。

第三种是"知识合理的人"也称"知识人"。此类人同样具有"创造的才能",但却将自觉将其置于"真知卓识"即"理性"的指导之下。也即是,此类人自觉运用"理性"指导各类"知识"之运用,以"理性"审视各类"知识"之价值,以"理性"支配各类"知识"之实践。方东美认为,此种人不但创造知识,还能运用知识勘破各种观念、行动、知识上的错误、遮蔽与障碍,帮助人们摆脱之前的种种束缚,既了解了自然,又可征服自然。

方东美将此三种人统称为"自然人"。这个自然人有躯壳的健康、生命的饱满、知识的丰富,可创造种种"高尚成就"——科学世界、真理世界。但此种世界将一切存在纳入"数量化的真理",其中尽管有"丰富的事实","丰富的现象",但却只是常识、科学的性质、数据,只是一个客观的"贫乏的世界"。因此,"自然人"虽然身体、生命、心灵均获得充分发展,但根据其"智能才性"所建立的也只是一个相对较低的"自然世界"。

第四种是"艺术人"。此种人能够凭借其"艺术家的才能",运用种种"语

① 方东美:《方东美先生演讲集》,中华书局2013年版,第14页。

536

言"、"符号",去揭示世界的"美的境界"、"美的秘密",从而创造了艺术上面"美的世界"——"艺术世界"。例如,诗人、画家、建筑家、雕刻家、文学家,都可以创造种种"语言"、"符号",把自然世界变成艺术领域。不过,达到艺术境界,虽体现此种人之高明才能与审美境界,但艺术创作即便对符号、笔法之运用极其娴熟甚至登峰造极,其作品却亦可有美、丑之分与高、低之别。这不仅是因为,有些人的创作乃是凭着瞬间激情和偶然所得,还因为本身受盲目意志与情绪引导所创造的艺术作品自身价值本就不高。且从广义之艺术境界看,一些知识人可将自己之知识发挥到极致,将科学的成就、机械、技术的效能发挥到极致,如同艺术般之境界,但若将对其不加限制、错误运用甚至为寻获名利而危害自然与社会,就必须再以更高的理性能力与价值认知予以规范。

第五种是"道德人"。此种境界是在艺术家的品格再向上面点化,以"道德"规范、引导"艺术"以至"尽善尽美"。因此,"道德人"已经具有"纯洁的精神人格"与"道德人格"。此"道德人"一方面是"天赋的生理和心理所产生出来的自然道德",另一方面是在"创造人"、"知识人"、"符号人"的后天"知性才能"中发展出来的道德观念,尤其是具备"精神上反省的道德价值"[1]。作为道德的主体,他可以创造一种"道德文化",并呈现一种"圣者气象"。他既具有天生之才能,又有后天之知识,有高明的思想创造,又有高尚的道德品格。

第六种的"宗教人"。"道德人"已经具备了"圣者气象"。若继续基于他天生的才能、后天的知识、高明的思想创造、高尚的道德品格提升其境界,即可达到一种更高明之境界。在此境界,"他能够囊括宇宙一切的秘密,在知识上面彻底了解,在行动上面能够顺应"。从道德意义上,他的生命可以旁通一切人类、一切物类的生命,而若以此生命成就一个形而上学之视角,亦可说万物一体,一体俱化。由此,他可以"统摄全世界,也可以左右、支配全世界"。这种"尽善尽美的神圣境界",即是儒家之圣人、道家之至人、佛家之般若菩提、

---

① 方东美:《方东美先生演讲集》,商务印书馆2013年版,第115页。

基督教之上帝。若至此为止,"宗教人"的"精神生命可以笼罩宇宙一切真相,符合宇宙里面最高的精神价值"。他体现了人类居于宇宙之中的最高理想。在此精神蓝图的塔形建筑之中,已然达到塔顶。而最高境界之"宗教人"亦可称为"高贵的人"①。

具体言,此六境界可以图形表示如下:

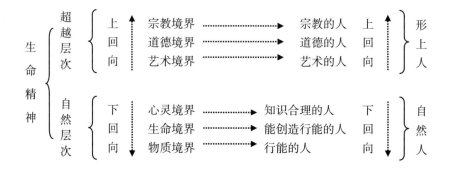

但方东美并不满足于此。虽然此种宗教并非一般意义上的人格神崇拜,已经具有对宇宙本身、万物本体的终极信仰,但仍不是最高境界。他以一个建筑来比喻,对现实人来说,从自然人到高贵人,似乎已然到了最高一层,但此最高的一层,只是"coping stone",也即是作为"压顶石",它只是相对于底下各层来说是最高的。在此建筑之上还有苍天。高贵人的境界之上,还有"无穷神奇奥妙的境界"。只是,对这种境界而言,"人类的知识纵然是用一切文字语言表达,也不够表达它的深微奥妙的妙处"②。也即是,哲学的语言和工作,已经不能承担对此种境界的阐述和说明。在此,方东美对形而上学本身提出了新的要求。譬如,以往的形而上学,主要表现为本体论("ontology")。而对于中国哲学来说,要将"regional ontology","material ontology","universal ontolo-

---

① 一些论者在谈及方东美的"境界论"时,没有把握好"宗教人"与"高贵的人"之关系,甚至将二者对立起来。将宗教人理解为普通所谓的宗教迷信,而没能认识到是儒、释、道、耶为代表的精神哲学或宗教哲学之最高体悟。

② 方东美:《方东美先生演讲集》,商务印书馆 2013 年版,第 21 页。

gy"，"pure ontology"以至于无上之境。按照这种不断地提升进程，哲学就变为meta-philosophy（后设哲学，方自注），而"ontology"也变成"me-ontology"，方东美称为"超本体论"。

这种极其高明的境界，已经可以"统摄宇宙一切真相，统摄宇宙一切价值而为价值最高的结晶"。对此境界，已经是人类一切"知能才性"都无法完全穷极与把握的。因为，即便是"宗教人"，他仍旧受经验、语言、信仰之限制，他所信仰的宗教对象仍是一种带有某种限定性的存在。而"高贵人"虽已是"真正宗教情绪丰富的、宗教意志坚强的、宗教的理性博大的人"，但仍要将其精神方面的"无限的创造力量"继续提升。这种比"高贵人"更高的境界"既不是知识对象，又不是语言文字说明的对象"，是超越任何相对价值之上的真善美。任何高明的宗教人都无法用任何的语言、知识、信息去阐发它、描述它，而只能依靠其最高的"知能才性"去体会。至此，则"高贵人"已经变成"神人"。"神人"显然对宇宙万物之本质、关系、价值、意义有了整体的了解，并致力于无止境地继续向玄之又玄的、深微奥妙的精神目标去努力。

可见，这种价值蓝图，以"生命本体论"的逻辑前提，以"知性才能"为现实基础，以价值理性为主要内容，构建了"理想境界"之六层架构，但实际上，亦可称为"七境界"。整体上，前三种人虽有与生俱来的自然能力、实践能力和理性能力，能够创造文明、社会生产、发展技术，但其境界也仅是自然层次、物质境界。"艺术人"、"道德人"、"宗教人"，则有着明确的"审美、向善、成圣的愿望"，体现了人之为人的高尚、尊严和信仰追求，到达了更高一层的境界。而高贵人、神性人和神明境界，则将眼光提升到天地境界，上下与天地同流，与天合一。同时，又将其神性向下贯注，参赞化育、替天行道。尤其是不可思议的神明境界，是超越理智和语言之外的，只能靠一种"精神领域的微妙境界"才能与这最高的形而上者相沟通。

方东美看来，这种最高明的境界，在本质上是一种宗教的、艺术的结果。只是这种宗教，不是普通宗教的"自然神论"或"一神论"，而是一种哲学视域的"pantheism",即是"泛神论"。而此设定也反映了这种哲学思维的"内在超越"特点。这是因为,同"自然神论"和"一神论"的至上神与生活世界的隔绝相比,"泛神论"体现了一种"内在原则"——神性体现在自然世界之中。自然不是作为宇宙本质、终极实在的对立面,而是本身即是宇宙本质、终极实在。宇宙的至上神,内在于自然万物之中。这种哲学观念和宗教式的理性,实际上将宇宙万物都"从平凡的自然界提升到神圣的境界里面去",本身成为神圣世界的有机成分。

总之,作为对生命本体与生命情调的反思,主体依据"知能才性"对置身于其中的宇宙,开展"美化,善化以及其他价值化的态度与活动"所得之境界,乃是"点化现实世界"而成之"空灵化境",是源于"在现实世界上伟大的努力"①。对于"六境界"之逐级提升而言,他更强调此种生命实践、批判意识与现实关怀的重要性。达到最高境界之人,他有着自然人的身躯,却有着"神圣的品德";虽身处"寻常的世界",但却可将其内在的精神力量客观化和外在化,形成一种"具体的力量"②。这种神性的人格,并不求自我的超脱、涅槃和同天。而是直面掺杂着黑暗、罪恶和苦恼的世界,以慈悲心、仁爱心来拯救世界一切。通过尽己之性、尽人之性,赞天地之化育而将之变为"神圣的世界"。他能够"配神明、醇天地、育万物,和天下,泽及百姓,明于本教,系于末度,六通四辟,小大精粗,其运无乎不在",将生命精神的影响力贯穿到宇宙每一个领域。并且,人的行为、道德、知识和创造,统摄能够顺应宇宙大生命之根本要求,以先进带动后进,这种拯救与逍遥的哲学追求,也体现了某种"宗教情操"、"宗教理性"。而方东美自觉将宇宙"神秘化"("Mystified")、"精神化"("Spiritualized")的境界蓝图,本质上即是"高尚的精神"构成的"形而上境界"。

---

① 方东美:《中国人生哲学》,中华书局2012年版,第27页。
② 方东美:《方东美先生演讲集》,商务印书馆2013年版,第25页。

第九章　阐发中国哲学的"形上智慧"

　　作为"Philosophy"的对译词,"哲学"概念被运用于对中国古代某些类似学问的表述时,天然的即被附着于此概念之上的"范式"所影响,这在20世纪初期与早期,表现得尤为明显。作为有"中国哲学"的客观史迹的证明,最早期哲人们对"中国哲学史"的书写与创制,更是在主要框架、材料选辑、阐释方式等方面,以"西方哲学史"为参照范本。但随机而来嵌入"中国哲学"论域中的全新"哲学合法性"问题,在引发"拒斥哲学"与"捍卫哲学"两大阵营的广泛争论时,实际也开启了中、西哲学比较研究的全新论域。而此种"问题意识"的思想实质,就是"哲学"是否必须以"Philosophy"的形态出现,或者同样作为"哲学","中国哲学"是否可规避"Philosophy"之弊,而在"科学时代"具有合法性。

　　对此问题的回答分化出许多的阵营与学派,但无论是"哲学一元论"还是"科学一元论"的阵营,都是以"形式的同一性"遮蔽"思想的多元性",将"中国哲学"视为在中国的"Philosophy"。而一些顽固的保守主义者,在反对"哲学一元论"、"科玄一元论"的同时,却以"思想的多元性"拒斥"形式的同一性",甚至因为排斥"哲学"一词而排斥一切现代哲学话语,切断了"中国哲学"参与现代学术建构与文化建构的理论通道。

　　显然,对于"中国哲学"自身的健康发展与现代转型而言,迫切需要第三条合理的路径:既尊重一般的"哲学"范式,吸收、借鉴、参照"Philosophy"的一切有益思想资源、研究方法、问题意识、理论观点,实现"中国哲学"的现代性、世界性;又基于正确的比较视域,运用新的哲学概念、哲学命题,重新凝练"中国哲学"的思维方式、观念思想、价值传统、精神价值,彰显"中国哲学"的历史性、民族性。

　　事实上,"新文化运动"之后,梁漱溟、熊十力、张东荪等已经开辟和探索了这条道路。例如,他们自觉从中、西哲学的语言结构、问题意识、思维方式、学术方法、理论架构、思想形态、价值取向等现实差异入手,论证"哲学类型观"、"哲学形态观"的立场,以回应"中国哲学"、尤其是"中国形而上学"的特殊性与合法性问题。不过,这种"跨文化"、"跨哲学"的比较研究,却不仅停留在纯粹的"学理维度",而是充满着近代文化转型、政教危机、价值崩溃的"忧患意识"。因而,他们一方面论证中、西方哲学在理论形态上的"多样性",另一方面又强化了中、西方哲学在思想价值上的"差异性"。而这种在中、西哲学尤其是形而上学比较研究基础上,展开的对"中国哲学"核心义理、精神特质的重新阐释,就既是一种哲学理论思想的"事实比较叙事",同时亦是一种哲学境界高低的"价值比较叙事"。

　　当然,这种在中、西哲学尤其是形而上学间进行比较,进而得出的"价值判断",在不同时期的表达却存在显著不同。晚清时期哲人们的诸多比较模型:如"技术之学"与"天道之学"(魏源)、"器学"与"道学"(王韬)、"新学"与"旧学"、"外学"与"内学"(张之洞)、"物质之学"与"精神之学"(康有为)等,始终是以中国文化高于西方文化、中学优于西学。而"新文化运动"时期,陈独秀、李大钊、胡适、鲁迅等将人对从科学、民主、新道德去肯定西方文化,批判中国文化的迷信、专制、旧道德,实际则肯定西方现代文化优于中国落后文化。而在第一次世界大战影响下,从梁漱溟提出著名的"文化三路向"说开始,主流的中国哲人开始超越"表面的"、"具象的"的中、西文化之间"优劣异同的比较"(贺麟语)存在的问题——即或"缺乏学术价值",或"多附会比拟之谈"①,而是重新深入到中、西方的哲学尤其是形而上学,进行比较研究,以寻获论证"中国哲学"尤其是"中国形而上学"的特殊性、民族性与优越性的思想资源。

在此时期的哲人们看来,"中国文化"、"中国哲学"的核心精神,是它区别于其他文化传统的独特标识与价值基因。而这种与"他者文化"有着"卓绝显著的差异"的"精神面目"(冯友兰语),又总是通过思想知识系统的最核心范畴——哲学、形而上学来表现。也即是,虽然"中国哲学",在思想理论的一般意义上,或可归属为"普遍哲学的形式"(金岳霖语),但"中国哲学"在历史演进中积淀下来的主流的"思维方式"、"理论范式"、"思想形态"、"价值取向"却有着与西方的"Philosophy"完全不同的特点。这些特点,即是"中国哲学"的核心精神和主要传统,并主要体现于"中国形而上学"语境中的"形上—形下"、"本体—功用"、"天道—人道"的理论框架与"本体—宇宙论"、"本体—价值论"、"本体—人生论"的理论范式之中。所以,虽然从"家族相似性"的一般立场,可以说,中、西方哲学的理论核心都是形而上学。但是,将中国古代哲学史中的"宇宙论"、"本体论"、"天道论"、"心性论"、"理气论"与西方哲学的"Metaphysics"相比较,却可以准确揭示"中国形而上学"的特有精髓与核心精神。

他们认为,西方哲学中的"Metaphysics"、"Ontology"虽然流派各异,但在对待"形而上的本体世界"与"形而下的经验世界"时,却主要是以"知识性"、"逻辑性"、"思辨性"的理论推导与推证方法为主。而为了在逻辑上突出超绝经验的本体的"绝对性"、"完满性"和"永恒性",也始终将作为终极实在的本体与包括人在内的"经验世界"、"现象世界"、"事实世界"隔绝开来。与此相关,西方哲学的"终极价值"、"终极超越"、"终极关怀",多是指向某种外在

---

① 贺麟对当时中、西方文化的比较中存在的问题,以及他早期文化比较观的问题即有此类的反省。(贺麟:《哲学与哲学史论文集》,商务印书馆1990年版,第419页)

的、绝对的"存在"或"实体",而"经验世界"、"现象世界"、"事实世界"中的人由于自身的缺陷,即便在日常生活中竭尽所能去行善,也永远不能具备终极意义上的价值性、圆满性、永恒性,而只能等待外在的救赎。

相比之下,中国哲学同样以超越的"形而上者"为存在、知识、价值、理想的基础。但同时,却肯定人们具有先验的"良知良能"、"智的直觉",赋予人们真正且完全地认识"形而上者"的可能性。在认识方法上,强调通过对生生不息的经验现象和对万事万物的生灭变化的规律和本质的超越体悟,证成宇宙万物生化流变背后的终极存在——"天道",进而将此"天道"确立为人与万事万物"理想存在"与"价值依归"的超越承载与永恒目标。在认识效果上,承认人们在现世生存的经验实践中,即可获得"终极价值"、实现"终极超越"、得到"终极解脱"。这种"于器物见天道"、"于生化见天道"、"于人道见天道"的"天人合一"、"道器合一"、"理事合一"的形而上学思维,将"终极理想"与"终极关怀"始终建基于"经验世界"、"现象世界"、"事实世界"。显然,与西方"Metaphysics"相比,这种思维范式、认识范式、价值范式乃是中国哲学核心精神的根本所在。

事实上,20世纪哲人对"中国哲学的精神"的归纳,以及与西方哲学的比较,均是基于此展开。如张君劢就认为中国哲学尤其是儒家哲学,虽划分形上世界与形下世界,但两个世界却并非互相隔绝与对立,而是主张:"形下形上之相通,必以形下为基,然后进于形上。"①钱穆认为儒家哲学,在"本体论"上,肯定人性是"先天的","人心与生俱来,其大原出自于天"②。在"工夫论"、"修养论"上,肯定"率性之谓道",在"个人之道德修养中",把"人类天性"发展到"圆满无缺"③。在"境界论"上,肯定"人文修养之终极造诣,则达

---

① 张君劢:《儒家哲学之复兴》,中国人民大学出版社 2006 年版,第 21 页。
② 钱穆:《钱宾四先生全集》第三十七卷,(台北)联经出版事业股份有限公司 1898 年版,第 48 页。
③ 钱穆:《钱宾四先生全集》第三十七卷,(台北)联经出版事业股份有限公司 1898 年版,第 16 页。

于天人之合一"①。所以,中国文化与哲学的"性道合一"、"天人合一",根本体现了其所特有的形而上学逻辑,其内涵可谓是"宇宙境界"、"神的境界"、"天的境界"。但是此种境界的理论特质在于:"此个人则仍为不脱离人的境界而超越于人的境界者,亦惟不脱离人的境界,乃始能超越于人的境界者。"②

而徐复观将"中国哲学"的实质称为"形而中学",强调:"中国思想,虽有时带有形而上学的意味,但归根结底,它是安住于现实世界,对现实世界负责;而不是安住于观念世界,在观念世界观想。"③整体上,西方的"Metaphysics"讨论的本体,多是外在于事实世界、外在于生命本心。而若以此范式为"形而上学",那根本是"柏拉图式的形而上学"。与此种范式相比,"中国哲学"更应称为"形而中学"。这是因为,"中国哲学"主要是"心的哲学",而《易传》中的"形而上者谓之道,形而下者谓之器",其中"道"指"天道","形"指人,"器"指器物。因此,其根本上以"人"为中心区分"形上世界"与"形下世界"。而"人"之本在"心",所以"中国哲学"的形而上学根本维系于"人心",乃是一种特殊的"形而中学"④。

而冯友兰、方东美、张君劢、唐君毅、牟宗三等几位大哲,同样将"形而上者"与"形而下者"的关系,视为比较"Metaphysics"与"中国形而上学"的根本进路,并将形而上的本体是否寓于形而下的器物,作为分辨二者在哲学义理上的优劣的根本理据。而由于在"Metaphysics"的传统中,多以"本体世界"外在于、超绝于"器物世界",中国哲人们就形成了西方哲学具有"天人二分"、"体用两撅"、"理事二分"、"道器两分"等思维特点的哲学观念。与此相对,"中国哲学"却有"天人合一"、"体用不二"、"道器不离"的哲学传统。因而他们

---

① 钱穆:《钱宾四先生全集》第三十七卷,(台北)联经出版事业股份有限公司1898年版,第48页。
② 钱穆:《钱宾四先生全集》第三十七卷,(台北)联经出版事业股份有限公司1898年版,第49页。
③ 徐复观:《两汉思想史》,华东师范大学出版社2001年版,第1页。
④ 徐复观:《中国思想史论集》,上海书店出版社2004年版,第212页。

着重阐发，"中国形而上学"将"超越本体"、"终极价值"始终寓于现世生活的思维范式。并因为两种思维差异，创发了"极高明"与"道中庸"、"内在超越"与"外在超越"、"超越"与"超绝"等新时期的比较哲学概念。

在这些新的哲学概念基础上，他们又阐释了"极高明而道中庸"、"内在超越"、"超越形而上学"等哲学命题，以集中表述以儒、释、道为主流的"中国形而上学"的"历史性特征"与"共通性思维"，整体论证"中国形而上学"的"核心精神"与"价值取向"，全面凸显此种核心观念对"中国哲学"的道德观、知识观、方法观、政治观、伦理观、境界观等论域的"范式奠基"与"观念引导"作用。而他们对此方面的深入思考与全面论证，既成为新时期"中国哲学(史)"研究、创作的全新论域、全新方法①，同时又为"中国哲学"乃至"中国文化"在新时期的发展、转型提供了重要启示。

也即是，从哲学和哲学史的辩证关系上，现代哲人们对"中国哲学史"中的"超越智慧"与"价值思维"概括的重大意义在于，"中国哲学"的"创造性转化"和"创新性发展"，必然要求继承并发展"中国哲学史"中最具"中国特色"和"中国精神"的理论基因与思想传统。而"中国哲学史"得以继续"书写"的根本，也在于"中国哲学"在现代开展过程中，能否真正实现自身"历史性"、"民族性"、"地方性"的"创造性转化"和"创新性发展"。而从哲学形态与文化形态的辩证关系来看，既然"中国哲学"正是凭借"天人合一"、"体用一元"、"道器合一"等形而上学观念，才型构为不同于"Philosophy"的特殊形态。那么，不仅是"中国哲学"，甚至以此哲学形态为核心与基础的中国文化，也应继承创新发展"极高明而道中庸"、"内在超越"、"超越形而上学"的观念传统，以为"对治"科学信仰之危机，建构世界理想文化，提供思想智慧。

---

① 杜保瑞认为，方东美对中国形而上学之凝练、论证与阐发，实际上是提供了一套研究中国哲学的方法，从而能更准确地把握"中国形而上学特质"。[杜保瑞:《哲学基本问题》，(台北)华文出版社 2000 年版，第 105—107 页]而 20 世纪梁漱溟、熊十力、冯友兰、张东荪、牟宗三等人的形而上学研究，同样可视为一种现代意义上研究"中国哲学"、"中国哲学史"的方法。

第一节　"极高明而道中庸"

一、"中庸"范畴的形而上学意蕴

"极高明而道中庸"语出《礼记·中庸》文中的"故君子尊德性而道问学,致广大而尽精微,极高明而道中庸"一句。作为儒家经典,《中庸》在论证方式、理论深度、观念架构等方面拓展了孔子"中庸之道"的思想。在先秦的经典文本中,"中庸"一词通常有如下含义:第一是"中等",是一种对人的本性、素质状态的描述。例如荀子的"元凶不待教而诛,中庸民不待教而化"(《荀子·王制》)与贾谊在《过秦论》说的"材能不及中庸"均是此意。第二是指礼法标准与君子的德行智慧。孔子说:"中庸之为德也,其至矣乎! 民鲜久矣。"①在孔子看来,道德认识与道德实践乃一种高明智慧,而其具体表现即在于道德实践的"无过无不及"。宋朝的朱熹也如此解释"中庸":"中者,不偏不倚、无过不及之名。庸,平常也。"②由此,"中庸"在他看来也是表述中规中矩,做事不偏激不极端,无过无不及的处事方式与高明的生存智慧。③ 简言之,作为君子之"德","中庸"既是礼法社会的实践准则和处事方法,又是表现为观念取向与智慧境界的普遍德性。通常所谓的"中庸之道",正是此"普遍方法"与"内在智慧"之统称。

有学者梳理《中庸》文本在不同历史时期的理解演变时强调,在汉代《中庸》从属于《五经》的礼学系统,主要是探讨外在礼仪制度与内在性情的关系问题,以解决礼仪制度如何表达、调控人的内在情感问题。由于两汉以来儒学的重点在于外在的礼仪制度建设,故而偏重于内在性情和人格修养的《中

---

① 朱熹:《四书集注》,凤凰出版社 2005 年版,第 96 页。
② 朱熹:《四书集注》,凤凰出版社 2005 年版,第 18 页。
③ 冯友兰在《新世训》中专有"道中庸"一章,即阐明"中"乃无过不及,恰到好处之高明境界。(参见冯友兰:《三松堂全集》第 4 卷,河南人民出版社 2001 年版,第 388 页)

庸》,并没有能够引起当时的儒家学者的特别关注。发展至宋代,宋儒为对抗佛、道,则高度重视并阐发《中庸》中的心性义理与超越境界之说。① 而这种《中庸》义理的形而上学化的过程,实际自唐朝中后期,已有发端。例如,当时韩愈视"中庸"为"至德":"圣人抱诚明之正性,根中庸之至德,苟发诸中形诸外者,不由思虑,莫匪规矩;不善之心,无自入焉;可择之行,无自加焉;故惟圣人无过。"②李翱更明确从形而上学视角阐释"尽性"、"尽物之性"、"参赞化育"乃至"与天地参"。之后,宋代儒者对《中庸》的"理学化"阐释的突出特点,正是将人的主观心性与客观天道、天理建立本体论的关联。在张载那里,"诚"已经"天道"化,"本体"化,并为"性"与"天道"相贯通提供超越进路。二程也认为:"中庸,天理也。天理固高明,不极乎高明,不足以道中庸。"③而朱熹在解读《中庸》时,也明确以"理"释"中"。并引用二程的话:"中者,天下之正道;庸者,天下之定理。"④进而以"道"、"本"、"理"释"中",他阐发说:"道者,日用事物当行之理,皆性之德而具于心","大本者,天命之性,天下之理,皆由此出,道之体也"⑤。有学者也指出,朱熹始终将"中庸"诠释为"具有普遍性特点的'正道''定理',并特别强调'理'作为普遍性法则的特点"⑥,从而使"中"具有了"本体论"、"宇宙论"的意涵。

儒家"道德的形而上学"的逻辑主线是"天道"与"心性"相贯通,无论是"尽其心者,知其性也。知其性则知天矣"(《孟子》),抑或"天命之谓性、率性之谓道,修道之谓教"(《中庸》),均肯定"天道"内在"心性",由"内在"可实现"超越"。此种"天道"与"人道"相关联、相印证的"双向循环"的形而上学

① 朱汉民:《宋儒〈中庸〉学的学术渊源与思想发展》,《北京大学学报(哲学社会科学版)》2019 年第 4 期。
② 韩愈:《韩愈全集》,上海古籍出版社 1997 年版,第 160 页。
③ 程颢、程颐:《二程集》上册,中华书局 1981 年版,第 367 页。
④ 朱熹:《四书集注》,凤凰出版社 2005 年版,第 18 页。
⑤ 朱熹:《四书集注》,凤凰出版社 2005 年版,第 19 页。
⑥ 朱汉民:《宋儒〈中庸〉学的学术渊源与思想发展》,《北京大学学报(哲学社会科学版)》2019 年第 4 期。

模式,就为"人心"与"天道"的内在联系提供了本体论依据。个体自然生命虽有局限,但生命的超越本性却与"天道实理"相贯通、相印证,且通过人的一系列持续的道德实践和观念修养,能够把握生命的终极本质,领会万物的终极本源,进而证悟"天道",此即为与天地万物之合一。而具备此超越性的观念认识,人即有了宇宙天地之视角,从而达致一种超越现实环境、具体时空、常识经验的"大全境界"、"天地境界"。而达致、获得此种最高明的精神境界,本身亦基于人彻悟宇宙万物"大本大源"、"超越本体"的德性与智慧。这样,"中庸之德"实际内蕴一种"道德的形而上学"与"境界的形而上学"的义理指向。

　　20世纪哲学家论及"中庸之道"时,也选择了本体论、形而上学的阐释方向。方东美认为《中庸》是以"天道"的"创造原理"与"地道"的"顺成原理"为基础,体现了"价值中心观的本体论",而"致广大而尽精微,极高明道中庸"即是依于"存养"与"尽性"达到的"理想完美之圣人境界"①。还说,"中者天下之大本也",其"中"即有"形上学的意义"②。唐君毅认为《中庸》是"天道天德之诚之形而上学",其讲"修养工夫"根本是以"贯天道人道而为一"为基础,并明确将"诚"释为本体。③ 牟宗三在《心体与性体》中说:"故《中庸》以'中'为天下之大本即是就通于天命之性体而言,必是就喜怒哀乐之情异质的跃至超越之性体而言,而不是直认情之潜隐未分之浑融状态为'中'。"④并明确认为,此"中体"是一个"本体宇宙论的、即活动即存有的实体"。他还强调《中庸》涉及"存在"问题,"极高明而道中庸"只有借助天道本体才能理解,因而本质是"道德的形而上学"⑤。

---

　　① 方东美:《生生之德》,中华书局2013年版,第242—246页。

　　② 蒋国保、周亚洲编:《生命理想与文化类型——方东美新儒学论著辑要》,中国广播电视出版社1992年版,第348页。

　　③ 唐君毅:《中国哲学原论·导论篇》,九州出版社2016年版,第106—107页。

　　④ 牟宗三:《心体与性体》第二册,见《牟宗三先生全集》第7卷,(台北)联经出版事业股份有限公司2003年版,第71页。

　　⑤ 牟宗三:《中国哲学十九讲》,见《牟宗三先生全集》第29卷,(台北)联经出版事业股份有限公司2003年版,第71—77页。

而冯友兰对儒家"中庸"思想的阐发,尤为系统。他认为,"中庸之道"可就两方面说:"一方面就道德说,一方面就利害说。就道德方面说,所谓做事恰到好处者,即谓某事必须如此做,做事者方可在道德方面得到最大底完全。就利害方面说,所谓做事恰到好处者,即谓某事必须如此做,做事者方能在事业方面得到最大底利益。"①此种意义之"中",既是恰到好处,亦是最佳之极限状态。因此,真正的"中",就具有一种普遍性、必然性、超越性的价值标准与意义内蕴。

以"中庸之道"来表述这种形而上学的意涵,就是以"道"为"中庸"或以"中庸"为"道"。以"道"为"中庸",即《中庸》中的"万物并育而不相害,道并行而不相悖。小德川流,大德敦化,此天地之所以为大也。"这是从万物生化发展反求天地和谐之道,是从现象认识本体,从"物道"体悟"天道"。以"中庸"为"道",即二程所说:"中者,天下之正道。庸者,天下之定理"。这是以人与自然,人与人的和谐共存的实践目标为终极价值,以"天道"规范"人道"。可以说,"中庸之道"的形而上学架构,以"本体论"、"宇宙论"为逻辑前提,以"心性论"和"道德哲学"、"伦理学"为基本进路,以追求道德性、价值性、超越性的哲学观念和精神境界为目标。基于这种"观念性前提",儒家的义理系统将"天命"、"人性"、"礼教"融为一体,充分体现了认识"天道与人道"、"本体与功用"、"本质与现象"、"天理与人欲"、"道体与器用"之间关系的特殊思维方式——"天人合一"、"道器合一"、"体用合一"。

以此方式去理解"中庸之道","中"是形上之"体",是"天道"之"本然",亦是"人道"之"应然"。而"庸"可理解为形而下之"用",是实际的现实世界,天道寓于现实世界之生活实践中。所以《中庸》开篇即说:"道也者,不可须臾离也,可离非道也。是故君子戒慎乎其所不睹,恐惧乎其所不闻。莫见乎隐,莫显乎微,故君子慎其独也。喜怒哀乐之未发,谓之中;发而皆中节,谓之和;

---

① 冯友兰:《三松堂全集》第4卷,河南人民出版社2001年版,第389页。

中也者,天下之大本也;和也者,天下之达道也。致中和,天地位焉,万物育焉。"此"中和"乃宇宙之本然状态和本质规定,也被称为"诚"。因此,《中庸》说:"诚者,天之道也;诚之者,人之道也。诚者不勉而中,不思而得,从容中道,圣人也。"儒家是追求成圣的学问。成为圣人,即要有体悟天道的大智大慧,而这种智慧则是在人伦日用中不断积累中获得的。所以,才可说"道也者,不可须臾离也。可离非道也"。

此"诚",本身乃"形而上"之"道",也即"诚之道",其在逻辑上首先乃是"天道心性相贯通"的"本体论"、"宇宙论",同时亦是"成己成物"的"生存论"、"境界论"①。唐君毅在论及《中庸》的"诚之道"时,也认为其提供了"通贯内之己与外之他人他物"、"通贯人之性与天之命"的"形而上学"的义理架构。他说:"此种以'诚'之道,通成己与成物之事,可说是横通内外,以'诚'之道,通天命与人性,则可说是纵通上下。"②推而言之,此"横通"即是哲学"境界论"之维的"万物一体",此"纵通"即是哲学"本体论"之维的"天人合一"。

二、"极高明而道中庸"的义理框架

冯友兰在阐发"中庸"思想时,也发挥了此种"天人合一"的"本体论"与"内在超越"的"境界论"。他建立了以"理"、"气"、"道体"、"大全"为框架的"本体—宇宙论",同时,又对应此"存在的形而上学"建构了"境界的形而上学",即"本体—境界论"。他主张从"实际世界"去认识"真际世界",在日用常行中去追求高明的超越境界。为此,他重释"极高明而道中庸",以"中庸"代表实际的现实世界,以"高明"表述形而上的精神境界,明确将超越境界与现实世界结合起来。

---

① 谭宇权在研究《中庸》哲学时,也认为《中庸》的"新理论",就是"诚"所代表的"天人合一之道"以及"由此道贯穿下来的种种修身方法",因而根本是"形上哲学"。[谭宇权:《中庸哲学》,(台北)文津出版社1996年版,第22、220页]

② 唐君毅:《中国哲学原论·原道篇》(一),九州出版社2016年版,第62页。

对此"高明"境界,冯友兰用"经虚涉旷"、"超乎形象"来表述。他指出:"'经虚涉旷'底哲学,必讲到'超乎形象'者。'经虚涉旷'底人,必是神游于'象外'者。必有讲到超乎形象底哲学,然后才有人可以神游于'象外'。人必能'经虚涉旷',然后才是达到最高底境界。哲学必是'经虚涉旷',然后才合乎'极高明'的标准。"①所谓"超乎形象",陈战国认为有两义:一是指"抽象的",二是指"超验的"。在冯友兰语境中,"抽象的"东西就是一类事物的"共相",显然是与具体相对的。"超验的"东西不是"共相",而是指不可感觉、不可思议、不可言说者,它不是具体的东西,但也不与具体相对。② 只有思维能够超越时空、经验的限制,摆脱形象思维、具体思维,能跃升到一种超越的形上世界。达此境,通常认识的主观和客观的界限就消失了,"个体"与"天道"、"具体"和"普遍"、"人道"与"天道"就合二为一了,万物也一体了,这就是"极高明"。但是,这种高明境就体现在"庸德之行,庸言之谨"中,就落实于极其普通和平常的现实生活之中,这就是"道中庸"。

事实上,此"道中庸"与冯友兰理解的"中庸之道"内涵大致相似,即是肯定讲明人人都能行的,而且是人人已经或多或少都在行的平常之事中所蕴含、体现的伟大意义。换句话说,伟大意义、崇高境界虽非常人所能及,但其实现的场域、实践的平台恰恰在常人的生活经验与生存实践中。区别即在于能够对此有所"觉解"。他提醒说:"人生日用的事,当你不知道它的真正味道的时候,它就是极平凡。当你真正知道它的味道的时候,它就是极高明。"③

在冯友兰看来,"极高明而道中庸"既是对"天人"、"道器"、"体用"关系的恰当表述,又是超越精神追求的路向指引。为此,他专门在《新原道》(又名《中国哲学之精神》)一书中,运用"极高明而道中庸"之范式,对中国哲学史中的孔孟、杨墨、名家、老庄、易庸、汉儒、玄学、禅宗、道学以及他的"新理学",进

---

① 冯友兰:《三松堂全集》第5卷,河南人民出版社2001年版,第34页。
② 陈战国:《冯友兰哲学思想研究》,北京大学出版社1999年版,第214页。
③ 冯友兰:《三松堂全集》第9卷,河南人民出版社2001年版,第115页。

行逐一地甄别评判。具体而言,依据对精神境界和现实世界关系的理解,他将哲学分为"出世间的"哲学、"世间的"哲学和"超世间的"哲学三类。

"出世间的"哲学,追求境界极高,但其境界是与现实生活、与人伦日用不相容的,因而可谓是"极高明而不道中庸"①。而有些哲学,虽注重人伦日用、政治与道德,却不触及最高境界,此即所谓"世间的"哲学。冯友兰认为,这种哲学由于将价值囿于现实行为,或者即便追求超越价值却不甚明确与系统,可称是"道中庸而不极高明"。用他的话,就是:"从世间底哲学的观点看,出世间底哲学是太理想主义底,是无实用底,是消极底。是所谓'沦于空寂'底。从出世间底哲学的观点看,世间底哲学是太现实主义底,是肤浅底。"②

他强调,在中国哲学的主流派系中,似乎注重的是社会,不是宇宙;是人伦日用,不是地狱天堂;是人的今生,不是人的来世。从表面上看,中国哲学的理想人格,也是"入世的"。但根本上,中国哲学中所谓圣人,与佛教中所谓佛,以及耶教中所谓圣者,并不类同。也即是,相对于"世间哲学"与"出世间哲学",中国哲学的主流乃是"超世间"哲学。此类哲学呈现"即世间而出世间"的精神特质。此特质,即是"极高明而道中庸"。

冯友兰指出:"中国哲学有一个主要底传统,有一个思想的主流。这个传统就是求一种最高底境界。这种境界是最高底,但又是不离乎人伦日用底。这种境界,就是即世间而出世间底。这种境界就是即世间而出世间底。这种境界以及这种哲学,可称为'极高明而道中庸'。"③在他看来,中国哲学以形而下的世间生活经验作为形而上的超越者的实现基础,是肯定"世间"的基础作用,所以是"道中庸",同时又追求超越现实生活的普遍性、永恒性、崇高性的价值,体现追求"出世间"之理想,所以是"极高明"。这种"即世间而出世

---

① 冯友兰:《三松堂全集》第5卷,河南人民出版社2001年版,"绪论"第4页。
② 冯友兰:《三松堂全集》第5卷,河南人民出版社2001年版,"绪论"第5页。
③ 冯友兰:《三松堂全集》第5卷,河南人民出版社2001年版,"绪论"第5页。

间"的哲学,即以中国哲学史中的玄学、禅宗、宋明道学以及他的"新理学"为代表。

从此角度来说,"极高明而道中庸"实际上是一种人生哲学之修养工夫的现代概括。但从另一角度,冯友兰还将"极高明而道中庸"作为一种哲学史的研究进路。也即是,将"极高明"与"道中庸"的关系,作为一种理论范式和评价标准,以考察各家各派形而上学中,对形而上者与形而下者的关系设定。实际上,他亦自觉这种哲学史的梳理和评价工作类似于《庄子·天下》篇以"道术"为标准对先秦诸子学所做的工作,也类似于《荀子·解蔽》篇以"道"为标准对各家各派"道之一隅"的批判。

三、哲学史中"高明"与"中庸"关系的表现

依此"极高明而道中庸"框架,中国哲学史中各学派所表现出"世间"与"出世间"、理想主义与现实主义之对立,都是所谓"高明"与"中庸"之对立。也即是,中国哲学史中,有些学派的哲学,偏于"高明",是"出世间"取向的;有些学派的哲学,偏于"中庸",是"世间"取向的。但这些哲学亦有共性倾向,因而在中国哲学史的演变中始终存在"如何统一高明与中庸的问题"①。

比如,他以孔子、孟子、荀子为例,认为:"儒家于实行道德中,求最高底境界。这个方向,是后来道学的方向。不过他们所以未能分清道德境界与天地境界,其故亦由于此。以'极高明而道中庸'的标准说,他们于高明方面,尚未达到最高底标准。用向秀、郭象的话说,他们尚未能'经虚涉旷'。"②之后的汉儒,多注意于实际,不能发展出"抽象底思想"。董仲舒的宇宙观,是拟人化的产物,虽然在其哲学中,人在宇宙中具有极高的地位,且在事实上"参天地",但其境界,仅是"道德境界"。根本在于,他所说的形上之"天",乃是从用图画式的思想,从人的认识经验而推论得出的。因此,其形而上学的境界不合

---

① 冯友兰:《三松堂全集》第 5 卷,河南人民出版社 2001 年版,"绪论"第 7 页。
② 冯友兰:《三松堂全集》第 5 卷,河南人民出版社 2001 年版,第 23 页。

乎"极高明而道中庸"。若以"极高明而道中庸"为标准,他们于"高明"方面,尚未达到最高的标准,尚未能"经虚涉旷"。杨墨为自己的利益或爱自己或兼爱他人,其行为是合乎道德的行为,而不是真正的道德行为,他们的行为虽合乎道德,但他的境界是"功利境界"。以"极高明而道中庸"的标准说,他们的学说不合乎"高明"的标准。

惠施、公孙龙,都有关于超乎形象者的知识。按照"新理学"的说法,此"超乎形象者",即是形而上的"共相"或"理",名家发现了一个"超乎形象底世界",他们达到了极其高明的境界。不过,他们虽"从批评形象以得到超乎形象",却"尚未能充分利用他们的对于超乎形象者底知识,以得到一种生活"。① 原始道家哲学,有"道器之辨",讲"无名",他们的思想比"名家"的思想,又高一层次。不过,道家虽然认识到了"无名"是超乎形象的,却不知"有名"亦可以是超乎形象的。道家始终执着"方内方外"之分,期冀成为的"圣人",乃是"游方之外",不但要"去知"还要"忘我"。因此,他们虽然"经过了名家对于形象世界底批评,而又超过了这些批评,以得一种'极高明'底生活"②。但此种超越境界却是与现实生活的知识与实践对立的,而不是"道中庸"。并且,庄子虽"知本"、"知无心",但其本体仅能"知之",而不能"体之"。根本在于,庄子乃是对象性的"知道",乃是"设对独遭",而不是"与化为体"。他仅是"知无心",却不能做到"心无为"。或即便做到"心无为",亦是外在的"知解"意义上的"观念无为"。而不能即心即天,所感而应。因此,庄子因"仅知与化为体,而尚未能与化为体",故其境界虽是"天地境界",却仅是"知天的境界",而不是"同天的境界"。

在中国哲学史中,尚有一些重要的著作、学派,能够体现"极高明而道中庸"精神。比如,《易传》、《中庸》相比于孔孟,更"进于高明"。他们虽接着儒家传统注重"道中庸",但同时亦讲到"超乎形象"的东西。两书中,均肯定圣

---

① 冯友兰:《三松堂全集》第5卷,河南人民出版社2001年版,第43页。
② 冯友兰:《三松堂全集》第5卷,河南人民出版社2001年版,第43页。

人有对宇宙"一阴一阳之谓道"的最高知识。且圣人虽"知周乎万物",但在行为方面仍"庸言之信,庸行之谨",他所做之事,还是一般人所做的事,只不过他的境界,则已达最高的"天地境界"。圣人之道,即是一般人日常所行之道,所以称为"庸"。只不过,圣人同样去实践这些平常的又不可须臾离开的行为,却可以"行至于极致"或"行至于恰好之点"。这样,在"人道"之中,呈现"天道",在"人道"之中,践行"天道","天道"与"人道"即非"两行"。但冯友兰认为,《易传》及《中庸》,"虽知有名可以是超乎形象底,但他们却不知,若对超乎形象底,有完全底讲法,则亦必须讲到无名。超乎形象底不必是无名,但有名决不足以尽超乎形象底。由此我们可以说,〈易传〉及〈中庸〉的哲学,十分合乎'道中庸'的标准,但尚不十分合乎'极高明'的标准。由此哲学所得到底生活,还是不能十分'经虚涉旷'。"①

在冯友兰看来,魏晋玄学对于"超乎形象"有比《老》、《庄》、《易》、《庸》更清楚的认识,对于超乎形象的哲学提升人的境界,亦有更明确的自觉。"玄学"是老庄哲学之继续。老庄思想是经过"名家"而又超过"名家",玄学家的思想亦是如此。不过,玄学家更注重对"名理"的探究,即借助"辨名析理"来讨论形而上学中的"道"、"无"、"一"、"有"等核心概念,以提供核心的"形而上学命题"。这种命题因为内涵极小,外延极大,因此可发挥超越指向,体现极高的思维水平。不过,玄学家王弼、向秀、郭象又超越道家以"形而上"与"形而下"、"无"与"有"为对立的观念,它们对于"先秦道家的修正,其要点在于取消'有'与'无'的对立,取消'天'与'人'的对立,统一'方内'与'方外'的对立"②。在此种思维模式下,"道"与"物"、"天"与"人",即统一在"大全"之中,而"圣人"即是自同于"大全"者。"大全"是超乎形象的,所以自同于"大全"者,亦神游"象"外。

但玄学家理解的"圣人",虽境界极高,却不与现实生活、万事万物相对

---

① 冯友兰:《三松堂全集》第5卷,河南人民出版社2001年版,第75页。
② 冯友兰:《三松堂全集》第5卷,河南人民出版社2001年版,第91页。

立。"圣人常游外以宏内,无心以顺有。故虽终日见形,而神气无变;俯仰万机,而淡然自若。"①圣人应世而不为世所累,应物而无累于物。这样,他们在理论上就消除了形上与形下、超越与经验的对立。而魏晋时期的佛家僧肇,亦试图统一"有"与"无"、"有为"与"无为"、"真谛"与"诸法"对立。作为佛法宇宙观的核心,"真谛"仅是圣智的对象,"圣人以无知之般若,照彼无相之真谛",因此,"圣智之知"与"普通之知"是不同的。不过,此形上之"真谛"并非于现实之外存在。"真谛"就是一切事物的真正本质,是所谓"诸法实相"。"诸法"乃因缘和会而生,其"实相"就是无相,圣智是"无相之知",也即是"不知之照"。此种观点体现了形而上与形而下有机统一的关系,即"是以照无相,不失抚会之功;睹变动,不乖无相之旨"。由此,冯友兰认为王弼、向秀、郭象、僧肇所说的圣人,"其境界是'经虚涉旷',而其行事则可以是'和光同尘',这是高明与中庸的统一"②。

但是,这种统一,仍存在可批评之处。其理由在于,他们虽明确世事变动与现实生活,无碍"超越之知",虽强调"应物"、"在世"非"成圣"之限制,也认为圣人能够现世应事接物。但他们眼中的"应物"、"应世",乃是消极意义上之"不得不然",是无法摆脱又竭力摆脱的外在因素。因此,这种统一乃是"不得不然"的统一,是以互不干涉互不影响为前提的"共处"。自此言,玄学家们虽欲统一"高明"与"中庸"的对立,但透视他们所讲,仍发现,"高明"与"中庸"还是"两行",不是"一行"。

按照"极高明而道中庸"标准,历史上各种宗教亦是需要批评的。这不仅在于,各种宗教一边向往天国或神圣世界,一边又贬低现实生活,不符合"道中庸",还在于他们向往的存在某种超人的力量或神秘主宰的神灵与天国,往往是形象思维产物,因而这些所谓的"超越者"不仅是"有形有象"的,甚至本身即在时空之中,显然此类宗教观念不但与理性相违背,甚至本质上,根本是

---

① 冯友兰:《三松堂全集》第5卷,河南人民出版社2001年版,第95页。
② 冯友兰:《三松堂全集》第5卷,河南人民出版社2001年版,第99页。

人类认识宇宙的早期思维、模糊观念的体现,因而不符合"极高明"。

但在冯友兰看来,佛教中国化之产物——禅宗,强调"顿悟成佛",是心与最高之"无"、"空"同体的境界,则符合"极高明"要求。他指出,禅宗大概都主张下列五点:(1)第一义不可说,(2)道不可修,(3)究竟无得,(4)"佛法无多子",(5)"担水砍柴,无非妙道"①。所谓"第一义"即是形而上学的"最高本体"与"最高境界"。"第一义"非认识对象,所以不可思议、不可言说,对"第一义"所拟说者,不能有所说。所谓"道不可修"就是不有意修行。"道"即是对"第一义"的"体证工夫"。道不可修,又不可不修,非修非不修就是"无修之修"。有意修行仍是"造业","造业"就要"受报",不能超出"六道轮回"。"无修"即不造"新业",不造"新业"是"无修",也是"修",就是"无修之修"。所谓"究竟无得"即于悟前无道可修,于悟后亦无佛可成。道不属知不知,而属悟不悟。所谓悟即"智与理冥","境与神合","如人饮水,冷暖自知"。"佛法无多子",即佛法虽然深奥难懂,但若一旦点破,即可获证最高境界。"淡水砍柴,无非妙道"即是说最高之"真如佛道"不离"日用常行",妙道本身即在"日用常行",即是"日用常行"。成佛不离日常,圣人做平常的事,但却与平常人做此等事又有所不同。圣人、凡人都"担水砍柴",但凡人担水砍柴只是"担水砍柴",圣人"担水砍柴"即是神通妙用。因此,禅宗更进一步统一了"高明"与"中庸"的对立。

但禅宗问题在于,既然担水砍柴即是妙道,那么何以修道之人,仍须出家?何以"事父事君"之社会生活、伦理实践就不是"妙道"?宋明道学在思考此问题时,明确了不但"担水砍柴"即是妙道,"事父事君"也是妙道。道学家们致力于形上本体之建构,同时又秉持"内圣外王"之道,"把所谓高明、中庸、内外、本末、精粗等对立,统一起来"②。

因此,"世间"的事与"出世间"的事,对他们并无分别。在本体论维度,他

① 冯友兰:《三松堂全集》第5卷,河南人民出版社2001年版,第102页。
② 冯友兰:《三松堂全集》第6卷,河南人民出版社2001年版,第124页。

们以"心"、"性"、"理"相通,通过"尽性至命"以超凡入圣。同时这种本体"内在"心性的设定,又为庸常之应事接物提供了合法依据。与"出世间的哲学"相比,道学家基于"宇宙论"、"本体论"彻悟天地万物一体,其"胸次悠然,直与天地万物,上下同流"已达"天地境界"。因此,"应事接物"与"尽心知性",并无本末、精粗、先后之别。他们"乐其日用之常",对现实世界持积极态度,在"君臣父子"、"人伦日用"中得道成圣,因此可说符合"极高明而道中庸"标准。但同时,冯友兰也批评宋明道学的境界,"不免著于形象",尤其有掺杂现实因素的地方。受这种"拖泥带水"之思维局限,道学家虽将"高明"与"中庸"相统一,但其所统一的"高明",尚不是"极高明"。

《新原道》书中第十章"新统",论及自己的"新理学"时,冯友兰说:"新理学中底几个主要观念,不能使人有积极底知识,亦不能使人有驾驭实际底能力。但理及气的观念,可使人游心于'物之初'。道体及大全的观念,可使人游心于'有之全',这些观念,可使人知天,事天,乐天,以至于同天。"①不过,这些观念又都是"空"底。他们所表述的都是"超乎形象"地"超越存在",由这些观念所得到的精神"境界",也是"出神入化"、"经虚涉旷"的。按照冯友兰对于形而上学"境界"层级的判定,此种"天地境界"当然是"极高明"。

在他看来,此类型之形而上学,在先秦道家、魏晋玄学、唐代禅宗,均有所体现。"新理学"正是秉承了他们"超乎形象"、"经虚涉旷"的思维取向与境界追求。同时,"新理学"又在"本体—宇宙论"逻辑上接着"宋明道学"中的"理学"讲,所以它的施用基础,又本于儒家的"道中庸"。也即是,"新理学"同样肯定精神境界的实现与提升,并不受现实生活与社会伦理的限制。无论各种职业身份、各种学识取向,若能深刻洞彻宇宙大本大源,自能提升精神境界,以致"极高明"的"天地境界"。所以接着"宋明理学"讲,可以说:"在这种境界中底人,虽是'经虚涉旷',但他所做底事,还可以就是人伦日用中底事。

---

① 冯友兰:《三松堂全集》第6卷,河南人民出版社2001年版,第136页。

他是虽玄远而不离实用。在这种境界中底人,虽'经虚涉旷',而还是'担水砍柴','事父事君'。这也不是'担水砍柴','事父事君',无碍其'经虚涉旷',而是'担水砍柴','事父事君',对于他就是'经虚涉旷'。他的境界是极高明,但与道中庸是一行不是两行。"①而按照"极高明"的境界乃是基于现实日常生活世界实现之标准,"新理学"的形而上学亦是"极高明而道中庸"。

总之,冯友兰实际提出了"本体—境界论"的"判教"式框架,并且,此框架在之后被他不断提及。在《中国哲学简史》第一章"中国哲学的精神"中,他指出,中国哲学的最终目的是使人成为"圣人",而"圣人"之最高成就是个人与宇宙的同一。但此最高成就的获得却不是与社会对抗,以生命为累赘。佛家认为"生"就是人苦痛的根源。古希腊柏拉图也认为,肉体是灵魂的监狱。有些道家的人"以生为附赘悬疣,以死为决疗溃痈"。以上诸说均是以为,欲得到最高的价值成就,必须脱离尘罗世网,必须脱离社会,甚至脱离"生"之限制。只有这样,才可以得到最后的解脱。此类哲学,即普通所谓"出世的哲学"。

而另有一类哲学,仅注重现实社会中的人伦与世务,只讲人伦关系的道德价值,不会讲或不愿讲超道德价值。此类哲学,即普通所谓"入世的哲学"。同时,他又重复了《新原道》的"绪论"中的观点:从"入世的哲学"观点看,"出世的哲学"是太理想主义的,无实用的,消极的。从"出世的哲学"观点看,"入世的哲学"太现实主义了,太肤浅了。它也许是积极的,但是就像走错了路的人的快跑:越跑得快,越错得很。

由此,冯友兰总结中国哲学主流观念是"既入世而又出世",其价值表征既是最"理想主义"的,又是最"现实主义"的。他强调:"入世与出世是对立的,正如现实主义与理想主义也是对立的。中国哲学的任务,就是把这些反命题统一成一个合命题。这并不说,这些反命题都被取消了。它们还在那里,但

① 冯友兰:《三松堂全集》第6卷,河南人民出版社2001年版,第137页。

是已经被统一起来,成为一个合命题的整体。如何统一起来? 这是中国哲学所求解决的问题。求解决这个问题,是中国哲学的精神。"①

并且,此"中国哲学的精神",亦是中国哲学合法性的重要根据。他承认,随着未来科学不断进步,宗教及其教条和迷信,必将让位于科学,但人对于超越人世的渴望,"必将由未来的哲学来满足。未来的哲学很可能是既入世而又出世的。在这方面,中国哲学可能有所贡献。"②所以,在之后的《中国哲学史新编》中,他依然坚持此观点,认为:"'极高明而道中庸',此'而'即表示高明与中庸,虽仍是对立,而已被统一起来。如何统一起来,这是中国哲学所求解决底一个问题。求解决这个问题,是中国哲学的精神。这个问题的解决,是中国哲学的贡献。"③

冯友兰阐发的"极高明而道中庸",从"形而上学"的思维模式、观念方法维度,揭示了中国文化、中国哲学之特殊精神。之后的学者在以"极高明而道中庸"论证中国哲学的特殊性时,亦多从形而上、形而下之关系切入。如唐君毅阐发儒家根本精神时,就借用此命题加以论述:"人德齐天,而知人之善性亦齐于天,然后有天命即性之性善论,尽心知性即知天、存心养性即事天之孟子之学。此儒家之教包涵宗教精神于其内,既乘天道以极高明,而归极于立人道,以致广大,道中庸之人文精神所自生。"④而杜维明也说:"儒家的宗教体验,是要在人性的智慧关照之下成就人伦社会的圣贤大业的。这种'极高明而道中庸'的体验哲学或智性哲学,也就是'宗教—哲学'(Religio-philosophy)只能在哲学与宗教的交汇处与共通处找到安心立命的'场所'。"⑤

---

① 冯友兰:《三松堂全集》第6卷,河南人民出版社2001年版,第11页。
② 冯友兰:《三松堂全集》第6卷,河南人民出版社2001年版,第286页。
③ 冯友兰:《三松堂全集》第5卷,河南人民出版社2001年版,"绪论"第6页。
④ 唐君毅:《中国文化之精神价值》,(台北)正中书局2000年版,第53页。
⑤ 当然,在审视儒学在现实世界实践中实现"自我的终极转化"之主张时,杜维明亦常用"超越而内在"一词来表述。可以说,在特定语境中,"极高明而道中庸"与"超越而内在"乃是同义的。(杜维明:《杜维明文集》第1卷,郭齐勇、郑文龙编,武汉出版社2002年版,第166页)

杜维明也从儒学的宗教性取向出发,认为"儒学的宗教性是经由每个人进行自我超越时具有的无限潜能和无可穷尽的力量而展现来的"①。正是因为儒学强调在"凡俗的世界里面体现其神圣性",进而将现实社会转化成个人乃至群体"超升的助源",那么,儒学显然是一种"极高明而道中庸"的思维模式。

第二节 "内在超越"

一、"内在超越"说的提出

中国哲学的传统样态与核心精神,如何通过现代汉语表述之转化,而越发精准、全面,进而凸显中国哲学自身之合法性,是 20 世纪中后期海外华人哲学家的关注焦点。其中,牟宗三、唐君毅等深入比较中、西哲学,自觉从形而上学的天人关系、体用关系、理事关系来凝练中国哲学的思维方式、理论架构、价值取向与思想方法,提出了著名的"内在超越"说。② 此说一经提出,即伴随诸多讨论而愈发普及,俨然成为表征中国哲学、形而上学根本精神、独特价值之最佳表述。而在之后的中国哲学史研究、中国哲学研究中,"内在超越"观念范式亦直接影响到对传统心性论、伦理学、认识论、工夫论等的阐释方向与评判标准。作为古代"天人合一"、"体用一元"命题的补充与推进,"内在超越"的意义在于,将宇宙观、本体论、心性论、工夫论统一起来,将实体本体论的形而上学与境界超越论的形而上学统一起来,凸显中国形而上学自我超越、自我救赎的特点。

中国原始文化中,经过了以万物神、人格神崇拜的自然观、宇宙观之后,西

① 杜维明:《杜维明文集》第 3 卷,郭齐勇、郑文龙编,武汉出版社 2002 年版,第 460 页。
② 围绕此命题,亦引起一些争议。学界的讨论主要集中在"超越"一词是汉译问题、此词在中、西语境中的内涵差异,以及"内在超越"之使用是否确切以及是否可能。代表性著作有郑家栋:《超越与内在超越——牟宗三与康德之间》,《中国社会科学》2001 年第 4 期;冯耀明:《超越内在的迷思:从分析哲学观点看当代新儒学》,(香港)香港中文大学出版社 2003 年版。

周时期,先民独特地将道德意识赋予在帝神之上,这种人格化的自然的主宰,也即是"道德的形而上学"的早期萌芽。西周向春秋的过渡时期,早期宗教人格神式的天帝观念逐渐抽象化为哲学本体论式的天道本源,但其道德属性却保留下来,成为之后儒家天道论的核心特征。而在其他思想流派中,墨家依然保留上天的人格神特征,道家则侧重强化天道发展演变的客观性。尽管阐发天道之角度不同,但儒、墨、道却一致肯定天道作为宇宙万物的本体地位。

将天道作为本体,即是肯定天道之本源性、永恒性、客观性、必然性、主宰性、规范性。但同时,天道与人间的关系亦成为思考焦点。先民对此的处理,是他们从仰视外在的、超越的天道之本体论视角,转而为内在的人性论、物性论的思考。也即是,在早期本体论视域中,本体是什么,与万物和人本身是什么同样重要。而对形而下者之肯定,亦要求本体论既要强调天道与万物的同构性、同体性,又肯定万物对天道本体的呈现性、表显性。

可以说,在中国哲学中,对天道的理解,正是依靠对江河之激荡、花草之生灭、万物之共生、时间之流逝、空间之渺远的认识。而从实践上,自然万物蓬勃发展、生生不息、纷繁万象,恰恰就是天道之承载者、实践者、落实者。天道本身的生生之德、和谐之美、发展之道,正体现为万物的生生不息、共生共养。天道之客观性、必然性,需要万物来体现,对人而言,生命实践的理想进程,亦是顺应天道的实践进程。所以,中国哲学的"宇宙观"、"本体论"、"人性论"相合一的形而上学中,并不会得出本体与万物的完满与缺陷、永恒与流变、高贵与低贱的截然对立,进而将卓越至上的天道推至自然生活之外的二分式结论。

既然天与人、物共处一个生生不息的天演之中,天演即是天道,天演之外无天道。那么人道与天道的内在联系可用"天人合一"概括。这种"合一",是就人道体现天道、人与天圆融一体所言。道家庄子说:"天地与我并生,而万物与我为一"(《庄子·齐物论》),儒家董仲舒提出"人符天数",均是肯定天、人、物之内在联系。因此,本体论意义上万物同源性的"一体"判断,并没有消解人的主体性,这是因为,只有人秉承了天道的最精华部分,只有人的理性能力最能彻悟天道本质,进而通过自身实践证显天道。这样,从"万物一体"过渡到"天人同体",既拔升了人类存在地位和价值,又为天道的落实和显现,找到了最佳的呈现者和践行者。这种过渡,同时也为"天人合一"提供了最佳的理论注脚:人本身具有完全呈现本体意蕴、实践本体要求的可能性,人性可呈现天性。

上述的"天人合一"、"体用一元"、"万物一体"、"心性合一"等思想,为牟宗三、唐君毅等人重新思考、审视中国哲学形而上学的核心逻辑——"内在超越",提供了思想背景。而西方哲学、基督教、科学所共同呈现的"分离"思维,则作为他者之镜,凸显了"内在超越"之特殊性。事实上,作为现代新儒家之开山人物,熊十力就批评西方哲学本体论以"猜度"或"向外求索"认识本体,认为这种"向外去找万化根源"的做法,"孜孜于本体之探穷,常若悬一最高之理想世界,为其奔赴之的。凡向外探求本体者,即是虚悬一可追慕而不可实得之理想世界。因此,便有一种超越感,此殆与宗教同情,宗教以上帝为外在的。是超越于万有之上的,即对之而起超越感。哲学家向外觅本体者,亦同此。吾侪反己,而自得本体,即自我便是独立无匹,便已超越物表。"①熊十力将这种"超越",称为"自处超越",即是自我当下超越有限,实证无穷这种自我超越,其方法进路乃是"智证境界,不由推度",其最终结果是"本体呈露"、"炯然自明"。可见,他已然明确批评西方形而上学的向外超越,而肯定儒学的自我超越。

牟宗三从"天人关系"、"体用关系"去进行中、西哲学比较时,亦发现:"中国文化生命所凝结成之伦常礼文与其超越而普遍之道德精神实体尤具圆满之谐和性与亲和性,不似西方之隔离。"②且形上世界与形下世界是"亦超越亦内在,并不隔离,亦内在亦外在,亦并不隔离"。③ 通过划分"隔离"与"内在"两

---

① 熊十力:《熊十力全集》第3卷,湖北教育出版社2001年版,第751页。
② 牟宗三:《生命的学问》,(台北)三民书局1970年版,第44页。
③ 牟宗三:《生命的学问》,(台北)三民书局1970年版,第43页。

种类型,他实际把握到中国哲学"本体—人性论"的根本特点:第一,天道本体虽是形上的、超越的,但却非与现实经验世界相隔绝的彼岸存在,而是内在于万事万物之中。此种内在性,并非静态地投射与嵌入万事万物的本质结构中,亦非作为万事万物本质的构成要素,而是通过万事万物动态的生成、发展的过程整体体现本体之全部意蕴。第二,本体的内在性,虽由万事万物之存在与演化来体现,但最主要是由人来彰显。因此,"亦超越亦内在"虽整体表述为"本体—物性论",但核心在于"本体—人性论"。显然,此种特殊的人性论要点有二:首先,人与人性在中国哲学中具有积极、正面之地位,能够从万事万物中超拔出来而以独有之知觉灵明上体天道本体。其次,人能通过此体悟、了解,形成一个创生的观念,进而于实践中契合天道的规范,替天行道。因此,"亦超越亦内在"根本是关涉天道与人性之彼此内涵与关联的哲学命题。

(一)"超越的遥契"

在《中国哲学的特质》一书中,牟宗三着重分析了中国哲学对"天道—人性论"的特殊认识。首先,天道非是一种外在的人格神或独立的实体,而是一种对自然宇宙得以可能的"作用(Function)的观念"①。天道,乃是反观自然生生不息之过程所得到的"创生不已之真几"——"创造性的本身"(Creativity itself)。中国哲学从这种宇宙生成论的视角,对"於穆不已"之天道加以实在化,即将天命、天道转化为本体论的实在(Ontological reality)或者说本体论的实体(Ontological substance)。同时,牟宗三也指出,天道、天命虽是形而上学意义上之本体,但不应将其具化为"形而上的实体"(Metaphysical reality),而更应将其视为"'心理合一'的形上实在"②。他解释说:"自其足以指导吾人

① 牟宗三:《中国哲学的特质》,见《牟宗三先生全集》第28卷,(台北)联经出版事业股份有限公司2003年版,第23页。
② 牟宗三:《道德的理想主义》,见《牟宗三先生全集》第9卷,(台北)联经出版事业股份有限公司2003年版,第51页。

之行为言,即自其足以指导吾人革故生新言,它是一个'理'。这个理是从怵惕恻隐之心发,所以是'天理'。天理即是天定如此之理,亦即无条件而定然如此之理。自其为公而无私的,正义的,客观地言,它是一个有普遍性之理,即它是一个普遍的律则。"①

正是基于本体论维度"天道—人性"之逻辑,人性即可通过"内心的觉悟",实现自己生命与宇宙生命相契接,这种与形上本体的契接方式,牟宗三称为"默契",以及天与人之"感通"。由于"这种与超越者的相知,绝不是经验知识(Empirical knowledge)或是科学知识(Scientific knowledge)的知"②,而是一个"精神生活上的境界"。此主体精神实践所达至天道之"遥契"关系,并没有消解天的"超越性"。因而,可将此种特殊的"人性—天道"关联,称为"超越的"(Transcendent)遥契。

此人性的"感通"与"遥契",在人而言,乃是对超越之天的自下而上的合一。而自普遍性、必然性、本源性之天道角度审视此"感通"与"遥契",则是天道本质意涵得以被人知觉灵明所领会、体悟,是"天之道"下贯人性的过程。天道在整全意义上"在"于人性,天性即人性,人性即是天性。在此基础上,尽人之性即是尽物之性、尽天之性。牟宗三认为,"儒家形而上学"中对此"感通"与"遥契",乃是借助"仁"与"诚"之观念,去证实、体悟天道流行的"生化原则"。这种人自我精神实践的"印证的了解",不是将天道作为认知对象的"对象性认识",而是从"创造性自己"(Creativity itself),去领会、把握进而实践自然天道的"创造原理",因此可视为"内容的了解"(Intensional anderstand-ing)③。

---

① 牟宗三:《道德的理想主义》,见《牟宗三先生全集》第9卷,(台北)联经出版事业股份有限公司2003年版,第23页。
② 牟宗三:《中国哲学的特质》,见《牟宗三先生全集》第28卷,(台北)联经出版事业股份有限公司2003年版,第37页。
③ 牟宗三:《中国哲学的特质》,见《牟宗三先生全集》第28卷,(台北)联经出版事业股份有限公司2003年版,第41页。

(二)"内在的遥契"

如果说"超越的遥契"是在理论上凸显天道的超越性,那么此"内在的遥契"则是将天道寓于人性,使之"内在化"(Innerize)。在逻辑上,前者为先,后者以前者为前提。而这种遥契的演进过程,也证明天命、天道观念必然与主体的仁、诚观念"同一化"(Idetification)[1]。在牟宗三看来,天命、天道自身就是天道之"在其自己",代表形上本体之客观维度;仁、诚就是天道之"对其自己",代表形上本体的主观维度。前者体现"天道—人性"逻辑之客观性原则;后者则体现"人性—天道"主观性原则[2],前者体现了天道本体的"超越性";后者体现了天道本体之"内在性"。可见,人性范畴乃是儒家本体论"即内在即超越"的核心关键所在。

基于天道内在人性的本体论设定,中国哲学中的"人性"范畴,极少被视为形而下的具体身体,亦非苦罪根源的皮囊,即通常的自然本能、自然属性,而是形而上学之"真实的主体性"。这个"人性"即主体性,乃是知觉灵明、感通润物、健动创造的理性能力。因此,中国哲学中"天人合一"之"人",乃是形而上之"真实的生命"、"真实的本体",可称为人性、人道。自原始儒家孔子说"仁"、孟子论"性善"起,"人性"即具有形而上学之属性,亦成为中国哲学人性论的主流。

牟宗三强调"人性"的形上属性时,说:"流行不息的天命流到个体 X 的时候,便形成 X 之性;流到 Y 性的时候,便成为 Y 之性。'於穆不已'的天命永远流行,永远在生化创造。而真实的创造之几流到我的生命,便形成我的性。从此可见'性'之宇宙论的根源。就个体说,每一个虽然不同于其他,然而,一

---

① 牟宗三:《中国哲学的特质》,见《牟宗三先生全集》第28卷,(台北)联经出版事业股份有限公司2003年版,第42页。

② 在中国哲学史中,实际并存着重视主观性原则与重视客观性原则的两条思路。后者源于《中庸》与《易传》,下至宋儒程朱一派;后者源于孟子,下至宋明儒的陆王一派。前者过于重视道之客观性,在主观性一面体悟得不够。而后者则发扬孔子仁、智遥契的主观性原则。

切个体的性来自天的创造真几,这是同一的。此性不是个体所具有的个别的性,而是同源于天的创造之流之创造真几、生命真几之性,因此它是具普遍性(Universality)的。"①因此,在"天人合一"中的"人性",显然非材质主义之"结构之性""气质之性",而是"创造之性"、"道德之性"、"价值之性"。

此"道德创造性(moral creativity)"②、"超越之性"体现了儒家以恻隐之心、羞恶之心、是非之心、辞让之心为代表的道德意志、自主意志。且这种意志是"创造性自身"(creativity itself),也即人之德性创造无所依傍,自我为主宰,"这创造性自身就是本体,不隶属于任何特殊而有限定的机能"③。所以,牟宗三反复强调,孔孟所说的形上仁体,并不是类名、类性,而一种本体意义上"绝对的普遍性"。正是基于此,"性体呈现出无限的普遍性,才能和道体合一。……心体、性体、道体、知体(良知之体)都是一体,客观地就其创造万物而言,曰道体;落于人,则曰性体。"④这种内在创造性,由于体现天道生化的"实现之理",也即是形而上学意义上的"超越的根据"(transcendental ground)。也正是基于此,方能既撑开"本体论"、"宇宙论"意义的天道本体,架构起形而上学的"客观性原则",又在人性中扩充其仁、智、圣之道德善性,为"主观性原则"得以可能提供基础,进而为"内在超越"、"天人合一"提供逻辑依据与现实可能。

儒家传统之心性合一,从"客观性原则"来说性体,也从"主观性原则"来说道德本心。牟宗三在性体与心体的内涵上用"性"之"五义"(性体义、性能义、性理义、性分义、性觉义)来对接"心"之"五义"(心体义、心能义、心理义、

---

① 牟宗三:《中国哲学的特质》,见《牟宗三先生全集》第28卷,(台北)联经出版事业股份有限公司2003年版,第58—59页。

② 牟宗三:《中国哲学十九讲》,见《牟宗三先生全集》第29卷,(台北)联经出版事业股份有限公司2003年版,第431页。

③ 牟宗三:《中国哲学十九讲》,见《牟宗三先生全集》第29卷,(台北)联经出版事业股份有限公司2003年版,第432页。

④ 牟宗三:《中国哲学十九讲》,见《牟宗三先生全集》第29卷,(台北)联经出版事业股份有限公司2003年版,第433页。

心宰义、心存有义）①。这种"道体—性体—心体"之逻辑，历来被牟宗三视为"儒家形而上学"主旨，在晚年的《圆善论》中，他仍然强调这种天命、天道与仁心、仁体的"客观超越"与"主观内在"的观点，他说："此仁心即是吾人不安、不忍、愤悱不容己之本心，触之即动，动之即觉，'活泼泼地'之本心，亦即吾人之真实生命。此仁心是遍润遍摄一切而'与物无对'且有绝对普遍性之本体，亦是道德创造之真几，故亦曰'仁体'。言至此，仁心、仁体即与'维天之命於穆不已'之天命流行之体合而为一。天命於穆不已是客观而超越地言之；仁心仁体则由当下不安不忍愤悱不容己而启悟，是主观而内在地言之。主客观合一，是之谓'一本'。"②

为凸显儒家哲学对道体与心体、本体与功用、天道与人道的特殊设定，牟宗三提揭出著名的"内在超越"命题。他说："天道高高在上，有超越的意义。天道贯注于人身之时，又内在于人而为人的性，这时天道又是内在的（immanent）。因此，我们可以康德喜用的字眼，说天道一方面是超越的（transcendent），另一方面又是内在的（immanent 与 transcendent 是相反字）。天道既超越又内在，此时可谓兼具宗教与道德的意味，宗教重超越义，而道德重内在义。"③还说："此中无限智心不被对象化个体化而为人格神，但只是一超越的、普遍的道德实体（赅括天地万物而言者）而可由人或一切理性存有而体现者。……它有绝对的普遍性，越在每一人每一物之上，而又非感性经验所能及，故为超越的；但它又为一切人物之体，故又为内在的。"④

按照上述以人性来贯通形上、形下世界之理解，"内在超越"的实质，是

①　牟宗三:《心体与性体》第一册,见《牟宗三先生全集》第5卷,(台北)联经出版事业股份有限公司2003年版,第590—591页。

②　牟宗三:《圆善论》,见《牟宗三先生全集》第22卷,(台北)联经出版事业股份有限公司2003年版,第255页。

③　牟宗三:《中国哲学的特质》,见《牟宗三先生全集》第28卷,(台北)联经出版事业股份有限公司2003年版,第24页。

④　牟宗三:《圆善论》,见《牟宗三先生全集》第22卷,(台北)联经出版事业股份有限公司2003年版,第330页。

"道德性"根源于"天命之性",而"天命之性"亦须从"道德性"了解、印证和贞定。当然,基于人性与天地之创造性的同一性,而实现的"内在超越",并非对人可成圣的积极的、全面的肯定,而毋宁是理论上的论证与实践上的理想。形而上之天道永远玄妙深奥不可测,人之创造本性,根本上是"最低限度可以获得一个管窥天道的通孔,通过这个孔道至少可与天道取得一个默契"①。因此,在牟宗三那里,"内在超越"虽是"天道←→人性"之双向循环逻辑,但实际上,对人性之"超越"而言,则主要是提供一种"道德的形而上学"的道德性意识、理想性目标,更重要的是提供了一种不同于西方哲学的"道德的主体性"(Moral subjectivity)。

二、"内在超越"说的内容

中国哲学之主流形而上学,虽以理性将宇宙分为形而上之天道本体世界与形而下之经验器物世界,但却认为二者乃是"道器一元"、"体用合一"的。尤其在儒家看来,超越的天道本体乃人内在德性之赋予者,人的内在德性又可以完全体证并呈现超越的天道。这样,天与人在形而上学的意义上被同质同构,天与人合二为一。作为港台新儒家的代表人物,唐君毅同样针对西方哲学将上帝与人、天国与尘世相"隔离"之思维,阐发中国哲学"天人合一"、"体用合一"的观念传统。在 1953 年的《中国文化之精神价值》一书中,他指出,中国哲学虽同样"超越现实",但却不主张脱离现实世界而期望"天国"或"遥远之未来世界",而是始终基于现实世界去超越,"在中国思想中,……天一方不失其超越性,在人与万物之上;一方亦内在人与万物之中。"②其因由在于,中国人始终相信"天人不二","分全合一",所以没有超绝于人世的天国观念。

---

① 牟宗三:《中国哲学的特质》,见《牟宗三先生全集》第 28 卷,(台北)联经出版事业股份有限公司 2003 年版,第 71 页。
② 唐君毅:《中国文化之精神价值》,九州出版社 2016 年版,第 308 页。

因而也没有与人隔绝高高在上有绝对权力的神的观念。①

他指出，儒家面对生灭变化的万事万物，从中发现"生生"与"变易"的秘密，将之确定为宇宙万物的最终本体、最终依据——天道生生之性、生生之德。在追寻"形而上者"的"本体论"、"宇宙论"建构中，儒家将此性、此德视为"与当前之现象不离，而为生此现象，成就此现象者"②。此种特殊的哲学视角，以"形"为中心，向上体认到宇宙生化之客观之道，以为现象的根本，即是"形而上者"；向下肯定万事万物诸象之实有性，强调其落实、践行、呈现形而上本体的作用，此为"形而下者"。这种处理天道本体与现实万物关系的哲学逻辑，即可谓"内在超越"。

唐君毅发现，儒家的天道观，是自整个天地万物而言其"生生不息之道"之常在，并肯定天道与其作用功能相贯彻而结为一体。无论是《易传》、汉儒、宋儒，所谓的"一本"，皆未全然脱离于阴阳之"二"的对偶性，亦不离万物万殊之多。所以儒家在处理"一本"与"万物"、"本体"与"功用"的关系时，"常只于事物之相互间之作用、功能、德性之感应通贯处说一，或自事物之兼具似相反而又相成之二不停作用、功能、德性、或原理处说一"③。而以儒家为主流的中国哲学，与西方哲学不同在于，既不会将事物分析为形式与质料，亦不局限于物质运动变化的现象规律，而是视万物为"相互感通"、"生生不已"、"变化无穷"的功用整体。也正是自"物之功用"去看物质变化，所以物质之外并非虚空，即便是虚空之中亦有"相通相感之机"以及"天地之生意"。所以，中国哲学的形而上学，无论是注重说明宇宙生化历程的"宇宙论"、"本体论"，还是直就人之道德行为而探溯其心性依据，并由心性以知天的"心性论"、"境界论"，根本为一个"天道"与"心性"相贯通的特殊形态。④

---

① 唐君毅：《中西哲学思想之比较论文集》，九州出版社 2016 年版，第 232—256 页。
② 唐君毅：《哲学概论》下册，中国社会科学出版社 2005 年版，第 482 页。
③ 唐君毅：《哲学概论》下册，中国社会科学出版社 2005 年版，第 487 页。
④ 唐君毅：《哲学概论》，上册，中国社会科学出版社 2005 年版，第 72 页。

也正是基于此"天道心性相贯通"的逻辑,唐君毅将中国形而上学的主流视为一种"唯心论形而上学"。此所谓的"心",并非一种先天完备的实体,而是在"行为修养历程中,逐渐成就呈现展出的心"。可见,中国哲学思想大厦的基点,乃是一种独特的理想心、道德心。而此种心灵实体,"不是离人之行为修养实践而了解的,而是透过人之行为修养之实践而了解的"①。因此,中国的形而上学,在理论上始终与人生哲学、宗教、道德哲学紧密关联在一起,是"贯通人之知与行"、"通贯人之存在意识与价值意识",融合形下与形上、现实与理想的理论系统。此"修养之心"作为主体认识的基点,亦决定着中国哲学的宇宙观、人生观,从不限定于常识与科学知识所构造之器物世界、物质世界,而是以一种特有的超越视角,将宇宙万物与生命存在视为一个"生生不息"、"万物一体"、"道德流行"的价值世界。

在儒家看来,人人皆有之道德心、理想心,而此特殊的"性能"又基于具有道德性、必然性、普遍性的形而上的"心灵本体"或"道德实体"。自此言,形而上之"心灵本体"与人人皆有之道德心、理想心,乃是"一本"与"万殊"的关系,只有从形上本体依靠道德心灵显现言,可说此本体内在于心灵之中。唐君毅认为,儒家所说的"四端",即是人心的善性之体现。而此善性,并非情感官能的表现,而是天人相通的超越本质。正因人性之中内蕴超越的"天性或天命之性",因而个体的心性中内蕴普遍的"客观性与宇宙性"。所以在《中国文化之精神价值》书中,他即从"内在超越"视角分析这种形而上学统贯心之性情、通贯人心与天心,统贯人性与天性的思维方式。而在《哲学概论》书中,他仍从本体论维度的"存在的一致性",即形而上之心灵与"现实世界中之人与众生之心灵之真正的结成一体,而不失其差别",来处理形上实体与生命心灵之辩证关系。②

据此,唐君毅一再论证阐发中国哲学这种"内在超越"的理论范式,在《哲

---

① 唐君毅:《哲学概论》下册,中国社会科学出版社 2005 年版,第 669 页。
② 唐君毅:《哲学概论》下册,中国社会科学出版社 2005 年版,第 689 页。

学概论》书中,他强调:"中国之伦理思想之不鄙弃已成之自然世界,人间世界,不将世界二元化,以灵魂与善,独归上帝,肉体与恶,独归人间与自然;却又非抹杀天性天理天心之存在于此人人之心性中及自然中,亦非以此自然、此人生、为当下圆满,而不待裁成超化者。唯是以此能裁成超化之原理,亦即在人之心性中,人之本心本性,即通于天性天理天心。天性天理天心之表现,遍在于自然,亦内在于人心;而其实证,则待于人之由修养实践之工夫,而成大人、圣人,以见其为即主观即客观,内在而未尝不超越之实在。"①

在《中国哲学原论·原道篇》书中,他强调:"孔子之天非一人格神,亦仍可为人所敬畏之一真实之精神的生命的无限的存在。……此天之为一真实之存在,亦自有其超越于其所已生之人物之存在之上之意义。此亦不碍天之为人之仁之所感通,人之所敬畏,而亦内在于此人之仁之感通与敬畏之中,而非只一往超越于人与万物之外,以自为一绝对完全之独立自足之真实存在也。"②而由孔子设定的天人关系,也可以明确儒家的天道观与人性观乃是内在关联的,天人之间可以借助"感通"而合二为一,"己与人及天,可有同一存在之内容,亦可由其继续之相互感通,使其存在之内容之不同者,由不同而同"③。

由于儒家之"正宗之论",始终强调"人不知德性,即不能知心,不知心即不能知天"。儒家之精髓,乃"融宗教于人文,合天人之道而知其同为仁道,乃以人承天,而使人知人德可同于天德,人性即天命,而皆至善"④。因此,天道与人心之所以可相贯通,惟在德性所同。唐君毅亦从"创造的同一性"来论证"内在超越"所架构起的独特的"道德的形而上学"之合法性。他指出:"中国先哲之此种由知德性以知心,由知心以知天之思想,要在人能充量昭显其心之

---

①　唐君毅:《哲学概论》下册,中国社会科学出版社 2005 年版,第 691 页。
②　唐君毅:《中国哲学原论·原道篇》(一),九州出版社 2016 年版,第 86 页。
③　唐君毅:《中国哲学原论·原道篇》(一),九州出版社 2016 年版,第 86 页。
④　唐君毅:《中国文化之精神价值》,九州出版社 2016 年版,第 36 页。

德性后,以见此心之所以为心,及天之所以为天。此充量昭显其心之德性之心,即圣人之心。故中国先哲之形而上学,乃要求人人以圣人之心,自观其心,而据以圣人,以观天之所以为天之形而上学。"①此种"以德配天"形上致思,同时亦包含心性工夫的"创造性实践",而此实践之基点,又完全基于现实的生存本身展开:"人德齐天,而知人之善性亦齐于天,然后有天命即性之性善论,尽心知性即知天、存心养性即事天之孟子之学。此儒家之教包涵宗教精神于其内,既承天道以极高明,而归极于立人道,以致广大,道中庸之人文精神所自生。"②

由此,"儒家形而上学"显然与"推测世界之西方式之超越外在形而上学,或只知实践理性之重要,以建立形而上学命题,而不重如何证实形上之实在,如康德之形而上学,及以心解释宇宙之康德后之唯心论形而上学,与印度式之去妄归真,转识成智之佛家形而上学"③不同。当然,唐君毅并不满足仅在中、西理论范式之间,梳理某种"历史性面向"与"实然性表征",其根本目的,乃在借着阐发此种"内在超越"范式,提供一种更具理论合法性的观念模型与思维方法,以帮助其他类型形而上学寻找到"通向东方形而上学之道路"。

另一位新儒家张君劢在谈到中国哲学的"宇宙论"时,也自觉对比基督教为代表的西方形而上学类型,强调中国人"内在超越"的特殊视角。他在《新儒家思想史》中指出:"中国人认为,由于宇宙是根据理建造的,所以,宇宙是上帝的产品。理表现在这个宇宙中,上帝也在这个宇宙中。我们无法想象一个上帝不在其中的宇宙。换句话说,上帝内在于宇宙,万物都是按照上帝的观念形成的。上帝无所不在。万物都是上帝的产品。……中国人对神的看法是内在的和泛神论的,不是位格和超越的。"④他还强调:"在中国人的宇宙创造

---

① 唐君毅:《哲学概论》下册,中国社会科学出版社 2005 年版,第 692 页。
② 唐君毅:《中国文化之精神价值》,九州出版社 2016 年版,第 36 页。
③ 唐君毅:《哲学概论》下册,中国社会科学出版社 2005 年版,第 692 页。
④ 张君劢:《新儒家思想史》,中国人民大学出版社 2006 年版,第 96 页。

说中,有几点值得提出来。(1)宇宙创造基于变化观念。(2)构成宇宙的不是物质,而是阴阳两种力量。(3)构成动植物和人类的要素,既是物质的,又是物质的。(4)形而下和形而上二者乃同一宇宙的两面,不应分开。"①

而在牟宗三、徐复观、张君劢、唐君毅为捍卫儒学合法性专作的《为中国文化敬告世界人士宣言》一文中,他们仍然强调,中国文化中最核心之处,即是"天人合一"、"天人不二"、"天人同体"、"天人合德"的思维方式,中国哲学核心任务,即是阐发天道信仰,如何贯注于人的思想中,以及人如何通过心性工夫达致彻悟天道之境界。所以专注探讨"天人合德之说之真正理由所在②"的中国哲学根本是一种"心性之学"。他们认为,在西方文化中,言形而上学、哲学、科学、则为外于道德实践之求知一客观的对象。此为希腊传统。言宗教则先置定一上帝之命令,此为希伯来传统。言法律、政治、礼制、伦理、则先置定其为自外规范人群者,此主要为罗马法制伦理传统。而中国的"心性之学","乃通于人之生活之内与外及人与天之枢纽所在,亦即通贯社会化之伦理礼法、内心修养、宗教精神,及形而上学等而一之者"③。因此,体现在形而上学上,"此心性之学中,自包含一形而上学。然此形而上学,乃近乎康德所谓道德的形而上学,是为道德实践之基础,亦由道德实践而证实的形而上学。而非一般先假定一究竟实在存于客观宇宙,而据一般经验理性去推证之形而上学。"④

此道德实践行为乃是出于人的内在觉悟或内在意志,即是"知行合一"意义上的道德实践之"行"与觉悟之"知"的相依互进。正因为现实的道德实践行为均依于本心良知的道德性、理想性、价值性要求,人方能在尽此本心良知过程中,彰显天德、天理、天心,从而实现与天地合德。他们明确说:"当人从

---

① 张君劢:《新儒家思想史》,中国人民大学出版社 2006 年版,第 101 页。
② 张君劢:《新儒家思想史》,中国人民大学出版社 2006 年版,第 567 页。
③ 张君劢:《新儒家思想史》,中国人民大学出版社 2006 年版,第 570—571 页。
④ 张君劢:《新儒家思想史》,中国人民大学出版社 2006 年版,第 569 页。

事于道德实践时,无限量之事物自然展现于前,而为吾人所关切,以印证吾人于天地万物实为一体。而由此印证,即见心此性,同时即通于天。于是人能尽心知性则知天,人之存心养性亦即所以事天。而人性即天性,人德即天德,人之尽性成德之事,皆所以赞天地之化育。"①

可见,海外新儒家立足儒学"天道本体论",认为作为"仁义之价值之本身",天道"一方面内在于此心,一方面亦即超越个人之现实生命之道"②,从而肯定人性即天性、人德即天德以及尽性知性知天的万物一体、天人合一的道德实践与内在心性有机统一。所以,"内在超越"作为海外新儒家的"集体立场",已经成为论证中国文化、中国哲学的特殊性与合法性的主要依据。

第三节 "超越形而上学"

从概念史、观念史和哲学史之进程来看,"内在超越"的说法是由唐君毅、牟宗三等人所提出,但这种观念逻辑和问题意识却早已体现在前辈哲人们比较中、西哲学之语境中。在梁漱溟、熊十力看来,西方文化中,古希腊时期,柏拉图提出"理念论",在生灭流变的现象世界之外,设定了一个独立的、永恒的、完满的理念世界。而在基督教的话语中,在人世间之外,尚有一个全知全能全善的上帝,以及上帝所存在之天国。这些观念体现在西方哲学中,就形成了区分经验与超验、现象与本质、人间与天国的"二元论"之主流思维。

相比之下,梁漱溟将中国哲学主流思维称为"整体主义"——具体表现为"天人合一"、"体用一源"、"道器合一"、"理事合一"。熊十力亦从形而上学视角,批判西方哲学的"天人二分"、"体用两橛",阐发中国哲学"体用不二"的思维传统。"体用不二",既肯定本体和现象(功用)在逻辑上的独立性——"体用不二而有分",又明确强调二者浑然一体,本体和功用显微无间——"体

---

① 张君劢:《新儒家思想史》,中国人民大学出版社 2006 年版,第 570 页。
② 张君劢:《新儒家思想史》,中国人民大学出版社 2006 年版,第 566 页。

用不一不异"。基于此种"形而上学"之判定标准,熊十力认为,"中国形而上学"中,"圣人之道,天道也。道者,宇宙本体之目。天字与道字合用为复词。圣人能体现天道于己,故曰圣人之道,天人本非二也,若有超脱于吾人而独在之造物主,则是宗教迷情所执,非吾儒所谓天道。"①

从批判"超脱"本体的立场来看,熊十力理解的形上之本体与形下功用,其理论内涵与义理所指与西方哲学完全不同。而其始终阐发的"体用不二"与"体用一元",其义理架构与理论逻辑的核心之处,正在超越万事万物的本体,既是形而上的、超越的,又不是隔绝经验现象与现实功用而外在"超脱"的。因此,牟宗三、唐君毅的"内在超越说"受梁漱溟、熊十力之影响,是确定无疑的。②

在港台新儒家之学脉中,通常认为"内在超越"是揭示古代形而上学核心特质之主要命题。如李明辉指出:"当代新儒家常常借用'超越性'与'内在性'这两个概念来诠释传统儒家思想(特别是其天道思想),强调儒家底天道或基本精神是'超越而内在',以与西方宗教中'超越而外在'的基本模式相对比。"③不过,正如冯友兰以"极高明而道中庸"来表述中国古代哲学之"天人合一"、"理气合一"、"体用一源"的思维模式一样,20世纪初梁漱溟、熊十力提出的"整体主义"与"体用不二",以及之后的"内在超越"说,也同样是在比较哲学视域下,对中国哲学尤其是形而上学特质的全新表述。因此,创造新命题表述"天人合一"传统之话语权并非仅限于身份明确之港台新儒家。甚至,"超越"概念的使用,亦非新儒家之专利。同样是著名的海外华人哲学家,方东美在比较中国哲学与西方哲学、中国哲学与近代科学时,始终注意揭示中国

---

① 熊十力:《熊十力全集》第6卷,湖北教育出版社2001年版,第554页。

② 冯耀明也认为,当代新儒家的"超越内在"乃是秉持熊十力对西方"本体论"的批评以及"体用不二"之基本内涵界定。[冯耀明:《"超越内在"的迷思:从分析哲学观点看当代新儒学》,(香港)中文大学出版社2003年版,第179—187页]

③ 李明辉:《当代儒学的自我转化》,(台北)"中研院"中国文哲研究所1994年版,第129页。

主流哲学派别所具的"通性与特点",并从形而上与形而下、天与人、道与器、体与用等关系切入,创制了"超越形而上学"概念,提出了"内在超越"说。

一、机体宇宙观

方东美哲学研究与哲学体系的建构,完全是比较哲学之产物,这似乎不会引起争议。无论是思想前期的《生命情调与美感》、《科学哲学与人生》,中期的《哲学三慧》,后期的《中国形上学中之宇宙与个人》、《从宗教、哲学、与哲学人性论看人的疏离》、《中国哲学精神及其发展》,其所讨论的主要问题与理论的核心逻辑,均是在中西哲学的比较、哲学与科学的比较视域下展开。而其论述的显著特点,即在于他始终从"系统思维"出发,将中国哲学视为一个哲学"本体论"、"宇宙论"、"人生论"、"认识论"、"方法论"、"价值论"、"境界论"等彼此关联的理论系统或思想系统。而此系统中居于基础核心地位的,即是以"生命"为形上本体的万物有生、有机统一、生化不息的"宇宙论",或可说,将中国哲学的核心逻辑,视为一种"生命本体的宇宙论",是他阐发中国哲学核心精神的理论前提。

事实上,在其思想各时期进行比较哲学研究时,他始终对这种"生命本体的宇宙论"高度重视与反复阐发:基于宇宙大生命的本然实在,整个宇宙万物也呈现出生生不息、化育万物、和谐共存的实然状态。而中国哲人置身于此宇宙大洪流之中,一方面体悟到万事万物不过是此大生命的"无穷势用",另一方面又自万物彼此内在关联之客观事实形成"旁通统贯"、"圆融无碍"的思维模式。这种认识思维体现在"穷究天人之际"的哲学中,必然表现为一种天(道)与人(道)、(事)理与器(物)、(本)体与(功)用一体浑融,"浃而俱化"的关联性思维与有机性视角。而基于这种哲学,也提供了一个不同于西方哲学的"超绝实体"与近代科学的"科学信仰"的更合理的人生寄托——在生化宇宙中,在万物一体中,在现实生存中,实现理想的"美善人生"。

具体而言,在 1960 年的《从比较哲学旷观中国文化里的人与自然》一文中,方东美将中国哲学的核心逻辑称为"融贯主义",着重突出将宇宙万物视为"旁通、统贯的精神统一体",以及万物共创"广大悉备的和谐"之意。① 而在此生化流行宇宙中,人生命本性与"富有创造性的大自然互相符应",体现为"天人合一"之精神。在 1964 年的《中国形而上学中之宇宙与个人》一文,他指出,中国哲学"一方面深植根基于现实界,另一方面又腾冲超拔,趋于崇高理想的胜景而点化现实",具有"整体主义"和"理想主义"特点。在此种特殊的形而上学看来,"宇宙与生活其间之个人,雍容洽化,可视为一大完整立体式之统一结构,其中以种种互相密切关联之基本事素为基础,再据以缔造种种复杂缤纷之上层结构,由卑至高,直到盖顶石之落定为止。据一切现实经验界之事实为起点,吾人得以拾级而攀,层层上跻,昂首云天,向往无上理境之极诣。同时,再据观照所得的理趣,居高临下,'提其神于太虚而俯之',使吾人遂得凭藉逐渐清晰化之理念,以阐释宇宙存在之神奇奥妙,与人类生活之伟大成就,而曲尽其妙。"②

之后的《从宗教、哲学与哲学人性论看"人的疏离"》一文中,方东美提出"泛神论"来概括中国形而上学那种生命本体遍现万有,扶持众类,包罗众生的宇宙观③,同时以"人本主义"来表述此学肯定人类在宇宙万象运化中参赞化育的"主体性"。他赞赏中国文化"使得万有在不同存在领域中各安其位"的广大悉备之宇宙观,并尝试将各种存在安置在此形而上学的"精神蓝图"。在 1971 年关于《中国哲学之通性与特点》的演讲文中,他又将中国归结为三大通性。第一个通性,是均将宇宙视为一个旁通统贯的整体。中国哲学不会将宇宙当做支离破碎的现象集合,也不会将之看作"抽象的机械系统"或物质生灭的"贫乏的系统"。第二个通性,就是"道"论,也就是均从形而上学的维度追求并构建超越之"道"。第三个通性,是"人格超升论",认为本善的人性

① 方东美:《生生之德》,中华书局 2013 年版,第 219—222 页。
② 方东美:《生生之德》,中华书局 2013 年版,第 235 页。
③ 方东美:《生生之德》,中华书局 2013 年版,第 280 页。

可以经过一定的培育,实现真善美的理想人格。

显然,无论是从上述的"生命本体"与西方哲学"超绝实体"的区别,还是上述中国古代形而上学的思维方式、精神特质、理论取向之重新阐发,均明确提供了一个论断——中国哲学与西方哲学在"实有"、"存在"、"生命"、"价值"等形而上学的终极问题上,客观存在着难以化约甚至截然不同的"种种殊异之诠释"。而这些思想的客观差异性、理论多样性也为方东美思考哲学范畴本身的差异性、多样性、具体性、民族性提供了理据。他明确强调,哲学乃是历史性、文化性范畴,对其的比较研究应始终置于各自的民族文化母体之中,应始终考虑民族语言文字的特点、生产环境的现实、社会历史的演变、精神心理的结构等因素。由此,我们亦可理解,为何他会以"类型化"、"形态化"视角比较中、西方的形而上学,以回应并化解中、西哲学冲突,进而论证中国哲学之合法性与必要性。

作为比较哲学研究的核心论断,整体上,他将中、西哲学中的形而上学归为两大类,并罗列如下差异:(1)体、用关系差异。西方哲学总是采用"逻辑化清晰的分离型"思维①,以本体与现象相隔绝,宇宙被一分为二,形而上之"存有"遵循"静态同一律之形式逻辑",永恒完全且纯粹,而现实的经验现象则是流变不止变动不居的虚无。中国哲学则在宇宙生生不息和世间万象变化中去体悟具有"动态流衍"之"存有",本体虽超越现象而为形而上者,却不与现象分离,本体与现象是内在统一的。(2)本体属性差异。西方哲学多将本体视为超时空的纯粹自我统一,是一种"静态本体"。中国哲学多将本体寓于现实生化中,因而多是"动态本体"。(3)宇宙观差异。西方哲学以世间万象为虚幻不实,宇宙进程不过是无尽现象的集合。此幻景在宗教上表现为一命定的顺从秩序,在科学上表现为数字和机械的客观规律。而中国哲学则坚持体用一源,肯定生命万象的实在性,并从万物共生的图景和生命超越的诉求中体会

---

① 方东美:《生生之德》,中华书局 2013 年版,第 215 页。

到价值意味。(4)人生观的差异。西方哲学将万物主宰、生命意义归为彼岸的"存有",人类在命定或原罪中,栖栖惶惶等待死亡后的超脱解救,以获得价值之慰藉。中国哲学则以人为"宇宙炳然大源之缩象",通过天人合一之理念,赋予人超越之诉求、完善之本性、升华之能力。因此,人性既在先天能彰显天道,又能在后天参赞化育,呈现出人性的高贵、尊严与价值。

二、"超越形而上学"与"超绝形而上学"

造成此种差异的根本原因,是中、西方哲学在对本体与现象关系的处理上截然相反:"Metaphysics"始终秉持"逻辑化清晰的分离型"思维①,将宇宙一分为二,形而上之"存有"与形而下之"现象"分处静止与流变两个世界。中国哲学则将形上本体置于形下器物之中,天与人、体与用、道与器、理与气乃"圆融为一"。为凸显差异,他将前者称为"超绝"型,将后者称为"超越"型。

所谓"超绝的形而上学"(方东美还称为"超自然主义的形而上学",笔者注),即是以"二分法"认识自然宇宙的"宇宙论"与"本体论"模式。以柏拉图区分形而下的"现象世界"与形而上的"理念世界"(方东美也称为"法相世界",笔者注)为例。绝对的真善美永无在世间实现之可能性。之后的中世纪哲学,把完整的世界分成上层世界(精神领域)与下层世界(物质领域)。近代欧洲自笛卡尔以后,用了另外一种二分法,在内在的心灵世界与外在的自然界之间又造成了对立。方东美认为,在世界哲学史上,古希腊、中世纪以及近代欧洲,在哲学上都与希伯来宗教有类似的做法,借用怀德海的名词来说,就是运用"对比原理"的方法,在理论上以"二分法"把完整的宇宙、完整的人生划为两截。而由此法产生的问题,就是两层世界隔绝了,"形而上与形而下世界中间,很难建一座桥梁加以沟通。于是使绝对的真善美的价值世界很难在这个世界上完全实现"②。

---

① 方东美:《生生之德》,中华书局 2013 年版,第 215 页。

② 方东美:《原始儒家道家哲学》,中华书局 2012 年版,第 18 页。

此种"Metaphysics",视宇宙为"两橛二分"状态:"处处尽是二元对立,积不相容,循至绝对实有与绝对虚无之间,固形成有无二界之对反,而存在本身复又剖成真妄二界之对立:生命本身更与周遭世界之诸自然缘件相脱节,世人惟藉抵死,方践其生……凡藉永恒法相而表现纯粹价值如真、美、善、义等,又与一切染漏不纯之负值如伪、丑、恶、不义等相隔绝。……同理,人,就其作为某一个体而言,亦剖成灵肉两截,二者之间,抑又彼此互相冲突不已。灵魂为理性所止之地,故是善;肉体乃欲望冲动之源,故是恶"①。此类思想,经由论证,构画抟量,所建立之一套理论系统,即是"超绝型态之形而上学"。

所谓"超越形而上学",主要是用来表述中国主流哲人处理"形而上者"(天道、理体、心体、性体)与"形而下者"(现象、经验、器物、功用)关系之理论范式。表现在,天道心性实体作为宇宙万事万物之终极本体(本源、本质),是宇宙生化演变之终极依据、原因、规律,是不受时空中个别事物生灭变化而影响的,因而可谓本体是"超越"(Transcendental)的。同时,天道心性实体又寓于经验器物世界之中,并借助器物、经验、现象,尤其要借助人类本心的"知觉灵明"来呈现自身、彰显自身。因而形而上本体又内在于形而下之现实世界尤其是内在于人的心性之中,由此可谓本体是"内在"(Immanent)的。

他详论道:"有一种形上学叫做'超自然形上学',如果借用康德术语加以解释,康德本人有时把'超越的'与'超绝的'二词互换通用,我却以为不可,所谓'超绝的'正具有前述'超自然的'意思,而'超越的'则是指它的哲学境界虽然由经验与现实出发,但却不为经验与现实所限制,还能突破一切现实的缺点,超脱到理想的境界;这种理想的境界并不是断线的风筝,由儒家、道家看来,一切理想的境界乃是高度真相含藏之高度价值,这种高度价值又可以回向到人间的现实世界中落实,逐渐使理想成为现实,现实成就之后又可以启发新的理想。这是我用'超越形上学'的根据。也就是说,一切超越价值的理想不

① 方东美:《中国哲学精神及其发展》上册,孙智燊译,中华书局 2012 年版,第 20 页。

是只像空气般在太空中流动,而是可以把它拿到现实的世界、现实的社会、与现实人生里,同人性配合起来,以人的努力使它一步步实现。在这种情形下,形上学从不与有形世界或现实世界脱节,也绝不与现实人生脱节,而是在现实人生中可以完全实现。如此,'超越形上学'在理想价值的完全实现方面看来,又一变而为'内在形上学',一切理想价值都内在于世界的实现、人生的实现。"①

自此而言,中国哲学的"超越"乃是"内在超越",其基本特点可以凝练为以下四种观念模式:(1)是一种"天人合一"、"体用一元"的思维模式。肯定现实世界,重视经验和他者,将生命存在的发展历程作为不断超越具体、缺陷,不断弥补不足的超越进路。(2)是一种和谐共生、相与浃化的关联视角。宇宙万物以生命作为映照天道的共同本质,这"种种互相密切关联之基本事素"共同构成"一大完整立体式之统一结构"。(3)是一种生命流光、意境无穷的价值投射。宇宙生生不息,万物欣欣向荣,生命不断进化,万物日臻完善。天地大德流布于宇宙万物,呈现从低到高引人上跻之丰富理趣。(4)是一种上体天道、神观妙用的境界取向。万物有生,但只有人类含情契理,有"大智度大慧解"。面对无穷势用之宇宙万象,心知其意,感同身受,能够上同于天道。进而参赞化育,开物成务,替天行道。

也正是基于上述理由,他总结出三种形而上学类型或形态:"一曰超自然,即超绝型态(Praeternatural);二曰超越型态(Transcendental);三曰内在型态(Immanent)。"②而上述对形而上学"超越"意涵的理解,本身即包含着"内在"逻辑,因此,"超越型态之形而上学"其实质即是"超越内在"或"内在超越"型态的形而上学。进而他将此"超越型态之形而上学"与"超绝型态之形而上学"比较。认为,后者破坏了自然界与超自然界的和合无间性与赓续连贯性,亦对完整的生命认识与人格理想造成戕害。相比此种"超绝型态",中

---

① 方东美:《原始儒家道家哲学》,中华书局 2012 年版,第 15 页。

② 方东美:《中国哲学精神及其发展》上册,孙智燊译,中华书局 2012 年版,第 19—20 页。

国哲人所创造的哲学类型,其特点在于,"对万物一切——无论其为何种实有、何种存在、何种生命、何种价值——一方面,皆不视为某种超绝之对象,可离乎其余一切自然元素与变化历程,而凝然独存、悄然独享某种秘密特权者;他方面,复断乎不可将之单纯定位,而局限于现实界或事法界,致误视为了无腾冲超拔、趋入理想胜境之势能。故摒弃截然二分法为方法,更否认硬性二元论为真理。从此派形上学之眼光看来,宇宙全体与生活其间之个人雍容浃化,可视为形成一大建筑学式之立体结构,完整统一,复依种种密切相关之基本事素为基础,据以缔造种种复杂缤纷之上层结构。"①而此种类型的"形而上学"之具体方法,亦是一种"能于千态万汇、赜然纷呈之经验事法界中,直观洞见,烛照其全,透视种种有机整体,终于以其所忘界辅其所能忘界"②,也即是体悟、彻悟形上本体的"即相即体"的特殊直观方法。

三、"超越形而上学"的特点

在概念命题的界定上,方东美对中国哲学的"超越型态形而上学"与"内在型态之形而上学"内涵的理解基本一致:均表现为一种"即超越即内在"、"即现实即理想"、"即理即事"、"即体即用"的理论模式。而"即超越即内在"作为一种基本范式,其遍显于中国哲学的整体论域,尤其是集中体现在"宇宙论"、"本体论"、"人格论"、"境界论"。作为表述中"国哲学"尤其是"中国形而上学"类型的基本概念,他也通常将"超越型态形而上学"与"内在型态之形而上学"统称为"超越形而上学"。而这种承认"价值"可从"理想世界"流行贯注到现实世界,以使得形而上与形而下内在联系在一起的超越观念,在儒、道、佛三家以及汇聚三家思想的"宋明新儒家"哲学中均有体现。所以,他始终强调:"中国形而上学表现为一既超越又内在、即内在即超越之独特型态

---

① 方东美:《中国哲学精神及其发展》上册,孙智燊译,中华书局2012年版,第21页。
② 方东美:《中国哲学精神及其发展》上册,孙智燊译,中华书局2012年版,第22页。

(transcendent-immanent metaphysics)。"①

虽然"超越形而上学"与"越绝形而上学",均肯定"形而上者"乃"超越的存在",肯定其本然状态可不受经验器物世界的滞染、牵绊。但不同的是,后者在肯定本体世界之同时,还明确截断了其与器物世界之现实关联。而前者则主张本体世界与器物世界并非彼此隔绝的彼岸关系或并列关系,而是前者内在寓于后者之中,具体到人的精神生命,因为人心内蕴天道天理,自然可在生活实践中,践行天道天理,从而彰显宇宙存在之最高价值。事实上,方东美对"既超越又内在"、"即内在即超越"的形而上学"类型"与"形态"之论证,也正是从本体论维度的"本体存在"与价值论维度的"精神超升"两方面展开的。

首先,在"本体论"、"宇宙论"维度,可从"内在型态之形而上学"来把握本体的"内在"。也即是,若一类形而上学,在思考并处理本质与现象、本体与功用、天道与人道、道体与器物的关系时,主张前者寓于后者之中,前者以后者为现实显现或功能体现,进而在理论上分辨形上与形下,在现实上则将二者视为一体两面,那么其即是"内在型态之形而上学"。此种维度,是以"形而上者"与"形而下者"的存在关系言,回答的是形上如何"在"形下的问题。

如方东美说:"宇宙太初原始阶段之'本体',实乃万有一切之永恒根本(寂然不动);然自宇宙生命之大化流衍行健不已而观之,'本体'抑又应感而动,元气沛发,遂通万有,弥贯一切,无乎不在,无时或已(感而遂通)。本体实性,则渗入功用历程(即用得体)。玄真本体,乃具现于现象全域(即相显体),永恒法相,呈现为理性秩序,与时间化育历程相齐并进(与时偕行)。如是,本体现象,契合无间,形上形下,澈通不隔。"②

而这种宇宙观,整体上必然表现为"机体主义"的特点。即"不以现实人生之此界与超绝神力之彼岸界为两者悬隔",而是倾向于主张天道与尘世、人

---

① 方东美:《中国哲学精神及其发展》上册,孙智燊译,中华书局 2012 年版,第 19—20 页。
② 方东美:《中国哲学精神及其发展》上册,孙智燊译,中华书局 2012 年版,第 22 页。

与自然、物质与精神并非互相对峙的孤立系统,宇宙万事万物并非物质元素、机械秩序的简单拼凑,同时主张"人与自然同为一大神圣宏力所弥贯"①,宇宙本身乃是创生变动、积极发展的开放过程。持"机体主义"的立场,看宇宙,乃是统摄万有,包举众类,万有共融相处的和谐世界;观事物,乃是具有丰富性、充实性的精彩纷呈的发展实体。而在哲学理论上,宇宙有机体思想,主要蕴含着"本体之统一、存在之统一、生命之统一乃至价值之统一",形成一个在本质上彼是相因、交融互摄、旁通统贯而广大和谐之系统。②

其次,从"价值论"、"境界论"的实现维度看。哲学本体论视域的宇宙,并非"常识宇宙"与"科学宇宙",而是一个以哲学理性加以"超化"的观念实体。对儒家言,此宇宙是"道德宇宙",对道家言,此宇宙是"艺术天地",对佛家言,是"宗教境界"。此种经"超化之世界",是一个"深具价值意蕴之目的论系统",因而其本质是智慧观也是价值观。而对于人之本性问题,中国主流哲学家,亦将人之生存过程,视为积极主动地追求自我尽性、自我实现的过程,尤其是将人的终极理想、目标、关怀置于其所现实生活的世界之中。从而肯定"人生之重重境界,乃得以提升"③的可能性与实现终极价值实现的可能性。

在《原始儒家道家哲学》书中,方东美强调,超越的哲学本体,作为一种"价值理想",其"完全实现"乃是基于现实世界本身,也即"一切价值理想都内在于世界的实现,人生的实现"④。超越本体内蕴与彰显之终极价值,引导人们"把精神向上提升,……升到很高的境界——理想之后,还是必须落下来在现实世界中兑现,在现实生活中完成。所以超越的形而上学体系完全实现时,必定转变为内在形而上学"⑤。因此,仅从"超越"讲形而上学,其是"超越形而上学",但若从此超越的"理想价值的完全实现方面"看,此理想价值则"内在"于

① 方东美:《中国哲学精神及其发展》上册,孙智燊译,中华书局 2012 年版,第 62 页。
② 方东美:《中国哲学精神及其发展》上册,孙智燊译,中华书局 2012 年版,第 23 页。
③ 方东美:《中国哲学精神及其发展》上册,孙智燊译,中华书局 2012 年版,第 62 页。
④ 方东美:《原始儒家道家哲学》,中华书局 2012 年版,第 15 页。
⑤ 方东美:《原始儒家道家哲学》,中华书局 2012 年版,第 20 页。

现实世界,如此方可理解,"超越"寓于现实世界本质是一种价值的"内在"。

这种超越价值的"内在",本质上是创造的、进步的、向上的宇宙大生命既内在于万物,又内在于人精神生命,人秉持此生命精神,不断实现自我价值的实现过程,本身是人与人、人与万物、人与自然共同发展进步之过程。因而,中国哲学既追求人自我的精神境界,又追求是人与万物的共同进步与共同完善。他强调,中国哲学,"立乎中道,遂自居宇宙之中心,既违天地不远,复与心物不隔,藉精神物质之互渗交融,吾人乃是所以成就生命之资具。率性自然,行乎广大同情之道,忠恕体仁,推己及物,乃不禁自忖:宇宙在本质上元是一大生命之领域,其中精神物质两相结合,一体融贯。宇宙大全,乃是无限之生命界。"①因此,理想的社会状态亦非个人价值"独化式"的自我发展、个体完善,而是彼此交相辉映的"互助式"进程。

而在人文化成的世界中,各种价值亦是交互影响。这是因为,中国哲学纵然为理论方便,也将世界分成许多不同的境界,但各境界"都有连锁处、贯穿处,而不是对立、分立的。"他强调:"就本体论来看,宇宙真相固然可以划分为各种相对真相,以及相对真相以后的总体——绝对真相。但是相对之于绝对,不是用二分法割裂开的,而是由许多相对真相集结起来,在一贯之中找一线索,自然可以统摄到一最高的真相,因此最高真相是绝对的,并不是与相对系统对立,而是相对系统的贯通。再由价值方面看,不管是艺术价值(美),道德价值(善)或各种知识体系(真理),从艺术、道德、哲学等方面看,各种价值各有其领域与境界,但是每一种都不是孤立系统,而是要与别的美善真的领域之价值,由下面发展下去,一层层向上提升,提到的价值可以回顾贯穿下面的价值,不遗弃它。"②

总之,这种立足"本体论"、"宇宙论"的"机体存在论"提供的是本体生成、宇宙生成的"自上而下"的理论逻辑;"人性论"、"境界论"的"精神超越论"提供

①　方东美:《中国哲学精神及其发展》上册,孙智燊译,中华书局2012年版,第320页。
②　方东美:《原始儒家道家哲学》,中华书局2012年版,第19—20页。

的是人性完善、境界实现的"自下而上"逻辑。借用方东美使用的"上回向"、"下回向"两概念,"超越形而上学"乃是以本体存在(下回向)←→价值超越(上回向)为主要模式:超越本体"下回向"而内在于现实,超越本体引导人类精神"上回向"去"上企"价值理想,此即为中国哲学形而上学的核心精神。

第四节　对"即超越即内在"的争论

由上可知,现代中国哲学语境中的"超越"概念,既是一种"存在论"、"宇宙论"、"本体论"维度的实在指向,是一种形而上与形而下、体与用的辩证关系;又是一种"心性论"、"工夫论"、"境界论"修养论意义上的观念呈现、精神境界,体现着理想性、意义性、永恒性的价值指向。因此,"内在超越"的思想实质就也不应仅仅囿于"存在的形而上学"之维,还应在"价值的形而上学"之维去审视。

"内在超越"说之所以成为共识,根源于中国形而上学的两个特点:一是,在本体论维度均肯定天道的"心理合一"范畴,肯定人心先验具有超越的"创造原理"。二是,在人性论维度肯定人心具有"能动性"、"创造性"、"实践性",可通过"内心的觉悟"、"印证的了解",去"默契"、"感通"天道。

但若深究"内在超越"说,其应分为两种类型,一种是牟宗三与唐君毅理解的"本体—人性"逻辑的"由人性实现的超越":主要是从人性与天道的"义理同一性",来强调通过内在的精神创造、精神实践,即可成贤成圣,完成形而上学的最高目标。如唐君毅说:"唯是以此能裁成超化之原理,亦即在人之心性中,人之本心本性,即通于天性天理天心。天性天理天心之表现,遍在于自然,亦内在于人心;而其实证,则待于人之由修养实践之工夫,而成大人、圣人,以见其为即主观即客观,内在而未尝不超越之实在。"①另一种是方东美所理

① 唐君毅:《哲学概论》下册,中国社会科学出版社 2005 年版,第 691 页。

解的"价值—现实"逻辑的"基于现实的超越"。在方东美看来,超越的天道、天理,本质是一种"观念性认知"以及"价值理想",其引导人们"把精神向上提升,……升到很高的境界——理想之后,还是必须落下来在现实世界中兑现,在现实生活中完成。所以超越的形而上学体系完全实现时,必定转变为内在形而上学"①。因此,仅从"超越"讲形而上学,其是"超越形而上学",但若从此超越的"理想价值的完全实现方面"看,此理想价值则"内在"于现实世界,如此方可说"超越的价值"内在于人心。

前者侧重基于人性先天具有的形上基因,去讨论超越的合法性、可行性逻辑;后者强调天道得以贯彻的形下基础,肯定在生命实践、现实生活中实现"超越价值"的可能性。但根本上,"内在超越"均遵从"上下回向"的形而上学逻辑:肯定形而上的超越天道,在本体论维度,其"下回向"而内在于现实(尤其是人性)之中;肯定形而下的人性实践(精神观念的体悟、证悟与生命存在的现实化实践),在价值论维度,能够"上回向"达致超越天道。其实质是:在人而言,乃是对超越之天的自下而上的合一;自天道看,则是天道本质意涵得以被人知觉灵明所领会、体悟。而这种"上下回向"的循环,既没有消解天道的"超越性"、"客观性",又肯定人性超越的"内在性"、"主观性"。

一、"内在超越"的争论焦点

"内在超越"说提出以来,经过诸多学者广泛运用,俨然成为比较中、西哲学,尤其是把握中国形而上学精髓的最佳表述。如钱穆曾指出"中国文化的精神是内倾的道德精神"②。汤一介也明确认为儒、释、道都表现出"内在超越"的基本特征。但同时批评和质疑亦不绝于耳。美国学者郝大维(Davied L.Hall)与安乐哲(Roger T.Ames),中国香港学者冯耀明,中国内地学者李泽

---

① 方东美:《原始儒家道家哲学》,中华书局 2012 年版,第 20 页。
② 钱穆:《钱宾四先生全集》第 37 卷,(台北)联经出版事业股份有限公司 1998 年版,第 60 页。

厚、胡伟希、张汝伦、任剑涛均讨论过此种说法,可概括为:

（一）认为"内在超越"或"超越内在"乃是西学尤其是基督教专有

郝大维和安乐哲认为孔子哲学"不存在任何超越的存在或原则",因为"超越和内在的对立本身,是出自于西方哲学的传统"①。按此传统,"超越含有'外在'的意思,凡'超越'者自不能也是'内在'的"②,所以,企图求助于"超越的存在或原则"来说明孔学的做法是错误的。

（二）认为"内在超越"会出现形而上、形而下两个实体的矛盾

冯耀明将"内在超越"规定为两种用法:一是表示"自我转化"、"自我超升",他虽认为此说法可"经由心灵内在转化而企达自我超升的精神境界",但消解了自身的哲学属性,而成为纯粹精神的"灵修学"或"工夫论"。二是此说涉及"客观实体或形上本体的问题"。但他无法理解此种中国哲学尤其儒学的"形上本体"如何可是"纵贯(而非横跨)本体界与现象界二域之同一实体",如何"既超越现象界之外又内在于现象界之中者",所以认为"超越者"如何"进入"或"赋命于"现象界个体事物之中而成为"内在者",乃是极不容易解答之问题。③

张汝伦也批评此说会出现"性与天道"即"性与性"之问题。在他看来:"天道与人性不是一事,也就不可能既内在又超越。"④他受西学影响,将中国哲学之超越天道视为超时空的、绝对的、必然的"超绝实体",同时又否认内在

---

① [美]郝大维、安乐哲:《孔子哲学思微》,蒋弋为、李志林译,江苏人民出版社 1996 年版,第 5 页。

② 冯耀明:《"超越内在"的迷思——从分析哲学观点看当代新儒学》,(香港)香港中文大学出版社 2003 年版,第 193 页。

③ 冯耀明:《"超越内在"的迷思——从分析哲学观点看当代新儒学》,(香港)香港中文大学出版社 2003 年版,第 235 页。

④ 张汝伦:《论"内在超越"》,《哲学研究》2018 年第 3 期。

心性的"创造性",断言"内在超越"说只能提供"超越观念",无法提供"超越进路"甚至会容易"导致以心代天,最终取消了天的超越性"①。

(三)拒斥或否认中国哲学有所谓"超越实体"

李泽厚认为儒学仅关注"一个人生",而非思辨构造的"两个世界"。他承认儒家有一种"宗教性道德","它把个人的'灵魂拯救'、'安心立命'即人生意义、个体价值均放置在这个绝对律令之下",并对"人的行为具有不能抗拒,无可争议的规定性和规范作用。它是超验或先验的理性的命令,却要求经验型的情感、信仰、爱戴、畏惧来支持和实现。"②但此"绝对律令"根本是在"经验性的人类总体的生存延续"中"积淀"成的"文化心理结构"——公认的道德、伦理、价值、理想,其对个体而言可具先验之超越性,但却并非形上学之"超越性"。

胡伟希部分赞同李泽厚之观点,他主张既从"历史总体"即社会历史发展中确立伦理道德得以可能之"超越实体",又从"超越性的伦理道德内化于德性个体"的心灵,去理解"内在性"③。这样,他虽试图保留作为"儒学精神内核的体现"的先验之"超越性",但却剔除掉形上天道实体之先天"超越性"。

总的看来,批评、否认"内在超越"说者,亦是从形而上学之进路予以讨论。但根本上却存在以下问题:

1. 否认中、西哲学尤其是形而上学之类型差异、架构差异、方法差异,尤其缺乏对中国古代"境界的形而上学"、"价值的形而上学"、"心性的形而上学"形态的了解。批评者过于拘泥于不同文化概念"对译"中的"具象内涵",既没有考量外来语言中国化过程中"概念的游移"(张东荪语),又不具备比较哲学

---

① 张汝伦:《论"内在超越"》,《哲学研究》2018年第3期。
② 李泽厚:《历史本体论》,三联书店2002年版,第47—48页。
③ 在胡伟希看来,李泽厚虽否认心体、性体、理体,但其"情本体"本质仍是一新的"超越性"。(胡伟希:《儒学的"内在超越性"与"历史总体"问题——从分析牟宗三、李泽厚、安乐哲诸观点出发》,《河北学刊》2011年第3期)

研究中的"一般"与"个别"、"共相"与"殊相"辩证立场。由此对"内在超越"的批驳,貌似基于语言源的母体"本象"来立论,实质就是"以西释中",即以"Metaphysics"的概念内涵、思想论域、理论实质作为评判中国形而上学之标准。

2. 没有了解或否认对中国古代形而上学的"体—用"合一的形上思维、"本体—境界"合一的义理架构,亦没有了解或否认与此形上思维和义理架构相匹配的,在中国哲学中得到明确肯定的主体"无限智心"(牟宗三语)、主体"性能"(唐君毅语),可基于"观念实践"、"超越体证"、"领悟直观"等"心性工夫"实现"精神超越"的可行性。因而诸多批评论据实际已经完全溢出"内在超越"说的理论论域之外。

而拥护者虽基于"一般"与"个别"、"共相"与"殊相"辩证关系立论,阐发中国哲学思想观念、思维方式、工夫修炼的特殊性,但在不得不借助现代汉语表述时,没有将"对译"过程中传统思想"具象内涵"阐释清楚,在译自英文的现代话语体系和受西学范式影响的思维方法背景下,极易给人"以中释西"的强释之感。

二、"内在"与"超越"的论域空间

"内在超越"是对本土形而上学传统的现代表述,理应基于古代哲学的致思原则与理论逻辑,方能准确把握其思想论域与实践机制。

(一)"超越"与"超绝"

牟宗三在《中、西哲学会通十四讲》中辨析康德所使用的"Transcendental"与"Transcendent"时,指出,在康德那里,"超越"一词与"超绝"或"超离"的用法不大相同。"超越"是指某种先验的(apriori)东西,先乎经验而有,不由经验得来,但却不能离开经验而又返回来驾驭经验,有此一来往,便是"Transcendental"一词之意义。假如是超绝或超离,即"Transcendent",则此超绝或超离就是与经验界隔绝,完全隔绝,一往不返,而超越则往而复返。他解释道:"依照康德的说法,形而上学可分为'内在的形而上学'(immanent metaphysics)与'超绝的形而上学'(transcendent metaphysics)两种。所谓内在的形而上学指的是康德哲学中的超越的分解,也就是指具有客观妥效性的先验综合知识而言。而超绝的形而上学则是指理性所提供的理念(Ideas),比如'超越的辩证'中,理性的心理学所提到的'灵魂不灭'即属于超绝的形而上学,另外有宇宙论方面的理念,如'第一因'(first cause)、'有限'、'无限',以及'上帝存在'等,这些均是理性所提供的理念。当然这些理念在思辨理性中是毫无客观真实性可言,它只是个空理,因为这些理念所指的对象在思辨理性中无法证实。但是理性可提供这些理念,而这些理念对着思辨理性而言,即是超绝的形而上学。此种超绝的形而上学必须经由实践理性才能得到客观的真实性"①。

这样,一般学界将"Transcendent"译为"超越",实际上在牟宗三那里更应用"Transcendental"。而他认为康德使用的"Transcendent"(通常被学界译为"超越"),其本义则是上述的"超绝"。其理由是,康德在处理本体与经验的关系时,总是将其视为相对立、相分离。事实上,牟宗三依据本体与经验关系的标准来核定"Transcendent"之含义,这代表了在 20 世纪早期翻译西学的一般看法。贺麟在翻译康德的"Transcendental"与"Transcendent"时,也使用"超越"与"超绝"二词。他说:"中古经院哲学名词'超越',在康德哲学中即含有'超经验'之意。但虽则两字同含有'超经验'的意思,康德亦曾大加区别 transcendent 乃'超绝经验'之意,即离经验独立而绝对不可知。而 transcendental 乃'超越经验'而同时内蕴于经验之中,为构成经验或知识可能之先决条件。换句话说,transcendent 乃超越一切经验,故可译为'超越',而 transcendental 乃仅是超越任何经验,而并不超绝一切经验,故可译为'先天',实与'在经验之先'的先天(apriori)名异实同。"他并且批评斯密"也与许多别的康德注家

①　牟宗三:《中国哲学十九讲》,见《牟宗三先生全集》第 29 卷,(台北)联经出版事业股份有限公司 2003 年版,第 301 页。

一样,只知 transcendent 与 transcendental 不同,而不知其不同者何在,更不知其不同中之同。只知康德采取经院哲学名词,而加以新的用法,而不能说出其承袭旧意义者何在,其加入新的意义何在。"①

由此引出的问题是,在西方哲学中,尤其是在牟宗三所借用"Transcendent"一词的康德哲学语境中,"超越"既是一个认识论的概念,又是一个本体论的概念。康德在使用"Transcendent"时,主要是说明一些形而上学的理念,如意志自由、灵魂不朽和上帝存在。正因为,自由、灵魂和上帝都是超出经验认识领域的,因此是"超越"的。同时,这些观念在认识论的维度,又是人的知识理性无法认识和把握的,是独立于人的认识能力和经验知识之外的,因此,在这个意义上又是"超验"的。而牟宗三在触及此问题时,虽然也是从"本体—认识论"展开,但却消解了康德语境中的经验表象与其背后本体的张力,在本体与经验、本体与人心间建立"存在同一性"。康德的本义是强调,对超出经验之外的或超出人类知识范围的本体,与人类(内在者)是超绝的。牟宗三则恰恰认为这种超越经验的本体,就寓于经验世界之中,因而是可以认识的,虽然这种认识是不同于科学认识的"超越性体悟"。康德是从人类认识所以可能的条件切入,标显出知识的界限,由此认为作为本体的"物自身"("thing-in-itself"、"noumenon")不可知。牟宗三则从道德理性和道德实践得以可能的前提入手,以道德观念打通本体与人心,进而主张作为本体的"天道"、"天理"内在于人的道德本心。

问题还在于,牟宗三借用康德的另一个词"Transcendental"时,又将其译为"超越",这就又将康德语境中的认识论概念转换成新儒家语境中的"本体—心性论"概念。因为,"Transcendental"在西方哲学中,用在知识论或认识论上,表述的主要是使一切知识所以可能的先验的条件;用在宗教哲学,是指上帝作为绝对本体的存在;用在古代形而上学上,是理念世界对现象世界的超

① 贺麟:《康德名词的解释和学说的概要》,《东方杂志》1936 年 1 月。

越;而用在一种现实的存在论上,还指各事物以自身的本性和同一性,以区别于他者的独立性,此种"超越性",不是生成论式的"垂直性"超越,而是"横向性"的外在性超越。①

　　而康德使用的"Transcendent",表述的是"完全在经验范围之外"②,是据此在"平面"维度将经验与本体("物自身")划界,以区分知识与形而上学。牟宗三则是在"立体"维度确立了本体与经验器物的"生成论"式的逻辑。这样,"Transcendental"本身为经验提供可能性的意涵,更契合牟宗三以道德理性与道德实践反证道德本体的致思逻辑。因此,牟宗三把康德的"超验"翻译为"超越",表面上是翻译的问题,但两者其实是不同领域的问题③。牟宗三理解的"超越"本身即蕴含"超越'内在'"之意,是从本体论维度肯定"天道实体"内在(彰显)于人性;而康德的"超验理念的内在运用"主要是道德哲学方面的。换句话说,康德的超验理念只具有实践有效性,而非柏拉图意义上的理念实体。④ 而牟宗三的根本目的,恰恰就是以道德经验作为现实基础和论证前提,为重建良知实体(形上本体)服务。

　　可见,中国学者之"超越",显然并非基督教式的神明创造,也非宇宙发生论、本体生成论意义的"创生"、"创造",亦不是经验世界之外的独立存在,或"本心实体"之外的独立实体。由此,"内在超越"中"超越"与"内在"的关系,既不是时间序列的生成关系,因果关系、必要关系的基础、前提、先决条件,也不是理念、共相、原理、依据的逻辑关系。⑤ 这种"超越者"与万事万物之间,虽

---

　　① [意]鲁伊吉·博格里奥罗:《形而上学》,朱东华、詹文杰译,黑龙江人民出版社 2005 年版,第 39 页。

　　② 郑家栋:《超越与内在超越——牟宗三与康德之间》,《中国社会科学》2001 年第 4 期。

　　③ 郑家栋认为,牟的理解"在于证成'超越'者不能够只是某种'设准'、'理念',而是存有论意义上的'本体'、'实体'。他是在'创生'、'创造'的意义上言'超越',而'能创造万物'这重涵义,当然是康德的'超验'所不具有的。"(郑家栋:《"超越"与"内在超越":牟宗三与康德之间》,《中国社会科学》2001 年第 4 期)

　　④ 徐陶:《中、西哲学会通视域中的"内在超越"与"天人合一"》,《学术月刊》2016 年第 6 期。

　　⑤ 事实上,批评"内在超越"的郝大维、安乐哲正是从经验、事物的"依据"、"依照"去理解"超越者"的。

可从发展目标、终极指向的逻辑维度具有"所依据"、"所依照"的意义,但却非宇宙生成论或本根生成论意义上的"形式"、"构成"、"组合"、"模板"之类的关系。更不能用认识论的"性质"相似性之类的"对象性"思维、"形象性"思维来界定。因此,一些论者将本体理解为外在的"进入"、"落实"、"赋命",甚至从"超越者"的个体性、实有性、必然性去有针对性地与现实器物相比较,这本身即错误理解了熊十力、牟宗三、唐君毅、方东美等对中国哲学"体——用"关系的阐释,而在此错误的认识基础上去理解"超越者"的"内在",则离题更远。也即是,二者关系只能纳入中国形而上学的"本体与功用"、"天道与人道"的关系来理解。

所以,有论者认为,拉丁文中的"Transcendere"本意即指"向外",它与"Immanere"互为反义词,而作为"内在"的"Immanere",本意为"留在里面"("to inhabit"),正好与"Transcendere"的"跨过界限"构成对反,由于"超越"有"跨越界限"之意,所以并无"外在超越"的说法。① 但由此却反证了中国学者对西方形而上学那种外在指向性、趋向性对象意识的批评的合理性——这种对象意识,造成理念、形式、实体、上帝等本体范畴,通常均表现为与经验世界、现象世界"跨过界限"式的隔离、隔绝。

(二)"内在"与"内向"

"内在超越"的根本基点在"内在"——本体(天道)内在(彰显)于万物(人性)。或者说,肯定人性之智识可具备直观或体悟天道(本体),进而以人道为出发点无限趋近于天道(宇宙运行发展之根本要求、发展规律、终极价值),即是"内在"(具备智识能力之精神主体)不断"超越"(趋向天道)的核心逻辑。李明辉也认为,郝大维和安乐哲正确指出中国哲学并不存在"理念论"式的、基督教式的"超越性"。但按照此"超越"概念的含义:"一项原则甲是乙

---

① 耿开君:《"超越"问题:外在与内在》,《中国哲学史》1998 年第 1 期。

的原则,如果不诉诸甲,乙的意义或涵义就无法得到充分的分析和解释,则甲对乙是超越的;反之则不然",实际上中国哲学本体论仍可说是"超越"的。尤其是,郝大维和安乐哲也并反对中国哲学的"内在性"①。

通过上文可知,中国形而上学中的本体具有"实在性"、"本源性"、"必然性",因此具有"超越性"。有西方学者认为,形而上学维度的"超越",可大致分三种类型:

第一种"内在性超越",被理解为"内含性超越"。也即是,只有 A 充分地拥有 B 的所有"实存的价值",那么 A 对 B 来说就是"内含性超越"。"假如下级实存的价值并不被包含于上级实存之中,那么就没有任何的超越性和优先性,也没有任何的本体论超越。"

第二种是异在性的超越,也叫外延性超越,是在同一水平和同一层次的个体之间的超越,这是因为,"处于同一实体层次的个体实存,就它们彼此排斥而言,彼此互相超越;他们之间有不可忽略的异在性,一种分离性。这种情况的超越以各种实存的相互排斥为前提。"②

第三种是关联性的超越,亦可名为"终极性的超越",是"趋向于某某",超越性,就是"超出性"(Txtraneousness),这种存在超出自身并不为了否定自身和异化自身,而总是成全自身,完善自身。

1."内在者"具"本体论上的存在性"

我们可结合第一种与第三种类型,来审视"内在超越"。首先,"内在"是与本体同一的。作为万物本源,本体赋予万物的存在性,或万物之所以存在,是以本体作为理论基础、逻辑前提、现实依据。而万物能存在的基础,是其自

---

① 李明辉:《再论儒家思想中的"内在超越性"问题》,见《中国儒学》第一辑,商务印书馆2009 年版,第 50 页。

② [意]鲁伊吉·博格里奥罗:《形而上学》,朱东华、詹文杰译,黑龙江人民出版社 2005 年版,第 67 页。

身保持特殊性前提下的"存在性",所谓"存在性",就是"一切事物之内在性的本原"①。可见,"内在性"首先是"本体论上的内在性"。也即是,"内在性不仅仅是对自身的反思,亦即自我意识。它首先是一切实存的(在者之丰富性)'本体论内容'。以这种最深刻和最开放的方式理解内在性,它并不降为自我意识的内在性,反而给予它最原初的基础。"②

"内在(性)"的存在维度,是本体与万物的"存在同一性"问题。而核心即在于天道和人心的"存在同一性"。天命流行,普施万物,因此天道即物道、人道,这即是"体用一源,显微无间"。本体是实体,万事万物秉承本体的实在性,因而并不虚幻低贱。所以,"儒家认为人之超越的道德心性是天理、实理之所出,并认为万事万物皆有实理、天理以贯之,故理皆实理,事皆实事"③。由此,方知"超越者"与"内在者",首先,并非时空内、外之两分实体。其次,"超越者"并非纯思辨的推论对象或形式逻辑的前提、可能。最后,"超越者"与"被内在者"因"存在性"而为同一实体。

从同一本体、"本性同一"来理解,所谓的"内在",当然也有熊、牟、唐、方所强调的"呈现"之意,但此"呈现",并非本体生成论式的 A 生 B 的序列递进,亦不应以惯常经验认识或想象之方式理解为 A→B 之外在"镜像式投射"的"体现"或"显现"。因为此种方式,本身即预设了 A 与 B 的隔绝,自然会遭遇"内在"追问的困境。从"本性同一"看,"超越者"与"内在者"本非为二,而是同一本体之两个面向。此两面,是从形而上学的理论分界言,"道体"、"性体"乃形而上者,万事万物乃形而下者。正如熊十力言:"道者,万物之大本,是为至极。……道者,吾人禀之以有生,万物禀之而成形,故人与万物同体,无

---

① [意]鲁伊吉·博格里奥罗:《形而上学》,朱东华、詹文杰译,黑龙江人民出版社 2005 年版,第 27 页。

② [意]鲁伊吉·博格里奥罗:《形而上学》,朱东华、詹文杰译,黑龙江人民出版社 2005 年版,第 27 页。

③ 牟宗三:《宋明儒学的问题与发展》,华东师范大学 2004 年版,第 47 页。

二本故也。"①自形言之,我与天地万物固是有别,自性言之,我与天地万物原是同体。

由此产生的问题是,既然内在者与超越者"本性同一",何来不断超越之说? 是因为,内在者虽秉承超越者的存在性,无论从普遍性、必然性、完善性等方面,均不可能完全践行、体现此超越的天道。也即说,虽从本体论的存在性言,内在者与超越者"事实不二",但从本体论的价值性言,二者则"价值不一"。这源于中国哲学源头对哲学本体论的观念设定,也即是作为"形而上者",本体始终体现宇宙的终极价值与应然状态。② 而正是从"本性同一"与"价值不一"的辩证关系去把握"内在超越",方能理解内在者→超越者的无限实践过程,并非狭义上的"存在的同一",而恰恰是"价值合一"。当然,这同时又关涉到内在者自身如何具有"超越的可能性"的问题,也即是内在者体现、践行、融入无限性、普遍性、必然性的"内在能动性"问题。而此"内在能动性"既是"超越→内在"的理论前提,也是自"内在"趋向超越性——"内在→超越"的根本表现。

2."内在者"具道德创造性

牟宗三指出:"天理在哲学上说,是道德,同时亦是形而上的;是人生,同时亦是宇宙的;道德秩序同时即是宇宙的秩序。如此,天理的意义便已普遍化,概括了宇宙一切,而且必指宇宙一切的本体。"③天理即是宇宙秩序、生化法则,人有知觉灵明,能体会天理而替天行道。从此言,"良知即得天心,天心即是道心,即宇宙之心,从人来讲,即是良知。从宇宙来讲,即得天心。"④这种存在论意义上的"天人同源"向心性论的"天人同德"之转向为内在者的超越

① 熊十力:《熊十力全集》第3卷,湖北教育出版社2001年版,第577页。
② 史华兹在1975年的《古代中国的超越性》中,明确认为商、周时期的上帝、天,代表着一种理想和应然的秩序。
③ 牟宗三:《宋明儒学的问题与发展》,华东师范大学2004年版,第49页。
④ 牟宗三:《人文讲习录》,见《牟宗三先生全集》第28卷,(台北)联经出版事业股份有限公司2003年版,第22页。

提供的可能,正在于对此内在性的规定。这是因为,在存在论意义上给予万物以本体内在的肯定,仅是一种消极意义上的内在性——物之所以为物的自我统一性、存在本质性。而从心性论的视角,人因有此超越的心体、性体,而具备自我反省、自我创造、自我超越的"良知良能",进而可参天尽物、体悟天道。而中国哲学的主流正是"由道德实践而证实的形而上学",其中"心性之学"乃是"天人合德之说之真正理由所在"①。由于天道、天理是"仁义之价值之本身","一方面内在于此心,一方面亦即超越个人之现实生命之道"②,人性具有超越企向,人心具有道德实践意志,道德实践满足内在心性所具的理想性、圆满性、价值性之要求,人才能在尽此内在心性的过程中,彰显天德、天理、天心,从而实现与天地合德。觉悟与意志所关涉者无限量,此觉悟与意志亦无限量,由此人性无限趋近天性,人德无限趋近天道,是为内在者的超越。

中国哲学家将"人性"视为形而上学的"真实的主体性",具有知觉灵明、感通润物、健动创造的理性能力。牟宗三论及儒家对人性的超越规定时,认为,儒家肯定人人具有"能作道德实践之超越的性能——能起道德创造之超越的性能"③。还说:"天之所以值得尊奉即因它是心性之道德创造性所体证之天命不已之道德秩序也,……心性之道德创造性即是天道之创造性。"④唐君毅也强调,人人皆有的道德心、理想心,乃是不失其差别又"结成一体"的普遍实体,有其"客观性与宇宙性",可谓"天性或天命之性",因而具有形而上学的必然性、一般性。儒家"正宗之论",始终强调"人不知德性,即不能知心,不知心即不能知天"。因此,天道与人心之所以可相贯通,唯在德性所同。所以他强调,此"道德的形上学","是由人之尽兴知性以知天之工夫,以求上达,而

① 张君劢:《新儒家思想史》,中国人民大学出版社 2006 年版,第 567 页。
② 张君劢:《新儒家思想史》,中国人民大学出版社 2006 年版,第 566 页。
③ 牟宗三:《圆善论》,见《牟宗三先生全集》第 22 卷,(台北)联经出版事业股份有限公司 2003 年版,第 301 页。
④ 牟宗三:《圆善论》,见《牟宗三先生全集》第 22 卷,(台北)联经出版事业股份有限公司 2003 年版,第 135 页。

归于人之'万物皆备于我矣''上下与天地同流'之境界之直接呈现。而此境界,则为内在之形上境界"①。

具体来说,人性所开展的创造本质上既是精神方面的自主创造,同时又是理想性的创造。前者仅体现人性的"实然的知识概念之理",后者则是天道生化本身的"实现之理"。而只有从此"生化之理"去理解人性,才能既撑开"本体论"、"宇宙论"意义的天道本体,架构起形而上学的"客观性原则",又在人性中扩充其仁、智、圣之道德善性,为"主观性原则"得以可能提供基础,进而为"主客合一"提供逻辑依据。牟宗三强调:"超越的遥契着重客体性(objectivity),内在的遥契则重主体性(subjectivity)。由客观性的着重过渡到主体性的着重,是人对天和合了解的一个大转进。而且,经过此一转进,主体性与客体性取得一个'真实的统一'(real unification),成为一个'真实的统一体'(real unity)。"②因此,应该明确区分人的自然之性,即材质主义的"结构之性"与"超越之性",才能准确把握"内在超越"之可能性。

而儒门之外的方东美更进一步,将中国哲学主流视为"一套动态历程观的本体论,同时亦是一套价值总论"③。认为儒、道、释之哲学均是追求一种"天人合德","强调人性之内在价值翕含辟弘,发扬光大,妙与宇宙秩序合德无间"④。由于从本体论上,人性被赋予"兼天地之创造性与顺成性","对天下万物、有情众生之内在价值,也油然而生一种深厚之同情感;同时,由于籍性智睿见而洞见万物同源一体,不仅产生一种天地同根,万物一体之同感"⑤。因此,中国哲学的突出特点即是一种"人格超升论","在中国哲学里,人源于神性,而此神性乃是无穷的创造力,它范围天地,而且是生生不息的。这种创

---

① 唐君毅:《哲学概论》上册,九州出版社 2016 年版,第 92 页。
② 牟宗三:《中国哲学的特质》,见《牟宗三先生全集》第 28 卷,(台北)联经出版事业股份有限公司 2003 年版,第 42—43 页。
③ 方东美:《生生之德》,商务印书馆 2013 年版,第 242 页。
④ 方东美:《生生之德》,商务印书馆 2013 年版,第 240 页。
⑤ 方东美:《生生之德》,商务印书馆 2013 年版,第 242—243 页。

生的力量,自其崇高辉煌方面看,是天;自其生养万物,为人所禀来看,是道;自其充满了生命,赋予万物以精神来看,是性,性即自然。天是具有无穷的生力,道就是发挥神秘生力的最完美的途径,性是具有无限的潜能,从各种不同的事物上创造价值。由于人参赞天地之化育,所以他能够体验天和道是流行于万物所共禀的性分中。"①

可见,不同学派之的哲学家,均肯定人性的本质,并非实然的精神官能,亦非逻辑上的设准,而是上体"天性"、"天情"的"哲学心"、"本体心"。这个通过道德实践、生命实践来润泽一切、调适一切的"无限智心",既是天道内在于人的精神实体②,又是形上本体。也正是从此实践意义、创造意义上来说,宇宙的形上本体"是内在(内在于人的主观个体)的,又是超越(超越个体主观而具有涵盖他人与外物于其内的客观性或宇宙性)的"③。

(三)境界超越:"内在者"的超越方式

熊十力认为,中国形而上学中,"圣人之道,天道也。道者,宇宙本体之目。天字与道字合用为复词。圣人能体现天道于己,故曰圣人之道,天人本非二也,若有超脱于吾人而独在之造物主,则是宗教迷情所执,非吾儒所谓天道"④。通过上文可知,"内在超越"有着明确的本体(超越者存在性)→内在者、内在者(创造性)→超越者(本体创造性的本质)的形而上学逻辑设定。"内在超越"的实质,是内在者的"内在性"("创造性")根源于"天命之性"(超越性),而"天命之性"(超越性)亦须从内在者的"内在性"("创造性")了解、印证和贞定。由于批评者无法自此内在者→超越的理性认识→实践本体创造性去审视人的超越逻辑,并对此超越意识与超越能力予以同情之理解,就

---

① 方东美:《生生之德》,商务印书馆 2013 年版,第 225 页。
② 牟宗三:《圆善论》,见《牟宗三先生全集》第 22 卷,(台北)联经出版事业股份有限公司 2003 年版,第 323 页。
③ 黄克剑:《百年新儒林:当代新儒学八大家论略》,中国青年出版社 2000 年版,第 203 页。
④ 熊十力:《熊十力全集》第 6 卷,湖北教育出版社 2001 年版,第 554 页。

将此种本属于"心性论"、"境界论"的"内在超越"命题,割裂为自我精神修养与外在假借寄托(宗教实体)的关系。①

基于超越者与内在者"存在性的同一性"与内在者所具"创造性的可能性",可见,中国形而上学的核心设定,即在于此"存在性与创造性之同一"。而西方哲学以及现代的批评者,则要么将存在性与创造性割裂开来,要么否认或怀疑内在者的创造性。

在牟宗三看来,诸如康德将"自由"、"灵魂"、"上帝"等超越者视为一种"设准"(Postulate),否认人类对其的直觉(Intuition)与"呈现",他虽强调人的实践理性,却未肯定人有智的直觉;他不承认人具有大乘起信论所肯定的如来藏自性清净心,或如王阳明所说的良知意义的心,甚至如陆象山根据孟子所说的"本心"。而中国哲学中,依儒、释、道三教的看法,人皆有"智的直觉",良知(儒家),道心(道家),如来藏心、般若智心(佛家),都是"实践理性所呈现的本心"②。这实际上揭示了中国形而上学的超越范式,不同于基督教式的"拯救",而是基于生命创造精神的自我"超越"。所以,"内在超越"合法性的最终落脚点,乃是主体(基于内在心性)超越的方向问题。

天道本体既然是本心"道德信念",且本心又具超越的"智的直觉",那么,实现超越的进路就主要集中在"向内"的道德工夫与道德实践。唐君毅在谈及人心趋向天道的渠道与方法时,也明确:"诚之至也,则吾之一切行为,皆可质诸天地鬼神而无疑,而与天地鬼神之德共流行,为形上精神实在之直接呈现。"③显然,他认为,正是基于本心的创造性、实践性、超越性,肯定借助超越的"体悟法"、"体证法"、"直觉法",人可无限趋近终极的宇宙天道、天理。

---

① 任剑涛认为儒家思想是追求内心道德境界和道德修养的提升,无需假借于外在的、超越的道德实体(实体性的至善)或者宗教实体(天道),正是此意。(任剑涛:《内在超越与外在超越:宗教信仰、道德信念与秩序问题》,《中国社会科学》2012年第7期)

② 牟宗三:《中西哲学之会通十四讲》,见《牟宗三先生全集》第30卷,(台北)联经出版事业股份有限公司2003年版,第90页。

③ 唐君毅:《中国文化之精神价值》,九州出版社2016年版,第314页。

牟宗三曾批评基督教只超越而不内在,"不能植根于人性"。他借助黑格尔所说,批评西方文化是在"肢解破裂对抗中而表现,其笼罩精神为智的、概念的、分解地尽理的。而亲和性则不显。"①与之不同,"中国之文化系统,则自始即握住生命之中心,归本落实而显亲和性。此则以往为内在的、仁的系统。摄智归仁,仁以统智。"这一系统"所透悟之超越普遍者,较合理而纯净,既超越而又内在"②。

他所谓的"内在",就是通过"道德的自觉"而现实"内在的道德性"。此"内在的道德性"即是"人性"通"神性"的"普遍理性",因而是比"外在超越"的理性更高级的能力。他在《历史哲学》中曾说:"此普遍理性之显示,必须在'对列之局'引起困惑时,在一反省的忘缘反照下而显露。对客体之困惑而为批评的反省,则此反省必不是直接纠结于客体之困惑而为具体的搏斗,而是暂为忘缘反照的反省。……在反照中,始能透露'内在道德性'。在此种透露中,须暂剥落一切具体的牵连,而显为一纯粹主体性。故为内在的超越表现也。"③当然,"纯粹主体性"并非由原始生命之天资所呈露的气质才能、艺术的情趣和"浮智的直觉",抑或是经过"理解理性"所训练的理智,而是经"内在道德性"的转出而成就的客观的、理性的精神,或者说在此基础上的"理性客观化"。

这种自我精神的超越与智慧的凝聚,借用西方学者的解释,即是:"人在两种意义上超越其他世界性实存;他的生存丰富性(他的生命深度)超过了存在丰富性和世界上其他实存的生命。还有,因为人超出了物质和形体存在的层次,自身就属于精神实存,所以他胜过其他实存。"④正是因为,"物质世界的

---

① 牟宗三:《历史哲学》,见《牟宗三先生全集》第9卷,(台北)联经出版事业股份有限公司2003年版,第44页。
② 牟宗三:《历史哲学》,见《牟宗三先生全集》第9卷,(台北)联经出版事业股份有限公司2003年版,第44页。
③ 牟宗三:《历史哲学》,见《牟宗三先生全集》第9卷,(台北)联经出版事业股份有限公司2003年版,第423页。
④ [意]鲁伊吉·博格里奥罗:《形而上学》,朱东华、詹文杰译,黑龙江人民出版社2005年版,第64页。

全部价值都充分地被包含在人的精神世界之中",作为一种普遍性、必然性、完满性、永恒性的超越价值自然是"内在"于人的精神之中。把握此点,方知中国哲学纷繁的形而上学体系中,均是以德性实践来沟通形而上者与形而下者。而领会此意,则知中国哲学孜孜以求的精神超越,虽不是认识论意义上主体与客体在事实上之"外在的统一",但却是精神实践论意义上的天人、物我、体用在价值上的"内在的统一"。这种"内在的统一",体现在生命实践的过程中,亦体现在精神观念的获得中。

　　总之,"内在超越"、"超越形而上学"均是在比较哲学背景下,对中国古代哲学实然特征与自洽逻辑的现代阐发。出于文化危机与哲学危机的"忧患意识",它们从其被提出始,即背负着对"外在超越"形态哲学"再超越"的重任和使命——基于此特殊"超越"的品格,回应"拒斥"阵营的冲击,进而论证中国哲学未来转型和新开展的合法性。应该说,在哲学视域中,超越本身首先是主体的自我超越。即便是深受基督教"外在超越"思维影响的西方哲学中,也必须基于主体的超越认识、超越观念,方能获得真正的客观超越。而近代以来,西方哲学已然愈发关注"在人的主体内寻找超越的根据"①。由此,现代哲人肯定中国哲学基于内在德性而实现生命智慧与精神境界的客观超越,是有合理性的。

　　"内在超越"在本质上体现了中国形而上学的"圆教"特点——客观性与主观性、对象性与主体性、超越性与内在性的统一:既肯定存在"真实超越者"——客观的必然的普遍的永恒的形上本体,同时又将其建基在人的"自由无限心"、"智的直觉"能力之上,肯定人"虽有限而可无限",肯定人基于主体性创造可获得"终极价值"。因此,无论是为凸显"超越实体"、"超越存在",而否认人的主体能动性,还是简单以"内向认识""内向修炼"来理解"由内在而超越",都会错解"内在超越",尤其是简单地讲"内在超越"解读为一种纯粹

―――――――――

　　① 耿开君:《"超越"问题:外在与内在》,《中国哲学史》1998 年第 1 期。

的"内向化"、"体验化"、"自得化",也会将中国哲学拖入先验主义、神秘主义泥潭。①

　　当然,从"本体论"的特殊理论设定来揭示此说的"逻辑可能性"与"义理合法性",与从"境界论"维度肯定此说的"现实可能性"与"方法有效性",均不会满足实用主义者对"内在超越"现实效用——无论是科学知识发展、世俗权力建构还是现实民主实践的期待。并且,中国哲学的"内在超越"也并非没有问题,其所脱胎于其中的形而上学确实存在"主观体验性""价值内在性""境界优先性"等问题,是需要调整与规避的。但在规避了这种自我精神体验与自我满足的主观超越问题后,发扬其一般意义上的"主体意志化的超越动力"与"主体能动性的超越范式"②,是可以推动以道德教化和心性修养为内核的儒学乃至中国哲学,参与到新的时代道德文明的建构之中,实现道德社会与良序社会,发挥积极的正面作用。

---

　　① 任剑涛正是从此表象出发,批评"内在超越"仅关注"道德自我在现实中的自我提升",其"超越"中并不存在"对现实的批判性改变"。(任剑涛:《内在超越与外在超越:宗教信仰、道德信念与秩序问题》,《中国社会科学》2012年第7期)

　　② 正如上文所言,牟宗三实际是期望,"内在超越"说可以提供给人一个最低限度"管窥天道的通孔",是对人性之"超越"提供一种"道德的形上学"的道德性意识、理想性目标,更重要的是提供了一种不同于西方哲学的"道德的主体性"(Moral subjectivity)。

第十章 "内在的遥契":形而上学的当代重建

近代开启的"大变局"为中华民族布置了"再造文明"的历史任务,因此,近代以来的一切思想事件与观念之争都可谓与此紧密相关。而如果我们将"中国文化"、"中国哲学"之合法性问题置于此大历史观中审视,就可更好理解"中国形而上学"在哲人们化解"文化危机"与"意义危机"时所具有之特殊地位。因为,其被拒斥或被重建,不仅是一种民族学术形态之存废,更直接关系到中国本土哲学思想资源之存废。而相比于拒斥阵营"以西律中"的简单比附以及否定与驱逐,诸多哲人们在社会改造、文明再造、价值重塑的思想实践中,不断激活并发展"天道心性之学"之优秀思想资源,一方面体现了哲人们在中西比较之背景下,对中国哲学自身的理论特质、思维方式、思想方法、精神观念、价值取向等方面之深刻理解;另一方面也体现了他们对此种学问所寄予的期望。

也即是,在自觉对比西学前提下,既以"形而上学"之名,将传统哲思智慧与理论资源重新阐释、重新整合、重新塑造,以实现本土优秀理论思想学说的哲学化、系统化、现代化;又基于本土传统学术的理论范式、观点主张、认识方法、观念取向、价值理想,以发挥"中国哲学"在新的时代的国族发展、社会建构、文化开展中的主体性、规范性、引导性、批判性功能,助力承继于优秀传统文化血脉的新时期的中国文化之现代转型。

这个任务,由晚清时期的哲人们承领,并持续体现在之后的张君劢、梁漱溟、马一浮、熊十力、张东荪、冯友兰、金岳霖、贺麟的探索中。他们建构的新思想体系,为"科学时代"的文化、社会、人生、知识、意义、信仰等问题提供了各自的理论解释。而这些思想体系,一方面在西学"中国化"和中学"现代化"的双重变奏中,为梳理阐释本土哲学核心资源提供了现代学术范式之接引;另一方面也为在此基础上反省、超越西学范式,实现古代优秀思想的创造性转换提供了有效进路,因而成为中国哲学现代开展之主流,他们的哲学思想也成为"写的哲学史"的主要内容。

但是,此重建"形而上学"的思想运动,在 1949 年新中国成立后遭到了强力遏制。中国大陆明确以马克思主义为意识形态与学术研究的最高原则,尤其在 20 世纪 50 年代以后,大陆学界又受苏联日丹诺夫对哲学史定义的影响,将所谓"两个对子",即"唯物主义"与"唯心主义"的斗争、"辩证法"与"形而上学"的斗争,作为哲学研究的"最具权威性和普遍性的教条"。"凡对一位思想家和一个哲学流派的研究,都要被打上或唯物主义或唯心主义、或'辩证法'或形而上学的标签。而且这种标签又与'哲学的定性'相联系,所以还要对历史上的哲学家和哲学流派作阶级分析,打上或进步或保守或反动的标签。"①因此在 1949 年至 1978 年的一段时期,中国内地(大陆)学术语境中的"形而上学",尤其是"中国哲学"论域中的"形而上学"之研究与推进工作,几近气息断绝。而在同一时期,方东美、牟宗三、唐君毅、张君劢、徐复观等寓居海外、中国港台的华人学者,则继续深入推进中西形而上学比较研究,尤其是方东美、牟宗三、唐君毅均建构了论域宽广、思想深邃的哲学体系。

而之后中国的"改革开放"带来的"思想的解放",亦使得以往"标签式的研究"逐渐被"新的研究范式"所取代,"中国哲学"研究的重大变化即是"回

---

① 李存山:《中国哲学研究 40 年》,见《中国哲学年鉴·2018》,中国社会科学出版社 2018 年版。

归到自身的思想理论特点和民族风格"①。而中国哲学界也初步形成共识:
"中国哲学史并不仅仅是唯物主义和唯心主义、辩证法和形而上学之间的'两军对战'的历史;'对子论'不能概括中国哲学的实际。"②自此以后,中国哲学界开始重新回归学术。而这种"回归"所涉及的主要内容之一,即是作为中国古代哲学思想主体的"形而上学"、"宇宙论"、"本体论"、"心性论"、"理气论"、"道器论"的诸多重释、新论甚至重建、新构。只不过,相较前人面对中华文化"花果飘零"的"焦虑"与"忧患意识"不同,"改革开放"之后成长起来的中国学者,身处经济发展、社会进步、国族富强的新时代,在重拾"民族自信"、"国家自信"与"文化自信"的同时,亦对置身"世界哲学"语境中的"中国哲学"的"地方性"、"特殊性"与"民族性"更加自信。体现在"中国哲学"学科的最新研究中,诸多学者在广泛吸收借鉴马克思主义哲学、西方哲学优秀思想资源的同时,开始进一步凝练中国传统哲学的核心精神、核心观念、核心思维、核心方法,以探索"中国哲学"在新时期的研究论域与可能方向。

在此背景下,作为"西学东渐"以来,"中国哲学"自身转型与现代开展的"原始模型"(牟宗三语),"形而上学"在回归学术本身的环境下得以重新"出场"(李泽厚语)。事实上,20世纪后期的中国哲人,已然自觉接续起重建"形而上学"的任务,李泽厚从早期的"实践唯物论"立场转向阐发中国传统的情感体验,可视为当时之代表。进入21世纪,新一代学者在"专业化"、"专门化"方面持续推进"中国哲学"研究。而相对于出土文献、经学研究、哲学史范式研究等新课题,在新的时代提出并创建自身的哲学理论、哲学体系,"重构中国哲学",才是成为当代中国哲学研究的显著特点。也即是,当代学者开始从"哲学史"研究走向"哲学"创造,一些学者"不再满足于仅仅从事思想史料

---

① 李存山:《中国哲学研究40年》,见《中国哲学年鉴·2018》,中国社会科学出版社2018年版。

② 李宗桂:《传统与现代之间:中国文化现代化的哲学省思》,北京师范大学出版社2011年版,第327页。

的'整理'与'重述'工作,他们尝试通过'哲学史'的研究和梳理、或是在'概念史'的重新理解和阐释中,努力开出一种新的'思想学说'和'理论体系'以及具有生命力、影响力的新的哲学观与哲学史观。"①

这些新的"思想学说"和"理论体系"中,陈来教授主要基于儒家仁心良知传统,将各时期仁学阐发为"仁学本体论"。杨国荣教授秉持传统哲学"理事合一"的核心逻辑建构"具体形上学"。王中江教授受"道家形而上学"影响,重塑经验世界的"关系宇宙观"。胡伟希教授尝试借助"佛家形而上学"资源阐发其"中观哲学"。黄玉顺教授基于"生活儒学"体系阐发了"变易的本体论"。而年轻学者中,丁耘教授在其《道体学引论》书中聚焦于"道体学"思想,杨立华教授在其《一本与生生:理一元论纲要》书中阐发了新的"理本论"思想。

整体上,"改革开放"之后的"形而上学"体系化重建,均直面尚未完成的中国社会现代转型进程中的重大课题,均回到"哲学终极之思"去获取解释、引导、建构"中国特色"现代文化与"现代社会"的理论支持,均广涉古、今、中西的优秀哲学资源,并在新起点融合创新。因此,若将此时期的"形而上学体系化"现象置于近代以来赓续绵延的"形而上学观念"、"形而上学思潮"的视域下,亦可将其视为在新的时期,继续对"中国哲学"的形而上学合法性、必要性之时代课题的再次回应。当然,这种内在的"遥契"与"呼应",同时亦是一种"发展"与"超越"。

以李泽厚、陈来、杨国荣、王中江建构的"形而上学"体系为例,可以发现,在一般性的问题意识、思维方式、思想资源、理论范式等方面,新时代的"形而上学"思想仍以西方哲学、科学为"他者参照",仍秉持"万物一体"的"宇宙论",继承"体用一元"、"道器合一"的"本体论",阐发"天道心性合一"的"心性论"、"境界论"。但是,新时代哲人们更加明确地坚持"现实超越"、"内在

<hr>

① 王中江、姚裕瑞:《曲折、转变与新进展——中国哲学 70 年研究历程回顾》,《社会科学战线》2019 年第 8 期。

超越"原则,始终坚持"一个世界"、"经验全体"、"宇宙整体"的哲学出发点,也即是始终将"生活世界"、"生存实践"、"经验整体"作为"本体论"、"存有论"的唯一认识对象、唯一真实存在、唯一客观实体。与此相关,哲学尤其是形而上学论域的其他重大课题,如"宇宙论"、"本体论"、"存有论"、"心性论"、"价值论"、"道德论"等的研究,亦基于此真实世界而展开。

这些新体系,秉承"中国哲学"悠久的超越传统、形上追求与高明境界,是"天道心性之学"在新时代的创造性转化和创新性发展,亦是"天人合一"、"体用一元"、"理事一元"、"道器一元"等古代哲学独有的思维方法、理论范式、价值视角的全新诠释、阐发与落实。而由于"形而上学"在哲学中的核心地位、基础作用,以及新时代"中国哲学"自身发展对纯粹哲学、基础哲学的理论需求日益凸显,这种更具原创性、思辨性、系统性的中国"元哲学"研究①,以及对文化发展、社会发展、生命发展重要问题的一般性、普遍性解释,显然相比于在知识论、伦理学、政治哲学方面的研究,更能契合"中国哲学"的精神传统、内在气质、价值观念。所以,这些新理论、新思想,彰显了"中国哲学"日益明确的主体性自觉,体现了当代哲人解释新的时代国族、社会、文化重大问题的自觉意识、理论水平、学术担当,不但凸显了"中国哲学"在新的时代的创新发展逻辑与"形而上学"之间的密切关联,亦为"中国哲学"的未来开展,提供了体系示范、理论启示、问题意识、讨论空间。

第一节 从"实践本体"到"情本体"

李泽厚(1930 年 6 月 13 日—2021 年 11 月 2 日)之所以可视为新时期重建"中国形而上学"之代表人物,是因为他较早就依据马克思主义哲学,重新

---

① 干春松教授在探讨杨国荣教授的"具体形而上学"时,也认为现代哲人们对"元哲学"问题的讨论,体现了一种"哲学观上的革命"。(干春松:《具体的形而上学:尝试与限度》,《哲学动态》2013 年第 5 期)

提出了马克思主义哲学与中国哲学融合创新语境中的"本体"和"本体论"问题。早在 20 世纪 60 年代,李泽厚就提出"人类学历史本体论",其一方面是"马克思哲学的新阐释",另一方面又是"中国传统哲学的延伸"。此时期,他将"使用制造工具的人类实践活动"(亦即以科技为标志的生产力)为核心的社会存在命名为"工具本体"①。

20 世纪 80 年代,他提出著名的"西体中用"说,其中"体",即取古代哲学中的"本体"之意,而内涵则是指包括物质生产与精神生产在内的"社会生产方式和日常生活",即是将社会存在的整体视为唯物史观强调的真正本体。同时,他还区分此"存在本体"与古人的"心理本体"或"本体意识",认为后者并非真正的哲学本体。②

之后,他发现,随着生产力的发展,人的自由时间增多,精神世界支配、引导人类前景的时刻将来临,因而"心理本体"('人心'→'天心'问题)将取代"工具本体"。这种思路的转变,是"包含、融化了马克思主义的中国传统的继续前行",是"中国传统某种具体的'转换性创造'"。进而他提出了"情本体"说。

整体上,李泽厚阐发其本体论思想时,客观形成"相互区分又彼此勾连的错综关联,构成了既有空间层次差别又有时间先后次序的复杂结构"③,因而也被学界称为"本体差序论"④或"多本体论"。

一、"实践本体"与"存在本体"

李泽厚在思想早期聚焦美学问题研究时,肯定实践在审美过程中的根本

① 李泽厚:《人类学历史本体论》,天津社会科学院出版社 2008 年版,第 6 页。
② 李泽厚:《中国现代思想史论》,三联书店 2008 年版,第 349—350 页。
③ 刘悦笛:《从"人化"启蒙到"情本"立命:如何盘点李泽厚哲学?》,《中华读书报》2012 年 1 月 12 日。
④ 具体参见钱善刚:《本体之思与人的存在——李泽厚哲学思想研究》,安徽大学出版社 2011 年版。

作用,也即是为审美主体与审美对象以及二者关系得以可能提供了"本体论承诺",使得其美学思想超越了"心—物"二元对立的"反映论模式"。而受马克思主义影响,他将此"实践"主要理解为制造和使用工具的物质实践,同时也明确肯定物质生活世界的客观性、基础性、本源性,所以其"实践哲学"在某种程度上即是主张一种"物质的本体论"与"实践的本体论"。

此"实践的本体论",所肯定的最本根、最基础的物质生活世界,并非某种"先验的实体世界",亦非所谓的"本然世界"——非人化的自然界,而是指人化的自然,生活的世界。显然,最高的存在本身完全基于人的生存实践而展开,因此,其"实践的本体论"本质是"主体性的实践本体论"。而"本体论"的实践规定性,同时亦明确了作为哲学本体,其本质是经验的,也是动态的、过程的,是在历史中展开的。因此,这种"实践的本体论"又可称为"历史本体论",也即是,他将人类学意义上的社会存在与日常生活之过程本身视为本体。但同时,"实践的本体论",也将"使用—制造工具的人类实践活动"视为"人活着"的现实基础,因此,"实践本体论"又可称为"工具本体论"。

不过,李泽厚的"使用—制造工具"的本体地位,并非"科技—生产工具"决定论。事实上他也始终自觉规避"科技决定论"倾向①,而视"工具本体"仅是形而上学视域下的一般性"哲学提示",强调"使用—制造工具"仅是具体历史进程于社会变更的必要条件而非充分条件。而基于"工具本体"展开的"历史本体",也并不是"理式"、"观念"、"绝对精神"、"意识性体"等抽象物,而只是人的日常生活本身。

显然,李泽厚并不是讨论某种"本体生成论"、"宇宙本根论"或"宇宙生成论"之类的形而上学,其所理解的本体,不过是人类社会存在与创造得以可能的现实基础、理论依据。所以,虽然在哲学超越视域,需要对宇宙存在本身划

---

① 事实上,李泽厚同时又阐发"制造——使用工具"的分寸——"度"的本体性。作为"实践—实用"中的秩序,"度"是客观的规则,但同时充满不确定性、非约定、多中心、偶然性。(李泽厚:《人类学历史本体论》,天津社会科学院出版社 2008 年版,第 66—67 页)

分"体"与"用",但其并非西方哲学那种区分"现象—本体"的"Ontology",而是中国哲学之"体用合一"、"道器合一"的"体用论"。正如他所明确的,所谓"体"指本体、实质、原则("body"、"substance"、"principle"),所谓"用"指运用、功能、使用("use"、"function"、"application")。显然,按此"体用论",具体维度的物质存在、个体生存、社会存在与抽象维度的文化成果、知识系统、精神产品,均是此现实的物质世界以及在此基础上的生存实践的产物。而按照本质基础与现实运用的理论区分,自然可说前者为"用",后者为"体"。

不过,李泽厚对于本体范畴的界定,是随着不同维度的问题所变化的。在认识维度,他区分实践改造的世界即"人化世界",与"总体存在的人与宇宙共在的本身",前者是人类在生产、生活实践中所认识、改造、利用的自然环境与社会环境的全体,后者则包括前者,是包括"人化世界"与"本然世界"在内的整个现实宇宙本身,两者均可在不同维度充当本体角色。而在讨论社会文明得以可能的根本基础时,他又将"社会存在"视为本体。如在 20 世纪 80 年代末至 90 年代,阐释其"西体中用"说时,他主张重新界定"体"、"用"范畴的含义,并说:"今天使用'体'、'用'范畴,要加以明确的规定。我用的'体'同样别人不同,它包括了物质生产和精神生产,我一再强调社会存在是社会本体。……社会存在是社会生产方式和日常生活,这是从唯物史观来看的真正的本体,是人存在的本身。"①之后,他谈及社会本体论时,仍然坚持"体"应该指"社会存在的本体",即人民大众的衣食住行、日常生活,认为其才是任何社会生存、延续、发展的根本所在。可见,他依然坚持《批判哲学的批判》书中所设定的"制造—使用工具"的"体用论"逻辑,将"工具本体"、"实践本体"本身视为人类社会得以存在本体。总之,无论在不同时期的哪种表述,他对所谓形而上本体的基本属性的设定均是一致的,即是始终基于客观的、经验、整全的宇宙与现实的社会存在本身去探讨作为本质、基础的超越本体。

---

① 李泽厚:《中国现代思想史论》,三联书店 2008 年版,第 355 页。

李泽厚的形而上学思想在之后发生了变化。在他看来,之前的"实践本体论"、"工具本体论"、"社会本体论",是为古代农业社会向现代化的工业社会转型所提供的"本体论承诺",而随着中国社会经济飞速发展以及现代化建设的基本完成,其之前的理论已经不能适应对新的时期、新的现实的超越解释的要求。而作为1984年提出的"建立新感性"主张之落实,他开始思考在客观物质需求得以满足后,何者为人与社会存在的最根本的问题,并转而主张:"精神世界支配、引导人类前景的时刻将明显来临。历史将走出唯物史观,人们将走出传统的'马克思主义'。从而'心理本体'('人心'—'天心'问题)将取代'工具本体',成为注意的焦点。"作为哲学研究之新"焦点",此"心理本体",实际也类似于在《中国古代思想史论》中所提出的"文化—心理结构",本质属于精神观念维度的哲学范畴。

这种"文化—心理结构",在理论上是"普遍性的情感积淀和本体结构",但在形式上却体现为生命个体对现实世界、社会实践、文化创造的"感受、把握和珍惜"之类的情感、理解与认识。显然,此种"心理本体"不过是"实践本体"、"存在本体"这类第一性客观存在的主观反映,是第二性的存在。李泽厚也强调,此种本体并非古代哲学的绝对精神、先验良知、先天观念,而是基于第一性的客观本体产生、发展、变化的精神存在。并且,这种"情",并非一般性的精神表征与指向,而是自我精神感触与情感领会的主观感受。每一个人的生存实践均是独一无二的,随之获得的感受、理解等情感也是独一无二的,而他们均可为"人类心理本体的建构和积淀"贡献力量。

二、"情本体"

至此,李泽厚不但搁置了客观的社会存在与实践等本体,也明确针对中西哲学中的"性"、"理"、"天"、"Being"、"上帝"、"五行"等理性实体,提出以"主客合一"、"天人交会"的"情"、"乐"为本体。可见,此"心理本体",虽是社会历史"积淀"之产物,但其主要内涵,却从客观的生活实践、现实经验内化为主体自身的,包括性情、直观、独感、本能在内的精神活动。

而之所以赋予其形上定位,在他看来,是与中国古代"形而上学"之悠久传统相一致的。古代哲人,"在感性世界、日常生活、人际关系中去寻求道德的本体,理性的把握和精神的超越。体用不二、天人合一、情理交融、主客同构,这就是中国的传统精神"。因此,中国文化也可称为"乐感文化","乐"乃是中国人的"文化—心理结构",在中国哲学中实际具有本体的意义。①

儒家的"仁"是为"作为历史积淀物的人际情感",是一种"具有宇宙情怀甚至包含某种神秘的'本体'存在"。这样,"仁本体"是即现象而超现象的"以情为体"。宇宙观也变成"有情宇宙观"是"使人屈从于以权力控制为实质的知识/权力的道德体系或结构",因而是本质上某种"理"(宇宙规律)、"欲"(一己身心)交融的"情本体"②。

他还说:"孔学的一个基本特征,在于塑造人性心理,……这'人性心理'主要应是某种'情理结构',即理性(理智、理解)与情感(情绪、情欲)的各种不同程度、不同关系、不同比例的交融结合,亦即建筑在自然性的动物生存的生理基础之上的'人化的情感',……所以,不是天本体、气本体、理本体、心本体、性本体,而是'情本体'才是儒学要点所在。"③基于此种特殊的本体设定,他明确批评宋儒程颐、朱熹的"理本体"、"性本体"存在"不近人情",陆九渊、王阳明"心本体"则容易以"欲"为"性","以欲为情"。而孔子所创发的儒学之"情本体",乃是"理性渗入情感中,情感以理性为原则"的"情理结构"。

所以,在论及"情本体"时,他也强调,此"情"不过是"性"(社会道德)与"欲"(精神本能)之多种多样、不同比例的配置和组合,其在社会存在中生成,同时又反作用于社会存在。可见,"情本体"并非纯粹精神或主观创造物,而是在"人类与宇宙协同共在"的经验场域中,基于人的特殊理性能力、感性能

① 李泽厚:《中国古代思想史论》,三联书店 2017 年版,第 288—289 页。
② 李泽厚:《人类学历史本体论》,天津社会科学院出版社 2008 年版,第 17—22 页。
③ 李泽厚:《论语今读》,中华书局 2015 年版,第 47—49 页。

力所形成的,反映经验存在的,以主客合一为内容的精神观念,是本来就在"伦常日用之中"所形成、发展、变化的精神范畴。

对于人之生命存在而言,此"协同共在"的宇宙既是生命的场域,又是万物共在的生化全体。而作为哲学本体的"情本体",正是对这现实宇宙之"生"、之"法",以及由此所体现的秩序之"美"的超越概括与总结。自此言,所谓"情"亦有宇宙生化本身的根本"理"与终极之"道"的含义。但根本上,他是基于人的认识理性、审美理性、价值理性来凸显这个作为"生存场域"的经验世界本身与主体认识"性能"的"交互心理"的超越地位。这种本体乃是一种"共在"之产物,也即是,人在"自由直观的认识创造、自由意志的选择决定和自由享受的审美愉悦中,来参与构建这个本体。所谓本体即是不能问其存在意义的最后实在,它是对经验因果的超越。离开了心理的本体是上帝,是神;离开了本体的心理是科学,是机器。所以最后的本体实在其实就在人的感性结构中。"①

李泽厚认为,只有这种本体论设定,也即是,只有将本体置于生存宇宙与人感知能力的"交感互通"之中,才能避免西方哲学"天人二分"、"心物二元"的思维困境。"'道在伦常日用之中'才不是道德律令、超越的上帝、疏离的精神、不动的理式,而是人际的温暖、欢乐的春天。它才可能既是精神又为物质,是存在又是意识,是真正的生活、生命和人生。"②但是,随即带来的问题却是,本质为主观感受与情感体验的"情本体"极容易流为不可公度的主观经验,而失去通常形而上的本体所应有的超越性、普遍性、必然性等加持。事实上,他亦也承认:"这个'情本体'即无本体,它已不再是传统意义上的'本体'。这个形而上学即没有形而上学,它的'形而上'即在'形而下'之中。……'情本体'之所以仍名之为'本体',不过是指它即人生的真谛、存在的真实、最后的

---

① 李泽厚:《该中国哲学登场了?》,上海译文出版社 2011 年版,第 71 页。
② 李泽厚:《该中国哲学登场了?》,上海译文出版社 2011 年版,第 72—73 页。

意义,如此而已。"①

这是因为,李泽厚在后期谈到"形而上学"时,明确持"哲学类型观"之立场,认为"最根本的、是仍然还有广义的形而上学。广义的形而上学,恐怕是人类心灵的一种永恒追求,是对人生的意义、生活的价值、宇宙的根源……的了解与询问,这既是理智的,也是情感的追求"。② 此"广义的形而上学",是针对古代中西哲学以思辨的、分析的、超验的方式讨论并设定本体的那种"狭义的形而上学"(即"metaphysics"、"ontology",笔者注)。

也即是,他认为,中国的形而上学的当代转向,应该以现实生命存在为对象,以人的精神领会、精神感受为主要进路。其理由是,20世纪西方主要哲学家正是将"形而上学"之超越视域从理性的、思辨的、绝对的东西,转到"生活"、"生命"上来。他强调:"这个变化是非常有意义的,是很根本的。这就是说,追求狭义的形而上学的那种思辨的智慧,已经过去了。"③尤其是,中国哲学从未以此种"狭义的形而上学"为主流,而以"对人的生活价值、意义的追求"为核心的"广义的形而上学",则始终是中国哲学之主流。④

而"广义的形而上学"将对象归为"人生的意义、生活的价值、宇宙的根源",将进路规定为"理智"与"情感",显然正是接续中国哲学"穷究天人之际",以"天道人道"为核心的致思理路。在古代哲学中,不同形态的形而上学对"形而上者"如"天"、"道"、"有"、"无"、"心"、"性"、"气"、"理"等范畴的讨论,一方面是提供对宇宙本根、本质予以解释与描述的"存在的形而上学",另一方面则是将形而上者寓于器物世界、生活世界之中,从而将终极价值、终极信仰拉回到现实生存实践本身。因此,"中国形而上学"最终必然呈现为体

---

① 李泽厚:《该中国哲学登场了?》,上海译文出版社2011年版,第75页。
② 李泽厚:《该中国哲学登场了?》,上海译文出版社2011年版,第1页。
③ 李泽厚:《该中国哲学登场了?》,上海译文出版社2011年版,第3页。
④ 在李泽厚最新出版的《人类学历史本体论·存在论纲要》书中,他也明确认为中国哲学本无"Metaphysics"、"Ontology"那样的"存在论"、"本体论"。(李泽厚:《人类学历史本体论·存在论纲要》,人民文学出版社2019年版)

现生命智慧、存在价值、审美观念、境界取向的"价值的形而上学"①。

事实上,在李泽厚看来,他所谓的"广义的形而上学",正是中国哲学传统之"价值的形而上学",其相比于西方哲学之类型而言,又可称为一种"后哲学":与西方哲学擅长之思辨进路、逻辑进路、分析进路,以确定性知识为目标的理论范式不同,中国哲学乃是"以生活为基础"的道德实践、精神体悟、价值领会,是以理想性存在为目标的智慧言说。

但是,李泽厚并没有坚持儒家的天道下贯而成的"仁本体"所凸显的先验性、必然性、一般性,反而强调"情本体"这种"理性的神秘"本身并不永恒具有普遍性与绝对性,而是"必然直接具体地受制于特定的时代和社会","随着时代、社会的变化,材料和手段的变化",这种"情本体"也在变化。显然这种"经验性"的变化,会缺少一般性、稳定性、普适性,因而影响到"本体"自身的定位。因此,陈来在评价李泽厚之"情本体"时,虽赞同中国当代哲学所关注的首先应当是"对中国人生存历史及经验的总结和提炼",但也批评李泽厚将此"人与世界共在"的生生过程过于经验化、世俗化,没有剔除现实生命演化之"偶然性"。

第二节 "仁学本体论"

陈来在中国古代哲学尤其是宋明理学的研究中,确立了对古代儒学的形而上学的核心概念与核心观念的基本解释范式。而在哲学史家向哲学家转变的自觉中,他所建构的"仁本体论",除了重释重塑古代儒学的诸多核心概念与核心观念,以形成一新的本体论理论系统之外,还传达出一个中国哲人,通过重建儒学本体,以捍卫"中国形而上学"之特殊性与合法性的内在诉求。

---

① 李泽厚自觉建构了一种不同于西方"Metaphysics"、"Ontology"的"审美形而上学"。刘悦笛也认为,在李泽厚的哲学架构里,"审美形而上学"体现了"中国哲学智慧最高级的那层境界"。(刘悦笛:《研究中国哲学,李泽厚始终走着"自己的路"》,《北京晚报》2020年10月2日)

因而,在阐释其哲思时,他对中西古今的形而上学尤其是代表性的哲人如斯宾诺莎、怀特海、海德格尔等,以及梁漱溟、熊十力、冯友兰、李泽厚等,均有评判与超越。

陈来认为,西方哲学那种思辨的逻辑的论证的方式并不完全适用于儒学。尤其是形而上学,更应该采用一种"描述"的"提纲挈领"的方式。体现在《仁学本体论》一书中,他分十二章:"明体第一"、"原仁上第二"、"原仁下第三"、"仁体第四"、"道体第五"、"天心第六"、"万物一体第七"、"生物之心第八"、"生气流行第九"、"心本实体第十"、"情感本体十一"、"仁统四德十二"。每一章均主要基于儒家传统形而上学的思想资源、命题概念、理论架构,并通过全新的阐释、说明,以描述儒学"仁本体"客观具有的形而上之品格以及理论表现。

陈来自述其宗旨,是"将古往今来之儒家仁说发展为一新仁学的哲学体系",亦自觉其"仁学本体论"乃是李泽厚所言的"广义的形而上学"。其主要目的,是将历史上不同时期的仁学论说,加以系统化,进而超越化、实体化、形上学化,以将诸多仁学论说,归摄于"仁本体"之上,因而也被称为"哲学史化的哲学"(丁耘语)。换句话说,其《仁学本体论》一书根本是揭示一种儒学思想世界中"仁体在历史上的显现"轨迹,是基于仁学"观念史"的视域进行的"本体论"建构。因此,"仁本体论"必须于"仁学观念史"或"仁学哲学史"的史料梳理、思想承载、理论阐释等前提下,方可呈现自身的理据,方可理解其意义。

一、以"存在总体"对形而上学的真正对象

陈来之所以重建"本体论",乃明确针对"拒斥形而上学"的错误思潮。他认为无论是"对世界做整体的把握"抑或"价值观的确立",均需要"形而上学"做基础,因而,"不能抽象地反形而上学,而是把形而上学与人的价值、人的实践、具体的生活世界联系起来,对其存在和意义作整体上的说明。"[1]但在

---

① 陈来:《仁学本体论》,三联书店 2014 年版,"绪言"第 4 页。

科学时代,古代"形而上学"对于基本质料、因果条件、最终动因等传统问题的研究,已经被"科学知识"以及"科学的宇宙观"所替换,超绝经验之外的某种独立实体、潜在可能也不断被科学所拒斥。新的时期,哲学若仍致力于"形而上学"研究,必须直面科学之挑战,通过研究对象的合法性而自证自身的合法性。

在他看来,哲学研究尤其是中国哲学的研究,只有对"作为过程之流的宇宙的变动不居的场景"做超越反思,也即是"回到全体存在者构成的生成与绵延的全体,这个存在总体"①,才能找到形而上学真正的对象②。显然,作为对象的"全体存在者"抑或"存在总体",虽具有不同于形而下器物的普遍性、一般性、必然性,但作为哲学视域中的超越存在,却并不隔绝于现实存在世界之外,即作为存在的"全体"与"总体"的世界,本身即是现实的经验世界、现实的存在世界。

在他看来,西方哲学与中国古代哲学的"宇宙论"、"本体论"总是将某个存在物作为最高的本源和基础,进而将其视为生化万物之"本根"、"本源"。而"仁本体论"虽确立"仁本体",并明确肯定其实体、实在属性,但其却是基于儒学"天人不二"、"体用不二"、"道器不二"的传统形而上学逻辑,通过现实世界本身去揭示并确立形而上的本体。"仁本体"虽是实体,并亦可被视为一切器物得以存在的终极的条件、根据与基础,但其并不与现实脱离,而是既与经验现实相区别,又与其相统一。因此,"仁本体论"反对将经验万物视为虚幻不实的"派生物"或"影像",既肯定本体是真实的,又肯定经验世界、器物世界本身是真实的。

同时,作为超越本体的"仁体"与万事万物之间,并非"本根生成"或"本源生成"式的关系,相反,二者是有机统一的。"仁本体论"本质是一种"体用一元"、"道器一元"的"体用论"式的形而上学。同时,此"仁体"作为实体,既是

① 陈来:《仁学本体论》,三联书店2014年版,"绪言"第4页。
② 陈来:《仁学本体论》,三联书店2014年版,"绪言"第6页。

"本体论"的"存在本体",亦是"宇宙论"的"生化本体",是"设立世界存在、关联、生生与运动的根源,此根源不是宇宙发生之义,故本体非第一推动者。而是宇宙时时而有、永不枯竭的内在根源。此本体与世界非一非二,即体即用,本体自身是生生不止的,现象大用亦是生生不息的。"①因此,其"仁本体论",乃是"以仁为本的本体论—宇宙论"。

在此"本体—宇宙论"中,"仁本体"主要是"生生之理",是"活动流通的内在动因,是宇宙活动力的动源,是生命里的源泉。"自此而言,"天之生生不息,命之流行不已,化之聚散隐显,都是'仁体'。'仁体'便是道,道体无内外,无始终,直立天地,贯通内外始终而成为一体。"②简言之,"仁本体论"主张以下几点:"一,仁为本体,是万有之本,二,仁本体是流行统体,三,仁本体是生生之源,四,人本体是人与万物为一体。"③这样,"仁本体",就与 Ontology 那种在超离、超绝经验、现象、实际的意义上讨论作为终极存在的"本体(noumenon)"截然不同。

二、"生生之仁"与"万物一体之仁"

将"仁体"确立为"形而上学的实在",首先是确立"仁"的实体地位。陈来认为,"中国哲学所说的实体一般是就天地造化而言的,是一个宇宙论的概念。同时,此实体,亦指天地变易流行的总体。"④这样,其"形而上学"思想也必然关注形上实体本身的"发用"与"流行",即其与天地万物的内在关系。所以"仁学本体论"除了在"本体论"的维度确立形而上的仁体,还从"宇宙论的维度",阐发其"造化"功能。

---

① 陈来:《仁学本体论》,三联书店 2014 年版,第 12 页。
② 陈来:《仁学本体论》,三联书店 2014 年版,第 43 页。
③ 陈来:《仁学本体论》,三联书店 2014 年版,第 68 页。
④ 陈来:《仁学本体论》,三联书店 2014 年版,"绪言"第 19 页。

(一)生生之仁

陈来认为,古代不同时期的儒家哲人,无论是从仁心、德气、仁爱、天心、天意去阐发宇宙实体,抑或是宋明时期广泛使用的实体、道体、太极、心体,均是从宇宙生化流行的"本源全体"去阐发实体,这些实体的本质,就是"仁体"。他指出,自"仁"乃宇宙生机之最终依据言,"仁"即宇宙生生之理、生生之道,即是宇宙得以存在之终极本体。在儒家哲学中,"仁"在宇宙存在上的体现便是生生,生生便是"宇宙之仁"。同时,"宇宙之仁"又是"人世之仁"的根源与本源,就是形而上之本体。在他看来,汉儒已经用"好生"来释"仁",宋代儒者更将"仁"与"生"联系起来,将其作为生生的宇宙的基础,自此以后,"以生论仁"成为儒家"仁学"之主要传统。

陈来说:"仁体论认为,天地氤氲,万物化生,创造不已,宇宙即连绵不绝的生生之流,万物皆长养于生机之中,万物同秉此生机以为自性,而宇宙乃为一生生大流,宇宙处处生趣洋溢、生意流行。而这一生生流行即是仁。"[1]从此"仁本体"发展出来的,现实的存在全体与宇宙中的万事万物,共同构成充满生机的、创造的、和谐的有机整体,彼此之间亦是相互联结、相互作用、相互转化,共同构成"仁学的宇宙"。因此,从"仁本体论"来说,"仁"就是这个宇宙的生生之理,是宇宙"活动流通的内在动因,是宇宙活动力的动源,是生命力的源泉。"[2]有此"仁本体",包括自然、社会、各种生命体在内的整个现实宇宙才能共同聚集并生生不息地变化不居,发展演化。

"仁本体"之生生能力,源自其自身的力量。陈来借用熊十力的"本体论"中的"翕"、"辟"两范畴,认为,事物中有"翕"有"辟",二者乃是相反的力量,二者共同作用,相反相成,宇宙才既有凝聚静止之物,又有变动与消散,因此二者之作用与平衡乃是"仁体"之规定。所以,他强调:"翕主关联、辟主独立。

---

[1] 陈来:《仁学本体论》,三联书店 2014 年版,第 38 页。
[2] 陈来:《仁学本体论》,三联书店 2014 年版,第 42 页。

翕,聚也,合也,合同协调皆为翕之事。辟是离散、消耗、个体化。一体是翕,离散是辟,皆宇宙大仁之体现。"①但同时,他与熊十力以"辟"为主不同,主张"翕即是仁在宇宙的表现"。由此仁以聚合之"翕"为根本时,就与仁体被规定的"生生"之本质具有某种张力。②

"仁本体"正是基于自身的生、灭能力,才有资格称为"存在全体"之形上本体。同时,"仁体"内在于现实的万事万物而为其超越主宰,而人心又具"知觉灵明"之能力,因而"仁体"即内在人心。人得天地之气为形,得天地之理为性,得天地之心为心,这样,人心即是"仁心",但陈来也明确提醒,"仁本体论",必须以"仁"为本体,而不是以"心"为本体。"仁体"必须从"存在全体"、"功用全体"去把握,仁之生生,以及宇宙整体之生化流行,并不是从宇宙之自然生命说,因而,"仁本体"绝不是所谓的宇宙精神、宇宙心灵,自然亦非混杂感性、本能、情感的人心。

(二)万物一体之仁

"仁本体"能生化万物,自然可谓超越的实体。但同时,陈来又强调,理解此"仁本体",虽可从实体来说,但却应知此实体并非独立于现实的存在世界之外。也即是,作为超越的实体,其根本是乃与天地万物共为一体。可见,陈来基本借鉴了熊十力对超越本体的实体化设定,而与冯友兰对理本体的逻辑化、境界化之设定不同。

在陈来那里,这种"仁本体"与天地万物的"一体",并非一种纯粹之精神境界——将自己和宇宙万物看成息息相关的一个整体,把宇宙的每一部门都看成和自己有直接的联系。因为,这种精神境界意义上的"万物一体",根本是一种精神"气象"与"信念",其在哲学上虽也是形而上学的,但主要是"境界

① 陈来:《仁学本体论》,三联书店 2014 年版,第 65 页。
② 丁耘对此有相关讨论。参见丁耘:《哲学与体用——评陈来教授〈仁学本体论〉》,《哲学门》总第三十一辑,北京大学出版社 2015 年版。

论"的。而基于"本体"的生生原理,万事万物的终极依据即是"仁本体",且此"仁本体"并非外在于万事万物,而是万事万物的一体、整体本身即是"仁本体"。所以从"宇宙论"、"本体论"而言,"仁本体"与万事万物的同体,并非仅是从"境界"上说,而是从"存在"上说,从"实在"上说。

陈来强调:"吾人所说仁为本体,特强调仁的'一体'义,亦即一体的本体义。一体亦是整体,世界万物的一体即是仁,宇宙万有的一体即是仁,故万物一体即是仁体,即是本体。此一体既是整体,又是关联共生的整体,指整体内各部分各单元之关联共生,即此便是仁体,便是本体。"①显然,此种"一体"是包括万事万物在内的"存在整体"本身内在的、有机的"一体",而非一种僵化静止的实体或外在堆砌的杂多的总和。他指出:"事物与关系共同构成一体共生共存便是仁。"②以及"万物一体之一体,内在包含了万物有机关联的思想"③,均是此意。可见,所谓"仁本体",只是对宇宙生生一体的"整体性"的哲学表述。

陈来认为,"仁学本体论"以及"仁学宇宙论",必须建立事物的相互关联,必须建构一个与他者关联的共同体。在"本体论"维度,"万物一体",主要是从天地万物源自"一体之仁",肯定万物由本体所建立之关联。而在"宇宙论"上,以"一体"论"仁",则是肯定宇宙万事万物本身内在关联的有机整体。即"一切物体皆有其关系的对应物,彼此相互连接和作用,以实现生存。物体间的互相作用和依存导致互利共存"。可见,"万物一体"是从形而上视域的存在整体上说"仁","一体共生"是从现实宇宙的彼此关联的活动性、有机性说"仁"。

"一体共生"作为"本体论—宇宙论"的本然性解释,在现实世界尤其是现实生存实践中,设定了一种应然的实践原则与判断准则。也即是,既然"一体

① 陈来:《仁学本体论》,三联书店 2014 年版,第 30 页。
② 陈来:《仁学本体论》,三联书店 2014 年版,第 31 页。
③ 陈来:《仁学本体论》,三联书店 2014 年版,第 65 页。

共生"为仁,那么以此审视万事万物的关系,尤其是人类社会的关系,就应秉持人与自然、人与人互相关联,和谐共生之观念。这一方面,"是从仁的存在论或仁的本体论角度看,人的存在本质不是个体的独自生存,人的存在本质必定是人与人的关系"。另一方面,是天(宇宙论)与人(道德论)相贯通之逻辑,通过宇宙生生不息、万化一体之仁为现实的道德关系提供本体依据:"由于仁学的一体是从面对他人出发的关爱,是从关爱他人出发,而最后达到的一体,因此这种一体不会抹杀他人。也不会以同一和总体抹杀他人,反而把关爱他人和注重一体有机地联结在一起。"①

总之,"仁本体"的内涵主要有两义:"生生之仁"与"一体之仁"。"仁本体论"既是"本体论—宇宙论",亦是"本体论—境界论",也即是,从本体的意义上,万物存在的不可分整体即是"仁体"。而视万物为一体,亦是一种"境界的意义"。由此,陈来强调其"仁本体论"已经超乎古代哲学史中"理学"与"心学"的对立,以成一种价值上的"仁的一元论"。

这是因为,"仁本体论"秉持儒家"道德的形而上学"的核心理路,始终坚持"高明而道中庸",坚持"天道人伦相贯通"。从形而上学言,超越的"仁本体"并非独立于现实的人伦世界,而恰恰是在宇宙万物生化不息、和谐共存的现实进程中,方能证显"仁本体"。因此,形而上与形而下、本体与功用、天道与人道、天理与人伦乃是"体用一元"、"即体即用"的关系。这表明,"仁"虽是最高实体、最后实在,"生生之仁"与"一体之仁"虽为宇宙最高原理,但其却根本落脚在价值、伦理、道德的领域,以发挥终极关怀的作用。正如陈来所说,"仁学本体论"的建构,既是面对儒学现代重建的形而上之理论需要,也是面对中华民族复兴时代重建儒学或复兴儒学的需要。

---

① 陈来:《仁学本体论》,三联书店 2014 年版,第 83—84 页。

第三节 "具体形而上学"

杨国荣认为,"形而上学"是对存在本身的"沉思和领悟",而对存在的思考又是哲学的基础问题,因此,"形而上学"始终是人类无法回避的课题。面对"拒斥形而上学思潮",他提醒说:"'形上学'这一概念有两重意义:一方面体现了中国哲学'形而上者谓之道'观念;另一方面体现了西方哲学 meta—physi 的内涵,'形上学'兼涉以上两个传统。"所以,应全面考量"形而上学的合法性问题"。

在他看来,西方哲学的"Metaphysics"在古代被引向了某些"特定的存在视域",如"实体"、"属性"、"自由意志"、"时间空间",以及构造各种"超验存在图景"[①],造成"形而上学"或者等同于追问某些具体认识对象和知识领域的"特定的知识",或者导向"以虚幻的方式构造存在的图景"之类的"思辨的虚构"。而中国古代的某些"形而上学",同样存在此类"超绝"现实,去建构外在实体的错误。

而超越此类"形而上学",实际也意味着哲学步入"后形而上学时代"。但中国哲学在这个时代的任务,却并不是拒斥或消解一切"形而上学",而是在规避中西哲学史"旧的形而上学"的前提下,重新建构"后形而上学时代的形上学"。为此,他明确了基于"二重超越"的形而上学立场:一方面,联系"人自身存在"考察世界、从"过程"中思考"存在"、即"器"言"道",由此走出传统形而上学;另一方面,超越实证主义对形而上学的全面否定,亦即扬弃离"道"而言"器"[②]。为此,他"努力复兴宋明理学的哲学传统,会通儒道释,同时吸纳

---

① 杨国荣:《存在之维——后形而上学时代的形上学》,人民出版社 2005 年版,"导论"第17页。

② 杨国荣、方旭东:《学术进路与哲学之道——杨国荣教授访谈》,《杭州师范大学学报(社会科学版)》2021年第 2 期。

康德、黑格尔、海德格尔等人所代表的现代西方体系哲学中的形上学的、历史的和存在论的进路"①,建构了"具体形而上学"的哲学体系。②

在此过程中,杨国荣一方面坚持哲学的"普遍性品格",另一方面又自觉"基于中国哲学的深厚传统",并"体现中国哲学的个性特点"。他的哲学思想主要体现在《存在之维——后形而上学时代的形上学》(再版改为《道论》,笔者注)、《伦理与存在:道德哲学研究》、《成己与成物:意义世界的生成》、《人类行动与实践智慧》、《人与世界:以事观之》五部著作中。而作为基础与核心的,则是作为"形而上学"专著的《道论》。在该书中,他的"形而上学"思想,聚焦现实存在本身,明确肯定了作为哲学本体的存在的"统一性"、"具体性",从而呈现出基于中国哲学的"道器合一"、"理事合一"、"体用合一"等主流观念去推动"中国形而上学"现代开展的研究特点。

一、"抽象的形而上学"与"具体的形而上学"

作为重建"形而上学"的观念前提,杨国荣区分了"形而上学"的"抽象形态"与"具体形态"。前者以抽象的思与辨为进路,"往往或注重对存在始基的追求、以观念为存在的本原、预设终极的大全,或者致力于在语言的层面建构世界图景;在这一维度,形而上学固然呈现传统形态与现代形态、实质与形式等区分,但同时又表现出某种共同的趋向,即对现实存在的疏离"③。在《伦理与存在——道德哲学研究》书中,他还说:"抽象形态的形而上学往往或者注重对存在始基(原子、气等质料)的还原、以观念为存在的本原、预设的大全,或者致力于在语言或逻辑的层面作'本体论的承诺',以上进路的共同趋向是

---

① [德]梅勒:《"情境与概念"——杨国荣的"具体形上学"》,《社会科学战线》2014年第9期。

② 郁振华教授也强调,杨国荣的形而上学思想,还受到金岳霖与冯契哲学的影响。(郁振华:《具体的形上学:金—冯学脉的新开展》,《哲学动态》2013年第5期)

③ 杨国荣:《存在之维——后形而上学时代的形上学》,人民出版社2005年版,"导论"第19—20页。

疏离于现实存在。走出形而上学的抽象形态,意味着从思辨的构造或形式的推绎转向现实的世界。在其现实性上,世界本身是具体的:真实的存在同时也是具体的存在。作为存在的理论,形而上学的本来使命,便在于敞开和澄明存在的这种具体性"①。

具体来说,"抽象的形上学"的特点是:

(1)其出发点是离人而言道,即脱离人的知行活动(认识与实践活动),去构造思辨的世界图景。(2)这样构造的世界图景往往表现为一种自我同一,亦即抽象的同一。(3)与此相关,它往往具有封闭性。(4)离器而言道,亦即对形下的经验事物疏而远之,这就导致了形下与形上的分裂。与此形成对照,"具体的形上学"的特点是:(1)从人的知行活动的历史过程中去理解和把握存在,它不预设或构造一种超验的、思辨的存在,亦即不离人而言道。(2)它以多样性的整合来替代抽象同一,体现了中国哲学所说的"和"。(3)它确认存在的时间性和过程性,把存在的统一理解为过程中的统一。(4)它表现为道与器的统一,形上与形下的统一,既不离器而言道,亦不离道而言器。(5)它是实质与形式的统一,不同于"分析的形而上学"②。

"具体的形而上学",认为世界本身是真实的,也是具体的。这在于,"形而上学"的主要使命,是"敞开和澄明存在的这种具体性"。而在"形而上学"论域中,面向具体可包含多重维度:"它既以形上形下的沟通为内容,又要求肯定世界之'在'与人自身存在过程的联系;既以多样性的整合拒斥抽象的同一,又要求将存在的整体性理解为事与理、本与末、体与用的融合;既注重这个世界的同一性,又确认存在的时间性与过程性。相对于超验存在的思辨构造,'具体的形而上学'更多地指向意义的世界。在这里,达到'形而上学'的具体形态(具体形态的存在理论)与回归具体的存在(具体形态的存在本身),本质

---

① 杨国荣:《伦理与存在——道德哲学研究》,北京大学出版社2011年版,"引言"第3页。
② 陈乔见:《杨国荣"具体的形上学"与当代中国哲学》,《哲学分析》2011年第4期。

上表现为一个统一的过程"①。

在他处,杨国荣还指出:"就存在本身而言,其具体性就是现实性和真实性,现实性不等于实在性,二者的区别在于是否进入人的知行活动领域,尚未进入人的知行活动的存在可以具有实在性但不具有现实性。存在意义上的具体性意味着扬弃存在的抽象同一及非过程性,在这一层面,它与多样性的整合、存在的时间性和历史性相关联。就把握存在而言,具体性意味着从人的知行活动去理解和把握存在,表现为'以道观之'和'以人观之'的统一;具体性也意味着道与器的贯通。在这里,达到形而上学的具体形态和回归存在的具体性这两者是相统一的。"②

因此,作为"具体的形而上学"基础与核心的"存在论"、"宇宙论",首先是明确超越"抽象的形而上学"的那种"思辨"思维、"分离"思维,并从整体或总体上对存在加以把握。此种形而上学的逻辑出发点就在于肯定只有这一个现实世界。也即是,"具体的形而上学"既要求整合存在的不同形态,又以形上之道与形下之器的相融为前提,而二者的"本体论"依据则是只有这一个世界。这个世界,即是人生存其中并不断创造与推进的具体的现实世界本身。而形而上学对此现实世界的思考,正是从其整体性、统一性、一般性出发,去彰显超越的、无限的、永恒的终极存在。

这样,超越的"存在的图景"乃是一个在"时间中展开的过程",与现实世界、人类生活在并不分离。形上世界与经验世界乃"一个世界"的两个面向,形而上者寓于形而下者,并且,"具体的形而上学"对存在世界的理解,是既以超越存在为指向,又同时将其置于现实存在本身。而这个体与用、道与器、理与事、本质与现象有机统一的存在整体,并不是已经完成的、不变的永恒形态,即不是"抽象的形而上学"的那种静态的、封闭的世界图式。

---

① 杨国荣:《伦理与存在——道德哲学研究》,北京大学出版社 2011 年版,"引言"第 3 页

② 陈乔见:《杨国荣"具体的形上学"与当代中国哲学》,《哲学分析》2011 年第 4 期。

二、"具体形而上学"的主要内容

将理想的形而上学建基于存在世界、生活世界的观念,其实早在杨国荣聚焦探讨科学与形而上学的关系时已经初具规模。在 1999 年出版的《科学的形上之维——中国近代科学主义的形成与衍化》书中,他实际就强调,回归"生活世界"("这个世界"),构成了扬弃科学与人文、工具理性与价值理想相分离的历史前提。而从形上层面而言,"这个世界"的回归,本身就是一种新的"本体论的承诺"。并且,他对"这个世界"(生活世界——具体的存在)的确认,也不仅是一种纯粹的本体论建构,而是有着科学与人文、工具理性与价值理性、知识与智慧的现实关怀。①

而在"具体的形而上学"的专门阐述中,杨国荣仍明确,其"形而上学"不会停留于"存在论"维度对存在本身的客观描述与界定,还要关涉到现实的存在世界本身的诸多普遍性问题。因而在其专门讨论"形而上学"思想的《存在之维——后形而上学时代的形上学》一书中,主要讨论了如下内容:

1. "存在的价值之维",主要是讨论价值论问题。他强调:"作为存在的理论,形而上学的真正旨趣并不在于提供关于本然世界或自在之物的存在图式,而是在人自身的知行过程中,澄明存在的意义"。这种"人自身的知行过程",也是"做事"的过程。所以真正的"存在",也离不开"广义上做事的过程"②。这是因为,"形而上学"并不是追问作为人与自然原始统一的"本然世界"的那种"存在的统一性",而是"现实世界"、"真实存在"。但追问这个"现实世界"、"真实存在",也就意味着,要同时追问,"作为对象进入人的知行过程以后所呈现的意义,这种意义既基于实然,也涉及当然"③。这种规定性,也凸显

① 杨国荣:《科学的形上之维——中国近代科学主义的形成与衍化》,华东师范大学出版社 1999 年版,第 262—265 页。

② 杨国荣、刘梁剑:《人与世界:以事观之——杨国荣教授访谈》,《现代哲学》2020 年第 3 期。

③ 杨国荣:《存在之维——后形而上学时代的形上学》,人民出版社 2005 年版,第 64 页。

了"具体形而上学"思想系统与理论大厦的基点——事实与价值的合一模式，本质即是存在与价值、形下与形上、内在与超越的统一。

2."认识、存在与智慧"，主要讨论认识论与知识的形上根据问题。他认为，从"形而上学"视域看，知识的关系性质涉及心、物、理。而作为存在本身的分化，心、物、理也可以视为同一存在的不同形态。并且，如果说物是对象性的存在，那么心、理则是广义的观念性存在（这里可暂时悬置心、理所内含的意识过程和概念形式等分别）。他强调："三者之间的统一既表现为整体性（心、物、理表现为同一存在的相关规定），也展开为连续性（作为存在分化的产物，心、理是同一存在的观念形态）。心、物、理的如上统一，一方面规定了知识的关系性质：概念形态的存在与心、物的相关性，一开始便将知识置于关系之；另一方面又从'本体论'上担保了知识的客观有效性：作为同一存在的不同形态，以概念等形式存在的真理性知识仅仅改变了存在的方式，而并没有从根本上改变存在本身。"①

他将"认识"与"存在"，"认识论"与"本体论"统一起来。认为认识何以可能的问题，本身就是一种"带有形而上性质的追问"。而作为"能知"所指向的对象，"所知"有其"本体论"的本然基础。对于认识而言，"所知"既使本然的存在呈现"实在性"，又是将"存在的全部丰富性和多方面的内蕴"向人敞开，从而为把握"形而上学"意义上的存在本身提供可能。所以，认识论的问题，既是存在论的问题，认识的合法性问题，也是"形而上学"的合法性问题。

3."存在与方法"主要是讨论沟通"存在秩序"与"思维秩序"的关系问题，是"形而上学"的方法论问题。他认为，作为存在的整体，存在秩序、行动秩序、思维秩序乃是彼此相关的，这也决定了方法本身与实践、存在之间的必然联系。而形而上学的方法，是以"理解"为主的实践方式。"理解"的对象，是存在的对象世界，"理解"面对的问题不仅仅是存在论维度的"是什么"，也

---

① 杨国荣：《存在之维——后形而上学时代的形上学》，人民出版社 2005 年版，第 110—111 页。

包括价值论维度的"意味着什么"、"应当成为什么"。因此形而上学的"理解"方法既是认识形而上者之方法,又是一种自我完善的涵养方法。根本上,"理解"方法并非思辨的、神秘主义的方法,而是在人的存在历程中展开并制约着人的存在的"现实之道"。

4."语言的形上意蕴"主要研究语言与存在的问题。他指出,语言既是广义的存在样态,又是把握存在的形式,这种双重品格,使语言一开始便与存在形成本源性的联系。"作为人把握世界及'在'世的方式,语言则既以人自身的存在为根据,又内在于人的存在过程。以独语、对话为形式,语言不仅在个体之维上影响着自我的存在过程及精神世界的形成,而且在类的层面上构成了主体间交往和共在以及实践过程、生活世界的建构所以可能的前提。如果说,人的存在对人的本源性,主要从语言的现实形态上展示了语言的本体论维度,那么,语言对人的存在方式的制约则表明:语言之后所蕴涵的更内在的本体论意义,在于人自身存在的完善。"①

5."美的本体论意义"则是基于具体的世界观,主张"美与真、善的统一既以存在自身的具体性为本体论根据,同时又从审美之维展开了存在的具体形态"②。其理由是,具体的存在世界不仅有"真实的存在之维",还有"价值的存在之维"。而后者必然展开为美、善等向度。所以,形而上学中的美,既涉及"真实的存在之维"中那些对象性的存在,又客观表征着人与对象的认识关系、价值关系。而就"美与人的关系而言,审美过程以不同方式确证了人自身之'在'的自由本质。"也即是,"存在的审美之维,也相应地折射了存在的形态,又同时表现为对存在的把握方式"③。

6.关于"道德与存在",他认为,"作为道德的具体内容,善的理想与善的

---

① 杨国荣:《存在之维——后形而上学时代的形上学》,人民出版社 2005 年版,第 185—186 页。
② 杨国荣:《存在之维——后形而上学时代的形上学》,人民出版社 2005 年版,第 219 页。
③ 杨国荣:《存在之维——后形而上学时代的形上学》,人民出版社 2005 年版,第 187 页。

现实总是指向人的自身的存在,并通过制约内在人格、行为方式、道德秩序等,具体地参与社会领域中真实世界的建构。这样,以人的存在为指向,道德也改变、影响着存在本身。"①由于道德伦理关系,虽有历史的特殊的具体形态,但也有"普遍的内涵",因此道德本身的"普遍性"与"历史性",也具有"本体论"的依据。而"普遍的规范与内在的德性作为道德系统相互关联的两个方面,构成了社会秩序所以可能的条件之一,并从不同的维度制约着社会生活的有序进行;通过参与社会的运行过程,道德同时也立足于历史过程本身,赋予社会领域的存在以具体而真实的形态。"②

7."日常存在与终极关切",主要论证日常生活世界与终极关切的关系问题。与"抽象的形而上学"总是在经验世界之外,设立超绝的终极实体、彼岸的天国不同,杨国荣强调:"作为存在的二重向度,日常生活与终极关切并非彼此悬隔,在实质的层面上,二者相互关联,构成了统一的存在境域。"③这一方面因为,在"形而上学"视域中,"日常生活"就是生命存在的本源,也对行动实践、交往活动具有"本体论的优先性"。另一方面,作为对"存在意义的本源性追问","终极关切"既显现为存在的自觉,也意味着超越存在者的有限性,回归真实的存在本身。也正是在这种基于有限达到无限,从自在走向自为的动态统一中,人的存在也逐渐地获得了自由的品格。

冯友兰在重建其"新理学"的哲学体系时,曾明确,"形而上学"的最根本的基点只能是"事物存在",他是在承认这个"实际世界"存在的基础上去追问"真际世界",是在现实的基础上去探讨超越的可能性与可行性。同样,"具体形而上学"也超越了西方哲学二元对立的思维方式,否认任何外在的"自在理念"、"潜在实体"、"彼岸存在"。而是承继中国哲学"体用一元"、"理事合一"的核心逻辑,仅承认"有这个世界",主张"回归具体的存在"。

---

① 杨国荣:《存在之维——后形而上学时代的形上学》,人民出版社 2005 年版,第 220 页。
② 杨国荣:《存在之维——后形而上学时代的形上学》,人民出版社 2005 年版,第 253 页。
③ 杨国荣:《存在之维——后形而上学时代的形上学》,人民出版社 2005 年版,第 254 页。

同时,在杨国荣看来,"这个世界"在实然维度是"事实世界",在应然维度又是"价值世界"。因而,对这个形而上学的唯一对象——"这个世界"的探讨,就不仅涉及"这个世界是什么"的问题,还应包括"这个世界意味着什么"、"这个世界应当成为什么"等重大课题。而上述内容的讨论,自始至终地体现了对人生应然——人生意义与价值的内在把握,充分体现了他反省"科学时代"与"知识时代"的价值与意义的"单向度"崇拜,尝试建构新时期"多重的价值理想"的致思旨趣。

第四节 "关系的宇宙论"

王中江认为,"哲学"本身是家族相似性的概念,因此"哲学"并不仅有西方哲学即"Philosophy"一种范式,"形而上学"亦不仅有"Metaphysics"一种形态。在他看来,作为"哲学"之核心,"不同形态的形而上学,一般都尝试用最高的概念(预设)和根本原理去解释世界及其现象"①。但在中西哲学之间,不同的概念与根本原理,以及其与现象世界的关系却是差异明显的。因此,研究讨论"中国形而上学"的合法性问题,亦不能仅以"Metaphysics"为绝对标准。② 这是因为,中国哲学中的"形而上学",主要是通过"宇宙论"、"本体论"来表现,且二者通常合为一体。

这种特殊的"形而上学观念",在先秦哲学时期即被系统阐述,并在当时的儒家与道家均有体现。虽然整体上,"中国形而上学"是以儒家"道德的形而上学"为主体,但是,"如果从整个中国形而上学的历程来观察,道家形而上学也无疑占据着主线和核心的位置。从汉代的宇宙论、魏晋的玄学、道教形而上学、宋明理学,到近代的中西形而上学融合,《老子》、《庄子》和《周易》这三

---

① 王中江:《简帛文明与古代思想世界》,北京大学出版社 2011 年版,第 103 页。
② 王中江对于"形而上学"概念在中国之产生与认识亦有梳理,参见王中江:《道家学说的观念史研究》,中华书局 2015 年版,第 3—9 页。

部形而上学经典都起了非常重要的作用,甚至可以说,都是在三部经典的影响下发展和演变出来的。"①因此,相较前辈哲人多从《周易》去理解"中国形而上学"的思想源头,王中江则主张,"中国形而上学"实乃发端于老子的"形而上学",只是在之后的发展中受《周易》影响很大。

近代以来"中国形而上学"遭遇严重危机,拒斥者们坚信其与"Metaphysics"根本是同一的,因而必然如同"Metaphysics"一样,被拒斥在现代知识文明之外。王中江则明确,正如中、西方哲学存在差异一样,作为两类哲学核心的"形而上学"亦存在明显不同,具体来说,"中国形而上学"具有以下特质:"一是,本体论(或存在论)与宇宙生成论没有截然分明的界限;二是,在本体与现象、体与用、本根与万物的关系上,主张统属和统一,而不以真实和虚妄关系视之;三是,在天与人、自然与社会的关系上,主张统一和连续,反对相分和对立,由此所提出的宇宙论与伦理学、自然观和社会观也就具有了密切的联系;四是,中国形而上学注重变化,把宇宙中的事物看成是气的不断循环不息的过程;五是,在形而上学方法上,注重直觉和体认,而主要不是逻辑分析和理性推演。"②可见,王中江同样采用了"形而上学形态观"与"形而上学类型观"的立场,并在回应"形而上学合法性"问题时,采用中西比较的基本范式,以论证、阐发"中国形而上学"的特殊性、民族性。

一、"现实实有论"

王中江明确,古代中国哲学的"形而上学",始终坚持"由器见道"、"由用见体"、"由人道知天道"之逻辑,始终肯定器物世界的真实性。也正是自觉接续中国哲学的核心精神,他主张,在"科学时代","形而上学"的合法性建构首先应该以对"有形世界"之肯定为逻辑前提。毫无疑义,作为"有形世界"的客观现实——无尽的"物"与"事"及其相互"关系",是哲学探讨"形而上者"与

---

① 王中江:《道家学说的观念史研究》,中华书局 2015 年版,第 3—9 页。
② 王中江:《道家学说的观念史研究》,中华书局 2015 年版,第 21 页。

"形而上学"系统得以建立的起点。尤其对于中国哲学而言,"有形世界"、经验世界存在的万事万物,绝不是某种虚幻不实的假象与幻想,亦非某种外在于经验世界之外的实体的"投射"或"创生",而是现实的、多样的、客观的、生化的实在整体。所以,王中江明确其哲学正是继承中国哲学的"现实实有论"传统,既肯定"宇宙中具体的实际事物和个体是主要的实有和存在者。……个体的'个'当然是可数的一个个的'个',个体的'体'都是某一个的'体'。每一个的个体是'唯一'的一个,又是唯一的某一个的'体'。"①又肯定现实世界、经验宇宙本身的现实性、客观性。

在一般认识过程和经验事实中,对时空中存在的个体的认识即是经验认识、现象认识。而哲学形而上学视域中的个体,却是指"一个个体的全部或它的整个的东西——从它的外部到它的内部,从它的结构到它的机能、作用和它的整个过程"②。每一个个体虽然在现实中千差万别,但在哲学形而上学视域中,在保持它们的个体性与差异性的同时,又可将它们归为不同的"类"。只是,此种"类观",并非罗素所说的"逻辑构造"或蒯因所说的"本体论承诺",而是表述事物的"实质性的方面",是有关个体是"事实性陈述"。

当然,王中江批评以"本质主义"思维或"性质主义"思维去界定此"类"的本质。"本质主义"或"性质主义"思维在哲学上的表现就是常常用"性质"、"形式"、"共相"等来看待一类事物,认为每一种事物都具有共同的本质和属性,认为同一类个体的差异在于他们的"个别性"、"质料"和"殊相"。"本质主义"或"性质主义"思维在语言上的主要表现,就是'主—谓'形式,其中的主词有专名,也有名词;谓词有类名、名词和形容词等。"本质主义"或"性质主义"思维在中国哲学中的部分表现是以"道"、"天"、"天理"、"气"等为万物的最高本质,以此去说明事物的共同本性。在他看来,中国哲学中不同形式的"本性论"、"良知论",或设定某种"仁性"、"佛性"、"道性"等,也是不

---

① 王中江:《个体:从类、性到关系和普遍相关性》,《哲学分析》2016 年第 5 期。
② 王中江:《个体:从类、性到关系和普遍相关性》,《哲学分析》2016 年第 5 期。

同形式的"本质主义"①。

"本质主义"的形而上学，其弊端在于，常以"两分法"将哲学宇宙分为"经验世界"和"本体世界"，将形而上的终极本体，与经验相分别甚至相割裂。在解释现实的个体时，即以个体的"共相"或"理"为实、为体、为本、为真，以个体的"特殊"、"个别"为用、为现象、为幻。同时，"用个体性、个体实质（一种意义）、材料、殊相、特殊（特别性）、个别等概念来说明个体的纯粹的'自我性'"，亦是"本质主义"思维的一部分。所以，在王中江看来，无论是以"形式"、"共相"、"属性"、"理"，抑或用某种终极的质料去说明个体之本质，均存在一定问题。前者意味着存在某种类似理念论的"绝对的标准与模型"，后者则无法解释同一类个体之间性质的程度差异问题。

二、"关系的宇宙论"

为此，王中江主张推动一个哲学研究上的转变：即从"本质"、"性质"、"属性"思维转向"关系"、"关联"思维，从"共相哲学"转向"关系哲学"，从"本体的宇宙观"转向"关系的宇宙观"，而后者实际是一种"非本体性"的宇宙观。这种宇宙观虽然同样讨论宇宙终极之"本"，但此"本"，既不是"本根论"的"实体"，也不是决定万物出现的"本质"，而是"本然"。这种新的哲学中的"形而上学"，所唯一肯定的宇宙，就是作为时空和包含一切事物的全体。在此无限的、独立自存的客观宇宙中，人与万物内含于此。在这个宇宙中，万事万物均是独立之个体，同时，万事万物又是互相关联、互相联系的统一体，此即为"关系的宇宙"②。

---

① 王中江：《个体：从类、性到关系和普遍相关性》，《哲学分析》2016 年第 5 期。
② 王中江在讨论乃师张岱年先生的宇宙观时，提出了"非本体主义"的宇宙观概念。而其在"关系的宇宙观"中所确立的确定无疑的出发点，即"现实实有论"，也继承了张岱年先生将物质世界视为哲学探求"最高原理"的出发点之理路。（王中江：《自然和人：近代中国两个观念的谱系探微》，商务印书馆 2018 年版，第 531—533 页）

对此"关系宇宙",他如此描述:"个体和事物都是关系体。个体和事物是无限的,由它们自组织起来的世界也是无限的。个体和事物的关系都是动态性的,所谓一切皆变,既是说世界整体上是变化的,也是说个体和事物的关系都处在变化之中。如果世界一成不变,那就很难有不同的可能了。幸好世界不是一成不变的,那就一切皆有可能。变化不是平白无故发生的。促成变化的是事物的相互关系、相互作用和相互影响。关系的变化是一个过程,在前后的变化过程中,关系世界就成了一个无穷关系的无穷链条。"①

王中江正是基于此,强调个体本质乃是"关系物"、"关系体",而非所谓的"属性"和"殊相"、"形式"和"质料"的混合体。他认为,"一般所谓的个体的性质,实际上是个体之体的关系。对个体的所有描述都可以说是对个体关系的描述。……每一个个体都是一个关系体。如果说个体和事物都是实体,那么这个实体就是个体的关系实体;如果说个体和事物都有性质或本性,那么他们的性质和本性就是它们的关系性和相关性。"②而如果说构成个体的要素、成分都是不同的材料和质料的话,那么这些材料和质料都是带着性质的,也即它们本身是存在关系的。由此来说,某些个体之所以被归为一类或不归为一类,根本是它们自身有着基本的相似关系或不相似的关系。某一类个体与另一类个体之所以具有高低、大小的层次差异,也是个体所处的关系层次本身具有高低、大小之别。

作为 20 世纪受西学影响而最早探讨西方"知识论"问题的代表人物,张东荪曾专门对宇宙最基本也是最普遍的存在——"物"进行分析。他也认为,通常人们对"物"的认识,均是借助颜色、形状、冷热、软硬等"性质"。但"性质"乃是感觉所得而并非"物"之本相。而"推测"之理性认识,对容积、质量、速度、元素的计算又需借助数学等知识。因此,"物"之本相与本质即以"物

---

① 王中江:《强弱相关性与因果确定性和机遇》,《清华大学学报(哲学社会科学版)》2020年第3期。

② 王中江:《个体:从类、性到关系和普遍相关性》,《哲学分析》2016年第5期。

理"表现,但"所谓物理只是物与物间的互相关系"①。显然,张东荪是将"性质"视为第二性的,而"关系"才是决定"性质"的第一性范畴。

王中江同样认为,对于任何个体而言,其既有与其他个体的关系,又具有自身内部结构的关系,二者共同构成并保持"关系体"的存在。个体的层次关系、结构关系,各个部分与各个层次之间的关系,各个成分和要素之间的关系,均是以"内在的统一体方式"有机地结合在一起。因此,个体作为"关系体",它是高度自组织与自协同的,它一直保持着自身的完整性、同一性和持续性。也因此,在"关系的宇宙论"中,个体在静态维度呈现为"关系状态",万事万物均是"关系体",某个个体是"关系体",某些个体又组成更大的"关系体",全部个体构成宇宙全体的"关系体",任何个体均处在"内在关系"与"外在关系"之中。而从动态视角审视宇宙的关系,又呈现为"功能动态":因为个体在关系网络中的能量交换与相互作用,推动着无数个体生成、变化、发展、消亡,推动宇宙本身生生不息、生化万方。

宇宙观从"性质本位"到"关系本位"的转变,首先要肯定关系的无限多样性。具体而言,则要讨论个体之间的关系类型、形态和时态。王中江认为,宇宙整体上是一个相互关联和关涉的世界,是一个彼此相待、有待、相与的世界。个体之间关系的类型和形态非常多。而这些类型决定了个体内在结构与外在联系的复合与复杂关系。某些关系比较简单,某些关系比较复杂,某些关系非常复杂,但不可能有某种关系因此达致极限,甚至完全固化。这是因为,事物和个体没有最高的关系值,也没有最小的关系值,关系世界、关系宇宙恒久运转不息,因此,关系运动也没有终点。

王中江强调,个体内部的关系与个体之间的关系始终存在相互影响、相互交换的过程。这种"相互"所反映的个体内部与个体之间的关系,使得个体

———————
① 张东荪:《新哲学论丛》,上海商务印书馆1929年版,第24页。

"在它们作为自身存在的时候,又使它们同时被他者规定"①。在此"关系的宇宙"中,一切事物和个体均处在相互依存、相互依赖、相互作用、相互影响、相互感应、相互渗透、相互融合的过程中。但在此复杂的、多维的、立体的、有机的关系网络中,又可具体区分不同的"关系节点"、"关系区域",在这些相对独立的节点与区域中,一些关系与另一些关系之间有相对性、有类型性、有共同性。有的关系体之间联系比较紧密,有的则相对独立。在一些关系体中,有的关系体占主导地位,有的关系体则占从属地位。

在 20 世纪的中国哲学家中,梁漱溟、方东美等人均曾比较中西哲学的宇宙观,并着力阐发中国哲学的"整体主义"、"机体主义"观念,论证中国哲学的宇宙观的突出特点,就是肯定万事万物之间的内在关系。但是,他们的讨论仍是"整体"与"机体"视角下的形式性描述与大全式概观,并未触及"关系的宇宙论"本身的逻辑基础问题。作为中国哲学"知识论"的开创者,金岳霖在其《知识论》中,谈及"本然世界"的时间、空间时,强调"个体的时空是受个体底影响的"②,且时间、空间本身是与"变动"彼此相依的关联在一起。而认识时间、空间、变动的"所与",本身亦是"主—客"关系有机交融的产物。张东荪在讨论时间与空间时,也说:"不仅物质只是架构的变化而已,并且空时亦是架构。自相对论出世,把绝对的空间和时间打破,于是空间与时间的概念根本上变了性质。原来空时好像实在的,只因为其有绝对性;若把其绝对性去了,自不能当作一种实体来看待了。并且须知并不是物质为一个架构,空间为一个架构,时间又为一个架构;而只是物质空间时间只是一个架构。"③而其所谓"架构",就是物与物、物与时空的"结构",亦即是"关系"。

显然,金岳霖、张东荪已经触及了,探究现实的个体关系得以可能的"本体论承诺"问题,也即是,他们认识到,现实的个体关系始终是时间、空间中的

---

① 王中江:《个体:从类、性到关系和普遍相关性》,《哲学分析》2016 年第 5 期。

② 金岳霖:《知识论》,商务印书馆 2000 年版,第 522 页。

③ 张东荪:《哲学 ABC》,世界书局 1931 年版,第 95—96 页。

存在,其本身是在时间、空间中获得逻辑合法性。王中江在其"关系的宇宙观"中同样触及时间、空间等讨论关系得以可能的终极问题。而他分别讨论的关系与空间的问题,关系与时间的问题,也深入拓展了中国现代哲学的问题意识与思考论域。

他提出"空间的关系论",强调"空间之间的相互关系实质上就是个体和个体之间的关系。没有个体就没有空间,任何东西对空间的影响,都是个体对个体的影响"①。主张将空间、场所、位置等概念与个体的关系本质融合起来,将它们视为"抽象地描述事物和个体整体关系的一部分的用语",而非外加在个体事物身上的某种单独的、实在的"容器"与"外套"。也正因为,现实个体和事物的所有位置以及所有位置上的个体和事物,整体上构成一个无限的关系网络。在此关系空间中,个体与个体之间的关系尺度,即是空间之量度。而"时间的关系论"则主张:"个体的时间和过程是自身同一性的持续、绵延,是自身关系体和统一体的连续性和延展性","不同种类的个体和事物,它们的关系体不同,变化的持续时间也不同,正如它们保持自身同一性所持续的时间不同一样。同一类事物和个体,变化的持续时间有个体的差异,既是因为它们先在的内在关系体的差异,也是因为它们所处的环境和空间不同。"

此外,基于"关系的宇宙论",王中江还探讨了人类科学知识何以可能的问题。他运用"因果的关系论",主张认识宇宙、认识万物,肯定或者否定事物之间的关系,都应首先从"关系世界中个体和事物之中及之间的相互关系和普遍相关性"和"个体和事物之间施加作用和影响的程度、大小、强弱及其效应"出发,去探讨世界的确定性和不确定性,探讨因果和偶然。② 其目的,则是通过一种"本体论"意义上的关系存在、普遍相关性,为"确定性"和"因果关

---

① 王中江:《关系空间、共生和空间解放》,《中国高校社会科学》2017年第2期。
② 王中江:《强弱相关性与因果确定性和机遇》,《清华大学学报(哲学社会科学版)》2020年第3期。

系"提供形上学基础,进而提供"各门科学能够成立的前提"①。

基于"关系的宇宙论",他还展开道德哲学与伦理学的探讨,提出了"关系的伦理学"。他认为一般所说的伦理规范和价值,既是人类为了适应世界各种关系和建立良好关系而演化出来的,同时又在变化着的关系世界中而变迁。而各种现实的伦理规范如互爱、互尊、互信、互让、互予、互惠、互利等,本身即体现了伦理学所具有的各种各样的交互性和相互性特征。这是因为,从关系世界的视角审视道德伦理,可以说,其"实质是人类各种良好关系、良好秩序的建立和持续"。他强调,人类自身首先就是关系世界的产物,它在各种关系共同体中存在,并塑造着关系世界和关系共同体。所以,伦理因各种关系而产生,因各种关系而存在,也因各种关系的变化而变化;不存在没有关系、同关系绝缘的人类伦理。人类伦理作为"人类在关系世界中生活的一种规范和信念",本质即"是人类适应各种关系而不断选择的结果"②。

总之,"关系的宇宙论"通过"关系空间"、"关系时间"架构起客观的、必然的宇宙本质与"道演"规律,从此言,"关系之道"成为宇宙万物之终极本质与规定性。也正是在此种充满"道家"味道的"关系本体—宇宙论"之基础上,王中江建构了颇具批判性的"形而上学"系统。他以此为基础,自觉接续了近代以来中国文化、中国社会转型过程中的诸多重大课题,如文明比较问题、人性善恶问题、道德伦理问题、秩序问题、公正问题、平等问题、利益问题等,既提供给中国哲学以全新之理论进路、批判工具,也同时拓展了中国哲学的研究论域。

---

① 在讨论普遍关系的宇宙秩序中,各门科学各自的真理的独立性时,王中江与金岳霖对"共相的关联"设定相对独立的边界一样,也强调"人类已有的确定性和因果性知识实际上都是在一定范围内和边界条件下的东西"。

② 王中江:《关系世界、相互性和伦理的实态》,《武汉大学学报(哲学社会科学版)》2020年第3期。

后　记

　　本书聚焦近现代哲学"形而上学思潮"之研究时,并非以简单罗列的方式还原其全部观点、主张,使得本书成为抽象地、僵硬地展现此两阵营"对峙"的素材列表。而是试图从"拒斥"与"重建"两个阵营与两个线索之互动,切入其复杂多维的思想空间,以把握其核心主题、理论架构、思想逻辑、演变进程、整体面向、关联论域,并据此探讨其理论影响与思想启示。在研究过程中,本书以"形而上学合法性"为核心课题,通过梳理"拒斥"与"重建"两阵营在重要性问题或代表性问题上之互动讨论,完整展现了近现代形而上学思想世界的理论论域极其复杂多维的演变轨迹,因而本书在某种角度亦可称为"中国近现代形而上学观念史"、"中国近现代形而上学思想史"。

　　本书是2015年立项的国家社科基金一般项目"中国近现代哲学中的'形而上学'思潮研究"(编号:15BZX057)的结项成果。自立项以来,每每外出参加学界各类会议,在提交论文并发言时,总会遇到各位关心我的师友,与我讨论所主持项目的相关问题。在他们看来,这个项目牵涉太广并不容易把握。事实上,我在研究过程中,也常常因为面对时间跨度和文献广度上的一些困难而感到一时的力不从心。但是,在申报基金时,我对于项目的研究对象、研究视角、研究架构、研究内容、研究方法等主要方面的认识已经较为明朗。并且,项目能得到匿名专家的层层评审并最终被全国哲学社会科学工作办公室立项,本身已经说明了此项目的研究价值。因此,无论是回应师友们的关心,还是回报学界专家的期望,都激励着我不断努力去更好完成项目的研究。

之所以在 2015 年以此题目申报国家社科基金,主要是与之前的学习经历与研究基础有关。而能与中国哲学结缘,首先要感谢 20 多年前黑龙江大学哲学院的柴文华教授,不嫌弃我是专科学历且是跨专业考研,给了我一次考试的机会。而为准备考研,我在 2001 年从哈尔滨的一个大型国有企业的审计处辞职,用近一年的时间,每天学习十几个小时,以尽最大可能补习专业知识。幸运的是,我在 2002 年以优异成绩考入黑龙江大学,得以跟随柴文华教授真正开始中国哲学的学习研究。

黑龙江大学哲学学科专家云集。其中,中国哲学专业的导师们如张锡勤教授、柴文华教授、樊志辉教授、魏义霞教授均专注中国近现代哲学的研究,并已具备了一定的学科特色。在柴老师的指导下,我也进入中国现代哲学的研究领域,硕士论文聚焦冯友兰先生的伦理思想,其中就涉及"新理学"的形而上学。三年后,我顺利通过硕士答辩,答辩论文获得"优秀"评价,之后论文也被收录于 2010 年在人民出版社出版的《冯友兰思想研究》一书。

硕士毕业前,在柴老师的推荐和帮助下,我征得北京大学哲学系胡军教授的同意,通过了博士生入学考试。而当时另一位选报胡老师的考生,是北京著名高校的往届毕业生,其总成绩和学术积累均非我所能及。并且,当时胡老师任哲学系常务副主任,本想仅招一位博士生,甚或将他的这个招生名额让与其他因为外语没能考进北大而没有学生的导师,因此面试时,我一度认为,若哲学系仅录取一位报考胡军教授的学生,那么机会显然不会轮到总成绩第二名且是跨专业的考生。但魏常海教授、李中华教授、陈来教授、张学智教授、王博教授在面试时,可能念在我专科出身一路考过来不容易,还是给了我较高的评价,尤其令我感激的是,王博教授不但在面试答题时对我粗浅的回答宽容以待,还建议胡老师考虑多招一个,收我入门。

也正是在各位老师的宽容和关怀下,我有幸进入北大哲学门,跟随胡军老师继续研究中国现代哲学。胡老师精通西方哲学尤其是知识论方面研究，又是中国现代哲学研究的知名学者。他在研究中国现代哲学史中使用的方法，对于中国哲学现代转型的整体评判，对于中国现代哲学方法论的研究，都帮助我更好地聚焦现代哲学中的核心概念与核心命题的研究。

在北大学习期间，经过胡老师的指导，我的博士论文聚焦 20 世纪中国哲学中的"共相"概念，即是运用概念史、观念史的视角，梳理不同时期不同立场的现代哲学家们如张东荪、熊十力、金岳霖、冯友兰、张岱年等对"共相"概念的译介、阐释和运用，进而考察此概念对中国哲学现代建构的影响。其中一部分内容，就是涉及现代哲学史中的"形而上学"。

2009 年博士毕业后经胡军老师的推荐，我得以到清华大学哲学系从事博士后研究，并有幸师从王中江教授继续学习。在与王老师讨论博士后期间的研究内容时，我们所确定下来的研究主题，即是考察中国现代哲学家们对"形而上学"概念的不同理解与运用。而围绕此主题形成的博士后报告，也得到了答辩组专家胡伟希教授、胡军教授、干春松教授的肯定，并被评为"优秀"。

回顾之前的学习与研究经历，我由浅入深逐渐接触到了中国现代哲学中的"形而上学"这个核心概念和重要领域，并在博士后研究中得到了进一步的学习和深化。在博士后研究报告基础上，我先后在 2009 年主持了博士后面上科学基金项目"中国现代哲学'形而上学'范畴研究"，在 2011 年主持了教育部人文社科项目"现代中国哲学史中的'形而上学'范畴及其演变"，此外还主持多项省级社科类资助项目，并出版了专著《20 世纪中国哲学中的形而上学观念》一书，形成了一定的学术积累。在此基础上，我打算梳理近代以来各家各派学人对"形而上学"的理解及其观念演变，聚焦其与近现代中国哲学主要理论论域的内在关系，考察其对中国哲学近现代转型的重要影响。为此，我从晚明时期"Metaphysics"传入后的概念译介以及近代时期日本译词传入后的概念理解与使用出发，梳理不同时期、不同学派、不同立场的学人们对"形而上学"的认识理解、评判态度、理论阐释、实践运用。在此基础上，也逐渐勾勒出一个贯穿近现代哲学史全程的"形而上学思潮",并发现此思潮的发展演变内在关联着"中国哲学"尤其是"中国形而上学"一百多年来的命运走向,直接决定着"中国哲学"尤其是"中国形而上学"的体系化建构与现代转型的诸多重要课题。

基于此问题意识和初步想法,我在2015年尝试申报国家社科基金一般项目,并得到学界专家的认可,最终获批立项。经过五年时间的思考与研究,相关成果论文陆续在《哲学动态》、《中国哲学史》、《广东社会科学》、《西南大学学报》、《中南大学学报》、《湖北大学学报》、《齐鲁学刊》、《安徽师范大学学报》、《杭州师范大学学报》、《中国社会科学报》、《社会科学报》等报刊发表,其中部分论文也被《新华文摘》、《中国社会科学文摘》、《人大复印资料》全文转载。最终,这个项目在2020年底顺利通过国家哲学社会科学规划办公室的结项审核,并且结项报告得到了专家的认可,有幸被评为"优秀"。

可以说,结项报告获评"优秀",不仅是对我这五年来沉浸学术研究的最大认可,是对我这二十年来始终保持对中国哲学这门学问的热爱初心的最大肯定,也给了我将结项报告出版的信心。为此,我用了两年多的时间重新补充、修订了一部分内容,梳理了相关文献,最终完成了本书稿。

在书稿草稿完成后中,我曾邮寄给武汉大学国学院院长郭齐勇教授、清华大学国学院院长陈来教授、华东师范大学人文社会科学学院院长杨国荣教授,并得到了他们的肯定和对具体问题的指导。此外,上海师范大学哲学院副院长樊志辉教授、哈尔滨师范大学马克思主义学院副院长刘爱军教授,在书稿的撰写与修改过程中也给予了具体指导。樊老师在肯定书稿的整体立意和研究范式的同时,向我提供了许多与本书相关的重要文献信息,并指导我修改了书稿中的相关表述与存在的问题。其中部分内容已经被我吸纳进来,其他一些资料,因为出版时限要求没能及时补充,但也为我下一步继续拓展此方面的研究提供了很大帮助。

在近年来的研究过程中,在课题研究和书稿写作中,也得到了中山大学哲学系(珠海)邓联合教授、南京大学哲学系翟奎凤教授、河北大学哲学院院长程志华教授、首都师范大学马克思主义学院陶悦教授、华侨大学哲学学院高来源教授、中国社科院哲学所匡钊副研究员的具体帮助和支持,在此也表示感谢。还要感谢中国社科院哲学所陈静研究员、北京师范大学哲学系李景林教授、北京大学哲学系干春松教授、南京大学哲学系李承贵教授、中山大学哲学系杨海文教授、首都师范大学哲学系陈鹏教授、中山大学哲学系(珠海)蔡祥元教授、同济大学哲学系陈畅教授、武汉大学哲学学院李巍教授、东南大学马克思主义学院陆永胜教授、上海师范大学哲学院张永超教授、华侨大学哲学学院副院长常旭旻副教授、浙江工商大学哲学系系主任柴可辅副教授、上海财经大学哲学系王格副教授,各位老师或是在研学时我请教的专家,或是同道好友,在不同方面对我帮助良多。

最后,如果说,本书的研究尚有一点可取之处,那是与几位老师的教育和帮助分不开的。感谢硕士生导师柴文华教授、博士生导师胡军教授、博士后合作导师王中江教授。作为中国近现代哲学研究的知名专家,柴老师带我走进中国哲学这个思想殿堂,胡老师教给我如何用逻辑分析方法去辨析界定中国哲学的核心概念与命题,王老师则指导我找到了具有重要学术意义的研究对象与研究领域。

尤其是,在博士后期间,我从王老师那里进一步学习到了中国近现代哲学的研究范式、研究进路,学习到了以高标准严要求去对待科学研究的学术态度。博士后出站后,也正因王老师的鼓励和肯定,我才有信心到高校哲学系就职,得以继续从事所喜爱的中国哲学方面的教学和研究工作。在工作后,由于哲学专业停办整体并入马院,我曾一度迷茫困惑,也是王老师指导我在中国哲学研究与公共课教学中找到平衡点。而由于耽搁行政工作和不思进取,我曾一度放松懈怠,也因此遭到王老师的告诫甚至批评。尤其是,在重新返回学术研究的过程中,也是王老师不断地鞭策,我才得以尽快推进国家社科基金项目的研究,并顺利结项。

　　此外,本书的出版,有幸获得了南京林业大学人文社科出版资助。学校社科处在审核资助书稿时,各位匿名专家也提出了一些重要的建议,帮助我更好地修改完善。在书稿出版过程中,人民出版社的洪琼主任在校对、制版等方面做了诸多细致的工作,在此也表示衷心的感谢。

　　冯友兰先生曾指出,每一个时代思潮都有一个真正的哲学问题作为讨论的中心,而若把这个哲学中心问题讲清楚了,这个时代思潮的来龙去脉也就清楚了①。由此也可以说,每一个时代的哲学思想世界中,都有一个核心的哲学思潮,都有一个核心的哲学问题。在本书写作中,我越发认识到,将近现代时期的"形而上学思潮"梳理清楚了,也就把握到了近现代哲学的思想基础、问题核心、思想逻辑与理论架构。只是由于近两年工作变动,且学识有限,加之出版期限临近,书稿中尚存在一些讨论不足与待深化之处,惟留待之后再继续修订完善。

---

　　①　冯友兰:《三松堂全集》第十卷,河南人民出版社 2001 年版,"自序"第 4 页。